차 례

借名貸出을 둘러싼 法律問題*

— 대법원 2005. 5. 12. 선고 2004다68366 판결** —

[事件의 槪要]

1. 基本的 事實關係

원고는 전기공사업 등을 목적으로 하는 법인으로서 A 주식회사가 행하는 건설공사의 전기공사를 하도급받아 왔는데, A 회사의 이사이자 지배주주로서 그 경영을 책임지고 있던 B는 1999. 11.경 주식회사 C 상호신용금고의 50%의 지분을, 2000. 6.경 다시 나머지 50% 지분을 인수하여 사실상 C 금고를 소유하게 되었고, 2000. 1.경 A 회사의 상무이사이던 D를 C 금고의 전무이사로 근무시키면서 그를 통하여 C 금고를 경영하여 왔다. B는 자신이 경영하는 A 회사가 자금난을 겪게 되자 C 금고로부터 A 회사의 운영 자금을 대출받아 사용하고자 하였으나, 담보물도 부족할 뿐 아니라 상호신용금고법 등에서 동일인 대출한도를 엄격하게 제한하고 있고, 또한 출자자 및 출자자가 소유한 기업 등 특수관계인들에 대한 대출을 금지하고 있으므로 이러한 제한을 회피하기 위하여, 타인 명의로 대출서류를 작성하는 등 타인 명의를 빌리는 방법으로 C 금고로부터 대출을 받기로 D 및 C 금고의 대표이사인 E와 협의하였다. B는 2000. 1.경 A 회사의 하도급업체인 원고에게, 원고의 명의로 대출을 받아주면

* 이 글은 2006. 4. 10. 민사실무연구회에서 발표하였던 것을 보완한 것이다. 이 글을 위하여 필요한 자료를 제공하여 주신 김용덕 대법원 수석재판연구관님, 민사실무연구회의 발표 당시 지정토론자였던 노태악, 이진만 부장판사님, 그 외에 토론에 참여하여 주신 여러 분께 감사의 뜻을 표한다.

** 公 2005상, 927.

그에 따른 대출금채무는 모두 A 회사가 이행할 것이며 원고에게는 피해가 가지 않게 C 금고와 양해가 되어 있으니 원고는 단지 명의만을 빌려줄 것을 부탁하였고, 이에 대하여 원고 대표이사 F의 승낙을 받았다.

그리하여 F는 같은 달 31.경 C 금고 사무실을 방문하여 C 금고와, 원고가 주채무자, F가 연대보증인이 되어 여신한도금액은 910,000,000원, 여신기간 만료일은 2001. 1. 31.로 하는 할인어음 여신거래약정을 체결하였고, 이후 이 사건 여신거래약정에 따라 원고 명의로 합계 884,186,000원 상당의 할인어음대출이 이루어졌으나 위 대출금은 모두 A 회사가 수령하여 사용하였고, 그 후 2000. 11. 17.경 A 회사에 부도가 발생하였다. B, E는 D와 공모하여 이 사건 여신거래약정에 기한 대출을 포함하여 상호신용금고법 등의 제한 및 금지를 위반한 대출을 하는 방법으로 C 금고에 재산상 손해를 가하였다는 업무상배임의 범죄사실로 징역형의 처벌을 받았다. 한편 C 금고는 2001. 5. 4. 인천지방법원에서 파산선고를 받았고, 같은 날 피고(예금보험공사)가 그 파산관재인으로 선임되었다.

원고는 피고를 상대로 하여 위 2000. 1. 31.자 여신거래약정에 기한 원고의 채무는 존재하지 아니함의 확인을 구하는 채무부존재확인소송을 제기하였다.

2. 제 1 심 판결 요지

제 1 심 판결(인천지방법원 2002. 7. 5. 선고 2001가합8222 판결)은 다음과 같은 이유로 원고 전부 승소의 판결을 선고하였다.

"무릇 동일인에 대한 대출한도를 제한한 법령이나 금융기관의 내부규정의 적용을 회피하기 위하여 실질적인 주채무자가 실제 대출받고자 하는 채무액에 대하여 제 3 자를 형식상의 주채무자로 내세우고 상호신용금고도 이를 양해하여 제 3 자에 대하여는 채무자로서의 책임을 지우지 않을 의도하에 제 3 자 명의로 대출관계서류를 작성받은 경우에는, 제 3 자는 형식상의 명의만을 빌려 준 자에 불과하고 그 대출계약의 실질적인 당사자는 상호신용금고와 실질적 주채무자이므로, 제 3 자 명의로 되어 있는 대출약정은 상호신용금고의 양해 하에 그에 따른 채무부담 의사 없이 형식적으로 이루어진 것에 불과하여 통정허위표시에 해당하는 무효의 법률행위라고 할 것인바, 이 사건에 관하여 보건대, 앞에서 인정한 사실관계에 의하면, 원고는 채무를 부담할 의사가 없이 A 회사에게 형식적으로 대출명의를 대여하였고, A 회사도 동일인에 대한 대출한도제한을 회피할 목적으로 원고 명의로 여신거래약정을 체결하였으며, C 금고도 이를 양해하여 원고에 대하여는 채무자로서의 책임을 지우지 않을 의도 하에 형식상 원고 명의로 여신거래약정서 등의 대출관계서류를 작성하였다 할 것이므로, 그렇다면 원고와 금고 사이에 체결된 위 여신거래약정은 원고가 그에 따른 채무부담의 의사 없이 체결한 계약으로서 통정허위표시에 해당하여 무효라고 할 것이다."

3. 원심판결(서울고등법원 2004. 10. 26. 선고 2002나47664 판결) 요지

그러나 원심법원은 다음과 같은 이유로 피고의 항소를 일부 받아들여 원고와 파산자 C 금고 사이의 2000. 1. 31. 여신거래약정에 기한 원고의 채무는 10,059,939원을 초과하여서는 존재하지 아니함을 확인한다는 원고 일부 승소의 판결을 선고하였다.

가. 통정허위표시

원심법원은 제 1 심 법원과 마찬가지로 원고와 C 금고 사이에 체결된 위 여신거래약정은 원고가 그에 따른 채무부담의 의사 없이 형식적으로 이루어진 것에 불과하여 통정허위표시에 기한 무효의 법률행위라고 하면서도, 파산자가 상대방과 통정한 허위의 의사표시를 통하여 가장채권을 보유하고 있다가 파산이 선고된 경우 그 가장채권도 일단 파산재단에 속하게 되고, 파산선고에 따라 파산자와는 독립한 지위에서 파산채권자 전체의 공동의 이익을 위하여 직무를 행하게 된 파산관재인은 그 허위표시에 따라 외형상 형성된 법률관계를 토대로 실질적으로 새로운 법률상 이해관계를 가지게 된 민법 제108조 제 2 항의 제 3 자에 해당하고, 여기에서 파산관재인은 특별한 사정이 없는 한 선의로 추정할 것이므로 파산관재인이 악의라는 사실의 주장입증책임은 그 허위표시의 무효를 주장하는 자에게 있다고 하여, 원고는 특별한 사정이 없는 한 파산관재인인 피고에게 C 금고와 사이의 이 사건 여신거래약정의 무효로써 대항할 수 없다고 하여 통정허위표시에 관한 원고의 주장은 배척하였다.[1)]

나. 채권자의 담보상실에 의한 면책

(가) 그러나 원심법원은 B와 그 처인 G는 2000. 2. 2. 그들 소유의 부동산에 관하여 C 금고에 대하여 채권최고액 25억원, 채무자 원고 외 2인으로 된

---

1) 원심법원은 그 외에 이 사건 거래가 불공정 또는 사회질서위반의 법률행위도 아니고, 피고가 C 금고의 채권을 주장하는 것이 신의칙에도 위반되지 않는다고 하였다.

근저당권설정등기를 마쳤고, C 금고는 위 토지들 중 일부 토지를 제외한 나머지 토지에 관하여 2000. 10. 2. 또는 2000. 11. 1. 일부포기 내지 해지를 원인으로 한 근저당권설정등기의 말소등기를 마친 사실을 인정한 다음, 변제할 정당한 이익이 있는 자는 변제로 당연히 채권자를 대위하고, 이러한 대위를 할 자가 있는 경우에 채권자의 고의나 과실로 담보가 상실되거나 감소된 때에는 그 상실 또는 감소로 인하여 상환을 받을 수 없는 한도에서 그 책임을 면하며 (민법 제481조, 제485조), 이 때 민법 제485조에 의한 법정대위자의 면책범위는 그 상실 당시의 교환가치 상당액을 기준으로 삼아 판단하여야 한다고 하였다. 그리하여 물상보증인인 B, G와 채권자인 C 금고, 원고, A 회사의 상호관계와 이 사건 여신거래약정의 경위에 비추어 C 금고와 B, G 사이에는 위 근저당권으로써 실질적 주채무자인 A 회사 등의 채무를 담보하기로 하는 약정이 존재하였던 것으로 봄이 상당하여 C 금고는 A 회사가 이 사건 여신거래약정에 기한 채무를 이행하지 않는 경우에 근저당권을 실행할 수 있었다고 할 것이고, 앞서 본 바와 같이 C 금고는 물상보증인인 B의 사실상 소유 하에 있었고 A 회사에 부도가 발생하기 직전에 근저당권의 말소등기가 이루어진 점, 피고는 C 금고가 근저당권을 소멸시킨 이유에 관하여 아무런 주장을 하지 않는 점에 비추어 위와 같은 근저당권의 소멸은 C 금고의 고의 또는 적어도 과실에 의하여 이루어진 것으로 봄이 상당하며, 한편 원고는 파산관재인인 피고에 대하여 파산재단에 속한 이 사건 여신거래약정에 기한 채무를 변제할 의무를 직접 부담하므로 이를 변제할 정당한 이익이 있는 자에 해당하고, 나아가 변제할 정당한 이익이 있는 원고가 채무를 변제하는 경우에는 실채무자인 A 회사에 대하여 C 금고가 가지는 채권 및 이에 관한 담보권을 당연히 대위행사할 수 있을 것인데, C 금고가 위와 같이 담보권인 근저당권을 소멸시킴으로 인하여 원고가 채무를 변제하더라도 근저당권을 대위할 수 없게 되었으므로, 결국 원고는 근저당권 소멸로 인하여 상환을 받을 수 없는 범위에서 대한금고에 대한 채무를 면한다고 하였다. 그리하여 원고는 근저당권이 남아 있는 토지 중 B 등 지분의 시가 가운데 원고 명의 채무의 비율에 해당하여 원고가 대위할 수 있는 부분 (10,059,939원)을 제외한 나머지 부분에 대하여서는 채무를 면한다고 하였다.

(나) 그리고 원고가 허위표시로 인한 법률행위에 있어서 선의의 제 3 자에게 해당하는 피고에게 이 사건 여신거래약정에 따른 주채무자가 아니라는 점을 대항할 수 없는 이상 그 채무의 변제가 있더라도 물상보증인인 B, G에 대

하여 근저당권을 대위행사할 여지가 없으므로 원고는 담보상실로 인한 면책의 법률효과를 향유할 수 없거나 그 면책의 효력을 피고에게 대항할 수 없다는 피고의 주장에 대하여는, 원고가 허위표시로 인한 법률행위의 무효로써 선의의 제 3 자인 피고에게 대항할 수 없다고 하여 곧바로 다른 관련자들에게도 대항할 수 없거나 권리의 대위행사 등을 할 수 없는 것은 아니라고 할 것이고, 또한 파산채권자라도 파산선고 당시에 파산자에 대하여 채무를 부담하는 때에는 파산 후 파산절차에 의하지 아니하고 상계할 수 있는 법리(파산법 제89조 참조)에 비추어 보더라도 파산재단에 속하는 채권에 관하여 파산 전에 무효 또는 면책의 사유가 있는 때에는 특별한 제한(즉, 이 사건에서 본 허위표시를 원인으로 한 무효의 대항범위에 관한 제한 등)이 있지 않는 이상 파산 후에도 무효나 면책을 주장할 수 있는 것으로 보아야 할 것이므로, 원고는 파산관재인인 피고에 대하여도 파산 전의 담보상실로 인한 면책을 주장할 수 있다고 하여 이를 배척하였다.

(다) 그리고 이 사건 여신거래약정상의 실질적 주채무자를 A 회사라고 하는 경우에도 원고는 보증인의 지위에 있으므로 면책의 범위는 물상보증인을 상대로 행사할 수 있는 보증인의 대위권 범위 내로 제한되어야 한다는 피고의 주장에 대하여는, 원고는 원래, C 금고나 이 사건 여신거래약정에 관련된 B 등에 대한 관계에서는 주채무자가 아닌 것은 물론 별도의 약정 등 특별한 사정이 없는 한 보증인의 지위에도 있지 않는 것이고, 한편 원고는 비록 피고에 대한 관계에서는 이 사건 여신거래약정상의 주채무자임을 부인할 수 없는 사실은 앞서 본 바와 같으나, 원고가 피고에 대하여 주채무자로 취급되는 것을 전제로 담보상실로 인한 면책을 주장함에 있어서 또 다시 보증인으로 되어야 할 아무런 근거가 없다고 하여 이를 배척하였다.

4. 피고의 상고이유 요지

가. 제 1 점

원고는 이 사건 여신거래약정이 통정허위표시로서 무효임을 선의의 제 3 자인 파산관재인인 피고에게 대항할 수 없으므로 여신거래약정서의 기재 그대로 주채무자이고, 주채무자는 최종적인 변제책임을 지는 자이므로 민법 제481조의 법정대위자의 지위에 있지 않으며, 이러한 지위에 있음을 전제로 한 민법 제485조의 면책을 주장할 여지도 없다. 원심판결은 원고는 피고에 대한 관계에서 이 사건 여신거래약정상의 주채무자임을 부인할 수 없다고 판시하면서도 원고가 담보상실로 인한 면책을 파산관재인인 피고에 대하여도 주장할 수 있다고 판시하고 있는바, 원고의 주채무자인 지위와 위 면책 주장의 전제인 법정대위자의 지위는 양립할 수 없다는 점에서 위 판시에는 논리칙 위배 내지 이유모순의 위법이 있음이 명백하다. 또한 원심판결이 이 사건과 무관한 파산법 제89조를 들어 원고[2]의 주장을 배척하는 근거로 든 것도 납득하기 어려우며 이유모순의 위법이 있다.

나. 제 2 점

원고가 이 사건 여신거래약정상의 실질적 주채무자가 아니라고 하는 경우에도 주채무자 명의의 사용을 승낙한 원고는 적어도 보증인의 지위에 있다고 할 것이므로, 가사 원고가 민법 제481조의 대위할 수 있는 자로 인정된다고 하는 경우에도, 물상보증인인 B, G와의 관계에서 원고가 대위할 수 있는 범위나 이에 기한 면책의 범위는 민법 제482조 제 2 항 제 5 호에 의하여 제한되어야 한다. 대법원도 제 3 자가 금융기관으로부터 대출을 받음에 있어 자신을 주채무자로 하도록 승낙한 경우의 제 3 자의 의사는 특별한 사정이 없는 한 대출에 따른 경제적인 효과는 실질상의 주채무자에게 귀속시킬지라도 법률상의 효과는 자신에게 귀속시킬 의사로서 최소한 연대보증의 책임은 지겠다는 의사였다고 보아야 할 것이라고 판시하고 있는 것이다(대법원 2002. 12. 10. 선고 2002다47631 판결 참조).

[大法院의 判決理由 要旨]

대법원은 다음과 같이 판시하여 피고의 상고를 기각하였다.

1. 상고이유 제 1 점에 대하여

파산자가 파산선고 전에 상대방과 통정한 허위의 의사표시를 통하여 가장채권을 보유하고 있다가 파산이 선고된 경우, 파산관재인은 민법 제108조 제 2 항의 제 3 자에 해당하므로 상대방이 파산관재인에게 통정허위표시임을 들어 그 가장채권의 무효임을 대항할 수 없다 할 것이지만, 위 민법 제108조 제 2 항과 같은 특별한 제한이 있는 경우를 제외하고는 채무의 소멸 등 파산 전에

2) 피고의 오기로 보인다.

파산자와 상대방 사이에 형성된 모든 법률관계에 관하여 파산관재인에게 대항할 수 없는 것은 아니라 할 것이며, 그 경우 파산자와 상대방 사이에 일정한 법률효과가 발생하였는지 여부에 대하여는 파산관재인의 입장에서 형식적으로 판단할 것이 아니라 파산자와 상대방 사이의 실질적 법률관계를 기초로 판단하여야 할 것이다. (중략)

앞서 본 법리에 비추어 살펴보면, 원심이 이와 같이 당사자 사이의 실질적 법률관계를 기초로 하여, 원고는 형식상으로는 이 사건 대출금채무에 대한 주채무자이지만 당사자 사이의 실질적인 관계에서는 최종적인 변제책임을 지는 주채무자가 아니라 그 채무를 변제할 경우 C 금고가 실채무자인 A 회사에 대하여 가지는 채권 및 이에 관한 담보권을 당연히 대위행사할 수 있는 지위에 있다고 판단한 것은 정당한 것으로 수긍이 가고, 거기에 상고이유에서 주장하는 바와 같이 통정허위표시나 민법 제481조, 제485조에 관한 법리를 오해하거나 논리칙 위배, 이유모순 등의 위법이 있다고 할 수 없다.

2. 상고이유 제 2 점에 대하여

대출절차상의 편의를 위하여 명의만을 대여한 것으로 인정되어 채무자로 볼 수 없는 경우, 그 형식상 주채무자가 실질적인 주채무자를 위하여 보증인이 될 의사가 있었다는 등의 특별한 사정이 없는 한 그 형식상의 주채무자에게 실질적 주채무자에 대한 보증의 의사가 있는 것으로 볼 수는 없다(대법원 1996. 8. 23. 선고 96다18076 판결 참조).

원심판결 이유에 의하면, 원심은 원고가 이 사건 대출금채무에 대하여 보증인적 지위에 있으므로 민법 제482조에 의하여 물상담보 제공자인 B, G에 대한 대위권 행사의 범위가 제한되어야 하고, 따라서 그 면책범위도 제한되어야 한다는 피고의 주장에 대하여, 원고는 이 사건 대출금채무에 대하여 보증인적 지위에 있지 않다고 판단하여 이를 배척하였는바, 앞서 본 법리와 기록에 비추어 살펴보면 원심의 위와 같은 판단은 정당한 것으로 수긍이 가고, 거기에 상고이유에서 주장하는 바와 같이 의사표시의 해석이나 민법 제482조에 관한 법리를 오해한 위법이 있다고 할 수 없다.

[評 釋]

Ⅰ. 대상 판결의 주요한 쟁점

대상 판결은 여러 가지 중요한 쟁점에 대하여 판단하고 있다. 즉 이른바 借名貸出은 통정허위표시로서 무효임을 전제로 하여,[3] 破産管財人인 피고는 민법 제108조 제2항의 선의의 제3자에 해당한다는 점, 그렇지만 통정허위표시상의 채무자인 원고는 파산관재인인 피고에 대하여 C 금고가 실채무자인 A 회사에 대하여 가지는 채권 및 이에 관한 담보권을 당연히 대위행사할 수 있는 지위에 있음을 주장할 수 있다는 점 및 이 경우 원고는 물상보증인인 B, G에 대한 관계에 있어서 보증인의 지위에 있지 않다는 점 등을 판시하고 있다.

차명대출이 통정허위표시로서 무효라는 점에 대하여는 판례가 엇갈리고 있기는 하나 종전에도 판례가 있었다. 그리고 파산관재인이 민법 제108조 제2항의 제3자에 해당하는가 하는 점에 관하여는 이미 대법원 2003. 6. 24. 선고 2002다48214 판결[4]이 판시한 바 있고, 대상판결은 이 판결을 따르고 있다. 다른 한편 통정허위표시상의 채무자를 연대보증인으로 취급할 수 있는가에 관하여도 판례가 엇갈리고 있다. 그러나 이 사건과 같은 경우에 채무자가 파산관재인에 대하여 변제자대위 내지 그로 인한 면책을 주장할 수 있는가에 관하여는 종전에 판례가 없었다.

여기서는 주로 이러한 차명대출이 통정허위표시로서 무효라고 볼 수 있는가에 관하여 살펴보고, 대상판결이 다루고 있는 다른 논점에 대하여도 간략히 언급하고자 한다.

3) 엄밀히 말하여 대상판결에서는 원고와 C 금고 사이의 여신거래약정이 통정허위표시로서 무효인가 하는 점은 쟁점은 아니었다. 원심은 위 여신거래약정이 통정허위표시로서 무효라고 하였고, 상고이유도 이를 전제로 하고 있기 때문에 대법원으로서는 이에 대하여 정면으로 판단하지는 않았다.

4) 公 2003하, 1581. 이 사건 원심판결은 이 판결을 인용하고 있다.

Ⅱ. 借名貸出의 效力

1. 爭點의 소재

금융기관으로부터 대출을 받으려는 사람이 여러 가지 이유로 자기 이름으로 대출을 받기 어려운 경우에,[5] 다른 사람의 동의를 받아 그 사람의 이름을 빌려 그 다른 사람을 채무자(借主)로 내세워 대출을 받는 경우가 많다. 이 경우에는 대출을 해 주는 貸主인 금융기관도 그러한 사실을 알면서도 대출을 해 주는 것이 일반적이다. 이를 借名貸出 또는 名義貸與與信이라고 부른다.

이러한 경우에 채무자(借主)의 명의를 빌려준 명의대여자가 금융기관에 대하여 대출계약상의 채무자로서의 책임을 부담하는가 하는 점이 문제된다.[6] 즉 이러한 차명대출이 명의대여자와의 관계에서는 통정허위표시로서 무효인가 하는 점이 문제인 것이다. 그리고 일부 판례에서는 명의대여자의 의사표시가 非眞意表示로서 무효인가 하는 점도 문제되었다.

2. 종래의 판례

이 점에 관하여는 유사한 사실관계에서 판례가 서로 다른 결론을 보이고 있다.[7]

---

5) 예컨대 상호저축은행법(구 신용금고법)상의 동일인 대출 한도를 초과하는 경우 등.

6) 이하의 서술은 대출을 담당하는 금융기관의 직원이 이러한 명의대여 사실을 알고 그에 대하여 동의를 한 경우를 전제로 한다.

7) 판례를 분석한 종전의 문헌으로는 尹眞秀, "契約 當事者의 確定에 관한 考察", 判例實務研究Ⅱ, 1998, 361면 이하(원래는 法曹 1997. 11. 및 1997. 12에 수록되었던 것이다); 朴敏秀, "貸出契約書의 名義上 主債務者가 實質的 主債務者와 다른 경우의 法律關係", 判例研究 第12輯, 2001, 519면 이하; 吳昌洙, "同一人 與信限度 제한을 회피하기 위하여 제3자와 체결한 貸出約定의 效力", 判例研究 제16집 上, 2002, 156면 이하; 郭宗勳, "名義貸與에 의한 貸出約定과 通情虛僞表示", 民事裁判의 諸問題 제12권, 2003, 191면 이하; 韓栽棒, "貸出制限規定의 適用을 회피하기 위하여 他人의 名義를 빌려 체결한 貸出約定의 效力", 裁判과 判例 제12집, 2004, 297면 이하; 田慶根, "貸出契約의 當事者 決定에 관한 研究", 法曹 2004. 3, 40면 이하; 裵鍾根, "借名貸出名義者의 責任判斷에 관한 大法院判例의 批判的 檢討", 法曹 2006. 2, 45면 이하 등이 있다.

가. 通情虛僞表示로서 無效라고 한 判例

전형적인 판례로서 대법원 2001. 5. 29. 선고 2001다11765 판결[8]을 들 수 있다. 이 사건의 내용은 소외 1이 원고 축산업협동조합으로부터 대출을 받으려고 하였으나 동일인에 대한 대출한도의 제한 때문에 피고의 승낙을 받아 피고가 주채무자가 되어 대출을 받은 것이다. 원고 조합이 피고에게 그 대여금의 반환을 청구하자, 피고는 위 대출계약이 비진의표시에 해당하거나 통정허위표시로서 무효라고 주장하였다.

그러나 원심 판결은 다음과 같은 이유로 이를 배척하였다. 즉 피고가 원고 조합 직원인 소외 2를 만나 금전소비대차계약서에 주채무자로 직접 서명날인을 하였고, 원고 조합은 피고와 이 사건 소비대차계약을 체결할 무렵 피고로부터 융자상담 및 신청서를 교부받음과 아울러 피고에 대한 여신거래명세서, 채무자조회표를 작성해 두었으며, 그 외에 신용조사서를 작성함에 있어 피고를 주채무자로 하여 그 주소, 직장, 자택, 전화번호 및 재산 상태 등에 대한 기재와 함께, 종합의견란에 '차주로서 적합함'이라고 기재한 사실, 또한 소외 2는 피고로부터 위 금전소비대차계약서를 교부받을 무렵 위 대출금에 관하여 피고에게도 그 변제책임이 발생할 가능성을 고지한 사실 등을 인정할 수 있는바, 피고는 위 금전소비대차계약서에 서명·날인함으로써 원고 조합에게 자신이 이 사건 소비대차계약의 주채무자임을 표시한 것이고(비록 원고 조합의 여신한도 제한을 회피하기 위하여 소외 1로 하여금 피고 명의로 대출을 받아 이를 사용하도록 할 의도가 있었다거나 그 원리금을 소외 1의 부담으로 상환하기로 하였더라도 이는 특별한 사정이 없는 한 그 법률상 효과까지 소외 1의 부담으로 하려는 의사로 볼 수 없다), 원고 조합으로서도 소외 2가 피고에 대하여 변제책임의 가능성을 고지하였고 더 나아가 신용조사서 등까지 작성해 둠으로써 피고를 이 사건 소비대차계약상 주채무자로 삼을 의사였다고 봄이 상당하다는 것이다.

그러나 대법원은 다음과 같은 이유로 원심판결을 파기하였다. 우선 일반론으로서 "동일인에 대한 대출액 한도를 제한한 법령이나 금융기관 내부규정의 적용을 회피하기 위하여 실질적인 주채무자가 실제 대출받고자 하는 채무액에 대하여 제 3 자를 형식상의 주채무자로 내세우고, 금융기관도 이를 양해하여 제

8) 公 2001상, 1477.

3 자에 대하여는 채무자로서의 책임을 지우지 않을 의도 하에 제 3 자 명의로 대출관계서류를 작성받은 경우, 제 3 자는 형식상의 명의만을 빌려 준 자에 불과하고 그 대출계약의 실질적인 당사자는 금융기관과 실질적 주채무자이므로, 제 3 자 명의로 되어 있는 대출약정은 그 금융기관의 양해 하에 그에 따른 채무부담의 의사 없이 형식적으로 이루어진 것에 불과하여 통정허위표시에 해당하는 무효의 법률행위이다"라는 법률론을 설시하면서 같은 취지의 종전의 대법원 판례[9]를 인용하였다.

그리하여 소외 2가 피고에 대하여 변제책임의 가능성을 고지하였다는 점에 대하여는 그와 같은 취지의 소위 2의 증언을 쉽게 믿기는 어렵고, 이 사건 대출 당시 피고에 대하여 작성된 신용조사서는 사실조사 없이 형식적으로 작성된 것이고, 원심이 들고 있는 나머지 서류들은 금융기관에서의 소비대차계약에서 당연히 작성되는 서류이므로, 이러한 서류가 작성되었다는 것만으로 피고가 자신이 이 사건 소비대차계약의 주채무자가 될 의사를 표시하고 원고 조합 역시 피고를 주채무자로 삼을 의사이었다고 단정할 수는 없다고 하였다.

나아가 원심이 배척하지 아니한 증거들에 의하면, 당시 소외 2는 원고 조합의 상무로 등기되어 있었는데 원고 조합의 정관에 의하면 지소의 상무는 지소의 일상업무에 관하여 조합을 대표하도록 되어 있는 사실, 위 지소에서 정상적으로 대출할 경우 대출신청인이 지소에 나와 대출서류를 작성함에도 이 사건 대출서류들은 소외 2 또는 소외 3이 소외 1로부터 연락을 받고 삼성빌라 분양사무실로 가서 이를 작성받았으며, 이 때 소외 1이 제 3 자에게 명의신탁하여 둔 부동산을 이 사건 대출금에 대한 담보로 제공한 사실, 소외 3은 피고로부터 이 사건 대출금의 수령권을 소외 1에게 위임한다는 내용의 위임장 등은 받지 아니하였음에도 소외 1이 실수령자라고 보아 이 사건 대출금을 그가 이전에 소외 다른 사람의 명의를 빌려 차용한 대출금의 변제에 바로 충당한 사실, 정상적인 대출의 경우 대출승인이 나면 대출신청인에게 지급사실을 통보하여 이를 찾아가도록 하나 이 사건 대출금 지급과정에서는 피고에게 이러한 통지도 하지 아니한 사실, 이 사건 대출금에 대하여 1995년 초경부터 이자지급이 연체되었고 상환기일인 1995. 6. 16.에 변제되지 아니하였음에도 원고 조합의 지소에서는 대출금이 소외 1에게 지급되었고 그가 서산에 있는 아파트 부지를

9) 대법원 1996. 8. 23. 선고 96다18076 판결; 1999. 3. 12. 선고 98다48989 판결; 2001. 2. 23. 선고 2000다65864 판결 등.

정리하여 변제하겠다고 하므로 이를 믿고 피고에게 원리금 상환이나 기한의 연장 또는 재대출 등의 조치를 취하지 않은 채 소외 1의 해결만을 기다린 사실, 위 지소에서는 1995. 12. 30. 관련 직원들이 갹출하여 위 대출금에 대한 1995. 1. 1.부터 1995. 12. 31.까지의 지연손해금을 대납하였고 이후 1996. 3. 경 피고에 대하여 독촉장 및 최고장을 발송하고서도 1996. 12. 31. 다시 위 지소 관련 직원들이 갹출하여 위 대출금에 대한 1996. 1. 1.부터 1996. 12. 31.까지의 지연손해금을 대납한 사실 등을 알아 볼 수 있는바, 사정이 이와 같다면 피고가 위 소외 1의 가족 또는 친족관계에 있지 아니하고 또 그와 이해관계가 합치되어 이 사건 대출명의대여에 이르렀다고 볼 수도 없는 이상, 실질적인 주채무자인 소외 1이 원고 조합과 대출상담을 한 후 실제 대출받고자 하는 채무액 중 일부에 대하여 피고를 형식적인 주채무자로 내세웠고 원고 조합을 대표할 권한이 있는 지소장 소외 2도 이를 양해하면서 피고에 대하여는 채무자로서의 책임을 지우지 않을 의도 하에 피고 명의로 대출관계서류를 작성받았다고 추단하는 것이 합당하다고 하여 원심이 피고의 위 통정허위표시의 항변을 배척한 것은 판결의 결과에 영향을 미친 위법을 저지른 것이라고 하였다. 이 외에 같은 취지의 판결례는 여러 개 있다.[10)]

나. 通情虛僞表示가 아니라고 한 판례

반면 이와 다른 판례도 여러 개 찾아볼 수 있다. 이 가운데 비교적 근래에 나온 판례 중 2개를 살펴본다. 우선 대법원 2003. 4. 8. 선고 2002다38675 판결[11)]의 원심판결이 인정한 사실관계는 대체로 다음과 같다.

① 심**은 1996. 10. 15.경부터 1998. 8. 2.경까지 파산자인 수성신용협동조합의 이사장 또는 그 직무대행으로 재직하면서, 종교단체인 대순진리회의 교감으로서 경북 지역 및 대구 남구 지역을 관할하는 총책임자이기도 하였는데,

---

10) 대법원 1991. 4. 23. 선고 90다19657 판결(集 39권 2집 民66면; 公 1991, 1461); 1996. 8. 23. 선고 96다18076 판결(公 1996하, 2847); 1999. 3. 12. 선고 98다48989 판결(公 1999상, 657); 2001. 2. 23. 선고 2000다65864 판결(公 2001상, 759); 2002. 10. 11. 선고 2001다7445 판결(公 2002하, 2670); 2005. 5. 12. 선고 2004다68366 판결(公 2005상, 927) 등. 대법원 2003. 6. 24. 선고 2002다48214 판결(公 2003하, 1581); 2004. 1. 15. 선고 2002다31537 판결(公 2004상, 335)도 이러한 차명대출이 허위표시로서 무효임을 전제로 하여 판단하고 있다. 그 외에 註 7)에서 인용한 郭宗勳, 韓栽棒, 裵鍾根의 각 논문은 같은 취지의 미공간 판례들을 소개하고 있다.

11) 미공간. 郭宗勳(註 7), 211-212면; 韓栽棒(註 7), 318-320면이 이 판결을 소개하고 있다.

대순진리회는 위 심**가 위 조합의 이사장으로 재직하게 됨을 계기로 하여 1996. 10.경부터 수성신협에 예금하기 시작하여 1997년과 1998년에는 그 예금액이 40억 내지 70억 원에 이르렀다.

② 심**은 1996.경부터 전북 부안군에서 임대아파트 293세대를 건축하는 등 건축업에 종사하면서 수성신협의 이사장이라는 직위를 이용하여 수시로 대순진리회의 위 예금 일부를 인출하거나 그 예금을 담보로 하여 수성신협으로부터 대출을 받아 건축공사비로 일시 사용한 후 이를 변제하고는 하였는데, 직원대출금지규정 등에 위배하여 감독기관의 감사에 지적될 것을 우려하여 대순진리회의 신도 및 직원들 명의를 빌려 대출받기로 하고, 1997. 2. 18. 대순진리회의 신도이면서 사무직원인 원고 명의로 1억 5,000만원을 대출받는 등 합계 10억 6,000만원을 수성신협으로부터 대출받았다. 그리고 수성신협의 업무 전반에 관하여 실무를 총괄하는 전무인 권**은 심**가 위와 같이 대순진리회 신도들인 원고 등의 명의로 거액의 돈을 대출받으면서 형식적으로 원고 등 명의의 대출서류를 작성한다는 사실을 알고 있었다.

③ 대순진리회는 그 신도들로부터 기증 받아 소유하고 있는 원심 판시 부동산들을 원고 등 신도들 앞으로 각 명의신탁하여 소유권이전등기를 마쳤는데, 심**는 위와 같이 원고 등 신도들 명의로 대출을 받음에 있어 위 부동산들을 그 대출금 채무에 대한 담보로 제공하였고, 수성신협의 대출담당자 강**은 원고의 명의로 대출서류를 작성함에 있어 그들이 신용불량자로 등록되어 있는지 여부만 확인하고 그 밖에 재산정도, 변제자력 등 신용상태에 대해서는 조사를 하지 아니하였고, 다만 대순진리회 명의의 위 예금에 대하여는 질권 등 담보권을 취득하기로 하고 심**로부터 대순진리회 명의의 담보제공승낙서까지 받았으나 결과적으로 담보권을 취득하지 못하였다.

④ 수성신협은 원고 명의의 위 대출금 중 원금 일부와 1999. 10. 6.까지의 이자를 심**로부터 지급받았다.

⑤ 수성신협은 1999. 11. 10. 대구지방법원으로부터 파산선고를 받고 그 파산관재인으로 피고들이 선임되었는데, 피고 중 최**은 2000. 3. 9.경부터 원고에 대하여 위 대출원리금의 상환을 독촉하였고, 그 이전까지는 수성신협이 원고에 대하여 변제 독촉을 한 적이 없다.

원심판결은 이러한 사실인정에 근거하여, 수성신협은 실질적으로는 이사장인 심**에게 이 사건 대출을 하면서도 직원대출금지규정 등을 위반하여 거액을 대출함으로써 상위감독기관의 감사에서 지적될 것을 우려한 나머지 심**가 제3자인 원고를 형식상 주채무자로 내세웠고, 수성신협도 이를 양해하여 원고에 대하여는 주채무자로서의 책임을 묻지 않을 의도로 원고 명의로 대출관계 서류를 작성받았다고 추단되므로, 원고는 단지 주채무자의 명의만을 빌려 준 자에 불과하고, 수성신협과 사이에서는 심**가 위 소비대차계약의 실질적인 당사자로서 주채무자라고 할 것이므로, 원고가 주채무자로 되어 있는 이 사건 소비대차계약은 수성신협의 양해 아래 채무부담의 의사 없이 형식적으로 이루어진 것으로서 통정허위표시에 해당하여 무효라고 판단하였다.

그러나 대법원은 다음과 같은 이유로 원심판결을 파기하였다. 즉 우선 "통정허위표시가 성립하기 위하여는 사실과 다른 내용의 의사표시가 이루어지고 그러한 허위의 의사표시를 하는 데 관하여 상대방과 사이에 합의가 있어야 하는바, 제3자가 금융기관을 직접 방문하여 금전소비대차약정서에 주채무자로서 서명·날인하였다면 제3자는 자신이 당해 소비대차계약의 주채무자가 될 의사가 있음을 금융기관에 대하여 표시한 셈이고, 제3자가 금융기관이 정한 대출규정의 제한을 회피하여 타인으로 하여금 제3자 명의로 대출을 받아 이를 사용하도록 할 의도가 있었다거나 그 원리금을 타인의 부담으로 상환할 의사였다 하더라도, 특별한 사정이 없는 한 이는 소비대차계약에 따른 경제적 효과를 타인에게 귀속시키려는 의사에 불과할 뿐 그 법률상의 효과까지도 타인에게 귀속시키고 제3자 자신은 이를 부담하지 아니할 의사로는 볼 수 없으므로, 제3자의 의사표시가 허위표시라고 보기는 어렵다(비진의 의사표시에 관한 대법원 1997. 7. 25. 선고 97다8403 판결, 1998. 9. 4. 선고 98다17909 판결 등 참조)"라는 일반론을 설시하였다. 이어서 원고는 인감증명서를 지참하고 수성신협을 직접 방문하여 대출서류와 대출청구서에 각 서명, 날인하였는데, 이로써 원고는 자신이 이 사건 소비대차계약의 주채무자가 될 의사임을 수성신협에 대하여 표시하였다고 할 것이고, 한편 증거에 의하면 심**가 대출을 받음에 있어 명의를 빌려 준 소외 이**가 그 명의대여의 경위에 관하여 "심**가 '아파트를 건설중에 있는데 거기에 돈이 필요하여 그러니 대출명의를 빌려 달라. 담보물은 확실히 있으니 책임 돌아갈 일이 없다'고 하여 명의를 빌려주어도 별일이 없을 것으로 생각하고 명의를 빌려준 것이다. 심**가 대출명의를 빌려달라고 하며 담보가 확실하여 아무런 문제가 없을 것이라고 하여 대출 명의를 빌려준 것뿐이다"고 진술하고 있음을 알 수 있는바, 그렇다면 원심이 판시한 바와 같이 원고가 수성신협의 직원대출금지 규정을 회피하여 심**로 하여금 원고 명의로 대출을 받아 이를 사용하도록 할 의도가 있었다거나 그 원리금을 심**의 부담으로 상환하기로 하였더라도, 특별한 사정이 없는 한 이는 심**가 충분한 물적 담보를 제공함과 아울러 심** 자신에게 대출금 상환의무가 있음을 명확히 하면서 이 사건 소비대차계약에 따른 경제적 효과를 심**만이 부담하였고 원고 등 대출명의인에게 피해가 가지 않도록 하겠다는 것에 불과할 뿐, 그 법률상의 효과까지도 심**에게만 귀속시키고 원고 등 대출명의인에게는 귀속시키지 아니할 의사였다고 볼 수는 없고, 수성신협이 1999. 11. 10. 대구지방법원으로부터 파산선고를 받을 때까지 원고에 대하여 변제 독촉을 하지 않았다는 사정(수성신협은 원고뿐만 아니라 심**에 대하여도 변제독촉을 하지 아니한 것으로 보인다)만으로는 수성신협이 원고에 대하여 주채무자로서의 책임을 묻지 아니할 의도였다고 볼 수는 없을 뿐만 아니라, 수성신협이 이 사건 대출계약을 체결함에 있어 대순진리회가 원고 등 신도들에게 명의신탁한 부동산 등을 담보로 제공받고 나아가 원고가 신용불량자로 등록되어 있는지 여부에 대하여는 조사를 한 점에 비추어 보면, 수성신협으로서는 대출신청서에 표시된 대로 원고를 주채무자로 할 의사가 있었다고 봄이 상당하는 것이다.

그리고 대법원 2003. 6. 24. 선고 2003다7357 판결[12]은 다음과 같은 사안에 관한 것이다. 즉 소외 A는 그 형인 B가 전무로 근무하고 있는 원고 조합[13]으로부터 많은 돈을 대출받아 사용하여 오다가, 1999. 4. 초순경 법원의 경매대상물로 나온 이 사건 부동산을 경락받아 타에 전매하면 큰 차익을 얻을 수 있을 것이라 판단하고 위 부동산을 낙찰받는데 필요한 4억 원을 원고 조합으로부터 대출받고자 B와 대출상담을 하였는데, B의 원고에 대한 기존 대출금채무가 연체되고 있어 B를 주채무자로 하여서는 추가 대출이 불가능하므로, 제3자를 주채무자로 내세워 대출받은 다음 B가 이 사건 부동산을 경락받아 소유권이전등기를 경료하는 즉시 원고 앞으로 위 대출금채무에 대한 근저당권을 설정해 주기로 하였다. 이에 따라 A는 자신의 친구이자 원고 조합의 전 이사장인 C에게 주채무자 명의를 빌려달라고 부탁하였는데, C는 자신이 앞으로 원고로부터 돈을 빌려쓸 일이 많으므로 자신의 명의를 빌려주기는 어렵고 대신 위 업체의 종업원으로 있는 피고의 명의를 빌려 대출을 받게 해주겠다고 한

12) 판례공보 불게재. 법고을 LX에서 검색할 수 있다.
13) 원고 조합은 소송계속 중 파산하여 파산관재인이 소송을 수계하였다.

다음, 피고에게 위와 같은 사정을 얘기하면서 이 사건 부동산을 원고 조합에 담보로 제공하게 되고 원고 조합에서도 양해하기로 하였으니 주채무자 명의를 빌려주더라도 피고가 책임질 일은 전혀 없을 것이라고 하여 피고로부터 주채무자 명의를 빌려주겠다는 승낙을 받았다. 그에 따라 B가 원고 조합의 상무에게 피고 명의로 대출을 실행하도록 지시함에 따라 피고는 1999. 4. 17. C와 함께 원고 조합 사무실로 찾아가, 채무자를 피고, 차용금액을 금 380,000,000원으로 하는 금전소비대차계약서의 채무자란에 서명날인하고, 이 사건 부동산에 대한 근저당권 설정계약서의 채무자란에도 미리 날인하고 대출금수령에 필요한 예금청구서 등 관계서류에도 미리 서명 날인하여 위 서류들을 원고 조합 직원에게 교부하였고, 원고는 같은 날 위 대출금을 피고의 예금계좌에 입금하였다가 이를 바로 인출하여 A에게 교부하였다. A는 제3자 명의로 이 사건 부동산을 낙찰받아 위 대출금으로 낙찰대금을 납부하고 1999. 4. 20. 이 사건 부동산에 관하여 제3자 명의로 소유권이전등기를 경료한 다음, 같은 날 원고 앞으로 채권최고액 금 600,000,000원의 근저당권설정등기를 경료하였다. 그 후 A가 위 대출금을 변제하지 못하자, 원고는 2000. 8.경 이 사건 부동산에 관한 근저당권에 기하여 임의경매신청을 한 다음, 그 경매절차에서 2001. 11. 23. 금 225,788,396원을 배당받아 이를 위 대출원금 중 일부에 충당하였다.

원심은, 비록 피고가 직접 이 사건 금전소비대차약정서 등 대출관계서류의 주채무자란에 서명 날인하였다고 하여도, 위 금전소비대차약정의 실질적인 주채무자는 어디까지나 A이고, 그가 대출절차상의 편의를 위해서 실제 대출받고자 하는 채무액에 대하여 피고를 형식상의 주채무자로 내세우고, 원고를 대리하여 이 사건 대출을 실행한 위 김**도 이를 양해하여 피고에 대하여는 채무자로서의 책임을 지우지 않을 의도 하에 피고 명의로 대출관계서류를 작성받은 이상, 피고는 형식상의 명의만을 빌려준 자에 불과하고 그 대출약정의 실질적인 당사자는 원고와 A이므로 피고 명의로 되어 있는 이 사건 금전소비대차약정은 원고의 양해 하에 그에 따른 채무부담의 의사 없이 형식적으로 이루어진 것에 불과하여 통정허위표시에 해당하는 무효의 법률행위라고 판단하였다.

그러나 대법원은 다음과 같은 이유로 원심판결을 파기하였다. 우선 위 대법원 2003. 4. 8. 선고 2002다38675 판결(註 11) 등을 인용하면서 그와 동일한 일반론을 전개하였다. 그리고 피고는 직접 원고 조합을 방문하여 이 사건 금전소비대차약정서, 이 사건 부동산에 대한 근저당권설정계약서 및 그 밖에 대출금 수령에 필요한 예금청구서 등 관계서류에 서명 날인하거나 날인하였다는 것이므로, 이로써 피고는 자신이 이 사건 금전소비대차계약의 주채무자가 될 의사임을 원고에 대하여 표시하였다고 할 것이고, 한편 A가 기존 대출금채무가 연체되고 있어 추가 대출이 불가능하자 C를 통하여 피고에게 이 사건 부동산을 담보로 제공하게 되므로 주채무자 명의를 빌려 주더라도 피고가 책임질 일은 전혀 없을 것이라고 하여 피고가 이를 승낙하였다는 것이지만, 이와 같이 A의 원고에 대한 기존 대출금채무가 연체되어 있는 관계상 피고 명의로 대출을 받아 이를 사용하도록 할 의도가 있었다거나 그 원리금을 A의 부담으로 상환하기로 하였더라도, 특별한 사정이 없는 한 이는 A가 물적 담보를 제공함과 아울러 A에게 대출금 상환의무가 있음을 명확히 하면서 이 사건 금전소비대차계약에 따른 경제적 효과를 A에게 귀속시키려는 의사에 불과할 뿐, 그 법률상의 효과까지도 A에게만 귀속시키고 대출명의인인 피고에게 귀속시키지 아니할 의사였다고 볼 수는 없다고 하였다.[14)]

또한 대법원 1997. 7. 25. 선고 97다8403 판결[15)]은 이러한 借名貸出이 非眞意表示로서 무효라고 할 수도 없다고 하였다. 즉 피고(명의대여자)는 명의차용자로 하여금 피고를 대리하여 상호신용금고로부터 대출을 받도록 한 것이고 다만 그 대출금을 명의차용자가 사용하는 것을 승낙하였을 뿐이라고 봄이 합리적이라 할 것이고, 이와 같은 경우 피고의 의사는 특별한 사정이 없는 한 위 대출에 따른 경제적인 효과는 명의차용자에게 귀속시킬지라도 그 법률상의 효과는 자신에게 귀속시킴으로써 위 대출금채무에 대한 주채무자로서의 책임을 지겠다는 것으로 보아야 할 것이므로, 피고가 위 대출을 받음에 있어서 한 표시행위의 의미가 피고의 진의와는 다르다고 할 수 없고, 설사 피고의 내심의 의사가 위 대출에 따른 법률상의 효과마저도 명의차용자에게 귀속시키고 자신은 책임을 지지 않을 의사였다고 하여도, 상대방인 상호신용금고가 피고의 이와 같은 의사를 알았거나 알 수 있었을 경우라야 비로소 그 의사표시는 무효로 되는 것인데, 명의차용자의 상호신용금고에 대한 개인대출한도가 초과되어 명의차용자 명의로는 대출이 되지 않아 상호신용금고의 감사의 권유로 피고의

14) 같은 취지, 대법원 1980. 7. 8. 선고 80다639 판결(公 1980, 13000); 1996. 9. 24. 선고 96다21492 판결(公 1996하, 3181); 1997. 7. 25. 선고 97다8403 판결(公 1997하, 2694); 1998. 9. 4. 선고 98다17909 판결(公 1998하, 2394) 등. 그 외 같은 취지의 미공간 판결례에 관하여는 註 7)에서 인용한 郭宗勳, 韓栽棒, 裵鍾根의 각 논문 참조.

15) 公 1997하, 2694.

명의로 대출신청을 하고 그 대출금은 피고가 아니라 명의차용자가 사용하기로 하였다고 하여도 상호신용금고가 피고의 위와 같은 내심의 의사마저 알았거나 알 수 있었다고 볼 수는 없다는 것이다.16)

3. 판례의 분석

가. 판례들 사이의 관계

위에서 살펴본 것처럼 차명대출이 명의상 채무자에 대한 관계에 있어서는 통정허위표시로서 무효라고 한 판례도 있고, 무효가 아니라고 한 것도 있다. 이들 사이의 관계를 어떻게 파악하여야 할 것인가?

우선 위의 각 판례는 그 일반론에 있어서 차이를 보이고 있다. 통정허위표시를 인정한 판례는 "동일인에 대한 대출액 한도를 제한한 법령이나 금융기관 내부규정의 적용을 회피하기 위하여 실질적인 주채무자가 실제 대출받고자 하는 채무액에 대하여 제 3 자를 형식상의 주채무자로 내세우고, 금융기관도 이를 양해하여 제 3 자에 대하여는 채무자로서의 책임을 지우지 않을 의도 하에 제 3 자 명의로 대출관계서류를 작성받은 경우, 제 3 자는 형식상의 명의만을 빌려 준 자에 불과하고 그 대출계약의 실질적인 당사자는 금융기관과 실질적 주채무자이므로, 제 3 자 명의로 되어 있는 대출약정은 그 금융기관의 양해 하에 그에 따른 채무부담의 의사 없이 형식적으로 이루어진 것에 불과하여 통정허위표시에 해당하는 무효의 법률행위이다"라고 설시하고 있다. 반면 통정허위표시가 아니라고 한 판례는 "통정허위표시가 성립하기 위하여는 의사표시의 진의와 표시가 일치하지 아니하고, 그 불일치에 관하여 상대방과 사이에 합의가 있어야 하는바, 제 3 자가 금융기관을 직접 방문하여 금전소비대차약정서에 주채무자로서 서명 날인하였다면 제 3 자는 자신이 당해 소비대차계약의 주채무자임을 금융기관에 대하여 표시한 셈이고, 제 3 자가 금융기관이 정한 대출규정의 제한을 회피하여 타인으로 하여금 제 3 자 명의로 대출을 받아 이를 사용하도록 할 의도가 있었다거나 그 원리금을 타인의 부담으로 상환하기로 하였더라도, 특별한 사정이 없는 한 이는 소비대차계약에 따른 경제적 효과를 타인에게 귀속시키려는 의사에 불과할 뿐, 그 법률상의 효과까지도 타인에게 귀속시키려

16) 같은 취지, 대법원 1996. 9. 10. 선고 96다18182 판결(公 1996하, 3000).

는 의사로 볼 수는 없으므로, 제 3 자의 진의와 표시에 불일치가 있다고 보기는 어렵다"라고 설시하고 있는 것이다.

이러한 각 법률론은 상호 모순된다고 하지 않을 수 없다. 허위표시를 인정한 판례는 명의대여자에게 채무부담의 의사가 없었다고 한 반면, 허위표시를 부정한 판례는 명의대여자에게 그러한 채무부담의 의사가 없었다고는 볼 수 없다고 하고 있는 것이다. 판례의 표현상 양자의 차이를 찾자면 허위표시를 인정한 판례는 금융기관이 양해하였다는 점을 들고 있다는 점을 들 수 있으나, 금융기관의 양해 여부가 명의대여자의 채무부담의 의사 유무 자체에 영향을 주는 것이라고 생각하기는 어렵다. 뿐만 아니라 양 판례는 다른 취지의 판례에 대하여는 전혀 언급을 하지 않고 있다. 그러므로 어느 것이 원칙이고 어느 것이 예외인지를 알기 어렵다.

이론적인 면을 떠나서 결과만을 가지고 논한다면 각 사건마다 사실관계에 차이가 있기 때문에 판례가 실질적으로 모순되는 것은 아니라고 하는 설명이 있을 수 있다.[17] 예컨대 통정허위표시를 긍정한 판례들은 금융기관이 명의대여자에 대하여 기초적인 신용조사를 제대로 하지 않았다는 점을 통정허위표시를 인정하기 위한 중요한 근거로 들고 있고,[18] 통정허위표시를 부정한 판례 가운데에도 원심이 기초적인 신용조사를 하지 않았음을 이유로 통정허위표시라고 한 것을 파기하면서 그 이유 중 하나로서 기초적인 신용조사를 하지 않았다고 보기는 어렵다는 점을 들고 있다.[19]

그러나 기초적인 신용조사 여부가 그처럼 중요한 것인가 하는 점은 의문이다.[20] 통정허위표시를 부정한 대법원 2003. 4. 8. 선고 2002다38675 판결(註

17) 韓栽棒(註 7), 332면은 판례의 태도가 통일적 기준을 제시하지 못하여 법적 안정성의 측면에서는 혼란을 초래할 우려가 있어 바람직하지는 않지만, 그 사안마다 사실인정의 미묘한 차이가 있을 뿐만 아니라 구체적 타당성의 관점에서 볼 때 이를 수긍할 수 없는 것도 아니라고 한다.

18) 吳昌洙(註 7), 167면 이하; 사법연수원, 금융거래법, 2004, 96면 등 참조. 韓栽棒(註 7), 335면 이하는 판례는 의사표시의 주체가 금융기관의 대표이사 또는 금융기관을 대표할 자격이 있거나 대출업무를 실질적으로 관장하는 책임자이어야 하고, 금융기관이 명의대여 사실을 알거나 소극적으로 묵인하는 정도를 넘어서 행위자의 편법대출행위에 적극적으로 가담하여 그 편법대출의 방법을 구체적으로 상의하는 정도에 이른 것인지 여부 및 명의자와의 문답을 통하여 기초적인 신용조사를 하였느냐를 매우 중요한 판단자료로 삼고 있는 것이라고 보고 있다.

19) 대법원 1998. 9. 4. 선고 98다17909 판결(註 14).

20) 裵鍾根(註 7), 65-66면은 실질채무자가 대출을 받고 그 경제적인 효과를 받으면서 대출계약서상으로는 대출명의자를 대출자로 하는 형식적인 대출계약서를 작성하는 것이라는 사실에 관하여 쌍방간에 양해가 된 상황이기 때문에 신용조사를 중요하게 고려할 수도 또 그렇게

11)의 경우에는 원심이 명의상 주채무자인 원고의 신용상태에 대하여는 조사를 하지 않았던 것 등을 근거로 하여 통정허위표시라고 인정한 데 대하여, 원고가 신용불량자로 등록되어 있는지 여부에 대하여는 조사를 한 점 등을 이유로 하여 원심판결을 파기하였다.

그 외에 판례가 통정허위표시를 인정하기 위한 근거로서 대출금을 명의대여자에게 지급한 것이 아니라 명의차용자에게 지급한 점, 원리금의 변제를 명의대여자 아닌 명의차용자가 한 점 등을 들고 있기도 하나, 금융기관이 이러한 명의 차용 사실을 안 경우에는 대출금을 명의차용자에게 지급하고, 원리금을 명의차용자가 지급하는 것 등은 어떻게 보면 당연한 일이고, 그것만으로는 통정허위표시를 인정할 근거가 되지 못한다.[21)]

반대로 통정허위표시를 부정한 판례는 제 3 자가 금융기관을 직접 방문하여 금전소비대차약정서에 주채무자로서 서명 날인하였다는 점을 강조하고 있으나, 이 또한 차명대출에서는 통상 있을 수 있는 일이므로 이것이 중요한 의미를 가진다고 하기는 어렵다.[22)]

그리고 명의대여자가 명의차용자와 가족 또는 친족관계에 있는 경우에는 명의대여자의 책임이 부정된 예가 없는 것 같다는 분석도 있으나,[23)] 반대로 명의대여자가 명의차용자와 가족 또는 친족관계에 있지 않다고 하여 항상 통정

할 필요도 없는 경우가 대부분이고, 규범적으로 중요한 것은 대출명의자에 대한 신용조사의 흠결이 곧 그에 대한 한계적 책임까지 묻지 않을 의도를 추단하는 사정으로 볼 수 있는가의 문제가 되는데, 대출명의자의 자력과는 비교도 되지 않는 금액의 대출을 실행하면서 신용조사를 하도록 되어 있는 내부규정에 위배하여 신용조사를 전혀 하지 않거나 혹은 전혀 사실과 다른 허위의 신용조사서를 작성하였을 경우에는 대출명의자로부터는 변제받을 의사가 없이 대출계약에 임하였음을 추단할 수 있는 유력한 간접사실의 하나가 될 수 있을 뿐, 그러한 사정만으로 법률적 책임을 묻지 않기로 하는 합의가 있다고 할 것은 아니라고 한다.

21) 裵鍾根(註 7), 66-67면도 같은 취지이다.

22) 같은 취지, 裵鍾根(註 7), 64-65면.

23) 裵鍾根(註 7), 52-53면은 그러한 근거로서 대법원 2001. 12. 11. 선고 2001다48804 판결(미공간)을 인용하고 있다. 위 대법원 2001. 5. 29. 선고 2001다11765 판결(註 8)은 차명대출이 통정허위표시로서 무효라고 하면서 "피고가 위 소외 1의 가족 또는 친족관계에 있지 아니하고 또 그와 이해관계가 합치되어 이 사건 대출명의대여에 이르렀다고 볼 수도 없는 이상, 실질적인 주채무자인 소외 1이 원고 조합과 대출상담을 한 후 실제 대출받고자 하는 채무액 중 일부에 대하여 피고를 형식적인 주채무자로 내세웠고 원고 조합을 대표할 권한이 있는 지소장 소외 2도 이를 양해하면서 피고에 대하여는 채무자로서의 책임을 지우지 않을 의도하에 피고 명의로 대출관계서류를 작성받았다고 추단하는 것이 합당하다 할 것이다"라고 판시하여 명의대여자가 명의차용자와 가족 또는 친족관계에 있다면 결론이 달라질 수 있다는 뉘앙스를 풍기고 있다. 또한 韓栽棒(註 7), 332면도 판례가 행위자와 명의자가 가족 또는 친족관계에 있거나 긴밀한 이해관계가 있는지를 고려하고 있다고 한다.

허위표시가 인정된 것은 아니다.

추상적인 이론으로서는 금융기관이 명의대여자에 대하여는 채무자로서의 책임을 지우지 않을 의도 하에 대출을 하였다면 이는 통정허위표시인 반면 금융기관에게는 그러한 의도가 없었다면 이는 통정허위표시가 아니라고 구분할 수도 있을 것이다. 그러나 이제까지의 판례상으로는 무엇을 근거로 하여 그러한 구분이 이루어지는가가 불명확하고, 따라서 현재의 판례대로라면 어느 경우에 통정허위표시라고 인정될 것인가 하는 점에 관하여 예측가능성이 별로 없다고 할 수 있다.[24)]

민사실무연구회에서의 발표 당시에도 지정토론자인 이진만 부장판사를 비롯한 여러 토론자들이 판례가 반드시 모순된다고 하기는 어렵고, 판례도 원칙적으로는 차명대출을 허위표시로 보지 않고 있으며 예외적으로 금융기관이 명의대여자에게 책임을 묻지 않겠다는 의사표시를 한 경우에만 허위표시를 인정하고 있다고 주장하였다. 구체적인 재판기록을 보지 못한 필자로서는 그러한 가능성을 전혀 배제할 수는 없다. 그러나 이제까지의 판결에는 그러한 점이 나타나 있지 않다. 뿐만 아니라 허위표시 여부에 관하여 1, 2심의 판단과 대법원의 판단이 다른 경우도 많았는데, 이 점에 비추어 본다면 적어도 현재의 판례는 하급심과 당사자들에게 명확한 기준을 제시하지 못하고 있다고 할 수 있다.

나. 通情虛僞表示라고 보는 경우의 法律關係

차명대출을 금융기관과 명의대여자와의 사이에서는 통정허위표시라고 보는 경우에는 구체적으로 어떻게 되는 것일까? 판례는 이러한 경우에 대출계약의 실질적인 당사자라는 표현을 쓰면서 이는 금융기관과 명의차용자라고 하고 있다.[25)] 이렇게 되면 관념적으로는 허위표시로서 무효인 금융기관과 명의대여

---

24) 郭宗勳(註 7), 213면; 裵鍾根(註 7), 50-51면, 90-91면; 孫鉉讚, “契約 當事者의 確定: 他人의 이름으로 契約을 체결한 경우를 중심으로”, 裁判과 判例 제10집, 2001, 217면 등 참조. 통정허위표시를 인정한 대법원 2001. 5. 29. 선고 2001다11765 판결(註 8)과 이를 부정한 대법원 2003. 6. 24. 선고 2003다7357 판결(註 12)의 주심 대법관은 동일인이었다.

25) 위 註 9) 및 註 10)에서 인용한 대법원 1996. 8. 23. 선고 96다18076 판결; 2002. 10. 11. 선고 2001다7445 판결; 2004. 1. 15. 선고 2002다31537 판결 등 참조. 대상판결도 같은 취지라고 여겨진다. 田慶根(註 7), 67면은 이러한 경우에 금융기관과 명의대여자 사이에 체결된 계약이 무효임에도 불구하고 실질적인 주채무자에게 대출금이 지급되었다는 점에서 부당이득에 해당하므로 금융기관은 실질적인 주채무자를 상대로 부당이득의 반환을 청구할 수 있다고 하나, 금융기관과 명의차용자(실질적인 주채무자) 사이에 대출계약이 존재한다면 부당이득의 반환은 문제되지 않을 것이다.

자 사이의 대출계약과, 隱匿行爲인 유효한 금융기관과 명의차용자 사이의 대출계약이 별도로 존재하는 것이 된다.

그런데 이에 대하여는 판례가 차명대출이 허위표시로서 무효라고 하는 사안에서 이를 허위표시로 보기보다는 계약당사자의 확정 문제로 보아 실질적 주채무자를 계약당사자로 하기로 한 사실관계의 한 표현으로 보고 싶다고 하는 견해가 있다. 이 견해는 선불리 대출계약 당사자를 실질적 주채무자로 본다거나 명의대여자의 계약을 통정허위표시로서 무효화할 것은 아니지만, 실제적으로 거래당사자 간에 명의대여자를 당사자로 하면서도 그 계약의 법적 효과는 명의대여자 아닌 명의차용자에게만 미치는 것으로 합의하는 경우도 상정할 수 있다고 하면서, 그와 같은 경우 위 명의대여자와 상대방 간의 계약은 통정허위표시로서 무효라고 볼 수도 있겠지만, 금융기관의 대출계약은 워낙 복잡하여 약관화, 정형화된 서면에 당사자의 서명 등이 이루어지고 금융기관 소정의 내부절차를 마침으로써 그 서면에 의하여 대출계약의 성부가 확정될 뿐 이와 별도로 이루어지는 구두계약(이면계약)을 상정하기는 좀처럼 어려우며, 이러한 경우에 그 대출약정은 상호신용금고와 실질적 주채무자와 사이에 이루어지고 행정적 제재를 피할 목적으로 그 주채무자의 표상이 당사자의 양해하에 제3자의 명의로 된 것에 불과하여 거기에는 가장행위와 은닉행위라는 두개의 법률행위가 따로 존재하는 것이 아니라 위 대출계약서가 가리키는 상호신용금고와 실질적 주채무자 간의 하나의 대출약정이 있을 뿐이라고 한다.[26)]

실제로 대법원의 판례 가운데에도 차명대출에 관하여 허위표시 여부에 대하여는 언급이 없이 명의차용자를 대출계약의 당사자로 본 것도 있다.[27)]

그러나 이러한 문제를 계약당사자 확정이라는 측면에서만 파악하고, 허위

26) 朴敏秀(註 7), 548면 이하 참조. 같은 취지, 孫鉉讚(註 24), 218면 이하; 安承勳, "契約當事者를 결정하기 위한 法律行爲의 解釋方法과 通情虛僞表示理論과의 관계", 法曹 2006. 3, 257면 이하 등.

27) 대법원 1992. 6. 12. 선고 92다10722 판결(公 1992, 2139). 이 사건에서는 명의차용자가 주채무자인 명의대여자를 위하여 연대보증 및 물상보증을 하는 형식을 취하였는데 피고인 금융기관이 대출금을 명의차용인 아닌 명의대여자측에게 지급하고 명의차용자의 대출금 지급요구를 거절하자 명의차용자가 피고의 채무불이행을 이유로 기본계약을 해지하고 근저당권설정등기 말소를 청구한 사건인데, 대법원은 "이와 같이 금융기관인 피고 금고가 이 사건 금원대출에 관한 약정을 함에 있어 실제로 대출을 받는 자가 원고이고, 소외 한**는 그 금원대출의 편법으로 사용된 어음할인거래약정에 필요한 사업자등록을 갖고 있는 자로서 단지 원고에게 자신의 명의를 빌려 준 자에 불과한 자라는 사실을 잘 알고 있었음은 물론, 이러한 편법의 사용 자체가 대출방법에 관한 원고와 피고 금고와의 구체적인 약정에 따른 것이라면, 그 대출계약의 당사자는 원고로 보아야 할 것"이라고 하여 원고의 청구가 정당하다고 하였다.

표시의 문제를 다루지 않는 것은 어렵다고 생각된다. 즉 분명히 금융기관과 명의대여자 사이의 대출계약이라는 외형이 존재하는데, 제3자가 이러한 외형을 믿고 거래를 하였다면 이러한 제3자를 신뢰할 필요가 있으므로 이 경우에는 허위표시의 규정을 적용할 필요가 있는 것이다.[28] 독일 민법 제117조 제1항은 허위표시가 무효임을 규정하고, 제2항은 "가장행위에 의하여 다른 법률행위가 은닉되어 있는 때에는, 은닉된 법률행위에 관한 규정이 적용된다"고 규정하고 있는데, 우리 민법에는 이러한 은닉행위에 관한 규정이 없으나, 통모허위표시에 은닉행위가 수반되는 것은 통상적인 일이고, 이를 가리켜 이례적인 것이라고 할 수는 없다. 다만 차명대출을 명의대여자(대출명의자)와의 사이에서는 허위표시라고 보고 대신 명의차용자와 금융기관 사이에 대출계약이 성립하였다고 본다면 허위표시와 은닉행위의 당사자가 달라지는 것이 되나 그것이 이론적으로 문제될 것은 없다.

나아가 이러한 경우에 명의대여자가 주채무자임을 전제로 하여 인적, 물적 담보가 설정된 경우에 그러한 담보의 효력은 어떻게 될 것인가? 대상판결의 경우에는 원고를 주채무자로 하여 원고의 대표이사인 F가 연대보증인이 되었고, 또 B, G 소유의 부동산에 관하여 원고를 채무자로 하는 근저당권설정등기가 경료된 바 있다.

대상판결은 위 근저당권에 대하여는, 위 근저당권은 C 금고가 실채무자인 A 회사에 대하여 가지는 채권을 담보하는 것으로서 유효하다는 태도를 보이고 있다.[29] 그리고 명의대여자를 주채무자로 하는 연대보증의 효력에 관하여 대법

28) 韓秾棒(註 7), 310-311면도 같은 취지이다. 예금계약에 관하여 예금명의인 아닌 출연자가 계약당사자로 된 경우에도 예컨대 제3자가 명의자를 예금주라고 믿고 가령 그로부터 예금채권을 양수하였다거나 또는 압류전부명령을 받았다면 그 효력은 어떻게 될 것인가 하는 문제가 생길 수 있다. 이 경우에는 이러한 제3자를 보호하기 위하여, 명의자와의 사이에 허위표시로서의 예금계약이 존재하고, 따라서 금융기관은 이러한 허위표시의 무효로써 선의의 제3자에게는 대항하지 못한다고 보아야 할 것이다. 尹眞秀(註 7), 390면 참조. 프랑스에서도 이러한 경우(이른바 prête-nom)를 허위표시의 한 경우로 취급한다. Ghestin, Jamin et Billiau, Traité de droit civil, Les effets du contrat, 3e édition, 2001, n° 871; Malaurie, Aynès et Stoffel-Munck, Les obligations, 2003, n° 766 등. 安承勳(註 26), 258면 이하, 특히 261면 이하는 계약명의자 아닌 행위자가 계약당사자로 인정되는 경우에는 계약당사자로 인정되지 못한 명의자와 거래 상대방 사이에 법률행위의 성립을 전제로 통정허위표시로써 무효가 되는 법률관계가 존재한다고 볼 수는 없다고 하면서도, 계약당사자가 아닌 것으로 판명된 명의자의 거래 상대방에 대한 외형상 채권에 기초하여 명의자와 새롭게 이해관계를 맺은 제3자가 있는 경우에는 여러 가지 요소를 고려하여 제3자의 실질적인 권리보호의 이익이 명의자 또는 행위자의 이익보다 큰 경우에는 예외적으로 민법 제108조 제2항을 유추적용하여야 한다고 주장한다.

29) 대법원 1999. 3. 12. 선고 98다48989 판결(註 9)은 명의대여자를 주채무자로 하여 근저당권

원 1991. 4. 23. 선고 90다19657 판결(註 10)은 명의차용자를 위한 연대보증으로서의 효력을 인정하였다. 이 사건에서는 실질적인 주채무자가 연대보증인이 되고, 원고는 실질적인 주채무자와 함께 형식적인 주채무자인 원고 보조참가인들의 연대보증인이 되어 약속어음 공정증서를 작성하였는데, 원심은 원고 보조참가인들의 피고에 대한 채무부담행위와 그에 대한 원고의 연대보증행위는 통정한 허위의 의사표시에 기한 것으로서 무효라고 하면서도, 이러한 외형상의 법률행위에 숨겨져 있는, 실질적인 주채무자의 피고에 대한 채무부담행위와 그에 대한 원고의 연대보증행위의 효력은 부인할 수 없다고 판시하였고, 대법원도 이러한 원심의 판단이 정당하다고 하였다. 특히 근저당권의 효력과 관련하여서는 뒤에서 다시 언급한다.

다. 通情虛僞表示가 아니라고 보는 경우의 法律關係

통정허위표시가 아니라고 보는 경우에는 명의대여자는 금융기관에 대하여 주채무자로서의 책임을 부담하여야 할 것이고, 명의대여자를 주채무자로 하여 설정된 보증이나 물상보증도 그대로 유효하게 될 것이다.

문제는 이러한 경우에 명의대여자 외에 명의차용자도 금융기관에 대하여 대출계약에 따른 차주로서의 책임을 져야 하는가 하는 점인데, 이 점에 대하여 직접적으로 판시하고 있는 대법원 판례는 없는 것 같다. 다만 위 대법원 2003. 4. 8. 선고 2002다38675 판결(註 11)은 이러한 경우에 명의대여자와 금융기관 사이의 대출계약이 통정허위표시가 아니라고 보면서도, 명의차용자도 대출금 상환의무가 있다는 취지로 보인다.

그리고 명의대여자가 금융기관에 대하여 대출금 채무를 변제하였다면 명의차용자나 다른 이해관계인들 사이에 구상관계가 어떻게 되는가 하는 문제도 생기는데, 이 점에 대하여는 뒤에서 다시 언급한다.

을 설정하여 준 물상보증인이 그 후 근저당권의 실행으로 부동산의 소유권을 상실하자 명의대여자를 상대로 하여 구상권을 행사한 사안이다. 원심판결(대구고등법원 1998. 9. 11. 선고 97나6644 판결, 법고을 LX에서 검색할 수 있다)은 “위 각 대출금의 실질적인 주채무자는 위 도**이고, 원고의 물상보증도 위 도**을 위하여 한 것일 뿐이며, 차용금증서상의 소외 조합과 피고들 사이의 채무부담 행위 및 근저당권설정계약 상의 원고와 피고들 사이의 물상보증행위는 모두 허위표시로서 무효라고 할 것”이라는 이유로 원고의 청구를 기각하였다. 그러나 대법원은 “소외 **신용협동조합과 피고들 사이의 채무부담행위는 허위표시로서 무효라고 판단한 것은 위에서 본 법리에 따른 것으로 정당하고”라고만 판시하였을 뿐 원고의 물상보증행위의 효력에 관하여는 직접 판단하지 않았다.

4. 私 見

가. 通情虛僞表示 해당 여부

私見으로서는 이러한 차명대출의 경우에는 원칙적으로는 명의대여자는 貸主인 금융기관에 대하여 借主로서의 책임을 부담하여야 하며, 통정허위표시를 인정하여서는 안 된다고 생각한다.[30] 물론 이론상 이러한 차명대출이 통정허위표시 또는 비진의표시로서 무효가 될 가능성을 배제할 수는 없지만, 이는 쉽게 인정되어서는 안 될 것이다.

우선 통정허위표시가 성립하기 위하여는 의사표시를 하는 자가 眞意와 다른 표시를 하는 것을 상대방이 알고 있는 것만으로는 부족하고, 이에 대하여 상대방과의 사이에 합의가 있어야 한다. 이 점에 대하여는 의문의 여지가 없다. 그런데 통정허위표시를 인정한 종래의 판례들을 보아도 과연 이러한 합의가 존재하는지가 분명하지 않다. 판례는 일반론으로서 동일인에 대한 대출액한도를 제한한 법령이나 금융기관 내부규정의 적용을 회피하기 위하여 실질적인 주채무자가 실제 대출받고자 하는 채무액에 대하여 제3자를 형식상의 주채무자로 내세우고, 금융기관도 이를 양해하여 제3자에 대하여는 채무자로서의 책임을 지우지 않을 의도 하에 제3자 명의로 대출관계서류를 작성받은 경우 그 대출약정은 그 금융기관의 양해 하에 그에 따른 채무부담의 의사 없이 형식적으로 이루어진 것에 불과하여 통정허위표시에 해당하는 무효의 법률행위라고 하고 있다. 그러나 금융기관의 양해란 단순히 상대방의 사정을 이해한다는 의미 정도일 것이므로, 이를 가리켜 통정허위표시의 요건인 합의라고 하기는 어렵다고 생각된다.[31] 통모허위표시에 해당한다고 하기 위하여는 명의대여자가 실제로 채무자로서의 책임을 지지 않겠다고 하는 의사표시가 있고, 금융기관도 이에 동의하였다고 하는 점이 인정되어야 할 것인데, 허위표시를 인정한 종래의 판례는 이러한 인정 없이 단지 실질적인 주채무자가 실제 대출받고자 하는 채무액에 대하여 제3자를 형식상의 주채무자로 내세우고 금융기관

30) 尹眞秀(註 7), 368-370면; 同, “金融機關의 受信去來와 與信去來(Ⅱ)”, BFL 제11호(2005. 5), 66-67면 참조. 다만 그 근거에 대한 설명은 본문에서의 설명과는 다소 차이가 있다. 같은 취지, 金載亨, “금융거래의 당사자에 관한 판단기준”, 저스티스 2006. 8(통권 93호), 24면.

31) 裵鍾根(註 7), 61면, 67-71면; 朴駿緖 編, 註釋民法 제3판, 總則(2), 2001, 575-576면(崔成俊).

도 이를 양해하였다는 점만으로 통정허위표시를 인정하고 있는 것이다.

독일에서도 이처럼 자신이 스스로 계약을 체결할 수 없는 사정이 있기 때문에 다른 사람을 내세워서 그로 하여금 계약을 체결하게 하는 것을 허수아비行爲(Strohmanngeschäft)라고 부르는데, 이러한 허수아비 행위는 원칙적으로는 유효하고, 내세워진 당사자인 허수아비 자신이 그 법률행위에 의하여 권리를 취득하고 의무를 부담하며, 이는 그 상대방이 이러한 허수아비 행위임을 인식하였더라도 마찬가지라고 한다.[32)]

나아가 통정허위표시의 요건으로서의 합의는 계약과 유사한 측면이 있으므로, 그러한 합의가 있었는가를 판단함에 있어서는 계약 해석에 관한 법리가 적용될 수 있을 것이다.[33)][34)] 그런데 판례는 당사자 일방이 주장하는 계약의 내용이 상대방에게 중대한 책임을 부과하게 되는 경우에는 그 문언의 내용을 더욱 엄격하게 해석하여야 한다고 하는 이른바 엄격해석의 원칙을 인정하고 있다.[35)] 이는 특히 일방이 자신의 권리를 포기하거나 상대방의 채무를 면제하는 것인지 여부가 문제될 경우에 적용되어야 할 것이다.[36)] 예컨대 대법원 1987. 3. 24. 선고 86다카1907, 1908 판결(註 36)은 "채권의 포기(또는 채무의 변제)는

---

32) MünchKomm/Kramer, 4. Aufl, 2001, §117 Rdnr. 14; Staudinger/Reinhard Singer, Bearbeitung 2004, §117 Rdnr. 17; Larenz/Wolf, Allgemeiner Teil des deutschen Bürgerlichen Rechts, 9. Aufl, 2004, §35 Rdnr. 25(S. 648) 등 참조.

33) 독일연방대법원의 판례(BGH WM 1996, 2272 f.)도, 대출계약이 허위표시인지 여부를 판단함에 있어서 계약 체결 후의 당사자의 행동도 당사자의 의사를 판단함에 있어서 의미를 가진다는 법률행위의 해석에 관한 판례를 원용하고 있다. 이 점에 관하여는 尹眞秀, "契約 解釋의 方法에 관한 國際的 動向과 韓國法", 比較私法 제12권 4호, 2005, 58면 이하 참조.

34) 물론 독일의 학설(예컨대 MünchKomm/Kramer, §117 Rdnr. 9 Fn. 23; Staudinger/Reinhard Singer, §117 Rdnr. 7)과 판례(예컨대 BGH NJW 1999, 2882)는 여기서 말하는 합의(Einverständnis)는 법률행위적인 성격을 가진 것은 아니라고 한다. 후자의 판례는 이러한 이유에서 공동대표의 경우에 대표 한 사람만이 통모허위표시의 합의를 하였으면 통모허위표시가 성립한다고 한다.

35) 대법원 1993. 10. 26. 선고 93다3103 판결(公 1993하, 3167); 1995. 5. 23. 선고 95다6465 판결(公 1995하, 2239); 2001. 1. 19. 선고 2000다33607 판결(公 2001상, 507); 2002. 5. 24. 선고 2000다72572 판결(公 2002하, 1479) 등. 이에 대하여는 尹眞秀(註 33), 77면 이하 참조.

36) 대법원 1987. 3. 24. 선고 86다카1907, 1908 판결(公 1987, 720); 1995. 2. 10. 선고 94다44774, 44781 판결(公 1995상, 1313); 1996. 11. 26. 선고 96다21027 21034 판결(公 1997상, 45); 2001. 1. 19. 선고 2000다33607 판결(公 2001상, 507); 2002. 5. 24. 선고 2000다72572 판결(公 2002하, 1479) 등 참조. Larenz/Wolf(註 32), §28 Rdnr. 43 f.(S. 521 f.)는 이익에 적합한 해석의 원칙(Grundsatz der interessensgerechten Auslegung)은 계약의 해석에 있어서는 양 당사자의 이익에 적합한 해석에 의하여 보완되어야 한다고 하면서, 반대급부가 없는 포기나 면제계약과 같이 불리하고 이익에 반하는 법률효과는 법문과 그 밖의 사정에 비추어 특별한 근거가 있을 때에만 인정되어야 한다고 한다.

반드시 명시적인 의사표시만에 의하여야 하는 것은 아니고, 채권자의 어떠한 행위 내지 의사표시의 해석에 의하여 그것이 채권의 포기라고 볼 수 있는 경우에도 이를 인정하여야 할 것이기는 하나, 이와 같이 인정하기 위하여는 당해 권리관계의 내용에 따라 이에 대한 채권자의 행위 내지 의사표시의 해석을 엄격히 하여 그 적용여부를 결정하여야 하는 것이며, 상대방에 대한 반대채권이 있음에도 불구하고 자신의 채무이행을 약정하였다는 사실만으로는 반대채권을 포기한 것으로 볼 수 없다고 할 것인바, 그렇다면 이 사건에 있어서 원심이 인정한 바와 같이 피고가 이 사건 원고의 계약불이행으로 인한 원고에 대한 손해배상채권에 충당할 수 있는 위 계약금을 원고에게 반환하기로 약정한 사실이 있다는 사유만으로는 원고에 대한 위 손해배상채권을 포기하였다고 단정하기에 부족하다"고 판시하였다. 그런데 차명대출에 있어서 금융기관과 대출명의인 사이의 대출계약이 허위표시로서 무효라고 하는 것은 금융기관이 대출계약 약정의 문언에 의하여 인정되는 대출금반환청구권을 포기하거나 상대방의 대출금반환의무를 면제하는 것과 다를 바 없으므로 이러한 허위표시는 쉽게 인정되어서는 안 되는 것이다.

통정허위표시를 인정한 대법원 2001. 5. 29. 선고 2001다11765 판결(註 8)에서도 대법원이 파기이유로서 들고 있는 원심 증인들의 증언에 의하면 금융기관의 직원(신용협동조합의 지소장)은 당시에는 담보여력이 충분하였기 때문에 명의대여자가 책임지는 일은 생각하지도 못했다는 것인데, 이는 명의대여자가 책임지는 일은 일어나지 않을 것이라고 믿고 차명대출을 하였다는 의미일 뿐, 담보여력이 부족한 경우에도 명의대여자에게 책임을 지우지 않겠다는 의사로는 받아들이기 어려울 것이다.[37)]

다른 한편 이 경우 명의대여자에게 과연 채무부담의 의사가 있었는지 여부도 따져 보아야 할 것이다. 만일 명의대여자에게 채무부담의 의사가 없었고, 상대방인 금융기관도 이를 알았거나 알 수 있었다면 양자 사이의 계약은 허위표시 여부를 따질 필요 없이 非眞意表示(민법 제107조)로서 무효라고 보아야 할

---

37) 朴敏秀(註 7), 549면; 裵鍾根(註 7), 76-77면도 같은 취지이다. 裵鍾根(註 7), 81-82면은 대출부적격자를 배제하고 대출적격이 있는 사람을 선택하여 그와의 사이에서 대출계약을 체결하고 그 원리금을 회수하는 것을 업무의 본질로 하는 금융기관에서 적법한 대출명의자를 배제하고 이면에 실질대출자라는 은닉된 실체를 인정하고 그로부터만 변제받기를 의욕한다는 것은 엄격한 규범적 의사해석의 틀 속에서는 수긍할 수 없다고 볼 여지도 있다고 한다. 계약해석에 있어서의 규범적 측면에 관하여는 尹眞秀(註 33), 45-46면, 75-81면 등 참조.

것이기 때문이다.[38] 그런데 과연 명의대여자에게 채무부담의 의사가 없었다고 할 수 있을까?

이러한 차명대출이 일어나는 경우에는 대부분 명의차용자가 명의대여자에게 명의를 빌려 주더라도 자기가 책임지고 갚을 것이니 피해를 입는 일은 없을 것이라고 하여 이를 믿고 명의대여자가 명의대여에 동의하는 것이라고 보아도 될 것이다.[39] 또 많은 경우에는 명의차용자가 금융기관에 대하여 담보를 제공하여 별다른 문제없이 채무가 변제되기도 한다. 문제가 되는 것은 명의차용자가 제공한 담보가 채무 변제를 위하여 충분하지 못하게 되었다든지 하여 채무를 변제하지 못하게 된 경우인데, 이러한 경우에 과연 명의대여자로서는 처분문서인 대출계약서에 기재된 바와는 달리 자신은 채무를 부담하지 않는다는 의사를 가졌고, 이를 금융기관에 표시하였거나 아니더라도 금융기관이 이를 알았거나 알 수 있었다고 보아야 하는가 하는 점이다.

판례는 이른바 處分文書의 證明力이라는 법리를 발전시켜 왔다. 이에 따르면 계약서와 같은 處分文書[40]의 경우에는 그 성립의 진정함이 인정되는 이상 법원은 그 기재내용을 부인할 만한 분명하고도 수긍할 수 있는 반증이 없는 한 그 기재내용대로의 의사표시의 존재 및 내용을 인정하여야 한다는 것이다.[41] 따라서 차명대출의 경우에 법원이 계약서에 기재되어 있는 것과는 달리 명의대여자에게 채무부담의 의사가 없었다고 인정하기 위하여는 고도의 신빙성이 있는 특별한 증거가 있어야 한다고 하지 않을 수 없다. 그런데 지금까지

---

38) 崔成俊, 註釋民法 總則(2)(註 31), 576면 참조.

39) 위 대법원 2003. 4. 8. 선고 2002다38675 판결(註 11)에서 대법원은 원고 외의 다른 명의대여자가 명의대여를 하게 된 경위에 관하여 "심**가 '아파트를 건설 중에 있는데 거기에 돈이 필요하여 그러니 대출명의를 빌려 달라. 담보물은 확실히 있으니 책임 돌아갈 일이 없다'고 하여 명의를 빌려주어도 별일이 없을 것으로 생각하고 명의를 빌려준 것이다. 심**가 대출명의를 빌려달라고 하며 담보가 확실하여 아무런 문제가 없을 것이라고 하여 대출 명의를 빌려준 것 뿐이다"고 진술하고 있는 것을 인용하고 있다.

40) 文書는 그 내용에 따라 處分文書와 報告文書로 구별된다. 前者는 증명할 法律的 行爲를 포함하여 이를 그 文書에 의하여 具現하고 있는 것을 말한다. 이 문서에 의하여 證明主題인 法律行爲가 있었다는 사실이 증명되는 것이다. 어음, 수표, 유언서, 계약서, 해약통지서 등이 이에 해당한다. 處分文書 이외의 문서는 報告文書이다. 報告文書는 사건, 다시 말하자면 외부적 사실 및 사람의 내심적 상태에 관한 보고, 기술, 의견 내지 감상을 기재한 문서를 말한다. 朴禹東 "判決書의 證據力", 民事判例研究 Ⅳ, 1982, 212면 이하; 金祥源 외 編, 註釋 新民事訴訟法(Ⅴ), 2004, 335-337면(孫容根); 대법원 1997. 5. 30. 선고 97다2986 판결(公 1997하, 2017) 등 참조.

41) 대법원 1995. 2. 10. 선고 94다16601 판결(公 1995상, 1290); 2002. 2. 26. 선고 2000다48265 판결(公 2002상, 786); 2002. 6. 11. 선고 2002다6753 판결(公 2002하, 1620); 2005. 5. 13. 선고 2004다67264, 67271 판결(公 2005상, 947) 등 다수.

통정허위표시를 인정한 판례들에 나타난 사정이 이처럼 고도의 신빙성이 있는 특별한 증거라고 할 수 있는지는 의문이다.[42]

다른 측면에서 본다면 명의대여자에게 그러한 의사가 있었는가 하는 점은 명의대여자가 이처럼 명의차용자가 채무를 변제하지 않는 경우에 금융기관이 자신에게는 채무 이행을 청구하지 않을 것이라고 믿었는가, 그렇게 믿을 만한 합리적인 이유가 있었는가 하는 문제로 바꾸어 말할 수 있다. 그런데 위에서 설명한 것처럼 금융기관이 명의대여자에게 채무 이행을 청구하지 않는다는 의사표시를 한 것으로 해석하기 어렵다면, 명의대여자로서도 그와 같이 믿었다거나 설사 그와 같이 믿었더라도 그에 합리적인 이유가 있다고 하기는 어려울 것이다. 그러므로 이러한 차명대출이 명의대여자에 대한 관계에서 비진의표시로서 무효라고 할 수는 없을 것이다.[43] 대법원 1997. 7. 25. 선고 97다8403 판결(註 15)이, 차명대출에 있어서 명의대여자의 의사는 특별한 사정이 없는 한 위 대출에 따른 경제적인 효과는 명의차용자에게 귀속시킬지라도 그 법률상의 효과는 자신에게 귀속시킴으로써 위 대출금채무에 대한 주채무자로서의 책임을 지겠다는 것으로 보아야 할 것이므로, 피고가 위 대출을 받음에 있어서 한 표시행위의 의미가 피고의 진의와는 다르다고 할 수 없다고 한 것은 이러한 관점에서 볼 때 타당하다고 하지 않을 수 없다. 이처럼 대출명의자인 명의대여자에게 채무부담을 하지 않겠다는 의사가 있었다고 볼 수 없는 이상 통정허위표시 여부는 더 따져 볼 필요도 없는 것이다.

그러므로 금융기관과 명의대여자 사이의 대출계약이 허위표시로 인정될 수 있는 경우는, 쌍방 간에 대출계약의 작성은 형식에 지나지 아니하고 명의대여자에게 대출계약에 따른 주채무자로서의 책임을 묻지 않겠다는 금융기관측의 명확한 의사의 표명과, 그에 상응하는 명의대여자의 의사 표명이 있는 경우에 한정되어야 할 것이고, 종래 판례에 나타난 것처럼 명의차용자가 자신의 이름으로는 대출을 받기 어려운 사정이 있어 명의대여자의 이름을 빌려 대출을 받는다는 사정과, 이러한 사정을 금융기관도 알고 있다는 것만으로는 통정허위표시라고 보아서는 안 될 것이다.

---

42) 裵鍾根(註 7), 78-79면도 같은 취지이다.

43) 韓裁棒(註 7), 333-334면; 朴敏秀(註 7), 549-550면; 裵鍾根(註 7), 89면 등도 같은 취지이다. 裵鍾根(註 7), 81면은 대출명의자에게 법률적 책임에 관한 한계적 인식이 존재한다고 서술하고 있다.

이 문제는 연대보증의 경우와 비교하여 생각해 볼 필요도 있다. 위와 같은 사례들에서 명의대여자의 동기는, 명의차용자가 대출을 받는 데 도움을 준다는 데 있다고 할 것인데, 이러한 도움의 방법으로 통상적인 것은 連帶保證을 하여 주는 것이다. 그렇다면 이러한 경우에 자기 명의로 주채무자가 된 명의대여자는 명의차용자로부터 명의대여 아닌 연대보증의 부탁을 받았을 경우에는 이에 동의를 하였을 것이라고 봄이 상당할 것이고, 이러한 사람들이 명의대여에는 동의하지만 연대보증에는 동의하지 않을 것으로 보는 것은 합리적이라고 할 수 없다.[44] 그렇다면 단순히 연대보증을 서는 데 그치지 않고 자기 명의로 주채무자로서 계약을 체결한 명의대여자에게 그 표시대로 주채무자로서의 책임을 인정하는 것이 특별히 불합리하다고 할 수는 없다.[45][46] 오히려 뒤에서 보는 것처럼 이러한 경우의 명의대여자의 지위는 연대보증인의 지위보다 더 유리한 측면도 있는 것이다(아래 5. 나. 참조).

나. 명의대여자가 책임을 부담하는 경우의 법률관계

그런데 이처럼 명의대여자와 금융기관 사이의 대출계약이 유효하고 따라

44) 대법원 2002. 12. 10. 선고 2002다47631 판결(公 2003상, 347)은 실질적 주채무자 아닌 채무명의자인 제 3 자가 금융기관으로부터 대출을 받음에 있어 자신을 주채무자로 하도록 승낙한 경우의 제 3 자의 의사는 특별한 사정이 없는 한 대출에 따른 경제적인 효과는 실질상의 주채무자에게 귀속시킬지라도 법률상의 효과는 자신에게 귀속시킬 의사로서, 최소한 연대보증의 책임은 지겠다는 의사였다고 보아야 한다고 설시하고 있다.

45) 같은 취지, 朴敏秀(註 7), 553-554면; 郭宗勳(註 7), 217-218면 등. 대법원 1996. 9. 24. 선고 96다21492 판결(註 14)은 피고의 아들이 원고(단위농협)로부터 사료를 외상으로 공급받다가 그 외상대금이 1인당 외상공급 한도액을 초과할 정도에 이르게 되자 원고와 합의하여 1992. 5. 20. 피고를 대리하여 피고를 연대보증인으로 하고, 자신을 구매자로 하는 영농자재구매약정을 체결하는 이외에 같은 날 별도로 피고를 대리하여 피고를 구매자로 하고 자신을 연대보증인으로 하는 영농자재구매약정도 체결한 사안에서, 원고가 피고를 주채무자로 하여 자재대금을 청구한 데 대하여 원심은 피고는 연대보증인에 불과하였고, 피고 자신의 의사도 연대보증인이 되려는 의사였다고 보여지므로 피고가 주채무자임을 전제로 하는 이 사건 청구는 더 나아가 살펴볼 필요 없이 이유 없다고 하였으나, 대법원은 자신의 아들에게 자기 명의로 구매약정을 체결하도록 승낙한 이상, 피고의 의사는 위 약정에 관하여 주채무자로서 채무를 부담하겠다는 뜻으로 해석함이 상당하다고 하여 원심판결을 파기하였다. 한편 韓栽棒(註 7), 339면은 차명대출에서 명의자와 금융기관 사이에 이루어진 대출계약이 통정허위표시에 해당한다고 보는 경우라 할지라도, 명의자의 의사표시가 실질적 주채무자를 위하여 보증을 한 것으로 볼 수 있다고 한다.

46) 그러나 대법원 1996. 8. 23. 선고 96다18076 판결(註 10)은, 대출절차상 편의를 위하여 명의를 대여한 것으로 인정되어 채무자로 볼 수 없는 경우 그 형식상 주채무자가 실질적인 주채무자를 위하여 보증인이 될 의사가 있었다는 등의 특별한 사정이 없는 한, 그 형식상의 주채무자에게 실질적 주채무자에 대한 보증의 의사가 있는 것으로 볼 수는 없다고 판시하고 있고, 대상판결도 위 판결을 인용하면서 같은 취지로 판시하고 있다.

서 명의대여자가 책임을 부담하는 경우에 다른 이해관계인들 사이의 법률관계는 어떻게 되는가를 따져 볼 필요가 있다.

우선 금융기관과 명의차용자 사이의 법률관계는 어떻게 되는가? 이 점에 관한 판례의 태도가 명확하지 않다는 것은 앞에서 언급하였는데, 학설로서는 이러한 경우 명의대여자나 명의차용자 모두 동일한 채무에 관하여 주채무자로서의 책임을 부담할 의사를 가진 것으로 해석되는 이상, 이들 사이에서 주채무자를 택일적으로 확정할 것이 아니라 數人의 채무자가 동일한 채무를 부담하는 경우로 보아, 상법 제57조의 규정 또는 연대의 묵시적 특약에 의하여 연대채무를 부담하는 것으로 인정하거나 그렇지 않으면 불가분채무를 부담하는 것으로 해석하여야 한다는 견해가 있다.[47] 그러나 이러한 견해에는 쉽게 찬성하기 어렵다. 대출계약의 문언에 따라 명의대여자가 주채무자가 된다면 대출계약상 주채무자가 아닌 명의차용자도 아울러 주채무자로 된다는 것은 이와는 조화되지 않을 뿐만 아니라 금융기관의 의사에도 부합하지 않는다. 현재 나타난 사례 가운데 금융기관이 대출계약상의 주채무자로 되어 있는 명의대여자 아닌 명의차용자에 대하여 주채무자로서의 책임을 물은 예는 발견할 수 없다. 이는 명의차용자도 아울러 주채무자로 된다는 것이 금융기관의 의사에 부합하지 않는다는 것을 뒷받침하는 것으로 볼 수 있다. 물론 대출계약에 부수하여 명의차용자가 연대보증 또는 물상보증의 약정을 한 경우에 그에 따른 책임을 지는 것은 별개의 문제이다.

다른 한편 명의대여자가 금융기관에 대하여 대출계약상의 채무를 이행하였을 경우에 명의차용자나 보증인, 물상보증인 등에 대하여 구상할 수 있는가, 반대로 보증인이나 물상보증인이 명의대여자에게 구상할 수 있는가 하는 점은 별도로 따져 보아야 한다. 우선 명의대여자는 명의차용자에 대한 관계에 있어서는 연대보증인과 같은 지위에 있다고 볼 수 있다. 이러한 차명대출이 일어나는 경우에는 대부분 명의차용자가 명의대여자에게 명의를 빌려 주더라도 자기가 책임지고 갚을 것이니 피해를 입는 일은 없을 것이라고 하여 이를 믿고 명의대여자가 명의대여에 동의하는 것이라고 볼 수 있음은 앞에서 본 바와 같다. 따라서 명의대여자와 명의차용자 사이의 내부관계에 있어서는 명의차용자가 주채무자이고 명의대여자가 연대보증인과 같은 지위에 있다고 할 수 있고, 이

47) 郭宗勳(註 7), 221면.

것이 당사자들의 의사에도 부합할 것이다. 판례가 이러한 경우에 명의대여자에게는 대출에 따른 경제적 효과는 명의차용자에게 귀속시킬 의사가 있는 것으로 보아야 한다고 설명하고 있는 것[48]도 이러한 의미로 이해될 수 있다. 따라서 명의대여자가 금융기관에 대하여 대출계약상의 의무를 이행한 경우에는 명의차용자에 대하여 원칙적으로 전액을 구상할 수 있을 것이고, 반대로 명의차용자가 가령 대출계약에 대하여 연대보증 또는 물상보증을 한 바 있고 그에 따른 책임을 이행하였다 하더라도 명의대여자에 대하여는 구상권을 행사할 수 없다고 보아야 할 것이다.[49] 그러나 책임을 이행한 명의차용자는 다른 보증인이나 물상보증인에 대하여는 그들이 이와 같은 사정을 알고 있었던 한 보증인으로서의 지위에서 구상할 수 있을 것이다. 반대로 이와 같이 책임을 이행한 다른 보증인이나 물상보증인은 명의대여자에 대하여는 원칙적으로 보증인으로서의 구상의무만을 물을 수 있을 것이다.

대법원 1999. 10. 22. 선고 98다22451 판결[50]은 "채권자와 소비대차계약을 체결한 자로서 채권자에 대한 관계에서는 주채무자로서의 책임을 지는 자라고 하더라도 내부관계에서 실질상의 주채무자가 아닌 경우에는 연대보증책임을 이행한 연대보증인에 대하여 당연히 구상의무를 부담하는 것은 아니라 할 것이나, 실질상의 주채무자, 연대보증인, 형식상의 주채무자 3자간의 실질적인 법률관계에 비추어 형식상의 주채무자가 실질상의 주채무자를 연대보증한 것으로 인정할 수 있는 경우에는, 그 형식상의 주채무자는 공동보증인 간의 구상권 행사 법리에 따라 연대보증인에 대하여 구상의무를 부담한다 할 것이고, 한편 구상권 범위 산정의 기준이 되는 부담 부분은 그에 관한 특약이 없는 한 균등한 것으로 추정된다"고 판시하고 있다.

다른 한편 대판 2002. 12. 10. 선고 2002다47631 판결(註 44)은 금융기관으로부터 대출을 받음에 있어 제 3 자가 자신의 명의를 사용하도록 한 경우에는

48) 위 대법원 1997. 7. 25. 선고 97다8403 판결(註 14).

49) 대법원 2004. 9. 24. 선고 2004다27440, 28504 판결(公 2004하, 1734)은 제 3 자의 이름을 빌려 보험회사와 인허가 보증보험계약을 체결한 사람이 다른 사람과 함께 위 제 3 자의 보험회사에 대한 구상금채무를 공동으로 연대보증한 사안에 관하여, "채권자에 대한 관계에서는 공동연대보증인이지만 내부관계에서는 실질상의 주채무자인 경우에 다른 연대보증인이 채권자에 대하여 그 보증채무를 변제한 때에 그 연대보증인은 실질상의 주채무자에 대하여 구상권을 행사할 수 있는 반면에 실질상의 주채무자인 연대보증인이 자기의 부담부분을 넘어서 그 보증채무를 변제한 경우에는 다른 연대보증인에 대하여 민법 제448조 제 2 항, 제425조에 따른 구상권을 행사할 수는 없다"고 판시하였다.

50) 公 1999하, 2408.

그가 채권자인 금융기관에 대하여 주채무자로서의 책임을 지는 여부와 관계없이 내부관계에서는 실질상의 주채무자가 아닌 한 연대보증책임을 이행한 연대보증인에 대하여 당연히 주채무자로서의 구상의무를 부담한다고 할 수는 없고, 그 연대보증인이 제3자가 실질적 주채무자라고 믿고 보증을 하였거나 보증책임을 이행하였고, 그와 같이 믿은 데에 제3자에게 귀책사유가 있어 제3자에게 그 책임을 부담시키는 것이 구체적으로 타당하다고 보이는 경우 등에 한하여 제3자가 연대보증인에 대하여 주채무자로서의 전액 구상의무를 부담한다고 판시하였다.

그리고 대법원 1997. 7. 25. 선고 97다8403 판결(註 14)은 명의대여자와 금융기관 사이의 대출계약이 비진의표시에 해당하지 아니하여 유효라고 하면서, 명의차용자인 물상보증인으로부터 근저당권의 대상인 부동산을 취득한 제3취득자가 그 근저당권의 실행으로 인하여 부동산의 소유권을 잃은 데 대하여는, 타인의 채무를 담보하기 위한 저당권을 설정한 부동산의 소유자(물상보증인)로부터 그 소유권을 양수한 제3자는 채권자에 의하여 저당권이 실행되게 되면 저당부동산에 대한 소유권을 상실한다는 점에서 물상보증인과 유사한 지위에 있다고 할 것이므로, 물상보증의 목적물인 저당부동산의 제3취득자가 그 채무를 변제하거나 저당권의 실행으로 저당물의 소유권을 잃은 때에는 물상보증인의 구상권에 관한 민법 제370조, 제341조의 규정을 유추적용하여 보증채무에 관한 규정에 의하여 채무자에 대한 구상권이 있다고 판시하여 명의대여자에 대하여 채무면책을 위하여 출연한 금액 전액의 구상을 인정하였다. 제3취득자로서는 위 부동산을 취득할 당시에 실질상의 주채무자가 따로 있다는 사정을 알 수 없었을 것이므로 위 판결의 결론은 수긍할 수 있다.

5. 이 사건의 경우

가. 이 사건 借名貸出의 效力

우선 이 사건 차명대출은 원고에 대한 관계에 있어서는 허위표시로 보아야 할 것인가? 기본적으로 허위표시 여부는 구체적인 사실관계에 따라서 결정되는 것이고, 따라서 기록을 검토하지 못한 제3자로서 이 문제에 관하여 확실하게 말하기는 어렵다. 그러나 1, 2심 판결문에 나타난 것만으로는 이 사건 차명대출이 종래의 일반적인 차명대출과 크게 다른 것으로 보이지는 않는다. 그렇다면 앞에서 설명한 것에 비추어 볼 때 원고와 C 금고 사이의 여신거래약정을 허위표시라고 할 수는 없다고 생각된다. 즉 貸主인 C 금고가 이러한 차명대출의 사실은 알고 있었으나, C 금고 내지 그 대표자가 원고에 대하여 대출금에 대한 법률적인 책임을 묻지 않겠다고 하는 의사를 표명하였다는 점은 나타나 있지 않고, 원고로서도 법률적인 책임을 부담하지 않겠다고 하는 의사를 가졌다고 단정할 수는 없다.[51] 특히 이 사건에서는 원고의 대표이사인 F가 원고를 주채무자로 하여 C 금고에게 연대보증을 하였다는 점도 아울러 고려하여야 할 것이다. 만일 원고에게 채무부담 의사가 없었다면 원고의 대표이사인 F에게도 연대보증의 의사가 없었다고 하여야 할 것인데, 그렇게 보기는 어려울 것이다.

다만 이 사건에서 특이한 점은 명의차용자인 B가 실제로 貸主인 C 금고를 지배하고 있었다는 점인데, 논자에 따라서는 이 점을 중시하여 이러한 경우에는 명의대여자인 원고와 C 금고 사이의 여신거래약정을 통정허위표시로 보아야 한다고 주장할 수도 있을 것이다. 그러나 이러한 사정만으로 이 사건 대출계약이 통정허위표시 내지 비진의표시의 요건을 갖추었다고 할 수는 없을 것이다.[52]

나. C 금고의 근저당권 말소를 고려할 수 있는지 여부

이처럼 원고와 C 금고 사이의 여신거래약정이 유효한 것이라고 한다면, B 및 G가 C 금고에게 설정하여 준 근저당권은 원고를 채무자로 한 것이므로 원고가 C 금고에게 채무를 변제하더라도 B와 G에 대하여 변제자대위를 주장할 여지가 없고, 따라서 C 금고가 이 근저당권을 말소하였다고 하더라도 그것만으로는 C 금고가 민법 제485조에 의하여 면책되는 것은 아니다. 그러나 C 금고로서는 B와 G의 부동산에 설정된 근저당권에 의하여 쉽게 채권의 만족을 얻을 수 있었을 터인데, 이를 말소하여 버리고 나서 원고에게 채무의 이행을

---

51) 제1심 및 원심은 B는 2000. 1.경 A 회사의 하도급업체인 원고에게 원고의 명의로 대출을 받아주면 그에 따른 대출금채무는 모두 A 회사가 이행할 것이며 원고에게는 피해가 가지 않게 C 금고와 양해가 되어 있으니 원고는 단지 명의만을 빌려줄 것을 부탁하였고, 이에 대하여 원고 대표이사 F의 승낙을 받았다고 인정하였다. 그러나 단지 명의만을 빌려준다는 것이 구체적으로 무슨 의미인지는 명확하지 않다.

52) 명의차용자가 금융기관을 지배하고 있다는 점은 대법원 2003. 4. 8. 선고 2002다38675 판결(註 11)의 사건도 마찬가지라고 할 수 있는데, 그 사건에서는 통정허위표시가 인정되지 않았다.

구한다는 것은 매우 부당하다.

이러한 점을 고려한다면 원고와 C 금고 사이에는 B와 G 소유의 부동산에 대하여 설정된 근저당권에 의하여 우선 채권의 변제를 받고, 그로써 부족할 경우에 한하여 원고 회사에게 채무의 이행을 청구한다는 묵시적인 약정이 있었다고 봄이 타당할 것이다. 제 1 심 및 원심도 원고가 C 금고로부터 원고의 명의로 대출을 받아주면 그에 따른 대출금채무는 모두 A 회사가 이행할 것이며 원고에게는 피해가 가지 않게 C 금고와 양해가 되어 있다고 인정하였는데, 그렇다면 원고와 A 회사 내지 그 대표이사인 B 및 C 금고 사이에는 원고에 대한 대출금채권에 관하여 제 1 차적으로는 A 회사로부터 변제를 받고, A 회사로부터 변제를 받지 못할 경우에만 원고에게 책임을 묻기로 하는 3자 합의가 존재하였다고 보아도 좋을 것이다. 그리고 원고와 C 금고가 이 사건 여신거래약정을 체결한 이틀 뒤에 A 회사의 대표이사인 B와 그 처인 G가 그 소유의 부동산에 대하여 C 금고에게 근저당권을 설정하여 준 점에 비추어 보면 위와 같은 3 자 합의에는 C 금고가 A 회사 자신의 재산뿐만 아니라 위 근저당권에 의하여 채권의 만족을 얻지 못할 경우에 비로소 원고에게 채무의 이행을 청구할 수 있다는 내용도 포함되어 있다고 보아야 할 것이다. 물론 이는 원심이나 제 1 심 법원이 적극적으로 인정한 내용은 아니지만 전후의 사실관계에 비추어 보면 그러한 추론이 결코 무리라고는 할 수 없다.

그렇다면 원고와 C 금고 사이에는 이른바 催告·檢索의 抗辯權(민법 제437조)[53]이 인정되는 것과 같은 결과가 된다. 그러므로 C 금고가 위 근저당권을 실행하지 않고, 오히려 이를 말소하여 버린 이 사건의 경우에는 민법 제438조가 규정하고 있는 것과 마찬가지로,[54] C 금고가 근저당권을 실행하였더라면 변제를 받았을 한도에서 원고는 그 의무를 면한다고 보아야 할 것이다. 다만 최고·검색의 항변권은 민법의 규정에 의하여 인정되는 것으로서, 보증인이 그 항변권을 행사하여야만 비로소 법원이 고려할 수 있는 것이므로, 제438조의 효과도 보증인이 최고·검색의 항변권을 사전에 행사하였을 경우에 발생하는 것

53) 催告·檢索의 抗辯權이 催告의 항변권과 檢索의 항변권의 2개의 항변권인가, 아니면 하나의 항변권인가 하는 점에 관하여 논의가 있으나, 이러한 논의는 실질에 있어서 별 차이를 가져오지 않으므로, 여기서는 이 문제를 다루지 않는다.

54) 민법 제438조(催告, 檢索의 懈怠의 效果): 前條의 規定에 依한 保證人의 抗辯에 不拘하고 債權者의 懈怠로 因하여 債務者로부터 全部나 一部의 辨濟를 받지 못한 境遇에는 債權者가 懈怠하지 아니하였으면 辨濟받았을 限度에서 保證人은 그 義務를 免한다.

이다. 그러나 이 사건의 경우에는 원고와 C 금고 사이의 약정에 의하여 C 금고가 우선 위 근저당권을 실행하여야 하는 의무가 발생한다고 보는 이상 원고가 사전에 그와 같은 요구를 하였는지 여부에 관계 없이 C 금고가 위 근저당권을 말소하여 버린 이상 원고는 면책되는 것이라고 하여야 할 것이다.[55)]

그렇지만 이처럼 피고가 위 근저당권을 말소하기 전에 원고가 미리 그와 같은 주장을 할 것을 필요로 하지는 않는다고 하더라도, 변론주의의 원칙상 이 사건 소송에서는 원고의 그와 같은 면책 주장이 있어야 할 것이다. 그런데 이 사건에서는 원고는 C 금고의 위 근저당권 말소에 대하여 민법 제485조에 의한 면책을 주장한 바 있다. 이러한 주장은 물론 위 근저당권의 채무자가 실질적으로는 원고 아닌 A 회사임을 전제로 한 것이지만, 그 주장의 실질에 있어서는 결국 위와 같은 약정 위반을 이유로 한 면책의 주장과 크게 다를 바 없다. 만일 원고의 이러한 주장은 이 사건 차명대출이 허위표시임을 전제로 하고 있는 것이므로, 위 차명대출이 유효한 것임을 전제로 하여 당사자 사이의 약정으로부터 위와 같은 면책의 효과가 나온다고 주장한 것으로는 볼 수 없다고 한다면, 법원으로서는 위 차명대출이 유효한 것이라고 판단하는 경우에는 원고가 그러한 주장을 할 것인지 여부에 관하여 釋明을 할 필요가 있다. 이미 원고는 이 사건 대출에 관하여는 A 회사가 책임을 지기로 하였다고 주장하고 있고, 또 위 근저당권에 관하여 민법 제485조에 의한 면책 주장을 하고 있으므로 법원이 위 차명대출이 유효한 것이라고 할 때에는 원고가 위와 같은 당사자 사이의 약정에 의한 면책을 주장할 것인지에 관하여 석명하는 것은 법원의 석명권의 범위를 벗어나는 것은 아니고, 오히려 법원에 그러한 석명 의무가 있다고 보아야 할 것이다.[56)]

---

55) 학설상으로도 보증인이 최고·검색의 항변권을 행사한 사실이 없었다는 등의 사유로 제438조를 직접 적용할 요건이 충족되지는 못하지만, 채권자의 歸責事由로 인하여 주채무자로부터 변제받을 기회를 상실하였다거나 채무가 부당하게 확대되어 보증인으로 하여금 계약내용대로의 모든 책임을 지게 하는 것이 현저히 정의관념에 어긋나고 신의칙에 위배되는 것으로 인정되는 경우에는 이를 이유로 보증인의 책임을 제한하거나 면책시키는 것이 구체적 타당성을 가지는 수가 있고, 판례(대법원 1980. 3. 11. 선고 77다776 판결 등)는 이와 같은 경우 신의칙을 동원하여 보증인의 면책이나 책임제한을 인정하고 있다고 하는 견해가 있다. 郭潤直 編, 民法注解 Ⅹ, 1995, 299-300면(朴炳大) 참조. 그러나 이 사건의 경우에는 당사자 사이의 약정에서 그러한 의무가 나온다고 해석되므로 구태여 신의칙까지 동원할 필요는 없을 것이다.

56) 법원이 제한적인 범위에서는 적극적 석명을 할 의무가 있다는 점에 대하여는 대법원(全) 1995. 7. 11. 선고 94다34265 판결(集 43권 2집 民12면; 公 1995하, 2583); 尹眞秀, “土地賃借人의 買受請求權行使와 法院의 釋明義務”, 人權과 正義 1996. 4, 123면 이하, 특히 132면 이하

재판이 이와 같이 이루어졌다면 이 사건 차명대출이 통정허위표시가 아니라고 보더라도 그 결론은 결국 이를 통정허위표시라고 본 대상판결과 마찬가지가 되었을 것이다.

Ⅲ. 이 사건 借名貸出을 허위표시라고 보는 경우 破産管財人과의 法律關係

이 사건 차명대출을 허위표시가 아니라고 보는 경우에는 검토를 위에서 한 것만으로 마쳐도 될 것이다. 그러나 대상판결은 이 사건 차명대출이 허위표시라고 보면서도 위와 동일한 결론을 내고 있다. 이론적으로도 이러한 차명대출이 통정허위표시가 될 가능성을 전혀 배제할 수는 없으므로, 과연 이 사건 차명대출을 허위표시라고 보는 경우에도 그러한 결론이 나올 수 있는지를 검토할 필요가 있다.

1. 破産管財人이 민법 제108조 제2항의 제3자에 해당하는지 여부

이 사건 차명대출을 허위표시라고 본다면 원고로서는 C 금고에 대하여 허위표시의 항변으로서 대항할 수 있을 것이다.[57] 그런데 C 금고는 그 후 파산

등 참조. 金祥源 외 編, 註釋 新民事訴訟法(Ⅵ), 2004, 295면(姜溶鉉)은 제한적 적극적 석명을 인정할 수 있는 사유의 하나로서 주장 또는 증거에 의하여 소송에 나타난 사실에 비추어 당사자가 내세우는 법률상의 견해로서는 그 주장은 이유 없지만, 다른 법률상의 견해에 의하여서는 그 당사자를 승소하게 할 수 있다고 생각할 때에는 적극적 석명의무를 인정하여야 한다고 주장한다. 최근의 대법원 2006. 3. 9. 선고 2003다52647 판결은 사립대학이 교원을 재임용하지 않은 경우에 재임용되지 않은 교원이 급료 지급을 청구한 데 대하여, 재임용이 거부된 사립학교 교원은 임용기간 만료 이후에도 대학교원의 신분이 유지됨을 전제로 하여 임금 그 자체의 지급을 구할 수는 없지만, 적법한 재임용심사를 받았더라면 재임용을 받을 수 있었던 교원이 위법하게 재임용을 거부당하였다면 그러한 거부결정이 불법행위에 해당함을 이유로 임금 상당의 손해배상을 청구할 수는 있고, 원고의 급료지급청구가 교원으로서의 신분이 유지됨을 전제로 하는 것이라면 그 청구는 받아들일 수 없지만, 원고가 급료의 지급을 구하는 의미에는 급료 상당 손해배상을 구하는 취지가 포함되어 있다고도 못 볼 바 아니므로 원심으로서는 적절히 석명권을 행사하여 원고가 급료지급을 구하는 의미에 급료 상당 손해배상의 지급을 구하는 취지도 포함되어 있는지를 밝혀야 한다고 판시하였다.

57) 그러나 학설상으로는 대리인이 상대방과 통모하여 허위표시를 한 경우에는 그러한 사실을 알지 못한 본인에 대한 관계에서는 그 무효를 주장할 수 없다는 주장도 유력하다. 민법 제

하여 파산관재인이 선임되었다. 이러한 경우 원고는 이 사건 차명대출이 통정허위표시임을 가지고 파산관재인에게 대항할 수 있는가? 이 점에 관하여는 대법원 2003. 6. 24. 선고 2002다48214 판결[58)]이 이미 이를 부정한 바 있다. 이 판결은 "파산자가 파산선고시에 가진 모든 재산은 파산재단을 구성하고, 그 파산재단을 관리 및 처분할 권리는 파산관재인에게 속하므로, 파산관재인은 파산자의 포괄승계인과 같은 지위를 가지게 되지만, 파산이 선고되면 파산채권자는 파산절차에 의하지 아니하고는 파산채권을 행사할 수 없고, 파산관재인이 파산채권자 전체의 공동의 이익을 위하여 선량한 관리자의 주의로써 그 직무를 행하므로, 파산관재인은 파산선고에 따라 파산자와 독립하여 그 재산에 관하여 이해관계를 가지게 된 제 3 자로서의 지위도 가지게 된다. 따라서 파산자가 상대방과 통정한 허위의 의사표시를 통하여 가장채권을 보유하고 있다가 파산이 선고된 경우 그 가장채권도 일단 파산재단에 속하게 되고, 파산선고에 따라 파산자와는 독립한 지위에서 파산채권자 전체의 공동의 이익을 위하여 직무를 행하게 된 파산관재인은 그 허위표시에 따라 외형상 형성된 법률관계를 토대로 실질적으로 새로운 법률상 이해관계를 가지게 된 민법 제108조 제 2 항의 제 3 자에 해당한다"고 판시하였다.

116조 제 1 항은 의사표시의 하자에 관하여는 대리인을 표준으로 한다고 규정하고 있으나, 이는 어디까지나 대리인이 행한 의사표시의 상대방을 보호하려는 취지이기 때문에, 대리인이 본인을 속일 목적으로 상대방과 통모한 경우에는 그 적용이 없다는 것이다. 상세한 학설의 소개는 郭宗勳(註 7), 225면 참조. 다만 그 근거에 관하여는 비진의표시에 관한 민법 제107조를 적용한다는 것{郭宗勳(註 7), 223-224면 등}과, 상대방의 무효 주장이 신의칙에 반하는 권리남용이기 때문이라는 것{郭潤直 編, 民法注解 Ⅱ, 1992, 327-328면(宋德洙)}으로 나뉜다. BGH NJW 1999, 2882(註 34)는 원고인 등기된 協同組合(eingetragene Genossenschaft)이 피고에게 한 차명대출이 허위표시로서 무효인가 하는 점이 다투어졌는데, 원고 조합은 2인의 대표가 공동대표를 하도록 되어 있었으나 그 중 1인만이 허위표시에 가담하였다. 독일연방대법원은 대표자 중 1인만이 허위표시에 가담하였다 하여도 허위표시가 아니라고 할 수는 없지만, 대표자가 본인을 기망하여 상대방과 통모허위표시를 하였다면, 그 행위는 선의의 본인에 대하여는 유효하다고 하면서, 대표자가 상대방과 통모한 경우에는 그러한 허위표시의 합의는 고려되지 않는 心裡留保와 마찬가지로 평가하여야 하므로 비진의표시를 규정한 독일 민법 제116조가 유추적용되어 피고의 심리유보는 원고에 대하여는 고려될 수 없다고 하였다. 이는 독일의 통설이다. MünchKomm/Kramer, § 117 Rdnr. 20; Staudinger/Reinhard Singer, §117 Rdnr. 8 등 참조. 이러한 이론을 채택할 수 있는가, 이 사건의 경우에 이러한 이론을 적용할 것인가에 관하여는 좀더 검토가 필요하다. 다른 한편 裵鍾根(註 7), 74-76면은 이러한 경우 허위표시의 효력을 금융기관에게 귀속시키지 않을 근거는 없다고 하면서도, 금융기관 직원과 대출명의자의 공모, 결탁이 금융기관에 대한 배임행위로서의 실질을 가지는 경우에는 그러한 통정의 합의는 금융기관 직원으로서의 권한을 벗어난 개인적 견해의 표명으로 보아 금융기관의 의사표명으로서의 귀속을 부인하여야 한다고 한다.

58) 公 2003하, 1581.

대상판결도 위 판결과 마찬가지로 파산자가 파산선고 전에 상대방과 통정한 허위의 의사표시를 통하여 가장채권을 보유하고 있다가 파산이 선고된 경우, 파산관재인은 민법 제108조 제2항의 제3자에 해당하므로 상대방이 파산관재인에게 통정허위표시임을 들어 그 가장채권의 무효임을 대항할 수 없다고 하였다.

일본의 통설과 판례는 종래 파산관재인을 우리 민법 제108조에 해당하는 일본 민법 제94조의 제3자에 해당한다고 보고 있다.[59] 국내에서도 이러한 일본의 영향인지는 몰라도 이를 긍정하는 견해가 많았던 것 같다.[60] 그러나 파산관재인을 민법 제108조 제2항의 제3자로 볼 수는 없다고 생각된다.

허위표시를 선의의 제3자에 대하여 대항할 수 없다고 한 취지는, 기본적으로 그러한 허위표시가 유효한 것이라고 신뢰하여 새로운 이해관계를 맺은 사람을 보호하려고 하는 데 있다.[61] 다시 말하여 이러한 제3자에 해당하기 위하여는 이른바 信賴投資(Vertrauensinvestition)가 있어야 하는 것이다.[62] 종전의 판례는 통정허위표시의 무효를 대항할 수 없는 제3자란 허위표시의 당사자 및 포괄승계인 이외의 자로서 허위표시에 의하여 외형상 형성된 법률관계를 토대로 새로운 법률원인으로써 이해관계를 갖게 된 자를 말한다고 하고 있으나,[63] 이 또한 제3자의 신뢰가 필요하지 않다는 취지는 아니라고 생각된다.[64] 이러

59) 상세한 것은 齊藤秀夫, 麻上正信 編, 注解破産法, 改訂第二版, 1993(平成 5), 821-822면(安藤一郎) 참조.

60) 尹南根, "파산관재인: 그 법률상 지위와 권한을 중심으로", 裁判資料 제82집, 1999, 191면 이하; 田炳西, 破産法, 제2판, 2001, 73면 등. 또한 韓栽棒(註 7), 343-344면도 같은 취지이다. 긍정설과 부정설의 상세한 논거 및 그에 대한 비판에 대하여는 趙賢旭, "通情虛僞表示에 의한 대출약정의 채권자가 파산한 경우 그 破産管財人이 제3자에 해당하는지 여부", 裁判과 判例 제12집, 2004, 284면 이하 참조.

61) 崔成俊, 註釋民法 總則(2)(註 31), 595면 등. 郭潤直, 民法總則, 제7판, 2002, 235면은 허위표시의 외형을 신뢰하여 새로운 이해관계를 가지게 된 자가 아니면 보호할 필요가 없다고 한다.

62) 이른바 失效(Verwirkung)의 원칙이 적용되기 위하여 信賴投資가 필요하다는 점에 관하여는 郭潤直 編, 民法注解 Ⅲ, 1992, 407-408면(尹眞秀) 참조.

63) 대법원 1982. 5. 25. 선고 80다1403 판결(公 1982, 594); 2000. 7. 6. 선고 99다51258 판결(公 2000하, 1861) 등.

64) 위 대법원 2000. 7. 6. 선고 99다51258 판결(註 63)은 보증인이 주채무자의 기망행위에 의하여 주채무가 있는 것으로 믿고 주채무자와 보증계약을 체결한 다음 그에 따라 보증채무자로서 그 채무까지 이행한 경우, 그 보증인은 주채무자에 대한 구상권 취득에 관하여 법률상의 이해관계를 가지게 되었고 그 구상권 취득에는 보증의 부종성으로 인하여 주채무가 유효하게 존재할 것을 필요로 한다는 이유로 결국 그 보증인은 주채무자의 채권자에 대한 채무부담행위라는 허위표시에 기초하여 구상권 취득에 관한 법률상 이해관계를 가지게 되었다고 보아 민법 제108조 제2항 소정의 '제3자'에 해당한다고 하였다. 그런데 諸哲雄, "불성립한

한 관점에서 본다면 통정허위표시에 기하여 가장채권을 취득한 채권자의 파산관재인을 민법 제108조 제2항의 제3자라고 볼 여지는 없다고 생각된다.[65] 이러한 경우의 파산관재인은 법원의 결정에 의하여 파산관재인이 되는 것이고, 그는 파산자의 포괄승계인과 같은 지위를 가지게 되는 것으로서,[66] 위 가장채권이 유효하게 존재한다고 믿었기 때문에 파산관재인이 되는 것은 아니기 때문이다.

그런데 이 점에 관하여 위 대법원 2003. 6. 24. 선고 2002다48214 판결(註 58)은, 파산채권자는 파산자의 포괄승계인과 같은 지위를 가지기는 하지만, 그는 파산채권자 전체의 공동의 이익을 위하여 선량한 관리자의 주의로써 그 직무를 행하므로, 파산관재인은 파산선고에 따라 파산자와 독립하여 그 재산에 관하여 이해관계를 가지게 된 제3자로서의 지위도 가지게 되고, 따라서 그 허위표시에 따라 외형상 형성된 법률관계를 토대로 실질적으로 새로운 법률상 이해관계를 가지게 된 민법 제108조 제2항의 제3자에 해당한다고 하였다. 그러나 파산관재인이 파산채권자 전체의 공동의 이익을 위하여 선량한 관리자의 주의로써 그 직무를 행한다고 하여 그가 허위표시에 따라 외형상 형성된 법률관계를 토대로 실질적으로 새로운 법률상 이해관계를 가지게 되었다고 말할 수는 없다.[67] 또 위 판결은 파산자가 상대방과 통정한 허위의 의사표시를 통하여 보유하게 된 가장채권도 일단 파산재단에 속하게 된다고 하는 점을 근거로 들고 있으나, 통정허위표시가 당사자 사이에서 무효라면 가장채권이 당연히 파산재단에 속한다고 보기는 어렵다.[68]

판례가 파산관재인이 파산채권자 전체의 공동의 이익을 위하여 행동한다

보증채무를 이행한 보증인의 보호와 민법 제108조 제2항", 民事法學 제21호, 2002, 266면 이하, 특히 283면은 제108조 제2항의 "대항불능"은 다만 表見權利取得者로부터 권리를 양수한 자가 그 권리를 취득함으로써 그 한도에서 원래의 권리자가 권리를 상실한다는 의미로 해석되어야 한다고 하여 이 판결에 반대하고 있으나, 그와 같이 대항불능의 의미를 협소하게 이해할 근거가 없다. 이 판결에 대한 대법원 재판연구관의 해설인 金得煥, "민법 제108조 제2항 소정의 '제3자'에 해당하는지 여부에 대한 판단 기준", 대법원판례해설 제35호(2000년 하반기), 35면 이하, 특히 44면 이하 참조.

65) 성재영, "파산관재인의 제3자성에 관한 소고", 釜山法潮 제21호, 2004, 35면 참조.

66) 허위표시의 당사자의 포괄승계인이 제3자가 될 수 없다는 것은 판례 및 학설상 異見이 없다.

67) 성재영(註 65), 35면; 李東炯, "通情虛僞表示를 한 者의 破産管財人이 民法 제108조 제2항의 第三者인지 여부", 法曹 2004. 6, 140면 이하 등.

68) 李東炯(註 67), 142면은 파산자의 채권채무를 파산재단 소속 재산으로 보게 된다고 하여 그 채권채무의 본질이나 성격이 변하는 것은 아니라고 하고, 趙賢旭(註 60), 293면은 원래 파산자에 속하지 아니하던 재산을 파산재단에 속하게 하면서까지 파산채권자를 보호하여야 할지 의문이라고 한다.

는 점을 제 3 자성을 긍정하는 근거로 들고 있는데 대하여는, 독일법상 파산관재인에 대하여도 불법원인급여의 항변을 할 수 있는가 하는 점에 관한 논의가 참고가 될 수 있다.[69] 獨逸의 이전의 판례[70]는 파산관재인(Konkursverwalter)이 행사하는 파산자(Gemeinschuldner)의 부당이득반환청구권에는 독일민법 제817조 제 2 문[71]이 적용되지 않는다고 하였다. 위 판례들은 그 근거로서, 급여자의 파산관재인에게는 공서양속 위반의 부담을 지울 수 없으므로 급여자의 파산관재인에게 위 조항을 적용하여 그의 부당이득반환청구권을 부정할 內的 根據(innerer Grund)가 없고, 파산관재인은 파산자의 권리 이상을 행사할 수 없다는 원칙에도 예외가 없는 것은 아니며, 위 조항은 형벌적 성격(Strafcharakter)을 가지고 있는데 파산관재인에 대하여 이를 적용할 근거가 없을 뿐만 아니라 파산채권자들에 대한 관계에 있어서도 급여수령자로 하여금 공서양속에 위반하여 얻은 부당이득을 그대로 보유하게 하는 것은 부당하며, 경제적인 관점에서 관찰한다면 파산관재인이 행사하는 부당이득반환청구권은 파산채권자들의 이익이 되고 이 파산채권자들의 부담으로 그 자신 공서양속 또는 法律에 위반하여 행동한 受領者로 하여금 給與를 보유하게 하는 것은 위 條項의 目的이 될 수 없다는 것 등을 들고 있다. 그러나 獨逸의 거의 모든 학설은 이에 반대하였다. 그 주된 근거는, 파산관재인 자신에게 비난가능성이 없다거나, 부당이득이 파산채권자들의 이익을 위하여 반환되어야 한다는 점 등만으로는 "누구도 자신이 가지는 것 이상의 권리를 다른 사람에게 양도할 수 없다(nemo plus iuris ad alium transferre potest quam ipse habet)"라는 근본적인 원칙의 예외를 인정하기에 부족하고, 이 원칙은 급여자의 승계인이 아니라 급여자 자신의 권리를 행사하는 파산관재인에게는 더욱 적용되어야 하며, 파산채권자가 파산자보다 더 유리한 지위를 가질 수 있는 것은 파산법상의 否認權(Konkursanfechtung)의 制度에 의하여만 가능하다는 것 등이다. 그리하여 근래의 독일의 판례[72]도 이러한 학설에 따

---

69) 이하의 논의는 尹眞秀, "부동산의 이중양도에 관한 연구", 서울대학교 대학원 박사학위 논문, 1993, 97면 이하를 요약한 것이다.

70) RGZ 99, 161, 166 ff.; BGHZ 19, 338, 340; BGH NJW 1962, 438 f. 등.

71) 독일 민법 제817조의 규정은 다음과 같다. "급부가 수령자가 이를 수령함으로써 법률상의 금지 또는 선량한 풍속에 위반하게 되는 목적을 가지는 때에는 수령자는 반환의 의무를 진다. 급부자도 역시 이러한 위반을 범하게 되는 때에는 반환청구를 할 수 없으나, 급부가 채무의 부담을 내용으로 하는 경우에는 그러하지 아니하며, 그러한 채무의 변제를 위하여 급부된 것은 그 반환을 청구할 수 없다."

72) BGHZ 106, 169, 171 ff.

라 파산관재인이 행사하는 파산자의 부당이득반환청구권에도 독일민법 제817조 제2문이 적용된다고 하여 종전의 판례를 변경하였다.[73] 그러므로 파산관재인은 민법 제108조 제2항의 제3자에 해당한다고 보아서는 안 될 것이다.

대법원 2004. 1. 15. 선고 2002다31537 판결(註 10)은 이처럼 파산관재인의 제3자성을 인정하는 판례와는 대조적이다. 이 판결은 우선 구 상호신용금고법(1998. 1. 13. 법률 제5501호로 개정되어 2000. 1. 28. 법률 제6203호로 개정되기 전의 것) 소정의 계약이전은 금융거래에서 발생한 계약상의 지위가 이전되는 사법상의 법률효과를 가져오는 것이므로, 소외 금고로부터 이 사건 대출금 채권에 대하여 계약이전을 받은 피고는 소외 금고의 계약상 지위를 이전받은 자이어서 원고와 소외 금고 사이의 위 통정허위표시에 따라 형성된 법률관계를 기초로 하여 새로운 법률상 이해관계를 가지게 된 제3자에 해당하지 않는다고 한 원심 판결이 정당하다고 하였다. 보기에 따라서는 이러한 계약이전도 허위표시에 따라 외형상 형성된 법률관계를 토대로 실질적으로 새로운 법률상 이해관계를 가지게 된 자로서 위 조항 소정의 제3자에 해당한다고 볼 여지가 있을 것이나, 계약이전 내지 계약인수의 당사자는 종전 계약 당사자의 지위를 그대로 승계한다는 점에서 판례가 제3자에 해당하지 않는 것으로 보았다고 여겨진다. 그렇다면 포괄승계인에 해당하는 파산관재인은 더욱 더 제3자에 해당하지 않는다고 보아야 하지 않을까?[74]

---

73) 이 문제에 관한 우리나라 및 일본에서의 논의상황에 관하여는 郭潤直 編, 民法注解 XVII, 2005, 497-498면(朴炳大) 참조.

74) 다른 한편 위 판결의 원심판결은 위와 같이 계약이전을 받은 금융기관이 금융기관부실자산등의효율적처리및한국자산관리공사의설립에관한법률에 의하여 한국자산관리공사에게 허위표시에 의한 대출금채권을 양도한 경우 한국자산관리공사가 위 조항 소정의 제3자에 해당하는가 하는 점에 관하여, 위 공사는 금융기관의 부실채권 정리업무를 전문적으로 대행하거나 이를 지원함으로써 금융기관 자산의 유동성과 건전성을 제고하기 위하여 설립된 것이고, 금융기관이 부실자산의 인수요청을 하는 경우 위 공사는 사실상 이를 받아들여야만 하며, 위 공사가 위와 같이 금융기관의 부실자산을 인수하여 그 채권을 취득하는 것은 공익적 목적을 위한 것으로서 거래의 안전과는 무관하므로, 위 공사는 피고와 같은 금융기관과 실질적으로 동일한 지위에 있다고 보아야 할 것이고, 따라서 위 공사가 원고와 소외 금고의 이 사건 대출약정을 기초로 하여 피고로부터 그 대출채권을 인수하였다 하더라도 위 공사가 거래의 안전을 위하여 보호하여야 할 가치가 있는 민법 제108조 제2항의 제3자에 해당한다고 보기 어렵다고 하였다. 그러나 대법원은, 위 공사가 금융기관의 출자에 의하여 설립되었다고 하더라도 피고와 같은 부실자산을 양도한 금융기관과는 독립하여 고유의 업무를 수행하는 별개의 법인이고, 금융기관으로부터 인수한 채권 등 그 자산에 대하여도 별도의 이해관계를 가진다고 할 것이므로, 위 공사가 부실채권 등 자산을 양도한 금융기관과 실질적으로 동일한 지위에 있다고 할 수는 없고, 또 위 공사가 부실채권 등 금융기관의 부실자산을 인수함에 있어 금융기관과 협의하여 인수가격 등 인수조건을 정하고 이를 유상으로 인수함과 아울러 담보

이처럼 파산관재인의 제3자성을 인정하여야 한다는 주장의 보다 실질적인 근거는, 목적물의 환가를 구할 수 있는 압류채권자가 민법 제108조의 제3자에 해당한다면, 파산관재인의 지위는 파산선고시의 압류채권자와 동시된다는 파산법의 기본원칙에 비추어 파산관재인을 압류채권자와 같이 취급하여야 한다는 점에 있다.[75] 확실히 종래의 학설은 압류채권자는 민법 제108조 제2항의 제3자에 해당한다고 보고 있었고,[76] 판례[77]도 통정한 허위표시에 의하여 외형상 형성된 법률관계로 생긴 채권을 가압류한 경우, 그 가압류권자는 허위표시에 기초하여 새로운 법률상 이해관계를 가지게 되므로 민법 제108조 제2항의 제3자에 해당한다고 하였다.[78]

우선 이처럼 압류채권자를 위 조항 소정의 제3자에 해당한다고 볼 것인가 하는 점에 관하여도 재고의 여지가 없는 것은 아니다.[79] 그러나 압류채권자

물권까지 이전받는 점에 비추어 보면, 위 공사가 금융기관과 대출명의인 사이의 통정한 허위표시에 따라 외형상 형성된 법률관계를 토대로 실질적으로 새로운 법률상 이해관계를 가지게 된 민법 제108조 제2항의 제3자에 해당된다고 할 것이고, 비록 위 공사가 금융기관이 보유하는 부실자산의 정리촉진과 부실징후기업의 경영정상화 등을 효율적으로 지원하기 위한 공익적 목적에서 금융기관의 부실채권 등을 인수하였다고 하더라도 거래의 안전을 위하여 보호하여야 할 가치나 필요가 없는 제3자라고 할 수는 없다고 하였다.

75) 梁彰洙, “2003년 民事判例 管見”, 民事裁判의 諸問題 제13권, 2004, 17-18면은 이러한 이유로 판례에 찬성하고 있다. 또한 安藤一郎(註 59), 822면; 尹南根(註 60), 192면; 伊藤 眞, 破産法, 全訂第3版補訂版, 2001, 208면 등 참조. 위 대법원 2003. 6. 24. 선고 2002다48214 판결(註 58)의 원심판결인 대구고등법원 2002. 7. 19. 선고 2001나8807 판결은, 파산관재인이 민법 제108조 제2항의 선의의 제3자에 해당한다는 근거로서, 파산관재인은 파산채권자 전체의 공동 이익을 위하여 선량한 관리자의 주의로써 직무를 행하여야 하는 자라는 점뿐만 아니라, 파산선고는 파산채권자 전체를 위한 압류로서의 성격을 가지고 있으므로, 통정허위표시의 목적물을 제3자가 압류한 경우 압류와 동시에 그 의사표시의 무효로써 제3자에게 대항할 수 없는 것과 마찬가지로 파산관재인의 법률상 이해관계는 파산선고와 동시에 선임에 의하여 당연히 생기는 것이고, 따라서 파산관재인은 법원에 의하여 선임된 후에는 특별한 법률행위를 했는지 여부와 관계없이 일정한 재산이 파산재단에 속하는지 여부를 주장함에 관하여 법률상 이해관계를 가지는 것이므로 파산관재인은 파산재단에 속한 재산에 관한 통정허위표시에 있어서의 제3자라고 하였다. 그러나 대법원은 위 판결에 대한 상고를 기각하면서 파산선고가 압류로서의 성격을 가지고 있다는 점은 이유로 들지 않았다.

76) 예컨대 崔成俊, 註釋民法 總則 2(註 31), 598면 등.

77) 대법원 2004. 5. 28. 선고 2003다70041 판결(公 2004하, 1069).

78) 대법원 2000. 1. 14. 선고 99다40937 판결(公 2000상, 385); 2000. 4. 21. 선고 2000다584 판결(公 2000상, 1250); 2005. 1. 14. 선고 2003다33004 판결(公 2005상, 274) 등은 계약해제 전 그 계약의 목적물을 가압류한 가압류채권자 또는 체납처분의 일환으로 압류등기를 경료한 자는 민법 제548조 제1항 단서 소정의 제3자에 해당한다고 한다.

79) 李東炯(註 67), 143-144면은 민법 제108조 제2항은 거래의 안전을 위한 것인데 기존의 법률관계를 강제적으로 실현하기 위한 수단과 관련된 절차의 하나일 뿐이며, 압류절차를 밟는 것이 새로운 법률상 이해관계를 갖게 하는 법률원인이라고 보기는 어렵다고 하여 압류채권자는 위 조항 소정의 제3자가 아니라고 한다. 흔히 위 조항은 등기의 공신력이 인정되지 않

가 민법 제108조 제2항의 제3자에 해당한다고 하여, 그것만으로 파산관재인도 위 조항 소정의 제3자에 해당한다고 볼 수는 없다. 압류채권자는 허위표시에 의하여 특정 재산이 채무자의 책임재산에 속하는 것으로 믿고 적극적으로 이를 압류한 것인데 반하여, 파산의 경우에는 파산채권자나 파산관재인이 특정 재산을 채무자의 재산인 것으로 믿은 것은 아니고, 다만 파산선고에 의하여 채무자의 재산 전체에 대하여 법률이 정하는 바에 따라 압류의 효력이 생기는 것일 뿐이다. 압류의 경우에는 압류된 재산이 채무자의 소유에 속하지 않는 것으로 판명되면 압류의 효력이 상실되게 되는 데 반하여, 파산선고의 경우에는 특정 재산이 허위표시에 기한 것이기 때문에 파산채무자의 재산에 속하지 않는다고 하더라도 파산선고의 효력 자체에 영향을 주지는 않는다. 그러므로 파산관재인을 위 조항 소정의 제3자에 해당한다고 볼 수는 없고, 통정허위표시의 당사자는 상대방 당사자의 파산관재인에 대하여도 통정허위표시로서 무효라는 주장을 할 수 있다고 보아야 할 것이다.[80)81)]

는 상황에서 이를 보완하는 기능을 하고 있다고 설명하는데, 등기의 공신력을 규정한 독일 민법 제892조 제1항 제1문("부동산물권 또는 그러한 권리에 대한 권리를 법률행위에 의하여 취득한 사람을 위하여는 부동산등기의 내용은 정당한 것으로 보지만, 그 정당성에 대한 이의가 등기되어 있거나 그 부당성을 취득자가 알았을 경우에는 그러하지 아니하다")의 해석상으로는 금전채권에 기한 강제집행 채권자는 이러한 공신력에 의한 보호를 받지 못하고, 이러한 채권자에 대하여는 채무자의 진정한 재산만이 책임재산이 된다고 보는 데 거의 異見이 없다. MünchKomm/Wacke, §892 Rdnr. 33; Staudinger/Karl-Heinz Grunsky, §892 Rdnr. 73 등 참조. 또한 金東勳, "契約解除와 제3자의 保護", 考試研究 2000. 11, 50면은 압류채권자를 민법 제548조의 제3자로 보는 판례에 대하여, 등기의 공신력을 인정하지도 않는 우리 법제하에서 압류 또는 가압류채권자에게 해제자보다 우월한 지위를 인정하는 것은 문제가 있다고 주장한다.

80) 오스트리아 민법(ABGB) 제916조 제2항은 허위표시를 신뢰하고 권리를 취득한 제3자에 대하여는 허위표시의 항변으로 대항할 수 없다고 규정하고 있는데, 오스트리아의 판례와 학설은 이 조항은 강제집행에도 적용되므로 채권자는 허위표시에 의하여 채무자의 재산에 속하는 것으로 보이는 재산에 대하여 강제집행을 할 수 있지만, 파산관재인(Masseverwalter)은 이러한 제3자에 해당하지 않는다고 보고 있다. 그 이유는 파산관재인이 가장행위 또는 은닉행위의 어느 것을 원용할 것인가를 선택하게 할 수는 없고, 그렇지 않으면 파산재단에 부당한 이득을 얻게 한다는 점이다. Schwimann/Binder, Praxiskommentar zum ABGB, 2. Aufl., 1997, §916 Rdnr. 18 참조.

81) 민사실무연구회에서의 지정토론자였던 이진만 부장판사도 이 점에 동의하면서 다음과 같이 첨언하였다. 즉 제3자로 보는 견해의 주요한 논거는 파산선고에 압류의 효력이 있기 때문이라는 것인데, 이 논거는 쉽게 수긍이 되지 않는다. 파산선고에 의하여 파산자의 모든 재산은 파산선고시를 기준으로 하여, 있는 그 상태대로 동결되고(따라서 파산자가 점유하고 있지만 실제는 파산자의 소유가 아닌 것도 일단은 파산재단에 속하게 됨) 그 상태 그대로의 재산이 파산재단을 구성하며(파산법 제6조, 이를 독일에서는 Ist-Masse라고 한다), 이 파산재단을 관리 및 처분할 권리는 파산관재인에게 속한다(파산법 제7조). 이와 같이 일단 파산자의 재산을 있는 그 상태대로 동결시킨 다음, 파산관재인의 부인권행사, 환취권자의 환취권 행사, 파산채권자의 상계권 행사 등 일정한 권리행사를 거쳐 파산채권자의 변제에 제공될 파산재

그런데 이처럼 압류채권자는 민법 제108조 제2항의 제3자로 보면서도 파산관재인을 제3자로 인정하지 않는 데 대하여는, 채권자가 통모허위표시에 의하여 채무자의 책임재산인 것과 같은 외관을 보이는 재산에 대하여 압류를 한 후에 파산선고가 되었다면 어떻게 되는가, 또 채권자가 위 재산에 대하여 압류하는 대신 파산신청을 하였다면 어떻게 되는가, 이러한 경우에도 파산관재인을 제3자로 인정하지 않는다면 불균형이 생기는 것이 아닌가 하는 의문이 제기될 수 있다. 그러나 파산선고에 의하여 채무자의 전체 재산에 대하여 압류의 효력이 생기는 이상 그로써 채권자의 보호는 충분하고, 통모허위표시에 의하여 채무자의 책임재산인 것과 같은 외관을 보이는 개별적인 재산에 대하여는 압류의 효력을 주장할 수 없다고 하여도 무슨 불균형이 있다고 할 수는 없을 것이다.

2. 민법 제485조에 의한 면책의 가부

그런데 대상판결은, 이처럼 원고는 C 금고에 대한 채무가 통정허위표시에 기한 것임을 들어 무효를 주장할 수는 없지만, 민법 제108조 제2항과 같은 특별한 제한이 있는 경우를 제외하고는 채무의 소멸 등 파산 전에 파산자와 상대방 사이에 형성된 모든 법률관계에 관하여 파산관재인에게 대항할 수 없는 것은 아니며, 그 경우 파산자와 상대방 사이에 일정한 법률효과가 발생하였는지 여부에 대하여는 파산관재인의 입장에서 형식적으로 판단할 것이 아니라

단이 최종적으로 확정되게 된다(이를 독일에서는 Soll-Masse라고 한다). 파산선고가 압류로서의 성격을 가지고 있다는 것은, 파산선고에 의하여 파산자의 재산이 있는 그 상태대로 동결되고 파산자는 관리처분권을 상실하며 대신 파산관재인이 이를 갖게 되는, 법이 정한 파산선고의 효과를 설명하기 위한 도구개념에 불과하고, 파산관재인이 통정허위표시로 인하여 외견상 파산재단에 포함되어 있는 재산에 대하여 이를 파산자의 재산으로 믿고 압류 등 어떤 조치를 실제로 취하는 것은 아니다. 따라서 통정허위표시로 인한 권리를 채무자의 재산으로 믿고 이를 (가)압류한 통상의 채권자와는 달리 파산관재인에게는 민법 제108조 제2항에 근거하여 보호하여 주어야 할 신뢰가 있다고 보기 어렵다. 민법 제108조 제2항은 자기결정에 의한 자기구속이라는 원칙에 대하여, 제3자의 보호를 위한 예외를 규정한 것이라고 할 수 있는바, 이러한 예외는 엄격하게 해석되어야 할 것이다. 또한 파산관재인은 새로운 법률원인에 의하여 이해관계를 맺게 된 자가 아니다. 파산관재인은 공적수탁자로서, 법률이 정한 바에 따라, 파산자에 갈음하여 파산재단을 구성하는 권리를 행사하는 것일 뿐이지 파산관재인 자신이 파산자로부터 그 어떠한 권리를 새로이 취득하는 것이 아니므로 파산자가 가지는 권리의 하자는 여전히 그대로 있는 것이고 그 상태대로 파산관재인이 파산자의 권리를 행사하는 것뿐이어서 파산관재인을 제3자로 볼 수 있을지 의문이다.

파산자와 상대방 사이의 실질적 법률관계를 기초로 판단하여야 할 것이라는 전제 하에, 원고는 파산관재인인 피고에 대하여는 위 통정허위표시로 대항하지 못하므로 파산재단에 속한 이 사건 대출금채무를 변제할 의무를 직접 부담하여 이를 변제할 정당한 이익이 있는 자에 해당하고, 나아가 변제할 정당한 이익이 있는 원고가 채무를 변제하는 경우에는 C 금고가 실채무자인 A 회사에 대하여 가지는 채권 및 이에 관한 담보권을 당연히 대위행사할 수 있을 것인데, C 금고가 이 사건 대출금채무에 관한 담보권인 근저당권을 고의 또는 과실로 소멸시킴으로써 원고가 채무를 변제하더라도 근저당권을 대위할 수 없게 되었으므로, 결국 원고는 위 근저당권의 소멸로 인하여 상환을 받을 수 없는 범위에서 C 금고에 대한 채무를 면한다고 하는 원심 판단은 정당하다고 하였다.

파산관재인이 민법 제108조 제2항 소정의 제3자에 해당한다고 하는 경우에 위와 같은 판단이 가능한 것인가? 이 점은 의문이다. 우선 원고가 통정허위표시의 무효를 파산관재인에게 주장할 수는 없지만, 일단 원고가 파산관재인에게 변제를 하는 경우에 C 금고가 A 회사에 대하여 가지는 채권을 대위행사할 수 있는 지위를 가지고, 이를 파산관재인에게도 주장할 수 있다는 것은 피고가 상고이유에서 주장하는 것처럼 모순되는 것은 아닌가, 다시 말하여 원고가 A 회사에 대하여 이처럼 채권을 대위행사할 수 있다는 것은 통정허위표시의 무효를 전제로 하는 것이 아닌가 하는 의문이 있다. 이 점에 관하여 원심판결과 대상판결은 그러한 모순이 없다고 하였으나, 왜 그런 것인지에 관하여는 명확한 설명이 없다.

추측건대 원심판결이나 대상판결은 C 금고의 원고에 대한 대출계약의 효력과, C 금고가 A 회사에 대하여 가지는 채권의 존재는 서로 별개의 문제이고, C 금고의 원고에 대한 대출계약이 파산관재인에 대한 관계에서 유효한 것으로 취급된다고 하더라도, C 금고가 A 회사에 대하여 채권을 가질 수는 있으므로 원고가 이러한 채권을 대위행사할 수 있다고 본 것으로 생각된다. 과연 그렇게 볼 수 있을 것인지도 의문이 없지 않다.

그러나 설령 이처럼 원고가 C 금고의 A 회사에 대하여 가지는 채권을 대위행사할 수 있고, 이를 파산관재인에게 주장할 수 있다고 보더라도, 원고가 C 금고의 근저당권을 변제자대위의 법리에 의하여 대위행사할 수 있다고 볼 수는 없다. 위 C 금고의 근저당권은 등기부상 채무자가 원고로 되어 있는데, 대상판결대로라면 원고는 자기의 채무를 담보하기 위하여 설정된 근저당권을 대위행사하는 것이 되지만, 이는 불가능하다. 그렇게 된다면 위 근저당권의 피담보채무자도 원고이고, 채권자도 원고가 되는 셈이기 때문에 위 피담보채무는 혼동에 의하여 소멸하게 되고 따라서 이를 담보하기 위한 근저당권도 소멸한다고 할 수밖에 없기 때문이다.

그러면 원심판결이나 대상판결은 왜 이와 같이 판시하였을까? 이 점에 관하여 원심판결은 C 금고와 B, G 사이에는 위 근저당권으로써 실질적 주채무자인 A 회사 등의 채무를 담보하기로 하는 약정이 존재하였던 것으로 봄이 상당하다고 판시하고 있다. 다시 말하여 위 근저당권의 채무자는 등기상으로는 원고 회사이지만 실질적으로는 A 회사이므로 원고는 A 회사의 채무를 담보하기 위한 위 근저당권을 대위행사할 수 있다는 것이고, 대법원도 같은 취지인 것으로 생각된다.

그러나 이 또한 받아들이기 어렵다. 이처럼 위 근저당권이 실질적으로는 A 회사의 채무를 담보하는 것이라고 하기 위하여는 위 근저당권설정계약 중 채무자를 원고로 한 부분은 통정허위표시로서 무효이고, 은닉행위인 A 회사를 채무자로 한 부분이 유효하다고 설명하여야 할 것인데, 대출계약이 통정허위표시라는 점을 파산관재인에 대하여 주장하지 못한다면, 위 근저당권설정계약 중 채무자를 원고로 한 부분이 통정허위표시로서 무효라는 점도 파산관재인에게 주장할 수 없게 될 수밖에 없다. 그렇다면 위 근저당권을 원고가 대위행사할 수 있는 여지는 없다.

뿐만 아니라 근본적으로는 근저당권의 채무자를 등기부의 기재와는 달리 인정한다는 것 자체가 문제를 안고 있다. 물론 우리 대법원의 판례는 근저당권을 설정함에 있어서 당사자의 합의에 의하여 실제 채무자 아닌 제3자를 채무자로 한 경우에도 그 근저당권이 실제 채무자의 채무를 담보하는 것으로서 효력을 가진다고 보고 있다.[82] 그러나 저당권의 부종성의 관점에서 보거나, 부동산에 관한 물권은 등기되어야 그 효력이 발생한다는 성립요건주의에 비추어 보더라도 이처럼 저당권이 등기부에 기재된 채무자 아닌 기재되지 않은 제3자의 채무를 담보한다고 보는 것은 무리라고 생각된다.[83] 설사 이 문제를 저당

82) 대법원 1980. 4. 22. 선고 79다1822 판결(公 1980, 12800); 대법원 1999. 7. 22.자 99마2870 결정(公 1999하, 1927); 대법원 2001. 3. 15. 선고 99다48948 전원합의체 판결(公 2001, 873) 등.

83) 金載亨, 根抵當權硏究, 2000, 219-225면; 金美利, "第3者 名義 抵當權登記의 效力", 法曹 2002. 2, 218-222면 참조.

권의 부종성 문제가 아닌 등기와 실체의 부합 관점에서 접근하여, 채무자가 누구인가에 관하여 특별히 제 3 자가 이해관계를 가지지 않는 경우에는 이를 유효한 것으로 보고 다만 경정등기의 대상이 될 수 있을 뿐이라고 본다고 하더라도,[84] 근저당권의 채무자가 누구인가에 따라 제 3 자의 이해관계에 영향을 미치는 경우에는 그러한 경정등기 없이는 등기부에 기재되지 않은 자를 채무자라고 주장하는 것은 허용되어서는 안 될 것이다.

3. 原告가 保證人의 지위에 있다고 볼 수 있는지 여부

피고는 원고가 민법 제485조에 의한 면책을 주장할 수 있다고 하더라도, 원고는 보증인의 지위에 있으므로 면책의 범위는 물상보증인을 상대로 행사할 수 있는 보증인의 대위권 범위 내(민법 제482조 제 2 항 제 5 호)로 제한되어야 한다고 주장하였으나, 원심과 대법원은 이를 배척하였다. 그러나 이러한 판시에도 문제가 있다.

앞에서 본 것처럼 대법원 1999. 10. 22. 선고 98다22451 판결(註 50)은 채권자와 소비대차계약을 체결한 자로서 채권자에 대한 관계에서는 주채무자로서의 책임을 지는 자라고 하더라도 내부관계에서 실질상의 주채무자가 아닌 경우에도 실질상의 주채무자, 연대보증인, 형식상의 주채무자 3자간의 실질적인 법률관계에 비추어 형식상의 주채무자가 실질상의 주채무자를 연대보증한 것으로 인정할 수 있는 경우에는, 그 형식상의 주채무자는 공동보증인 간의 구상권 행사 법리에 따라 연대보증인에 대하여 구상의무를 부담한다고 판시하였고, 대법원 2002. 12. 10. 선고 2002다47631 판결(註 44)은 실질적 주채무자 아닌 채무명의자인 제 3 자가 금융기관으로부터 대출을 받음에 있어 자신을 주채무자로 하도록 승낙한 경우의 제 3 자의 의사는 특별한 사정이 없는 한 최소한 연대보증의 책임은 지겠다는 의사였다고 보아야 한다고 판시하였다. 그러므로 이 사건과 같은 경우에 원고와 B, G 사이의 관계는 보증인과 물상보증인의 관계에 있는 것으로 봄이 원칙일 것이다.[85]

---

84) 尹弘根, "根抵當權의 附從性의 限界", 民事判例硏究 XXIV, 2002, 78-79면; 南英燦, "根抵當權의 被擔保債權과 附從性", 民事裁判의 諸問題 제11권, 2002, 170-173면 참조.

85) 梁彰洙, "2005년 분야별 중요판례분석, 민사 채권편", 法律新聞 2006. 3. 2.자 10면도 대상판결에 관하여, '실질적인 관찰방법'을 관철하려고 하면, 적어도 민법 제485조를 포함하여 변제자대위의 문제에 관한 한 A 회사가 주채무자이고 원고 및 물상보증인 등은 보조적 책임자

다만 이 사건에서 B와 G의 지위가 단순한 물상보증인이 아니고 A 회사와 마찬가지로 실질적 주채무자로서 취급되어야 한다고 본다면 대상판결의 결론은 정당화될 수도 있다.[86] 이와 같이 볼 수 있는지는 좀더 심리할 필요가 있을 것이나, 이는 원고가 실질적으로 보증인의 지위에 있는가 하는 점과는 별개의 문제이다.

Ⅳ. 結　論

대상판결은 여러 가지의 흥미 있는 법률문제에 관한 판단을 포함하고 있다. 그러나 그 중에서도 차명대출이 명의대여자와의 관계에서 허위표시에 해당한다고 볼 수 있는가 하는 점이 가장 중요한 문제이다. 앞에서 살펴본 것처럼 이 점에 관하여는 판례가 엇갈리고 있다. 그러므로 대법원으로서는 원칙적으로 허위표시가 아니라는 쪽으로 판례를 통일할 필요가 있다.

다만 이 사건에서는 대법원이 그러한 판단을 내리기에는 적절하지 않다고 생각하였을 수는 있다. 허위표시인지 여부는 사실관계에 따라 달라질 수 있는데다가, 원심판결은 차명대출을 허위표시라고 보았고, 상고이유도 이 점을 직접 다투지는 않았기 때문이다. 그러나 허위표시 여부는 제 1 차적으로는 사실문제라고 할 수 있지만, 사실관계가 다 밝혀진 후에 이를 놓고 허위표시에 해당하는 것으로 볼 것인가의 판단은 법률문제라고 하여야 할 것이다. 차명대출에 관한 종래의 판례도 원심에서 허위표시라고 한 데 대하여 대법원은 허위표시가 아니라고 한 것도 있고, 그 반대의 경우도 있다.

또한 민사소송법 제431조는 “상고법원은 상고이유에 따라 불복신청의 한도에서 조사한다”고 규정하고 있으나, 이 규정에 의하여 법원이 구속을 받는 것은 절차법 위반에 한정되고, 실체법 위반에 관하여는 법원이 직권으로 판단할 수 있는 것이다.[87] 특히 이 사건과 같이 종래 판례가 엇갈리고 있는 경우에는 대법

로서 민법 제482조 제 2 항에서 정하여진 대위자 간의 제한을 인정하였어야 했을 것이라고 하여, 이 판결의 결론에 반대하고 있다.

86) 민사실무연구회에서 이진만 부장판사도 원고, B, G 사이에서는 원고의 부담부분을 0으로 하는 합의가 있었다고 보아야 하고, 그렇다면 이러한 ‘실질적 관찰방법’을 관찰하여 부담부분이 0인 원고는 B, G에 대하여 전액 구상 및 전부 대위할 수 있다고 볼 수 있다고 주장하였다.

87) 尹眞秀, “親權者와 子女 사이의 利害相反行爲 및 親權者의 代理權 濫用”, 民事裁判의 諸問

원이 상고이유에 구애받지 않고 적극적으로 판단을 내렸어야 할 것이다.[88)]

〈追記〉

서울고등법원 2006. 8. 11. 선고 2005나64530 판결(각공 2006. 10. 10, 2099)은 대법원 판례와는 달리, 대체로 본문에서와 같은 이유로 파산관재인은 통정허위표시의 법률관계에서 보호되는 제 3 자에 해당하지 않는다고 하였다. 나아가 위 판결은 가사 '파산관재인의 제 3 자성'을 긍정한다고 보더라도, 파산관재인이 법률상 새로운 이해관계를 갖게 된 때에 해당하는 파산관재인 선임 시점을 기준으로 파산관재인의 선·악의 여부를 판단할 것인데, 이 사건에서의 파산관재인은 파산관재인으로 선임될 당시 통정허위표시 사실을 충분히 알고 있었던 '악의의 제 3 자'에 해당한다고 하였다.

그러나 대법원 2006. 11. 10. 선고 2004다10299 판결은, 파산관재인이 민법 제108조 제 2 항의 제 3 자에 해당한다고 한 것은 파산관재인은 파산채권자 전체의 공동의 이익을 위하여 선량한 관리자의 주의로써 그 직무를 행하여야 하는 지위에 있기 때문이므로, 그 선의·악의도 파산관재인 개인의 선의·악의를 기준으로 할 수는 없고, 총파산채권자를 기준으로 하여 파산채권자 모두가 악의로 되지 않는 한 파산관재인은 선의의 제 3 자라고 할 수밖에 없다고 하였다.

〈民事裁判의 諸問題 15, 2006 = 法曹 2006. 12, 2007. 1〉

題 11권, 2002, 762면; 姜溶鉉(註 56), 280-281면, 490-492면, 511-522면 등 참조. 근래 대법원 2003. 6. 10. 선고 2002다63312 판결(公 2003하, 1510); 2003. 6. 13. 선고 2001다29803 판결(公 2003하, 1515) 등 일련의 판례는 원심판결이 개정 전 소송촉진등에관한특례법 제 3 조 제 1 항의 규정에 의하여 연 2할 5푼의 법정이율의 지급을 명하였으나 그 후인 2003. 4. 24. 헌법재판소가 위 규정을 위헌이라고 하였고 그 후 개정된 위 법률조항과 대통령령은 그 법정이율을 연 2할로 낮춘 경우에 관하여 직권으로 지연손해금 지급 부분을 파기하였다.

88) 대법원 2004. 8. 20. 선고 2003다1878 판결(公 2004하, 1571)은 "소액사건에 있어서 구체적 사건에 적용할 법령의 해석에 관한 대법원 판례가 아직 없는 상황에서 같은 법령의 해석이 쟁점으로 되어 있는 다수의 소액사건들이 하급심에 계속되어 있을 뿐 아니라 재판부에 따라 엇갈리는 판단을 하는 사례가 나타나고 있는 경우, 소액사건이라는 이유로 대법원이 그 법령의 해석에 관하여 판단을 하지 아니한 채 사건을 종결하고 만다면 국민생활의 법적 안전성을 해칠 것이 우려된다고 할 것인바, 이와 같은 특별한 사정이 있는 경우에는 소액사건에 관하여 상고이유로 할 수 있는 '대법원의 판례에 상반되는 판단을 한 때'의 요건을 갖추지 아니하였다고 하더라도 법령해석의 통일이라는 대법원의 본질적 기능을 수행하는 차원에서 실체법 해석 적용에 있어서의 잘못에 관하여 직권으로 판단할 수 있다고 보아야 할 것이다"라고 판시하였다.

〈追記〉

權英俊, “通情虛僞表示로 인한 法律關係에 있어서 破産管財人의 第3者性”, 法曹 2007. 5, 44면 이하도 파산관재인은 민법 제108조 제2항 소정의 제3자에 해당하지 않는다고 한다.

民法上 錯誤規定의 立法論的 考察

— 민법개정위원회에서의 소수의견 —

I. 序　　論

지난 1999년 2월부터 법무부는 민법개정위원회를 구성하여 재산법 분야의 개정 작업을 진행하고 있는데, 필자도 그 위원회의 일원으로서 이에 관여하고 있다.[1] 이 위원회는 다시 총칙 및 물권 부분을 담당한 제 1 소위원회와, 채권 부분을 담당한 제 2 소위원회로 나누어져 있는데, 필자는 제 1 소위원회에 소속되었다.

제 1 소위원회에서 법률행위 부분을 담당한 것은 白泰昇 위원인데, 백태승 위원은 다음과 같이 착오에 관한 민법 제109조를 개정하고, 제109조의2를 신설하자고 제안하였다.[2]

민법 제109조: ① - 현행과 동일.

② 당사자 또는 물건의 性狀에 관한 착오도 거래상 중요한 의미가 있는 것으로 인정될 때에는 제 1 항을 적용한다.

③ - 현행 제109조 제 2 항과 같고 다만 "前項"을 "제 1 항 및 제 2 항"으로

---

1) 민법개정 작업의 전체적인 경과에 대하여는 梁彰洙, "민법개정작업의 경과와 채권편의 개정검토사항 Ⅰ(채권총칙)", 民事法學 제19호, 2001, 11면 이하 참조.

2) 白泰昇, "法律行爲에 관한 民法改正의 立法論的 研究", 法曹 2000. 8, 154면 이하, 164면 이하; 同, "民法總則(通則, 人, 法律行爲) 改正着眼點 및 改正試案", 民事法學 제19호, 2001, 58면 이하, 70면 이하 참조.

수정함.

제109조의2(신설): ① 제109조에 의하여 의사표시를 취소한 자는 상대방이 그 의사표시의 유효함을 믿었기 때문에 받은 손해를 배상하여야 한다. 그러나 그 배상액은 의사표시가 유효한 경우에 생길 이익액을 넘지 못한다.

② 제 1 항의 규정은 상대방이 표의자의 착오를 알았거나 알 수 있었을 경우에는 적용하지 아니한다.

이는 주로 독일 민법의 영향을 받은 것이다. 즉 위 개정안 제109조 제 2 항은 독일 민법 제119조 제 2 항을, 제109조의2는 독일 민법 제122조를 참조한 것이다.

그런데 이에 대하여 필자는 다음과 같은 개정안을 제안하였다.[3)]

민법 제109조: ① 상대방 있는 의사표시는 법률행위의 내용 또는 그 동기의 중요한 부분에 착오가 있고, 다음 중 어느 하나에 해당할 때에는 취소할 수 있다.

1. 그 착오가 상대방에 대하여도 중요한 의미가 있을 때.
2. 상대방이 표의자의 착오를 알았거나 알 수 있었을 때.
3. 상대방이 그 착오의 원인을 제공한 때.

② 無償行爲는 법률행위의 내용 또는 그 동기의 중요한 부분에 착오가 있으면 취소할 수 있다.

③ - 현행 제109조 제 2 항과 같고 다만 "前項"을 "제 1 항 및 제 2 항"으로 수정함.

이러한 두 개의 개정안은 민법개정위원회 전체 회의에 회부되었는데, 2001. 3. 17.의 전체회의에서는 다수 위원이 백태승 위원의 안을 지지하였고, 필자의 안은 일부 위원[4)]의 지지밖에 얻지 못하여, 결국 백태승 위원의 안이 채택되었다.

위 백태승 위원의 안은 다시 실무위원회 및 전체회의에서의 논의를 거쳐 다음과 같이 수정되었다.

---

3) 白泰昇, 위 民事法學(註 2), 70면 註 11)에 필자의 제안이 소개되어 있다.

4) 이상경 위원, 양창수 위원.

민법 제109조: ② 當事者, 物件의 性狀 그밖의 法律行爲의 動機에 錯誤가 있는 때에도 그 錯誤가 表意者의 意思表示에 去來上 본질적인 事情에 關한 것인 境遇에는 第1項을 適用한다.

第109條의2 (取消者의 損害賠償義務) ① 第109條에 의하여 意思表示를 取消한 者는 그 錯誤를 알 수 있었던 경우에는 相對方이 그 意思表示의 有效함을 믿었음으로 인하여 받은 損害를 賠償하여야 한다. 그러나 그 賠償額은 意思表示가 有效함으로 因하여 생길 利益額을 넘지 못한다.

② 第1項의 規定은 相對方이 表意者의 錯誤를 알았거나 알 수 있었을 境遇에는 적용하지 아니한다

즉 원안 제109조 제2항은 동기의 착오 가운데 이른바 性狀의 착오(Eigenschaftsirrtum)만을 취소사유로 인정하였던 반면 수정안은 그 외에도 "그 錯誤가 表意者의 意思表示에 去來上 不可缺한 [基礎가 되는] 事情에 關한 것인 境遇"에도 취소사유로 인정하고 있으며, 원안 제109조의2는 취소자에게 과실이 없는 경우에도 손해배상책임을 인정하였던 반면, 수정안은 취소자가 그 착오를 알 수 있었을 것을 요건으로 하여 손해배상책임을 인정하고 있다.

필자가 위와 같은 개정안을 제안하였던 것은, 제1차적으로는 현행 민법의 규정상 착오로 인한 취소를 인정하는 범위가 일면에 있어서는 지나치게 넓고, 다른 한편으로는 지나치게 좁아서, 적정한 규율이 되지 못하고 있다는 판단에 기인한다. 즉 민법 규정상으로는 착오가 법률행위의 내용의 중요부분에 관한 것이기만 하면, 그 의사표시의 상대방이 착오 사실을 알았는가 또는 알 수 있었는가에 관계없이 원칙적으로 취소가 허용된다는 점에서는 취소를 인정하는 범위가 지나치게 넓다고 할 수 있다. 반면 현행 민법의 규정은 적어도 그 문언상으로는 실제로 주로 문제가 되는 이른바 動機의 착오의 경우를 포함하지 못하고 있어서, 취소가 인정되는 범위가 지나치게 좁은 것이다.

물론 학설이나 판례는 이러한 문제점을 시정하기 위하여 여러 가지로 노력하고 있다. 특히 동기의 착오에 관하여는 대체로 특정한 경우에는 취소 사유가 된다고 보고 있다. 그리고 아래에서 보듯이 판례가 착오로 인한 취소를 인정한 사례는 대체로 결과에 있어서 타당성이 인정된다. 그러나 판례는 그에 관하여 명확한 기준을 제시하지 못하고 있는 것이다. 이에 반하여 필자의 개정안에 따르면 보다 명확하고 타당한 기준을 얻을 수 있다고 여겨진다.

다른 한편으로는 필자의 개정안은 근래의 국제적인 계약법 통일 운동의 산물, 즉 UNIDROIT 계약원칙[5] 및 유럽 契約法原則(Principles of European Contract Law)의 내용과 대체로 부합한다. 다시 말하여 위 개정안은 근래의 국제적인 조류에 부합하는 것이다.

이 글에서는 위 민법개정위원회에서 소수의견이 되고 만 필자가 제안하였던 개정안에 관하여, 위와 같은 점을 설명함으로써 그 근거가 무엇이었는가를 밝히고자 한다. 논의의 순서로서는 우선 현행 민법 규정의 해석론과 그 문제점을 지적하고, 이어서 위 UNIDROIT 계약원칙과 유럽계약법원칙의 착오규정을 살펴본다. 이어서 이러한 고찰을 배경으로 하여 필자가 제안하였던 개정안의 타당성을 논증하고자 한다.

그리고 이에 덧붙여서 착오에 관한 종래의 대법원 판례도 실제에 있어서는 위와 같은 개정안의 관점과 대부분 일치한다는 점을 지적하고자 한다. 다른 말로 한다면 이와 같은 논의는 단순한 입법론에 그치지 않고, 현행법의 해석론으로서도 의미를 가질 수 있다는 것이다.

Ⅱ. 現行 民法 規定의 解釋論과 그 問題點

현행 민법 규정의 해석에 관한 학설과 판례의 골자는 일반적으로 잘 알려져 있는 사항이라고 생각되므로 이하에서는 간단히 설명한다.

1. 학설 및 판례

민법 제109조 제 1 항은 "意思表示는 法律行爲의 內容의 重要部分에 錯誤가 있는 때에는 取消할 수 있다. 그러나 그 錯誤가 表意者의 重大한 過失로 인한 때에는 取消하지 못한다"고 규정하고 있다.

이 규정과 관련하여 학설상 착오의 유형을 다음의 세 가지로 나누는 것이 일반적이다.[6]

---

5) 정식 명칭은 UNIDROIT 國際商事契約原則(The UNIDROIT Principles of International Commercial Contracts)이다.

6) 郭潤直, 民法總則, 新訂(修正版), 1998, 339면 이하 등.

첫째, 表示上의 錯誤. 이는 표시행위 자체를 잘못하여 內心的 效果意思와 表示上의 意思의 不一致가 생기는 경우를 말하는 것으로서, 예컨대 1만원이라고 적을 생각이었으나 잘못하여 3만원이라고 적는 경우.

둘째, 內容의 錯誤. 이는 표시행위 자체에는 착오가 없으나 표시행위가 가지는 의미를 잘못 이해하는 것을 말하는 것이다. 예컨대 원고가 국가배상심의회에 원고의 아들의 사망으로 인하여 입은 위자료의 배상금 지급청구를 하여 그 청구금액 중 일부의 지급을 인용하는 결정을 받고 그 결정에 동의하면서 후일 이 사건을 원인으로 하는 일체의 다른 손해배상을 청구하지 아니한다는 각서를 작성, 교부하였는데 당시 원고는 위 각서가 위자료만을 청구하지 않는다는 의미로 오인하였던 경우와 같다.[7)]

셋째, 動機의 錯誤. 이는 의사표시를 하게 된 동기에 착오가 있는 것으로서, 예컨대 약혼한 친구가 결혼할 것으로 믿고 결혼 선물을 샀는데 실제로는 그 친구가 이미 파혼한 경우와 같다.

위와 같은 세 가지 유형 가운데 표시상의 착오와 내용의 착오가 민법 제109조 제 1 항의 착오에 해당한다는 점에 대하여는 별로 다툼이 없다. 문제는 동기의 착오도 취소사유에 해당하는가 하는 점이다. 일반적으로는 이러한 동기는 법률행위의 내용에 포함된다고 보기 어렵기 때문이다. 이에 대하여는 다양한 견해가 제시되고 있다.[8)]

一說은 동기가 표시되어 상대방이 그 동기를 알고 있는 경우에는 그 동기는 의사표시의 내용이 된다고 한다.

다른 설은 동기가 표시되었거나 표시되지 않았거나를 불문하고 취소사유가 될 수 있다고 한다.

또 다른 설은 동기의 착오 중 거래에 있어서 중요한, 사람 또는 성질에 관한 착오 및 이에 준하는 착오에 관하여는 민법 제109조를 유추적용하여야 한다고 한다.[9)]

---

7) 대법원 1966. 10. 18. 선고 66다1573 판결(判例總攬 민법 제109조 22).

8) 학설의 상세한 소개는 宋德洙, 錯誤論, 1991, 55면 이하; 同, 民法注解 Ⅱ, 1992, 427면 이하; 同, "錯誤에 관한 우리의 學說·判例", 茂巖李英俊博士 華甲紀念 韓國民法理論의 發展, 1999, 118면 이하 참조.

9) 金曾漢·金學東, 民法總則, 제 9 판, 1995, 344면 이하는 性質의 錯誤는 동기의 착오가 아니라 내용의 착오이므로 성질의 착오가 법률행위의 중요부분에 해당하는 경우에는 이를 이유로 취소할 수 있다고 한다.

마지막으로 동기의 착오는 원칙적으로 취소사유가 될 수 없고, 다만 증여의 경우에만 취소사유가 될 수 있으며, 또한 쌍방의 일치하는 동기의 착오의 경우에는 이른바 주관적 행위기초론에 의하여 고려될 수 있다고 하는 견해도 있다.

판례는, 원칙적으로 "동기의 착오가 법률행위의 내용의 중요 부분의 착오에 해당함을 이유로 표의자가 법률행위를 취소하려면 그 동기를 당해 의사표시의 내용으로 삼을 것을 상대방에게 표시하고 의사표시의 해석상 법률행위의 내용으로 되어 있다고 인정되면 충분하고 당사자들 사이에 별도로 그 동기를 의사표시의 내용으로 삼기로 하는 합의까지 이루어질 필요는 없지만, 그 법률행위의 내용의 착오는 보통 일반인이 표의자의 입장에 섰더라면 그와 같은 의사표시를 하지 아니하였으리라고 여겨질 정도로 그 착오가 중요한 부분에 관한 것이어야 한다"고 판시하고 있다.[10] 그러나 실제로 어느 경우에 그 동기가 법률행위의 내용으로 된 것인지가 반드시 명확한 것은 아니다.

2. 問 題 點

이러한 민법의 규정이나 종래의 해석론에는 어떠한 문제점이 있는가?

가. 상대방 신뢰 보호의 문제

우선 민법 규정에 따르면 적어도 내용의 착오나 표시의 착오의 경우에는 착오를 이유로 취소할 수 있는가 하는 것은 전적으로 의사표시를 한 표의자의 사정에 따라 결정되고, 그 착오에 대하여 상대방에게 책임을 돌릴 수 있는가 내지 상대방이 착오 사실을 알았거나 알 수 있었는가 여부는 전혀 문제되지 않는다. 그러나 이러한 내용의 착오나 표시의 착오를 하게 된 것은 제 1 차적으로는 표의자의 잘못이라고 할 수 있고, 따라서 그로 인한 위험도 표의자가 부담하는 것이 타당하다. 그런데도 민법은 이른바 意思主義의 도그마 때문에 이러한 경우에 별다른 제한 없이 착오로 인한 취소를 인정하고 있다. 따라서 착오를 이유로 한 취소가 인정되는 범위가 지나치게 넓어서 그 법률행위의 효력에 대한 상대방의 신뢰는 제대로 보호되지 못하고, 거래의 안전에 위협이 된

10) 대법원 1989. 12. 26. 선고 88다카31507 판결(公 1990, 361); 1998. 2. 10. 선고 97다44737 판결(公 1998상, 686); 2000. 5. 12. 선고 2000다12259 판결(公 2000하, 1417) 등.

다. 물론 민법 규정에 의하더라도 착오가 있다는 이유만으로 항상 취소할 수 있는 것은 아니고, 그 착오가 법률행위의 내용의 중요부분에 관한 것이어야 하며, 또 표의자에게 중대한 과실이 없을 것이 요구되기는 한다. 그러나 이러한 것만으로는 상대방의 신뢰를 충분히 보호할 수는 없다.

이에 대하여는, 착오로 인한 취소는 기본적으로 表意者를 기준으로 요건을 정한 것이 민법의 근본결단으로 보아야 할 것이므로, 거래안전 보호를 이유로 우리 민법의 취지에 반하는 요건을 추가하여 착오로 인한 취소가능성을 제한하는 것은 타당하지 않다고 보아야 할 것이라고 하는 주장이 있다.[11] 그러나 이처럼 우리 민법이 표의자를 기준으로 하여 착오로 인한 취소의 요건을 정한 것 자체가 정당한가 여부를 따짐에 있어서 그것이 민법의 근본결단이라고 하는 것만으로는 충분한 답변이 되지 못한다. 기본적으로 착오의 문제를 규율함에 있어서는 표의자를 보호하는 것이 정당한가, 상대방의 신뢰를 보호하는 것이 정당한가 하는 관점에서 결정하여야 하는 것인데,[12] 표의자를 기준으로 착오로 인한 취소의 요건을 정한 것이 민법의 근본결단이라고 하는 것은 이러한 기본적인 문제에 대한 답변을 회피하는 것이다.

그런데 종래의 학설도 이러한 신뢰보호의 문제를 전혀 도외시하고 있었던 것은 아니었다. 학설상 거래의 안전 보호를 위하여 다음의 두 가지의 방법이 주장되고 있다.

그 하나는 착오를 이유로 의사표시를 취소하기 위하여는 표의자에게 착오가 있었음을 상대방이 알았거나 알 수 있었을 것, 즉 豫見可能性이 있어야 한다는 것이다.[13] 그러나 이러한 견해는 입법론으로서는 충분히 설득력이 있지만,[14] 현행법상 요구되고 있지 않은 요건을 부가하는 것으로서 해석론의 한계

---

11) 白泰昇, 民事法學 제19호(註 2), 70-71면.

12) 意思主義와 表示主義 내지 信賴主義 사이의 논쟁은 오래된 것이지만, 근래의 M. Wolf, "Willensmängel und sonstige Beeinträchtigungen der Entscheidungsfreiheit in einem europäischen Vertragsfreiheit" in: J. Basedow(Hrsg.), Europäische Vertragsrechtsvereinheitlichung und deutsches Recht, 2000, S. 93은, 법률행위에 의한 거래에 있어서의 의사표시의 기능을 고려할 때 (意思主義, Willenstheorie보다는) 信賴主義(Vertrauenstheorie)를 위한 논거가 더 낫다고 한다.

13) 金容漢, 民法總則論, 博英社, 1992, 300면 등.

14) 아래 Ⅳ. 2 등 참조. 그런데 李英俊, 民法總則, 全訂版, 1995, 383면; 李銀榮, 民法總則, 改訂版, 2000, 524-525면 등은 입법론적으로도 이러한 상대방의 예견가능성을 인정하는 데 부정적이다. 그러나 우선 위 논자들이 獨逸 民法 第1草案은 상대방이 표의자의 착오를 알았거나 알 수 있었을 때에 한해서 취소할 수 있도록 하였지만, 제2초안에서는 이러한 요건이 부당하다는 이유로 삭제하였다고 설명하고 있는 것은 부정확하다. 독일 민법 제1초안 제98조는 착오로 인한 의사표시를 무효로 규정하고, 제99조 제1항은 착오자에게 중대한 과실이 있는

를 뛰어넘는 것이라고 하지 않을 수 없다.[15] 또한 입법론으로서도 그 경우에 한하여만 취소가 인정되어야 하는 것은 아니다.

다른 하나의 견해는, 착오를 이유로 의사표시를 취소하는 표의자에게 과실이 있으면 신뢰이익의 배상책임을 부과하자고 하는 것이다.[16] 이러한 학설들은 그 근거를 대체로 민법 제535조가 규정하는 契約締結上의 過失責任의 유추적용에서 구한다.[17] 그러나 판례는 이를 부정하고 있다.[18]

생각건대 해석론상으로 이러한 신뢰이익의 배상책임을 인정하는 것이 가능한가는 별론으로 하고,[19] 이처럼 손해배상책임만을 인정하는 것은 상대방의 보호를 위하여 충분하지 못하다. 계약의 경우에는 상대방은 계약 그 자체의 이행을 원한 것이었지, 신뢰이익의 배상을 원한 것은 아니었기 때문이다.[20]

경우에는 유효로 하며(제 1 항), 표의자에게 과실이 있지만 중대하지 않은 경우에는 상대방에게 신뢰이익의 배상책임을 인정하고(제 2 항), 다만 상대방이 착오를 알았거나 알았어야 하는 경우에는 위 제 1 항과 제 2 항의 규정은 적용되지 않는다고 규정하고 있었을 뿐이다. MünchKomm/Kramer, 3. Aufl., §119 Rdnr. 6; 梁彰洙, "獨逸民法典 制定過程에서의 法律行爲規定에 대한 論議", 李好珽教授華甲記念 法律行爲論의 史的展開와 課題, 1998, 131면 이하; 宋德洙, "錯誤論의 歷史的 發展", 위 같은 책, 158면 등 참조.

15) 金曾漢·金學東(註 9), 350면은, 표의자와 상대방의 이익을 어떻게 조절할 것인가 즉 이의 조절을 위하여 무엇을 취소요건으로 요구할 것인가 하는 점은 입법정책에 의하여 결정될 문제인바, 그러한 해석은 법률을 벗어난 것으로서 부당하다고 설명한다.

16) 郭潤直(註 6), 345면; 李英俊(註 14), 393면; 金相容, 民法總則, 全訂版, 1998, 501면 이하; 李銀榮(註 14), 532면 이하; 白泰昇, 民法總則, 2000, 427면; 宋德洙, 위 民法注解(註 8), 510면 이하 등. 반면 金曾漢·金學東(註 9), 351면은 해석에 의하여 이를 인정할 수는 없다고 한다.

17) 그러나 嚴東燮, "錯誤者의 過失과 損害賠償責任", 民事判例硏究 XXI, 1999, 54면 이하는 취소자의 손해배상책임을 불법행위책임으로 파악하고, 그 근거를 계약체결상의 과실책임에서 찾는 다른 학설과는 달리 상대방의 선의·무과실은 요구할 필요가 없으며, 착오자가 착오에 빠져 있다는 사실에 대한 상대방의 악의나 과실은 이른바 과실상계의 법리를 통해 고려하면 충분하다고 주장한다.

18) 대법원 1997. 8. 22. 선고 97다13023 판결(公 1997하, 2800): 불법행위로 인한 손해배상책임이 성립하기 위하여는 가해자의 고의 또는 과실 이외에 행위의 위법성이 요구된다 할 것인바, 피고가 계약보증서를 발급하면서 소외 회사가 수급할 공사의 실제 도급금액을 확인하지 아니한 과실이 있다고 하더라도 민법 제109조에서 중과실이 없는 착오자의 착오를 이유로 한 의사표시의 취소를 허용하고 있는 이상, 피고가 과실로 인하여 착오에 빠져 계약보증서를 발급한 것이나 그 착오를 이유로 보증계약을 취소한 것이 위법하다고 할 수는 없다.

19) 이를 계약체결상의 과실책임으로 구성하는 것은 우리 法上 별로 설득력이 없다. 私見으로는 학설상으로 계약체결상의 과실책임으로 주장되는 것들은 일부 예외적인 경우를 제외하고는 거의 대부분 불법행위책임의 문제로 해결될 수 있다고 생각한다. 다른 한편 취소자의 손해배상책임을 불법행위책임으로 구성한다면 상대방에게 과실이 있는 경우에도 손해배상책임을 긍정하게 되나, 아래에서 보듯이 상대방에게 과실이 있는 경우에는 원칙적으로 그 상대방을 보호할 필요가 없으므로 손해배상책임을 인정할 필요가 없다.

20) 같은 취지를 주장하는 최근의 문헌으로 M. Wolf(註 12), S. 95. 반면 R. Singer, Selbstbestimmung und Verkehrsschutz im Recht der Willenserklärungen, 1995, S. 91 ff.는 이처럼 취소를 인정하고 신뢰이익만을 배상하게 하는 것(이른바 소극적 신뢰보호, negativer Vertrauensschutz)

다른 한편 실제로는 이러한 내용의 착오나 표시의 착오를 이유로 취소를 인정하는 사례를 거의 찾아보기 어렵고, 현실적으로 문제되는 것은 거의 대부분 동기의 착오이다. 이는 내용의 착오와 표시의 착오를 중심으로 하고 있는 민법의 규정이 현실에 부합하지 않는다는 점을 나타내는 또 다른 근거가 될 수 있다.

나. 動機의 錯誤 문제

다른 한편 우리 민법은 동기의 착오는 원칙적으로 취소 사유가 되지 못한다는 전제에 서 있다.[21] 물론 동기의 착오는 원칙적으로 취소사유가 되지 못한다는 것에 일리가 없는 것은 아니다. 표의자가 의사표시를 하게 된 동기에 관하여 잘못 판단하였다면 그로 인한 위험은 원칙적으로 표의자 자신이 부담하여야 하는 것이다. 그럼에도 불구하고 동기의 착오라고 하여도 표의자 자신에게 그 위험을 부담하게 하는 것이 반드시 타당하지 않은 경우가 있을 수 있다.

그런데 이에 대하여 학설이나 판례가 제시하는 기준은 반드시 적절한 것이 되지 못한다. 예컨대 동기가 표시되었다고 하여 표의자가 동기의 착오로 인한 위험을 면하여야 할 근거가 어디에 있는지 알기 어렵다.[22] 또 성질의 착오만을 특별히 취소사유가 되는 것으로 보아야 할 이유도 없다. 다만 표의자가 착오에 빠졌다는 사실을 상대방이 알았거나 알 수 있었다는 사정은 취소 가능 여부를 결정함에 있어서 고려하여야 할 중요한 사정이기는 하지만, 고려하여야 할 사정이 그것만은 아니다.

한편 민법개정위원회 실무위원회에서 채택된 개정안은 동기의 착오도 널리 취소사유로 인정하면서 다만 그것이 表意者의 意思表示에 去來上 본질적인 事情에 관한 것인 境遇로 제한하고 있다. 그러나 그것만으로는 충분하지 않다. 과연 어떤 경우에 취소가 가능한지가 불분명한 것이다.

이 법윤리적으로 우월하다고 주장한다.

21) 이 점은 우리 민법 규정의 모범이 되었던 독일 민법 第1草案 제102조의 입장이기도 하였다. MünchKomm/Kramer, §119 Rdnr. 6; 梁彰洙(註 14), 132면 등 참조. 더 거슬러 올라가면 이는 Savigny(System des heutigen römischen Rechts, Dritter Band, 1840)에서 비롯되어 Zitelmann(Irrtum und Rechtsgeschäft, 1872)에 의하여 완성된, 표시착오(Erklärungsirrtum)와 동기착오(Motivirrtum)를 준별하는 이른바 심리학적인 착오론에 근거를 둔 것이다. MünchKomm/Kramer, §119 Rdnr. 2 ff.; 宋德洙(註 14), 152면 이하; Singer(註 20), S. 241 등 참조.

22) 이를 가리켜 多辯家가 유리해진다고 비꼬기도 한다. 宋德洙, 錯誤論(註 8), 68면 참조.

Ⅲ. UNIDROIT 계약원칙과 유럽계약법원칙상의 착오규정

1. UNIDROIT 계약원칙과 유럽계약법원칙의 의의

착오에 관하여는 매우 다양한 입법례가 존재한다.[23] 크게 나누어 볼 때 여러 가지 착오의 유형[24]에 따라 달리 취급하는 입법례, 개념적 내지 심리학적 고려에 의한 일반적 규율을 하는 입법례[25] 및 어떤 경우에 착오자의 상대방에게 착오로 인한 위험을 귀속시키는 것이 정당화될 수 있는가 하는 실질적인 고려에 근거한 입법례 등으로 나누어 볼 수 있다.

그러나 이러한 다양한 입법례를 다 살펴볼 수는 없고, 여기서는 UNIDROIT 계약원칙과 유럽계약법원칙에서의 착오에 관한 규정만을 살펴본다. 특별히 이 두 가지를 살펴보는 것은, 이들이 다같이 최근의 것일 뿐만 아니라, 각국의 지도적인 법률가가 지혜를 모아 만든 것이기 때문에 비교적 타당성 있는 내용을 담은 것이라고 여겨지기 때문이다.

우선 이 두 가지의 원칙은 모두 다 통상적인 의미에서의 法規範은 아니다. 이 중 UNIDROIT 계약원칙은, 로마에 있는 私法統一國際協會(the International Institute for the Unification of Private Law, UNIDROIT)가 1994년 5월에 국제상사계약에 관한 일반적 원칙을 정립하여 발표한 것으로서,[26] 형식적으로는 法典과 같은 체제를 갖추고 있지만, 그 자체는 국제조약이나 각국 정부의 승인을 받은 것이 아니고, 계약의 당사자들이 그 계약이 이 원칙에 의하여 규율된다는 것을 합의함으로써 비로소 적용되는 것이다.[27]

---

23) 이에 대하여는 Zweigert/Kötz, Einführung in die Rechtsvergleichung, 3. Aufl., 1996, S. 409 ff.; Kramer, Der Irrtum beim Vertragsschluss, 1998 참조. 유럽 각국 계약법의 착오에 관하여는 H. Kötz, Europäisches Vertragsrecht Ⅰ, 1996, S. 260 ff.; P. D. V. Marsh, Comparative Contract law England, France, Germany, 1994, pp. 112 ff. 참조.

24) 로마법에서와 같이 *error in persona, in substantia, in negotio* 등으로 분류하는 경우.

25) 프랑스 민법 제1110조 제1항은 착오가 "그 물건의 본질 그 자체(substance même de la chose)"에 관한 것일 때에 한하여 무효라고 규정한다. 프랑스의 착오법에 관하여는 朱基東, "민법상의 錯誤", 민사재판의 제문제 제10권, 2000, 17면 이하 참조.

26) 그 全文 및 공식 comment를 인터넷 http://www.unidroit.org/english/principles/contents.htm에서 찾아볼 수 있다. 그 성립 과정에 대하여는 위 Principle의 Introduction 및 梁彰洙, "「유럽契約法原則」에 대한 一考 및 그 飜譯", 民法硏究 제6권, 2001, 320면 이하(원래는 서울대학교 法學 제40권 1호, 1999에 수록되어 있었다); Bonell, An International Restatement of Contract Law, 2nd ed., 1997, pp. 19 ff. 등 참조.

27) UNIDROIT 계약원칙 Preamble 참조. 여기서 商事契約이란 商行爲에 의한 계약을 의미하는

다른 한편 유럽계약법원칙은 유럽 연합 회원국의 법학자들로 결성된 유럽계약법위원회(Commission on European Contract Law)[28]에서 발표한 것으로, 1990년에 제1부가 채택되었고, 1996년에 제2부가 채택되었다.[29] 이 원칙은 직접적인 구속력이 있는 법규범은 아니지만, 장래 유럽 연합의 입법을 위한 기초가 될 수 있고, 당사자들이 이를 명시적으로 채택할 수도 있으며, 법원이나 중재인들을 위한 참고가 될 수도 있다는 것을 목적으로 하고 있다.[30]

위 두 개의 원칙의 제정에는 각국의 유수한 법률가들이 참여하였으므로[31] 이러한 원칙은 앞으로 각국의 입법이나 판례에 많은 영향을 줄 것으로 여겨진다.[32]

위 두 원칙은 모두 착오에 관하여 계약의 효력(Validity)에 관한 절에서 규정을 두고 있다. 두 원칙은 기본적으로는 유사하지만, 세부에 있어서는 다소 차이가 있다.

2. 규정의 내용

우선 두 원칙의 착오에 관한 규정을 소개한다.

가. UNIDROIT 계약원칙

제3.4조(錯誤의 定義)

착오는 계약이 체결될 당시에 존재하였던 사실 또는 법에 관한 잘못된 想

것이 아니라, 특별한 법원칙이 지배하는 消費者契約(consumer contract)을 제외하기 위하여 사용되는 개념이며, 또 위 원칙은 국제계약을 상정하고 만들어진 것이기는 하지만, 국내 계약이라도 당사자가 이 원칙에 따르기로 할 수도 있다. Comment to Preamble 참조.

28) 덴마크의 Lando 교수가 의장이었으므로 흔히 Lando 위원회라고도 한다.

29) 朴永馥, "유럽의 통일계약법(1)", 法曹 1999. 1, 235면 이하; 梁彰洙(註 26), 324면 이하; O. Lando/H. Beale(ed.), Principles of European Contract Law part Ⅰ and Ⅱ, 2000, Preface 참조. 마지막 문헌은 이 원칙에 대한 유럽 계약법위원회의 공식 주석서이다.

30) O. Lando/H. Beale(註 29), Introduction 참조.

31) 두 원칙 모두의 제정에 관여한 사람으로는 덴마크의 Lando, 독일의 Drobnig, 이탈리아의 Bonell, 프랑스의 Tallon, 네덜란드의 Hartkamp 등이 있다.

32) C.-W. Canaris, "Die Stellung der ≫UNIDROIT-Principles≪ und der ≫Principles of European Contract Law≪ im System der Rechtsquellen" in: J. Basedow(Hrsg.)(註 12), S. 5 ff. 특히 8 ff.는 이 두 원칙은 법규범으로서의 효력을 가지는 法效力源(Rechtsgeltungsquelle)은 아니지만, 법이 무엇인가를 인식할 수 있는 法認識源(Rechtserkenntnisquelle) 내지 法獲得源(Rechtsgewinnungsquelle)의 의미는 가진다고 한다.

定이다.[33)]

제3.5조(重要한 錯誤)

(1) 일방 당사자는 계약이 체결될 당시에 그 착오가 착오에 빠진 당사자와 동일한 상황에 있는 합리적인 인간이라면 사태의 진정한 상황이 알려진 경우에는 계약을 전혀 체결하지 않았을 정도로 중요한 것이고,

(a) 상대방 당사자가 동일한 착오를 범하였거나, 착오를 야기하였거나, 착오를 알았거나 알았어야 하였고 착오를 일으킨 당사자를 착오상태로 방치하는 것이 공정한 거래의 합리적인 상사 관행에 어긋나거나,

(b) 상대방 당사자가 취소 당시에 계약을 신뢰하여 행동하지 않았을 때에만 계약을 취소할 수 있다.

(2) 그러나 일방 당사자는 다음의 경우에는 계약을 취소할 수 없다:

(a) 착오를 범한 데 중대한 과실이 있거나

(b) 그 착오가 착오를 일으킨 당사자가 착오의 위험을 인수하였거나 그 정황과 관련하여 착오를 일으킨 당사자가 착오의 위험을 부담하여야 하는 문제에 관련된 경우.[34)]

제3.6조(表現 또는 傳達에 있어서의 誤謬)

의사표시의 표현 또는 전달에 있어서 발생한 오류는 그 표시가 유래한 사람의 착오로 간주된다.[35)]

---

33) Article 3.4 — Definition of Mistake

Mistake is an erroneous assumption relating to facts or to law existing when the contract was concluded.

34) Article 3.5 — Relevant Mistake

(1) A party may only avoid the contract for mistake if, when the contract was concluded, the mistake was of such importance that a reasonable person in the same situation as the party would not have concluded it at all if the true state of affairs had been known, and

(a) the other party made the same mistake, or caused the mistake, or knew or ought to have known of the mistake and it was contrary to reasonable commercial standards of fair dealing to leave the mistaken party in error; or

(b) the other party had not at the time of avoidance acted in reliance on the contract.

(2) However, a party may not avoid the contract if

(a) it was grossly negligent in committing the mistake; or

(b) the mistake relates to a matter in regard to which the risk of mistake was assumed or, having regard to the circumstances, should be borne by the mistaken party.

35) Article 3.6 — Error in Expression or Transmission

An error occurring in the expression or transmission of a declaration is considered to be a

제3.7조(不履行에 대한 救濟)

일방 당사자는 당사자들이 의존하고 있는 상황이 불이행에 대한 구제를 제공하거나 제공할 수 있었을 때에는 계약을 취소할 권한이 없다.[36)]

제3.13조(取消權의 喪失)

(1) 일방 당사자가 착오를 이유로 계약을 취소할 권한이 있으나 상대방 당사자가 취소권이 있는 당사자가 이해한 대로 계약을 이행할 의사가 있음을 선언하거나 또는 그와 같이 계약을 이행하면, 계약은 취소권 있는 당사자가 이해한 대로 체결된 것으로 본다. 상대방 당사자는 계약을 취소할 권한이 있는 당사자가 계약을 이해한 바에 대하여 고지를 받은 후 바로, 또 그 당사자가 계약 취소의 통지를 신뢰하여 행동하기 전에 이행할 의사가 있음을 표명하거나 그와 같이 이행하여야 한다.

(2) 그러한 통지 또는 이행이 있으면 취소권은 소멸되며 그 전의 취소 통지는 효력이 없다.[37)]

나. 유럽계약법원칙[38)]

제4:103조(事實 또는 法에 관한 錯誤)

(1) 일방 당사자는 계약을 체결할 당시에 존재하는 사실 또는 법률의 착오를 이유로 하여 다음의 경우에 계약을 취소할 수 있다.

(a) (i) 착오가 상대방에 의하여 제공된 정보에 의하여 야기되었거나

(ii) 상대방 당사자가 착오의 사실을 알았거나 알았어야 하였고 착오를 일

---

mistake of the person from whom the declaration emanated.

36) Article 3.7 — Remedies for non-performance

A party is not entitled to avoid the contract on the ground of mistake if the circumstances on which that party relies afford, or could have afforded, a remedy for non-performance.

37) Article 3.13(Loss of right to avoid)

(1) If a party is entitled to avoid the contract for mistake but the other party declares itself willing to perform or performs the contract as it was understood by the party entitled to avoidance, the contract is considered to have been concluded as the latter party understood it.

The other party must make such a declaration or render such performance promptly after having been informed of the manner in which the party entitled to avoidance had understood the contract and before that party has acted in reliance on a notice of avoidance.

(2) After such a declaration or performance the right to avoidance is lost and any earlier notice of avoidance is ineffective.

38) 이에 관하여는 梁彰洙(註 26), 341면 이하의 번역을 참조하였다.

으킨 당사자를 착오상태로 방치하는 것이 신의성실 및 공정한 거래에 어긋나거나

(iii) 상대방 당사자가 동일한 착오를 범하였고,

(b) 착오를 일으킨 당사자가 사실을 알았다면 계약을 체결하지 않았거나 근본적으로 다른 내용으로만 계약을 체결하였을 것임을 상대방 당사자가 알았거나 알았어야 할 경우.

(2) 그러나 일방 당사자는 다음의 경우에는 계약을 취소할 수 없다:

(a) 당해 정황 아래서 그의 착오가 변명할 수 없는 것이었거나

(b) 그가 착오의 위험을 인수하였거나 당해 정황 아래서 부담하였어야 하는 경우.[39)]

제4:104조(意思傳達의 不正確)

의사표시의 표현 또는 전달에 있어서의 부정확은 그 의사표시를 하거나 발송한 사람의 착오로 다루어지며 제4.103조가 적용된다.[40)]

제4:105조(契約의 變容)

(1) 일방 당사자가 착오를 이유로 계약을 취소할 권한이 있으나 상대방 당사자가 계약을 취소할 권한이 있는 당사자가 이해한 것과 같이 계약을 이행할 의사가 있음을 표시하거나 실제로 그와 같이 이행한다면, 계약은 취소할 권한이 있는 당사자가 이해한 것과 같이 체결된 것으로 본다. 상대방 당사자는 계

---

39) Article 4:103 — Mistake as to facts or law

(1) A party may avoid a contract for mistake of fact or law existing when the contract was concluded if:

(a) (i) the mistake was caused by information given by the other party; or

(ii) the other party knew or ought to have known of the mistake and it was contrary to good faith and fair dealing to leave the mistaken party in error; or

(iii) the other party made the same mistake, and

(b) the other party knew or ought to have known that the mistaken party, had it known the truth, would not have entered the contract or would have done so only on fundamentally different terms.

(2) However a party may not avoid the contract if:

(a) in the circumstances its mistake was inexcusable, or

(b) the risk of the mistake was assumed, or in the circumstances should be borne, by it.

40) Article 4:104 — Inaccuracy in communication

An inaccuracy in the expression or transmission of a statement is to be treated as a mistake of the person who made or sent the statement and Article 4.103 applies.

약을 취소할 권한이 있는 당사자가 계약을 이해한 바에 대하여 고지를 받은 후 바로, 또 그 당사자가 계약 취소의 통지를 신뢰하여 행동하기 전에 이행할 의사가 있음을 표명하거나 그와 같이 이행하여야 한다.

(2) 그러한 통지 또는 이행이 있으면 취소권은 소멸되며 그 전의 취소 통지는 효력이 없다.

(3) 양 당사자가 동일한 착오에 빠진 경우에는, 법원은 어느 일방 당사자의 청구에 따라 착오가 없었더라면 합리적으로 합의되었을 바에 따라 계약을 변경할 수 있다.[41)]

제4:106조(不正確한 情報)

상대방 당사자가 제공한 부정확한 정보에 의존하여 계약을 체결한 당사자는, 그 정보가 제4:103조에 의하여 계약을 취소할 권리를 발생시키지 않는 경우에도 제4:117조 제2항 및 제3항에 의하여 손해배상을 청구할 수 있다. 다만 정보를 제공한 당사자가 그 정보가 정확하다고 믿을 만한 이유가 있는 때에는 그러하지 아니하다.[42)]

3. 錯誤의 意義

UNIDROIT 계약원칙 제3.4조는 착오를 “착오는 계약이 체결될 당시에 존

---

41) Article 4:105(ex art. 6.105) — Adaptation of contract

(1) If a party is entitled to avoid the contract for mistake but the other party indicates that it is willing to perform, or actually does perform, the contract as it was understood by the party entitled to avoid it, the contract is to be treated as if it had been concluded as the that party understood it. The other party must indicate its willingness to perform, or render such performance, promptly after being informed of the manner in which the party entitled to avoid it understood the contract and before that party acts in reliance on any notice of avoidance.

(2) After such indication or performance the right to avoid is lost and any earlier notice of avoidance is ineffective.

(3) Where both parties have made the same mistake, the court may at the request of either party bring the contract into accordance with what might reasonably have been agreed had the mistake not occurred.

42) Article 4:106 — Incorrect information

A party who has concluded a contract relying on incorrect information given it by the other party may recover damages in accordance with Article 4:117(2) and (3) even if the information does not give rise to a right to avoid the contract on the ground of mistake under Article 4:103, unless the party who gave the information had reason to believe that the information was correct.

재하였던 사실 또는 법에 관한 잘못된 想定(an erroneous assumption relating to facts or to law existing when the contract was concluded)"이라고 정의하고 있다.

이는 우리 민법상의 이른바 動機의 錯誤가 취소사유가 될 수 있음을 인정하고 있는 것이다. 여기서 유의할 것은 사실의 착오와 법률의 착오를 동등하게 취급하고 있으며,[43] 또 착오의 대상을 계약 체결 당시에 존재하였던 사실로 한정하고 있다는 점이다.[44]

그리고 제3.6조는 "의사표시의 표현 또는 전달에 있어서 발생한 오류는 그 표시가 유래한 사람의 착오로 간주된다"고 함으로써 말하자면 표시의 착오도 취소사유가 될 수 있음을 인정하고 있다.[45]

이러한 규정 태도는 말하자면 동기의 착오를 제 1 차적인 취소 사유로서 다루고, 표시의 착오는 그에 준하는 것으로서 제 2 차적인 취소 사유로 보는 것으로서, 우리 민법의 태도와는 대조를 이룬다.

그리고 유럽계약법원칙은 착오의 정의에 관하여 독립된 조문을 두고 있지는 않으나, 제4:103조 (1)은 "일방 당사자는 계약을 체결할 당시에 존재하는 사실 또는 법의 착오를 이유로 하여 … 계약을 취소할 수 있다 …"고 규정하고 있어서, UNIDROIT 계약원칙 제3.4조와 같은 태도를 취하고 있고, 제4:104조는 UNIDROIT 계약원칙 제3.6조와 거의 같은 내용을 규정하고 있다.

4. 錯誤의 중요성

모든 착오가 아무리 사소한 것이라도 계약의 효력에 영향을 미치는 것이 될 수는 없고, 그 착오가 중요한 것이어야만 취소 여부가 문제된다는 것은 상

---

43) 그 Comment는, 사실의 착오와 법률의 착오를 동등하게 취급하는 것이 근대 법체계의 점증하는 복잡성에 비추어서 정당하고, 또 국경을 넘는 거래에 있어서는 이러한 복잡성으로 인한 어려움이 개별 거래가 외국의 낯선 법체계에 의하여 영향을 받을 수 있다는 점에 의하여 더 악화될 수도 있다고 언급하고 있다.

44) 그 Comment는, 이는 착오에 관한 규율과 계약의 불이행에 관한 규율을 구분하는 데 그 목적이 있으며, 당사자가 계약 당시의 부대 사정은 정확하게 이해하였으나 장래의 전망에 관하여 판단의 오류를 범하였다면 이는 착오의 문제가 아니라 불이행의 문제라고 한다.

45) 그 Comment는, 이탈리아 사람인 A가 영국의 법률사무소 B에게 법률적 조언을 구하고 전보로 답변을 받았는데, 그 전보에서는 B의 시간당 보수가 150파운드라고 되어 있으나 실제로 B가 영국 우체국에 넘겨준 전보용지에는 시간당 250 파운드였던 사례를 예로 들고 있다. 그리고 전보에 있어서의 숫자는 자주 잘못 전달된다는 것이 잘 알려져 있으므로, B는 그 위험을 인수한 것으로 간주되어 제3.5조의 다른 요건이 갖추어졌다고 하더라도 전달에 있어서의 착오를 이유로 취소를 주장할 수 없다고 설명한다.

대방의 신뢰보호 내지 거래의 안전의 관점에서는 당연한 것이다. 두 원칙도 모두 이러한 태도를 취하고 있다. 그러나 양자는 누구의 기준에서 착오의 중요성을 판단하는가에 관하여 다소 상이한 태도를 취하고 있다.

우선 UNIDROIT 계약원칙 제3.5조는 "착오가 동일한 상황에 있는 합리적인 인간이라면 사태의 진정한 상황이 알려진 경우에는 계약을 체결하지 않았을 정도로 중요한 것"일 것을 요구하고 있다.

그 공식 Comment는, 이에 관하여 다음과 같이 설명한다. 즉 착오는 중요하여야(serious) 하는데, 이는 주관적 기준과 객관적 기준을 결합하여 판단하여야 한다고 한다. 그리하여 당사자의 의도를 평가함에 있어서는 UNIDROIT 계약원칙 제 4 장이 규율하고 있는 해석의 원칙이 적용되어야 하고, 일반적인 상사의 기준과 관련 관행이 특히 중요한데, 통상의 상사 거래에서는 상품이나 용역의 가치, 착오에 빠진 당사자의 단순한 기대나 동기 등은 중요한 것으로 고려되지 않으며, 상대방 당사자의 동일성이나 그의 인적 성질도 특별한 경우를 제외하고는 중요한 것이 아니라고 한다.

반면 유럽계약법원칙 제4:103조 (1) (b)는 "착오를 일으킨 당사자가 사실을 알았다면 계약을 체결하지 않았거나 근본적으로 다른 내용으로만 계약을 체결하였을 것임을 상대방 당사자가 알았거나 알았어야 할"것을 요구하고 있다. 즉 여기서는 제 1 차적으로 착오를 일으킨 당사자를 기준으로 착오의 중요성 여부를 판단한다는 점을 밝히고 있고, 또한 착오를 일으킨 당사자에게 그 착오가 계약 체결 여부 또는 계약의 내용에 관하여 영향을 줄 것임을 상대방 당사자가 알았거나 알 수 있었을 것을 요구하고 있는 것이다. 나아가 여기서는 착오가 근본적(fundamental)일 것을 요구하고 있어서, 제1:301조 (5)에서 규정하고 있는 "실질적(material)"과는 구별된다.[46] 따라서 예컨대 한 사항이 착오에 빠진 당사자가 지급하는 데 합의하였을 가격에 영향을 미칠 수 있으면 이는 '실질적'이지만 '근본적'은 아닐 수 있다고 한다.[47]

---

46) Article 1:301[Meaning of Terms]

In these Principles, except where the context otherwise requires:

(5) A matter is 'material' if it is one which a reasonable person in the same situation as one party ought to have known would influence the other party in its decision whether to contract on the proposed terms or to contract at all. .

47) O. Lando/H. Beale(註 29), p. 231.

5. 착오를 일으킨 당사자의 상대방에 관한 요건

착오를 이유로 당사자가 계약을 취소할 수 있기 위하여는 그 상대방 당사자에 관하여도 일정한 요건이 갖추어져야 한다. UNIDROIT 계약원칙은 이 점에 관하여 4가지 중 하나의 요건만 갖추어지면 취소할 수 있는 것으로 규정하고 있으나, 유럽계약법원칙은 이 중 3가지만을 인정하고 나머지 한 가지[48]는 채택하지 않고 있다.

양자에 공통되는 3가지의 요건은 계약 당시의 상황에 관계되는 것이고,[49] UNIDROIT 계약원칙만이 인정하는 나머지 한 가지의 요건은 계약 당시가 아닌 취소 당시의 상황에 관계되는 것이다.

가. 상대방 당사자가 착오를 야기하였을 것{UNIDROIT 계약원칙 제3.5조 (1) (a); 유럽계약법원칙 제4:103조 (1) (a) (i)}

두 원칙이 모두 채택하고 있는 상대방에 관한 요건 중 하나는 착오가 상대방 당사자가 제공한 정보에 의하여 야기되었을 것이다. 이는 영국법상의 misrepresentation의 법리와 같은 것이다.[50] 예컨대 임차권의 매도에 있어서 이제까지 그 목적물을 주거용으로 사용하고 있던 매도인이 매수인에게 그 목적물을 식당으로 사용할 수 있다고 하였고, 그것이 매수인의 주된 동기였는데, 매도인은 주거 이외의 용도로 그 목적물을 사용하기 위하여는 임대인의 동의가 있어야 한다는 사실을 잊었었고, 임대인이 그 동의를 거부한다면 임차권의 매수인은 계약을 취소할 수 있다.[51]

UNIDROIT 계약원칙의 공식 Comment에 의하면, 그 착오가 상대방 당사자의 특정한 표명에 기인하였을 때에는, 그 표명이 명시적이건 묵시적이건, 과실이 있건 없건, 또는 상황에 따라서는 표명에 해당하는 행동이건 간에 모두 여기에 해당한다고 한다. 그러나 광고나 교섭 과정에서의 단순한 과장은 통상

---

48) UNIDROIT 계약원칙 제3.5조 (1) (b).

49) UNIDROIT 계약원칙의 공식 Comment는, 이들 3가지는 상대방 당사자가 어떠한 형태로든 착오를 일으킨 당사자의 착오에 관여하였기 때문에 보호를 받을 필요가 없다는 점에서 공통성이 있다고 한다.

50) Chitty on Contracts, 21. Ed., Vol. 1, 1999, Chapter 6 Misrepresentation(Beale) 참조.

51) O. Lando/H. Beale(註 29), p. 231.

이에 해당하지 않을 것이라고 한다. 그리고 비록 그 정보를 제공한 당사자가 합리적인 이유에 의하여 그 정보가 사실이라고 믿었다고 하더라도, 자신이 그 정보를 제공할 것을 선택하였으므로 그 정보의 수령자가 계약을 취소하더라도 이의를 할 수 없다고 한다.[52]

나. 상대방이 그 착오를 알았거나 알 수 있었을 것{UNIDROIT 계약원칙 제3.5조 (1) (a); 유럽계약법원칙 제4:103조 (1) (a) (ii)}

양 원칙에서 다같이 취소가 허용될 수 있는 또 다른 요건은 착오를 일으킨 당사자의 상대방이 그 착오 사실을 알았거나 알 수 있었으며, 착오를 일으킨 당사자로 하여금 착오 상태에 있도록 방치하는 것이 공정한 거래의 합리적인 상사 관행에 어긋날 것 내지 신의성실 및 공정한 거래에 어긋날 것이다.

일반적으로 상대방이 착오에 빠져 있음을 알면서도 이를 방치하고 이용한다는 것은 허용될 수 없고, 신의칙에 어긋난다고 보아야 할 것이다(in bad faith).[53] 예컨대 A가 B에게 자기 소유의 집을 팔면서, 방 한 개의 마루 밑이 부식되어 있음을 알리지 않았는데, 왜냐 하면 B도 벽의 습기 자국으로 인하여 그러한 가능성을 알고 마루를 검사해 보리라고 생각했기 때문이다. 그러나 B는 그 위험을 알아차리지 못하고 마루를 검사해 보지 않은 채로 집을 샀다면 B는 계약을 취소할 수 있다.[54]

그러나 경우에 따라서는 상대방의 착오를 이용하는 것이 허용될 수 있는 상황도 존재한다. 예컨대 계약이 그 본질상 위험하고 투기적인 경우라든지, 일방이 그 정보를 얻기 위하여 상당한 노력을 한 경우 등이다. 후자의 경우에 착오를 이유로 하는 취소가 허용된다면 그러한 정보를 얻기 위하여 투자를 할 誘因이 없게 되고, 따라서 양 당사자에게 모두 불리하게 된다. 예컨대 A가 광범위한 조사 끝에 X 회사가 생산하는 특정 화학물질의 수요가 급격하게 증가할 것이라는 사실을 알아내고 X 회사의 주식을 가지고 있는 B에게 이러한 사실을 알리지 않은 채 B로부터 주식을 매수한 경우에 B에게는 아무런 구제수단이 없다.[55]

---

52) O. Lando/H. Beale(註 29), p. 231.
53) O. Lando/H. Beale(註 29), p. 232.
54) O. Lando/H. Beale(註 29), p. 232.
55) O. Lando/H. Beale(註 29), p. 232 f.

다. 共通의 錯誤{UNIDROIT 계약원칙 제3.5조 (1) (a); 유럽계약법원칙 제4:103조 (1) (a) (iii)}

양 원칙이 모두 취소를 인정하고 있는 또 다른 요건은 이른바 共通의 錯誤[56]이다. 즉 당사자 쌍방이 동일한 착오에 빠진 경우이다. 예컨대 프랑스에 있는 전원주택을 소유하고 있는 영국 여자가 덴마크의 친구에게 위 주택을 한 달간 임대하기로 하였고, 그에 따라 덴마크 사람은 예약이 철회되더라도 요금이 반환되지 않는 프랑스로 가는 항공편을 예약하였으나, 사실은 위 전원주택이 계약이 체결되기 전날 밤에 불타 버린 경우.[57]

이러한 경우에 제 1 차적으로는 계약이 이러한 위험을 어느 당사자가 부담하기로 분배하였는가 하는 것을 따져 보아야 하지만, 계약이 그러한 위험의 분배에 관하여 규율하고 있지 않을 때에는 그 착오의 결과로 그 계약이 일방에게 매우 다른 것이 된다면 그 일방은 계약을 취소할 권리를 가져야 한다고 한다. 그리하여 위의 사례에서는 쌍방이 다 계약을 취소할 수 있고, 그 결과 임료도 지급할 필요가 없는 반면, 덴마크 사람도 항공요금에 대하여 배상을 받을 수 없게 되는 것이다.[58]

라. 상대방 당사자가 취소 당시에 계약을 신뢰하여 행동하지 않았을 것{UNIDROIT 계약원칙 제3.5조 (1) (b)}

UNIDROIT 계약원칙은 유럽계약법원칙과는 달리, 앞의 3가지 요건이 갖추어지지 않았더라도, 계약 체결 후 취소의 통지가 있기까지 상대방이 그 계약을 신뢰하여 어떠한 행동을 취하지 않았으면 계약의 취소를 인정한다. 원래 이러한 규정은 오스트리아 민법(ABGB) 제871조 제 1 항에서 유래하는 것이다.[59]

그러나 이에 대하여는 유력한 비판이 있다. 즉 Kramer는, 이 규정은 예컨대 상대방이 그 착오에 대하여 아무런 책임이 없어서 그의 신뢰가 절대적으로

---

56) 영미법에서는 보통 Mutual Mistake라고 부르지만, 영국의 학자 가운데에는 Mutual Mistake라는 용어는 不合意를 가리키는 데 사용하고, 공통의 착오는 Common Mistake라고 부르기도 한다. Kramer(註 23), S. 65 Fn. 211 참조. 한편 O. Lando/H. Beale(註 29), p. 233은 이를 Shared Mistake라고 부른다.

57) UNIDROIT 계약원칙 제3.3조나 유럽계약법원칙 제4:102조는 이러한 원시적 불능(initial impossibility)은 계약을 무효로 하지 않는다고 규정한다.

58) O. Lando/H. Beale(註 29), p. 233.

59) 또한 해약금에 기한 약정해제권의 행사에 관한 민법 제565조 제 1 항과 비교할 것.

보호받을 가치가 있는 경우에도 취소를 허용하는 것이 되어서 부당하다고 한다. 따라서 유럽계약법원칙이 이 점에 관하여 UNIDROIT 계약원칙을 따르지 않은 것은 타당하다고 한다.[60)]

6. 착오자에 관한 요건

그러나 양 원칙은 착오자에게 일정한 사유가 있을 때에는 취소를 배제한다.

가. 착오자의 과실

취소를 원하는 착오자에게 과실이 있는 경우에도 착오자는 취소를 할 수 있는가?

양 원칙은 다같이 취소 가능 여부를 결정함에 있어서 착오자의 과실을 고려하고 있으나 다소의 차이가 있다. UNIDROIT 계약원칙은 착오자에게 중대한 과실이 있는(grossly negligent) 경우에는 취소할 수 없다고 규정함에 반하여{제3.5조 (2) (a)},[61)] 유럽계약법원칙은 착오가 변명할 수 없는 것(inexcusable)일 때에는 취소할 수 없다고 규정하고 있다{제4:103조 (2) (a)}.

그런데 유럽계약법원칙이 규정하고 있는 '변명할 수 없는 것'의 의미는 다소 불분명하다. 원래 프랑스에서는 법률상 명문 규정은 없지만 "변명할 수 없는 착오(erreur inexcusable)"의 경우에는 취소가 인정되지 않고 있는데, 여기서 "변명할 수 없는 착오"의 의미는 이전에는 "중대한 과실(faute grossière)"로 이해되었으나 근래에는 단순한 輕過失로도 충분하다고 이해되고 있다고 한다.[62)] 반면 독일에서는 유럽계약법원칙의 위 규정에 관하여, 경과실의 경우에도 취소가 배제된다면 취소권은 광범위하게 形骸化된다고 하여 이는 중과실의 의미로 이해하여야 한다는 주장도 있다.[63)]

---

60) Ernst A. Kramer, "Die Gültigkeit der Verträge nach den UNIDROIT Principles of International Commercial Contracts", ZEuP 1999, S. 217 f. 같은 취지로 Kötz(註 23), S. 295 Fn. 98이 있다. 기타 이러한 제안에 대한 상세한 입법론적인 비판은 MünchKomm/Kramer, §119 Rdnr. 101 참조.

61) 그 공식 Comment는, 이러한 경우에도 착오를 일으킨 당사자로 하여금 취소할 수 있게 하는 것은 상대방 당사자에게 불공정(unfair)하다고 설명한다.

62) Kramer(註 60), S. 61 f.; Ghestin, Traité de code civil, la formation du contrat, 3e éd., 1993, n°s 523 et suiv. 또한 朱基東(註 25), 25면 참조.

63) Wolf(註 12), p. 105 f.

이 점에 관하여 유럽계약법원칙의 공식 주석의 설명도 반드시 명확하지는 않다. 여기서는 그 자신이 착오의 중요한 원인이 되었던 당사자가 착오를 이유로 계약을 취소하는 것을 허용하는 것은, 상대방 당사자가 적어도 같은 정도로 책임이 있는 경우가 아닌 한 적절하지 않다고 한다. 그러한 때에도 취소를 허용하는 것은 자신의 부주의로 인한 결과를 상대방에게 전가하는 것이 되고, 정상적으로는 부주의한 착오를 범한 것이 아닌가 유의하여야 할 부담을 상대방이 지게 하여서는 안 된다고 한다. 그렇지만 일방의 착오 사실을 상대방이 알고 있고, 이를 지적하는 데 별다른 어려움이 없다면, 일방이 부주의하였다는 사실이 그가 구제를 받는 데 장애가 되어서는 안 되며, 그의 착오는 변명할 수 없는 것으로 다루어져서는 안 된다고 한다.

그리하여 다음과 같은 예를 들고 있다. N이 건설공사를 입찰에 붙였는데, 응찰자들에게 주어진 정보는 수급인은 한 지점에서 바위를 제거할 필요가 있음을 나타내고 있다. O는 바위를 파내는 것이 아니라 흙을 파내는 항목만을 포함하는 것으로 응찰하였다. N은 이 점을 지적하여야 하며, 만일 N이 이를 지적하지 않았고, 그 착오가 충분히 중대하다면, O는 계약을 취소할 수 있어야 한다는 것이다.[64]

이러한 설명에 비추어 보면 단순히 착오자에게 과실이 있기만 하면 이를 이유로 취소가 배제되는 것은 아니고, 착오자의 과실과 상대방의 사정을 비교형량하여야 하는 것처럼 보인다. 다만 상대방이 착오를 알았을 경우에만 취소가 가능한 것인지, 아니면 상대방의 과실이 착오자의 과실보다 더 중대한 경우에도 취소가 가능한 것인지는 다소 명확하지 않다.

나. 착오자가 위험을 부담하여야 하는 경우{UNIDROIT 계약원칙 제3.5조 (2) (b); 유럽계약법원칙 제4:103조 (2) (b)}

한편 다른 착오로 인한 취소의 요건이 다 갖추어진 경우에도, 착오자가 스스로 착오의 위험을 인수하였거나 그가 착오의 위험을 부담하여야 하는 경우에는 취소가 배제된다.

UNIDROIT 계약원칙의 공식 Comment는, 착오의 위험을 스스로 부담하는 것은 투기적 계약(speculative contracts)에서 빈번하게 찾아볼 수 있는 특성이며,

64) O. Lando/H. Beale(註 29), p. 234.

당사자는 특정한 사실이 존재하는 것으로 상정한 것이 올바른 것으로 판명될 것이라는 희망을 가지고 계약을 체결하지만, 그럼에도 불구하고 그렇지 않을 경우의 위험을 인수할 수도 있는데, 이러한 상황에서는 그 당사자는 계약을 취소할 수 없다고 한다.

그리하여 다음과 같은 예를 들고 있다. 즉 A는 B에게 비교적 잘 알려지지 않은 화가 C의 작품으로 "추정된(attributed)" 그림을 그러한 그림에 상응하는 가격에 판매하였다. 그 후 그 그림은 유명한 화가 D의 작품으로 판명되었다. A는 B와의 계약을 착오를 이유로 취소할 수 없는데, 왜냐하면 그 그림이 C의 작품으로 추정되었다고 하는 사실은 이 그림이 더 유명한 화가에 의하여 그려질 수도 있다는 위험을 내포하기 때문이라고 한다.[65)]

유럽계약법원칙은 다음과 같은 경우에도 일방 당사자가 위험을 부담하는 것으로 간주되어야 한다고 설명한다. 즉 어떤 요트 상인이 영국에서 독일의 아마추어 항해가에게 그들이 마르세이유에 정박해 있다고 생각한 요트를 傭船하였는데, 그들은 그 직전에 그 요트가 다른 배와 충돌하여 침몰하였다는 사실을 몰랐다. 요트 상인은 비전문가와 거래하는 전문가일 뿐만 아니라, 그가 그 사실을 알 수 있는 지위에 있었던 반면 그 상대방은 그럴 가능성이 없었으므로 계약을 취소할 수 없고, 불이행으로 인한 의무를 부담한다고 한다.[66)]

7. 취소권의 상실, 계약의 변용 등

가. 상대방의 이행 또는 이행제의에 의한 취소권의 상실{UNIDROIT 계약원칙 제3.13조; 유럽계약법원칙 제4:105조 (1), (2)}

일방 당사자가 착오를 이유로 계약을 취소할 수 있는 경우에, 상대방 당사자가 그 취소권자가 이해하였던 대로 계약을 이행하겠다고 제의하거나 또는 실제로 그와 같이 이행함으로써 상대방의 취소를 막을 수 있는가 하는 것이

65) 유럽계약법원칙의 공식 주석은 일방 당사자가 자신이 완전한 지식을 가지고 있지 않음을 알면서 계약을 체결하는 경우가 이에 해당한다고 하면서 유사한 예를 들고 있다. 즉 A가 자신이 상속받은 주택의 전 내용물을 경매에 붙였는데, A는 자신이 그 품목의 가치를 알지 못한다는 사실을 알고 있지만, 그는 그 항목의 가치를 평가하는 부담을 지지 않으려고 숙고 끝에 결정한 것이다. 경매에서 B가 그림을 낮은 가격에 샀는데, B는 그 그림이 Constable의 작품이라는 것을 알면서 이 점을 지적하지 않았다. 이 경우 A는 계약을 취소할 수 없다는 것이다. O. Lando/H. Beale(註 29), pp. 234 f.

66) O. Lando/H. Beale(註 29), p. 235.

각국에서 문제된다. 예컨대 서점에서 괴테의 책을 주문하려고 하였는데 착오로 쉴러의 책을 주문하였고, 이를 이유로 계약을 취소하려고 하자, 서점 주인이 괴테의 책을 동일한 조건에 팔겠다고 하는 경우에도 여전히 착오를 이유로 취소할 수 있는가 하는 것이다.[67]

이 점에 관하여 양 원칙은 모두 상대방이 그 취소권자가 이해하였던 대로 계약을 이행하거나 이행하기로 제의한 경우에는 취소할 수 없는 것으로 규정하고 있다. 다만 계약을 취소할 권한이 있는 당사자가 계약을 이해한 바에 대하여 고지를 받은 후 바로 그러한 이행 또는 이행의 제의를 하여야 하고, 또 취소권자가 계약 취소의 통지를 신뢰하여 행동하기 전이어야 한다고 한정하고 있다.[68]

나. 법원에 의한 계약의 변용(Adaptation){유럽계약법원칙 제4:105조 (3)}

유럽계약법원칙 제4:105조 (3)은, 양 당사자가 동일한 착오에 빠진 경우에는, 법원은 어느 일방 당사자의 청구에 따라 착오가 없었더라면 합리적으로 합의되었을 바에 따라 계약을 변경할 수 있다고 규정하고 있다. 이 규정의 취지는, 공통의 착오의 경우에 계약을 취소하기보다는 계약을 유지하면서 계약 내용을 변경하는 것이 바람직하다는 것이다. 예컨대 큰 빌딩에 마루를 까는 공사를 하기로 계약을 체결한 공사업자가 그 공사를 함에 있어서 해야 할 작업의 양에 관하여 중대한 착오를 일으켰고, 그 상대방도 이를 알았어야 하였으므로 공사업자는 계약을 취소할 수 있는데, 이 때 그 상대방은 그 작업량을 줄여 줌으로써 계약의 취소를 막을 수도 있지만, 위 계약의 양 당사자 모두 법원에 대

---

67) 국내에서의 논의로는 李英俊(註 14), 384면; 宋德洙, 民法注解(註 8), 501-502면; 同, "錯誤로 인한 不利益 소멸시 取消權 인정 여부", 法律行爲에 있어서의 錯誤에 관한 判例研究(이화법학총서), 2000, 29면 이하 참조. 비교법적 고찰로는 Kramer(註 23), S. 84 f.; Kötz(註 23), S. 283 등 참조.

68) 이와 유사한 문제가, 착오가 있었으나 사후에 그 착오의 중요성이 상실된 경우에도 생긴다. 이에 관하여는 양 원칙이 규정하고 있지 않으나 마찬가지로 다루어야 할 것이다. Kramer(註 23), S. 85 참조. 대법원 1995. 3. 24. 선고 94다44620 판결(公 1995상, 1725)은 매도인이 매매계약 당시에 매매로 인하여 다액의 양도소득세를 물게 된다는 사실을 모르고 매매계약을 체결하였음을 이유로 하여 매매계약의 취소를 주장한 데 대하여, 사후에 법령이 변경되어 매도인이 예상한 만큼의 양도소득세만 부담하면 되게 되었음을 들어서 "이 사건 매매계약의 체결에 있어 위와 같은 착오가 있었다 하더라도 그 불이익이 이미 소멸되었으므로 피고들이 그 이후인 1992. 1. 30.자 준비서면의 송달로써 비로소 착오로 인한 취소 주장을 하는 것은 신의성실의 원칙에 비추어 보더라도 허용될 수 없다"고 판시하였다. 이에 대하여는 宋德洙(註 67); 朱基東(註 25) 등 참조.

하여 그 작업량에 따라 보수를 조정할 것을 청구할 수도 있다는 것이다.[69]

Ⅳ. 筆者의 改正案에 대하여

1. 基本的인 觀點

필자는 착오로 인한 취소는 그것이 표시의 착오이건, 내용의 착오나 동기의 착오이건 가리지 않고 원칙적으로 허용되어서는 안 되며, 다만 제한적인 경우에 한하여 허용되어야 한다고 생각한다. 이 문제는 기본적으로 착오로 의사표시를 하게 되는 위험 내지 그로 인한 손실을 어느 당사자에게 부담시키는 것이 정당한가 하는 관점에서 해결되어야 한다. 그리고 이러한 관점에서는 착오로 인한 취소는 그 착오가 중요한 사항에 관한 것이라는 점[70] 외에, 상대방 있는 의사표시에 있어서는 원칙적으로 다음의 3가지 경우, 즉 착오가 상대방에 대하여도 중요한 의미가 있을 때 내지 공통의 착오가 있을 때, 상대방이 표의자의 착오를 알았거나 알 수 있었을 때 및 상대방이 그 착오의 원인을 제공한 때의 3가지 경우에 국한되어야 하는 것이다. UNIDROIT 계약원칙이나 유럽계약법원칙도 기본적으로 이러한 태도를 취하고 있음은 앞에서 본 것과 같다.

반면 무상의 법률행위에 있어서는 이보다 더 넓은 범위에서, 즉 위의 3가지 경우에 해당하지 않더라도 그 착오가 착오를 일으킨 자에게 중요한 의미가 있으면 취소할 수 있다고 보아야 하는 것이다.[71]

---

69) O. Lando/H. Beale(註 29), pp. 246 f.

70) 이는 UNIDROIT 계약원칙 제3.5조가 규정하고 있는 것처럼 착오가 동일한 상황에 있는 합리적인 인간이라면 사태의 진정한 상황이 알려진 경우에는 계약을 체결하지 않았을 정도로 중요한 것일 것을 말한다. 또한 유럽계약법원칙 제4:103조 (1)(b) 참조.

71) MünchKomm/Kramer, §119 Rdnr. 97; Kötz(註 23), S. 293 ff. 등은 무상행위에 관하여는 언급하지 않고 있으나 나머지에 관하여는 본문의 서술과 같다. 또한 이는 대체로 미국의 Restatement(Second) of Contracts(1979), §§152, 153의 태도와도 유사하다. H. Fleischer, Informationsasymmetrie im Vertragsrecht, 2000, S. 341 f.는, 입법론으로는 Kramer의 이러한 주장을 지지하면서도, 현행 독일 민법의 착오규정의 해석론으로는 난점이 있다고 보고 있다. 또한 Singer(註 20), S. 226 ff.도 참조할 것.

무상행위까지 포함하여 같은 취지로는 Zweigert/Kötz, Einführung in die Rechtsvergleichung, Bd. Ⅱ, 2. Aufl., 1984, S. 121(梁彰洙, "債權者에 의한 錯誤의 誘發과 保證人의 取消權", 民法硏究 제 2 권, 1991, 18-20면은 이러한 견해에 전적으로 찬동한다고 한다). 그러나 위 책의 개정판인 Zweigert/Kötz(註 23), S. 420에서는 무상행위에 관하여는 언급하고 있지 않다.

2. 錯誤로 인한 取消의 기본 요건

이처럼 착오 취소의 문제를 위험을 어느 당사자에게 부담시키는 것이 정당한가 하는 관점에서 볼 때에는, 제 1 차적으로 누가 그러한 착오를 더 쉽게 내지 더 비용이 들지 않게 예방할 수 있는가가 문제된다(이른바 The cheapest cost avoider rule).[72] 그러한 사람에게 착오로 인한 손실을 부담시키는 것이 착오로 인한 의사표시가 행하여져서 결과적으로 손실이 발생하는 것을 막을 수 있는 가장 좋은 방법이다.

그런데 이처럼 가장 쉽게 착오를 방지할 수 있는 사람은 원칙적으로는 그러한 착오를 일으킨 사람이다. 예컨대 1만원이라고 적을 생각이었으나 잘못하여 3만원이라고 적는 경우와 같은 표시상의 착오에 있어서는 그와 같이 표시를 한 사람이 주의를 기울이는 것이 최선의 방법이고, 그 상대방으로 하여금 과연 3만원이라는 기재가 맞는 것인가 여부를 확인하게 하는 것은 합리적이라고 할 수는 없다. 또 약혼한 친구가 결혼할 것으로 믿고 결혼 선물을 샀는데 실제로는 그 친구가 이미 파혼한 경우에, 그 친구가 파혼하였는지 여부는 선물을 산 사람이 더 잘 알 수 있는 것이지, 선물을 파는 사람이 더 잘 알 수 있는 것은 아니다. 그러므로 이러한 경우에는 원칙적으로는 착오를 이유로 하는 취소가 허용되어서는 안 되는 것이다.

그러나 상대방이 착오 사실을 알았거나 또는 알 수 있었을 경우에는 착오를 일으킨 사람에게 위험을 부담시킬 이유는 없는 것이다. 이 때에는 취소를 허용함으로써 그 상대방에게 위험을 부담시키는 것이, 그 상대방으로 하여금 착오 사실을 지적하게 하는 誘因을 제공할 수 있는 것이다.

이는 상대방이 그 착오의 원인을 제공한 때에도 마찬가지이다. 이 때에는 착오로 인한 취소를 허용함으로써 그 착오의 원인을 제공한 상대방으로 하여금 잘못된 정보를 제공하지 않게 하는 誘因을 주는 것이 바람직한 것이다.[73] 다만 이 경우에 상대방에게 과실이 있는 경우에만 취소를 허용할 것인가[74] 아

72) "The cheapest cost avoider" 원칙에 대하여는 G. Calabresi, The Costs of Accidents, 1970; 朴世逸, 法經濟學, 改訂版, 2000, 286면 이하 참조.

73) Fleischer(註 71), S. 434 f.; Wolf(註 12), S. 99 참조.

74) 미국의 Restatement(Second) of Contracts (1979), §153 (b)가 이러한 태도를 취하고 있다.

니면 과실이 없는 경우[75]에도 이를 허용할 것인가가 문제되는데,[76] 상대방의 과실 여부는 취소의 요건이 아니라고 보아야 할 것이다. 착오로 인한 취소를 허용할 것인가의 여부는 기본적으로 어느 당사자에게 손실을 부담시킬 것인가 하는 문제인데, 상대방이 잘못된 정보를 제공함으로써 착오의 원인을 제공하였음에도 불구하고 그에게 과실이 없다는 이유만으로 위험을 착오자에게 전가하는 것은 부당하기 때문이다. 다른 말로 한다면, 스스로 자신의 의견 표명에 의하여 상대방의 신뢰를 불러일으키고, 나아가 이를 이용한 자는, 그 착오의 결과로 인한 손실도 부담하여야 하는 것이다.[77]

그런데 그 착오가 상대방에 대하여도 중요한 의미가 있는 때 내지 공통의 착오의 경우에는 단순히 이처럼 cheapest cost avoider의 원칙만으로 설명하기에는 다소 어려움이 있다. 이때에도 cheapest cost avoider의 원칙을 관철한다면, 쌍방이 다 착오에 빠졌다고 하더라도 누가 더 잘 착오를 예방할 수 있는가를 따져서 그에게 위험을 부담시켜야 한다는 결론이 도출될 것이다.[78] 그러나 비교법적 고찰에 의하면 많은 나라에서, 경우에 따라서는 성문법적인 근거가 없이도 공통의 착오가 있으면 계약의 효력에 영향을 주는 것으로 보고 있다.[79] 이처럼 공통의 착오를 계약의 취소 사유로 인정하는 것은, 이러한 경우에는 그로 인한 위험을 쌍방이 다같이 부담하는 것이 공평할 뿐만 아니라, 보호받아야 할 상대방의 신뢰도 존재하지 아니하고, 그 법률행위의 결과가 정당하다고 하는 보장(이른바 Richtigkeitsgewähr)도 존재하지 않기 때문이다.[80][81]

---

75) 이른바 innocent misrepresentation.

76) 영국, 오스트리아, 네덜란드 등 많은 나라가 이러한 태도를 취하고 있다. Kramer(註 23), S. 52 ff.; 136 f. 참조.

77) 다만 양 원칙은 모두 취소 이외에 손해배상을 인정할 것인가 하는 문제에 있어서는 상대방의 과실을 요구하고 있다. UNIDROIT 계약원칙 제3.18조; 유럽계약법원칙 제4:106조. 아래의 대법원 1997. 8. 26. 선고 97다6063 판결(註 97)도, 상대방이 착오를 유발한 경우에 취소는 인정하면서도 상대방에게 과실이 없었음을 이유로 손해배상은 인정하지 않고 있다. 註 98 참조.

78) 예컨대 Posner, Economic Analysis of Law, 5. ed., 1998, pp. 114 f. 미국의 법경제학자들은 일방적 착오(unilateral mistake)와 쌍방의 착오(mutual mistake)를 구별하지 않는 것이 효율적이라고 보는 경향이 있다. 예컨대 Miceli, Economics of the Law, 1997, p. 101; Rasmusen and Ayres, "Mutual and Unilateral Mistake in Contract Law", 22 J. of Legal Studies(1993), pp. 309 ff. 등.

79) Kramer(註 23), S. 65 ff.; Kötz(註 23), S. 288 ff.

80) Wolf(註 12), S. 102; Kramer(註 23), S. 65 f.

81) Cooter/Ulen, Law and Economics, 3rd ed., 2000, p. 272는, 쌍방의 착오와 일방적 착오를 구분하는 근거로서, 쌍방의 착오에 기한 계약의 이행을 강제하는 것은 가치를 감소시키는 비자발적인 교환(involuntary exchange)을 초래하는 것이 된다고 하는 점을 들고 있다.

그런데 여기서 한 가지 더 생각하여야 할 것은, 공통의 착오를 이유로 계약의 취소를 인정하여야 하는 사안에서, 상대방이 착오에 빠지지 않았다면 취소가 인정되지 않는가 하는 점이다. 예컨대 그림의 매매에 있어서 매도인과 매수인이 다같이 그 그림은 이름 없는 화가의 작품인 것으로 믿었고 매매대금도 그에 따라 결정되었는데, 실제로는 유명한 화가의 작품이었다면 그 매매계약은 공통의 착오를 이유로 취소될 수 있을 것이다. 그런데 위의 사례에서 매도인만이 그 그림은 이름 없는 화가의 작품이라고 믿어 착오에 빠져 있었을 뿐, 매수인은 그 그림이 유명한 화가의 작품임을 알았다고 사례를 변형한다면 이는 공통의 착오에는 해당하지 않는다. 그러면 이 경우에는 공통의 착오가 아니라 일방적인 착오이기 때문에 취소가 허용되지 않는가?

위의 사례에서는 매도인이 요구하는 매매대금 등으로 비추어 볼 때 매수인으로서는 매도인이 착오에 빠져 있음을 쉽게 알 수 있었으리라고 여겨진다. 따라서 매수인 자신이 착오에 빠져 있지 않다 하더라도 위 매매계약은 착오를 이유로 취소될 수 있을 것이다. 일반적으로 공통의 착오에 해당하여 계약의 취소가 인정될 수 있는 경우라면, 상대방 자신은 착오에 빠져 있지 않다 하더라도 착오자가 착오에 빠져 있음을 쉽게 알 수 있는 경우가 대부분일 것이다. 따라서 이러한 사례들에 있어서는 상대방도 공통의 착오에 빠져 있는가 아닌가가 반드시 중요한 것은 아니고, 그 착오가 객관적으로 계약의 내용에 영향을 줄 수 있는 성질의 것인가 아닌가가 중요하다고 여겨진다. 다른 말로 바꾼다면, 이러한 경우에 착오로 인한 취소를 인정하지 않는 것이 상대방에게 부당한 이득을 준다고 판단되는 사례에서는 그 상대방이 착오에 빠져 있는가 아닌가를 불문하고 취소를 인정하여야 하는 것이다. 이러한 관점에서는 민법개정위원회의 개정안이 "그 錯誤가 表意者의 意思表示에 去來上 본질적인 事情에 關한 것인 境遇"에 취소를 허용하고 있는 것에 주목할 필요가 있다.

아래에서 보는 것처럼 우리 대법원의 판례 가운데 동기의 착오로 인한 취소를 인정함에 있어서 착오자의 착오 사실만을 들고 있을 뿐 상대방의 착오 여부에 대하여는 언급하고 있지 않은 것들은 이러한 관점에서 이해될 수 있다.

이 외에 UNIDROIT 계약원칙은 계약의 상대방이 취소 당시에 계약을 신뢰하여 행동하지 않았을 때에도 계약의 취소를 인정하고 있으나,[82] 이는 합리

82) UNIDROIT 계약원칙 제3.5조 (1) (b).

적이라고 할 수 없다. 가령 우리 민법 제565조 제1항에 의하면 매매계약에 있어서 당사자 일방이 계약금을 지급한 때에는 당사자 일방이 이행에 착수할 때까지 교부자는 이를 포기하고, 수령자는 그 배액을 상환하여 매매계약을 해제할 수 있다고 규정하고 있다. 이 규정에 대하여도 계약의 효력을 약화시키는 것이라 하여 입법론적으로는 반드시 바람직하지 않다는 비판이 있다.[83] 이에 비추어 보면 원칙적으로는 취소 사유가 될 수 없는 착오인데도 상대방이 이행에 착수할 때까지는 이러한 계약금 상당의 부담도 지지 않은 채로 취소할 수 있게 하는 것은 더 문제가 있는 것이다.

그런데 이러한 설명은 기본적으로 유상계약에 타당한 것이고, 증여와 같은 무상행위의 경우에는 반드시 그러하지 않다. 유상계약의 경우에는 당사자 쌍방이 서로 상대방을 신뢰하여 대가적 의미가 있는 출연을 하는 것이므로, 이러한 당사자의 신뢰는 특별히 보호를 받을 가치가 있는 것이다. 그러나 증여나 유증과 같은 무상행위의 경우에는, 증여나 유증을 받는 상대방의 입장에서 이와 같은 보호받을 만한 신뢰가 있다고 할 수는 없는 것이다. 따라서 이러한 경우에는 그 착오가 착오자에게 중요한 것이기만 하면 취소할 수 있다고 보아야 할 것이다.[84] 우리 민법상으로도 증여의 경우에는 증여자에 의한 해제가 다른 유상계약의 경우보다 넓게 인정되고 있고(제555조-제557조), 유증의 경우에도 유언의 효력이 발생하기까지는 유언을 언제든지 철회할 수 있는 점(제1108조 제1항)에 비추어 보면 무상행위는 유상계약보다 그 구속력이 상대적으로 약함을 알 수 있다. 비교법적으로도 무상행위에 대하여는 유상계약보다 더 넓은 범위에서, 단순한 동기의 착오를 이유로 하여서도 무효 또는 취소를 인정하는 예를 여럿 찾아볼 수 있다.[85] 다만 이러한 경우에 그 상대방이 무상행위를 신뢰하여 어떤 손해를 입었다면 그러한 신뢰에 대한 손해를 배상하게 하는 것은 고려하여 볼 필요가 있다.[86]

---

83) 金亨培, 債權各論(契約法), 新訂版, 2001, 306면 참조.

84) 尹眞秀, "相續債務를 뒤늦게 발견한 相續人의 保護", 서울대학교 법학 제38권 3·4호, 220면 참조. 動機의 錯誤는 원칙적으로 고려되지 않는다고 주장하는 論者도, 이러한 취지에서 贈與의 경우에는 동기의 착오가 특별히 취급되어야 하고, 동기의 착오에 빠진 증여자로 하여금 契約의 拘束을 받게 하는 것이 부당하다고 하면서, 그 근거로서 증여의 경우 受贈者는 노력 없이 이득을 얻게 되고, 따라서 그에게는 계약을 소급적으로 無效化하는 것이 부당한 요구가 아니라고 하는 점을 들고 있다. 宋德洙, 民法注解(註 8), 435-436면.

85) Kramer(註 23), S. 116 f.

86) 다만 이러한 무상행위의 범위를 어떻게 파악하는가 하는 것은 문제가 될 수 있다. 예컨대 통상의 보증은 보증인의 처지에서 본다면 어떤 대가를 받지 않는 한 무상행위라고 할 수 있

3. 原則의 補完

그러나 이러한 원칙은 위 양 원칙의 규정에서 알 수 있듯이 세부적으로 좀더 보완될 필요가 있다.

가. 상대방의 告知義務가 부정되는 경우

위 양 원칙은, 착오자가 착오에 빠진 사실을 상대방이 안 경우에도, 착오를 일으킨 당사자로 하여금 착오 상태에 있도록 방치하는 것이 공정한 거래의 합리적인 상사 관행에 어긋나거나 신의성실 및 공정한 거래에 어긋날 경우에 한하여 착오로 인한 취소를 허용하고 있다. 바꾸어 말하자면, 상대방이 착오자의 착오를 지적하지 않더라도 그것이 신의성실 내지 공정한 거래에 어긋나지 않을 경우에는 상대방의 告知義務(the duty to disclose)가 부정되고, 착오로 인한 취소가 허용되지 않는 것이다. 예컨대 어떤 광산회사가 많은 비용을 들여 조사를 한 끝에 A 소유의 토지에 가치있는 광물이 매장되어 있다는 사실을 알고, 이 사실을 모르는 A로부터 그 토지를 매수한 경우에, A는 그러한 사실을 알지 못하였다는 점에서 착오에 빠져 있었고, 광산회사는 이를 알고서도 이용하려고 하였다고 말할 수 있다. 그러나 이러한 경우에 A로 하여금 착오를 이유로 계약을 취소할 수 있게 한다면, 광산회사는 더 비싼 대가를 지급하고 토지를 매수할 수밖에 없게 되는데, 이는 부당하다. 즉 A는 광산회사가 지출한 비용으로 이익을 얻게 되는 것이다. 따라서 이러한 경우에는 광산회사의 고지의무가 부정되고, A는 착오(경우에 따라서는 사기)를 이유로 하는 취소를 할 수 없게 되어야 할 것이다.[87)]

다. 그러나 그 보증행위의 상대방인 채권자의 입장에서는 채무자에게 신용을 수여하고 그 담보로서 보증채권을 취득하는 것이므로 이를 가리켜 무상행위라 하여 넓은 범위에서 취소를 인정하는 것은 적절하지 않을 것이다. 대법원 1975. 4. 22. 선고 75다387 판결; 1979. 3. 27. 선고 78다2493 판결(集 27권 1집 民223면); 1981. 9. 8. 선고 81다98 판결 등은 다같이 주채무자가 다친 데 자신 또는 자신의 피용자에게 책임이 있는 것으로 착오를 일으켜 의료기관에 대하여 치료비채무의 보증을 선 사례에서 착오로 인한 보증계약의 취소를 인정하지 않고 있다. 다만 대법원 1978. 3. 28. 선고 77다2298 판결(集 26권 1집 民237면); 1995. 6. 30. 선고 95다9716 판결(公 1995하, 2565) 등은 이러한 경우에 신의칙에 기한 보증인의 해지권을 인정한다.

87) 이 문제에 대하여는 Anthony T. Kronman, “Mistake, Disclosure, Information and the Law of Contract”, 7 Journal of Legal Studies, pp. 1 ff.(1978); Michael Adams, “Irrtümer und Offen-

나. 계약 자체에 의한 위험의 배분

나아가 계약 자체로부터 착오자가 착오로 인한 위험을 부담하여야 한다는 결론이 도출될 때에는 착오를 이유로 하는 계약의 취소가 허용되지 않을 것이다.[88] 예컨대 타인의 채무를 보증한 사람이 주채무자가 채무를 이행하지 않는 일이 없을 것이라고 믿을 만한 상당한 이유가 있었는데 나중에 그렇지 않다는 사실이 밝혀졌다고 하더라도 이를 이유로 하여 보증계약을 취소할 수는 없다. 원래 보증계약 자체가 주채무자의 채무불이행으로 인한 위험을 부담하는 것을 목적으로 하는 것이기 때문이다.[89] 물론 이러한 위험의 부담에 관하여 명시적인 약정이 있을 필요는 없고, 계약의 목적이나 성격, 기타 객관적인 사정으로부터 착오자가 착오의 위험을 부담하여야 한다는 결론이 도출될 수 있으면 그로써 충분하다.

다. 共通의 錯誤에 있어서 契約의 修正

특히 공통의 착오에 있어서는 계약 그 자체의 취소를 문제삼기 이전에, 계약상의 권리의무관계를 조정함으로써 계약의 효력을 존속시킬 수 있는 길이 없는지를 모색하여 보고, 그것이 불가능할 때에만 계약의 취소를 인정하여야 할 것이다.

예컨대 대법원 1994. 6. 10. 선고 93다24810 판결[90]의 사실관계는 다음과 같다. 이 사건에서는, 토지의 매수인인 피고 은행이 매도인인 원고가 부담하여야 할 양도소득세 등도 매수인이 부담하기로 하였으나, 이를 전액 부담하기로

---

barungspflicht im Vertragsrecht", AcP 186, 1986, S. 453 ff. 참조.

88) 이른바 '계약의 우선(Vorrang des Vertrages)'. Kötz(註 23), S. 293 참조.

89) Kötz(註 23), S. 281 f.; 梁彰洙(註 71), 7-8면 참조. 그러나 본문의 설명은 일반적인 경우에 관한 것이고, 보증계약이라 하여 전적으로 착오로 인한 취소가 배제된다고는 할 수 없다. 예컨대 보증인의 착오 사실을 상대방이 알고 있었던 경우에는 착오로 인한 취소가 배제된다고 할 수는 없다. 나아가 상대방이 이를 유발한 경우에도 경우에 따라서 착오로 인한 취소가 허용될 수 있을 것이다. 대법원 1987. 7. 21. 선고 85다카2339 판결(公 1987, 1376); 1987. 11. 10. 선고 87다카192 판결(公 1988, 84); 1996. 7. 26. 선고 94다25964 판결(公 1996하, 2581) 등은 신용보증기금 내지 기술신용보증기금에 대하여 금융기관이 신용보증을 요청함에 있어서 채무자의 신용정도를 잘못 표시한 것이 신용보증의 취소사유가 된다고 한다. 李光範, "技術信用保證基金의 信用保證에 있어서 主債務者의 信用에 관한 動機의 錯誤와 民法 제109조 제1항 但書의 重大한 過失의 意味", 대법원판례해설 1996년 하반기(제26호), 23면 이하는 이러한 판례를 지지하는 반면, 梁彰洙(註 71), 5면 이하는 이에 반대한다.

90) 公 1994하, 1920.

약정하는 경우에는 과세관청이 피고가 부담하는 세금도 과세표준의 산출근거인 양도가액에 포함시켜 또다시 양도소득세 등을 부과하게 되어 피고가 부담할 세금의 액수가 거듭 늘어나고 그 액수를 확정할 수 없게 되는 문제점이 생기기 때문에 이를 예방하기 위하여 원래의 매매대금에 대한 양도소득세 등의 세금과, 피고가 위 세금을 부담할 경우 이를 양도가액에 포함시킴으로써 추가로 납부하여야 할 세금만을 피고가 부담하고, 다시 그로 인하여 추가로 부과되는 세금은 피고가 부담하지 않겠다는 점을 명확하게 하기 위하여 피고 은행이 세무사에게 의뢰하여 산출한 세액 532,399,720원만을 부담하고, 추가로 부과되는 액수는 부담하지 않기로 약정하였다. 그런데 실제로는 위 계산한 세액 자체가 잘못 산출되어 원고가 납부하여야 할 세금이 위 532,399,720원 외에 377,802,450원을 더 납부하여야 한다는 사실이 매매계약이 이행된 후에 밝혀졌다.

이에 관하여 대법원은 다음과 같이 판시하였다. 즉 원고측이 원고가 납부하여야 할 양도소득세 등의 세액이 피고가 부담하기로 한 금 532,399,720원뿐이므로 원고의 부담은 없을 것이라는 착오를 일으키지 않았더라면 피고와 이 사건 매매계약을 체결하지 않았거나 아니면 적어도 동일한 내용으로 계약을 체결하지는 않았을 것임이 명백하고, 나아가 원고가 그와 같이 착오를 일으키게 된 계기를 제공한 원인이 피고측에 있을 뿐만 아니라 피고도 원고가 납부하여야 할 세액에 관하여 원고와 동일한 착오에 빠져 있었다는 사정을 고려하면 원고의 위와 같은 착오는 이 사건 매매계약의 내용의 중요부분에 관한 것에 해당하므로 원고로서는 다른 특별한 사정이 없는 한 위 착오를 이유로 위 매매계약을 취소할 수 있다고 하였다.

다만 대법원은 부가적으로, 원고와 피고가 원고가 부담하여야 할 세금의 액수가 금 532,399,720원을 초과한다는 사실을 알았더라면 피고가 위 초과세액까지도 부담하기로 약정하였으리라는 특별한 사정이 인정될 수 있을 때에는 원고로서는 피고에게 위 초과세액 상당의 청구를 할 수 있다고 해석함이 당사자의 진정한 의사에 합치할 것이므로 그와 같은 사정이 인정될 때에는 원고가 피고에게 위 초과세액의 지급을 청구함은 별론으로 하고 원고에게 위와 같은 세액에 관한 착오가 있었다는 이유만으로 위 매매계약을 취소하는 것은 허용되지 않는다고 보아야 할 것이라고 판시하였다.[91)]

91) 그러나 대법원은 이 사건의 경우에는 원고가 부담하여야 할 세금의 액수가 위 금액을 초과한다는 사실을 피고가 알았다 하여도 그 액수를 불문하고 이를 부담하기로 약정하였을 것

이 판례가 보여주는 것처럼, 공통의 착오가 있더라도 계약의 내용을 적절하게 수정하는 것이 당사자의 진정한 의도에 부합할 때에는 그러한 방법으로 대처하여야 할 것이다.[92] 그 이론적인 근거에 관하여는 이른바 主觀的 行爲基礎論에 의하여야 한다는 견해가 많으나,[93] 이 문제는 법률행위의 보충적 해석의 이론에 의하여 적절한 결론을 얻을 수 있다고 생각한다.[94]

라. 錯誤者의 過失을 고려할 것인지 여부

착오를 이유로 하는 취소를 허용할 것인지를 결정함에 있어서 착오자의 과실 여부를 전혀 고려하지 않을 수는 없을 것이다. 예컨대 착오자의 상대방이 제공한 정보 때문에 착오자가 착오에 빠졌으나, 그와 같이 착오에 빠지게 된 데에는 중대한 과실이 있는 반면, 상대방에게는 과실이 없는 경우에도 착오를 이유로 하는 취소를 허용한다는 것은 부당하다고 생각된다. 그러나 착오자의 과실을 어느 정도로 고려할 것인가 하는 것은 쉽게 답변하기 어렵다. 크게 볼 때 두 가지 방법이 가능할 것으로 생각된다. 그 하나는 착오자의 과실과 상대방의 사정을 비교하여, 착오에 빠지게 된 데 상대방보다는 착오자의 책임이 더 중할 때에는 착오로 인한 취소를 허용하지 않는 것이고, 다른 하나는 착오자의 과실이 중대할 때에는 착오로 인한 취소를 허용하지 않는 것이다. 어느 것이 더 나은지는 반드시 명백하지 않고, 또 양자 사이에 실제적으로 큰 차이가 있을 것 같지도 않으나, 현재 우리 민법의 규정이 중대한 과실이 있는 경우에 취소를 배제하고 있는 점에 비추어 보면 후자의 방법이 실제 적용에 있어서 무

이라고 단정하기는 어렵다고 하여 결국 원심이 원고의 착오를 이유로 한 취소의 주장을 받아들인 데 위법이 있다고 할 수 없다고 판단하였다.

92) 위 사건에서도 원론적으로는 피고가 위 초과세액을 지급하게 하는 것으로 분쟁을 해결하는 것이 가장 적절한 해결책이었다고 생각된다. 그러나 실제에 있어서는 원고가 주위적으로 초과세액의 지급을 청구하고 예비적으로 계약 취소를 이유로 하는 소유권이전등기등의 말소를 청구하였는데, 제1심은 원고의 주위적 청구를 기각하고 예비적 청구만을 받아들였으며, 제2심도 예비적 청구에 대한 피고의 항소만을 기각하였기 때문에, 만일 대법원이 원고의 취소권을 부정하면 결과에 있어서는 원고는 아무런 구제도 받지 못하게 되는 특별한 사정이 있었고, 대법원도 이 점을 고려하여 결과적으로 원고의 취소권을 인정하였다고 생각된다.

93) 宋德洙, 민법주해(註 8), 524면 이하; 金相容, "契約當事者 雙方의 共通錯誤와 主觀的 行爲基礎의 喪失", 民事判例評釋(1), 1995, 20면 이하; 李祥敏, "當事者 雙方의 錯誤", 民事判例研究 XVIII, 1996, 53면 이하 등.

94) 같은 취지, 李英俊(註 14), 397-398면. 법률행위의 보충적 해석에 관하여는 尹眞秀, "法律行爲의 補充的 解釋에 관한 獨逸의 學說과 判例", 裁判資料 제59집(外國司法研修論集 10), 1992, 87면 이하; 嚴東燮, "法律行爲의 補充的 解釋", 韓國民法理論의 發展(註 8), 81면 이하 참조.

리가 없을 것으로 생각된다.[95]

Ⅴ. 종래 판례의 분석

私見으로는 종래의 우리나라 대법원 판례도 대체로 앞에서 언급한 원칙에 부합하게 판결하고 있다고 생각된다. 물론 판례가 반드시 이러한 원칙을 의식하여 재판하고 있다고는 말할 수 없지만, 그 결과에 있어서는 대체로 이러한 원칙을 따른 것과 별다른 차이가 없는 것이다. 또한 종래의 판례가 반드시 일관성이 있다고 단정할 수는 없고, 종래의 판례 전부를 살펴 볼 수는 없으므로, 전형적인 것 몇 가지만을 들기로 한다.[96]

1. 相對方이 착오를 야기한 경우

근래의 판례 가운데에는 명시적으로 상대방이 착오를 야기하였다는 사정을 취소를 인정하는 사유로 들고 있는 것들이 있다. 예컨대 대법원 1997. 8. 26. 선고 97다6063 판결[97]에서는 이웃 토지 소유자 사이의 토지 분쟁이 문제가 되었던 것이다. 사건의 내용을 간추리면, 피고가 구청과 시청 등에 이웃 토지의 소유자인 원고가 건축중인 주택의 담장이 경계를 침범하였다는 취지로 진정하고, 감사원 등에도 진정을 하려는 태도를 보이자, 원고가 원고의 기존 주택이 피고 소유 토지의 경계선을 일부 침범하였고 신축 주택도 그 경계선을 일부 침범하는 것으로 생각한 나머지 이를 주장하는 피고와의 분쟁을 해결하기 위하여 1992. 7. 30.경 피고에게 금 300만원을 증여하였다가 나중에 원고가 피고 소유 토지의 경계선을 침범하지 않았음이 밝혀지자 위 증여는 착오에 의한 것이라고 하여 이를 취소하고 그 돈의 반환을 청구한 것이다.

이에 대하여 대법원은 “위 진정한 경계선에 관한 착오는 원고가 위 금원

95) 그러나 착오자에게 중대한 과실이 있다고 하더라도 상대방이 착오 사실을 알았다면 취소는 허용되어야 한다. 宋德洙, 民法注解(註 8), 449, 450면 참조.

96) 종래의 판례를 분석한 것으로 金學東, “法律行爲의 錯誤에 관한 判例分析”, 南松 韓琫熙敎授 華甲紀念 現代民法의 課題와 展望, 1994, 807면 이하가 있다. 이 글 829-830면은 종래 판례 중 몇 가지는 서로 상충된다고 지적한다.

97) 公 1997하, 2824.

지급 약정을 하게 된 동기의 착오라 할 것임은 상고이유에서 논하는 바와 같으나, 원심이 인정한 사실에 따르면 그와 같은 동기의 착오는 피고측의 강력한 주장에 의하여 생긴 것으로서 이 사건 약정의 체결에 있어서 원고는 그 동기를 의사표시의 내용으로 표시하였다고 보아야 하고, 또한 원고로서는 그와 같은 착오가 없었더라면 그 의사표시를 하지 아니하였으리라고 생각될 정도로 중요한 것이고, 보통 일반인도 원고의 처지에 섰더라면 그러한 의사표시를 하지 아니하였으리라고 생각될 정도로 중요한 것이라고 볼 수 있으므로 원고의 위 금원 지급 의사표시는 그 내용의 중요 부분에 착오가 있는 것이 되어 원고는 이를 취소할 수 있다 할 것이다"라고 판시하였다. 즉 대법원은 제 1 차적으로는 원고가 그 동기를 의사표시의 내용으로 표시하였음을 이유로 하여 취소할 수 있다고 하면서도, 그와 같이 보게 된 주된 이유가 동기의 착오가 피고측의 강력한 주장에 의하여 생긴 것임을 들고 있다.[98]

또 대법원 1991. 3. 27. 선고 90다카27440 판결[99]은, 다음과 같은 사안에 관한 것이다. 즉 피고인 창원시는 산업기지개발사업을 실시하기 위해 토지를 취득함에 있어서 일부만이 그 사업대상 토지에 편입된 토지에 대하여도 무조건 사업대상이 아닌 잔여지를 포함한 전체 토지를 협의매수하기로 하여 지주들에 대하여는 잔여지가 발생한 사실 및 잔여지에 대하여는 지주의 수용청구가 있어야만 사업시행자가 취득할 수 있다는 사실 등을 알리지 아니하고 지주들로부터 잔여지수용청구도 받지 아니한 채, 잔여지를 포함한 전체토지에 대한 보상가액을 사정하여 미리 책정한 다음 지주들에게 이에 따른 손실보상협의요청서를 발송하고 매수 협의를 진행하였다. 이와 같은 과정에서 토지 소유자들인 원고들은 피고시의 담당직원들이 원고들 소유 토지의 정확한 편입 상황을 알려주지 아니한 채 토지전부가 사업대상토지에 편입된 것처럼 보상가액을 책정하고 매수요청을 함에 따라, 원고들 소유 토지 전부가 사업대상에 편입된 것이거나 가사 일부가 편입되어 있지 않더라도 토지전부를 매도하여야만 하는 것으로 잘못 판단하고 피고시의 협의 매수에 응하여 매매계약을 체결하였다가,

---

98) 이 판결에서 또 한 가지 흥미 있는 것은, 원고가 피고를 상대로 이미 지출하였다고 주장하는 원래 담장 철거 비용, 현재 담장 건축 비용 등의 손해배상의 지급을 청구한 데 대하여는, 피고가 당시 원고가 건축중인 주택의 담장이 실제로는 경계를 침범하지 아니한 사실을 알면서도, 혹은 그 사실을 알 수 있었음에도 불구하고 허위로 위 각 진정을 하였거나, 하려고 하는 태도를 보였음을 인정할 만한 증거가 없다고 하여 이를 기각하였다는 점이다.

99) 公 1991, 1276.

그 후 위 매매계약은 착오로 인하여 체결된 것임을 이유로 취소한다고 주장하였다.

대법원은 그 동기를 제공한 것이 피고 산하의 관계공무원이었고, 원고들은 피고시에 의한 그러한 동기의 제공이 없었더라면 이 사건 잔여지에 대한 협의매수 요청에 선뜻 응하지 않았을 것이며, 그 동기는 이 사건 협의매매행위의 내용의 중요부분을 이룬다는 이유로 취소할 수 있다고 원심이 판단한 것은 정당하다고 하였다.[100)]

이 외에도 대법원이 상대방의 착오 유발을 이유로 취소를 인정한 판례는 여러 개 찾아 볼 수 있다.[101)]

2. 相對方이 착오 사실을 알았거나 알 수 있었던 경우

종래의 판례 가운데 직접 상대방이 착오 사실을 알았거나 알 수 있었다는 이유를 들어 취소를 허용한 판례는 판결의 문언만으로 판단할 때에는 그다지 많지 않다.[102)] 다만 대법원 1966. 10. 18. 선고 66다1573 판결(註 7)은 이 많지 않은 예 중 하나에 속한다고 할 수 있다.[103)] 이 사건에서는 원고들의 아들이 국가공무원의 불법행위를 이유로 사망하였다고 하여 원고들이 국가배상법에 따라 국가배상심의회에 위자료 각 15만원을 청구하여 그 청구금액 중 각 15,000원의 지급인용 결정을 받자 그 결정에 동의하고 위 돈을 수령하였는데, 당시 이 사건을 원인으로 하는 일체의 다른 손해배상을 청구하지 않는다는 각서를 제출하였다. 그 후 원고들은 대한민국을 상대로 다시 손해배상을 청구하면서 위 각서는 미리 부동문자로 밝혀진 문서로서 그 위자료 수령에 따르는 보통문서인 것으로 잘못 알고 각서에 날인하였다는 이유로 위 다른 일체의 손해배상을 청구하지 않는다는 의사표시의 취소를 주장하였다.

대법원은, 미성년자가 사망한 경우라 할지라도 위자료 이외에 사망한 자의

100) 대법원 1993. 8. 13. 선고 93다5871 판결(公 1993, 2419)은 원고들만이 다를 뿐 기본적으로 거의 동일한 사실관계에 대하여 같은 취지로 판시하였다.

101) 대법원 1970. 2. 24. 선고 69누83 판결(集 18권 1집 행36면); 1978. 7. 11. 선고 78다719 판결(集 26권 2집 民209면); 1981. 11. 10. 선고 80다2475 판결(集 29권 3집 民180면) 등. 이들 판례에 대하여는 梁彰洙(註 71), 13면 이하 참조.

102) 물론 상대방이 착오를 유발한 경우 중에는 상대방이 알았거나 알 수 있었던 경우도 적지 않으나 이는 논외로 한다.

103) 또한 이 판결은 대법원이 이른바 내용의 착오에 관하여 다룬 드문 사례이기도 하다.

기대수입 상실에 대한 배상을 청구할 수 있다 함은 학설이나 판례가 적극적으로 해석하여 왔던 것이고, 다른 사람의 불법행위로 인하여 아이를 잃은 부모가 도합 30,000원에 불과한 위자료만을 지급받고 다른 재산상의 일체의 손해배상의 청구를 포기한다 함은 일반 경험칙에 어긋난다고 하여, 다른 일체의 손해배상을 청구하지 않겠다는 의사표시는 법률행위의 내용의 중요한 부분에 착오가 있다고 보아 원고들의 취소 주장을 받아들였다.

이 사건에서 대법원이 취소를 인정함에 있어서 정면으로 피고인 국가가 원고들의 착오를 알았거나 알 수 있었다고 설시하고 있지는 않다. 그러나 대법원이 다른 사람의 불법행위로 인하여 아이를 잃은 부모가 도합 30,000원에 불과한 위자료만을 지급받고 다른 재산상의 일체의 손해배상의 청구를 포기한다 함은 일반 경험칙에 어긋난다고 한 것은, 다른 말로 한다면 통상적으로라면 이러한 처지의 원고들이 손해배상청구를 포기한다는 의사표시를 하지 않았을 것인데, 원고들이 이러한 의사표시를 한 것은 착오에 기인한 것이고, 이는 피고인 대한민국에게도 명백하다는 취지로 이해되는 것이다.

또 대법원 1997. 8. 22. 선고 97다13023 판결[104]도 이러한 관점에서 이해될 수 있다. 이 사건의 사실관계는 대체로 다음과 같다. 즉 원고는 피고 전문건설공제조합의 조합원인 회사에게 아파트 신축공사 중 조립식 욕실의 제작, 설치공사를 금 1,052,400,000원에 도급주었는데, 원고와 위 회사는 위 회사가 원고에게 납부하여야 할 계약보증금 중 1억원을 피고 발행의 계약보증서를 교부하는 것으로 대체하기로 하여, 위 회사가 피고에게 계약보증서의 발급을 신청하였다. 그런데 피고 조합은 전문건설업자들을 조합원으로 하여 설립된 특수법인으로서 그 조합원이 건설공사 등을 수급할 경우 그 이행보증 등을 하는 것을 주된 업무로 하고 있는데, 위 회사는 도급한도액이 금 500,000,000원이므로 피고로서는 도급금액이 금 500,000,000원을 초과하는 건설공사에 대하여는 소외 회사를 위하여 보증을 할 수 없는 상황이었다. 그런데도 위 회사는 피고에게 계약보증서의 발급을 신청하면서 도급금액이 금 1,052,400,000원임에도 계약보증신청서에 도급금액을 금 500,000,000원으로 기재함으로써 피고는 위 회사가 수급할 공사의 도급금액이 금 500,000,000원인 것으로 잘못 알고서 위 회사에 도급금액을 금 500,000,000원으로 기재한 계약보증서를 발급하고, 위

104) 公 1997하, 2800.

회사는 같은 달 17일 원고와 사이에 도급계약을 체결하면서 원고에게 그 계약보증서를 교부하였다. 그 후 원고는 소외 회사로부터 도급계약상의 수급인의 지위를 포기한다는 통보를 받고 피고에게 위 보증금을 청구하였고, 이에 대하여 피고는 위 회사가 실제 도급받은 도급금액에 관하여 착오가 있었다는 이유로 위 보증계약의 취소를 주장하였다. 대법원은 "소외 회사가 수급할 공사의 실제 도급금액에 관한 피고의 착오는 동기의 착오에 속함은 원고의 주장과 같으나, 원심이 확정한 바와 같이 피고가 계약보증서를 발급하면서 도급금액을 금 500,000,000원으로 명시하였다면 피고로서는 그 동기를 당해 의사표시의 내용으로 삼을 것을 상대방에게 표시함으로써 의사표시의 해석상 법률행위의 내용으로 되었다고 보아야 할 것이므로(대법원 1995. 11. 21. 선고 95다5516 판결 참조), 그 착오가 법률행위의 중요 부분의 착오에 해당하는 이상 취소할 수 있다"고 판시하여 피고 조합의 착오 주장을 받아들였다.

이 사건에서 피고가 계약보증서에 도급금액을 5억원으로 명시하였다면 원고로서는 피고가 도급금액에 관하여 착오가 있었음을 알았거나 알 수 있었다고 보아야 할 것이므로 결국 이 점이 피고의 착오 취소 주장을 받아들이게 된 주된 이유라고 여겨진다.[105)]

3. 共通의 錯誤

종래 판례가 동기의 착오를 이유로 하여 취소를 인정한 것들의 상당수는 공통의 착오에 해당하는 사안이었다고 보인다.

가령 대법원 1989. 7. 25. 선고 88다카9364 판결[106)]의 사안은 다음과 같다. 이 사건 토지는 피고의 소유이지만 원고에게 위 토지에 관하여 민법 제219조 제1항의 주위토지통행권이 인정되었다. 그런데 피고가 위 토지에 관하여 원고의 동의를 얻어 담장을 설치하였다. 그런데 당시 위 토지에 인접한 김수곤 소유의 대지 위의 담장이 위 대지 안쪽으로 1미터 30센티나 들어가서 설치되어 있었는데도 원고는 위 김수곤의 담장이 대지경계선에 설치되어 있는 것으로 잘못 알고 이 담장을 기준으로 하면 현재의 위치에 피고 담장을 축조하더라도 두 담장 사이의 통로의 폭이 2미터 30센티 정도 유지될 것으로 생각하였고, 피

---

105) 같은 취지, 嚴東燮(註 17), 38-39면.
106) 公 1989, 1284.

고도 김수곤의 담장이 대지 경계와 일치하는 것으로 알고 있어서, 결국 원고와 피고가 모두 위 김수곤 소유 대지 위의 담장이 그 대지경계선과 일치하는 것으로 잘못 알고 이 담장을 기준으로 통로폭을 정하여 피고의 담장설치에 합의하였는데, 그 후 김수곤이 대지경계선에 맞추어 담장을 옮김으로써 원고가 이용할 수 있는 통로의 폭이 입구 쪽은 113센티미터에 불과하게 되었다.

이러한 사실관계하에서 원고가 피고가 설치한 담장의 철거를 구하면서, 위 담장 설치에 관한 합의를 착오를 이유로 하여 취소를 주장하자, 대법원은 "원고와 피고가 이 사건 토지에 인접한 소외 김수곤 소유대지 위의 담장이 그 대지경계선과 일치하는 것으로 잘못 알고 이 담장을 기준으로 통로폭을 정하여 피고의 담장설치에 합의하였다면, 이러한 합의는 토지의 현황경계에 관한 착오에 기인한 것으로서 그 착오는 법률행위의 중요한 부분에 관한 착오라고 볼 수 있"다고 하여 원고의 주장을 받아들였다.

또 대법원 1989. 8. 8. 선고 88다카15413 판결[107]은 화해계약의 취소에 관한 것이다. 이 사건에서 원고는 1966. 9. 16. 피고회사에 생산부운탄공으로 입사하여 근무하게 되면서 피고회사의 장부상으로는 1972. 10. 31. 퇴직하였다가 같은 해 12. 1. 재입사하고, 다시 1982. 1. 15. 퇴직하였다가 같은 해 2. 1. 재입사한 것으로 정리된 후 마지막으로 1984. 10. 2. 피고회사를 퇴직하였다. 또한 피고 회사는 1972. 12. 29. 종전부터 원고를 비롯한 근로자들에 대하여 시행하여 오던 누진율제에 의한 퇴직금지급규정을 폐지하고 근로기준법 수정의 근속 1년에 대하여 30일분의 퇴직금만을 지급하는 내용으로 퇴직금지급 규정을 변경하여 시행하고 있었다. 원고는 그 후 1984. 11. 7. 피고회사로부터 휴일근로 및 연장근로수당 금 1,950,000원과 퇴직금 180,000원을 지급받지 못하였다고 하면서 노동부에 진정을 하여 그 조사를 받는 과정에서 같은 해 11. 27. 피고로부터 추가퇴직금과 휴일근무수당 등 제수당 합계 금 1,040,763원을 수령하면서 피고로부터 연장근로수당, 휴일근로수당, 퇴직금의 부족액 전액을 수령하였으므로 위 진정을 취하한다는 내용의 진정취하서를 작성하여 노동부 태백지방사무소장에게 교부하였다. 그 후 원고는 피고 회사의 위와 같은 중간퇴직처리나 퇴직금지급규정의 변경처리가 모두 무효라고 주장하여 1966. 9. 16.의 최초 입사일부터 1984. 10. 2.까지의 근무에 따른 누진율제에 의한 퇴직금 지

107) 公 1989, 1343.

급을 청구하면서, 위 진정취하서는 착오에 의한 것이므로 취소한다고 주장하였다. 원심은 원고의 착오 취소 주장을 배척하였으나, 대법원은 이러한 원심의 판단이 잘못이라고 하여 원심 판결을 파기하였다.

대법원은 원심의 판단이 잘못이라고 한 근거로서 다음과 같은 점을 들고 있다. 즉 원고가 노동부에 진정을 하여 피고와의 협의 과정에서 "근로감독관이나 피고도 원고에 대한 피고의 2회에 걸친 중간퇴직처리 및 퇴직금지급규정 변경처리는 당연히 유효한 것을 전제로 하여 원고가 주장하는 위 2년 9개월간의 재직기간과 금 2,130,000원의 퇴직금 등의 액수를 한도로 하여 그 범위 내의 금액만을 다툼 및 절충의 대상으로 한 끝에 잔존퇴직금 등을 합계금 1,040,763원으로 결정하여 이를 피고가 지급하게 되"었으므로 "실제로 원고가 피고로부터 지급받아야 할 금액이 위 화해에 이르기 전 원고의 주장금액을 현저히 넘고 있고, 원·피고는 이 사건 화해에 임하여 진실로 원고가 받아야 할 퇴직금 등의 액수가 어떠하든 원고는 그 주장금액을 넘는 금액에 대하여도 양보하고 분쟁을 끝마친다는 의사로 화해계약을 체결한 것이 아니라, 잔존퇴직금 등의 청구채권액이 원고가 당초 주장하던 금 2,130,000원을 한도로 하여 그 범위 내임을 전제로 하여 화해계약에 의하여 그 금액을 합계 금 1,040,763원으로 결정하였던 것이 명백하다면, 이에 관한 착오는 화해의 전제 내지 기초로 예정된 사항에 관한 착오에 해당한다"는 것이다.

다른 말로 한다면 원고와 피고 사이에 이루어진 화해계약은 원고와 피고가 다같이 과거의 중간퇴직처리 및 퇴직금 지급규정 변경처리가 유효한 것이라는 착오에 빠진 것이므로 취소할 수 있다는 것이다.

그리고 앞에서 본 대법원 1994. 6. 10. 선고 93다24810 판결(註 90)은, 원고가 피고에게 부동산을 매매하면서 원고가 납부하여야 할 양도소득세 등을 피고가 부담하기로 하였으나 원고에게 부과된 세금이 쌍방이 예상한 것보다 많이 나온 경우에 "원고가 그와 같이 착오를 일으키게 된 계기를 제공한 원인이 피고측에 있을 뿐만 아니라 피고도 원고가 납부하여야 할 세액에 관하여 원고와 동일한 착오에 빠져 있었다는 사정을 고려하면 원고의 위와 같은 착오는 이 사건 매매계약의 내용의 중요부분에 관한 것에 해당하므로 원고로서는 다른 특별한 사정이 없는 한 위 착오를 이유로 위 매매계약을 취소할 수 있다"고 하였다.

이 밖에 동기의 착오를 이유로 취소를 인정한 상당수의 판례는 취소를 주장하는 착오자의 착오가 인정된다는 점만을 들고 있을 뿐 상대방의 착오에 관하여는 언급하고 있지 않으나, 그 내용을 살펴보면 상대방도 동일한 착오에 빠져 있거나 아니면 취소를 주장하는 착오자가 착오에 빠져 있다는 사실을 상대방도 알 수 있었던 경우라고 판단된다.[108] 예컨대 대법원 1991. 1. 25. 선고 90다12526 판결[109]에서는 환자가 의료과실로 사망한 것으로 전제하고 의사가 유족들에게 손해배상금을 지급하기로 하는 합의가 이루어졌으나 그 사인이 진료와는 관련이 없는 것으로 판명되었다면 위 합의는 그 목적이 아닌 망인의 사인에 관한 착오로 이루어진 화해이므로 착오를 이유로 취소할 수 있다고 하였다. 여기서 의사와 유족들이 모두 환자가 의료과실로 사망하였다고 생각하였다면 위의 화해계약은 전형적인 공통의 착오로 인한 것이고 따라서 취소가 인정되어야 한다. 만일 의사는 그와 같이 생각하였으나 유족들은 환자가 의료과실로 사망한 것이 아님을 알고 있었다면 위의 화해계약은 상대방이 착오 사실을 안 경우로서 이 마찬가지로 취소되어야 하는 것이다.

그리고 대법원 1997. 8. 22. 선고 96다26657 판결[110]에서는 매수인이 도자기를 고려시대에 제작된 고려청자로 오신하고 금 43,000,000원이라는 거액에 매수하기로 하여 체결한 이 사건 매매계약은 그 중요 부분에 착오가 있는 것으로서 취소할 수 있다고 하였다. 이 판결에서는 매도인도 도자기가 고려청자라고 믿었는가에 관하여는 전혀 언급이 없으나, 매도인이 고려청자가 아님을 알고 있었다 하더라도 매수인이 계약을 취소할 수 있는 데에는 영향이 없다고 할 것이다.[111]

또한 판례는 매매 토지의 면적이 매수인의 예상과 달리 현저하게 부족한 경우에도 착오를 이유로 하는 취소를 인정하고 있는데,[112] 이러한 판례도 위와 같은 관점에서 이해할 수 있다.

---

108) 위 Ⅳ. 2. 참조.

109) 公 1991, 848.

110) 公 1997하, 2786.

111) 매도인이 고려자기가 아님을 알면서도 고려자기인 것처럼 가장하여 팔았다면 이는 사기에도 해당할 것이다.

112) 대법원 1968. 3. 26. 선고 67다2160 판결(集 16권 1집 民177면); 1991. 8. 27. 선고 91다11308 판결(公 1991, 2422); 2000. 5. 12. 선고 2000다12259 판결(公 2000하, 1417) 등.

4. 無償行爲의 경우

판례가 착오로 인한 취소 여부를 결정함에 있어서 당해 법률행위가 무상행위라는 것은 어느 정도로 고려하고 있는가? 이 점은 반드시 분명하지 않다.

대법원 1978. 7. 11. 선고 78다719 판결[113]에서는 1945. 8. 9. 당시 일본인의 소유였던 귀속재산이었으나 그 후 귀속해제된 토지를 매수한 사람이, 국가의 세무공무원으로부터 위 토지는 귀속재산이므로 현 소유자들을 상대로 원인무효로 소유권이전등기말소소송을 제기하여 강제로 환수한 후 공매에 부칠 것이나 현소유자들이 자진해서 이를 국가에 증여하여 환수에 협조하면 우선 매수권을 부여하여 수의계약으로 불하해 주겠다는 권고를 받고 토지를 국가에 증여하였다가 착오를 이유로 그 취소를 주장한 데 대하여, "이러한 착오는 일종의 동기의 착오라 할 것이나 위 인정에서 본 바와 같이 그 동기를 제공한 것이 피고산하 관계공무원이었고 그러한 동기의 제공이 없었더라면 몇십년 경작해온 상당한 가치의 본건 토지를 선뜻 피고에게 증여하지는 않았을 것인즉, 그 동기는 본건 증여행위의 중요한 부분을 이룬다고 할 것이므로 원고가 뒤늦게나마 그 착오를 알아차리고 본건 소로써 위 증여계약을 취소한 이상 그 취소는 적법하다"고 판시하였다. 그러나 이 판결은 제1차적으로는 그 동기를 제공한 것이 상대방측이었다는 점을 중시한 것이고, 과연 무상의 증여계약이라는 점까지 고려하였는지는 명백하지 않다.[114]

Ⅵ. 結　　論

이제까지 민법개정위원회에서의 필자의 의견을 端緖로 하여 민법상 착오규정에 관한 입법론을 살펴보았다. 특히 UNIDROIT 계약원칙과 유럽계약법원칙의 규정들이 이러한 입법론을 펼침에 있어서 중요한 준거가 되었다.

그리고 현행 착오규정에 관한 대법원의 판례도, 필자가 제안한 입법론과 그다지 거리가 멀지는 않다는 점을 확인하였다. 이는 한편으로는 필자의 주장

113) 集 26권 2집 民209면.
114) 梁彰洙(註 71), 16-17면 참조.

의 타당성을 뒷받침하는 근거가 될 수 있지만, 다른 한편으로는 현행 규정을 개정할 실익이 없다는 주장의 논거로도 사용될 수 있다. 필자의 추측으로는, 필자의 개정안이나 민법개정위원회가 채택한 안은 어느 것도 현행 실무를 크게 변화시키지는 않을 것으로 생각된다. 그럼에도 불구하고 민법상 착오규정을 둘러싼 논란은 크게는 법률행위론 전반에 걸쳐서 불필요한 혼란을 야기하고 있으므로, 민법 규정을 실제에 맞게 개정할 필요성은 크다고 하겠다.

〈心堂宋相現先生華甲紀念論文集
二十一世紀 韓國民事法學의 과제와 展望, 2002〉

〈追記〉

1. 민법개정위원회는 이 글이 발표된 후에도 심의를 계속하여, 제109조 및 제109조의2에 관하여 다소 표현을 바꾸었으나 이 글에서 소개한 것과 기본적인 차이는 없다. 정부가 2004. 10. 21. 국회에 제출한 민법개정안의 제109조와 제109조의2의 규정은 다음과 같다.

제109조 제2항 중 “前項”을 “제1항 및 제2항”으로 하여 제3항으로 하고, 동조에 제2항을 다음과 같이 신설한다.

② 당사자, 물건의 성질 그 밖의 법률행위의 동기에 착오가 있는 경우에도 그 착오가 거래의 본질적인 사정에 관한 것인 때에는 제1항의 규정을 준용한다.

제109조의2를 다음과 같이 신설한다.

제109조의2(취소자의 손해배상의무) ① 제109조의 규정에 의하여 의사표시를 취소한 자는 그 착오를 알 수 있었던 경우에는 상대방이 그 의사표시의 유효함을 믿었음으로 인하여 받은 손해를 배상하여야 한다. 그러나 그 배상액은 의사표시가 유효함으로 인하여 생길 이익액을 넘지 못한다.

② 제1항의 규정은 상대방이 표의자(表意者)의 착오를 알았거나 알 수 있었던 경우에는 이를 적용하지 아니한다.

2. 착오에 관한 민법개정안에 대하여는 이 글이 공간된 후에도 많은 논문이 발표되었는데, 그 중 엄동섭, “民法改正案의 錯誤規定에 대하여”, 민사법학 제22호, 2002, 288면 이하; 최병조, “民法(財産編) 改正案의 錯誤 조항에 대한 比較法的-論想論的 검토”, 法史學硏究 제29호, 2004, 275면 이하는 착오에 관한

입법론으로서 대체로 필자의 의견을 지지하지만 취소자의 손해배상책임을 인정하여야 한다고 본다. 그리고 법원행정처는 민법개정위원회에 제출한 의견에서 대체로 필자의 의견과 같으나 다만 공통의 착오("그 착오가 상대방에 대하여도 중요한 의미가 있었을 때")에 관하여는 표의자에게 중대한 과실이 있는 경우에 착오 취소를 배제하는 규정을 제안하였다. 法務部, 民法(財産法) 改正 資料集, 2004, 167-169면 참조.

契約相對方의 被用者의 詐欺로 인한 意思表示의 取消*

— 대법원 1998. 1. 23. 선고 96다41496 판결**—

[事實의 槪要]

이 사건에 관하여 제1, 2심 법원이 다같이 인정한 사실관계는 다음과 같다.

1. 소외 A, B는 1994. 5. 2. 원고인 X 회사의 대표이사인 C로부터 X 회사의 주식 전부(X 회사는 주식 전부를 C가 소유하고 있는 1인 회사이다)를 대금 5억 5천만원에 양수하되, 그 중 계약금 5천만원은 계약 당일 현금으로 지급하고, 중도금 3억원은 X 회사 소유의 부동산을 A, B가 정하는 상호신용금고에 담보로 제공한 후 대출을 받아 그 현금으로, 잔금 2억원은 발행일이 계약일로부터 90일 이내인 선일자 당좌수표로 각 지급하기로 약정하였다.

2. 그러나 계약 당시 A 등은 노래방기계 제조업을 하다가 1994. 3.경 부도를 내어 원고 회사를 인수할 능력이 없었고, 다만 원고 회사 소유의 위 부동산을 담보로 상호신용금고인 피고 Y 회사에서 돈을 대출받아 이를 편취할 의사였음에도 불구하고, C에게 위 부동산을 금융기관에 담보로 제공하는 데 협조하여 주면 대출을 받아 중도금으로 금 3억원을 현금으로 지급하겠다고 속여 위 1과 같은 주식 양도·양수계약을 체결한 것이었다.

---

* 이 사건 관련 자료를 제공하여 주신 청주지방법원 충주지원장 임한흠 판사님과 하종선 변호사님께 감사의 뜻을 표한다.

** 판례공보 1998상, 578.

3. 한편 Y 회사의 기획감사실 과장으로 근무하고 있던 소외 D는 A 등으로부터 대출 등과 관련하여 향응을 제공받거나 금품을 교부받아 왔을 뿐 아니라, 한편으로 자신의 소유인 아파트를 담보로 제공하는 등 밀접한 관계를 맺어온 사이인데, A 등이 1994. 3.경 부도를 내어 신용에 문제가 생기자, Y 회사의 여신 담당 직원인 소외 E에게 A 등이 경영하던 회사의 상무인 소외 F를 자신의 친척이라고 속여 대출을 부탁하는 등 A 등의 X에 대한 사기행위에 적극 가담하였다.

4. 그 후 A 등은 위 부동산을 담보로 하여 F 명의로 피고로부터 금 4억 5천만원을 대출받기 위한 절차를 밟게 되었는데, C가 그 대출금 중 중도금으로 약속한 금 3억원을 확실히 지급받는다는 보장이 없이는 이 사건 부동산을 담보로 제공할 수 없다고 고집하자, D는 같은 해 5. 9. C에게 위 부동산을 담보로 피고 회사에서 대출이 되면 그 대출금 중 금 3억원을 같은 달 25일까지 원고에게 지급할 것을 보증한다는 취지의 지급보증서를 작성하여 교부하였다.

5. 이에 C는 이 지급보증서를 믿고 1994. 5. 9. X를 대표하여 Y와의 사이에, 위 부동산에 관하여 채권최고액 금 6억 3천만원, 채무자 F로 된 근저당권설정계약을 체결하고, 그에 따라 같은 달 10일 위 부동산에 관하여 피고 명의의 근저당권설정등기가 경료됨과 아울러 F는 피고로부터 금 4억 5천만원을 대출받았다.

6. 그런데 C는 근저당권설정등기가 경료된 후 수차에 걸쳐 D에게 대출 사실을 확인하였으나, 그 때마다 D는 이미 대출이 이루어졌음에도 대출이 안 된 것처럼 C를 속이고, 나아가 1994. 5. 20.경에는 C를 직접 만나 대출시 만든 부금통장을 보여주면서 대출금이 아직 이 안에 그대로 있다는 취지로 거짓말을 하여 그 사이에 A 등이 대출금을 타에 유용하도록 하였다.

7. 한편 Y 회사는 사장, 상무, 감사 및 이사 2인을 포함하여 직원 총수가 50명에 못 미치는 작은 규모의 금융기관으로서, D는 대출 당시 기획감사실 과장으로 재직하면서 대출 업무를 포함한 피고 회사의 업무 전반에 관하여 일일감사를 할 권한을 갖고 있었던 자로서 기획감사실 과장이 되기 전에는 여신 업무를 담당한 적도 있었으며, 사무실 내의 그의 자리는 여신 담당 직원인 E의 바로 뒷자리였다.

[訴訟의 經過]

1. X는, X가 Y와 체결한 위 근저당권설정계약은 Y의 직원인 D의 사기에 의하여 체결된 것으로서, D의 위와 같은 사기행위는 위 근저당권 설정계약의 당사자인 Y 회사의 기망 행위에 준하는 것으로 보아야 할 것이므로 위 근저당권 설정계약을 취소한다고 주장하면서 주위적으로 위 근저당권설정등기의 말소를 청구하고, 예비적으로는 손해배상을 청구하였다.[1] 이에 대하여 Y는, D는 위 근저당권설정계약에 있어서 어디까지나 제3자에 불과하고, Y로서는 D가 위와 같은 사기행위를 하였는지를 알지 못하였을 뿐만 아니라 알 수도 없었으므로 위 근저당권설정계약은 유효하다고 주장하였다.

2. 제1심판결

제1심 판결은 대체로 제2심 판결과 같은 이유로 X의 취소 주장을 받아들여 X의 주위적 청구를 인용하였다.

3. 제2심판결

제2심판결은 다음과 같은 이유로 Y의 항소를 기각하였다.

본래 의사표시의 상대방 이외의 자가 한 사기에 의하여 의사표시가 이루어진 경우에는 상대방이 그 사실을 알았거나 알 수 있었을 경우에 한하여 그 의사표시를 취소할 수 있으나, 기망행위를 한 자와 상대방 사이의 관계가 상대방이 그 기망행위에 대하여 자신의 행위와 마찬가지로 책임을 져야 할 정도로 밀접한 경우에는 기망행위를 한 자를 민법 제110조 제2항 소정의 제3자로는 볼 수 없고, 이와 같은 경우에는 상대방이 사기 사실을 과실 없이 알지 못하였다고 하더라도 표의자는 그 의사표시를 취소할 수 있다고 보아야 할 것인바, 이 사건 근저당권설정계약은 Y 회사의 기획감사실 과장으로 근무하던 D가 A 등과 공모하여 X를 적극적으로 기망함으로써 체결된 것이고, 더구나 D는 여신

---

1) 이 사건 소송은 최초에는 X 회사 아닌 C가 1994. 11. 18. 원고로서 X 소유의 위 부동산에 대하여 Y에 대하여 Y 명의로 경료된 위 근저당권설정등기의 말소를 청구하였다가, 제1차 변론기일 전인 같은 해 12. 26. 원고 회사를 원고로 추가하는 당사자추가신청을 하여 1995. 1. 13. 그 제1차 변론기일에 원고 소송대리인이 소장 및 당사자추가신청서를 진술한 후 C의 소를 취하하였고, 이에 피고 소송대리인은 당사자추가신청 및 소취하에 동의하였으며, 그 후 X 회사와 Y 사이에 변론을 거쳐 제1심판결이 선고되었다. Y는 제2심에서, 위와 같이 X가 당사자로 추가된 것은 부적법하다는 본안전항변을 제기하였으나, 제2심 판결은 Y가 위 추가신청에 동의한 후 본안에 관하여 변론하여 제1심판결까지 선고된 이상 소송경제의 면에서나 금반언의 원칙 내지 신의칙상 항소심에 이르러 새삼스럽게 이를 다툴 수 없다고 하여 이를 배척하였고, 대법원도 이와 같은 제2심 판결을 시인하였다. 이하에서는 X 회사만을 원고라고 부르기로 한다.

담당 직원인 E에게 그 대출을 부탁하였을 뿐만 아니라 Y 회사의 대출 업무 전반에 관한 감사권한을 가진 자로서, 또한 E의 상급자로서 대출 업무에 관하여 상당한 영향을 미칠 수 있는 지위에 있었던 점을 종합하여 볼 때, D의 X에 대한 기망행위를 Y와의 관계에서 제3자의 기망행위로 볼 수 없다 할 것이다. 또한 Y는 D를 피고 회사의 기획감사실 과장으로서 대출 업무를 포함한 피고 회사의 업무 전반에 관한 감사 업무에 종사하게 하여 그의 업무로 인하여 이익을 얻고 있을 뿐만 아니라 D의 업무 집행을 감독하여야 할 의무를 부담하고 있다고 할 것이므로, Y로서는 신의칙상으로도 D의 위와 같은 기망행위가 Y에 대한 관계에서 제3자의 기망행위로서 그 기망행위를 과실 없이 알지 못하였다고 주장할 수 없다고 봄이 상당하므로, X로서는 이 사건 부동산에 관하여 Y와 1994. 5. 9. 체결한 위 근저당권설정계약을 취소할 수 있다.

4. Y의 상고이유 제3점(제3자의 기망으로 인한 의사표시의 취소에 관한 법리 오해)

민법 제110조 제2항의 제3자의 범위에서 제외되는 제3자란 정말로 본인과 같이 평가될 정도의 사람이라는 점을 전제로 한 것이지 단순히 본인과 친밀한 관계에 있다든가 본인의 사용인이라는 사유만으로는 부족하다.

어떤 사람의 피용인이 마치 본인이 어떤 행위를 하는 것처럼 행세할 때에는 항상 기망의 문제가 따르나, 그런 경우 모두를 제3자가 아닌 본인의 기망행위라고 취급하여 버린다면 상대방을 지나치게 가혹하게 취급하는 것이고 사기행위에 대하여 일부의 책임이 있는 표의자를 지나치게 보호하는 셈이 된다. 이 경우 민법은 일정한 범위 내에서 사용자의 불법행위 책임에 의하여 사용자에게 거의 무과실의 손해배상책임을 지게 하고 과실상계로 이해관계를 조절하는 태도를 취하고 있다.

다만 일정한 업무에 관하여 대리권 있다고 보이는 상업사용인이나 그 직책상 상대방의 의사를 결정하는 과정에 영향력을 행사하는 지위에 있는 사람, 그 업무에 관하여 상대방을 항상 보조하는 위치의 보조기관이라고 할 사람 같은 피용인이 기망행위를 하였을 때에는 표의자로서는 상대방의 의사표시라고 해석하는 것이 사회통념상 합당하므로 상대방 본인의 기망행위라고 인정하여 바로 그 의사표시의 구속력을 없애 버리는 것이 손해배상으로 이해관계를 조절하는 것보다 합당할 것이다.

결국 원심은 민법 제110조 제2항의 제3자의 범위를 축소하자는 이론을 오해하여 사용자책임에서의 피용자의 범위와 혼동함으로써 민법 제110조 제2항을 정면으로 부인하는 엄청나게 확대된 이론을 세웠다고 할 것이며 이 점에서 법리오해의 위법이 있다는 비난을 면치 못한다.

[大法院 判決의 要旨]

대법원은 다음과 같이 판시하여 상고를 기각하였다.

1. 의사표시의 상대방이 아닌 자로서 기망행위를 하였으나 민법 제110조 제2항에서 정한 제3자에 해당되지 아니한다고 볼 수 있는 자란 그 의사표시에 관한 상대방의 대리인 등 상대방과 동일시할 수 있는 자만을 의미하고, 단순히 상대방의 피용자이거나 상대방이 사용자책임을 져야 할 관계에 있는 피용자에 지나지 않는 자는 상대방과 동일시할 수는 없어 이 규정에서 말하는 제3자에 해당한다고 보아야 할 것이다.

그런데 원심이 확정한 사실관계에 의하더라도, D는 X와 Y 사이의 근저당권설정계약과 관련하여서 Y의 대리인이라고는 할 수 없고 단순한 Y의 피용자의 지위에 있을 뿐이어서 Y와 동일시할 수 있는 자라고 보기는 어렵고, 따라서 민법 제110조 제2항에서 말하는 제3자로 볼 수밖에 없으므로, 이와 달리 원심이 Y를 이 규정에서 정한 제3자에 해당하지 않는다고 본 것은 잘못이라 할 것이다.

2. 그러나 한편 원심이 확정한 바와 같이, 이 사건에서 D는 대출금 일부를 C에게 지급할 것을 직접 보증한다고 하면서 근저당권설정계약을 체결하도록 X를 기망하는 데 적극 가담하였고, 그 기망의 목적을 달성하기 위하여 여신 담당 직원인 E에게 이 사건 대출을 부탁하기까지 하였으며, 또한 Y 회사의 기획감사실 과장으로서 대출 업무를 포함한 회사 업무 전반에 관하여 일일감사를 할 권한을 갖고 있었던 자인데, Y 회사는 사장, 상무, 감사 및 이사를 포함하여 직원 총수가 50명에 못 미치는 작은 규모의 금융기관이라는 것인바, 위와 같은 D의 기망행위의 태양, 그의 Y 회사에서의 지위나 영향력, Y 회사의 규모 등에 비추어 보면, Y로서는 자신의 영역 내에서 일어난 D의 위와 같은 기망행위에 관하여 그 감독에 상당한 주의를 다하지 아니한 사용자로서의 책임을 져야 할 지위에 있을 뿐만 아니라, 나아가 그러한 사정을 이용한 D 등의 사기 사실을 알지 못한 데에 과실이 있었다고 봄이 상당하고, 따라서 X로서는 이처럼 과실로 위와 같은 사기 사실을 알지 못한 피고에 대하여 D 등의 기망

으로 인하여 이루어진 이 사건 근저당권설정계약을 취소할 수 있다고 보아야 할 것이다.

결국 D를 민법 제110조 제2항에서 말하는 제3자에 속하지 않는다고 한 원심의 잘못은 판결 결과에 영향이 있다고 할 수 없다.

[研 究]

I. 序 論

이 사건 판결은 우선 제한된 범위 내에서나마 任意的 當事者의 변경을 인정한 점에서[2] 소송법적으로 중요한 의미를 가지며, 이 점만으로도 연구의 대상이 될 가치가 있다. 그러나 여기서는 實體法上의 쟁점, 즉 계약 당사자의 의사표시가 그 계약 상대방의 피용자의 사기행위로 인한 것인 경우에, 당사자가 어떤 요건 하에서 사기를 이유로 취소할 수 있는가 하는 점을 주로 다루어 보고자 한다.

민법 제110조 제2항은, "相對方 있는 意思表示에 관하여 第三者가 詐欺나 强迫을 行한 경우에는 相對方이 그 事實을 알았거나 알 수 있었을 경우에 한하여 그 意思表示를 取消할 수 있다"고 규정하고 있는데, 학설상으로는 사기를 한 자가 의사표시의 상대방 아닌 第三者라 하여도 해석상 위 조항에 해당하지 않는 자가 있고, 따라서 의사표시의 상대방이 그 사실을 알았거나 알 수 있었는지에 관계없이 의사표시를 한 자가 이를 취소할 수 있는지 여부가 논의되고 있는데, 이 사건 판결은 이 점을 정면에서 다루고 있는 최초의 판결로서 중요한 의미가 있다고 생각된다.

논의의 순서로서는 우선 이 사건 대법원 판결이 어떠한 의미를 가지는 것인지를 명백히 하고, 그 문제점을 확인한다.

이어서 이 문제에 관한 우리나라의 종래의 학설과 판례는 어떠하였는지를 살피고, 이에 관한 우리나라의 학설에 영향을 주었다고 생각되는 독일의 학설

---

2) 註 1) 참조.

과 판례를 살펴 본 다음 사견을 밝혀 보고자 한다.

Ⅱ. 대법원 판결의 검토 필요성

이 사건 대법원 판결의 이론은 원심판결의 그것과 구체적으로 어떠한 차이가 있는가?

원심 판결은, 기망행위를 한 자와 상대방 사이의 관계가 상대방이 그 기망행위에 대하여 자신의 행위와 마찬가지로 책임을 져야 할 정도로 밀접한 경우에는 기망행위를 한 자를 민법 제110조 제2항 소정의 제3자로는 볼 수 없다고 한 반면, 대법원은, 의사표시의 상대방이 아닌 자로서 기망행위를 하였으나 민법 제110조 제2항에서 정한 제3자에 해당되지 아니한다고 볼 수 있는 자란 그 의사표시에 관한 상대방의 대리인 등 상대방과 동일시할 수 있는 자만을 의미하고, 단순히 상대방의 피용자이거나 상대방이 사용자책임을 져야 할 관계에 있는 피용자에 지나지 않는 자는 상대방과 동일시할 수는 없어 이 규정에서 말하는 제3자에 해당한다고 하였다.

그러므로 원심판결에 의할 때에는 의사표시의 상대방이 사기행위를 한 자에 대하여 책임을 져야 하는 경우에는 그 상대방이 사기행위를 몰랐고 또 모른 데 과실이 없었다 하여도 의사표시를 한 자가 사기를 이유로 취소를 할 수 있게 되는데 반하여, 대법원 판결에 의하면 기망행위를 한 자가 상대방의 대리인 등 상대방과 동일시할 수 있는 경우가 아니면 취소를 할 수 없고, 다만 상대방이 사기행위를 알았거나 또는 알지 못한 데 과실이 있었던 경우에만 취소를 할 수 있게 된다. 다만 대법원 판결을 구체적으로 어떻게 이해하여야 할 것인지에 관하여는 뒤에서 다시 살펴본다.

이러한 원심의 견해와 대법원의 견해는 결과에 있어서 어떠한 차이가 있는가? 양자의 차이가 생기는 부분은, 주로 의사표시의 상대방의 피용자가 사기행위를 하였고, 그에 대하여 상대방이 사용자책임을 부담하는 경우이다. 이때에는 대법원 판결에 따르면 취소를 주장하는 자가 상대방의 과실을 입증하여야 하는 반면, 원심판결에 의하면 상대방의 과실을 입증하지 않고도 바로 취소가 가능하다.

그러나 두 견해의 실제적 차이는 그다지 크지 않다고 말할 수도 있을 것이다. 즉 이 사건 대법원 판결도, D가 제110조 제2항 소정의 제3자에 해당한다고 하면서도, 결과에 있어서는 D의 사기행위를 Y가 알지 못한 데 과실이 있다고 하여 X의 취소를 인정하였기 때문이다. 즉 과실의 인정에 있어서 의사표시의 상대방의 과실을 쉽게 인정하면, 결과에 있어서는 제110조 제2항 소정의 제3자의 범위를 넓게 인정하더라도 이를 제한적으로 인정하는 견해와는 별다른 차이가 없게 된다. 그러나 이론적으로는 양자의 차이를 부정할 수 없고, 또 그로 말미암아 실제에 있어서 차이가 생길 수 있는 경우가 없다고 단정할 수도 없다.

그리고 구체적으로 이 사건에 있어서는 대법원이 이처럼 Y의 과실을 인정함으로써 문제를 해결한 데에는 다음과 같은 문제점이 있음을 지적하지 않을 수 없다. 우선 절차적인 면에서 본다면, 원심판결에 이르기까지는 제110조 제2항의 제3자의 범위를 어떻게 파악할 것인가 하는 법률문제가 주된 쟁점이 되었고, Y에게 과실이 있었는가 하는 점에 대하여는 판단이 없었는데, 대법원이 제3자의 범위에 대하여 원심과 다른 견해를 취하면서도, Y에게 과실이 있었다고 판단하여 상고를 기각할 수 있는가 하는 점이다. Y의 과실 유무에 대하여 원심에 이르기까지 변론에서 다투어졌는지는 명확하지 않은데, 만일 이 점에 대하여 당사자들의 주장이 없었다고 한다면, 사실심 법원이 아닌 대법원이 위와 같이 판단한 것은 특히 Y의 처지에서는 이른바 奇襲的인 판결이 될 수도 있을 것이다. 그러므로 대법원의 견지에서는 Y에게 과실이 있었다고 보이더라도, 원심판결을 파기환송하여 이 점을 더 심리하도록 하였어야 하는 것이 아닌가 생각된다.

그리고 실체법적으로 보더라도 과연 대법원이 들고 있는 사정만으로 Y에게 과실이 있었다고 할 수 있을지 의문이다. 대법원이 들고 있는 사정, 즉 D가 사기의 목적을 달성하기 위하여 여신 담당 직원인 E에게 이 사건 대출을 부탁하였고, 또한 Y 회사의 기획감사실 과장으로서 대출 업무를 포함한 회사 업무 전반에 관하여 일일감사를 할 권한을 갖고 있었으며, Y 회사는 사장, 상무, 감사 및 이사를 포함하여 직원 총수가 50명에 못 미치는 작은 규모의 금융기관이라는 점은, 뒤에서 보는 것처럼 Y 회사에게 D의 X에 대한 사기행위에 대하여 사용자책임을 지울 수 있는 사정은 될 수 있을 것이나, 그것만으로 곧바로 Y에게 과실이 있었다고 하기에는 불충분하다고 보인다.

이 점은 종래의 대법원 판례와 비교하여 보아도 어느 정도 드러난다. 이전에 대법원이 제3자의 사기행위를 의사표시의 상대방이 알지 못한데 과실이 있다고 하여 취소를 인정한 사례로는 대법원 1996. 7. 30. 선고 95다6861 판결[3] 및 대법원 1997. 9. 9. 선고 96다15183 판결[4] 정도가 눈에 뜨인다.

우선 위 대법원 1996. 7. 30. 선고 95다6861 판결의 내용은, 소외 甲이 상호신용금고인 피고에게 위조어음을 할인받으면서 그 채무의 담보를 위하여 원고를 기망하여 원고가 甲의 연대보증인이 되었고, 원고가 甲의 기망을 이유로 위 연대보증(약속어음의 발행)을 취소한다고 주장한 사안이었는데, 대법원은 다음과 같은 이유로 피고가 甲의 원고에 대한 기망사실을 알지 못한 데 과실이 있다고 하였다.

즉 甲이 할인받은 위조어음은 다른 은행도어음과 비교할 때 그 규격이 가로·세로가 각 3㎜씩 큰 것이어서 정규의 어음용지를 사용하지 아니하였다는 것이 외관상 명백할 뿐만 아니라 그 색상에 있어서도 자세히 보면 육안으로 알아볼 수 있을 정도로 엷으며, 더구나 피고는 통상적으로 은행도어음을 할인하여 온 금융기관으로서 위 위조어음을 할인하여 주기 전에도 甲으로부터 2회에 걸쳐 어음할인을 요청받았으나 甲이 제시하는 어음에 이상이 있다는 이유로 할인을 거부한 일이 있었으므로, 피고로서는 위 위조어음을 할인할 당시 그 어음이 위조되었다는 것과 원고가 甲에게 기망을 당하여 어음할인 거래 채무자의 채무에 대하여 연대보증하여 약속어음을 피고에게 발행·교부하기에 이른 것임을 알 수 있었던 것으로 보는 것이 상당하다는 것이다.

그리고 위 대법원 1997. 9. 9. 선고 96다15183 판결의 내용은, 피고인 보험회사로부터 금 4억원을 대출받으려는 사람이 원고로 하여금 자신을 위하여 피고를 위한 근저당권을 설정하여 물상보증인이 되게 함에 있어서, 원고에게는 자신이 1억원만을 대출받는다고 기망하였고, 원고가 이를 이유로 피고에 대하여 위 근저당권 설정계약을 취소하고 근저당권의 말소를 청구한 사건인데 대법원은 다음과 같은 점을 이유로 피고에게 과실이 있다고 판단하였다. 즉 금융기관의 대출담당자가 대출금 채무자의 물상보증인이 되고자 하는 자로 하여금 차용금액이 백지로 된 차입신청서의 연대보증인란, 액면금액이 백지로 된 약속어음의 연대보증인란, 채권최고액이 백지로 된 담보제공승낙서와 근저당권설정계약서에 각 서명날인하게 함에 있어서, 백지로 된 금액란이 얼마로 보충될 것

3) 公 1996하, 2620.

4) 公 1997하, 3028.

인지를 확인하거나 알려주지 아니하였다면, 나중에 그 금액란이 원래 물상보증인이 대출금 채무자와 합의한 금액 이상으로 기재되었을 경우에는, 그 금융기관의 대출담당자에게는 원래의 합의 금액이 실제 기재된 금액보다 적은 금액이었다는 점을 모른 데 대하여 과실이 있다고 보아야 한다는 것이다.

이처럼 의사표시의 상대방이 제3자의 기망 사실을 알지 못한 데 과실이 있다고 본 종래의 선례들에서는 그 과실의 내용이 구체적임에 반하여, 이 사건의 경우에는 대법원이 들고 있는 사정은 단순히 D가 기망을 할 당시의 상황에 불과하여, 이것만으로는 과연 Y가 D의 사기 사실을 알 수 있었는지 여부를 판단하기 어렵다.

결국 이 사건에서 대법원이 Y의 과실을 인정한 것은, X 승소라는 결론을 내리기 위한 일종의 擬制에 불과한 것이 아니었나 하는 의심이 든다. 따라서 이 사건에서 Y의 과실이 인정되지 않는다고 할 때에는 대법원의 법률론이 중요한 의미를 가지게 된다.

Ⅲ. 우리나라의 判例와 學說

1. 學　說

이러한 문제는 1980년대 후반까지는 우리나라의 학설상은 별로 논의되지 않았던 것으로 보인다. 당시에는 제3자가 사기 또는 강박을 행한 경우에 상대방이 그 사실을 알았거나 알 수 있었을 경우에 한하여 그 의사표시를 취소할 수 있다고 하는 민법 제110조 제2항의 해석론으로서, 의사표시의 상대방의 대리인 또는 수령기관이 사기 또는 강박을 하였거나 악의·과실이 있는 때에는 상대방 본인이 사기·강박을 하였거나 또는 악의·과실이 있는 것과 동일하게 취급하여도 좋을 것이라고 하는 정도의 설명이 있을 뿐,[5] 상대방의 대리인이나 수령기관 이외의 제3자가 사기나 강박을 하였을 경우에도 이를 상대방이 사기나 강박을 한 경우와 마찬가지로 취급할 수 있는가 하는 점에 대하여는 별달리 다루어지지 않고 있었다.[6]

---

5) 金曾漢·朱宰璜(편집대표), 註釋民法總則(下), 1979, 272면(金承鎭 집필부분).

6) 예컨대 郭潤直, 民法總則, 再全訂版, 1985, 407면; 張庚鶴, 民法總則, 제2판, 1988, 506-507

그러던 중 1987년에 출간된 한 교과서[7]가 이 점에 관하여 처음으로 언급하고 있다. 여기서는 의사표시의 상대방이 제3자의 사기·강박행위를 알지 못하였고 알지 못한 데 관하여 과실이 없다 하더라도, 제3자가 표의자보다는 상대방과 밀접한 관계에 있어서 제3자의 행위에 대하여 상대방이 책임지도록 하는 것이 형평에 부합되는 경우에는 상대방의 사기·강박에 준하여 표의자는 그 의사표시를 취소할 수 있다고 하면서, 예컨대 토지 매도인 甲의 중개인 丙이 買受人 乙에 대하여 그 토지에 건축허가가 나온다고 속여 매매계약을 체결하게 한 경우에는 갑이 그 사기행위를 몰랐고 모른 데 관하여 과실이 없더라도 乙은 그 매매계약을 취소할 수 있다고 한다.[8]

이 이후에 나온 문헌 중에는 이러한 견해를 따르는 것이 여러 개 보인다.[9] 이 중 가장 상세한 설명[10]을 보면 다음과 같다. 여기서는 주로 독일에서의 논의를 참조하여, 기망행위나 강박행위를 행한 자와 상대방 사이의 관계가 상대방이 그의 기망행위나 강박행위에 대하여 자신의 것에 대하여서처럼 책임을 져야 할 정도로 밀접한 경우에 그러한 자의 기망행위나 강박행위를 상대방에게 책임지울 수 있다고 한다. 이를 유형별로 살펴본다면, 상대방의 대리인은 제3자가 아니고, 간접대리의 경우의 본인과 허수아비행위[11]에 있어서의 배후자도 여기의 제3자가 아니며, 代理商도 제3자가 아니라고 한다. 그리고 상대방으로부터 위임을 받아 상의를 행하는 자나 상의를 도와주는 자도 마찬가지이고, 중개인도 당사자 일방만을 위하여 활동하는 경우에는 그 당사자에 대하여는 제3자가 아니라고 한다.

반면 담보제공자에 대하여 사기나 강박을 행한 채무자는 민법 제110조 제2항의 제3자에 해당한다고 한다. 그리고 의사표시의 상대방 아닌 자가 의사표시로부터 직접 권리를 취득하는 경우, 특히 제3자를 위한 계약에 있어서 수익자가 表意者(諾約者)에 대하여 사기나 강박을 행한 때에는 취소를 인정하는

면; 高翔龍, 民法總則, 1990, 496-497면 등.

7) 李英俊, 民法總則, 1987, 418-419면.

8) 李英俊, 民法總則, 全訂版, 1995, 414면의 설명도 동일하다.

9) 金疇洙, 民法總則, 제2판, 1988, 328면; 金相容, 民法總則, 改訂版, 1994, 571면; 民法注解 Ⅲ(總則 3), 589면(宋德洙 집필부분); 朴慶亮, "詐欺에 의한 意思表示", 債權法에 있어서 自由와 責任, 金亨培敎授華甲記念論文集, 1994, 161면 이하. 나중 두 개의 문헌은, 민법 제110조 제2항의 제3자는 행위에 가담하지 않은 자, 즉 그의 행위에 대하여 상대방에게 책임을 지울 수 없는 자만을 의미한다고 엄격하게 새겨야 한다고 표현하고 있다.

10) 宋德洙(註 9), 589면 이하.

11) 독일에서 말하는 Strohmanngeschäft를 의미한다.

것이 실질적으로 타당하지만, 명문규정이 없는 상태에서 그러한 해석이 가능할지는 의문이라고 하여 그러한 경우에는 취소할 수 없다고 한다.[12)]

이러한 견해에 따르더라도 이 사건처럼 직접 계약과 관련되는 업무를 담당하는 자가 아닌 상대방의 피용자가 사기를 한 경우에 그가 제110조 제2항의 제3자에 해당하는가가 반드시 명백한 것은 아니다. 그렇지만 이 사건 원심판결은 그 사용하고 있는 표현에 비추어 볼 때 아마도 이러한 견해의 영향을 받은 것으로 생각된다.

반면 이러한 견해에 대하여 비판적인 설도 있다. 즉 제3자와 상대방의 관계의 밀접성을 기초로 하여 의사표시의 취소를 인정하는 것은 자칫 남용의 우려가 있으므로, 이러한 경우에는 상대방이 알 수 있었느냐 하는 점을 적절히 판단하여 처리하면 족하다는 것이다.[13)] 이 견해는 이 사건 대상판결의 태도와 상통하는 점이 있다.

2. 判 例

이 사건 대상판결 이전에는 이 문제를 직접 다룬 것은 찾아볼 수 없다. 다만 이에 관하여 참고가 될 수 있는 판례는 몇 개 있다.

우선 대법원 1959. 6. 18. 선고 4291민상101 판결[14)]은, 대리인의 사기에 의하여 상대방이 의사표시를 하였을 경우에 상대방이 기망에 인한 의사표시를 취소할 수 있음은 재론의 여지가 없다고 한다. 이는 우리나라의 학설상으로도 다툼이 없는 것으로서 이 사건 대상판결의 사안과는 다소 거리가 있다.

그리고 대법원 1967. 12. 5. 선고 67다1875 판결[15)]은, 신원보증계약의 취소에 관한 것이다. 이 사건에서는 신원보증계약의 피보증인인 피용자가 그 보증계약 기간 만료 후에 사고를 내어 사용자인 원고에 대하여 손해배상책임을 지게 되자, 사용자측에서 이를 비밀로 하고 수습책을 강구하던 중, 그 사고 발생을 알지 못하는 신원보증관계사무 담당직원이 신원보증인인 피고에게 위 보

12) 이러한 경우에 취소를 인정하지 않는 것이 국내의 다수설이지만(宋德洙, 民法注解 XIII, 1997, 165면이 들고 있는 문헌들 참조), 취소를 인정하는 설도 있다. 李英俊(註 8), 414면; 金相容(註 9), 572면; 李銀榮, 民法總則, 1996, 549면 등.

13) 金曾漢·金學東, 民法總則, 제9판, 1995, 368면 註 99).

14) 民判集 32-573.

15) 集 15권 3집 民347면.

증계약 만료일부터 2년간 계속하여 신원보증을 할 것을 승낙한다는 내용의 서면을 보내어 그 사고발생 사실을 모르고 있던 피고로 하여금 그 서면에 날인하여 제출하게 하였는데, 피고가 사기를 이유로 위 새로운 신원보증계약을 취소한다고 주장하였다. 원심은 신원보증 담당직원이 사고 발생사실을 몰랐다는 이유로 피고의 주장을 배척하였으나, 대법원은 사고 발생후에 그 사고 발생전에 이미 기간이 만료된 종전의 신원보증계약에 관하여 그 계약의 기간만료일을 始期로 하는 계약기간 갱신의 승낙을 받는 원고로서는 피고에게 그 사고발생사실을 고지할 의무가 있었다 할 것인만큼 피고가 그 사실을 알았더라도 그 계약기간 갱신에 승낙하였을 것이라는 특별사정이 없는 한 그 갱신계약은 비록 그것이 위 판시와 같이 사고발생 사실을 모르는 직원의 종용에 의하여 이루어진 것이었다 할지라도 이를 원고의 사기로 인한 것이었다고 않을 수 없다고 하여 원심판결을 파기환송하였다.

그러나 위 판결 또한 이 사건에 직접적인 선례로 되기는 어렵다. 위 판결에서 대법원이 강조하고 있는 점은, 원고가 피고와 신원보증 갱신계약을 체결하기 위하여는 사고가 발생하였다는 사실을 피고에게 알려 주어야 할 고지의무가 있다는 점이다. 그리하여 대법원은, 원고가 이러한 고지의무를 이행하지 아니한 이상 직접 계약 체결 업무를 담당한 자가 사고 발생 사실을 몰랐어도 전체적으로 보아 원고가 사기를 저지른 것과 마찬가지라고 본 것으로 여겨지고, 이 점에서 민법 제110조 제2항의 제3자의 범위가 문제되는 대상판결의 경우와는 다르다고 할 수 있다.

그리고 대법원 1990. 2. 27. 선고 88다카6549 판결[16]은 대상판결의 사안과 유사한 다음과 같은 사안에 관한 것이다. 즉 원고는 피고 회사의 대리점을 경영하는 소외 甲의 피고 회사에 대한 채무를 보증하기 위하여 자신의 부동산에 2차례에 걸쳐서 채무자 위 甲, 근저당권자 피고 회사로 된 근저당권설정등기를 경료하여 주었다가 위 각 근저당권이 실행되어 피고 회사가 경락을 받았다. 원고는, 원고가 위 각 근저당권설정등기를 경료하여 준 것은 제1차 근저당권설정등기에 관하여는 甲과 피고 회사의 영업부장인 소외 乙이 공모하여 원고를 기망하였기 때문이고, 제2차 근저당권설정등기에 관하여는 위 乙과 피고회사의 영업과장인 소외 丙이 원고가 근저당권을 설정하여 주면 피고 회사가 위

16) 公 1990, 739.

부동산에 관하여 경료된 가등기를 피고회사 비용으로 말소한 후 이를 은행에 저당설정하여 융자를 받아 이를 이용하는 대신 원고에게는 금 300,000,000원 상당의 물품을 공급하여 주겠다고 거짓말을 하여 기망한 때문이라고 하여 위 각 근저당권설정계약을 취소한다고 주장하면서 주위적으로는 위 각 근저당권 설정등기 및 소유권이전등기의 말소를 청구하고 예비적으로는 위 부동산의 경락으로 인한 손해배상 내지 부당이득 반환을 청구하였다. 이에 대하여 원심은 위 甲이 원고를 기망한 사실은 인정하면서도, 乙, 丙이 甲과 공모하여 원고를 기망하였다거나 피고회사가 위 甲의 기망행위를 알았다거나 알 수 있었다고 볼 만한 증거가 없다고 하여 원고의 위 주장을 배척하였다. 그러나 대법원은, 위 제1차 근저당권 설정등기에 관하여는 원고의 주장을 배척하면서도, 제2차 근저당권설정등기에 관하여는 위 乙, 丙이 원고의 주장과 같이 원고를 기망하여 제2차 근저당권설정계약을 체결하였다는 이유로 유죄판결을 받은 점을 들어서 원심판결에는 채증법칙 위반이 있고, 이러한 경우에도 피고 회사가 경락으로 인하여 위 부동산의 소유권을 취득하는 데에는 아무런 장애가 되지 아니하므로 이는 주위적 청구인 소유권이전등기말소청구를 배척한 부분에는 판결결과에는 영향이 없으나,[17] 예비적 청구인 손해배상청구와 부당이득반환청구를 배척한 부분에 한하여는 판결결과에 영향을 미친다고 하여 이 부분 원심판결을 파기환송하였다.

위 판결은, 피고 회사의 영업부장인 乙, 영업과장인 丙의 원고에 대한 기망 사실이 인정되면 원고가 바로 피고 회사와 체결한 위 근저당권설정계약을 취소할 수 있음은 당연한 것으로 보아 그에 대하여는 따로 언급하지 않고 있다.[18] 그러나 위 판결에서는 乙, 丙에게 피고 회사의 대리권이 있었다고 볼 여지도 있을 뿐만 아니라, 아니더라도 그들이 담당하는 업무와 관련하여 원고를 기망한 것이라는 점에서 대상 판결과는 다소 차이가 있다. 뒤에서 살펴보는 것처럼 이러한 점은 결론에 차이를 가져올 수 있는 사정에 해당한다.

---

17) 이 점에 대하여는 尹眞秀, "假執行宣告의 失效와 競落人인 假執行債權者의 不當利得返還義務", 民事裁判의 諸問題 6, 1991, 181-183면; 張潤基, "任意競賣의 競落人이 그 代金支給債務를 過多 計上한 申請債權으로 相計한 경우의 法律關係", 대법원판례해설 통권 제13호, 7면 이하 참조.

18) 이 사건 판결에 대한 대법원 재판연구관의 해설인 張潤基(註 17)도 이 점에 대하여는 아무런 언급이 없다.

Ⅳ. 獨逸에서의 論議

위에서 살펴본, 민법 제110조 제2항의 제3자의 범위를 제한하여야 한다는 논의는, 독일에서의 논의에 영향을 받은 것이다. 그러므로 독일에서의 논의를 살펴볼 필요가 있다.[19] 독일 민법 제123조는 제1항에서, "惡意的 欺罔에 의하여 또는 위법하게 强迫에 의하여 의사표시를 결의하게 된 사람은 의사표시를 취소할 수 있다"고 규정하고, 제2항에서 "제3자가 사기를 행한 경우에는, 타인에 대하여 행하여지는 의사표시는 상대방이 사기를 알았거나 알았어야 했던 때에만 취소할 수 있다. 의사표시의 상대방이 아닌 사람이 의사표시로부터 직접 권리를 취득한 경우에 취득자가 사기를 알았거나 알았어야 했던 때에는 의사표시는 그에 대하여 취소할 수 있다"고 규정한다.[20]

1. 判　　例

독일의 판례는 초기에는, 독일민법 제123조 제2항의 "제3자(Dritter)"의 개념을 넓게 해석하여, 의사표시의 상대방이 아닌 제3자는 원칙적으로 제3자이고, 다만 상대방의 대리인이나 그와 동일시할 수 있는 사람, 즉 계약이 바로 체결될 수 있도록 완전하게 준비하고 교섭하는 그러한 계약 체결의 위임을 받은 사람만이 제3자에서 제외된다고 하였다.[21] 따라서 단순히 위임관계에 따라 계약 체결의 授權 없이 거래의 성립에 관여하기만 한 자는 위 조항에서 말하

19) 필자가 조사한 범위 내에서는 우리 민법 제110조 제2항에 상당하는 일본 민법 제96조 제2항(다만 이 조항은 우리 민법과는 달리 사기의 경우에만 적용된다)의 해석에 관하여 일본에서 이와 같은 논의가 있다는 자료를 찾지 못하였다.

20) BGB §123[Anfechtbarkeit wegen Täuschung oder Drohung]

(1) Wer zur Abgabe einer Willenserklärung durch arglistige Täuschung oder widerrechtlich durch Drohung bestimmt worden ist, kann die Erklärung anfechten.

(2) Hat ein Dritter die Täuschung verübt, so ist eine Erklärung, die einem anderen gegenüber abzugeben war, nur dann anfechtbar, wenn dieser die Täuschung kannte oder kennen mußte. Soweit ein anderer als derjenige, welchem gegenüber die Erklärung abzugeben war, aus der Erklärung unmittelbar ein Recht erworben hat, ist die Erklärung ihm gegenüber anfechtbar, wenn er die Täuschung kannte oder kennen mußte.

21) RGZ 61, 207, 212; 72, 133, 135 ff. 등. MünchKomm/Kramer, §123 Rdnr. 19; W. Schubert, "Unredliches Verhalten Dritter bei Vertragsschluß", AcP 168(1968), S. 472 참조.

는 제 3 자에 해당된다고 보았다.[22)]

그러나 이처럼 제 3 자의 범위를 넓게 해석하는 판례는 학설의 비판을 받았고,[23)] 그에 따라 판례도 위 제 3 자의 범위를 점차 좁혀 왔다. 그렇지만 판례는 어느 경우에 이러한 제 3 자에 해당하지 않는가에 관하여 명확한 기준을 제시하지 않고,[24)] 다만 공평의 관점에서(nach Billigkeitsgesichtspunkten) 이익상황을 고려하여 특별한 사정에 따라 그 제 3 자로서의 속성을 부정하여야 할지 여부를 판단하여야 하는데, 이는 궁극적으로는 의사표시의 상대방이 그 기망을 자신의 것과 같이 책임져야 하고 따라서 피기망자를 계약에 구속시킬 수 없을 정도로 기망자와 의사표시의 상대방이 밀접한 관계에 있는가가 중요하다고 하고,[25)] 또는 기망을 한 자가 그 의사표시의 상대방이 신뢰하는 사람(Vertrauensperson) 내지 代行者(Repräsentant)라고 행동하는 것을 그 상대방이 알고 또 의욕하였으면 이 자는 제 3 자가 아니라고 한다.[26)]

판례상 이러한 제 3 자에 해당하는가 여부가 문제된 것으로는 이른바 融資附 賣買(finanzierter Kauf)에 관한 사례가 많다. 이러한 융자부 매매에 있어서는, 매수인이 매도인에게 지급하여야 할 매매대금을 제 3 의 금융기관으로부터 융자를 받아 지급한 다음 금융기관에 대하여 그 융자받은 돈을 상환하는 것인데, 대체로 그러한 융자는 매도인이 알선하고, 매수인은 매도인이 제공하는 융자신청서에 의하여 융자 신청을 하면 매도인이 금융기관에 이 신청서를 전달하여 금융기관이 융자를 승낙함으로써 융자가 이루어지게 된다. 이 과정에서 매도인이 매수인을 기망하면 매수인이 그를 이유로 하여 금융기관과의 융자계약을 취소할 수 있는가 하는 점이 쟁점이 되는 것이다.

독일 연방대법원(Bundesgerichtshof, BGH)의 판례는, 이러한 경우에 대체로 매도인은 위 제123조 제 2 항 제 1 문에서 말하는 제 3 자가 아니라고 하여, 매수인의 취소 주장을 받아들이고 있다.[27)] 이러한 일련의 판결례들에서 독일연방대법원은 그 이유로서, 금융기관이 매도인에 대하여 신뢰를 부여하였다거나 또

---

22) RGZ 101, 97. Schubert(註 21), S. 473 f. 참조.

23) MünchKomm/Kramer, §123 Rdnr. 19 Fn. 55의 문헌 참조.

24) BGH NJW 1962, 2195; BGHZ 47, 224, 229 등은, 실제적인 형성가능성의 다양성에 비추어 독일민법 제123조 제 2 항 제 1 문의 제 3 자의 개념을 보편타당하게 공식화하는 것이 바람직하거나 또는 가능한가는 의문이라고 한다.

25) BGH NJW 1962, 2196 등.

26) BGH NJW 1989, 287, 288.

27) BGHZ 20, 36 ff.; 33, 303 ff.; 47, 224 ff.; BGH NJW 1978, 2144 f. 등.

는 융자계약의 체결에 있어서 그들의 행동에 대하여 책임을 질 것이라는 인상을 불러일으키게 하였다든지, 금융기관이 매도인으로 하여금 매수인에 대하여 금융기관이 신뢰하는 사람(Vertrauensperson)으로 등장하게 하는 기회를 제공하였고, 그로 말미암아 매수인에게 매도인의 부정한 행동에 노출되게 하여 위험을 초래하게 한 반면, 스스로는 이러한 매도인의 작업에 의하여 이익을 받았다는 점 등을 들고 있다. 초기의 판례는 금융기관이 매도인과 계속적인 거래관계에 있다는 점을 중시하였으나,[28] 나중에는 금융기관과 매도인의 관계가 단 1회적이라도 무방하고, 매도인이 금융기관을 위하여 계약의 교섭을 수행하였고, 그로 인하여 매도인을 貸主인 금융기관이 신뢰하는 사람으로 보는 계기를 주었으면 그로써 충분하다고 한다.[29]

나아가 리스 계약에 있어서 리스 물건의 供給者(Lieferantin)가 리스 이용자(Leasingnehmer)를 기망한 경우에도, 그 공급자가 리스 계약의 체결을 위한 사전 교섭을 행하였고, 또 리스 요금을 계산하는 등의 행동을 하였으며, 이를 리스 회사(Leasinggeber)가 인식하고 또 의욕하였다면, 이 공급자는 리스 회사의 이행보조자로서, 리스 회사의 신뢰를 받는 사람 내지 대행자이므로 제 3 자가 아니라고 한다.[30]

그러나 독일의 판례는, 단순한 仲介人(Makler)은, 그가 계약 체결을 위한 교섭을 수행한 경우에도 제 3 자에 해당한다고 하고,[31] 또 주채무자가 자기를 위하여 보증인이 되는 자를 기망한 경우에도 이러한 보증인 등은 채권자에 대하여 원칙적으로 주채무자의 기망을 이유로 보증계약을 취소할 수는 없다고 한다.[32]

2. 독일의 학설

독일의 학설은 대체로 위와 같은 판례를 지지하고 있으며,[33] 별다른 반대

---

28) BGHZ 20, 36 ff.; 33, 303 ff.
29) BGHZ 47, 224, 228 ff.
30) BGH NJW 1989, 287, 288.
31) BGHZ 20, 36, 39 및 그 곳에서 인용하고 있는 판례 참조.
32) BGH NJW 1968, 986, 987.
33) MünchKomm/Kramer, §123 Rdnr. 19 f.; Brox, Allgemeiner Teil des BGB, 20. Aufl., 1996, Rdnr. 408; Flume, Allgemeiner Teil des Bürgerlichen Rechts, 3. Aufl., 1979, S. 543 ff.; Hübner, Allgemeiner Teil des Bürgerlichen Gesetzbuches, 2. Aufl., 1996, Rdnr. 830; Köhler, BGB Allgemeiner Teil, 21. Aufl., 1991, S. 143 f.; Larenz/Wolf, Allgemeiner Teil des Bürgerlichen Rechts, 8. Aufl., 1997, §37 Rn. 15 f.(S. 698 f.); Medicus, Allgemeiner Teil des BGB, 6. Aufl.,

설은 없는 것 같다. 다만 이러한 결과를 어떻게 이론적으로 설명하는가에 관하여는 대체로 다음과 같은 두 가지의 주장이 있다.

Schubert는, 이러한 사기로 인한 의사표시의 취소가 손해배상의 성질(Schadensersatzcharakter)을 가진 것으로 보고, 그에 따라 이에 관한 규정을 契約締結上의 過失(culpa in contrahendo)에 대한 특별규정으로 본다. 즉 계약 교섭단계에서도 당사자 사이에는 이미 채무관계가 성립하며, 따라서 이러한 단계에서도 履行補助者(Erfüllungsgehilfe)의 귀책사유에 대한 채무자의 책임을 규정한 독일 민법 제278조의 규정[34]이 적용될 수 있다는 것이다.[35] 그러므로 의사표시의 상대방이 계약 체결에 관하여 보조자를 이용하였으면, 그 보조자가 사기를 한 때에는 위 제278조의 규정에 따라, 그 사기에 관하여 상대방이 이를 알 수 없었던 때에도 의사표시를 한 자는 의사표시를 취소할 수 있다고 한다.[36]

반면 Köhler는, 이 문제는 代理法(Recht der Stellvertretung)의 평가에로 소급하여야 한다고 주장한다. 즉 (1) 행위자가 의사표시의 상대방의 이익의 유지자로서 행동한다는 사실을 인식할 수 있을 때, (2) 의사표시의 상대방으로부터 이러한 임무를 부여받았을 때, (3) 의사표시의 상대방이 사후에 행위자의 교섭의 결과를 받아들였을 때에는, 의사표시의 상대방에게 그 欺罔行爲가 귀속될 수 있다는 것이다.[37]

Ⅴ. 契約 締結 補助者的 地位에 있는 피용자가 기망을 한 경우의 취소 가부

일반적으로 의사표시의 상대방의 피용자가 사기행위를 한 경우에, 이를 이

Rdnr. 801 ff.; Rüthers, Allgemeiner Teil des BGB, 10. Aufl., 1997, Rdnr. 364 등.

34) 우리 민법 제391조에 상당하는 규정이다. 원문은 다음과 같다.

§278 [Verschulden des Erfüllungsgehilfen]

Der Schuldner hat ein Verschulden seines gesetzlichen Vertreters und der Personen, deren er sich zur Erfüllung seiner Verbindlichkeit bedient, in gleichem Umfange zu vertreten wie eigenes Verschulden. Die Vorschrift des §279 Abs. 2 findet keine Anwendung.

35) Schubert(註 21), S. 476 ff.

36) 이를 지지하는 것으로는 MünchKomm/Kramer, §123 Rdnr. 19가 있다. 독일연방대법원의 판례 가운데에도 이러한 이행보조자의 관점에서 취소가능성을 판단하는 것이 있다. 예컨대 BGH NJW 1962, 2195, 2196; BGHZ 47, 224, 228 f.

37) Köhler(註 33), S. 144.

유로 의사표시를 취소할 수 있는가를 판단하기 위하여는, 우선 그 피용자가 당해 의사표시 내지 계약의 체결에 관하여 상대방의 이행보조자적 지위에 있는 경우와 그렇지 않은 경우로 나누어 살펴볼 필요가 있다. 이하에서는 편의상 전자를 契約 締結 補助者型, 후자를 單純被用者型이라고 부르기로 한다.

契約 締結 補助者型의 경우에는 상대방이 그러한 사기의 사실을 알지 못하였고 또 알지 못한데 과실이 없었다고 하더라도 의사표시를 한 자로서는 의사표시의 취소를 할 수 있다고 봄이 타당할 것이다. 즉 그 피용자가 그러한 계약 체결에 관하여 대리권을 가진 적법한 대리인이 아니고 다만 당해 계약의 체결 내지 그에 이르는 사전교섭 과정에 관여할 수 있는 권한만을 가진 자라고 하여도, 그러한 자의 사기행위에 대하여는, 이행보조자의 고의·과실을 채무자 본인의 고의·과실로 본다고 규정하고 있는 민법 제391조의 정신을 유추하여, 그러한 피용자의 사기행위는 상대방 본인에게 바로 귀속된다고 보아야 하는 것이다.

원래 제 3 자의 사기가 있은 경우에 민법이 그 의사표시의 상대방이 이를 알았거나 알 수 있었을 때에만 취소할 수 있도록 하고, 그렇지 않으면 취소를 허용하지 않고 있는 것은, 表意者는 그 기망자가 의사표시의 상대방이 아니라는 것을 알고 있으므로, 의사표시의 상대방과 직접 교섭하여 위 제 3 자의 주장사실을 확인하여 볼 수 있기 때문이라고 할 수 있다.[38] 그러나 위 제 3 자가 상대방의 계약 체결에 관하여 이행보조자적 지위에 있을 때에는 표의자에게 상대방과 직접 교섭하여 확인할 것을 요구하는 것은 기대하기 어려울 뿐만 아니라 무의미하기도 하다. 이처럼 계약 체결의 보조자와 교섭한 결과를 다시 상대방 본인에게 확인하여 보아야 한다면, 그러한 보조자를 개입시킴으로써 이익을 얻을 수 있는 것이 없기 때문이다.

물론 위 제391조의 규정은 채무불이행으로 인한 손해배상에 관한 것이므로, 이를 곧바로 사기로 인한 의사표시의 취소에 끌어들일 수 없다고 하는 반론이 있을 수 있다. 앞에서 본 Schubert의 견해는, 손해배상에 관하여 원상회복을 원칙으로 하고 있고, 또 이른바 契約締結上의 過失 理論이 확립되어 있는 독일의 상황을 전제로 한 것이나, 우리나라의 상황은 반드시 이와 같지 않다.[39]

38) Schubert(註 21), S. 477 참조.

39) 다만 필자의 私見으로는 우리 민법의 해석론으로서도 손해배상의 방법으로서 제한된 범위

그럼에도 불구하고 민법 제391조의 규정은 의사표시의 사기로 인한 취소의 경우에도 원용할 수 있다고 생각된다. 민법 제391조가 채무자의 이행보조자의 고의·과실을 채무자 본인의 고의·과실로 간주하는 주된 근거는, 채무자가 이행보조자를 사용하여 이익을 얻는 만큼 그로 인한 불이익 내지 위험도 채무자에게 귀속되어야 한다고 하는 점에 있다고 할 수 있다.[40] 그렇다면, 계약의 상대방이 계약 체결의 준비 단계에서 이행보조자를 씀으로써 그로 인한 이익을 얻는 것과 마찬가지로, 그러한 계약 체결의 준비 단계에서 이행보조자가 저지른 사기 행위로 인한 불이익도 그 본인에게 귀속되어야 하고 따라서 그러한 이행보조자가 기망행위를 하였다면 이는 본인이 기망행위를 저지른 것과 마찬가지로 취급하는 것이 균형에 맞을 것이다. 이러한 補償責任의 사고가 책임의 근거가 되는 점은 뒤에서 언급할 사용자책임에 있어서도 마찬가지이지만, 사용자책임에 있어서는 이러한 補償責任 이외에도 위험책임적인 사상이 포함되어 있다는 점에서 이행보조자책임과는 차이가 있다.[41]

앞에서 살펴본 대법원 1990. 2. 27. 선고 88다카6549 판결(註 16)도 그와 같은 취지라고 이해할 수 있다. 뿐만 아니라 表見代理의 성립 여부에 관한 최근의 대법원 1998. 4. 10. 선고 97다55478 판결[42]도 이 점에 관하여 참고가 될 수 있다. 이 판결에서는, 자동차 판매회사의 영업사원이, 그 회사로부터 자동차를 매수하는 사람을 위하여 자동차 매매계약서를 작성하는 이외에, 구매자가 자동차 대금 지급을 연체하는 경우에 대비하여 원고인 보증보험회사와 체결하는 보증보험계약의 청약서를 작성하고 구매자 및 그를 위하여 보험회사에 대하여 연대보증을 하는 사람의 인감증명서를 첨부하여 보증보험회사에 제출하여 보증보험증권이 발급되면 자동차가 출고되게 하는 역할을 하고 있었는데, 이를 위하여 어떤 한 구매자를 위하여 연대보증을 하겠다는 사람으로부터 교부받은 인감도장과 인감증명서 등을, 위 연대보증인이 지정한 피보증인 아닌 다른 구매자가 이행보증보험회사와 보험계약을 체결하는데 연대보증용으로 사용한 경우에, 보험회사와의 사이에서 연대보증계약이 유효하게 성립하였는가 하는 점이 문제로 되었다.

안에서는 예외적으로 원상회복을 인정할 수 있다고 보며, 이와 같이 볼 때에는 사기로 인한 법률행위의 취소 규정을 일종의 손해배상에 관한 것으로 이해할 여지도 있다고 생각하나, 이 점에 관하여는 더 이상 다루지 않는다.

40) 梁彰洙, 民法注解 Ⅸ, 1995, 395면 이하 및 그 곳에서 인용하고 있는 문헌 참조.

41) 후술 註 45)의 본문 참조.

42) 公 1998상, 1297.

원심은 표현대리에 의한 연대보증계약의 성립을 인정하였으나, 대법원은 "보험회사가 아닌 자동차 판매회사의 영업소 직원이 자동차 구매자나 그의 연대보증인으로 하여금 할부판매보증보험청약서를 작성하게 하고 이를 보험회사에 제출하는 등의 역할을 담당하는 것은 단순히 자동차 구매자의 편의만을 위한 것이 아니고 원고 보험회사와 자동차 판매회사인 원고 보조참가인과 사이에 어떠한 계약관계가 있어 자동차 판매회사의 직원이 원고를 대리하여 계약 체결을 하는 것이거나 원고의 보험계약 체결을 보조하는 것으로 볼 여지가 충분히 있고, 만약 원고를 대리하거나 원고의 보험계약 체결을 보조하는 지위에 있는 자동차 판매회사의 영업소 직원이 연대보증인으로부터 교부받은 보증용 인감증명서와 인감도장을 소지하고 있음을 기화로 아무런 권한 없이 그 연대보증인이 지정한 피보증인이 아닌 사람을 위하여 보증을 한 것처럼 보증보험 청약서를 작성한 후 관계 서류를 보험회사에 제출하였다면, 자동차 구매자 겸 보험계약자의 연대보증인에게 할부판매보증보험계약에 따른 구상금 채무에 관하여 표현대리의 법리에 의한 책임을 부담시킬 수는 없다"고 판시하여 원심판결을 파기환송하였다.

이 판결은 보험회사의 직원 아닌 자동차 판매회사의 직원을 보험회사의 대리인이거나 아니더라도 그 계약 체결 보조자로 보아서, 그의 행위로 인하여는 보험회사를 위한 표현대리가 성립할 수 없다고 본 것이다. 이 점에서 이 판결은 앞에서 살펴본 독일의 융자부 매매에 관한 판례와 일맥 상통한다고 하겠고, 이러한 이치는 사기로 인한 취소의 경우에도 적용될 수 있을 것이다.

문제는, 이러한 契約 締結 補助者의 경우에 채무불이행으로 인한 손해배상에 관한 민법 제391조를 유추적용한다면, 왜 피기망자의 과실로 인한 과실상계는 문제되지 않는가 하는 점이다. 다시 말하여, 이러한 경우에 본인이 직접 사기를 한 경우와 마찬가지로 보아 의사표시의 취소를 인정한다면, 표의자에게 과실이 있더라도 이는 고려되지 않는 것인데, 이는 손해배상책임의 경우와는 달라서 불균형이 있지 않는가 하는 점이다. 그러나 이 경우에 민법 제391조가 유추적용된다면 契約 締結 補助者의 사기는 상대방 본인이 직접 기망을 한 경우와 마찬가지로 취급되므로, 이 경우에는 과실상계가 허용되지 않는다고 보아야 할 것이다.[43] 이러한 경우에는 앞에서 설명한 것처럼 피기망자가 직접 상대

43) 後述 註 49)의 본문 참조.

방 본인에게 보조자의 주장이 사실인지 여부를 확인하여 보도록 요구한다는 것이 기대될 수 없을 뿐만 아니라 무의미하기 때문이다.

물론 경우에 따라서는 과연 사기를 한 자가 契約 締結 補助者인가 하는 판단이 반드시 쉽지 않을 수도 있고, 이는 여러 가지 사정을 종합하여 판단할 수밖에 없을 것이나, 이러한 思考가 사기로 인한 취소 여부에 관하여 중요한 판단기준을 제공할 수 있을 것이다.

이 사건 대법원 판결은, "의사표시의 상대방이 아닌 자로서 기망행위를 하였으나 민법 제110조 제2항에서 정한 제3자에 해당되지 아니한다고 볼 수 있는 자란 그 의사표시에 관한 상대방의 대리인 등 상대방과 동일시할 수 있는 자만을 의미하고, 단순히 상대방의 피용자이거나 상대방이 사용자책임을 져야 할 관계에 있는 피용자에 지나지 않는 자는 상대방과 동일시할 수는 없어 이 규정에서 말하는 제3자에 해당한다고 보아야 할 것이다"고 하고 있어, 이처럼 契約 締結 補助者的 지위에 있는 자가 기망행위를 한 경우에 관하여도 마찬가지인지는 명확하지 않으나, 이 사건에서는 기망행위를 한 D가 契約 締結 補助者的 지위에 있었던 것은 아니므로 그러한 경우에까지 대상판결의 이론이 적용될 것으로 이해할 필요는 없을 것이다.

Ⅵ. 單純被用者가 기망행위를 한 경우

1. Y의 사용자책임 성립 여부

이 사건 대상 판결은, 주로 기망을 한 의사표시의 상대방의 피용자가 계약체결에 관하여는 이행보조자적 지위에 있지 않은 경우를 염두에 둔 것이라고 생각된다. 그리하여 이러한 경우에는, 비록 그로 인하여 상대방이 사용자책임을 져야 하는 관계에 있다 하더라도 그러한 이유만으로는 바로 의사표시를 취소할 수 없다고 한 것이다. 대법원은 이 사건에서 Y가 D의 기망 사실을 모른 데 과실이 없었다면 사용자책임을 부담하는 것인가에 대하여 명시적인 판단을 하고 있지는 않으나, 단순히 상대방의 피용자이거나 상대방이 사용자책임을 져야 할 관계에 있는 피용자에 지나지 않는 자는 상대방과 동일시할 수는 없어 위 조항에서 말하는 제3자에 해당한다고 보아야 한다고 표현하고 있어, 암묵적으로는 이 사건에서 D의 기망행위에 대하여 X가 취소를 할 수 없다면 Y가 적어도 사용자책임은 부담하여야 하는 지위에 있다고 본 것으로 여겨진다. 만일 D의 행위에 대하여 Y가 사용자책임조차 지지 않는 관계에 있다고 한다면, D가 민법 제110조 제2항에서 말하는 제3자인가 하는 점은 처음부터 문제가 되지 않을 것이다.

그러나 이 사건에서 Y의 사용자책임이 성립하는가가 반드시 명백한 것은 아니다. 왜냐하면 D의 기망 내용은 주로 Y의 A 등에 대한 대출과 관련된 것인데, D는 직접적으로는 Y의 대출업무를 담당하고 있지 않기 때문이다. 다시 말하여 D의 기망행위가 제756조 제1항에서 말하는 "事務執行"에 관한 것인가가 문제된다. 이 점에 관하여는 주지하는 것처럼 판례가 이른바 外形理論이라는 것을 발전시켜 왔다. 이에 따르면 피용자의 행위가 직무의 집행행위 그 자체에는 속하지 아니한다 할지라도 그 사무집행행위를 외형적으로 관찰할 때 피용자의 사무집행행위와 유사하여 그 범위 내의 행위에 속하는 것으로 보여지는 경우도 사무집행에 관한 것이라고 한다.[44] 판례는 이처럼 외형이론을 따르는 이유로서, 민법 제756조의 피용자가 그 사업의 집행에 관하여라는 뜻을 이 규정의 입법근거인 보상관계에 따라 해석한다면 원칙적으로는 그것이 피용자의 직무범위에 속하는 행위이어야 할 것이나, 이와 같이 극단적으로 좁게 해석하면 사용자의 책임을 정한 민법의 규정을 그 존립의의마저 부정하고 거래의 안전을 도모하려는 입법취지마저 도외시하는 결과를 초래하게 될 것이므로 이 사업의 범위는 피용자의 직무집행행위 그 자체는 아니나 그 행위의 외형으로 관찰하여 마치 직무의 범위 내에 속하는 것과 같이 보이는 행위도 포함하는 것이라고 새겨야 한다고 설명한다.[45]

이는 결국 거래 상대방의 신뢰를 보호하려는 취지라고 할 것인데, 이 사건에서는 아마도 X의 대표이사인 C가, D가 Y 회사에서 어떠한 업무를 담당하고 있었는지를 알았다고 보이므로, 이러한 경우에는 D의 기망행위가 Y 회사의 업무에 관한 것이 아니라고 볼 여지도 있다.[46] 가령 대법원 1993. 1. 15. 선고 92

44) 대법원 1966. 9. 20. 선고 66다1166 판결(集 14권 3집 民49면) 등 다수.

45) 대법원 1985. 8. 13. 선고 84다카979 판결(公 1985, 1232). 평석: 李宙興, "使用者責任에서의 業務執行關聯性과 外形理論", 民事判例研究 Ⅷ, 140면 이하 참조.

46) 金載亨, "使用者責任에서의 事務執行關聯性 (2)", 法曹 1995. 7, 18면 이하에서는 이른바 거래행위적 불법행위로 인한 사용자책임에 있어서의 사무집행 관련성에 관한 대법원의 판례들을 분석한 결과, 대법원 판결이 외형이론에 의하여 사무집행관련성을 판단한다고 하면서도

다8514 판결[47]에서는 국가배상법 제2조 제1항의 "직무를 집행함에 당하여"의 해석과 관련하여, 구청 공무원이 무허가 건물 철거민에 대한 시영아파트 분양업무를 담당하는 주택정비계장으로 있으면서 철거민 중 세입자에게는 시영아파트 입주권이 부여되지 않음에도 불구하고 부여된다고 기망하여 그 입주권을 판 경우에는 국가배상책임이 인정되지만, 위 주택정비계장으로 부임하기 전에 구청 세무1과에 근무할 당시에 그와 같은 행위를 한 데 대하여는 이는 세무1과에서 수행하던 지방세부과, 징수 등 본래의 직무와 관련이 없는 행위로서 외형상으로도 그 직무범위 내에 속하는 행위라고 할 수 없다는 이유로 국가배상책임을 부정하였다.[48]

만일 이러한 판례가 이 사건에 그대로 적용될 수 있다면 Y의 사용자책임은 부정될 것이다. 그러나 이 사건에서 원심 및 대법원이 들고 있는 사정에 비추어 보면 Y의 사용자책임을 인정할 여지도 있다고 생각된다. 즉 D가 Y 회사의 기획감사실 과장으로서 대출 업무를 포함한 회사 업무 전반에 관하여 일일감사를 할 권한을 갖고 있었고, 여신 담당 직원인 E에게 이 사건 대출을 부탁한 바 있으며, 또한 Y 회사는 직원 총수가 50명에 못 미치는 작은 규모의 금융기관이라는 점에 비추어 보면, D가 Y의 대출 업무에 관하여 전혀 영향력을 미칠 수 없다고 단정하기는 어려울 것이다. 원심이나 대법원도 이와 같은 견지에 선 것으로 추측된다.

2. 對象判決의 실제적 의의

이 사건에서 Y가 D의 기망 사실을 알지 못하였고 또 알 수도 없었다고 가정한다면, 대법원의 판시에 따를 때에는, X로서는 위 근저당권 설정계약을 취소할 수는 없고, 그 대신 Y에 대하여 D의 행위로 인한 사용자책임만을 물을 수 있게 될 것이다. 따라서 X로서는 Y가 X 소유의 부동산 위에 설정된 근저당권을 실행하는 것을 저지할 수는 없고, Y가 근저당권을 실행하여 X가 그 소유권을 상실하게 되면, 그로 인하여 손해를 입었다고 하여 Y를 상대로 손해배

실제로는 피용자의 직무권한을 구체적으로 인정한 후 직무와 행위의 밀접한 관련성을 탐구하여 사무집행관련성을 판단하고 있다고 한다.

47) 公 1993, 696.

48) 같은 취지, 대법원 1994. 9. 30. 선고 94다11767 판결(公 1994하, 2842).

상을 청구하게 되는데, 이때에는 X가 D 등으로부터 기망을 당한 데 과실이 있다고 하여 과실상계를 당하게 될 것이다. 판례는, 피해자의 부주의를 이용하여 고의로 불법행위를 저지른 자가 바로 그 피해자의 부주의를 이유로 자신의 책임을 감하여 달라고 주장하는 것은 허용될 수 없지만,[49] 고의의 불법행위로 인한 피해자가 그 피해자의 사용자에 대하여 사용자책임을 묻는 것은 허용된다고 보고 있다.[50] 이 사건에 있어서도, X로서는 D의 주장이 사실인지를 Y의 담당직원인 E에게 직접 확인하여 보지 않은 과실이 있다고 여겨지므로 과실상계의 사유는 인정될 수 있을 것이다.

판례가 위와 같이 기망행위를 한 자가 상대방이 사용자책임을 져야 할 관계에 있는 피용자라는 이유만으로는 민법 제110조 제2항에서 말하는 제3자에 해당하지 않는다고 할 수 없다고 하는 실질적인 이유도 바로 여기에 있다고 생각된다. 즉 이러한 경우에도 원심판결과 같이 제3자가 아니라고 하여 취소를 인정하게 되면, Y로서는 X의 담보 제공을 믿고 F 명의로 A 등에게 대출한 돈을 전혀 회수하지 못하게 되는 손해를 입는 반면, 취소를 허용하지 않으면 Y로서는 일단 X의 부동산에 설정한 근저당권을 실행하여 위 대출금을 회수할 수 있고, 다만 그에 대하여 X가 Y에 대하여 사용자책임을 묻게 되므로, 결과적으로는 과실상계의 법리에 의하여 X와 Y가 손해를 분담하게 되어 공평한 결과를 가져올 수 있게 된다는 것이다.

3. 對象判決의 理論的 妥當性

앞에서 살펴본 독일의 이론에 의하더라도 이러한 경우에는 취소가 허용되지 않는다고 보게 될 것이다. 즉 제3자 제한의 근거를 代理法에서 구하는 설은 물론이고, 이를 이행보조자의 귀책사유에 대한 채무자의 책임을 규정한 독

49) 대법원 1970. 4. 28. 선고 70다298 판결(集 18권 1집 民385면); 1976. 5. 11. 선고 75다11 판결(公 1976, 9181); 1987. 7. 21. 선고 87다카637 판결(公 1987, 1388); 1995. 11. 14. 선고 95다30352 판결(公 1996상, 21) 등.

50) 대법원 1987. 11. 24. 선고 86다카1834 판결(公 1988, 166) 등. 따라서 이러한 경우에는 피용자의 손해배상의무와 사용자의 손해배상의무의 범위가 과실상계의 결과 각기 달라질 수 있다. 대법원 1994. 2. 22. 선고 93다53696 판결(公 1994, 1078) 등 참조. 그러나 金相容, "共同不法行爲", 저스티스 제29권 1호, 1996, 162면 이하; 同, 不法行爲法, 1997, 224면 이하는 이러한 경우의 피용자와 사용자의 손해배상책임은 공동불법행위로 인한 채무이고, 이때에는 피해자의 과실은 피용자의 불법행위 성립은 물론 사용자의 불법행위의 성립에도 공통적으로 인정되어 양자의 손해배상책임에 모두 과실상계를 하여야 한다고 주장한다.

일민법 제278조에서 찾는 설에서도, 위와 같이 계약 체결에 직접 관여하지 않는 피용자를 이행보조자로 볼 수는 없으므로 이러한 자는 독일민법 제123조 제2항 제1문의 제3자에 해당한다는 결론이 나오게 된다.

Schubert는, 법률행위의 체결을 목적으로 하여 계약의 상대방을 위한 교섭을 할 권한을 가진 자가 아니면 모두 위의 제3자라고 하면서,[51] 기망자가 의사표시의 상대방과 이행보조자 관계에 있지 않다는 위험은 원칙적으로 피기망자가 부담하여야 하는데, 왜냐하면 이행보조자라고 믿은 데 선의라 하여도 이는 보호를 받지 못하기 때문이라고 한다. 다만 黙認授權(Duldungsvollmacht)[52]의 경우에는 예외적으로 피기망자가 보호를 받을 수 있지만, 外觀授權(Anscheinsvollmacht)[53]의 경우에는 피기망자가 보호를 받을 수 없다고 한다.[54] 그리고 계약 체결 보조자가 명백히 그에게 부여된 교섭 권한을 踰越하였거나 남용한 경우에는, 그 보조자는 상대방의 보조자의 지위에서 활동한 것이 아니고, 그에게 위임된 교섭을 기회로 하여(bei Gelegenheit) 기망을 한 것이기 때문에 취소는 허용되지 않는다고 한다.[55] Kramer도 위와 같은 Schubert의 견해를 따르고 있다.[56][57]

이를 다른 관점에서 살펴본다. 만일 단순피용자형의 경우에도 상대방이 사용자책임을 부담하여야 한다는 이유로 의사표시의 취소를 허용하게 된다면, 이

---

51) Schubert(註 21), 492 f.

52) 이는 본인이 대리인이라고 칭하는 자의 행동을 알고도 묵인한 경우에 그 대리인에게 대리권이 없더라도 그 대리행위의 효과가 본인에게 미치는 것을 말한다. 閔日榮, "獨逸民法에 있어 外觀代理의 展開와 現在", 法律行爲論의 史的展開와 課題(李好珽敎授 華甲記念論文集), 1998, 322면 참조. 위 글에서는 이를 묵인대리라고 번역하고 있다.

53) 이는 본인이 무권대리인의 행동을 알지 못하였으나 정당한 주의를 기울였다면 알 수 있었고 나아가 그것을 저지할 수 있었던 경우에 대리인의 행위의 효과가 본인에게 귀속되는 것을 말한다. 閔日榮(前註), 322면 참조. 위 글에서는 이를 외관대리라고 번역하고 있다.

54) Schubert(註 21), S. 483. 다만 Schubert는, 계약 체결을 위한 교섭 권한을 가지지 않는 사람이 그 의사표시의 상대방의 기업이나 조직영역에 속하였고, 그 기업에서의 지위에 의하여 체약 보조자로서 고려될 수 있을 때에는 다르다고 하면서, 이때에는 상대방이 기망자의 행동을 인식하고 또 저지할 수 있었을 때에는, 기망자의 기망의 결과가 의사표시의 상대방에게 귀속되어야 한다고 주장한다. 위 같은 면 참조.

55) Schubert(註 21), S. 502 f.

56) MünchKomm/Kramer, §123 Rdnr. 19a.

57) 다만 독일민법의 경우에는 사용자책임이 인정되는 범위가 우리나라보다는 좁다는 점에 유의하여야 한다. 李宙興(註 46), 150-151면 참조. Schubert(註 21), S. 471은, 피용자의 사기에 대하여 사용자의 사용자책임을 추궁하는 것은, 사용자의 면책증명이 대체로 성공할 뿐만 아니라 순수한 재산적 손해에 대한 불법행위책임이 인정되는 범위가 제한되어 있어서 별로 가망이 없다고 한다.

는 실질에 있어서 상대방에게 그 피용자의 사기행위에 대하여 위험책임을 부담시키는 반면,[58] 표의자에게는 과실이 있더라도 과실상계를 부정하는 것이 된다. 그런데 불법행위로 인한 손해배상에 있어서 피해자의 과실 여부를 고려하여야 할 것인가 하는 점에 관한 法經濟學的인 분석에 의하면, 가해자가 과실이 있는 경우에만 책임을 지는 過失責任 원칙 하에서는, 피해자의 과실을 고려하지 않더라도, 피해자로서는 가해자에게 과실이 없을 때에는 전혀 배상을 받지 못하므로, 피해자는 항상 주의를 기울여야 할 誘因을 가지게 된다. 반면 가해자에게 과실이 없더라도 가해자가 책임을 져야 하는 危險責任의 원칙 하에서는 피해자는 사고가 일어나더라도 언제나 보상을 받을 수 있기 때문에 특별히 주의를 기울일 誘因이 없거나 아니면 약화된다.[59]

이러한 논의를 사기로 인한 의사표시의 취소에 관하여 원용한다면, 의사표시의 상대방 본인이 單純被用者의 사기 사실을 모른 데 과실이 없는 경우에도 그 상대방이 사용자책임을 져야 한다는 이유만으로 의사표시의 취소를 허용하는 것은, 표의자에게 그 피용자의 사기 사실을 확인하여 보아야 하는 誘因을 약화시켜, 사회 전체적으로 볼 때에는 비효율적인 결과를 초래하게 되는 것이다.

Ⅶ. 몇 가지 檢討事項

1. 이른바 評價矛盾의 문제에 대하여

그러나 이러한 결론에 대하여는 우선 이른바 評價矛盾(Wertungswiderspruch)이라는 비판이 있을 수 있다. 다시 말하여 한편으로는 계약의 성립을 긍정하여 상대방으로 하여금 그 계약의 이행을 강제할 수 있게 하면서, 다른

58) 엄밀히 말하자면 민법상 사용자책임은 전형적인 위험책임은 아니고, 입증책임이 가해자에게로 전환된 과실책임 내지 중간책임이지만, 현재 우리나라의 판례의 사용자책임 운용 결과에 있어서는 위험책임과 같다고 하여도 크게 틀리지 않을 것이다.

59) 尹眞秀, "好意同乘의 經濟的 分析", 損害賠償法의 諸問題(誠軒黃迪仁博士華甲記念), 1990, 320면 이하 및 같은 곳 319면 註 41)에서 인용하고 있는 문헌 외에도, S. Shavell, Economic Analysis of Accident Law, 1987, pp. 5. ff. 특히 p. 10; Cooter/Ulen, Law and Economics, 1988, pp. 340 ff. 특히 pp. 362 ff. 참조.

한편으로는 그 계약 성립 당시의 사정을 이유로 하여 그 상대방에게 불법행위를 이유로 하는 손해배상을 명하는 것은, 계약이 유효하게 성립한다고 하는 것과는 모순된다는 것이다.

일본에서는, 하급심 판결례 가운데, 어느 계약이 유효하게 성립하였다고 하면서도, 다른 한편으로 계약을 성립시키기 위한 권유행위 등을 불법행위라고 평가하여 손해배상청구를 받아들이는 것이 있어서,[60] 이를 둘러싸고 평가모순이 아닌가 하는 논의가 있다.[61]

그러나 일단 유효한 계약의 성립을 인정한다는 것과, 그 계약 성립 과정에서의 위법한 행위를 이유로 하여 손해배상책임을 인정하는 것이 반드시 모순되는 것이라고 단정할 수는 없다. 만일 유효한 계약의 성립을 인정하면서도 그로 인한 급부가 부당이득이라 하여 반환을 명한다면, 이는 분명히 이른바 給付保有力이라고 하는 채권의 효력에 어긋나므로 모순이라고 할 수 있으나, 불법행위를 이유로 하여 손해배상을 명하는 것은 이와는 다르다. 이때에는 직접적으로 채권의 효력을 부정하는 것이라고는 할 수 없기 때문이다.

독일의 판례도, 사기로 인한 의사표시의 취소에 관한 규정이 계약체결상의 과실로 인한 손해배상청구권을 배제하는 것은 아니라고 하여, 주채무자가 보증인을 기망하여 보증을 하게 한 경우에 사기를 이유로 하는 보증계약의 취소는 인정되지 않지만, 보증인이 착오를 일으키게 된 것이 채권자의 과실에도 기인하는 경우에는, 보증인은 계약체결상의 과실로 인한 손해배상청구권을 행사하여, 보증채무로부터 면책될 수 있음을 주장할 수 있다고 한다.[62]

이와 유사한 문제가 확정판결을 편취한 경우에도 생긴다. 판례는 확정판결에 기하여 강제집행이 이루어진 때에는 그 확정판결에서 인정된 채권이 실제로는 존재하지 않는다고 하더라도, 그 강제집행에 의하여 얻은 이득을 부당이득이라고 하여 반환을 청구하는 것은 기판력에 저촉되기 때문에 허용되지 않는다고 하면서도,[63] 그러한 확정판결을 취득한 것이 불법행위가 될 수 있음은

60) 예컨대 大阪地判 1972(昭和 47). 9. 12(判例時報 689, 104) 등.

61) 이 점에 대하여는 예컨대 潮見佳男, "規範競合の視點から見た損害論の現狀と課題", ジュリスト No. 1080, 1995, 86면 이하; 松岡久和, "原狀回復法と損害賠償法", ジュリスト No. 1085, 1996, 57면 이하; 道垣內弘人, "取引的不法行爲 — 評價矛盾との批判のある一局面に限定して —", ジュリスト No. 1090, 1996, 97면 이하 등 참조.

62) BGH NJW 1968, 986 f. 또한 Schubert(註 21), S. 504 ff. 참조.

63) 대법원 1991. 2. 26. 선고 90다6576 판결(公 1991상, 1070); 1992. 6. 26. 선고 92다10425 판결(公 1992, 2273); 1995. 6. 29. 선고 94다41430 판결(公 1995하, 2526).

인정하고 있다.[64] 물론 이 문제도 학설상으로는 논란이 많지만, 독일이나 일본의 판례도 대체로 같은 결론을 시인하고 있으므로 위와 같은 결과가 반드시 이론적으로 성립할 수 없는 것이라고 단정할 수는 없다.

다른 한편으로 우리 판례 가운데에는, 사기에 의하여 부동산을 그 시가보다 훨씬 비싼 가격으로 매도한 것 자체를 불법행위로 보아, 매수가격과 매수당시의 시가의 차액 상당을 손해액으로 보고 그 배상을 명한 것도 있다.[65] 물론 이 판결은 사기를 이유로 하는 취소 사유도 존재하는 경우로 보이지만, 그 매매계약의 취소를 전제하지 않고서도 손해배상을 명하였다는 점에서[66] 판례가 계약의 효력을 인정하는 것과 그 계약 체결을 불법행위로 보는 것이 반드시 모순이라고 보지는 않고 있음을 알 수 있다.

2. 다른 방법에 의한 해결책의 검토

다른 한편 이 사건에서 원고 X의 의사표시의 취소를 허용하더라도 그의 과실부분만큼은 손해를 분담하게 하는 다른 방법이 없는지를 검토하여 볼 필요가 있다. 만일 그러한 방법이 있다면 이 사건에서 구태여 X의 취소를 부정할 필요가 없을 것이다.

생각할 수 있는 방법의 한 가지는, X에게 의사표시의 취소를 허용하는 대신, Y가 A 등에게 대출하여 준 돈을 회수하지 못함으로써 입게 된 손해 일부를 X가 Y에게 배상하게 하는 방법이다. 독일에서는 기망을 당한 표의자에게도 과실이 있는 경우에는 그 상대방이 취소를 한 표의자에게 계약체결상의 과실에 근거한 청구권을 행사할 수 있다는 논의가 있다.[67] 이러한 방법은 결과만을

---

64) 대법원 1977. 1. 11. 선고 76다81 판결(集 25권 1집 民7면); 1991. 2. 26. 선고 90다6576 판결(公 1991, 1070); 1995. 12. 5. 선고 95다21808 판결(公 1996상, 197) 등. 다만 뒤의 두 판결은 당해 사건에서는 불법행위의 성립을 부정하였다.

65) 대법원 1980. 2. 26. 선고 79다1746 판결(公 1980, 12688).

66) 오히려 이 사건에서는 매수인이 그 부동산을 제 3 자에게 처분하였기 때문에 法定追認으로 인하여 취소권이 소멸하였을 가능성도 배제할 수 없다.

67) Schubert(註 21), S. 501. 그러나 기망자의 악의적인 행동에 대하여 피기망자의 과실은 대부분 의미를 가지지 않을 것이라고 한다. 다른 한편 독일민법에서는 제 3 자에 의한 강박으로 인한 의사표시는 그 상대방이 이를 알았거나 알 수 있었는가 여부에 관계없이 항상 표의자가 취소할 수 있는데(제123조 제 1 항 및 제 2 항 참조), 이때에는 상대방이 선의였으면 취소를 한 표의자에 대하여 신뢰이익의 배상을 청구할 수 있어야 한다는 주장도 있다. MünchKomm/Kramer, §123 Rdnr. 41 참조.

놓고 본다면 합리적일 수 있을 것이다.

그러나 대법원 1997. 8. 22. 선고 97다13023 판결[68]은, 민법 제109조에서 중과실이 없는 착오자의 착오를 이유로 한 의사표시의 취소를 허용하고 있는 이상, 표의자가 과실로 인하여 착오에 빠져 계약보증서를 발급한 것이나 그 착오를 이유로 보증계약을 취소한 것이 위법하다고 할 수는 없다고 판시하여 이러한 경우에 불법행위를 이유로 하는 손해배상은 허용되지 않는다고 하였다.[69] 이 판례에 비추어 보면 착오자보다 더욱 보호받아야 할 피기망자의 손해배상 책임을 인정하는 것은 어렵다고 생각된다.

다른 한 가지는, 사기를 이유로 하는 취소에 있어서도 과실상계의 법리를 유추하여 일부취소만을 허용하는 것이다. 이러한 과실상계 법리의 유추 문제는 주로 표현대리와 관련하여 논의되어 왔으나,[70] 일본에서는 사기로 인한 의사표시의 취소에 있어서도 상대방의 과실을 고려하여 일부 취소만을 허용함으로써 실질상 과실상계와 같은 결과를 얻을 수 있다고 하는 주장이 있다.[71] 그러나 이 또한 해석론상으로는 어렵다고 생각된다. 사기로 인한 의사표시의 취소를 인정하는 것은, 사기가 없었더라면 표의자가 그러한 의사표시를 하지 않았을 것이므로 그러한 의사표시가 있기 이전의 상태로 회복시키는 데 목적이 있는 것인데, 표의자에게 과실이 있다고 하여 일부 취소를 인정하는 것은, 결과적으로 표의자에게 자신의 의사에 기하지 아니한 법률행위책임을 강요하는 것이 된다.[72] 뿐만 아니라 당해 의사표시가 불가분급부를 내용으로 하는 것일 때에는 이러한 일부취소는 성질상 불가능하다.

---

68) 公 1997하, 2800.

69) 그러나 宋德洙, "錯誤者의 損害賠償責任", 損害賠償法의 諸問題(誠軒黃迪仁博士華甲記念), 1990, 1면 이하는 민법 제535조를 유추하여 錯誤者에게 輕過失이 있는 때에는 신뢰이익의 배상을 명할 수 있다고 주장한다.

70) 대법원 1994. 12. 22. 선고 94다24985 판결(公 1995상, 626); 1996. 7. 12. 선고 95다49554 판결(公 1996하, 2470) 등은, 표현대리 행위가 성립하는 경우에 그 본인은 표현대리 행위에 의하여 전적인 책임을 져야 하고, 상대방에게 과실이 있다고 하더라도 과실상계의 법리를 유추적용하여 본인의 책임을 경감할 수 없다고 하였다.

71) 예컨대 潮見佳男(註 61), 92면 등.

72) Schubert도, 사기로 인한 취소에 있어서 일부의 취소만을 허용함으로써 피기망자의 과실을 고려하는 방법도 생각하여 볼 수 있으나, 의사형성과정의 장애로 인한 취소는 항상 전체 법률행위에 관련되어야 하므로, 의사표시의 취소에 있어서 과실상계를 고려하는 것은 법률적으로 배제되어 있고, 그 대신 상대방이 취소자에 대하여 손해배상을 청구하는 것은 가능할 수 있다고 한다. 註 21), S. 501 참조.

3. 相對方에게 過失 있는 경우와의 均衡

마지막으로 이러한 결론에 대하여, 의사표시의 상대방이 제 3 자의 사기 사실을 과실로 알지 못하였을 때에는 의사표시의 취소가 허용되는 반면, 상대방이 이를 알지 못한 데 과실은 없지만 사용자책임은 부담하는 경우에는 취소가 허용되지 않고 단지 손해배상책임만을 물을 수 있다는 것이 균형이 맞지 않는다는 비판이 있을 수 있다. 이러한 불균형은, 전자의 경우에 취소자인 피기망자가 상대방에 대하여 자신의 과실비율에 따른 손해배상책임을 부담한다고 하면 어느 정도 해소될 수 있으나, 이러한 결론이 받아들여지기 어려움은 앞에서 본 바와 같다.

Ⅷ. 結 論

이제까지 서술한 것을 요약한다면 다음과 같다. 즉 대상판결의 법률론, 즉 의사표시의 상대방이 아닌 자로서 기망행위를 하였으나 민법 제110조 제 2 항에서 정한 제 3 자에 해당되지 아니한다고 볼 수 있는 자란 그 의사표시에 관한 상대방의 대리인 등 상대방과 동일시할 수 있는 자만을 의미하고, 단순히 상대방의 피용자이거나 상대방이 사용자책임을 져야 할 관계에 있는 피용자에 지나지 않는 자는 위 조항에서 말하는 제 3 자에 해당한다고 하는 점은, 그 피용자가 상대방의 계약 체결 보조자가 아닌 경우에는 타당하지만, 그 피용자가 계약 체결 보조자인 경우에는 위 조항에서 말하는 제 3 자에 포함되지 않는다고 보아야 할 것이다. 그리고 실제로 피용자의 기망이 문제되는 것은 대체로 그 피용자가 계약 체결 보조자인 경우가 대부분일 것이므로, 위와 같은 판례의 법률론이 액면 그대로 적용될 수 있는 경우는 그다지 많지 않을 것이라고 생각된다.

다른 한편 이 판결이 Y에게 과실이 있다고 하여 결과적으로 X의 취소 주장을 받아들인 것은 어떻게 보아야 할 것인가? 이는 이론적으로는 문제점이 있으나, 아마도 이에 관하여는 다음과 같은 현실적인 고려가 깔려 있는 것은 아닌지 모르겠다. 즉 이 사건과 같이 문제의 의사표시가 저당권의 설정을 내용으로 하는 것일 때에는, 그 저당권의 실행을 인정하고 대신 그로 인한 손해를 부분적으로 배상하게 한다고 하더라도, 그 손해액은 현실적으로 그 부동산의 감정가격에 의하여 판단할 수밖에 없는데, 많은 경우에 이는 실제의 시가에 미달하기 때문에 결과적으로 소유자에 대하여 손해배상을 인정하는 것만으로는 충분하지 못한 수가 많다. 더군다나 그 경매로 인한 비용 또한 불필요한 지출이 되기 때문에 이처럼 번거로운 방법에 의하는 것보다는 Y의 과실을 의제함으로써 X의 취소를 인정하는 것이 보다 간명한 방법이라는 것이다. 그러나 이러한 판단이 작용하였다 하더라도 이를 어느 정도로 일반화할 수 있는지는 의문이다.

〈追記〉

이 판결에 대한 간단한 논평으로는 梁彰洙, "第三者의 詐欺로 인한 法律行爲의 取消", 民法散考, 1998, 67면 이하가 있다.

〈서울대학교 법학 제39권 제 2 호, 1998 = 民事判例研究 XXI, 1999〉

親族會의 同意를 얻지 않은 後見人의 法律行爲에 대한 表見代理의 成立 여부*

— 대법원 1997. 6. 27. 선고 97다3828 판결** —

[事實關係]

1. 원고 X는 1989. 7. 14. 동생인 소외 A와 피고 Y_1에 의하여 정신병원에 강제입원되어 편집증 또는 정신분열증 등의 진단을 받았는데, 그 입원도중 A의 신청에 의하여 서울가정법원으로부터 같은 해 11. 28. 한정치산선고를 받았고, 이어서 위 법원은 같은 해 12. 28. A를 원고의 후견인으로 선임하였다.

2. 위 한정치산의 선고 당시 원고는 ① 서울 용산구 한남동 소재 연립주택 103호(이하 "103호 부동산"이라 한다), ② 서울 중구 신당동 소재 대 169㎡ 외 2필지 및 그 지상 건물(이하 "신당동 부동산"이라 한다), ③ 서울 도봉구 쌍문동 소재 부동산(이하 "쌍문동 부동산"이라 한다)을 원고 명의로 소유하는 한편, ④ 서울 도봉구 우이동에 토지 3필지 및 그 지상 건물(이하 "우이동 부동산"이라 한다), ⑤ 위 한남동 연립주택 205호(이하 "205호 부동산"이라 한다)를 동생인 피고 Y_1 앞으로 명의신탁하여 소유하고 있었다.

3. 피고 Y_1은 위 명의수탁 부동산 중 우이동 부동산에 관하여 원고가 한정치산의 선고를 받기 전인 1989. 1. 20. 임의로 채권최고액 금 20,000,000원으로 한 근저당권 설정등기(1994. 2. 17.자로 말소됨)를 마쳤을 뿐만 아니라 같은

---

* 이 사건 연구에 필요한 자료를 제공하여 주신 서울지방법원 민경도 부장판사와 대법원 재판연구관 이충상 부장판사, 그리고 필자와의 토론에 응하여 주신 서울대학교 법과대학 최기원, 양창수, 김건식, 이창희, 조홍식, 김재형 교수께 감사의 뜻을 표한다.

** 公 1997하, 2334.

해 6. 12. 다른 사람으로부터 금 40,000,000만원을 차용하면서 그 담보로 채권최고액 합계 금 70,000,000원의 근저당권설정등기를 각 경료하여 주었다. 이에 원고는 1989. 6. 23.경 우이동 부동산에 관하여 명의신탁해지청구의 소를 제기하였는데, 위와 같이 얼마 후에 원고가 정신병원에 강제입원됨으로써 그 변론기일에 출석하지 못하여 위 소송은 판결에 이르지 못한 채 종료되었다.

4. 서울가정법원은 원고에 대한 한정치산선고를 내린 후 A의 신청에 의하여 1990. 11. 18.경 한정치산자인 원고의 친족회원으로 피고 Y_1, A의 처인 B 및 Y_1의 처인 C를 선임하는 한편, '후견인인 A가 쌍문동 부동산 중 486의 47 대지 및 그 지상 주택을 매각함에 있어 그 동의 여부를 의결하기 위하여 1990. 12. 13. 10:00 A의 거택에서 친족회를 소집한다'는 심판을 하였고, 또한 1990. 12. 7. '한정치산자인 원고의 친족회원으로 피고 Y_1, B 및 피고 Y_1의 처인 소외 C를 다시 선임하고, 후견인인 A가 원고 소유의 103호 부동산, 신당동 부동산 및 쌍문동 부동산 중 486의 50 도로 17㎡를 매각함에 있어 그 동의 여부를 의결하기 위한 친족회를 1990. 12. 22. 10:00 원고의 거택에서 소집한다'는 심판을 하였다.

5. 그런데 A는 원고의 후견인 자격으로, 위 각 친족회 소집심판 전인 1990. 11. 2.경 원고 소유의 쌍문동 부동산을 대금 92,000,000원에 피고 Y_2에게 매각한 다음, 위 친족회원 3인 명의로 위 매매대금에 매각하는 데에 동의한다는 결의의 취지가 적힌 1990. 12. 22.자 친족회의사록을 첨부하여 같은 해 12. 24. 피고 Y_2 앞으로 소유권이전등기를 경료하여 주었고, 그 후 위 친족회 소집심판 이후인 1991. 1. 28.경 103호 부동산을 피고 Y_3에게 금 55,000,000원에 매각한 다음, 위 친족회원 3인 명의로 동의 결의의 취지가 적힌 1990. 12. 22.자 친족회의사록을 첨부하여 1991. 2. 12. Y_3 앞으로 소유권이전등기를 경료하여 주었으며, 그 후 1991. 8. 20.경 원고 소유의 신당동 부동산을 피고 Y_4에게 금 120,000,000원에 매각한 다음, 위 친족회원 3인 명의로 그 매각에 동의한다는 결의 취지가 기재된 1990. 12. 22.자 친족회의사록을 첨부하여 1991. 10. 10. 피고 Y_4 앞으로 소유권이전등기를 경료하여 줌으로써, 원고 명의로 등기된 부동산을 모두 처분하였다.

6. 한편 피고 Y_1은 원고가 1978. 2. 9.경 취득하여 편의상 1985. 4. 6.경 Y_1 앞으로 명의신탁한 205호 부동산에 관하여, 임의로 1990. 5. 15.경 피고 Y_5과 사이에서 금 44,500,000원의 매매계약을 체결하고, 같은 해. 6. 16. 위 피고

앞으로 소유권이전등기를 경료하여 주었다.

7. 그리고 원고의 후견인이 된 A는 원고 소유의 재산을 둘러싸고 피고 Y_1과 다툼을 벌이다가 결국 1990. 1. 19.경 'Y_1이 원고로부터 명의신탁받은 부동산인 우이동 부동산에 임의로 근저당권을 설정하였을 뿐더러 205호 부동산을 자신의 소유라고 우기는 등 횡령하였다'는 이유로 서울지방검찰청에 고소하였다가 Y_1이 위 부동산들을 원고의 소유로 인정하겠다고 약속을 하자 1990. 2. 21.경 그 고소를 취하하였다.

8. 원고는 1992. 6. 5.경 정신병원에서 퇴원한 후 Y_1의 횡령사실을 알게 되자 1992. 6. 21.경 동인을 고소하였고, 그 수사과정에서 A 역시 원고의 재산을 횡령하였다는 혐의가 드러나 Y_1과 함께 1992. 9. 24.경 횡령혐의로 구속되어 같은 죄명으로 기소되었는데, 그후 원고는 A와 Y_1에 대한 형사재판절차에서 1992. 9. 28. A에 대한 고소를 취하하였고, 다시 1992. 11. 20. Y_1에 대한 고소도 취하하여 두 사람은 모두 공소기각의 판결을 받고 석방되었다.

9. 한편 원고에 대한 한정치산의 선고는 원고의 신청에 의하여 서울가정법원 1994. 10. 4.자 심판에 의하여 취소되었고, 그 무렵 위 한정치산선고 취소심판은 확정되었다.

10. 원고가 1996년 친족회의 대표자인 피고 Y_1을 상대로 서울지방법원에 친족회의결의무효확인소송을 제기한 결과, 같은 법원은 1996. 6. 26. 103호 부동산, 신당동 부동산 및 쌍문동 부동산에 관한 1990. 12. 22.자 친족회의 결의에 대하여, 위 친족회의는 실제로 개최된 바 없었는데, 피고 Y_1과 A가 각 그 처인 C와 B의 인장을 사용하여 위 친족회원들이 위 일시에 친족회 소집장소가 아닌 A의 집에서 친족회를 개최하여 위 A가 위 각 부동산을 매각하는데 동의한 것처럼 매각 부동산별로 친족회 의사록을 허위로 작성하였다는 이유로 동 결의가 무효임을 확인한다는 판결을 선고하였고, 동 판결은 그 무렵 확정되었다.

11. 원고가 피고 Y_1에 대하여는 위 우이동 부동산 및 205호 부동산에 관하여는 명의신탁 해지를 원인으로 하는 소유권이전등기를, 나머지 피고들에 대하여는 원고로부터 위 피고들 앞으로 경료된 각 소유권이전등기의 말소를 청구한 것이 이 사건이다.

[제 1 심 판결]

제 1 심 판결은 X의 Y_1에 대한 명의신탁 해지를 원인으로 하는 소유권이전등기청구는 받아들였으나, 나머지 피고들에 대한 소유권이전등기 말소청구에 대하여는, 1990. 12. 22. 친족회가 적법하게 개최되었고, 205호 부동산에 관하여는 친족회의 동의를 필요로 하지 않는다는 이유로 이를 전부 기각하였다.[1)]

[원심판결]

원심[2)]은 다음과 같은 이유로, 피고 Y_4 이외의 나머지 피고들에 대한 원고의 청구는 받아들이고, 피고 Y_4에 대한 청구는 받아들이지 않았다.

1. 원고의 피고 Y_2, Y_3, Y_4에 대한 청구

가. 후견인이 피후견인에 갈음하여 피후견인의 부동산을 처분함에는 친족회의 동의를 얻어야 하고, 그 동의 없이 한 처분행위는 피후견인 또는 친족회가 이를 취소할 수 있고, 한편 피후견인에 대하여 소송을 하였거나 하고 있는 자 또는 그 배우자와 직계혈족은 친족회원이 되지 못하는 것인데, 위 1999. 12. 22.에는 실제로 친족회를 개최한 바 없고, 또한 원고가 한정치산선고를 받기 전에 피고 Y_1을 상대로 소송을 제기한 바 있어 피고 Y_1과 그 처인 C는 친족회원이 될 자격이 없으므로 위 1990. 12. 22.자 친족회의 결의는 당연무효이고, 따라서 A와 Y_3, Y_4 사이의 각 매매계약은 친족회의 동의없이 이루어진 것이고, 또 A와 Y_2 사이의 매매계약은 원래 1990. 12. 22.자 친족회의 결의 전에 이루어진 것으로서 계약 당시에는 친족회의 동의 자체가 없었고, 그 계약 후의 결의를 추인으로 본다고 하더라도 위 결의는 무효이다. 그런데 원고는 1996. 8. 27.자 준비서면의 송달로 이를 취소함으로써 위 각 매매계약은 소급하여 무효로 되었다.

나. 피고들의 주장에 대한 원심의 판단

(1) 피고 Y_2의 항변에 대하여

피고 Y_2는 첫째로, 매매 당시 A가 원고의 정당한 후견인으로 믿고 선의로 매수한 것이므로 원고의 취소로 위 피고에게 대항할 수 없나고 주장하나, 한정치산자의 후견인이 한 법률행위가 친족회의 동의가 없다는 이유로 취소된 경우에는 그 법률행위의 상대방이 선의라고 하더라도 표현대리에 관한 주장·입증이 없는 한 본인인 한정치산자는 그 취소로 선의의 거래 상대방에게 대항할

1) 위 제1심 판결은, 위 친족회 결의무효확인 판결이 있기 전인 1995. 9. 22.에 선고되었다.

2) 서울고등법원 1996. 11. 26. 선고 95나41187 판결.

수 있으므로 위 주장은 이유없다.

둘째로, 원고가 A에 대한 형사고소를 취소한 것은 원고의 취소권을 포기한 것이라고 주장하나, 형사고소의 취소를 취소권의 포기라고 볼 수 없다.

(2) 피고 Y_4의 항변에 대하여

후견인과 같은 법정대리의 경우에는 본인의 의사에 관계없이 대리관계가 이루어지는 것이기는 하나, 민법 제126조의 권한을 넘는 표현대리 규정은 거래의 안전을 도모하여 거래 상대방의 이익을 보호하려는 것이므로 법정대리의 경우에도 그 적용이 있고, 한정치산자의 후견인이 친족회의 동의를 받지 아니하고 한정치산자의 재산을 처분한 때에는 그 상대방이 친족회의 동의가 있다고 믿을 만한 정당한 사유가 있는 경우에 본인인 한정치산자는 그 책임을 져야 한다.

이 사건의 경우 A와 Y_4 사이의 매매계약 전에 친족회원을 선임하고 법원으로부터 신당동 부동산의 매매에 관한 친족회의 소집결정이 내려졌으며, 친족회의 결의 의사록을 첨부하여 소유권이전등기를 마친 점, 통상인의 주의를 하여도 외관상 친족회 결의의 무효사유를 쉽게 알기 어려운 점 등을 감안하면, Y_4의 경우 친족회의 동의가 있었다고 믿을 만한 정당한 사유가 있다고 할 것이어서, 비록 친족회의 적법한 동의를 받지 아니하였지만 원고와 사이에서 처음부터 친족회의 적법한 동의를 받은 것과 같은 결과가 발생하므로 원고로서는 위 매매계약에 따른 책임이 있다.

2. 원고의 피고 Y_1, Y_5에 대한 청구

이 부분은 뒤에서 검토할 쟁점과 직접 관계가 없으므로 생략한다.

[上告理由]

1. 원고의 상고이유

가. 표현대리에 관한 위법

민법 제126조의 표현대리제도는 후견인에 의한 법정대리의 경우에는 그 적용이 없고, 특히 이 사건과 같이 한정치산자의 후견인이 친족회의 동의를 얻지 않고 한 부동산처분행위에는 민법 제950조를 死文化할 염려가 있으므로 표현대리법리를 적용하여서는 아니되며, 설사 민법 제126조 소정의 표현대리규정이 적용된다고 하더라도 이 사건의 경우 그 매매가격이 공시지가의 절반에 불과한 점에 비추어 볼 때 "정당한 이유"가 있다고 할 수 없다.

나. 나머지 상고이유 — 생략

2. 피고 Y_2의 상고이유

가. 제척기간의 기산점에 관한 위법 — 생략

나. 판단유탈 및 석명권 불행사의 위법

피고 Y_2가 직접 표현대리의 법조문이나 법적 명칭을 언급하지 아니하였을 뿐 민법 제126조 소정의 표현대리의 요건사실 및 법률효과에 대하여는 이미 주장을 마쳤고 증거공통의 원칙상 그에 대한 입증도 이루어졌음에도 불구하고 원심이 표현대리에 관한 주장·입증이 없다고 보아 이에 관하여 판단하지 아니한 것은 석명의무위반 및 심리미진의 위법을 범한 것이다.

다. 의사표시의 해석 및 처분문서의 증명력에 관한 법리오해의 위법 — 생략

[大法院의 判決理由 要旨]

대법원은 다음과 같이 판시하여 원고와 피고들의 상고를 모두 기각하였다.

1. 원고의 상고이유에 대하여

민법 제126조 소정의 권한을 넘는 표현대리 규정은 거래의 안전을 도모하여 거래상대방의 이익을 보호하려는 데에 있으므로 법정대리라고 하여 임의대리와는 달리 그 적용이 없다고 할 수 없고, 따라서 한정치산자의 후견인이 친족회의 동의를 얻지 않고 피후견인의 부동산을 처분하는 행위를 한 경우에도 상대방이 친족회의 동의가 있다고 믿은 데에 정당한 사유가 있는 때에는 본인인 한정치산자에게 그 효력이 미친다 할 것이다. 그런데 A와 Y_4의 매매 당시 이미 이 사건 신당동 소재 부동산에 관하여 친족회원의 선임 및 친족회의 소집에 관한 법원의 심판이 있었고 그에 따른 동의의 뜻이 담긴 친족회 의사록을 구비하고 있었던 이상 매수인인 피고 Y_4로서는 A가 원고의 후견인으로서 원고 소유의 위 부동산을 처분함에 있어서 친족회의 동의를 받았다고 믿을 만한 정당한 이유가 있었다고 할 것인바, 같은 취지에서 원고에게 위 매매에 관하여 권한을 넘은 표현대리로 인한 본인책임을 인정한 원심의 판단은 정당하고, 거기에 소론과 같은 민법상의 후견인의 규정 및 민법 제126조의 표현대리 규정에 관한 법리오해의 위법이 있다고 할 수 없다.

2. 피고 Y_2의 상고이유에 대하여

(일부 생략)

뿐만 아니라, 기록에 의하면, 피고 Y_2가 원고의 후견인인 A로부터 원고 소유의 이 사건 쌍문동 소재 부동산을 매수할 당시인 1990. 11. 2.경에는 위 부동산의 처분에 관하여 법원으로부터 친족회원의 선임이나 그 동의의결을 위한 친족회의 소집에 대한 심판을 받지 아니한 상태였을 뿐만 아니라 위 매매에 동의한다는 취지가 담긴 친족회 의사록이 구비되지도 아니하였다가 사후에 서울가정법원으로부터 친족회원의 선임 및 친족회의 소집에 관한 1990. 12. 7.자 심판을 받은 다음 앞서 본 바와 같이 허위로 작성된 1990. 12. 22.자 친족회 의사록을 첨부한 등기신청에 의하여 피고 Y_2 명의의 소유권이전등기를 경료한 사실을 인정할 수 있는바, 전후 사정이 이와 같다면, A가 원고의 후견인으로서 상당기간 원고의 재산을 관리하여 왔다고 할지라도 후견인을 상대로 중요한 재산적 가치를 가지는 한정치산자의 부동산을 매수하는 Y_2로서는 친족회의 동의가 있었는지 여부를 확인하였어야 할 것인데도 막연히 부동산 중개업자를 통하여 A가 후견인으로 선임된 후 1년 이상 이 사건 부동산의 관리를 전담하여 온 사실만을 확인하였을 뿐 친족회의 동의에 관하여는 전혀 확인하지 아니한 이상 피고 Y_2는 후견인을 상대로 거래하는 매수인으로서 마땅히 해야 할 주의를 다하지 못한 과실이 있다고 하지 않을 수 없으며, 또한 권한을 넘은 표현대리에 있어서 정당한 이유의 유무는 대리행위 당시를 기준으로 하여 판정하여야 하고 매매계약 성립 이후의 사정은 고려할 것이 아니므로(대법원 1981. 12. 8. 선고 81다322 판결 등 참조) 원고가 위 매매로 인한 소유권이전등기를 경료하기에 앞서 그 거래에 관한 친족회원의 선임 및 친족회의 소집에 관한 법원의 심판을 받았고 그에 따라 작성된 친족회 의사록을 원고의 후견인인 A로부터 교부받았다고 할지라도 이로써 A가 매매 당시 친족회의 동의를 받았다고 믿을 만한 정당한 이유가 된다고 볼 수 없어 어차피 원고에게 권한이 넘는 표현대리의 책임을 인정하기 어렵다.

(나머지 판결이유 생략).

[檢　　討]

I. 爭點의 限定

이 판결은, 후견인이 친족회의 동의를 얻어야 하는 피후견인을 위한 대리행위에 관하여 친족회의 동의를 얻지 않은 경우에 민법 제126조의 권한을 넘은 表見代理가 성립할 수 있는가 하는 점에 관한 최초의 대법원 판결이다. 이 판결은 원칙적으로 이를 긍정하고, 다만 상대방이 친족회의 동의가 있었다고 믿을 만한 정당한 이유가 있었는가 하는 점을 구체적 사실관계에 의하여 판단하고 있다. 이 문제는 종래 학설상 대립이 있던 문제로서, 이 점에 관한 대법원의 판단은 이러한 후견인에 의한 법정대리뿐만 아니라 법정대리 일반에 관하여 표현대리가 인정될 수 있는가 하는 문제나, 또 표현대리에 있어서 본인에게 그 대리행위의 효력이 미치게 되는 근거 등에 관하여 매우 중요한 의미를 가진다고 하겠다. 뿐만 아니라 이 사건은 구체적인 사실관계에서 우리 민법상의 후견제도 내지 친족회제도가 가지고 있는 문제점을 보여 주고 있다는 점에서도 흥미를 끈다고 하겠다.

이하에서는 주로 후견인의 행위에 대하여도 민법 제126조의 표현대리가 성립할 수 있는가 하는 점에 대하여 살피고자 한다. 이 이외에도 이 판결은 표현대리 성립 여부 판단의 기준시기나 친족회의 동의를 얻지 않은 후견인의 대리행위에 대한 취소권의 제척기간 기산점 및 동시이행의 항변권이 인정되는 범위 등에 관하여도 판단하고 있으나 이 점은 검토의 대상에서 제외한다.

II. 우리나라의 判例와 學說

1. 判　　例

법정대리를 기본대리권으로 하는 민법 제126조의 표현대리가 성립하는가 하는 문제 중에서, 후견인이 친족회의 동의를 얻지 않은 경우에 관하여는 대법원 판례로서는 이 판결이 처음이지만, 그 이외의 법정대리에 관하여는 대법원 판례가 없지 않다.

우선 대법원 1976. 12. 21.자 75마551 결정[3]은, 부재자 재산관리인이 부재자 재산에 대한 법원의 매각허가를 받아 이를 매각하지 않고 타인의 채무의 담보를 위하여 이에 근저당권을 설정한 것이 유효한가에 관하여 다음과 같이 판시하고 있다. 즉 부재자 재산관리제도의 취지에 비추어 관리인의 관리행위는 부재자를 위하여 그 재산을 보존, 이용, 개량하는 범위로 한정되고, 위 범위를 넘는 법원의 허가를 얻어야 하는 처분행위에 있어서도 그 행위는 부재자를 위한 범위에 한정된다고 하면서, 부재자와 근저당권의 피담보채무의 채무자 사이에는 채권채무등 아무런 관련 있음을 엿볼 수 없으며 순전히 채무자의 채권자에 대한 채무의 담보만을 부담하는 것이므로 달리 위 처분이 부재자를 위한 것으로 인정될 수 있는 특별한 사정이 있으면 별 문제이지만 그러한 사정이 없는 한 부재자를 위한 것이라 볼 수는 없다 할 뿐더러 부재자를 위하는 뜻에서 한 본건 법원의 처분허가 취지에도 어긋나는 것이라 아니할 수 없고, 본건 부재자 재산관리인의 위 근저당권설정행위는 위와 같은 특별한 사정이 없는 한 그 허용된 권한을 넘는 무효의 처분이며, 그 처분행위의 상대방도 부재자 재산관리인이 법원의 매각처분허가를 얻었다 하더라도 위와 같이 부재자와 아무런 관계가 없는 남의 채무의 담보만을 위하여 부재자 재산에 근저당권을 설정하는 행위는 보통 있을 수 없는 드문 처사라 할 것이니 통상의 경우 객관적으로 그 행위가 부재자를 위한 처분행위로서 당연하다고는 경험칙상 쉽사리 볼 수 없는 처사라 할 것이므로 달리 그 권한 있는 것으로 믿음에 잘못이 없다고 인정되는 정당한 이유가 있다면 모르거니와 그렇지 않다면 그 권한있다고 믿음에 있어 선의·무과실이라 할 수 없다고 하여, 부재자 재산관리인이 부재자 재산에 대한 법원의 매각허가를 받았으면 이를 매각하지 않고 타인의 채무의 담보를 위하여 이에 근저당권을 설정한 것도 유효하다고 한 원심결정을 파기하였다.

이 결정의 취지는 반드시 명백한 것은 아니나, 대법원이 원심 결정에는 권한을 넘는 표현대리에 관한 법리를 오해한 잘못이 있다고 지적하고 있는 점에서, 상대방에게 그 권한 있다고 믿었다면 표현대리가 성립할 수 있다고 판시한

3) 集 24권 3집 民470면.

것으로 이해할 수도 있다.[4)]

그러나 이 판결의 사안은 무권대리 내지 표현대리의 문제로 보기보다는 대리권의 남용이라는 관점에서 이해하는 것이 정확하다고 생각된다. 원심결정이 설시하듯이 부재자재산관리인이 부재자 재산 매각에 대하여 법원의 허가를 받았다면 그 재산에 대하여 담보를 설정하는 것도 허가 범위 내에 포함된다고 보아야 할 것이고, 따라서 이는 대리권의 범위 내라고 할 것이며, 다만 그 담보 설정이 부재자 자신을 위한 것이 아니고, 담보 설정의 상대방도 이러한 사실을 알았거나 알 수 있었다면 이는 대리권 남용으로서 무효라고 설명하는 것이 정당할 것이다. 설령 이러한 담보설정 행위가 법원의 허가 범위 밖이라고 본다고 하더라도, 이 판결이 "달리 그 권한 있는 것으로 믿음에 잘못이 없다고 인정되는 정당한 이유가 있다면 모르거니와"라고 하여 마치 그러한 경우에는 표현대리가 성립할 수 있는 것처럼 표현하고 있는 것은 단순한 傍論에 불과하고 직접적으로 표현대리의 성립을 인정한 것은 아니어서 중요한 의미를 가지는 선례라고는 보기 어렵다.

이 이외에 법정대리권의 일종인 부부의 日常家事代理權(민법 제827조 제1항)이 민법 제126조의 기본대리권이 될 수 있다는 판례는 많이 있다.[5)]

그리고 약간 특수한 사안으로서 대법원 1968. 8. 30. 선고 68다1051 판결[6)]이 있다. 이 사건에서는 미성년자에 대한 친권자인 미성년자의 父가 자기의 인장과 원고 소유의 부동산에 관한 권리증을 그 처인 원고의 모친에게 보관시키고 처자를 남기고 다년간 별거를 하고 있었다면, 위와 같은 妻에게 대하여서 인장과 권리증의 보관행위는 다른 특별한 사정이 없는 한, 어떠한 대리권을 수여한 것이라고 봄이 타당하다 할 것이며, 그 처가 피고로부터 금전을 차용하고 보관중인 위와 같은 인장과 권리증을 이용하여 그 남편의 대리인이라고 칭하고 피고에게 담보 의미로서의 소유권 이전등기를 한 것이라면, 다른 특별한 사정이 없는 한, 위 처의 행위는 적어도 표현대리 행위에 해당된다고 하였다.

---

4) 崔公雄, "不在者財産管理人의 處分行爲와 表見代理", 民事判例硏究 Ⅰ, 1979, 12면 이하; 車漢成, 民法注解 Ⅲ, 1992, 173면 註 216) 등 참조.

5) 대법원 1980. 12. 23. 선고 80다2077 판결(集 28권 3집 民247); 1981. 6. 23. 선고 80다609 판결(公 1981, 14080) 등.

6) 集 16권 2집 民364.

2. 肯 定 說

피후견인이 친족회의 동의를 얻지 않은 경우에 민법 제126조의 표현대리가 성립할 수 있는가, 보다 일반적으로 법정대리의 경우에도 민법 제126조의 표현대리가 성립할 수 있는가에 관하여, 이를 긍정하는 것이 종래의 다수설이었다.

즉, 대리인이 그 권한 외의 법률행위를 한 경우의 표현대리 성립에 관한 민법 제126조는 임의대리와 법정대리 쌍방에 다같이 적용된다고 한다. 그리고 이는 상대방이 越權行爲에 관하여도 대리권이 있는 것으로 믿은 데 관하여 본인에게 過失을 요하느냐 않느냐라는 것과 밀접한 관계가 있는데, 過失을 요한다면, 적어도 무능력자의 법정대리인의 경우에는 본인의 보호를 위하여 同條의 적용을 배척하여야 하지만, 본인의 과실이나 행위에 의할 것을 필요로 하지 않는다고 새긴다면 법정대리에도 마찬가지로 적용이 있다고 하여야만 하고, 따라서 법정대리인의 권한이 친족회의 동의를 필요로 하는 경우에, 법정대리인이 그 동의 없이 대리행위를 한 때에도 동조를 적용하여야 한다고 설명한다.[7)]

그리고 법정대리와 임의대리의 한계도 명백하지는 않고, 무능력자의 보호도 절대적인 민법의 대원칙일 수는 없으며, 긍정설에 의하더라도 법정대리의 특수성을 감안하여 善意·無過失의 인정을 꽤 엄격히 운용하면, 일방적으로 상대방을 보호하여 무능력자 내지는 법정대리인에 의하여 보호받는 본인을 희생시키는 결과로는 되지 않을 것이고, 오히려 일률적으로 상대방의 보호를 부정해 버리는 쪽이 융통성을 잃게 되어 문제가 생길 것이므로 긍정설이 타당하다는 주장[8)]과, 법정대리의 경우에는 대리권의 범위가 법정되어 있어서 상대방의 誤信이 보호되어야 할 필요성이 없지 않은가 하는 異議가 있으나, 대리권의 범위가 구체적으로 법정되어 있다 하더라도 구체적으로는 과연 권한 내인지 여부의 판정이 반드시 용이한 것은 아니므로 그 권한이 있다고 믿은 자를 보호할 필요가 있다는 주장[9)] 등이 있다.

---

7) 郭潤直, 民法總則, 新訂(修正版), 1998, 400면. 여기서 이 사건 판결을 근거로서 인용하고 있다.

8) 車漢成(註 4), 173면.

9) 崔公雄(註 4), 12-13면. 이 이외에 긍정설로서 金相容, 民法總則, 改訂版, 1994, 711면; 金疇洙, 民法總則, 제4판, 1996(후견인이 친족회의 동의서를 위조하거나 동의를 한 친족회의 결

3. 否 定 說

그런데 근래에는 부정설이 점차 유력해지고 있다.

우선 一說은 표현대리가 성립하기 위해서는 대리권이 존재하는 것 같은 外觀 (및 그에 대한 상대방의 신뢰가 정당하다는 사정)이 있을 뿐만 아니라, 본인에게 책임질 만한 사정도 존재하여야 한다는 것을 전제로 하여,[10] 법정대리의 경우에는 민법 제126조가 적용될 여지가 없다고 한다.[11] 그리고 민법은 일반대리에 대해서는 무효(무권대리)와 표현대리에 의한 유효로서 본인과 상대방과의 이해의 조정을 가하고 있으나, 무능력자의 법정대리인에 대해서는 대리권의 범위를 법률로 일률적으로 제한하여 대리권의 유무에 관한 주의를 환기시킴과 동시에 권한 외의 행위를 일률적으로 취소에 의하여 처리하고 있기 때문에, 친족회의 동의를 요하는 경우에는 표현대리의 규정을 적용할 여지가 없으며, 이러한 법정대리에 제126조를 적용한다면 「취소권의 박탈」이라는 임의대리의 경우와는 다른 법률효과를 승인하게 된다는 설명도 있다.[12] 이 이외에 越權代理도 본인의 외관제공에 대한 책임의 성격을 다소간 갖는데, 무능력자에게 외관제공행위에 대한 책임을 지우는 것은 제도의 근본목적에 비추어 타당하지 않다는 주장[13]과, 무능력자의 법정대리인에 관하여도 민법 제126조의 표현대리를 인정하면 무능력자를 보호하려는 무능력자제도의 목적에 반하므로, 법정대리인의 권한이 친족회의 동의를 요하는 경우에 법정대리인이 그 동의 없이 대리행위를 한 때에는 민법 제126조를 적용할 수 없다고 하는 견해[14] 등이

의가 취소된 경우 등에 제126조가 적용된다고 한다) 등이 있다.

10) 金曾漢 · 金學東, 民法總則, 제 9 판, 1995, 434-435면. 제126조의 표현대리에 관하여는 448-449면(본인측의 요건으로서 過責性이 요구된다고 한다). 또한 金學東, "表見代理와 本人의 歸責性", 民事法學 제 9 · 10호, 1993, 121면 이하; 同, "越權表見代理에 관한 學說 判例의 變遷", 民法學의 回顧와 展望, 1993, 90-91면 참조.

11) 金曾漢 · 金學東(註 10), 450-452면. 여기서는 무능력자의 법정대리에 있어서는 우리 민법이 무능력자의 보호를 거래보호에 우선시킨다는 점도 또다른 근거로 들고 있다. 또한 金學東, "未成年者의 法定代理", 朴秉濠敎授還甲紀念 家族法學論叢, 1991, 488면 이하 참조. 尹富讚, "法定代理에 있어서의 表見代理의 成立與否", 科學技術法研究 創刊號, 1995, 197면 이하도 대체로 표현대리의 성립에 있어서 본인의 歸責性을 필요로 한다는 점을 근거로 하여 같은 결론에 이르고 있다.

12) 高翔龍, 民法總則, 全訂版, 1999, 591면.

13) 李銀榮, 民法總則, 改訂版, 2000, 642면.

14) 李英俊, 民法總則, 全訂版, 1997, 590면. 이 책에서는 기본적으로 표현대리를 無權代理의 일

있다.[15)]

Ⅲ. 日本의 判例와 學說

우리나라의 위와 같은 판례와 학설은 일본에서의 논의로부터 많은 영향을 받았다. 그러므로 이하에서 일본의 판례와 학설을 살펴보기로 한다.

1. 判　　例

일본 민법은 1947년 이전에는 후견인 내지 친권자인 母의 중요한 법률행위에 대하여 친족회의 동의를 요구하고 있었으나,[16)] 1947년의 민법 개정으로 후견인은 중요한 법률행위에 대하여 친족회 대신 후견감독인의 동의를 요하고, 그 동의가 없을 때에는 피후견인이 동의 없이 한 후견인의 법률행위를 취소할 수 있는 것으로 규정하고 있다.[17)] 물론 이론적으로는 현행법 아래서도 후견인이 후견감독인의 동의를 요하는 행위를 동의 없이 한 경우에 표현대리가 성립하는가가 문제될 수 있으나, 실제로는 그러한 경우가 문제된 사례는 별로 없고, 이 문제에 관한 판례는 주로 민법 개정 전의 친족회의 동의가 결여된 경우에도 일본 민법 제110조[18)]의 표현대리가 성립하는가 하는 점에 관한 것이다.

이 점에 관하여는 다소 판례의 동요가 있었다. 우선 일본 大審院 1903(明

종이 아니라 有權代理의 亞種으로 보아, 표현대리의 책임을 단순한 상대방 보호를 위한 책임이 아니라 본인이 대리권 수여의 의사표시를 한 효과로 수렴하는 것으로 이해하며, 따라서 표현대리가 성립하기 위하여는 본인의 자기결정에 귀착하는 자기책임을 긍정할 수 있어야 한다고 설명하고 있으므로(566-570면), 법정대리에 관하여는 표현대리를 인정할 수 없게 되는 것은 그 당연한 논리적 귀결일 것이다.

15) 金容漢, 民法總則論, 再全訂版, 1992, 379면은, 민법 제126조는 법정대리의 경우에도 적용되어야 한다고 하면서도, 법정대리인으로서의 후견인이 친족회의 동의를 얻지 않은 경우에는 민법 제950조 제 2 항에 의하여 피후견인 또는 친족회가 그 행위를 취소할 수 있도록 하고 있으므로, 그러한 경우에도 表見代理의 성립을 인정한다면 제950조 제 2 항의 규정은 死文化된다고 하여 원칙적으로는 表見代理의 성립을 부정하고, 다만 동의를 준 친족회의 결의가 취소되거나 또는 무효인 경우에는 제126조에 의하는 표현대리의 성립을 인정하여도 무방할 것이라고 한다.

16) 개정전 일본 민법 제886조, 제936조 등.

17) 제865조, 제866조.

18) 우리 민법 제126조에 해당한다.

治 36). 5. 9. 판결[19]은, 미성년의 호주를 대리하여 친권자인 母가 借財 및 호주 소유의 부동산에 관하여 저당권설정계약을 하였으나, 뒤에 재판에 의하여 친족회의 동의가 취소된[20] 사안에 관한 것이다. 여기서 大審院은, 일본민법 제110조의 규정은, 위임대리권에 흠결 있는 경우에 적용될 뿐만 아니라, 이 사건과 같이 법정대리권에 흠결 있는 경우에도 적용된다고 하여, 표현대리의 성립을 인정하였다.

그러나 일본 大審院 1915(大正 4). 6. 19. 판결[21]은 이와 다른 태도를 보였다. 이 사건은 친권자인 繼母가 친족회의 동의서를 위조하여 借財를 하고 저당권을 설정한 사안에 관한 것이었다. 이에 대하여 大審院은 표현대리의 성립을 부정하면서 그 이유를 다음과 같이 설시하였다. 즉 미성년자가 母, 繼父母, 또는 嫡母의 친권에 복종하거나 또는 후견인의 후견에 복종하는 경우에 있어서, 법정대리인이 미성년자를 대신하여 일정한 행위를 하거나 미성년자의 그 행위를 위하여 동의를 하기 위하여는, 친족회의 동의를 얻을 것을 요하고, 법정대리인이 이에 위반하여 일정한 행위를 하거나 동의를 하는 행위는 자 또는 법정대리인이 이를 취소할 수 있도록 하고 있는 것은 법정대리인의 擅恣를 교정하고 미성년자의 보호를 완전하게 하기 위한 것이고, 법정대리인이 친족회의 동의를 얻을 것을 요하는 일정한 행위는 법률에 이를 制限列記되어 있으므로 제3자는 미리 이를 조사하면 아무런 불측의 손해를 입을 우려가 없을 뿐만 아니라, 일본 민법이 善意의 제3자보다도 미성년자의 이익을 보호하는 주의를 채택하고 있는 것은 민법 제4조, 제6조 제2항 등의 규정에 비추어 알 수 있는데, 선의의 제3자 보호를 위하여 규정된 민법 제110조의 규정의 적용은 그 主義에 있어서 서로 배치되는 것으로서, 친족회 결의서가 위조된 경우에도 역시 선의의 제3자 보호를 위하여 동조의 규정을 적용하게 되면, 법정대리인의 擅恣되는 행위는 미성년자 보호를 위하여 규정된 친족회의 동의를 요하는 규정을 유명무실하게 하여 법의 목적을 관철시키지 못하고, 민법 제110조는 본인에게 제3자에 대하여 대리인에게 대리권이 있다고 믿게 하는 행위가 있는 것을 전제로 하여 선의의 제3자를 보호하기 위하여 두어진 규정으로서, 보호를 필요로 하는 무능력자인 미성년자의 법정대리인의 경우에 이를 적용하는

19) 民錄 12-706.
20) 개정 전 일본민법 제915조.
21) 民錄 21-987.

것은 同條의 취지에도 어긋난다는 것이다.

이처럼 판례가 엇갈리다가, 大審院은 드디어 1942(昭和 17). 5. 20.의 聯合部 判決[22]에 의하여 표현대리의 성립을 인정하는 것으로 판례를 확립하였다. 이 사건의 내용은 다소 복잡하지만, 요컨대 미성년자의 친권자인 母가 친족회의 동의 없이 미성년자 소유의 주식을 미성년자 명의의 백지위임장에 의하여 제 3 자에게 처분하도록 하여 제 3 자가 이를 취득하였는데, 미성년자 본인이 위 처분행위를 취소하고 그 주식의 반환 등을 구한 것이었다. 이에 대하여 大審院은 다음과 같은 이유로 표현대리의 성립을 긍정하였다. 즉 민법 제110조 등 表見代理의 규정은 거래의 안전을 꾀하고 상대방의 이익을 보호하기 위한 것이어서 법정대리인에게도 그 적용이 있고, 미성년자를 위하여 그 친권자인 母가 친족회의 동의를 얻지 않고 한 법률행위에 관하여 그 상대방이 친족회의 동의가 있다고 믿을 만한 정당한 사유를 가지는 경우에는, 본인인 미성년자는 그 행위에 대하여 책임을 져야 한다는 것이다.[23]

2. 學　說

종래의 일본의 학설은 이러한 경우에도 표현대리의 성립을 긍정하는 학설이 다수설이었다. 이를 최초로 본격적으로 주장한 것은 鳩山秀夫였다. 그는 일본 민법 제110조의 적용의 요건으로서 본인의 過失을 요하지 않고, 본인에게 과실이 있을 것을 요구한다면 일본 민법 제110조의 적용범위를 심히 좁히는 것으로서 입법의 정신에 반한다고 하면서,[24] 친권자인 母가 친족회의 동의서를 위조한 경우에 표현대리의 성립을 부정한 일본대심원 1915(大正 4). 6. 19. 판결(註 21)에 대하여는 다음과 같이 비판한다.[25] 즉 일본 민법이 선의의 제 3 자보

---

22) 民集 21-11-571.

23) 이 판결에 대하여 川島武宜, 民法總則, 1965, 387-388면은, 일본에서는 거래에 있어서 自署가 중요하지 않고 기명날인이 중요한 결과로서, 대리에 의한 거래에 있어서 본인 자신의 기명날인이 증서에 남아서, 과연 거래가 본인에 의하여 이루어졌는가 대리인에 의하여 이루어졌는가가 불분명하게 되고, 법정대리인의 권한 외의 행위에 의하여 유가증권이 유통되게 된 경우에는, 그 이후의 많은 거래가 쌓여서 법정대리인의 행위의 취소의 주장을 허용하는 것은 거래의 안전을 해치는 사태를 가져오게 되는 일이 많다는 등의 사정이 있어서, 그러한 종류의 거래에 있어서는 법원이 거래의 안전을 보호할 필요를 느껴 일본민법 제110조의 적용을 승인하게 되었다고 추측된다고 한다. 같은 취지, 四宮和夫, 民法總則, 1972, 277-278면.

24) 法律行爲乃至時效, 1911(明治 44), 329면.

25) "民法第百十條ノ適用範圍", 法學協會雜誌 제34권 1호, 1916(大正 5). 여기서는 民事判例研究

다도 미성년자의 이익을 보호하는 주의를 채택하고 있다는 판시에 대하여는, 이는 민법의 대원칙을 추단하는 극히 대담한 단정으로서, 자신으로서는 그와 같은 일반적 대원칙을 일본 민법의 대원칙으로서 시인할 수 없다고 한다. 그리고 제 3 자에게 불측의 손해를 입힐 우려가 없다는 판시에 대하여는, 친족회의 동의가 있어서 제 3 자가 이를 믿었는데 후에 그 친족회의 결의가 취소된 경우라든지, 친족회원의 1인이 부적격자여서 그 결의가 무효로 되는 경우에는 제 3 자가 불측의 손해를 입을 우려가 있다고 한다. 그리고 민법 제110조는 본인에게 제 3 자에 대하여 대리인에게 대리권이 있다고 믿게 하는 행위가 있는 것을 전제로 한다고 하는 판시에 대하여는 이는 민법 제110조가 이른바 原因主義(Veranlassungsprinzip)에 근거하고 있다고 보는 것이나, 제112조[26]를 원인주의에 의하여 설명하는 것은 명백히 무리이고, 제110조에 있어서도 마찬가지로 '정당한 이유'가 본인의 행위에 기할 것을 요한다고 해석할 아무런 근거가 없다고 한다. 그리고 표현대리는 특히 대리 거래에 관하여는 일정한 조건을 갖춘 선의의 제 3 자를 보호하려는 취지에서 나온 것이고, 일정한 객관적 기초를 가진 선의의 거래는 이를 보호하는 것이 거래의 안전을 도모하는 것으로서, 대리권 있다고 믿을 만한 객관적 이유에 근거하여 거래를 한 자의 動的 이익은 본인의 靜的 이익에 비하여 이를 보호하는 것이 이론상 정당하며, 이를 원인주의를 택하여 그 적용범위를 제한할 것은 아니라고 한다.

그 후 일본 민법학계에서 큰 영향력을 행사한 我妻 榮도 긍정설을 지지하여 다음과 같이 설명한다. 즉 일본 민법 제110조가 적용되는 것은 임의대리에 한하지 않는데, 이 문제는 (상대방이 越權行爲에 관하여도 대리권이 있는 것으로 믿은 데 관하여) 본인에게 過失을 요하느냐 않느냐라는 것과 밀접한 관계가 있다고 한다. 본인의 過失을 요한다면, 적어도 무능력자의 법정대리인의 경우에는 본인의 보호를 위하여 同條의 적용을 배척하여야 하지만, 본인의 과실이나 행위에 의할 것을 필요로 하지 않는다고 새긴다면 법정대리에도 마찬가지로 적용이 있다고 하여야만 하고, 따라서 법정대리인의 권한이 친족회의 동의를 필요로 하는 경우에, 법정대리인이 그 동의 없이 대리행위를 한 때에도 동조를 적용하여야 한다고 설명한다.[27] 이후의 일본의 학설은 한동안 긍정설이 다수설

제 1 권, 1920, 29면 이하에 실린 것을 이용하였다.

26) 우리 민법 제129조에 해당한다.

27) 新訂 民法總則, 1965(昭和 40), 372-373면. 이러한 학설이 우리나라의 긍정설에 영향을 주

이었다고 할 수 있다.[28)]

그러나 이에 대하여는 일찍이 부정설이 존재하였고, 근래에는 이러한 부정설을 지지하는 학자가 점차 늘어가고 있다.[29)] 一說은, 일반의 대리에 관하여는 민법총칙은 무효(무권대리)와 표현대리에 의한 유효로 본인과 상대방의 이익의 조정을 도모하는 것과는 달리, 법정대리인의 권한 외의 행위는 일률적으로 취소하는 것으로 처리하고 있어서, 본래는 법정대리에 표현대리의 규정을 적용할 여지는 없다고 하는 취지라고 생각되고, 법정대리에 제110조를 적용하는 때에는 취소권의 박탈이라고 하는 임의대리에 있어서와는 다른 법률효과를 승인하지 않으면 안 되는 것도 이를 시사하는 것이라고 하면서, 친족회의 동의가 후에 취소되었다든지 무효로 된 경우라든지, 후견감독인의 동의서가 위조된 경우에는 거래 당시에는 상대방은 법정대리인의 권한을 믿을 만한 「正當理由」를 가진 경우가 많겠지만, 그러한 경우에 취소권에 의하여 미성년자를 보호하는 것이 법의 취지일 것이라고 한다.[30)]

그리고 표현대리의 이론적 근거는 禁反言의 원칙 내지 權利外觀의 이론에 있다고 하여, 외관에 대한 제 3 자의 신뢰 외에 본인에게 歸責시켜도 부득이하다고 생각되기에 충분한 사정이 본인에게 존재할 필요가 있고, 따라서 법정대리에 제110조를 적용하는 것은 원칙적으로 부당하다고 하는 견해[31)]도 있다.

나아가 표현대리를 무권대리의 일종이 아닌 유권대리의 일종으로 보고, 표현대리책임은 본인의 의사에 기한 법률행위상의 책임이라고 파악하여, 표현대리는 본인의 귀책사유를 전제로 하고, 제110조는 대리권 수여에 관한 규정이므

었음은 쉽게 알 수 있다.

28) 학설의 소개는 椿壽夫, 注釋民法 1967, 163면; 塩崎 勤, "法定代理と表見代理", 判例タイムズ No. 433(1981. 4. 1), 12면 이하; 安永正昭, "表見代理", 星野英一 編, 民法講座 Ⅰ 民法總則, 1984, 506면, 524면 이하 등 참조.

29) 부정설의 소개는 前田 泰, "法定代理と表見代理", 法律時報 제66권 4호, 1994, 75면 이하 참조.

30) 川島武宜(註 23), 1965, 387-388면.

31) 四宮和夫(註 23), 1972, 267면. 安永正昭, "越權代理と歸責性", 現代私法學の課題と展望 中, 1982, 55면 이하도 같은 취지라고 한다. 前田 泰(註 29), 78면 참조. 그러나 四宮和夫 · 能見善久, 民法總則, 제 5 판, 1999, 307면 이하는 법정대리에는 여러 가지의 유형이 있으므로 법정대리라는 이유만으로 표현대리를 부정하는 것은 적당하지 않다고 하면서, 무능력자의 법정대리에 관하여는 본인의 관여가 전혀 없으므로 일본 민법 제110조의 표현대리를 인정하여서는 안 되지만, 後見監督人에 의하여 포괄적인 후견인의 권한이 제약되는 경우에는 상대방을 보호할 필요가 있으므로 예외적으로 일본 민법 제110조를 적용해도 좋다고 한다.

로 무능력자의 법정대리에는 적용되지 않는다고 하는 주장[32])도 있다.

Ⅳ. 이 判決의 當否

1. 문제의 소재

私見으로서는 법정대리 일반에 관하여 민법 제126조의 표현대리가 성립할 여지가 없다고 단정하기는 어려우나, 적어도 이 판결과 같이 후견인이 친족회의 동의를 얻지 않은 경우에도 표현대리가 성립할 수 있다고 한 것에는 찬성하기 어렵다. 그 근거로서는 無能力者의 保護와, 法律行爲責任의 근거로서의 自己責任의 缺如 두 가지를 들 수 있다. 실제로 이는 동전의 앞뒷면과 같이 동일한 現象의 두 가지 측면이라고 말할 수도 있다.

그런데 그에 앞서서 명백히 하여 둘 것은, 이 사건에서 후견인이 친족회의 동의를 얻지 않은 경우에 표현대리의 성립이 문제된다고 할 때, 민법 제126조가 직접 適用되는 것인가, 아니면 類推適用되는 것인가 하는 점이다. 이 사건 판결은 제126조가 직접 적용된다고 보고 있고, 종래 우리나라의 학설도 이 점은 특별히 문제삼고 있지 않다. 그러나 표현대리는 무권대리의 일종으로서, 원래 대리권이 없는 사람의 행위는 본인에 대하여 아무런 효력이 발생하지 않는 것이지만, 표현대리에 해당하는 경우에 한하여 본인에 대하여도 효력이 있는 것인데 반하여, 후견인이 친족회의 동의를 얻지 않고 본인을 대리한 경우에는 대리권 자체가 없는 것이라고는 할 수 없고, 다만 그 대리행위에 대하여 친족회의 동의라는 또 다른 요건이 부가된다는 점에서 그 대리권이 제한되는 것이므로 일반적인 무권대리와는 다르다. 또 그 법률효과도 무권대리의 경우와는 달리 무효가 아니라 취소할 수 있는 것이어서, 이 경우에 제 3 자에게 정당한 사유가 있다고 보아 제 3 자를 보호한다고 하더라도, 이는 무효인 행위가 유효로 되는 것이 아니라 본인 또는 친족회의 취소권을 배제하는 것이므로, 표현대리에 관한 민법 규정이 직접 적용되는 것이라고는 할 수 없다.[33])

32) 高橋三知雄, "表見代理の有權代理的構成", 代理理論の研究, 1976, 247면 이하, 특히 286-288면 참조.

33) 高森八四郎・高森哉子, 表見代理理論の再構成, 1990, 57면은 이 점에 관하여 다음과 같이

따라서 표현대리에 관한 민법 제126조의 규정은 이러한 경우에 직접 적용될 수는 없고, 다만 유추적용될 수 있는가 하는 점만이 문제된다고 보아야 할 것이다. 이는 결론에 있어서도 영향을 줄 수 있는데, 직접 적용의 경우와는 달리 유추적용의 경우에는 유추적용할 만한 충분한 근거가 제시되어야 할 것이기 때문이다.

2. 無能力者의 保護와 去來의 安全

표현대리제도는 기본적으로 거래의 안전 내지 善意의 제 3 자의 보호를 위한 것이라고 할 수 있고, 이 사건 대법원 판결이 표현대리의 성립을 인정한 것도 이러한 고려에 근거한 것이다. 그러나 다른 한편으로는 후견인의 중요한 법률행위에 친족회의 동의를 얻게 하고, 이에 위반하였을 때에는 친족회나 무능력자 본인이 이를 취소할 수 있게 한 것은 무능력자의 보호를 위한 것이다. 그러므로 이 사건과 같은 경우에는 무능력자의 보호라는 민법상의 한 이념과, 거래의 안전 보호라는 또 다른 이념이 충돌하는 상황이라고 할 수 있다. 이 경우에 어떠한 이념이 우선할 것인가?

이 경우에는 거래의 안전 보호보다는 무능력자를 보호하여야 한다는 것이 민법의 기본적인 가치평가라고 할 수 있다.[34] 가령 우리 민법상으로는 무능력자와 거래한 상대방이 무능력자가 능력자라고 믿었다고 하더라도 그는 보호를 받지 못하고, 또 행위무능력을 이유로 하는 법률행위의 취소(민법 제 5 조 제 2 항, 제10조, 제13조)는 착오 · 사기 · 강박 등을 이유로 하는 취소(민법 제109조 제 2 항, 제110조 제 3 항)와는 달리 선의의 제 3 자에 대하여도 대항할 수 있는 것이

설명한다. 즉 일본 민법 제110조는 자칭대리인에게 당해 거래에 관하여 대리권이 없는데 상대방은 대리권이 있다고 믿은 경우에 그 신뢰에 정당이유가 있다고 믿은 때에 상대방을 보호하려고 하는 것으로서, 친족회의 동의가 없는데 있다고 믿은 경우와는 보호되어야 할 신뢰의 내용이 다르다고 하면서, 후자의 경우에는 일본 민법 제110조를 유추적용하여 보호하여야 한다고 한다. 다른 한편 일본 最判 1985(昭和 60). 11. 29.(民集 39권 7호 1760면)은, 어업협동조합의 이사가 대표권을 행사함에 있어서 법령의 규정에 의하여 이사회의 결의를 얻어야 하도록 되어 있는 경우에, 이사회의 결의를 얻지 않았으나 그 행위의 상대방이 이사가 이사회의 결의를 얻어 적법하게 어업협동조합을 대표하는 권한을 가졌다고 믿었고, 또한 그와 같이 믿은 데 정당한 이유가 있는 때에는 일본 민법 제110조가 유추적용된다고 하였다.

34) 李英俊(註 14), 798-802면;金曾漢 · 金學東(註 10), 114면 등 참조. 독일 민법상으로는 이러한 견해에 대하여 異說이 없다. 예컨대 MünchKomm/Gitter, Vor §104 Rdnr. 4; Larenz, Allgemeiner Teil des deutschen Bürgerlichen Rechts, 7. Aufl., 1989, §6 Ⅱ(S. 106); Giesen, BGB Allgemeiner Teil: Rechtsgeschäftslehre, 2. Aufl., 1995, Rn. 118 등 참조.

다. 다만 이에 대한 예외가 무능력자가 詐術을 사용한 경우(민법 제17조)이나, 이는 아래에서 설명하는 것처럼 무능력자 자신에게 책임을 돌릴 수 있는 사유가 존재하는 경우이므로 위와 같은 원칙에 어긋나는 것은 아니다.

그런데 근래에 이와 다른 견해가 유력하게 주장되고 있다. 즉 무능력자제도는 개인 본위의 사상에서 출발한 것이고, 또한 무능력자를 보호하는 데에 1차적인 목적이 있으므로, 해석·적용에 있어서는 제도의 취지에 반하지 않는 한 거래의 안전과의 조화를 꾀하여야 한다고 하여, 정형적·집단적·대량적 거래 또는 어떤 조직체의 구성원으로서의 법률행위 등에 관하여는, 행위능력 등의 유무를 묻지 않고서, 법률행위에 의하여 사실상 이익을 누리거나 조직체의 내부에 편성된 경우에는 유효한 법률행위가 있었던 것으로 의제해서 처리한다는 법원칙(이른바 事實的 契約關係)이 승인되어야 한다는 것이다.[35]

그러나 이러한 주장은 우리 민법과 조화될 수 없다. 위의 주장은 이러한 무능력자제도의 적용을 제한하기 위하여 사실적 계약관계론을 채택하여야 한다고 하나, 이러한 사실적 계약관계론을 채택할 수 있는지 자체가 문제일 뿐만 아니라, 만일 사실적 계약관계론에 의하여 행위능력 규정의 적용을 배제한다면 이는 민법의 기본적 가치평가에 어긋나는 것으로서 도저히 받아들일 수 없는 결과이다.[36] 이러한 사실적 계약관계론에 대한 비판의 초점 가운데 하나가 행위능력에 관한 규정을 잠탈하는 결과가 된다는 데 있었고, 독일에서도 사실적 계약관계론 내지 社會定型的 行爲論의 대표자 격이었던 Larenz는, 사회정형적 행위에는 행위능력에 관한 규정이 적용되지 않는다는 초기의 견해를 바꾸어, 행위능력에 관한 규정은 사회정형적 행위에도 적용되어야 한다고 보았다.[37]

이처럼 무능력자의 보호가 거래의 안전 보호에 우선한다는 것은 이 사건과 같은 표현대리의 성립 여부에 있어서도 다를 바가 없다. 이 사건과 같은 경우에, 후견인과 거래한 상대방은 후견인의 대리행위에 친족회의 동의가 있었다고 믿은 데 과실이 없었을 수도 있다. 그러나 무능력자 자신과 직접 거래한 상

---

35) 郭潤直(註 7), 130-131면. 이러한 주장은 아마도 我妻 榮(註 27), 66면 이하의 영향을 받은 것으로 보인다.

36) 이 점에 대하여는 崔光濬, "1963年 以後 事實的 契約關係論에 대한 回顧", 茂巖李英俊博士華甲紀念論文集 韓國民法理論의 發展, 1999, 787면 이하 참조.

37) Larenz, Allgemeiner Teil des deutschen Bürgerlichen Rechts, 6. Aufl., 1983, §28 Ⅱ(S. 526 f.). Larenz 자신은 1989년의 교과서에서는 마침내 사실적 계약관계론 내지 사회정형적 행위론 자체를 포기하기에 이르렀다. Larenz(註 34), §28 Ⅱ(S. 535 f.) 참조. Larenz의 이론 변화에 대하여 상세한 것은 崔光濬(註 36), 774면 참조.

대방은 무능력자에게 행위능력이 있다고 믿은 데 과실이 없다고 하여도 보호받지 못하는데, 무능력자의 후견인과 거래한 상대방은 후견인에게 그러한 대리권 내지 그러한 대리행위에 필요한 친족회의 동의가 있었다고 믿은 데 과실이 없다는 이유만으로 보호받을 수는 없는 것이다.[38]

다른 한편 행위능력에 관한 규정은 일반적으로 强行規定이라고 해석되고 있으며, 후견인의 중요한 법률행위에 친족회의 동의를 얻도록 요구하고, 그러한 동의가 없는 행위를 취소할 수 있도록 한 규정 또한 마찬가지로 강행규정이라고 할 것이다. 그런데 친족회의 동의가 없었는데도 상대방이 친족회의 동의가 있었다고 믿었고, 또 그와 같이 믿은 데 과실이 없었다고 하여 그러한 법률행위에 대한 본인 또는 친족회의 취소권을 배제하는 것은 이러한 강행규정에 위반되는 것으로서 허용되지 않을 것이다.[39]

이러한 결론은 이른바 *法經濟學的*인 관점에서 설명할 수도 있다.[40] 무능력자의 후견인이 친족회의 동의를 요하는 행위를 그러한 동의 없이 한 경우에 표현대리의 성립을 인정할 것인가 아닌가 하는 문제는, 그로 인한 위험을 그 대리행위의 상대방에게 부담시킬 것인가, 아니면 피후견인에게 부담시킬 것인가 하는 문제와 같다. 이 경우에 누구에게 위험을 부담시켜야 할 것인가는 누구에게 위험을 부담시키는 것이 가장 효율적인가 하는 관점에서 결정할 수 있다. 이는 제 1 차적으로는 누가 그러한 위험을 가장 적은 비용으로 방지할 수 있는가, 즉 the cheapest cost avoider인가 하는 점에서 따져 볼 수 있다. 이 경우에 피후견인이 the cheapest cost avoider가 아니라고 하는 점은 명백하다.

그러나 후견인의 대리행위의 상대방이 善意·無過失이었다면, 이 경우에는 누가 the cheapest cost avoider인가를 따지는 것은 의미가 없다. 즉 이 때에는

---

38) 독일의 경우에는 표현대리에 관한 직접적인 규정이 없고, 다만 판례가 外觀授權(Anscheinsvollmacht)과 黙認授權(Duldungsvollmacht)의 법리를 발전시킴으로써 대리권의 존재를 신뢰한 제 3 자를 보호하고 있을 뿐인데, 이러한 외관수권과 묵인수권의 법리는 본인이 행위무능력자인 경우에는 인정되지 않는다. 閔日榮, "獨逸民法에 있어 外觀代理의 展開와 現在", 李好珽敎授華甲記念論文集, 1998, 331면, 335면; MünchKomm/Gitter, Vor §104 Rdnr. 59 f.

39) 대법원 1983. 12. 27. 선고 83다548 판결(集 31권 6집 民131면)은, 학교법인을 대표하는 이사장이라 하더라도 이사회의 심의, 결정을 거쳐야 하는 재산의 처분 등에 관하여는 법률상 그 권한이 제한되어 이사회의 심의, 결정 없이는 이를 대리하여 결정할 권한이 없는 것이라 할 것이므로 이사장이 한 학교법인의 기본재산처분행위에 관하여는 민법 제126조의 표현대리에 관한 규정이 준용되지 아니한다고 판시하고 있는 것도 참고할 필요가 있다.

40) *法經濟學* 일반에 관하여는 朴世逸, *法經濟學*, 1994; Cooter/Ulen, Law and Economics, second ed., 1997; Schäfer/Ott, Lehrbuch der ökonomischen Analyse des Zivilrechts, 2. Aufl., 1995 등 참조.

상대방이 친족회의 동의가 있는지 여부를 조사하는 비용이, 동의가 없었을 때 입게 되는 손해의 기대값[41]보다 초과하는 것이고, 따라서 상대방으로 하여금 그러한 조사를 하도록 요구하는 것은 합리적이 아니다.[42] 이처럼 쌍방이 모두 the cheapest cost avoider가 아니라 하여도, 그러한 위험을 가장 잘 부담할 수 있는 사람, 즉 superior risk bearer가 있다면, 그에게 위험을 부담시키는 것이 경제적으로 효율적이다.[43] 그런데 이 사례에서는 분명히 피후견인이 아니라 대리행위의 상대방이 superior risk bearer이다. 가령 그 상대방으로서 그러한 위험을 부담하는 한 가지 방법은 보험에 드는 것이다. 그런데 정신병자라 하여 정신병원에 갇혀 있는 피후견인은 보험에 들 수 있는 가능성 자체가 배제되어 있는 반면, 대리행위의 상대방은 자신의 거래가 무효로 돌아갈 경우에 대비하여 보험을 들 수 있는 것이다.[44]

그런데 이러한 주장에 대하여는 다음과 같은 반론이 제기될 수 있다.[45] 즉 이러한 경우 표현대리의 성립을 부정하게 되면, 일반인이 후견인과의 거래를 꺼리게 되어, 피후견인의 재산 처분 등이 실제로 피후견인에게 필요한 때에도 그러한 처분이 불가능하게 되므로 표현대리의 성립을 부정하는 것이 피후견인에게 반드시 유리한 것은 아니라고 하는 것이다. 또 우리 민법의 해석상으로도 무능력자의 보호가 항상 거래의 안전에 우선하는 것은 아니라고 한다. 가령 무능력자의 법정대리인 가운데, 친족회의 동의를 필요로 하지 않는 친권자가 그 대리권을 남용한 경우에, 앞에서의 주장에 의하면 상대방이 superior risk bearer이므로 이를 항상 무효로 함으로써 무능력자의 보호를 거래 안전에 우선시켜야 할 것이나, 실제로는 상대방이 그러한 대리권의 남용을 알았거나 알 수 있었을 경우에 한하여 무효로 되고, 이는 거래의 안전을 무능력자의 보호에 우선시키는 예라고 할 수 있다는 것이다.

확실히 무능력자의 법정대리인이 대리권을 남용한 경우에도 그 대리행위

41) 즉 그러한 손해에 실제로 동의가 없었을 확률을 곱한 값.

42) 이는 이른바 Hand Formula에 의해서 설명될 수 있다. 이에 대하여는 尹眞秀, "好意同乘의 經濟的 分析", 誠軒黃迪仁博士華甲記念 損害賠償法의 諸問題, 1991, 320면 註 42); 朴世逸(註 40), 287면 이하; Cooter/Ulen(註 40), pp. 281 ff. 등 참조

43) Schäfer/Ott(註 40), S. 336 ff. 참조.

44) 실제로 그러한 보험이 존재하는가는 별개의 문제이다. 여기서 보험은 한 가지 예일 뿐, 손해를 회피하는 다른 방법은 여러 가지 존재할 수 있다. 다른 한편 미국에서는 이러한 보험(權原保險, title insurance)이 실제로 존재하며, 그러한 보험업무를 취급하는 보험회사가 한국에 진출할 가능성도 배제할 수 없다.

45) 이는 김건식 교수가 필자와의 토론에서 제기한 문제점이다.

는 상대방이 그러한 사정을 알았거나 알 수 있었다는 특별한 사정이 없는 한 무능력자 본인에 대하여 유효하고, 이 한도에서는 거래의 안전이 무능력자 본인의 보호보다 우선하는 것이 된다.[46] 그러나 이는 민법이 무능력자의 친권자 등에게 법정대리권을 부여할 때 이미 예정하고 있었던 것으로 보아야 할 것이다. 즉 법정대리인에게 대리권을 부여한 이상, 설사 그 대리권이 남용될 위험이 있다고 하더라도, 법정대리인이 대리권의 범위 안에서 대리행위를 한 이상은 이는 유효한 것으로 보는 것이 법정대리권을 부여한 취지에 부합하는 것이다. 이를 다른 각도에서 설명한다면, 법정대리인의 대리권 남용이 있으면 그 대리행위가 원칙적으로 무효라고 한다면, 이는 상대방에게 너무 큰 위험을 부담시키는 것이 되어, 법정대리인의 대리행위가 무능력자 본인에게 유리하고 또 필요할 때에도 대리행위에 의한 거래가 제대로 이루어질 수 없게 된다. 이러한 결과와, 대리권 남용이 있는 예외적인 경우에 그 대리행위를 무효로 함으로써 무능력자 본인을 보호하는 결과를 함께 고려할 때에는 이를 원칙적으로 유효로 하는 편이 전체적으로는 무능력자 본인에게 유리하다고 할 수 있는 것이다.

그러나 이 사건과 같이 후견인이 친족회의 동의를 받지 않은 경우는 그와는 상황이 다르다. 이 경우에는 법이 원칙적으로 이러한 행위를 취소할 수 있는 것으로 하고 있으므로, 그 취소권을 배제하고 완전히 유효한 행위로 다루는 것은 민법이 예정하고 있는 바가 아니다. 뿐만 아니라 이러한 경우에 표현대리의 성립을 배제하는 것이, 일반인으로 하여금 무능력자의 후견인과 거래하는 것을 회피하게 할 우려가 있다고 하더라도, 그러한 결과가 그러한 행위에 대하여 표현대리의 성립을 인정함으로써 무능력자측의 취소권을 배제하는 것과 비교하여 반드시 무능력자 본인에게 더 불리하다고 단정하기는 어려울 것이다.

3. 法律行爲의 效力根據의 측면에서

일반적으로 법률행위, 그 중에서도 특히 계약이 당사자에 대하여 구속력을

---

46) 독일의 학설 가운데 Frotz, Verkehrschutz im Vertretungsmacht, 1972, S. 602, 611 ff.는, 법정대리인이 대리권을 남용한 경우에는 원칙적으로 그 대리행위는 무효이고, 다만 상대방이 대리인 또는 본인에 대하여 손해배상을 청구할 수 있다고 주장하였으나, 일반적으로는 받아들여지지 않고 있다. MünchKomm/Schramm, §164 Rdnr. 97 참조.

가지는 근거는 自己決定(Selbstbestimmung)과 自己責任(Selbstverantwortung)의 두 가지라고 할 수 있다.[47] 법률행위를 한 자 내지 계약을 체결한 자가 그 법률행위 내지 계약에 구속되는 이유는, 제 1 차적으로는 자기 스스로 그에 구속되겠다고 결정하였기 때문이다(自己決定의 원칙). 그러나 그러한 자기결정이 결여된 경우, 예컨대 錯誤로 인한 의사표시나 非眞意表示와 같은 경우에도 법은 그러한 의사표시에 表意者가 구속되는 것을 인정하고 있다. 이는 自己決定의 원칙만으로는 설명하기 어렵고, 그러한 의사표시를 다른 사람이 신뢰하게 된 데 표의자의 책임이 있기 때문이다(自己責任의 원칙). 그러므로 표의자 스스로 결정하지 않았고, 또 다른 사람의 신뢰에 대하여 표의자에게 귀책가능성이 없는 경우에는 원칙적으로 구속력이 인정되어서는 안 된다.

이러한 이론은 任意代理의 경우에는 그대로 적용될 수 있다. 대리인이 본인의 의사에 따라 대리행위를 한 경우에 그 효력이 본인에게 미치는 것은 자기결정의 원칙에 따른 것이고,[48] 반면 대리인이 대리권을 남용하였다 하더라도 상대방이 그러한 사실을 몰랐고 또 모른 데 과실이 없는 경우라든지, 대리인에게 대리행위에 대한 대리권이 없었다고 하여도 상대방이 대리권 있는 것으로 믿을 만한 정당한 사유가 있는 경우에는 표현대리의 법리에 따라 본인이 그러한 대리인을 선임하고, 나아가 제대로 감독하지 않은 데 책임을 져야 하는 것이다.

그러나 무능력자의 法定代理의 경우에는 이러한 설명에 다소 어려움이 있다.[49] 무능력자에게는 법적으로 승인될 수 있는 자기결정이란 존재하지 않기 때문이다. 이 때에는 결국 법이 스스로 자기결정을 할 수 없는 무능력자를 위하여 법정대리인에 의한 대리행위를 무능력자 본인의 법률행위로 간주함으로써 무능력자의 무능력을 보완하는 것이라고 설명할 수밖에 없다.[50] 따라서 무능력자의 법정대리인의 대리행위가 본인에게 귀속되기 위하여는 원칙적으로 법률이 정한 요건에 부합하지 않으면 안 된다.

---

47) 池元林, "法律行爲의 效力根據에 관한 硏究", 서울대학교 법학박사 학위논문, 1993, 59면 이하; Flume, Allgemeiner Teil des Rechtsgeschäfts, zweiter Band, Das Rechtsgeschäft, 3. Aufl., 1979, §4 8(S. 59 ff.) 등. 李英俊(註 14), 98면 및 324면 등도 참조할 것.

48) MünchKomm/Schramm, Vor §164 Rdnr. 63 ff.; Flume(註 47), §43 3(S. 752 ff.) 등도 임의대리에 있어서 자기결정의 원칙이 유지됨을 강조하고 있다.

49) MünchKomm/Schramm, Vor §164 Rdnr. 67 참조.

50) MünchKomm/Schramm, Vor §164 Rdnr. 67; Flume(註 47), §43 3(S. 754) 등은 법정대리제도가 사적 자치의 원칙을 침해하는 것이 아니라고 강조하고 있다.

그렇다면 무능력자의 법정대리에 있어서 자기책임의 원칙이 적용될 수 있는가? 원칙적으로 무능력자는 책임을 질 능력이 없으므로 무능력자에게는 자기책임의 원칙이 적용되지 않는다.[51] 나아가 적어도 법률행위의 영역에 있어서는 다른 사람의 행위에 대하여 무능력자에게 책임을 돌리는 것은, 그 다른 사람이 법률에 의하여 그러한 권한을 부여받지 않은 이상 허용되지 않는다고 보아야 할 것이다.[52]

따라서 이 사건과 같이, 후견인이 친족회의 동의를 얻어야 하는 행위를 그러한 동의 없이 행한 때에는, 아무리 상대방에게 그러한 동의가 있었다고 믿을 만한 정당한 사유가 있다고 하여도, 그러한 행위의 책임을 피후견인에게 돌릴 수는 없는 것이다. 이러한 관점에서도 후견인의 행위에 대하여 표현대리를 인정한 이 사건 판결은 문제가 있다.

V. 結　　論

결국 후견인이 친족회의 동의를 얻어야 하는 행위에 관하여 친족회의 동의를 얻지 않고 피후견인을 대리한 때에도 표현대리가 성립할 수 있다고 하는 이 사건 대법원 판결은 무능력자의 보호보다 거래의 안전을 중시한 것으로서, 우리 민법의 기본 체계에 어긋나므로 찬성할 수 없는 것이다. 또한 미성년자의 복대리인에 관하여 표현대리의 성립을 인정한 위 대법원 1968. 8. 30. 선고 68다1051 판결(註 6)도 이러한 관점에서 그 타당성에 의문이 있다.

---

51) 다만 이에 대한 예외로서 무능력자가 詐術을 쓴 경우에 관한 민법 제17조를 들 수 있다.

52) 그런데 민법 제909조 제2항은 미성년자의 친권은 부모가 공동으로 행사하는 것을 원칙으로 하고 있으나, 다른 한편 1990년 개정된 제920조의2는, "父母가 共同으로 親權을 행사하는 경우 父母의 一方이 共同名義로 子를 代理하거나 子의 法律行爲에 同意한 때에는 다른 一方의 意思에 反하는 때에도 그 效力이 있다. 그러나 相對方이 惡意인 때에는 그러하지 아니한다"라고 규정하여 위와 같은 원칙에 대한 중대한 예외를 인정하고 있다. 그러나 위 규정의 입법론적 타당성은 매우 의심스럽다. 吳宗根, "民法 第920條의2(共同親權者의 一方이 共同名義로 한 行爲의 效力)에 대한 檢討", 家族法硏究 11, 1997, 327면 이하 참조. 그리고 앞에서 언급한 법정대리인의 대리권 남용의 사례는 법률이 법정대리인에게 그러한 권한을 부여한 경우이므로 위와 같은 원칙과 직접 저촉되지는 않는다.

Ⅵ. 餘 論

다른 한편으로 이 사건은 현행 후견제도가 피후견인의 이익을 보호하기 위하여 충분하지 못하다는 점을 잘 보여주고 있다.

우선 후견인은 피후견인의 이익을 가장 잘 보호하여 줄 수 있는 사람이 되어야 할 것이다. 그런데 현행법은 친권자가 유언으로 후견인을 지정하지 않으면 그러한 후견인으로서의 능력을 갖추었는가 여부를 묻지 않고 법률이 정한 순위에 따라 당연히 후견인이 되도록 하고 있어,[53] 피후견인의 보호에 충분하지 못하다.[54] 그러나 이상적인 것은 법원이 후견인이 될 자가 그러한 능력을 갖추었는지를 심사하고 그에 따라 후견인을 선임하도록 하는 것이다.[55]

그리고 친족회의 구성에도 문제가 있다. 이 사건 친족회원은 후견인인 A의 처, A의 동생인 Y_1, 그의 처 등으로서, 그러한 친족회원들로 구성된 친족회가 과연 후견인을 제대로 감독할 수 있는지가 매우 의심스럽다고 하지 않을 수 없다. 현행 법원의 실무는, 친족회의 감독을 받아야 할 후견인이 친족회의 소집을 청구하고, 친족회원도 후견인이 제시하는 후보자를 그대로 법원이 선임하는 것이 대부분으로서,[56] 이러한 실정 하에서는 친족회가 후견인을 감독한다는 것은 거의 불가능하다고 하지 않을 수 없다.

나아가 이 사건뿐만 아니라 법원이 친족회 소집 허가를 한 모든 사건에서 법원은 친족회 소집 허가만을 하여 줄 뿐, 그 후 제대로 친족회가 소집되어 결의를 하였는지에 관하여는 아무런 확인을 하지 않으며, 그에 관하여 감독하는 절차가 전혀 없다. 따라서 이 사건과 같이 후견인이 친족회 결의가 없었는데도

---

53) 法定後見人. 민법 제932조 이하.

54) 예컨대 대법원 1993. 3. 4. 선고 93스3 결정(公 1993상, 1172)은, 母가 간통죄를 저지르고, 그 相姦者가 父를 살해한 경우에도 그것만으로는 母의 친권 상실 선고 사유에 해당하지 않는다고 하면서, 그 이유의 하나로서 母의 친권이 상실될 경우 미성년자들이 할머니의 후견을 받게 될 것으로 보이는데, 동인은 사건본인들과는 따로 살아오던 76세의 노인으로서 동인에게 사건본인들에 대한 양육과 감호를 맡기는 것이 그들의 복리를 위하여 과연 더 나은 결정일지는 의문이 아닐 수 없다는 점을 들고 있다.

55) 이 사건에서는 법원이 A를 후견인으로 선임하는 형식을 취하였으나, 실제로는 위 A의 형이 있었는데 그가 행방불명자이어서 민법 제933조, 제935조, 제937조 제6호에 의하여 A가 법정후견인이 되므로 법원의 후견인 선임결정이 필요없는 경우였다.

56) 李在淑, "未成年者 後見制度의 實態와 改善方案", 서울대학교 법학석사 학위논문, 2000, 52-57면 참조.

그 결의가 있었던 것으로 가장하여 피후견인의 재산을 처분하는 것이 가능한 것이다.[57]

이러한 후견제도에 관한 여러 문제점을 개선하기 위하여는, 우선 후견인의 결정 자체에 관하여 법원이 적극적으로 관여하고, 일단 결정된 후견인을 실질적으로 감독할 수 있는 제도적인 정비가 필요하다. 가령 현행법과 같이 친족회 제도를 유지한다고 하더라도, 최소한 친족회의 소집이 있었는가 하는 것을 법원이 제대로 감시하는 조치는 있어야 할 것이다.[58] 이러한 문제점들에 관하여는 별도의 연구가 필요할 것이나, 여기서는 그러한 문제점만을 제시하는 데 그친다.

〈亞細亞女性法學研究 3, 2000 = 민사법학 제19호, 2001〉

〈追記〉

대법원 2007. 11. 16. 선고 2005다71659, 71666, 71673 판결(公 2007하, 1926)은, 미성년자가 법정대리인의 동의 없이 신용카드를 이용한 신용구매계약을 체결하였다가 이를 취소하는 것이 신의성실의 원칙에 위반되는 것인가에 관하여 다음과 같이 판시하여 이를 부정하였다. 즉 행위무능력자 제도는 사적자치의 원칙이라는 민법의 기본이념, 특히 자기책임 원칙의 구현을 가능케 하는 도구로서 인정되는 것이고, 거래의 안전을 희생시키더라도 행위무능력자를 보호하고자 함에 근본적인 입법취지가 있는 것인바, 행위무능력자 제도의 이러한 성격과 입법취지 등에 비추어 볼 때, 신용카드 가맹점이 미성년자와 사이에 신용구매계약을 체결할 당시 향후 그 미성년자가 법정대리인의 동의가 없었음을 들어 스스로 위 계약을 취소하지는 않으리라고 신뢰하였다 하더라도 그 신뢰가 객관적으로 정당한 것이라고 할 수 있을지 의문일 뿐만 아니라, 그 미성년자가 가맹점의 이러한 신뢰에 반하여 취소권을 행사하는 것이 정의관념에 비추어 용인될 수 없는 정도의 상태라고 보기도 어려우며, 미성년자의 법률행위에 법정대리인의 동의를 요하도록 하는 것은 강행규정이라 할 것인데, 위 규

57) 이 사건에서 후견인 A가 정식으로 친족회를 소집하지 않은 이유가 무엇인지는 반드시 명확하지 않으나, A와 친족회원인 Y_1 사이에 대립이 있었기 때문으로 보인다.

58) 우리나라와 같이 친족회 제도를 두고 있는 프랑스 민법은, 친족회 자체를 법관이 주재하도록 규정하고 있다(프랑스 민법 제415조).

정에 반하여 이루어진 신용구매계약을 미성년자 스스로 취소하는 것을 신의칙 위반을 이유로 배척한다면, 이는 오히려 위 규정에 의해 배제하려는 결과를 실현시키는 셈이 되어 미성년자 제도의 입법취지를 몰각시킬 우려가 있다고 할 것이므로, 법정대리인의 동의 없이 신용구매계약을 체결한 미성년자가 사후에 법정대리인의 동의 없음을 사유로 들어 이를 취소하는 것이 신의칙에 위반된 것이라고 할 수 없다는 것이다. 이러한 판시는 후견인의 행위에 대한 표현대리의 성립 여부에 관하여도 참고가 될 수 있을 것이다.

法律行爲의 無效

— Pawlowski의 無效槪念을 중심으로 —

I. 序　　論

法律行爲의 無效와 관련하여서는 '法律行爲의 一部無效'나 '無效인 法律行爲의 轉換', 또는 근래에 실제로 많이 문제되고 있는 '流動的 無效' 등 여러 가지의 논점이 있다. 그러나 가장 기본적인 爭點은 역시 법률행위의 무효의 개념을 어떻게 파악하는가, 그리고 그 효과를 어느 범위에서 인정하는가 하는 것이 될 것이다. 여기서는 이에 관한 독일의 민법학자인 Hans-Martin Pawlowski[1]의 이론을 그의 敎授資格取得論文인 "無效인 意思表示의 法律行爲的 效果(Rechtsgeschäftliche Folgen nichtiger Willenserklärungen)"[2]을 중심으로 하여 소개하고자 한다. Pawlowski의 위 논문은, 종래의 통설에 관하여 근본적인 반론을 제기한 것으로서, 단순히 무효의 문제뿐만 아니라 법률행위의 기본이론에 관하여도 독창적인 견해를 전개하고 있어, 독일에서는 법률행위론에 관한 한 빠뜨릴 수 없

---

1) Hans-Martin Pawlowski는 1931년 생으로서 Münster, Freiburg, München 등의 대학에서 法學, 哲學, 歷史學을 공부하고, 1960년에 제2차 사법시험에 합격한 뒤 Göttingen 대학에서 Karl Michaelis의 지도로 박사학위를 받았으며, 1964년에 같은 대학에서 敎授資格을 취득하고 그 후 Mannheim 대학에서 民法과 民事訴訟法 교수로 재직하고 있다. 중요한 저술로는 "Das Studium der Rechtswissenschaft"(1969), "Gesetz und Freiheit"(1969), "Methodenlehre für Juristen"(1981), "Einführung in die juristische Methodenlehre"(1986) 등이 있다.

2) "Zum Verhältnis von Privatautonomie und objektivem Recht"라는 부제가 붙어 있으며, Göttinger Rechtswissenschaftliche Studien 총서 제57권으로 1966년에 Göttingen에서 Otto Schwartz & Co 출판사에서 출판되었다. 이하에서는 이 책은 특별한 설명 없이 면수만으로 인용한다.

는 문헌이라고 하겠다.[3] 그럼에도 불구하고 우리나라에서는 아직까지 이러한 Pawlowski의 무효론이 제대로 알려진바 없었으므로[4] 이를 소개하는 것도 의미 없는 일은 아니라고 하겠다.

위 논문은 서론에 이어서 Pawlowski 자신의 새로운 무효개념을 전개하고 있는 제 1 부[法律行爲의 無效와 그 效力의 關係(Das Verhältnis von Nichtigkeit und Gültigkeit)]와, 이러한 무효의 개념이 법률행위이론과 조화될 수 있는지를 탐구한 제 2 부 [無效인 意思表示의 "有效性"(Die "Gültigkeit" nichtiger Willenserklärungen)]을 다루고 있는데, 이하에서는 새로운 無效槪念을 다룬 제 1 부만을 소개하고 제 2 부의 소개는 다음 기회로 미루기로 한다.

Ⅱ. 제 1 장: 硏究의 契機와 目標(Anlaß und Ziel der Untersuchung)

위 책의 제 1 장은, 위 논문의 목적이 무효인 의사표시 내지 법률행위의 적정한 개념을 찾는 데 있음을 밝히고 있다. 즉 종래에는 법률행위가 무효라고 하면서도 그 법률행위의 효과를 유지하려고 할 때에는 예컨대 사실적 계약관계와 같은 다른 근거에서 찾았고, 이는 무효인 법률행위는 존재하지 않는 것으로 보았기 때문에 불가피한 것이었으나, 이는 우회적인 방법으로서 만족스럽지 못한데, 무효의 개념을 새로이 파악하면 이러한 우회가 불필요하게 된다.

다시 말하여 무효인 법률행위를 "존재하지 아니하는(nicht vorhanden)" 것으로 파악하는 것이 아니라, 무효인 법률행위도 법률상의 이유로 그 법률행위가 의도한 모든 법률효과가 발생하지는 않지만, 그 중 일부는 법률상 장애가 없는 한 발생할 수 있는 형태로 존재하는 것으로 파악하게 되면, 무효인 법률행위가 존재하지 않는 것으로 파악하는 데서 생기는 잘못을 피할 수 있다. 즉 이러한 관점에 따르게 되면 무효인 계약의 효과를 당사자의 의사는 고려하지 않고 설명하려는 그러한 요건(예컨대 Haupt가 말하는 "事實上의 給付의 要求에 의한 事實的 契約" 또는 Siebert가 말하는 "生動하는 經濟的 單位로서의 事實的 組合")을 모색할 필

3) D. Bickel은 獨逸民法 시행 후의 法律行爲 解釋에 관한 주요한 學說을 검토하는 가운데 Pawlowski의 이론도 그 중 하나로서 다루고 있다. D. Bickel, Die Methoden der Auslegung rechtsgeschäftlicher Erklärungen, 1976, S. 78 ff.

4) 법률행위의 무효 아닌 다른 맥락에서의 Pawlowski 이론에 대한 단편적인 언급으로는 池元林, "法律行爲의 效力根據에 관한 硏究", 서울대학교 法學博士學位論文, 1993, 66-67면 참조.

요가 없을 뿐만 아니라, 법률규정에 위반하여 무효이지만 임의로 이행되고 준수되는 법률행위를 법이론적으로 파악하는 것이 가능하게 된다. 이러한 현상을 종래에는 예컨대 稅法의 영역에서는 무효인 법률행위도 유효한 것으로 취급하는 것과 같이, 개별적인 법영역에서 그 영역 내에서만 타당한 방법으로 해결하여 왔으나, 무효인 법률행위의 “사실적 또는 경제적(tatsächlichen oder wirtschaftlichen)” 효과를 民事法的인 방법에 의하여도 승인하는 것은 법률행위의 무효개념과 조화될 수 있어야 하고, 이는 法秩序의 統一에도 기여한다.

이러한 무효의 개념을 모색하기 위하여는, 단순한 무효 개념의 내용 분석에만 머물러서는 안 되고, 이는 유효한 법률행위의 상대개념이므로 법률행위의 이론에도 관련될 수밖에 없는데, 특히 주관적인 당사자의 의사와 의사표시에 대한 객관적인 책임의 관계가 주로 문제된다.

그리하여 그 구체적인 연구방법으로는 우선 무효인 법률행위의 개념을 어떻게 파악하여야만 판례상의 성과를 最少 手段의 法則(Gesetz der äußersten Sparsamkeit der Mittel)에 의하여 가능한 한 모순이 없고 의미있는 통일체로 파악할 수 있는가, 이러한 새로운 무효의 개념이 종래의 개념에 비교하여 실제적인 이점을 가져오는가를 탐구하여야 한다. 그러나 이러한 새로운 무효의 개념이 좀더 문제에 적합한(problemgerecht) 결과를 가져온다는 것만으로는 그러한 개념이 가능하다는 것을 보여줄 뿐, 그 개념을 현행 법의 일부로서 정당화할 수는 없으므로 연구의 둘째 부분에서는 그러한 새로운 무효의 개념이 법률행위이론과 조화될 수 있는지를 탐구하여야 한다(S. 1-7).

이러한 구도에 따라서, 위 책의 제 1 부는 〈법률행위의 무효와 그 효력의 관계(Das Verhältnis von Nichtigkeit und Gültigkeit)〉를 다루고, 제 2 부에서는 〈무효인 의사표시의 “효력”(Die “Gültigkeit” nichtiger Willenserklärungen)〉을 다루고 있다.

Ⅲ. 제 2 장: 無效의 槪念과 效果(Begriff und Rechtsfolgen der Nichtigkeit)

제 2 장은 무효의 개념과 효과에 관하여 논하고 있다.

1. 通說의 無效概念(Der Nichtigkeitsbegriff der herrschenden Lehre)

가. 無效의 定義(Definition der Nichtigkeit)

종래의 학설과 판례는 법률행위의 무효의 개념에 관하여 별다른 문제가 없는 것으로 인식하고 있었다. 그 실례로서 獨逸民法 第1草案 제108조는 "무효인 법률행위는 의도된 법률적 효과와 관련하여서는 행하여지지 않았던 것으로 간주된다"고 하는 개념규정을 두고 있었으나, 제2초안에서는 무효의 개념은 학문적으로 확정되어 있다는 이유로 위 규정을 받아들이지 않았으며, 근래의 Nipperdey나 Lehman의 교과서의 개념정의도 이러한 제2초안의 입장과 다를 것이 없다. 물론 이러한 종래의 무효 개념이, 무효인 법률행위로 인하여 예컨대 소극적 이익의 배상 의무와 같은, 당사자의 의사에 기하지 않은 법률에 기한 법률효과를 가져오는 것을 배제하는 것은 아니다(S. 9-10).

나. 無效인 法律行爲의 效果(Rechtsfolgen nichtiger Geschäfte)

그러나 1900년 무렵의 무효인 법률행위에 인정되었던 법률효과와 오늘날 인정되는 법률효과를 비교하면 피상적으로 관찰하더라도 상당한 차이가 있다. 즉 1900년 당시에는 무효인 계약의 당사자는 그 계약이 체결되지 않은 것과 마찬가지의 위치에 있었고, 이는 계약이 이행된 경우에도 마찬가지여서, 무효인 계약에 의하여 이루어진 급부는 다른 일방의 급부와는 관계없이 부당이득으로서 반환되어야 하였다(不當利得返還請求權對立說, Zweikondiktionentheorie). 그렇지만 오늘날에는 무효인 계약의 당사자가 계약이 체결된 것과 같은 위치에 있다는 것은 아무 당사자도 이행을 하지 않았을 때에만 타당하고, 양 당사자가 부분적으로라도 서로 이행을 한 경우에는 교환된 급부는 상호간에 雙務的인 관계에 있으며(差額說, Saldotheorie 또는 事實的 雙務關係說, Lehre vom faktischen Synallagma),[5] 形式違反으로 무효인 계약에 있어서는 일방적인 이행은 무효를 배제하고, 따라서 당사자는 무효에도 불구하고 적극적인 계약상의 청구권을 가지게 된다. 뿐만 아니라 계속적인 채권관계에 있어서는 계약의 이행은 좀더 중

5) 不當利得返還請求權對立說, 差額說 및 事實的 雙務關係說 등에 대한 국내에서의 간단한 소개로는 金龍潭, "雙務契約을 청산하는 여러 가지 制度에 관하여", 司法論集 제14집, 1983, 48면 이하 참조.

대한 효과를 초래하게 되는데, 組合契約(Gesellschaftsvertrag)이나 勤勞契約(Arbeitsvertrag) 등은 그 이행으로 인하여 성립하게 되는 組合關係(Gesellschaftsverhältnis)나 勤勞關係(Arbeitsverhältnis)와는 구별되며, 後者의 관계는 유효한 계약과는 관계없이 인정될 수 있는 것이다(S. 11-16).

다. 通說에 의한 說明(Die Begründung der herrschenden Dogmatik)

그런데 무효인 법률행위는 존재하지 않는다고 보는 종래의 통설은, 무효인 법률행위로부터 생기는 이러한 법률효과를 의사표시에 기한 것이 아닌 법률에 기한 효과라고 설명한다. "事實的 雙務關係"의 기초는 판례에 의하여 "관습법"으로 강화된 수정을 포함한 독일민법 제812조 이하의 규정이며, "사실적 계약관계"도 일부에서는 명시적으로 法定債務關係로 지칭하고 있다. 이는 불합치와 같이 계약이 부존재하거나 또는 일방 당사자가 계약의 체결을 명시적으로 거부한 때에도 성립하기 때문에, 계약법과 무관계한 것처럼 보인다(S. 16-19).

라. 批判(Kritik)

그러나 가령 사실상의 조합관계를 당사자 사이의 약정에 따라 판단하고 그에 따라 계약에 기한 법률효과가 거의 그대로 유지된다면, 조합계약은 존재하지 않는다고 하여, 사실상의 계약관계를 法定債務關係(gesetzliches Schuldverhältnis)라고 보는 것은 더 이상 타당하다고 할 수 없다. 사실상의 계약관계는 종래의 계약에 기한 債務關係와 法律에 의한 債務關係의 구분(독일민법 제305조)에는 잘 들어맞지 않는다. 즉 사실적 계약관계의 이론은 무효인 법률행위는 존재하지 않는 것이라는 통설적인 무효의 개념에 의존하고 있기 때문에, 사실적 계약관계에 내재하고 있는 私的 自治에 의한 법률관계 형성의 요소를 적절하게 파악하지 못하는 것이다(S. 19-24).

2. 法定債務關係와 法律行爲에 의한 債務關係 구별의 實踐的 意味(Die praktische Bedeutung der Unterscheidung zwischen gesetzlichen und rechtsgeschäftlichen Schuldverhältnis)

또한 무효인 법률행위의 효과를 법률에 기한 것인가 아니면 계약에 기한 것인가 하는 문제는 단순한 체계상의 문제에 그치는 것은 아니며, 이는 실제상의 차이를 가져온다. 이는 다음의 사례에 의하여 알 수 있다.

즉 A와 B가 5년 기간으로 합명회사를 공동경영하기로 하는 계약을 체결하고 각자 10,000 DM씩 출자하기로 하였는데, A가 실제로 출자한 상품의 가치는 6,000 DM밖에 되지 않았으나 쌍방은 이것을 10,000 DM가 되는 것으로 인정하였으며, 또 A에게는 거래의 경험이 많았으므로 A가 전체 이익의 3/5을 차지하도록 약정하였다. 그 후 위 5년의 계약기간 만료 후 위 회사의 자산은 12만 DM가 되었으나 당사자 사이의 의견이 맞지 않아 이를 해산하기로 하였는데, 계약 체결 당시에 회사 해산의 방법에 대하여 합의가 없었던 점이 밝혀졌고, 그럼에도 불구하고 A와 B 쌍방이 모두 자신이 영업을 인수하여야 한다고 주장한다. 이 경우에 위 계약은 숨은 의사의 不合致(독일민법 제155조)로 성립하지 않은 것이 된다(S. 24-25).

가. 法定債務關係로서의 "事實上 組合關係"(Das "faktische Gesellschafts verhältnis" als gesetzliches Schuldsverhältnis)

"事實上의 組合(faktische Gesellschaft)"[6]의 원칙이 적용된다면 위 합명회사는 독일 상법전 제145조 이하의 清算節次에 관한 규정에 따라 청산이 이루어져야 한다. 이때 사실상의 조합을 法定債務關係로 파악한다면, A의 출자액은 6,000 DM인 것으로 평가하고, 이를 기초로 합명회사의 재산을 분배할 수밖에 없고, 그렇게 된다면 A에게 귀속될 재산은 57,566.49 DM이고 B에게 귀속될 재산은 62,433.51 DM이다(S. 25-29).

나. 法律行爲에 의한 債務關係로서의 "事實上 組合關係"(Das "faktische Gesellschaftsverhältnis" als rechtsgeschäftliches Schuldsverhältnis)

그러나 사실상의 조합을 당사자 사이의 계약을 표준으로 하여 판단한다면 결과는 달라지게 된다. 이때에는 A에게 귀속될 재산은 70,000 DM(최초출자분 10,000 DM + 증가한 자산 10,000 DM × 3/5)이고 B에게 귀속될 재산은 50,000 DM가 된다(S. 29-31).

---

6) 獨逸法上으로는 合名會社나 合資會社는 독립된 法人格을 가지지 않는, 民法上 組合의 일종으로 다루어진다.

3. 特定한 法律效果 排除로서의 無效(Die Nichtigkeit als Ausschluß bestimmter Rechtsfolgen)

그리하여 종래의 무효 개념 대신에 새로운 무효 개념을 구상하여야 하는데, 무효에도 여러 가지의 등급을 구분하여, 유효한 계약과 동일한 효과가 발생하는 무효(예컨대 生存給付의 사실상의 사용으로 인한 사실상의 계약관계[7])로부터 아무런 효과가 생기지 않는 무효(예컨대 이행 전의 방식 위배의 계약)에 이르기까지 여러 등급의 무효를 생각할 수 있다.

다시 말하여 무효는 의사표시 그 자체에 관한 것이 아니라 그 효과에 관한 것이고, 따라서 契約締結上의 過失(culpa in contrahendo)과 같이 주된 급부의무는 존재하지 않지만 계약상의 부수의무는 인정될 수 있으며, 독일민법 제119조(착오를 이유로 하는 취소)에 의한 취소는 이행의무만을 배제할 뿐 그 외의 계약관계는 존속하는 것으로 파악할 수 있는 반면, 독일민법 제123조(사기 또는 강박을 이유로 하는 취소)에 의한 취소는 이미 교환된 급부 사이의 쌍무관계도 해소시킨다.

그러나 이처럼 有效(Gültigkeit)와 無效(Nichtigkeit)가 공존하는 것은 통설의 무효개념과는 모순되며, 이는 無效를, 무효를 지시하는 규범의 목적에 의하여 결정되는 특정의 법률효과만을 배제하고 그 나머지 법률행위의 효력에는 영향을 미치지 않는 것으로만 파악할 때에만 가능하다(S. 31-37).

4. 無效인 法律行爲의 “效力”(Die Wirksamkeit nichtiger Geschäfte)

이러한 무효의 개념에 의하여 법률생활의 다양한 현상을 적절하게 파악할 수 있다. 예컨대 방식 위배의 법률행위는 그 이행 전에는 절대적으로 무효여서 존재하지 않는 반면 부분적으로라도 이행이 된 후에는 유효하다고 본다면, 이로써는 이행이 된 후에는 착오나 강박으로 인한 취소의 허용 여부에 있어서, 예컨대 그 취소기간에 관하여는 그 법률행위가 처음부터 유효하였던 것으로 취급하는 것(따라서 그 법률행위가 효력을 발생하는 시점에는 취소기간이 이미 경과하

7) BGHZ 21, 319 ff.의 駐車場事件(Parkplatzfall)이 그 예이다.

여 버릴 수도 있게 된다)은 설명할 수 없고, 이는 무효인 법률행위라도 처음부터 어느 정도의 효력은 가지고 있다는 것을 의미하며, 이러한 현상을 표현할 수 있는 무효의 개념이 법현실에 더욱 가깝다.

이처럼 무효인 법률행위의 "효력(Wirksamkeit)"은 학설상 그러한 계약의 청산과정에서 교환된 급부의 쌍무적인 의존관계가 고려된다는 점에서도 나타난다. 다만 이제까지는 이를 법률행위적인 효력으로 설명하지 않고, 판례에 의하여 수정된 부당이득에 관한 규정의 법률적 효과라고 보았으나, 방식위배의 계약의 이러한 효과는, 계약을 이행할 의무의 효력만을 배제하는 무효개념의 도움에 의하여 계약의 효력으로 파악하는 것이 더 설득력 있는 근거를 제시할 수 있다(S. 37-38).

Ⅳ. 제 3 장: 無效인 契約 淸算의 問題點(Probleme der Rückabwicklung nichtiger Verträge)

제 3 장에서는, 무효인 계약 청산 과정에서 종래의 절대적 무효 개념에 따를 때 생기는 여러 가지 문제점들을, 위와 같은 새로운 무효개념으로 파악할 때에는 보다 잘 해결할 수 있다는 주장을 전개하고 있다.

1. 無效인 讓渡에 있어서 無效인 契約의 效果(Rechtsfolgen nichtiger Verträge bei nichtiger Übereignung)

여기서는 우선 무효인 계약의 청산에 대하여 제기된 差額說(Saldotheorie)[8)]

8) 差額說은 獨逸民法이 善意의 受益者의 不當利得 返還責任을 원칙적으로 現存利益에 국한하고 있는 것(독일민법 제818조 제 3 항. 우리 민법 제748조 제 1 항도 같다)이, 雙務契約의 無效·取消로 인한 淸算의 경우에는 적절하지 않다는 데서 나오게 된 이론이다. 즉 이 경우에 각 당사자는 상대방에 대하여 각각 不當利得返還請求權을 가지며, 이러한 請求權은 서로 독립된 것으로서, 한 請求權의 減少나 消滅은 다른 請求權의 운명에 영향을 미치지 않는 것이라고 한다면(이른바 不當利得返還請求權對立說, Zweikondiktionstheorie), 現存利益이 존재하지 않거나 감소된 당사자는 現存利益의 한도 내에서만 不當利得 返還義務를 지는 반면 자신의 損失에 대하여는 상대방의 이익이 현존하는 한 그 전액의 반환을 청구할 수 있게 되나, 이는 명백히 부당하다. 그리하여 獨逸의 判例는, 계약의 雙方이 각각 상대방에 대하여 不當利得返還請求權을 취득하는 것이 아니라, 雙方의 교환된 給付의 가액을 비교하여 그 중 큰 쪽에서 작은 쪽의 급부를 공제하고 남은 부분에 대하여만 不當利得返還請求權이 성립한다고 하는 差

의 문제점에 대하여 언급할 필요가 있다.

위 차액설이 적용되는 전형적인 예로서는, A가 B에게 부동산을 매도하여 이를 인도하였고, 등기부에도 B가 소유자로 기재되었으며, 한편 A는 자신이 받은 매매대금을 다 써 버렸는데, 그 후 위 매매계약뿐만 아니라 그 양도 자체도 무효인 것으로 판명된 경우이다. 이때 차액설 내지 사실적 쌍무관계설에 따르면 A는 B에 대하여 매매대금의 반환과의 동시이행을 조건으로 하는 목적물 반환을 명하는 판결을 받을 수 있는데, 그러면 B는 A가 매매대금을 반환하지 않는 한은 목적물을 점유할 권리를 가지고 있으나, 그 이상 그 목적물을 사용하거나 할 권리는 없고, 이를 보관하여야 하고, 따라서 그 목적물로부터 실제로 얻은 수익뿐만 아니라 과실로 인하여 수익하지 못한 것도 독일민법 제819조 제1항, 제987조의 규정에 따라 A에게 반환하여야 한다는, 곤란한 처지에 빠지게 된다(S. 39-41).

종래의 통설에 따르면 이러한 결과는 불가피하고, Flume와 같이 부당이득상실의 항변을 광범위하게 제한하여 B의 독자적인 부당이득반환청구를 인정하려는 학설도, B가 과실수취권이 없는 점유자로 다루어지는 것을 막지는 못한다.

그러나 법률이 무효인 계약을 청산할 것인지 아니면 그 상태를 그대로 유지할 것인지를 당사자에게 맡기고 있다면, 이러한 청산을 포기하고 교환된 급부를 사용하는 것을 위법하다고 하는 것은 일관성이 없는데, 왜냐하면 이러한 당사자는 반대급부의 제공이 있을 때에만 반환하면 되기 때문이다(S. 39-45).

그러므로 법률이 무효인 계약을 그대로 유지할 것인지 여부를 당사자에게 맡기고 있다면, 그러한 당사자의 행위에 의하여 이루어진 상태도 일정한 범위에서는 이를 승인하는 것이 수미일관하며, 따라서 이 경우에는 부분적 효력(Teilgültigkeit) 또는 부분적 무효(Teilnichtigkeit)를 인정하여야 한다. 그리하여 B에게는 매매의 목적물 자체를 처분할 수 있는 권능이 인정되어야 하고, A에게는

額說을 발전시켰다. 만일 급부가 동종이 아닐 때에는 일방은 상대방의 부당이득 반환청구에 대하여 자신의 급부와 상환으로만 반환하겠다는 항변을 할 수 있다. 金龍潭(註 5), 48면 이하; Reuter/Martinek, Ungerechtfertigte Bereicherung, Handbuch des Schuldrechts Bd.4, 1983, S. 595 ff. 등 참조. 이 差額說은 모든 무효인 雙務契約에 적용되는 것은 아니며(예컨대 行爲無能力을 이유로 하는 無效 등에는 적용되지 아니한다), 또 오늘날에는 이러한 순수한 형태의 差額說은 거의 그 지지자를 찾아볼 수 없으나, 다른 학설들도 그 결과에 있어서는 큰 차이가 없다.

B의 처분으로 인한 경제적인 성과만을 청구할 수 있는 권능을 인정하면 된다.

이러한 결과는 段階的인 無效 槪念(abgestufter Nichtigkeitsbegriff)으로 쉽게 설명할 수 있다. 즉 무효인 매매계약은 재산 이동의 법률상 원인(causa)으로 작용할 수는 없고, 앞에서 본 예에서 A는 재산 이동의 경제적 효과를 소급적으로 되돌릴 수는 있으나, 무효인 매매계약이라도 당사자에게 교환된 급부의 처분권을 부여하고, 또 급부의 상호간의 의존성을 생기게 하는 한도에서는 유효한 것이며, 이른바 "事實的 雙務關係(faktische Synallagma)"는 더 이상 "사실적"인, 즉 법률의 규정에 의한 것이 아니라 법률행위에 의한 쌍무관계이다. 따라서 무효인 계약에 기하여 행하여진 급부의 반환청구권의 敎義學的인 기초(dogmatische Grundlage)는 법정채무관계에서가 아니라 무효인 계약 그 자체에서 찾아야 한다.

만일 Kreß와 같이, 계약에 의하여 발생하는 쌍무관계는 계약이 무효라면 더 이상 고려되지 않아야 한다고 하려면, 계약을 무효로 만드는 법률규정이 이미 교환된 급부의 쌍무적 의존관계도 배제한다는 것을 밝혀야 하고, 이를 위하여는 이러한 쌍무적 의존관계의 배제가 무효를 가져오게 하는 법률규정의 목적과 의미있는 연관이 있음이 전제되어야 하지만, 계약의 무효는 1차적으로는 이행청구권에만 관련이 있다(S. 45-48).

2. 無效의 個別的 根據에 따른 法律效果의 差別化(Differenzierung der Rechtsfolgen nach den einzelnen Gründen der Nichtigkeit)

가. 獨逸民法 제119조에 의한 취소(Anfechtung nach §119 BGB)

계약의 무효가 착오를 이유로 하는 취소로 인한 것일 때에는 급부의 쌍무관계적 연관의 배제는 법률의 목적에 부합하지 않는다. 독일민법 제122조 제1항은 착오를 이유로 의사표시를 취소한 자의 손해배상책임을 규정하고 있는데, 이는 그 상대방이 취소로 인하여 손해를 입어서는 안 된다는 것을 보여주고 있으며, 다른 한편으로는 취소자가 자신의 급부를 공제함이 없이 자신이 수령한 이익을 반환하여야 하는 위험을 부담한다는 것도 법률의 의도에 부합하지 않는다. 통설도, 취소에도 불구하고 쌍무적 의존관계는 존속한다는 것을 전제로 하고 있다(S. 48-50).

나. 方式의 缺如(Formmangel)

이는 방식의 결여로 인한 무효(Formnichtigkeit)의 경우에도 마찬가지이다. 이러한 경우에 급부 상호간의 쌍무적 의존을 부정하기 위하여는, 制裁(Strafe)와 抑止(Abschreckung)라는 관점을 끌어들여, 방식위배의 계약을 실행하려는 자는 불이익의 위협에 의하여 억지되어야 한다고 주장하여야 할 것이지만, 이는 법률이 많은 경우에 방식의 결여의 치유를 인정하는 것과는 모순되며, 방식의 결여의 치유가 모든 경우에 인정되지는 않고 있어도, 방식의 결여를 각 경우에 서로 상이하게 다루는 것은 법률의 연관성에 어긋나며, 통설도 마찬가지의 태도를 취한다(S. 50).

다. 獨逸民法 제123조에 의한 取消(Anfechtung nach §123 BGB)

반면 欺罔이나 强迫을 이유로 하는 독일민법 제123조의 취소에 있어서는 制裁와 抑止라는 관점이 법률의 목적에 부합한다. 이러한 사례의 대부분은 형사상 처벌대상이 될 뿐만 아니라, 이러한 관점이 고의에 의한 불법행위에 의한 채무를 수동채권으로 하는 상계의 금지를 규정한 독일민법 제393조의 근거도 되고 있다. 그러므로 근래의 학설은 피기망자의 기망자에 대한 관계에 있어서는 상호 교환된 급부 상호간의 쌍무적 의존관계를 부정한다(S. 51).

라. 行爲無能力(Geschäftsunfähigkeit)

독일민법 제105조에 따른 행위무능력으로 인한 무효의 경우에는 근거는 다르지만 쌍무관계가 부정된다는 결과는 동일하다. 판례는 이 경우에도 차액(Saldo)이 경제적인 개념이라는 이유로 행위무능력자의 청구를 차액으로 제한하고 있고, “성실한 거래(redlicher Verkehr)”를 보호하여야 한다는 이유로 이를 지지하는 학설도 있으나, 제105조는 무능력자를 거래에서 완전히 배제하기 위한 것이고, 따라서 무능력자의 행위는 무능력자를 위하여 유리한 결과도 불리한 결과도 가져와서는 안 되며, 단지 성실한 거래를 보호하여야 한다는 것만으로는 반대의 논거로서 불충분하다. 근래의 학설도 이와 같다(S. 51-55).

마. 制限된 行爲能力(Beschränkte Geschäftigkeit)[9)]

독일민법 제108조에 따른 제한된 행위능력으로 인한 무효의 경우에도 다소 해석상 난점이 있다. 이 경우에는 제한된 행위능력자의 법률행위가 완전히 무효는 아니고, 일정한 구속력은 가지므로 교환된 급부 사이의 쌍무관계적 연관을 유지하여야 하며, 제108조의 목적도 쌍무관계적 연관의 배제를 요구하는 것은 아니라고 생각할 수도 있다.

그러나 이러한 논증은 제108조의 목적이 제한된 행위능력자의 거래상의 무경험으로 인한 위험을 방지하는 데에만 있다는 것을 전제로 하는데, 제108조는 미성년자를 스스로의 결정으로부터도 보호하려는 데에도 그 목적이 있다. 즉 제108조는 간접적으로는 미성년자의 교육과 그에 대한 감독에도 이바지하는 것이다. 이러한 목적을 위하여서는 교환된 급부의 쌍무관계적 의존의 배제가 의미를 가진다. 이를 통하여 미성년자에게 경제적으로는 유리하지만 교육적으로는 불리한 그러한 거래의 사실상의 청산이 가능하여지는 것이다(S. 56-60).

바. 法律上 禁止의 違背(Verstoß gegen ein gesetzliches Verbot)

법률상 금지의 위배로 인한 무효의 경우에는 그 무효 사유에 따라 다양하게 효과를 인정하여야 한다. 즉 가격이나 경제적 통제법규 위배로 인한 무효의 경우에는 쌍무관계적 의존의 존속이 합리적인 반면, 臟物임을 알면서도 매매한 경우에는 이와 달리 판단하여야 하는 것이다.

예컨대 원고인 도매상이 통제경제 시기에 피고인 국가의 배급사무소로부터 달걀 가루를 법률상의 최고가격 이상으로 매수하는데, 원고와 피고 사이의 계약에서는, 원고는 피고가 지정하는 사람에게만 위 달걀가루를 판매할 수 있고, 그로 인하여 증가된 비용 등은 피고가 부담하도록 규정하고 있었다. 원고가 피고를 상대로 법률상 최고가격과 실제 매매가격의 차액 상당의 부당이득반환을 청구한 데 대하여 연방대법원은 경제적 관찰법(wirtschaftliche Betrachtungsweise)에 의하면 부당이득은 존재하지 않는다고 하여 원고의 청구를 받아

9) 이는 7세 이상의 未成年者(독일민법 제106조)와 心身微弱, 浪費癖, 飮酒癖 또는 藥物中毒 등으로 禁治産宣告나 暫定的 後見의 대상이 된 자(독일민법 제114조, 우리 민법상으로는 限定治産者에 해당함)를 의미한다.

들이지 아니하였다.[10] 그러나 이 경우에는 부당이득의 존재 자체를 부정할 것이 아니라, 원고의 부당이득반환청구를 인정하는 한편 원고가 자신의 고객에게 처분함에 있어서 계약상의 가액(법률상 가액+피고가 원고에게 인정하는 마진)을 초과하여 받은 금액을 피고에게 반환하여야 한다는 항변을 인정하여야 한다. 이것이 가격규정의 목적을 적절하게 고려하는 것인데, 왜냐하면 원고도 자신으로부터 매수한 사람에게 초과가격의 부당이득반환의무를 부담하고, 자신이 이를 반환하지 않는 한 자신에 대한 매도인에게도 책임을 물을 수 없다고 보아야 하며, 중간상인은 가격규정에 의하여 보호를 받는 최종소비자에 의하여 청구를 당하지 않는 한 자신은 가격규정에 의한 무효를 주장할 수 없다고 보는 것이 가격규정의 목적에 부합한다(S. 60-65).

3. Flume의 견해와의 관계(Verhältnis zu den Lehren Flumes)

Flume도, 부당이득의 반환에 있어서 무효인 계약에 포함된 개별 급부의 평가를 고려하여야 한다고 주장한다.[11] 즉 교환된 양 급부 중 하나가 상실되었을 때에는 그 수익자는, 자신의 부당이득 상실을 주장하지 못하고 급부의 가액을 반환하여야 하지만, 그 가액은 부당이득반환 채권자가 수령한 반대급부의 객관적 가액(거래가액)을 한도로 하여야 하는데, 왜냐하면 채권자로서는 이 한도까지 자신의 재산을 감소시키는 재산적인 결단을 내렸고, 이러한 결단은 계약의 무효라는 사정에 의하여 제거될 수 없기 때문이라는 것이다. 다시 말하여 부당이득반환 채권자는 급부를 반대급부와 교환하려는 자신의 결정에, 자신이 이행한 급부가 자신이 수령한 반대급부만큼의 가치가 있다는 것을 나타낸 것만큼은 구속되어야 한다는 것이다.

그러나 Flume에 따르더라도 우선 교환된 양 급부가 모두 현존하고 있을 때에는 양 급부의 객관적 혹은 주관적 가치에 관계없이 교환되어야 하고, 따라서 무효인 계약에 포함된 당사자들의 평가는 배제되는데, 이것이 바로 계약의 무효로 인한 청산의 목적이다. 다른 말로 한다면 계약의 무효에 의하여 당사자들에게는 계약에 포함된 평가에서 벗어날 기회가 부여되는 것이다. 그리고

10) BGH NJW 1962, 580.

11) Der Wegfall der Bereicherung in der Entwicklung vom römischen zum geltenden Rechts, Festschrift für Niedermeyer, 1953, S.103 ff.

Flume도 당사자의 평가가 목적물의 가치에 관한 잘못된 관념에 근거한 것일 때, 예컨대 착오로 인한 취소의 경우에는 당사자들을 무효인 계약에 근거한 평가에 구속시키지 않는데, 이는 Flume의 견해 자체와도 모순되며, 이는 Flume의 견해가 반드시 "무효인 계약에 포함된 평가에의 구속"을 전제로 하지 않고 있다는 의미도 된다. 따라서 위 이론이 적용될 수 있는 통상의 무효로는 방식위배로 인한 무효와 금지법규 위반으로 인한 무효가 남을 뿐인데, 이 경우에도 Flume 자신이 착오의 경우에 계약에 포함된 평가에의 구속에 반대하는 논거가 그대로 적용될 수 있다.

따라서 계약의 무효나 취소의 경우에는 일반적으로 무효인 계약에 포함된 개별 급부의 평가는 배제된다고 보는 것이 상당하다. 그러나 부당이득의 상실을 일반적으로 고려하지 않는 것이 타당한지 여부는 별개의 문제이며, 또한 Flume의 견해나 차액설 등에 의하여 부당이득의 상실의 주장을 제한하려는 통설의 견해도, 일방만이 이행한 계약을 충분한 이유없이 쌍방이 모두 이행한 계약과 달리 취급하려는 문제점이 있다(S. 65-74).

4. 반론과 결과(Einwände und Ergebnisse)

위의 주장에 대하여는 몇 가지 반론이 있을 수 있다. 그 하나는, 이는 의무부담행위와 처분행위가 다같이 무효인 경우와, 의무부담행위만이 무효인 경우의 차이를 불분명하게 하고 있다는 것이다. 그러나 양자가 유사하게 취급되는 것은 문제점이 대체로 일치하기 때문이며, 위의 주장에 의하더라도 양도가 무효이면 매매목적물이 매수인의 책임재산의 일부가 되지 않고, 따라서 그의 채권자에 의한 攻取의 대상이 되지 않으며 매도인은 매수인이 파산하면 別除權을 행사할 수 있다는 점에서 차이는 존재한다(S. 74-75).

다른 반론은, 매수인이 목적물을 처분할 권한을 부여받는다면, 그는 처분의 경제적 결과에 관심이 없으므로 지나치게 저렴한 가격에 처분할 위험성이 있다는 것이다. 이러한 이유에서, Flume의 견해에 따라, 매수인이 매매목적물에 대하여 강제집행을 함으로써 부당이득반환청구권의 만족을 받는 것이 유일하게 가능한 해결책이라고 할 수도 있다. 그러나 이러한 방법이, 매수인이 임의로 매각하는 것보다 경제적으로 더 나을지는 의심스럽다(S. 75).

또 다른 반론은, 독일민법은 (상속법의 경우를 제외하고는) 그 법률효과에 관련한 일부무효를 인정하지 않고 있다는 것이다. 그러나 이러한 법률효과에 관련한 일부무효를 인정하는 견해가, 법률이 무효인 계약의 청산을 당사자에게 강제하지 않음으로써 그 한도 내에서는 무효인 계약의 임의이행을 인정한다는 사실을 올바르게 평가할 수 있다는 것이다. 즉 임의로 이행된 무효인 계약에 대한 법률의 태도는 사적 자치에 의한 행동의 "부분적인 승인"이고, 이러한 관점에서는, 무효인 계약의 이행을 그것이 법률상 허용된 행동인가(예컨대 방식위배인 계약의 이행), 아니면 법률이 금지한 것인가(예컨대 장물임을 알고서도 매매하는 것)에 따라 달리 평가하는 것을 쉽게 이해할 수 있다(S. 75-76).

마지막으로는, 베를린 고등법원(Kammergericht)의 한 판결례[12]에 대하여 언급할 필요가 있다. 여기서는 자동차 매수인이 계약의 이행이 완료된 뒤에 자신이 매도인으로부터 기망당하였다는 것을 알고, 매매대금의 반환을 청구하는 소송을 제기하였는데 그 소송 중에 약 15개월 뒤 매수인이 자동차를 제 3 자에게 매각하고, 청구를 자신의 매매대금과 자동차의 시가와의 차액만으로 감축하였다. 베를린 고등법원은 매수인이 자동차를 제 3 자에게 처분한 것은 계약의 취소와는 모순되므로 이로써 취소권을 상실하였다고 보았으나, 연방대법원은 이를 부정하였다.

위의 사례에서 보듯이, 취소된 매매계약은, 매도인이 자신의 청산의무를 이행하지 않는 한, 매수인에게 목적물을 처분할 권한을 부여한다고 보아야 한다(S. 76-78).

이처럼 의사표시의 법률효과에 관련된 무효의 개념은, 무효인 계약의 청산에 관련하여 나타나는 문제를 보다 적절하게 해결하는 것을 가능하게 한다(S. 79).

Ⅴ. 제 4 장: 財産引受로 인한 責任의 問題點들(Probleme der Haftung wegen Vermögensübernahme)

이어서 제 4 장에서는 무효인 재산양도가 무효인 경우 양수인이 양도인에 대한 채권자에게 부담하는 책임에 관하여 살펴보고 있다.

---

12) BGH LM Nr. 18 zu §123 BGB(1958)의 원심판결.

1. 獨逸民法 제419조에 의한 責任(Die Haftung nach §419 BGB)

독일민법 제419조는, 계약에 의하여 다른 사람의 재산을 양수한 자에 대하여는 양도인의 채권자가 양도 당시에 존재하였던 청구권을 양수인에 대하여도 주장할 수 있다고 규정하고 있는데, 종래의 학설과 판례는 오래 전부터 이와 같은 양수인의 책임은, 그 양도계약이 무효인 경우에도, 그 무효의 사유가 어떤 것인가에 관계없이 인정된다고 하고 있었다. 논자에 따라서는 제419조에서 말하는 "계약"을 物權的인 契約(dinglicher Vertrag)으로 이해하기도 하나, 통설에 따른다면 제491조에 의한 책임의 발생은 채권계약의 체결시이고 따라서 제419조에 있어서도 채권계약이 중요한 의미를 가진다. 여기서는 무효의 문제가 제419조의 이론적인 근거를 어떻게 파악하는가에 따라 어떻게 달라지는가를 살펴본다(S. 80-82).

가. 財産의 "負擔"으로서의 債務(Die Schulden als "Last" des Vermögens)

한 견해는, 제419조의 근거가 "채무는 재산을 따른다(die Schulden folgt dem Vermögen)"라는 명제의 승인이고, 채무는 재산의 부담이며, 재산은 권리와 의무의 통일체라는 데 있다. 이 견해에 의하면 段階的 無效概念(abgestufter Nichtigkeitsbegriff)에 따를 때에는 채권계약이 방식위배로 무효이지만, 당사자가 이를 이행하고 그 상태를 유지하는 한 제419조에 의한 양수인의 책임은 인정될 것이다. 왜냐하면 독일민법 제311조의 방식규정의 목적은 양도인 보호에 있지 양수인 보호에 있는 것이 아니기 때문이다. 그러나 양수인의 행위능력이 제한되어 양도계약이 무효인 경우에는, 독일민법 제108조는 제한된 행위능력자의 보호를 목적으로 하는 것이기 때문에, 제419조에 의한 양수인의 책임은 부정되어야 한다.

그리고 위의 견해에 의한다면 제419조에 의한 책임은 개별 재산이 매매되었을 때에는, 그것이 양도인의 전재산이라 하더라도 인정될 수 없다. 반면 예컨대 합명회사의 재산 양도와 같은 특별재산(Sondervermögen)의 양도에 있어서는 제419조는 당연히 적용된다(S. 82-87).

나. "自然的인 信用의 基礎"의 保護(Der Schutz der natürlichen Kreditunterlage)

그러나 통설에 따르면 제419조는 채권자가 가장 넓은 의미에서 자신의 자연적인 신용의 기초를 빼앗기는 것으로부터 채권자를 보호하려는 데 있다. 이 견해에 따를 때에는 재산의 양도가 계약에 의하여 이루어지는지, 법정채권관계에 기하여 이루어지는지를 불문하고 제419조가 적용된다. 그리고 이 견해에서는 재산양도로 인한 책임은 법률행위의 효과가 아니기 때문에 채권계약의 무효는 아무런 문제가 되지 않으며, 총체적 재산이 양도되는지, 개별 대상이 양도되는지에 따라서도 차이가 생기지 않는다. 다만 이 경우에 통설과 같이 왜 양수인이 개별 재산이 양도인의 전재산에 해당한다는 것을 알아야 하는가는 설명하기 어려우며, 또 재산양도로 인한 책임이 채권적인 양도계약의 체결과 함께 개시된다는 점도 이해하기 어렵다(S. 87-89).

다. 無效槪念을 위한 結果(Folgen für den Nichtigkeitsbegriff)

채권계약의 무효는 위 전자의 견해에서만 문제로 되고, 후자의 견해를 따를 때에는 문제되지 않는다. 그러나 전자의 견해에 따른다면, 여기서 주장하는 무효의 개념은 발생하는 문제에 적합한 해결책을 가능하게 한다(S. 90-91).

2. 商法 제25조에 의한 責任(Die Haftung nach §25 HGB)

이와 유사한 표현이 독일상법 제25조[13]에 관한 주석서에서 발견된다. 즉 이 경우 영업양수인의 책임에 대한 신뢰의 보호는 양도인과 양수인 사이의 관계와는 관계가 없고, 따라서 양도행위의 효력에 좌우되지 않으며, 양도행위가 존재하지 않더라도 양수인의 책임은 인정될 수 있으나, 다만 양수인의 행위능력이 제한되거나 무능력일 때 내지 채권자가 양도행위에 취소사유 있음을 안 때에는 양수인의 책임은 인정되지 않는다.

이에 관하여도 이론적인 다툼이 많은데, 1설은 위 조문을 거래상 채권이 영업을 지향하는 것으로 본다거나 또는 채무가 영업에 속하는 것으로 본다는 이유에서 "법률이 정하는 법률효과"라고 보는 반면, 다른 설은 위 조문에 의한

13) 상호를 속용하는 영업양수인의 책임에 관한 우리 상법 제42조와 같은 취지의 규정이다.

책임을 양수인의 고유한 행위에 대한 해석의 결과(일반인에 대한 의사표시, Erklärung an die Öffentlichkeit)라고 주장한다(S. 91-93).

가. 法律에 의한 責任(Haftung aus Gesetz)

이 설에 의하면 양수인의 양도인에 대한 법률관계는 법률행위적인 것이지만, 양도인의 채권자에 대한 양수인의 책임은 영업양도의 계약을 요건으로 하는 법률에 의한 법률효과이다. 이 경우에 "부분적으로 유효한(teilgültiges)" 법률행위이면 책임의 요건으로서 충분하다고 한다면, 동일한 행위의 효과가 양도인과 그 채권자에 대하여 다르게 나타나는 것이 된다(S. 93-94).

나. "一般人에 대한 意思表示"로 인한 責任(Haftung aus "Erklärung an die Öffentlichkeit")

이 설에 따르면 양수인의 양도인에 대한 법률관계나 양도인의 채권자에 대한 법률관계는 다같이 법률행위적인 것이라고 한다. 즉 양수인은 두 가지의 의사표시를 하는데, 양도인에 대하여는 영업의 양수에 이의가 없다(양도인에 대한 관계에서는 채무의 인수를 배제할 수도 있다)는 의사표시를 하고, 양도인의 채권자 내지 일반인에 대하여는 자신이 양도인의 채무를 인수한다는 의사표시를 한다는 것이다. 이 경우 두 개의 의사표시가 단일한 법률행위를 이룬다면, 양도인에 대한 의사표시가 무효이거나 취소될 수 있으면 독일민법 제139조에 의하여 일반인에 대한 의사표시도 유효하지 않게 된다. 그러므로 통설은 위 두 가지의 의사표시는 서로 독자적인 것이라고 볼 수밖에 없다. 이 경우에는 절대적인 무효개념에 의하더라도 문제가 생기지는 않는다.

그러나 위 두 개의 의사표시가 독자적이고 서로 별개의 것이라고 한다면, 왜 양수인의 책임이 그가 실제로 영업을 양수한 경우에만 인정되고, 영업양수인인 것처럼 행세하기만 한 경우에는 인정되지 않는지를 설명하기 어렵다. 근본적으로 위 설은 위 두 개의 의사표시가 서로 관련이 있어서 상호 의존적이라는 것을 고려하지 않고 있으며, 이론적인 일관성도 없다. 그러므로 위 두 개의 의사표시는 각각 독자적인 것이 아니라 하나의 단일한 법률행위이며, 다만 이를 무효를 지시하는 법규정의 목적에 따라 상이하게 평가하는 것이라고 보아야 한다.

예컨대 양도인이 양도계약을 착오나 기망을 이유로 취소하는 경우에는, 단계적 무효개념을 적용하면 취소를 인정하는 법률의 목적에 반하지 않는 한 양수인의 행위를 유효한 것으로 취급할 수 있는 여지가 있다. 취소를 인정하는 법률의 목적은 영업을 양도할 양도인의 의무를 면하게 하는 것이고, 이에 따라 양수인의 양도인에 대한 대금지급의무도 면제되지만, 이는 양도인의 채권자에 대한 행위의 효력과는 관계가 없고, 양수인의 영업 양수의 의사표시에 있어서는 양도계약의 효력은 하나의 동기에 불과하며 따라서 채권자로서는 중요하지 않은 것이다. 반대로 양수인이 영업의 본질적인 특성에 관한 착오를 이유로 양도계약을 취소하는 경우에도, 양수인의 채권자에 대한 행위에 있어서는 영업의 특성에 관한 양수인의 기대는 채권자에 대한 관계에 있어서는 표시되지 않은, 중요성을 가지지 않는 기대에 불과하므로 양수인으로 하여금 자신의 행위로 인한 채권자에 대한 의무에서 벗어나게 할 이유가 없다.

그리고 양도인이 행위무능력인 경우에는 양수인은 양도인에 대한 관계에서는 양도인의 행위의 효력을 주장할 수 없지만, 무능력자 보호를 규정하는 독일민법 제105조가 양수인의 채권자에 대한 행위까지 무효로 하도록 요구하는 것은 아니다. 다만 채권자가 양수인의 착오를 알았다거나 하는 경우에는 양수인은 양도계약의 취소로써 채권자에 대하여도 대항할 수 있고, 또 예컨대 藥師 아닌 자에 의한 약국의 경영과 같이, 영업의 양도와 속행이 법률에 의하여 금지되고, 그 금지가 직권으로 시행되며, 채권자가 이를 알았을 때에도 마찬가지로 보아야 한다.

이러한 원칙에 의하면, 양수인이 영업을 양도인의 동의 없이 계속한 때에도 제25조에 의한 책임을 부담한다는 점을 쉽게 이해할 수 있다(S. 95-99).

다. 無效槪念을 위한 結果(Folgen für den Nichtigkeitsbegriff)

이러한 설명은 무효의 효과를 무효를 지시하는 法規의 목적에 따라 다양화하는 또 다른 가능성을 보여준다. 즉 법규 목적의 고려는 의사표시의 효과를 부분적으로는 유효하고 부분적으로는 무효인 것으로 다룰 수 있을 뿐만 아니라, 무효의 효력범위를 서로 다른 사람에 대하여 서로 다르게 판단하는 것도 가능하게 한다. 그리하여 무효란 의사표시에 불가분적으로 부착된 특성이 아니라, 특정한, 의사표시에 대하여 관찰될 수 있는 태도일 뿐이며, 이는 구체적인 의사표시에 있어서도 1회적으로 확정될 필요는 없다는 점이 더욱 명확하게 드러난다(S. 99-100).

Ⅵ. 제 5 장: 無效와 訴訟(Nichtigkeit und Prozeß)

제 5 장에서는 무효와 민사소송의 문제를 다룬다.

무효가 개별적 법률효과의 배제라고 한다면, 이는 특정한 소송절차의 종류와도 직접적인 관련을 가진다. 다시 말하여 무효에 의하여 배제되는 것은 계약의 관철을 위한 국가의 협조에 대한 청구권, 즉 履行의 訴(Erfüllungsklage)이다. 반면 (무효인) 계약의 임의적인 이행은 가능하고, 당사자가 이를 이행한다고 하여 반드시 위법한 것은 아니다. 특정한 경우에 이러한 이행이 법률상의 원인으로 승인되고, 계약이 이행에 의하여 구속력을 가지게 되는 것은 이러한 履行可能性(Erfüllbarkeit)의 결과일 뿐이다. 법률이 무효라고 규정하는 것은 일차적으로는 법관에 대하여 이행의 소를 기각하라는 지시일 뿐이다. 당사자가 다른 부분에서는 계약을 유지하면서도 개별적인 의무만을 면하기 위하여 계약의 무효를 주장할 때 법관이 계약을 존재하지 않는 것으로 다루어야 한다는 것은 부당하다. 방식위배의 계약이 이행된 경우에는 이 계약이 체결되지 않은 것으로 다루거나, 제 3 자에 대한 관계에 있어서 부존재하는 것으로 다룰 수는 없다. 이에 반대하는 견해는 실체법과 절차법의 준별의 결과일 것이고, 이러한 준별은 실체법과 절차법의 특정한 맥락에서 의미를 가지는 법률규정을 순수하게 실체법적으로 관찰하여 이를 사법상의 의사표시가 법률적 의미를 가질 수 있는 일반적인 조건(allgemeine Bedingung)으로 취급하게 된다. 그러나 이는 법률이 다른 맥락에서는 이 점을 고려하지 않는다는 것을 염두에 두지 않는 것으로서, 이러한 조건을 준수하지 않은 의사표시는 한편으로는 허용되고 적법한 것으로, 다른 한편으로는 법적으로 존재하지 않는 것으로 나타날 수 있다(S. 101-102).

1. "法에 있어서 二重效"의 이론(Die Lehre von den "Doppelwirkungen im Recht")

가. Kipp의 견해

무효와 소송의 관련에 대한 명시적인 언급은 이른바 二重效의 이론에서 우선 찾아볼 수 있다. Kipp는 이 이론에서, 법률행위의 무효는 그 취소를 배제하는 것은 아니라는 견해를 표명하였다.[14] 즉 K가 미성년자 A로부터 그의 자동차를 기망에 의하여 매수하고 이를 제3자 D에게 다시 매도하였는데, D는 위 기망 사실은 알았으나, M이 미성년자라는 사실은 몰랐다고 한다면, M이 D에게 자동차의 반환을 청구함에 있어 M이 미성년이라는 이유로 K와 A 사이의 무효를 주장하면 D는 자신의 선의취득을 주장할 수 있지만, M이 K의 기망을 주장하여 K와의 계약을 취소하면 D는 선의취득을 주장할 수 없는데, Kipp는 이 경우에 무효인 계약의 취소가능성을 긍정하면서 그 근거로서, 청구권이 여러 가지의 청구원인에 근거할 수 있는 것과 마찬가지로, 소송에서도 여러 가지의 무효원인을 주장할 수 있어야 하며, 의사표시가 취소할 수 있는 것인지, 아니면 무효인지의 판단은 법률적인 관찰방식의 종류일 뿐이고, 따라서 K와 M 사이의 계약은 M의 미성년 때문에 무효일 뿐만 아니라 M의 취소 때문에 무효이기도 하다고 하였다(S. 102-103).

나. Henle의 견해

이러한 Kipp의 견해는 당시의 통설로부터 심하게 비판받았으나 통설도 그 결론은 수용하였다. Henle는, 법을 (법률적) 원인 — (법률적) 효력{(rechtliche) Ursache — (rechtliche) Wirkung}이라는 圖式에 의하여 파악할 수 있다고 주장한다.[15] 미성년자가 체결한 계약은 유효한 계약의 효력을 가질 수 없으므로 이를 더 이상 취소할 수 없으나, 계약의 무효에도 불구하고 발생하는 법률적 효력은 취소할 수 있고, 의사표시 그 자체가 아니라 의사표시의 법적 효력을 취소할 수 있다는 것이다(S. 103-104).

그러나 이러한 Kipp의 견해나 Henle의 견해는 다같이 문제가 있다. K와 M 사이의 계약의 효력은 이들 사이에서만 문제되지, M과 D 사이에서는 문제되지 않으며, D의 소유권 취득에 있어서는 M이 미성년자라도 K가 소유자가 되는지 여부는, K가 소유자가 아니라는 결함을 자신의 선의로 갈음할 수 있기 때문에 문제되지 않는다. M과 D 사이에서는 D가 M이 K에게 자동차를 매도

14) T. Kipp, Über Doppelwirkungen im Recht, insbesondere über die Konkurrenz von Nichtigkeit und Anfechtbarkeit, FS v. Martiz, 1911, S. 211 ff.

15) R. Henle, Das Anwendungsgebiet der Anfechtbarkeit wegen Drohung, in: Festschrift für Zitelmann, 1913, S. 32 ff.

하였다는 점을, K가 M을 기망하였다는 점을 알면서도 자신의 소유권 취득의 근거로 주장할 수 있는지만이 문제되고, 이를 부정한다면, K와 M 사이의 계약의 무효의 근거를 별도의 취소에서 찾을 필요는 없게 된다는 것이다. 二重效의 이론은 Kipp 자신이 지적하는 것처럼 무효를 관찰방식이 아니라 의사표시의 특정한 존재양식의 실재적인 원인(reale Ursache)으로 볼 때에만 필요한 것이다.

이러한 Kipp 이론의 문제점에도 불구하고 그 논리가 그 후 법원의 실무에서 받아들여진 것은, 그가 무효의, 민사소송이라는 특정절차에서의 실행이라는, 문제의 해결을 위한 결정적인 관점을 명백히 하였기 때문이다(S. 104-105).

2. 無效인 法律行爲에 관한 和解(Vergleich über nichtige Geschäfte)

무효의 효과를 처음부터 특정한 절차에 연관시켜야 할 필요성은 화해의 이론에서 특별히 부각된다. 예컨대 거래상의 경험이 부족한 V가 재정적인 어려움에 빠져 K에게 자신의 부동산에 근저당권을 설정하여 주는 대신 돈을 대여하여 줄 것을 요구하자, V는 과세표준가격이 10,000 마르크인 위 부동산을 자기에게 15,000 마르크에 팔라고 하여 그대로 매매계약이 체결되고 이행되었다. 그 후 V가 다른 사람으로부터, 부동산의 시세는 과세표준가격의 2-3배에 이른다는 사실을 알고, K에 대하여 위 매매가 불공정한 법률행위로서 무효라고 주장하여 분쟁이 생겼는데, V와 K는, K가 V에게 3,000 마르크를 더 지급하고 대신 당사자 사이의 모든 청구권은 처리된 것으로 하기로 공증의 방식으로 합의를 하였다. 이 경우에, K 명의의 등기는 무효인 물권적 합의(Auflassung)에 근거한 것이기 때문에 訂正登記의 대상이 되어야 한다는, V의 주장에 대하여는 어떻게 판단하여야 할 것인가?(S. 105-106).

가. 통설에 근거한 해결(Lösung auf dem Boden der herrschenden Lehre)

이에 대하여는 우선, 이러한 계약이 제1차의 법률행위가 불공정한 것이었는가에 대한 다툼을 종식시키려는 것이었으므로, 화해의 채권적인 합의가 그러한 소송을 배제한다고 말할 수 있을 것이다. 그러나 (제1차의 법률행위가 불공정한 것이 아니었다는) 화해에 포함된 당사자의 법률적 견해만으로는 登記訂正의 訴訟(Grundbuchsberichtigungsklage)을 배제할 수 없고, 이러한 당사자의 견해가 법원을 구속할 근거도 없다. 그러므로 화해에는 V가 K를 상대로 그러한 등기

정정의 소송을 더 이상 제기하지 않겠다는 의무를 부담하기로 하는 의사가 있었다고 해석할 수도 있다. 그러나 그와 같은 "不提訴의 合意(pactum de non patendo)"는 K를 그의 소유권을 다투는 제3자의 청구로부터 충분히 보호하지 못할 뿐만 아니라, 그러한 해석과 결부된 등기와 소유권의 괴리는 법의 목적에 부합하지 않는다. 독일민법 제986조 제2항을 원용하여 원고가 등기에 합치하는 상태를 창출할 의무를 부담한다고 하는 항변을 피고가 할 수 있다고 하는 이론구성도 있을 수 있으나 이 또한 제3자에 대한 관계에서는 동일한 문제점이 있다. 그리고 K가 등기정정소송에 대한 방어를 통하여 완전한 소유자의 지위를 획득한다고 한다면, 이는 부동산의 소유권은 物權的 合意(Auflassung)와 등기에 의하여만 획득할 수 있다고 하는 현행법의 범위를 넘어서는 것이다. 다른 한편, 물권적 합의는 등기보다 후에 이루어질 수도 있고, 위 화해는 앞의 물권적 합의가 무효인 경우에 대비한 새로운 물권적 합의라고 하는 견해도 있다. 그러나 그러한 화해의 해석이 가능한지는 별론으로 하고, 이를 물권적 합의라고 본다면 우선 그에 필요한 (행정청의) 인가를 다시 얻어야 한다는 문제점이 있다. 결국 통설에 따른다면 소유자로 등기는 되었으나 소유자는 아닌 자가 등기라는 사실에 의하여 실제상의 소유자가 되지만 이를 법적으로 적절하게 설명할 수는 없게 된다. 뿐만 아니라 이러한 이론구성에 의하면 제3자가 제1차 계약의 유효 여부의 문제를 해명하도록 강요할 수 있게 된다(S. 106-109).

나. 판례의 묘사(Darstellung der Rechtsprechung)

보다 중요한 것은, 이러한 견해가 화해를 이전의 법률행위의 "만일에 대비한 반복(vorsorgliche Wiederholung)"으로 보는 것인데, 이는 이러한 계약의 특성을 제대로 보지 못하는 것이다.

帝國大審院(Reichsgericht)은 처음에는 무효이거나 訴求할 수 없는 법률행위에 대한 화해에 대한 승인을, "금지와 무효는 당사자의 작용으로부터 벗어나 있기 때문"이라는 이유로 거부하였다. 그러나 제국대심원은 1902년에는 견해를 바꾸었다. 즉 당사자 사이에 賣買契約 내지 委託賣買인지 아니면 訴求할 수 없는 差額去來(Differenzgeschäft)[16]인지에 관한 다툼이 있어 이를 재판상 화해에

16) 商品이나 有價證券의 供給契約의 형식을 취하고 있으나 실제로는 합의된 가격과 공급시점의 시세와의 차액의 지급을 목적으로 하는 계약. 독일민법 제764조는 이를 賭博(Spiel)으로 보아 그 구속력을 부인하고 있다.

의하여 해결하였는데 그 화해의 효력이 문제된 사안에서, 도박과 차액거래가 訴求할 수 있는 의무를 부담시킬 수 없다는 것은 화해나 인낙에 의하여도 달라질 수 없지만, 차액거래인지 아닌지에 관하여 다툼이 있는 때에는 이는 화해에 의하여 조정할 수 있고, 이는 도박채무의 이행이 아니라 분쟁의 해결에 그 근거가 있으며, 이에 대하여는 도박계약의 訴求權能을 부정하는 이유가 타당하지 않다고 하였다. 이 이후로는 판례는 이러한 이유로 금지법규에 위반되는 등의 이유로 무효인 법률행위에 대한 화해를 승인하였고, 통설도 이를 지지하였다. 그러나 판례는 양 당사자들이 법률행위가 무효임을 안 경우에는 무효이거나 訴求할 수 없는 법률행위에 대한 화해를 승인하지 않았고, 이 한도에서는 이전의 판례를 유지하였다.

무효인 법률행위에 대한 화해가 허용되는 것은, 판례가 말하듯이 당사자가 무효 여부에 관한 진지한 분쟁을 해결하려고 했을 때에는 무효인 법률행위에 대한 화해도 유효한 것이 아니라, 당사자들이 무효인 법률행위를 국가의 협력 없이도 청산할 수 있고, 따라서 그 청산의 방법에 관하여 화해를 할 수 있기 때문이라고 보아야 한다. 그러므로 그것이 무효 여부에 관한 진지한 분쟁을 해결하려고 하는 것이거나, 화해가 무효인 법률행위를 해소하고 이전의 상태를 회복하는 것이기 때문에 무효인 법률행위에 대한 화해가 허용된다고 하는 공식을 늘 찾아볼 수 있다. 판례에 따른다면 무효임을 알았거나 또는 전혀 모른 경우에는 화해는 효력이 없는 반면, 무효 여부에 관한 분쟁을 종결시키는 화해는 유효한 것이다. 그러므로 무효인 법률행위에 대한 화해는, "만일에 대비한 반복"으로 볼 수 없고, 민사소송을 예방하거나 이를 대체하는 계약이라고 할 수 있다. 통설도 이와 같은 점을 인정하고는 있으나, 통설은 무효를 특정한 소송상의 효과와 결부시키지 않고 있기 때문에 화해의 소송상 효력 외에 일반적인 실체법상의 효력을 상정하고 있어 모순에 빠지는 것이다(S. 109-113).

다. 批判(Kritik)

그러므로 통설은 무효인 법률행위에 대한 화해에 관한 판례를 분명하게 설명하지 못한다. 통설은 당사자들이 사적 자치의 대상이 되는 청구권에 관하여만 화해할 수 있음을 전제로 하고 있으며, 따라서 무효인 법률행위에 기인하는 청구권에 대한 실체법상의 법률행위는 배제되나, 청구권의 무효 여부에 관한 분쟁이 사적 자치의 한계를 넓힌다는 점도 인정하기 어렵다. 문제를 평화적으로 해결하여야 하는 필요성이 존재하기 때문에 당사자들에게 국가적 이익도 결정하도록 맡겨진다는 주장도 있으나, 이러한 주장은, 국가가 분쟁의 평화적 해결에 대하여, 무효를 지시하는 법규정에 포함된 명령의 실현보다 더 이익을 가진다는 점을 증명하지 못하고 있다. Schnorr von Carolsfeld는 무효인 법률행위에 대한 화해는 그 무효가 공공의 이익의 보호를 위한 것일 때에는 허용될 수 없다고 하면서, 그 예로서 有限會社가 有限會社法 제30조에 위반하여 특정된 금액을 사원에게 지급할 수 있는가에 대한 화해가 무효라고 하는 점을 들고 있으나, 이 설은 이러한 무효인 화해를 다른 금지된 법률행위에 대한 화해와 구별할 수 있는 유용한 기준을 제시하지 못하고 있다. 그러므로 통설은 금지된 법률행위의 적법성에 대한 근거도, 그러한 화해를 합리적인 한도르 제한할 수 있는 유용한 기준도 제시하지 못하고 있다(S. 113-114).

라. 民事訴訟을 지향하는 契約으로서의 和解(Der Vergleich als Vertrag, der auf den Zivilprozeß gerichtet ist)

반면 무효가 처음부터 계약의 특정한 소송상의 효과에 관련된 것임을 고려한다면, 즉 무효를 규정하는 것이 제1차적으로는 이행의 소의 배제 내지 임의로 이행된 계약의 청산에 대한 국가적 협력의 제공을 의미하는 것이고 따라서 당사자들에게 특정한 청구권을 제공하는 것임을 전제로 한다면 이러한 어려움은 해소된다. 즉 이러한 청구권의 주장이 당사자의 주도에 맡겨진다면 이는 바로 이러한 청구권의 주장이 사적 자치의 대상이 된다는 것을 의미한다. 그러므로 무효인 계약에 대한 화해의 적법성을 설명하기 위하여 사적 자치의 영역을 확장할 필요가 없게 될 뿐만 아니라, 그러한 화해의 한계는 국가가 임의로 이행된 계약의 청산을 당사자의 자유로운 결정으로부터 박탈하는 데서 찾을 수 있다. 국가가 무효인 계약의 청산을 명령하거나 이를 강제하는 경우에는 화해는 효력이 없는데, 이때에는 국가가 당사자의 합의에 의한 소송의 예방보다는 법규의 준수에 더 이익을 가진다는 것이 명백하기 때문이다. 반면 계약의 무효를 고려할 것인가 아닌가가 당사자에게 맡겨진 경우에는 국가는 법규정의 준수보다 당사자들의 평화적인 합의에 더 이익을 가진다. 그러므로 무효인 법률행위에 대한 화해의 허용 여부는 무효인 계약의 "任意的 履行可能性(freiwillige Erfüllbarkeit)"과 대응한다.

이로써 私的인 이익을 위한 무효규정과 공공의 이익을 위한 무효규정의 구별이 결정적인 관점이 될 수 없다는 것이 명백해진다. 국가가 무효인 계약을 당사자가 임의로 이행함으로써 무효규정의 목적을 수포로 돌아가게 하는 것을 직권에 의하여 막지 않는 한, 무효규정이 당사자의 별도의 행동에 의하여 배제될 수 없을 정도로 중대한 것은 아니다. 방식위배의 계약은 공공의 이익에도 봉사하지만, 당사자의 이행이 있으면 더 이상 없는 것으로 돌릴 수는 없는 것이다. 그러므로 무효규정의 분류에 있어서는 공공의 이익을 위한 것인가, 私的인 이익을 위한 것인가가 중요한 것이 아니라, 무효인 계약이 당사자에 의하여 임의로 이행될 수 있는 것인가 여부가 중요하다.

이러한 주장에 대하여는 왜 쌍방 당사자가 법률행위가 무효임을 알았을 때에는 그에 대한 화해가 무효인지를 설명할 수 없다는 반론이 있을 수 있으나, 당사자들이 무효임을 알면서도 행하는 화해는 종전 법률행위의 반복에 지나지 않으며, 따라서 종전의 무효사유가 제거되어야만 그에 대한 화해가 유효할 수 있고, 화해가 종전의 무효인 법률행위와 다르게 취급되기 위하여는 그것이 다른 목적을 가져야 하는데, 이는 "紛爭의 調整(Beilegung des Streites)" 또는 "不確實性의 除去(Beseitigung der Ungeweißheit)"와 같은 화해의 소송상 효과, 즉 소송의 대체물이라는 기능이다. 이 때문에 화해의 약정에 의하여 이루어진 당사자간의 법률관계의 규율이 법적 구속력이 있는 것이다.

이러한 방식으로 종래의 판례와 학설은 일반적인 원칙과의 모순 없이 설명할 수 있다. 화해는 소송상의 효과를 지향하는 것이고, 그에 의하여 동일한 대상에 대한 또 다른 실체적인 결정을 예방한다. 반면 또 다른 실체적인 결정은 화해에 의하여서만 배제될 수 있는데, 당사자들이 화해라고 이름을 붙인다 하여 모두 화해는 아니며, 당사자들이 무효임을 안 경우에는 그에 관한 계약은 화해가 아니라 추상적인 채무의 승인으로서, 그것이 유효하기 위하여는 유효한 의무에 근거한 것이어야 한다(S. 114-118).

마. 和解와 權利取得의 관계(Verhältnis von Vergleich und Rechtserwerb)

이처럼 판례와 학설이 무효인 법률행위에 있어서 일정한 범위의 화해를 허용하는 것은 무효의 효과를 처음부터 민사소송과 관련지울 때에만 의미 있는 일관성의 표현으로 나타난다. 이처럼 보아야만 무효원인의 부존재를 의사표시의 일반적인 효력조건으로 부당하게 일반화하는 위험을 피할 수 있다. 그러나 무효의 효과를 이처럼 제한하면 법률행위에 의한 권리취득 과정을 어떻게 이론구성할 것인가, 즉 처음의 무효인 계약에 의하여 취득하는가, 아니면 화해에 의하여 권리를 취득하는가 하는 의문이 생긴다.

이는 원계약의 당사자 사이에서는 의미가 없지만 권리를 취득하는 자의 제 3 자에 대한 권한의 문제에 관하여는 중요한 의미를 가진다. 예컨대 무효인 계약의 매도인 자신이 실제소유자가 아니라 (진실한 소유자와의 물권적 합의에 필요한 認可가 없었기 때문에) 등기부상의 소유자에 불과한 것을 매수인은 자신 명의의 등기 후에, 그러나 화해계약 전에 알았다면, 진실한 소유자가 매수인을 상대로 등기 정정에 대한 동의를 청구할 수 있는가? 통설에 따르면 화해는 물권적 법률관계에 관하여는 소급효를 가지지 않기 때문에, 매수인이 최초의 계약에 의하여 권리를 취득하였음을 입증하여야만 진실한 소유자의 청구로부터 자신을 방어할 수 있다. 그러나 매수인이 진실한 소유자의 청구에 대하여 보호받지 못한다면 여러 가지 불합리한 결과가 생긴다. 그러므로 이러한 경우에는 매수인이 처음부터 유효하게 권리를 취득한 것으로 보아야 하는데, 왜냐하면 무효인 법률행위에 대한 화해의 구속력은 방식 위배의 법률행위에 대한 사후적인 구속과 마찬가지로 이러한 계약들의 "임의적 이행가능성(freiwillige Erfüllbarkeit)"과 밀접한 연관이 있기 때문이다. 엄밀하게 심사하면 매수인의 처음의 권리취득은 무효라고 하여야 하겠지만, 화해계약 체결 후에는 최초의 계약에 의하여 소유권을 취득한다고 보아야 하는데, 제 3 자가 무효규정에 의하여 보호되는 계약 당사자의 불이익으로 이러한 심사를 강제할 수 있는 이유를 찾기 어렵고, 이러한 심사가 바로 화해에 의하여 배제되기 때문이다(S. 118-120).

바. 無效의 "絶對的 效果"(Die "absolute Wirkung" der Nichtigkeit)

이러한 생각은 널리 퍼져 있는 무효의 "절대적 효과", 즉 법률행위의 무효는 누구도 주장할 수 있다는 관념과는 명백히 상반되는 것처럼 보인다. 그러나 이는 예컨대 僞造紙幣의 제조에 관한 계약과 같이 국가가 법률행위의 결과를 어느 측면에서도 용인하지 않을 때에는 타당할 수 있으나, 이러한 경우는 법률행위의 不承認이 단순한 무효의 지시나, 형벌의 제재가 결부된 특정한 행위의 금지에 그치는 것이 아니라, 수행된 법률행위의 제거를 가져오는 강제적인 조치(沒收나 清算을 위한 제 3 자의 의무)가 규정되어 있을 때에만 인정될 수 있다. 그 외의 경우에는 누구나 법률행위의 무효를 주장할 수 있는 것은 아닌데, 예컨대 매도인의 동의 없이 부동산에 영향을 미치는 제 3 자는 매수인의 방해배제청구의 소에 대하여, 매수인의 소유권 취득이 무효임을 주장할 수 없다. 왜냐하면 매수인은 자신의 배제청구권을 직접 독일민법 제1004조[17]에 의하여 주장할 수는 없지만, "정당한 占有者(berechtigtem Besitzer)"로서 학설이 제1004조, 제861조 등을 유추하여 발전시킨, 일반적인 방해배제청구의 소를 제기할 수 있기 때문이다. 매수인은 자신의 계약상대방과 그 상대방에 대하여 권리를 가지는 제 3 자에 대하여만 취득행위의 무효 때문에 보호를 받지 못한다. 그러나 이러한 제 3 자도 매도인에게 계약이 구속력 있는 것이 되었기 때문에 계약의 청산을 더 이상 실행할 수 없는 경우에까지 계약의 청산을 실행할 수 있는 것은 아니다. 무효인 계약의 청산을 실행할 수 있는, 계약당사자의 채권자의 권리도 그 존속과 범위에 있어서는 계약당사자의 권한에 의존하지 않으면 안된다. 그러므로 절대적이고, 누구에게나 효력이 있는 무효의 힘은 극히 제한된 의미에서만 타당하다(S. 120-122).

3. 無效槪念을 위한 結果(Folgen für den Nichtigkeitsbegriff)

이러한 설명에 의하면 무효를 명하는 규정은 특정한 민사소송적인 효과의 배제만을 지향하는 것이고, 법률행위의 그 이외의 효과는 발생할 수 있다는 것이 된다. 물론 이러한 무효인 법률행위의 "효력(Wirksamkeit)"은 이러한 법률행위의 "임의적 이행가능성"에 의하여 구분되는 영역에 국한된다.

그러나 이러한 무효행위의 효력범위의 설명은 불명확하고, "임의적 이행가능성"의 개념은 더 정확을 기할 필요가 있는데, 무효의 부정적 효과는 일반적으로 바로 민사소송에 관하여 규정되어 있으므로, 그럼에도 불구하고 남아있는 무효인 법률행위의 긍정적 내용을 단지 실체적 민사법의 영역에서 보여준다는 것은 쉽지 않다. 그러므로 무효인 법률행위가 다른 법률분야에서 어떠한 법률적 효력을 가지는가를 살펴볼 필요가 있는데, 이를 위하여는 稅法이 가장 적당하다(S. 122-123).

---

17) 소유자의 방해배제청구권에 관한 규정. 우리 민법 제214조에 상당한다.

Ⅶ. 제 6 장: 稅法上 國家 承認의 射程距離에 따른 無效의 分化 (Differenzierung der Nichtigkeit nach der Reichweite der Staatlichen Anerkennung im Steuerrecht)

1. 일반적인 전제조건(Allgemeine Voraussetzungen)

이제까지의 설명에 의하면, 통설에 따른 무효개념은, 당사자에 의하여 의욕된 법률효과가 강제적으로 실현될 수 있는가가 문제되는 것이 아니고, 구속력은 없지만 임의적으로 이행된 법률행위가 다른 관계에 있어서는 법질서에 의하여 승인될 수 있고 승인되어야 하는 경우에는 부당한 결과를 가져온다는 것이 명백하다. 이러한 다른 관계에 있어서의 승인은 무엇보다도 세법에서 나타난다.

세법에서는 오래 전부터 민사법상의 개념에의 의존을 극복하려는 노력이 있었으나, 무효인 법률행위의 세법상 취급에 있어서도 민사법과 마찬가지로, 公式的인 표현(formelhafte Wendungen)을 찾아볼 수 있다. 즉 "경제적 관찰법 (wirtschaftliche Betrachtungsweise)"18)의 설명에 있어서, 세법은 "법률관계의 실질적 형성"을 고려하여야 한다거나, 세법은 "무엇이 있어야 하는가"가 아니라 "무엇이 있는가"에서 출발하여야 한다는 것인데, 이는 민사법상의 사실적 계약관계의 설명과 거의 마찬가지이며, 근래에는 양 법률분야의 공통성을 더욱 강조하려는 경향이 늘어나고 있다. 다른 한편 1934년의 租稅適應法(Steueranpassungsgesetz) 제 5 조는 무효인 계약의 취급에 관하여 자세한 규정을 두고 있어서, 오늘날에는 무효인 법률행위로 인한 문제를 더 이상 경제적 관찰법의 과제로 보지 않기도 한다(S. 124-127).

2. 부동산의 "暗賣買"에 있어서의 납세의무(Steuerpflicht bei "Schwarzkäufen" von Grundstücken)

다음의 사례, 즉 부동산 매매 당사자가 실제로 합의한 대금보다 낮은 대금

18) 이는 우리 稅法上 實質課稅의 原則에 해당하는 獨逸式의 表現이다.

을 공증된 계약서에 기재하는 경우가 무효인 계약의 세법상 취급에 있어서 전형적인 문제이다. 이때에는 공증된 계약뿐만 아니라 구두상의 계약도 무효인데, 공증된 계약에 관청의 인가가 부여된 경우에는 물권적 합의도 무효임에도 불구하고 계약은 이행되어 등기부상 매수인이 소유자로 기재되게 된다. 그런데 과세당국이 이러한 사정을 알게 된 때에는 납세의무가 발생하는가, 어떤 대금을 과세의 기초로 하여야 하는가의 문제가 생긴다. 절대적인 무효개념에 따르면 납세의무는 발생하지 않을 것이나, 이는 부당하고, 평등과세의 원칙에도 어긋난다. 그리하여 판례와 학설은 경제적 관찰법의 도움으로 법률행위의 무효에도 불구하고 납세의무를 인정하였는데, 여기서는 법률행위의 결과에 부합하는 외적인 사실상태가 "사실상(tatsächlich)" 실현되었다는 점을 강조하였고, 납세의무는 궁극적으로는 "경제적 효과"에 대한 것이라고 주장되었다. 그러나 이러한 "사실(Tatsache)"의 강조 등은 양쪽에 날이 달린 칼과 같아서, 이른바 "정형적 관찰법(typisierende Betrachtungsweise)"에서는 개별적인 경우에 무엇이 "있는가"는 문제되지 않는다. 그리고 조세의 "경제적 배경(wirschaftlichen Hintergrund)"에 대한 언급도 이러한 의문을 해소할 수 없는데, 예컨대 부동산 취득세의 경우에는 경제적으로는 소유권이 양도인에게 남아있는 경우에도 법률적 소유권의 이전이 납세의무를 발생시키고, 반면 경제적 소유권의 이전만으로는 취득세 납세의무가 발생하지 않는다. 그리고 조세적응법 제 5 조만으로 모든 논의가 종결된 것도 아닌데, 왜냐하면 위 규정은 수미일관한 敎義學的 관점(dogmatische Anschauung)의 표현일 때에만 이를 이해할 수 있기 때문이다.

조세부과의 구체적 내용을 살펴보면 이제까지 앞에서 살펴본 무효인 부동산 매수인의 지위와 일치하는 점이 많다. 납세의무는 계약이 이행되면 발생하고, 청산되면 소멸하며, 당사자가 계약이 존속하도록 놔 두는 한 계약은 "부분적으로 유효(teilgültig)"하다. 그리고 계약이 訴求할 수 있기 때문이 아니라, 국가에 의하여 승인된 부동산 점유의 이전을 가져오기 때문에 과세의 대상이 되는 것이라면, 보통의 무효는 법률행위에 대한 과세를 배제하지 않는다. 과세를 위하여는 "부분적으로 유효한 법률행위(teilgültiges Rechtsgeschäft)"이면 충분하고, 또 이러한 부분적 유효성은 시간이 지나면 완전한 유효로 바뀔 수도 있다. 그러므로 매수인은 무효인 계약의 이행에 의하여 단지 경제적 이익만을 얻는 것이 아니라 국가와 제 3 자에 대하여 소유자로 될 수 있는 법적 지위를 획득하는 것이다.

이러한 견해는 이미 1901년의 프로이센 고등행정법원의 판결에서 찾아볼 수 있는데, 위 판결은 다음과 같이 판시하였다.

즉 무효인 법률행위는 존재하지 않으므로 그것이 유효할 때 발생하는 법률효과를 발생시키지는 못하지만, 그렇다고 하여 무효인 법률행위의 당사자의 재산 및 수입관계를 그 법률행위가 전혀 체결되지 않은 것과 마찬가지로 판단하여야 하는 것은 아니며, 법률행위가 체결되고 당사자들에 의하여 법률행위에 제공된 것은 그 법률행위에 사실상의 의미를 부여하고, 이는 법이 고려하지 않으면 안 된다. 당사자들로서는 위 법률행위가 유효한 것과 마찬가지로 다루어서 임의의 이행에 의하여 의무를 수행할지 여부를 선택할 수 있기 때문이다. 특히 경제적인 관점이 법적 관점만큼 고려되어야 하는 세법의 분야에서는 무효인 법률행위의 부분적 또는 완전한 이행이 가져오는 변화가 원칙적으로 고려되지 않아서는 안 된다. 그렇지 않다면 무효인 매매계약 및 물권적 합의에 기하여 등기부상 소유자로 기재된 자가, 그 부동산을 양도인의 의사에 기하여 자신의 것으로 점유하고 수익하고 있음에도 불구하고 그 수익에 대하여 소득세의 납세의무가 없다는 불합리한 결과가 된다.

이처럼 당사자의 의사를 고려한다면, 무효인 매매계약은 법률적으로 존재하는 것이 되는데, 법률적인 고찰에 있어서 그 의도와 관련하여 고려되는 "사실상의 의사(tatsächlicher Wille)"와 "법률행위적인 의사(rechtsgeschäftlicher Wille)" 사이에는 차이가 없기 때문이다. 그러므로 오늘날에는 경제적 관찰법을 법적 관찰법(rechtliche Betrachtungsweise)이라고 하는 학자도 있다. 민법상의 무효는 그것이 특정한 민사소송상의 효과에 관련된 한에서만 세법상 의미가 없는 것인데, "절대적으로 무효인 법률행위"의 경우에는 민법상 무효는 세법상 의미가 없다는 명제의 타당성은 매우 의심스럽다. 부분적으로 유효한, 또는 부분적으로 무효인 법률행위는 그것이 임의로 이행되었을 때에는 세법상으로는 유효한 법률행위로 취급되어야 하며, "경제적 관찰법"의 결과는 앞에서 민사법에 관하여 발전시킨 원칙과 조화된다.

그러면 위 暗賣買의 사례에서 공증된 매매계약이 유효한가, 아니면 구두상의 매매계약이 유효한가 하는 문제가 제기되는데, 국가는 부동산과 금전의 양도를 승인하는 것이고, 당사자에 의한 청산의 경우에도 지급된 금전과 부동산이 상호 교환되어야 한다는 점에서 구두상의 매매계약을 유효로 보아야 한다. 그러면 조세포탈로 인하여 몰수가 예정되어 있는 경우에는 어떠한가?(S. 127-134).

3. 沒收가 수반되는 最高價格 違反에 있어서의 納稅義務(Steuerpflicht bei Verstoß gegen Höchstpreisbestimmungen mit nachfolgender Konfiskation)

다음에 소개하는 1921년의 帝國財政法院(Reichsfinanzhof) 판결은 경제적 관찰법이 "부분적인 국가에 의한 승인" 대신 계약의 체결이라는 "사실"에 얽매일 경우에 개별적 사실관계의 법률적 다양성을 적절하게 파악하는 데 장애가 된다는 점을 잘 보여준다. 여기서는 어떤 농부가 법정최고가격이 1155 마르크인 포도즙을 2660 마르크에 팔았는데, 포도주세는 처음에는 법정최고가격을 기준으로 징수되었다가 이어서 실제매매가격을 기준으로 징수되었다. 그러나 매도인은 가격규정위반으로 형사소추를 받고, 초과가격은 추징되었다. 帝國財政法院은 포도주세는 실제매매가격을 기준으로 징수되어야 한다고 판시하였다.

이 책에서 주장하는 견해에 의하면 초과액을 기준으로 하는 과세부과는 인정될 여지가 없는데, 帝國財政法院은, "경제적 관찰법"을 근거로 하여 반대의 결론을 내렸다. 즉 포도주세는 포도주의 소비에 관한 가치세로서, 다른 방법에 의하여는 포도주의 객관적 가치를 파악하기 어렵기 때문에 매매가격을 기준으로 하는데, 실제로 지급된 가격은 그것이 당사자의 의사에 부합하는 한 과세의 근거가 되어야 하며, 사법상 매매가 법정최고가격으로 성립한다고 하더라도 세법은 경제적 관점을 고려할 수 있고 또 고려하여야 한다는 것이다.

그러나 이러한 논증은 가격규정의 의미를 부당하게 민사법 분야에만 국한시켰는데, 위 가격규정은 단순히 가격에 관한 합의의 무효만을 목적으로 하는 것이 아니라, 상품의 거래가치를 특정 가격에 고정시키는 경제적 효과를 목적으로 하는 것이고, 이를 위하여는 일면에서는 형사처벌이 규정되이 있음과 함께 초과지급된 가격은 국가에 의하여 몰수되도록 규정되어 있으며, 이를 통하여 포도즙의 매수인은 경제적으로 최고가격에 구속되게 되어 있다. 그러므로 포도즙이 실제로 지급된 가치를 가지고 있는 것처럼 매도인을 취급하는 것은 경제적인 관찰법에 어긋난다.

이에 대하여는 매수인은 2660 마르크를 포도즙에 소비하였으므로 과세에 있어서는 더 높은 가격을 기준으로 하여야 한다는 반론이 있을 수 있으나, 바로 포도주의 가치를 파악하려는 조세이기 때문에, 국가는 자신이 일반적으로 고정시킨 최고가격을 준수하여야 하며, 초과가격의 추징에 의하여 초과가격이 더 이상 포도즙의 대가로 간주되어서는 안 된다는 것이 명백하게 표현되었다. 당사자들이 자신의 의사에 기하여 계약을 실제로 지급한 가격으로 유지하려고 한다는 것을 전제로 하는 것은 경제적인 관찰법에 어긋나는데, 이러한 당사자의 의사는 초과가격의 몰수에 의하여 해소되었으며, 이러한 의사는 더 이상 존재하지 않는다. 국가가 그 법률행위를 강제로 해소하는 방식으로 법률행위를 부인하는 경우에는 이는 과세요건으로 존재하지 않으며, 과세의 대상이 될 수 없다(S. 134-137).

4. 無效의 段階(Stufen der Nichtigkeit)

이러한 생각은 1920년대부터 일반적으로 인정된, 어떤 행위의 범죄성 내지 부도덕성이 그 납세의무를 배제하지 않는다는 이론에 또다시 의문을 제기하는 것처럼 보이나, 그렇지는 않고, 암거래상이 적어도 세금은 내야 한다는 진술은 오늘날에도 타당하다.

그러나 경제적 관찰법은 상이한 사실관계를 무차별적으로 포괄하며, 이는 앞에서 서술한 사례에 존재하는 차이를 적절하게 파악하는 데 알맞은 개념을 제공하지 못한다. 암거래상과 같은 경우에는 그들의 범죄행위가 일반적으로는 증명되지 않고 따라서 그들은 자신의 부정한 이익을 보유할 수 있기 때문에, 이러한 이익에 대하여 세금을 부과하지 않는 것은 동등한 과세의 원칙에 어긋난다. 반면 절도나 강도와 같은 경우에는 그들의 범죄적 행위가 명백하여, 절도범으로부터 그가 얻은 이익을 박탈하는 것이 기대될 뿐만 아니라, 그렇게 확정된 절도범의 수입에 대한 국가의 중립적인 관여를 배제한다(S. 137-140).

a) 當事者의 請求에 의한 無效(Nichtigkeit auf Antrag der Parteien)

이상의 간략한 진술만으로도 금지되거나 처벌되어야 할 법률행위의 결과에 대한 국가에 의한 승인이 과세에 대하여 가지는 의미를 알 수 있다. 국가의 不承認은 법률행위의 강제적인 실행을 거부하지만, 임의 이행의 결과를 당사자의 개입 없이도 강제적으로 제거하지는 않는 데 국한될 수 있다. 이때에는 일단 임의로 이행되면 국가는 당사자가 그 법률행위를 소급적으로 없는 것으로 하지 않는 한, 국가는 그로 인하여 나타난 결과를 승인하는 것이고, 따라서 이러한 법률행위의 무효는 당사자(또는 그 채권자)의 청구에 의하여서만 발생한다. 그러므로 이를 當事者無效(parteinichtig) 또는 請求無效(antragsnichtig)라고 부를 수 있다. 이러한 사례유형에 관하여는 과세를 하지 않을 아무런 이유가 없다. 제국대심원은 한때, 일면 조세의무를 부과하면서 다른 한편에서는 법적 쟁송에 의하여 소를 제기하거나 항변으로 주장하면 협력을 부정하는 것은, 法治國家가 스스로를 모순에 빠뜨리는 것이라고 하였으나, 과세의 대상이 되는, 이미 이행된 법률행위에 대하여 국가가 그 이행을 위한 아무런 강제수단을 제공하지 않는 것이 무슨 문제가 되는지를 알 수 없다. 과세에 있어서 중요한 것은, 국가도 제 3 자도 법률행위의 소급적 청산을 강요할 수 없다는 것이다. 법률행위의 상대방이나 그 채권자가 경우에 따라서는 법률행위의 청산에 대한 청구권을 가진다는 것만으로는 이러한 사례를 그러한 청구권이 법률상 또는 계약상의 해제권에 의하여 발생하는 사례와 다르게 볼 근거가 되지 못한다. 이러한 납세의무는 그로 인하여 생긴 결과를 국가가 승인한다는 데에서 충분히 정당화되며, 이를 위하여 경제적, 재정정책적 또는 법정책적 논증을 필요로 하지는 않는다.

이러한 사례유형도 무효인 법률행위의 청산을 위하여 국가가 강제기구를 제공하는 경우와, 그렇지 않고 새로운 계약에 의하여만 청산을 할 수 있는 경우(불법원인급여, 도박과 내기 등)로 더 세분할 수도 있다(S. 140-142).

b) "職權에 의한" 無效(Nichtigkeit "von Amts wegen")

위 포도즙사건(위 3.)에 의하면, 국가의 不承認이 인정되지 않는 법률행위에 대하여 그 강제적 해소(Aufhebung)를 명하고 실행하는 것으로 나타날 수 있다. 그러므로 이를 職權無效인 법률행위(amtsnichtige Geschäfte)라고 부를 수 있다. 이 경우에는 국가의 승인의 결여가 납세의무를 배제한다. 통설은 이는 범죄적인 행위를 한 자에게 "명예로운" 상인보다 특혜를 부여하는 것이거나 범죄적인 행위를 한 자를 적법한 행위자와 동등하게 취급한다고 비판하는데, 이는 몰수가 법률적으로는 규정되어 있지만 사실상의 이유로 실행되지는 않는 경우에 적용될 수 있다. 그러나 실행된 법률행위가 국가의 조치에 의하여 해소되는 경우에는 이러한 비판은 들어맞지 않는다.

이 점은 관세포탈에 관한 과거와 현재의 판례를 비교하여 보아도 알 수 있다. 과거에는 밀수입의 경우에는 관세의무의 성립을 부정한 반면, 오늘날에는 밀수입한 자가 밀수입으로 처벌받아 밀수된 물건이 몰수되더라도 또다시 관세포탈로 처벌되고 있다. 과거에는 밀수입된 가축이 도살되거나 외국으로 송환되지 않고 국내의 법률행위에 제공된 경우에만 관세가 징수되었는데, 이는 경제적인 관찰법에 의하더라도 타당하다.

반면 수입된 물품이 몰수되는 경우에도 관세를 징수할 수 있다는 오늘날의 실무는 자신의 입장을 원칙적인 방식으로 정당화하지 않으면 안 되고, 이는 그 결과의 세분화에 유리하지 않다. 이는 시정되지 않으면 안 된다. 이에 대하여는 몰수라는 형벌의 결과를 납세의무자가 자신에게 유리하게 원용할 수 있다는 것은 유죄판결의 형벌목적에 반하고, 불법하게 행동한 자가 과세관청에 대하여 자신의 불법한 행동을 원용할 수 없다는 것, 법질서의 통일성 등을 내세워 이를 정당화하려는 주장도 있다.

帝國財政法院은 밀수된 술이 곧바로 압수된 사건에서, 국경을 넘음으로써 국내의 거래에 제공된 것이고 따라서 관세부과의 요건을 충족하였다고 하여 관세납부의무를 긍정하였으나, 이러한 설명만으로는 충분하지 못하다. 가벌적인 행위에 대한 과세의 적법성은 “경제적 관점”에 의하여 정당화되는데, 이러한 경제적 관점에 대하여는 몰수로 인하여 의문이 제기되는 것이다. 이러한 경우 관세의무의 발생은 경제적 요건의 존속과는 무관계하다고 한다면, 이는 “경제적 논증(wirtschaftlicher Argument)”과는 상반되는 것이고, 몰수의 형벌목적이나 법질서의 통일성 등도 이러한 요건을 뒷받침하여 주지는 않으며, 이는 제국대심원이 원용하였던 “법치국가의 본질”론의 부활일 뿐이다. 그리고 몰수의 형벌적 목적에 관한 한, 이는 밀수로 인한 이익이 당사자에게 남아 있지 않게 함으로써 충분히 달성되는 것이며, 밀수로 인한 형벌과 몰수 외에 또다른 관세의무라는 불이익을 부과할 필요는 없다.

또 다른 주장은 납세의무의 소멸에 관한 규정은 법률행위의 경제적 결과의 해소라는 민사법적 事由에 근거한 것인데 몰수는 이러한 사유에 해당하지 않는다는 것이나, 밀수품의 폐기가 이루어지지 않고, 그로 인한 이익이 국가에 돌아온다면, 이것이 몰수를 넘어서는 부담을 밀수입자에게 돌리는 근거가 되지는 못한다(S. 142-147).

c) "아직 無效가 아닌" 또는 "더 이상 無效가 아닌" 法律行爲("Noch nicht" oder "nicht mehr" Geschäfte)

마지막으로 국가가 승인되지 않는 법률행위의 결과를 강제적으로 제거할 것을 명하고는 있으나, 그러한 명령이 실행되지 않거나 또는 아직 실행되지 않은 경우를 살펴보아야 한다. 이러한 경우에 여기서 주장되는 견해가 특별히 유용하다.

어느 법률행위가 국가에 의하여 어떤 면에서도 승인되지 않을 때에는 절대적으로 무효라고 한다면, 국가가 당사자들이 교환된 급부의 점유를 보호하고 그럼으로써 법률행위의 결과를 승인하는 때에는 이는 절대적 무효가 아닌 것이다.

이러한 승인에는 여러 가지의 원인이 있을 수 있는데, 예컨대 몰수가 다른 법률효과와 선택적으로 규정되어 있고, 국가가 제 3 자의 이익을 고려하여 몰수를 하지 않는 경우에는 이는 "청구무효"의 원칙에 따라 처리하여야 한다. 또 몰수가 관청의 재량에 달려 있고, 관청이 몰수를 하지 않을 때에는 이 또한 "청구무효"로 다루어야 한다. 그러나 몰수가 이루어지면 과세요건은 사후적으로 상실된다.

또 국가에 의한 강제적 해소가 제 3 자의 청구권과 조화될 수 없어서 이루어지지 않는 경우도 마찬가지이다. 절도나 횡령 등으로 인한 장물은 피해자에게 환부되어야 하고, 이때에는 "절대적 무효"로 보아야 하지만, 절도범 등이 장물을 제 3 자에게 양도한 경우에는 피해자가 그 반환을 청구하지 않는 한 국가는 절도범이 그 범행으로 인한 이익을 점유하는 것을 보호하여야 하고, 이는 당사자의 청구에 의한 무효에 해당한다. 이러한 원칙은 피해자를 찾을 수 없어서 범인이 그 이익을 보유할 수밖에 없는 경우에도 마찬가지이다.

정말 문제가 되는 것은, 과세관청이 아는 바에 따르면 몰수가 이루어져야 하는데, 정작 몰수를 하여야 할 기관은 이를 모르고 있는 경우이다. 이때 과세관청이 몰수를 하여야 할 기관에 이를 알려줄 수 있다면 문제는 간단하겠지만, 이는 법률상 금지되어 있다. 이때에는 과세관청으로서는 이러한 법률행위를 국가에 의하여 승인된 것으로 다루어야 한다. 이것은 과세관청에 대하여는 이러한 법률행위에 대하여 형벌과 몰수를 규정하고 있는 국가의 법질서가 존재하지 않는다는 의미는 아니고, 법질서는 모든 요건이 누구에 의하여서나 적용될 수 있는, 실체적 법률명제로만 구성되어 있는 것은 아니며, 법률행위가 국가에 의하여 승인되는가의 여부가 유권기관에 의한 권위적인 확정을 필요로 하기 때문이다(S. 148-152).

5. 反論(Einwände)

이제까지의 설명에 대하여는, 이는 종래의 이론에 비하여 본질적으로 새로운 것은 없고, 이제까지의 실무를 다른 근거에 의하여 정당화하는 것에 불과하다는 비판이 있을 수 있다. 그러나 우선 가벌적인 행위가 실제로 몰수에까지 이른 경우에는 종래의 실무와는 달리 과세되어서는 안 된다는 점이 지적되어야 한다. 뿐만 아니라 위에서 설명한 과세의 적법성과 위법한 행위의 결과에 대한 국가의 승인과의 관계는, 종래의 통설에서 나타난, 의심스러운 논증의 二元性(Zweigleiskeit)을 제거한다. 종래에는 납세의무자에게 자신의 가벌적이거나 부도덕한 행위를 과세관청에 신고할 것을 요구하면서도, 이러한 행위를 자신의 이익으로 주장하는 것은 들어주지 않았다. 이러한 차별을 국가의 재정수요나 금지된 행위에 대한 조세혜택의 금지의 필요 등에 의하여 정당화하는 것은 조세법의 원칙에 어긋날 뿐만 아니라, 이는 조세법의 이름 아래 전혀 다른 목적을 추구하는 것이 된다.

예컨대 연방재정법원은 원고가 1946년에 자신의 처에게 부동산을 증여하고 그 증여까지 마쳤다가 1950년에 이는 허위표시라고 하여 그 등기의 정정까지 마쳤는데, 위 증여에 대하여 증여세가 부과된 사안에서, 원고는 위 부동산에 대한 처분금지를 면하려는 정치적인 이유에 의하여 위 부동산을 처분하려고 하였으므로 허위표시가 아닐 뿐만 아니라, 원고가 자신이 허위로 부동산을 양도하였다고 주장하는 것은 국가를 속이려고 하였다는 것을 인정하는 것이고, 따라서 그의 주장은 신의성실의 원칙(선행행위에 모순된 주장의 금지)에 반하는 것이라고 하였다.

그러나 원고가 처분금지를 면하기 위하여 부동산을 양도하였다면 이는 사기에 해당하고, 원고가 이로 인하여 처벌받았더라면 원고는 그로 인한 이익을 추징당하였을 것인데, 그에 부가하여 세금을 부과한다는 것은 정당하지 않다. 公訴時效의 경과로 인하여 더 이상 처벌되지 않는다고 하더라도, 원고가 얻은 이익은 그 중간 기간에 처분금지를 면하였다는 것인데, 이는 과세요건에 해당하지 아니하고, 이러한 이익이 경제적으로 증여에 상당하는 요건에 해당한다고 하기는 어렵다. 그럼에도 불구하고 증여세가 부과된 것은 형벌의 관점에서만 정당화될 수 있는데, 형벌은 공소시효 경과 후에는 부과될 수 없는 것이다. 납세의무자로 하여금 형벌의 대상이 아닌 행동을 하게 하는 것이 세법의 임무일 수는 없는 것이다. 그리고 선행행위에 모순된 주장의 금지는 자신의 행동을 행위자의 행동에 맞출 수밖에 없는 사람에 대하여만 적용될 수 있는 것이기 때문에, 이 판결의 근거가 되지 못한다.

이처럼 세법의 도움으로 이질적인 목적을 추구하는 위험은 이 연구에서 발전시킨 원칙들에 의하여 배제될 수 있다. 납세의무와 국가의 승인과의 결부는 금지된 행위에 대한 적법한 과세에 대하여 명백한 근거를 제공한다. 다만 이 연구의 견해도 세무관서가 범죄행위에 대한 첩보를 접하면 과세처분만을 할 수 있을 뿐 형사소추를 하지 못한다는 점에서는 만족스럽지 못하지만, 이는 실정법의 규정에 근거한 것으로서, 이론적인 구성에 의하여 해결될 수 있는 것은 아니다.

이제까지의 설명에 의하여 세법상의 문제가 민사법에서 사용되는 것과 동일한 수단에 의하여, 즉 무효의 개념을 단계지움으로써 적절하게 처리될 수 있다는 점이 명백하여졌다. 이는 법질서의 통일성에도 이바지한다. 다만 민사법적으로는 행위무능력으로 인한 무효는 방식위배 또는 착오로 인한 취소보다도 더 엄격하게 다루어졌는데, 세법상으로는 동일하게 취급된다는 점에서 의문이 있을 수 있다. 그러나 이러한 세법과 민사법상의 차이는 여기서 제안하고 있는 무효개념의 결과일 뿐으로서, 이 무효개념은 무효규정의 목적에 관련되는 법률행위의 효과만을 배제할 뿐이다. 행위능력 결여로 인한 무효에서는 후견인이 무효인 법률행위의 청산을 요구할 의무가 있는데, 이때에는 쌍무관계의 존속이 장애가 된다. 반면 이러한 이유로 납세의무를 배제하는 것은 의미가 없으며, 따라서 이러한 법률행위는 "당사자무효"에 해당할 뿐이다(S. 152-158).

6. "部分的 無效"로서의 무효(Die Nichtigkeit als "Teilnichtigkeit")

이처럼 단계적 무효개념은 세법에서도 유용하게 사용될 수 있다. 즉 "경제적 관찰법"이 "법적"인 것으로, 다시 말하여 과세의 국가적 승인의 범위에의 의존으로 정당화될 수 있는 관점이 드러났으며, 또한 여러 가지의 사례들에서 만족할 만한 결과에로 이끌어 낼 수 있었다. 그러므로 여기서 제안된 무효의 개념이 단지 가능할 뿐만 아니라 실제적으로도 유용한 것임이 밝혀진 것이다. 이 개념이 의사표시의 일반적인 이론과 조화될 수 있는지를 검토해 보기 전에, 그 중요한 테제를 요약해 보면 다음과 같다.

가. 무효는 의사표시(법률행위, 계약) 그 자체에 관한 것이 아니라, 그 법률효과에 관한 것이다. 다시 말하여 무효인 의사표시는 통설이 말하는 것처럼, 단순한 "법생활의 현상"이나 "법률행위의 외면적 현상" 내지 "법적 의미에서 부존재하는 것"이 아니라, 특정한, 무효를 지시하는 규정의 목적에 의하여 결정되는 법률효과만이 인정되지 않는 것이다. 법률의 목적에 반하지 않는 한, 무효인 의사표시는 정상적인 의사표시에 인정되는 모든 효과를 가지며 이 한도에서는 유효하다.

나. 무효인 법률행위의 비교적 고찰은 그 무효의 효과의 정도에 따라서 두 집단으로 나눌 수 있다. 그 구분에 있어서 결정적인 것은 국가가 무효임에도 불구하고 이행된 계약을 강제로 해소하는가 여부이다.

a) 법률의 문맥이나 특별한 규정으로부터 다른 해석이 나오지 않는 한, 무효의 지시는 단지 이행청구권의 강제적인(법원에 의한) 관철만을 배제하거나, 또는 이행된 계약을 쌍무관계를 유지하면서 강제로 청산할 수 있는 가능성만을 부여한다. 이 효과는 법률행위의 당사자에게만 국한될 수 있다. 이 무효의 종류의 작용은 특정 절차, 즉 민사소송에만 국한된다. 이러한 절차의 개시는 당사자의 손에 달려 있고, 국가는 임의로 교환된 급부의 점유를 보호하기 때문에 이를 당사자무효(당사자의 청구에 의한 무효)라고 부를 수 있다. 당사자가 이러한 절차를 개시하지 않는 한, 법률행위는 그 밖의 절차(조세절차, 등기절차)에서는 유효하다. 따라서 이러한 무효는 아무나 주장할 수 없고, 당사자 및 그 채권자만이 주장할 수 있다. 또한 이는 사후의 당사자의 행위(화해)에 의하여 제거될 수 있다. 그 밖에 이러한 무효는 전체 계약의 청산을 가져오며, 개별적 급부의무의 거부를 초래하지는 않는다. 또 법률의 문맥에 따라 무효인 계약의 그 밖의 법률효과, 예컨대 쌍무관계적 구속 등이 배제될 수 있다. 그러나 이는 법률행위의 예컨대 세법적 관점에서의 유효성을 배제하는 것은 아니다. "당사자무효"는 통상적으로는 "부분무효"만을 가져온다.

b) 더 광범위한 무효는 법률이 무효임에도 불구하고 이행된 계약의 강제적 제거를 명할 때 인정된다(직권무효). 이러한 무효는 사후의 당사자의 행동에 의하여 치유될 수 없으나, 권한 있는 관청(법원, 검찰 등)에 의하여 확정되어야

한다. 그러한 확정이 있지 않는 한, 일정한 기간이 지나면 직권무효는 당사자무효로 바뀔 수 있다. 법률행위의 강제적 해소가 관청의 재량에 맡겨졌을 때에는, 법률행위는 해소되기까지는 당사자무효이다. 직권무효인 법률행위는 임의로 이행될 수 없으며, 이는 쌍무관계적 구속도 가져오지 않는다.

다. 무효규정의 목적에 반하지 않는 한, 무효인 법률행위는 효력이 있다(부분무효). 그 법률효과(쌍무관계의 존속, 계약체결상의 과실 등)는 법률행위의 효과이며, 당사자의 의사에 관계없이 발생하는 법정채무관계의 효과가 아니다. 이러한 법률효과는 따라서 개별적 사례의 특수성에 맞게 적응되어야 하며, 이때에는 당사자의 모든 의사표시와 특별한 행동양식이 고려될 수 있다(S. 158-160).

Ⅷ. 小　結

위와 같은 Pawlowski의 이론은 종래 당연한 것으로 여겨 왔던 통설의 무효개념의 문제점을 예리하게 지적한 것으로서, 이 문제에 대하여 다시 한 번 생각하여 볼 기회를 제공한 점에서 중요한 의미를 가지는 것으로 판단된다. 그럼에도 불구하고 이 이론 자체에 문제점이 있음을 지적하지 않을 수 없다.

즉 Pawlowski는 무효를 원칙적으로 그 효과상의 일부무효로 보고 있는데(이를 일종의 質的 一部無效, qualitative Teilnichtigkeit라고 부를 수 있다), 과연 이러한 개념을 법률이 예정한 것이었는가, 또 그것이 당사자의 의사에 부합하는 것인가 하는 점이다. 독일민법 제139조나 우리 민법 제137조는 다같이 법률행위이 일부무효에 관하여 규정하고 있으나, 이는 법률행위가 可分인 경우에 그 중 일부만이 무효라는 것이지, 무효인 법률행위의 효과 중 일부만이 발생하고 일부는 발생하지 않는다는 취지는 아닌 것이다.

그리고 이처럼 법률행위의 무효를 그 효과상의 일부무효라고 할 때, 과연 당사자들이 이러한 결과를 의욕하였겠는가 하는 점도 의문이다. Pawlowski는 이러한 의문을 당사자의 의사를 경험적, 심리적 의사(empirisch-psychologischer Wille)가 아니라 규범적인 요소를 내포하는 법률적 의사(rechtlicher Wille) 내지 합리적 의사(vernunftiger Wille)로 이해함으로써 해결하려고 하나,[19] 과연 이러

19) S. 231 ff.

한 견해가 당사자의 사적 자치의 원칙과 조화될 수 있겠는가 하는 점은 여전히 의문으로 남는다.[20] 이러한 문제점 때문인지 Pawlowski의 견해에 대한 지지자는 별로 찾기 어렵다.

그렇다고 하여 Pawlowski의 연구가 가지는 의의가 결코 작은 것은 아니다. 오늘날 무효인 법률행위가 존재하지 않는 것과 마찬가지라고 보는 견해는 찾아보기 어려우며,[21] 이 점에서도 Pawlowski의 견해는 의미가 있다. 뿐만 아니라 여러 가지의 다른 맥락에서도 Pawlowski의 주장은 음미할 가치가 있다. 예컨대 우리 대법원은 국토이용관리법상의 土地去來許可를 받지 않은 토지매매계약은 流動的 無效(schwebend unwirksam)라고 하면서도,[22] 당사자 사이에는 그 계약이 효력이 있는 것으로 완성될 수 있도록 협력할 토지거래허가신청절차 협력의무가 있고, 이 의무를 이행하지 아니하는 때에는 손해배상책임을 지게 될 뿐만 아니라,[23] 매도인이 임의로 지급한 계약금은 그 계약이 유동적 무효상태로 있는 한 이를 부당이득으로 반환을 구할 수 없고, 유동적 무효상태가 확정적으로 무효로 되었을 때 비로소 부당이득으로 반환을 구할 수 있다[24]고 하고 있는데, 이는 Pawlowski의 주장과 일맥상통하는 점이 있다.

그리고 근래에는 規制法令에 위반된 法律行爲의 효력과 관련하여 이른바 履行段階說이라 하여, 그러한 법률행위는 이행 전에는 무효로서 소송상 이행청구를 하는 것이 허용될 수 없지만, 일단 이행된 후에는 그 계약의 무효를 주장하는 것을 허용해서는 안 된다는 주장도 있다.[25] 이러한 점에 비추어 보면 법

---

20) 池元林(註 4), 133면; Bickel(註 3), S. 83 등 참조.

21) Larenz는, Pawlowski의 주장 가운데, 무효인 법률행위가 "無(Nullum)"가 아니고, 당사자간의 법률관계, 특히 청산관계에 있어서 의미를 가진다는 것은 정당하지만, 무효의 개념을 당사자가 의도한 법률효과가 완전히 발생하는 것은 아니라고 이해한다면, 그로부터 무효인 법률행위를 법질서가 완전히 무시하여야 한다는 결론은 나오지 않지만, 이처럼 무효인 법률행위의 내용을 고려하여 발생하는 법률효과는 당사자에 의하여 의도된 것은 아니므로 역시 "법률행위적인" 효과는 아니고, 법률의 규정에 의한 효과라고 비판한다. Larenz, Allgemeiner Teil des deutschen Bürgerlichen Rechts, 6. Aufl., 1983, §23 Ⅰ(S. 445 f.).

22) 대법원 1991. 12. 24. 선고 90다12243 전원합의체 판결(公 1992, 642).

23) 대법원 1994. 4. 15. 선고 93다39782 판결(公 1994상, 1436). 이 판결에 대하여는 金弘燁, "土地去來許可區域內의 土地賣買契約締結時 協力義務不履行 내지 許可申請以前 賣買契約의 撤回에 대한 賠償額豫定의 效力", 대법원판례해설 1994년 상반기(통권 21호), 222면 이하 참조.

24) 대법원 1993. 6. 22. 선고 91다21435 판결(公 1993하, 2091); 1993. 9. 14. 선고 91다41316 판결(公 1993하, 2741) 등. 朴海成, "國土利用管理法上의 許可 없이 締結한 賣買契約과 不當利得", 민사판례연구 XVI, 1994, 109면 이하 참조.

25) 李銀榮, "規制法令에 違反된 法律行爲의 效力", 松泉李時潤博士華甲紀念 民事裁判의 諸問題(상), 1995, 29면 이하. 여기서는 Pawlowski, Allgemeiner Teil des BGB, 2. Aufl., Rz. 489 ff.를 원용하고 있다.

률행위의 무효의 효과는 종래와 같이 全部 아니면 全無(Alles oder Nichts)라고 볼 필요는 없고, 그 효과를 규범의 목적을 고려하여 탄력적으로 정할 필요가 있다고 생각되며, 이를 위하여서는 Pawlowski의 견해가 유용한 출발점이 될 수 있을 것이다.

〈李好珽敎授華甲記念 法律行爲論의 史的展開와 課題, 1998〉

消滅時效

I. 序　　論

現行民法上의 消滅時效에 관한 규정은 기본적으로는 依用民法上의 그것과 유사하지만 세부적으로는 상당한 차이를 보이고 있다. 그리하여 民法 시행 후에는 이와 같은 差異點에 관한 理論的인 解明이 필요하게 되었다. 時效의 援用에 관한 규정이 폐지됨으로 인하여 消滅時效 完成의 效果에 관한 學說의 대립이 생긴 것은 그 대표적인 예라고 할 수 있다. 그뿐만 아니라 現行民法 시행 이후 현재에 이르기까지 判例와 學說上 消滅時效에 관한 여러 가지의 중요한 爭點이 등장하여 消滅時效의 분야는 民法上 理論對立이 치열한 분야의 하나가 되었다.

이 글에서는 우선 現行民法上의 消滅時效에 관한 규정이 성립하기까지의 경위를 주로 依用民法과 대비하여 설명하고 이어서 消滅時效에 관한 중요쟁점으로서 消滅時效制度의 存在理由, 不動産 所有權移轉登記請求權의 消滅時效, 裁判上 請求로 인한 消滅時效 中斷 및 消滅時效 完成의 效果의 4가지를 골라 이에 관한 學說과 判例의 동향을 서술하고자 한다.

이하 主要參考文獻欄에 기재한 국내의 民法總則 敎科書를 인용할 때에는 편의상 著者의 이름과 면수만을 들기로 한다.

Ⅱ. 依用民法과의 비교

1. 消滅時效와 取得時效의 분리

朝鮮時代에도 消滅時效와 유사한 呈訴期限이라는 제도가 있었으나,[1] 이는 우리 民法에 영향을 미치지는 못하였고 현재의 消滅時效制度는 民法의 다른 제도와 마찬가지로 西歐의 法을 계수한 것이며 직접적으로는 依用民法과 滿洲國民法에서 많은 영향을 받았다.

依用民法의 時效制度에 관하여는 獨逸民法 第1草案의 영향도 무시할 수 없으나 그 기본체제에 있어서는 프랑스民法의 영향으로 總則編의 時效에 관한 章에서 消滅時效와 取得時效를 아울러 규정하고 있었다(제144조-제174조의2). 그러나 民法은 消滅時效만을 總則에서 규정하고 取得時效에 관한 규정은 物權編으로 그 위치를 옮겼으며 그 명칭도 所有權의 取得期間이라고 바꾸었다. 이는 직접적으로는 滿洲國民法의 영향을 받은 것이지만 근본적으로는 獨逸民法의 체제를 따른 것이다. 學說도 일반적으로 이처럼 消滅時效와 取得時效를 나누어 규정하고 있는 民法의 태도를 찬성하고 있다.[2]

그러나 위와 같은 체제의 변경으로 인하여 실질적으로 달라진 것은 별로 없다. 다만 民法은 消滅時效의 中斷에 관한 규정은 取得時效에 관하여도 이를 준용하고 있으면서도(제247조 제2항) 消滅時效의 停止에 관한 규정을 取得時效에 준용하고 있지는 않는데, 學說은 이는 立法의 미비로서 규정이 없더라도 당연히 準用되는 것으로 보고 있으나,[3] 입법자의 의도는 오히려 消滅時效의 정지에 관한 규정은 取得時效에는 준용하지 않는다는 것이었다.[4]

2. 時效의 援用에 관한 규정의 폐지

依用民法은 時效의 援用에 관한 규정을 두고 있었으나(제145조) 民法은 이

---

1) 이에 대하여는 朴秉濠, 韓國法制史攷, 1974, 261-267면 참조.
2) 郭潤直, 547면; 李英俊, 745면; 張庚鶴, 699면 등.
3) 郭潤直, 物權法, 1985, 307면; 金容漢, 物權法論, 1985, 278면; 金曾漢, 物權法講義, 1984, 118면; 李英俊, 物權法, 1990, 442면; 張庚鶴, 物權法, 1987면, 442면 등.
4) 民法案審議錄(上), 180면 참조.

에 관한 규정을 두지 않고 있어 消滅時效 完成의 效果에 관하여 學說對立이 생기게 된 원인이 되었다(後述 Ⅵ. 참조).

3. 短期消滅時效에 관한 규정의 단순화

依用民法상 短期消滅時效는 5년(제169조), 3년(제170, 171조), 2년(제172조, 제173조), 1년(제174조)으로 세분화되어 있었으나 民法은 이를 3년(제163조)과 1년(제164조)으로 단순화하였다.

4. 제170조 제 2 항의 新設

依用民法은 民法 제170조 제 1 항(訴의 却下 등의 경우의 裁判上 請求로 인한 時效中斷의 效力喪失)에 해당하는 규정만을 두고 있었을 뿐으로(제149조) 6월 내에 時效中斷措置가 있으면 時效中斷의 효력이 부활한다는 취지의 民法 제170조 제 2 항은 獨逸民法 제212조 제 2 항을 본받아 民法이 신설한 것이다. 그러나 依用民法상으로도 이른바 裁判上 催告의 이론에 의하여 실제에 있어서는 위 제170조 제 2 항과 같은 결과를 인정하고 있었다.[5)]

5. 기 타

기타의 사항으로서 중요한 것은 依用民法상으로는 消滅時效와 除斥期間의 구별이 명백하지 아니하여 法律行爲의 取消權(제126조), 詐害行爲取消權(제426조)과 같은 形成權도 消滅時效에 걸리는 것으로 규정하고 있었으나, 民法은 形成權은 消滅時效의 대상이 될 수 없다는 學說에 따라 이를 權利는 모두 除斥期間에 걸리는 것으로 한 점이다(제146조, 제406조 제 2 항 등).

---

5) 注釋民法(5), 1967, 110-111면 참조.

Ⅲ. 消滅時效制度의 存在理由

1. 종래의 學說

종래의 學說은 消滅時效와 取得時效를 포괄한 時效制度의 存在理由로서 다음의 세 가지를 들고 있다.[6)]

(1) 社會秩序의 安定: 일정한 事實狀態가 오래 계속되면 社會는 이를 진실한 權利關係에 부합하는 것으로 신뢰하고 이를 기초로 하여 社會秩序가 형성되는데, 이러한 사실관계를 否認한다면 社會秩序가 흔들리게 된다. 여기서 법은 일정한 期間 계속된 事實狀態를 權利關係로 인정함으로써 社會秩序를 안정시키고 제 3 자의 信賴를 보호하려고 한다.

(2) 立證困難의 救濟: 일정한 事實狀態가 오래 계속되면 그 동안에 진정한 權利關係에 대한 證據가 없어지기 쉽다. 이 때에는 어떤 事實狀態가 오래 계속되었다는 것 자체가 그것이 상당한 權利關係에 기하여 유지되어 왔다는 蓋然性이 대단히 높다는 證據라고 볼 수 있다. 이러한 蓋然性에 기하여 事實狀態를 그대로 진정한 權利關係로 인정하는 것이 立證困難에 빠진 당사자를 구제하는 길이다.

(3) 權利行使의 怠慢에 대한 制裁: 오랫동안 자기의 權利를 행사하지 아니한 채 방치한 자는 이른바 "權利 위에 잠자는 자"로서 보호받을 가치가 없다.

그런데 위의 세 가지 이유가 消滅時效와 取得時效의 양자에 다같이 해당되는가에 대하여는 논자에 따라 다소 차이가 있다. 一說은 위 (1)의 이유는 주로 取得時效에, 위 (2), (3)의 이유는 주로 消滅時效에 타당한 것이라고 하고,[7)] 다른 說에 의하면 위 (1)의 이유는 消滅時效와 取得時效에 공통되는 근본적인 것인데 반하여 위 (2)와 (3)의 이유는 주로 消滅時效에 타당한 것이라고 하며,[8)] 제 3 설은 取得時效에서는 위 (1)의 이유가, 消滅時效에서는 위 (3)의 이유가 주된 것이며, 위 (2)의 이유는 양자에 있어 각 보조적인 이유라고 설명한다.[9)]

---

6) 郭潤直, 554-546면; 權龍雨, 527-529면; 金基善, 364-366면; 金容漢, 445-447면; 金龍熙, 421-423면; 方順元, 316-318면; 註釋民法總則(下), 630-631면 등.

7) 郭潤直, 546면; 權龍雨, 529면.

8) 金容漢, 446-447면.

9) 金基善, 366면.

그리고 위 (1)과 (2)의 이유만을 時效制度의 存在理由로 인정하는 입장도 있다.[10] 이 입장에서는 교활하고 태만한 債務者가 債務를 면하게 되는 것은 法이 바라는 바가 아니고, 다만 時效制度의 취지를 살리기 위하여 참아야 하는 必要惡에 불과하다고 하여 위 (3)의 이유를 독립한 存在理由로 인정하지 않는다.[11]

2. 통설에 대한 批判

위와 같은 종래의 통설에 대하여는 근래 다음과 같은 비판이 提起되고 있다.[12]

(1) 종래의 통설이 드는 社會秩序의 安定이라는 첫째 이유는 事實狀態에 대한 社會一般 내지 제3자의 신뢰를 보호하기 위함이라는 취지이지만, 時效制度는 제1차적으로는 時效로 인하여 직접 義務를 면하게 되거나 權利를 取得하게 되는 時效의 당사자를 보호하는 제도이므로 제3자의 보호는 時效制度의 제2차적 效果에 불과하고, 또한 時效에 의하여 제3자가 보호를 받는 경우에는 民法상의 다른 제3자 보호규정과는 달리 제3자의 善意·無過失이 요구되지 않으므로 時效制度가 제3자 보호를 위한 규정이라고 보기 어렵다.

(2) 立證困難의 救濟라는 둘째 이유에 대하여는 계속되는 事實狀態가 있으면 그것에 일치하는 事實狀態가 존재할 蓋然性은 있다고 하겠지만, 그러한 蓋然性만으로는 無權利者에게 權利를 주고 義務者의 義務를 면하게 하는 충분한 이유가 되지 못한다.

(3) 그리고 權利 위에 잠자는 자는 보호할 가치가 없다는 셋째 이유는 立證困難의 救濟라는 둘째 이유를 보강하는 구실을 할 뿐 時效制度 자체를 이러한 이유로 설명하는 것은 곤란하다.

그리하여 새로운 學說은 만일 時效가 스스로 義務를 자각하고 있는 債務者를 免責시키고 無權原의 不法占有者도 보호하는 것이라면 不道德 내지 掠奪이라고 비판받아야 한다고 주장하면서, 時效制度는 원칙적으로 진정한 權利者의 權利를 보호하고 辨濟한 자의 二重辨濟를 막기 위한 제도라고 설명한다. 그

---

10) 金曾漢, 334-335면.
11) 李英俊, 746면도 이 점에서는 같은 취지이다.
12) 金疇洙, 452-453면; 張庚鶴, 629-694면. 高翔龍, 714-717면도 참조.

근거는 원칙적으로 타인의 權利를 박탈할 수 없으며, 債務는 辨濟하여야 하기 때문이다.[13)]

따라서 時效를 넓게 인정하는 것은 바람직하지 않고, 時效를 가능한 한 제한하는 해석을 하여야 하며, 다만 예외적으로 특히 消滅時效에 있어서는 특수한 이유로 조속히 처리하여야 할 필요가 있거나 조속히 처리하는 것이 타당한 債權·債務에 관한 한 時效를 용이하게 인정하여야 하지만, 일반적으로는 예외에 해당된다고 풀이하여야 할 상당한 이유가 없는 한 原則에 해당한다고 보아 時效를 제한적으로 해석하는 것이 바람직스럽다고 한다.[14)]

한편 取得時效에 관하여는 이 이외에 短期取得時效와 長期取得時效의 存在理由를 나누어 설명하는 取得時效 2分說,[15)] 取得時效制度의 存在理由는 衡平에 있다고 하는 衡平說[16)] 등도 주장되나, 消滅時效와는 직접 관계가 없으므로 상세한 설명은 생략한다.

3. 약간의 考察

時效制度의 存在理由에 관한 종래의 통설은 그 비판론의 지적과 같이 문제점이 많다. 時效制度가 직접 社會秩序에 이바지한다고 보기에는 어려운 점이 많고, 또 權利者가 權利를 상당한 期間 행사하지 않았다는 것이 義務者가 義務를 면하거나 無權利者가 權利를 取得할 수 있는 충분한 이유가 되기에는 부족하기 때문이다.

그러나 時效制度가 원칙적으로 이미 辨濟한 債務者나 진정한 權利者만을 보호하기 위한 제도라고 보는 새로운 學說도 너무 一面的이라고 할 수 있다. 時效制度에 그러한 측면이 있는 것은 否認할 수 없으나 그 반대의 측면, 즉 義務를 履行하지 않은 것이 명백한 義務者나 權利者가 아닌 것이 명백한 占有者를 보호한다는 측면이 있는 것 또한 부정할 수 없기 때문이다. 時效制度의 存在理由를 설명하려면 이러한 時效制度의 兩面性을 다같이 고려하여야 한다.

私見으로서는 消滅時效制度의 存在理由로서는 立證困難의 救濟라는 통설

13) 高翔龍, 714-716면. 張庚鶴, 694면도 동지.

14) 高翔龍, 716-717면.

15) 高翔龍, "所有의 意思로 占有한다는 것의 의미", 判例月報 133호, 144면; 盧承斗, "民法 제245조의 所有의 意思에 관한 小考", 司法論集 7, 1976, 86-87면.

16) 徐廷友, "無效인 讓渡契約과 買受人의 自主占有", 民事判例研究 Ⅰ, 38-39면.

적인 근거 외에 權利者가 더 이상 權利를 행사하지 않을 것으로 믿은 義務者의 信賴를 보호하여야 한다는 점을 들어야 한다고 생각한다. 그리고 取得時效에 있어서는 權利를 행사하지 않고 있는 權利者보다는 실제로 목적물로부터 수익을 얻고 있는 자를 보호함으로써 財貨의 效用을 極大化할 수 있다는 점 등이 문제되나 이에 관하여는 언급하지 않는다.

立證困難의 救濟는 일반적으로 時效制度의 주요한 存在理由로서 인정되어 왔다. 예컨대 獨逸民法 第1草案 理由書가 "消滅時效의 重點은 權利者로부터 정당한 權利를 빼앗는 데 있는 것이 아니고 義務者에게 대체로는 근거 없는 請求에 대하여 實體에 들어감이 없이 방어할 수 있는 保護手段을 부여하려는 데 있다"고 설명하고 있는 것도[17] 이러한 생각의 표현이라고 할 수 있다.

물론 訴訟上의 立證方法이나 權利의 公示制度가 발달한 오늘날에는 時效制度의 이러한 기능은 과거에 비하여 상대적으로 그 중요성이 감소되었으나, 이를 전혀 무시할 수는 없다. 이 점은 실제의 訴訟에서 時效만이 단독으로 주장되는 경우는 드물고, 대개는 債務의 불성립이나 辨濟 또는 權利者로부터의 매수 등과 같은 주장에 부수하여 예비적으로 時效가 주장되다는 점에서도 어느 정도 뒷받침된다.

그러나 義務者가 義務를 履行하지 않았거나 占有者가 無權利者임이 명백한 경우에도 그러한 자들이 時效에 의하여 보호를 받는 현상은 立證困難의 救濟라는 이유만으로는 설명하기 어렵다. 時效制度를 주로 辨濟者·진정한 權利者를 보호하기 위한 제도로 이해하는 입장에서는 이러한 현상은 불가피한 例外라고 주장하나,[18] 오늘날에는 이러한 "例外"가 오히려 원칙적인 경우라고 할 수 있으므로 이러한 경우를 그 자체로서 설명할 수 있는 이론이 필요하다. 이 점을 설명하려면 義務者의 信賴保護라는 관점을 도입하지 않을 수 없다.

일반적으로 權利者가 長期間 權利를 행사하지 않는 것은 그 期間이 길면 길수록 그의 權利에 대한 無關心(Desinteresse)을 추측하게 하는 단서가 되어, 義務者로서는 權利者로부터 더 이상 청구를 받지 않으리라는 신뢰를 가지게 되고, 그 期間이 길면 길수록 이러한 신뢰가 커지게 된다. 義務者의 이러한 신뢰가 축적된 후에 權利者가 뒤늦게 權利를 행사하는 것은 義務者에게 가혹한

17) Mot. I, 291.

18) 時效制度는 善人과 惡人을 다같이 비추는 태양과 같다고 하는 브와소나드(Boissonade)의 비유가 자주 인용된다. 高翔龍(註 15), 143-144면 참조.

결과를 가져오게 되므로 義務者를 보호하기 위하여는 어느 시점 이후에는 權利者의 權利行使를 제한할 필요가 있다.

消滅時效制度는 바로 이러한 기능을 수행한다고 할 수 있다.[19]

이 점에서 消滅時效는 後術할 失效의 原則과 유사하다. 다만 失效의 原則에 있어서는 權利를 행사할 수 없게 되는 期間이 개별적으로 정하여지기 때문에 法的 安定性을 해할 염려가 있게 되므로 이 점에서는 그 期間이 명시되어 있는 消滅時效가 더 낫다.[20]

그러나 이와 같은 두 가지 이유만으로 현행의 消滅時效制度를 완전하게 설명할 수는 없고, 時效制度가 개별적 사례에 있어서는 實質的 正義에 부합하지 않는다는 비판[21] 내지 時效制度의 不道德性에 대한 의문[22]이 끊임없이 提起되고 있다. 時效制度의 이와 같은 否定的인 면은 주로 현재의 규정이 불완전한 데서 기인한다.

현재의 消滅時效制度에 있어서는 權利者가 權利의 존재를 알지 못하여 權利를 행사하지 못한 경우에도, 法律上 일단 權利를 행사할 수 있을 때부터 消滅時效가 진행한다. 또한 權利者가 權利의 존재를 알고 있었으나 다른 이유로 사실상 權利를 행사할 수 없었던 경우에도 이는 消滅時效의 完成에 장애가 되지 않는다. 이처럼 權利者가 權利를 행사할 수 없었던 때에도 消滅時效로 인하여 權利가 消滅한다는 것은 權利者에게 지나치게 가혹하다고 하지 않을 수 없다. 이를 완화하기 위하여 判例나 學說은 消滅時效의 起算點을 늦추거나 消滅時效의 中斷을 넓게 인정하고 경우에 따라서는 消滅時效의 援用이 信義則에 반한다고 하여 배척하기도 하나 이러한 방법에는 한계가 있다.

위와 같은 문제점을 근본적으로 해결하기 위하여는 현재의 규정을 개정할 필요가 있다. 獨逸債權法의 改正作業에서 消滅時效에 관한 改正案 意見書를 제출한 Peters와 Zimmermann은 權利者가 중대한 過失 없이 義務者나 請求權의 대상 등을 알지 못하였을 때나 당사자간에 교섭이 행하여지고 있을 때를 消滅時效의 停止事由(Hemmungsgrund)로 할 것을 제안하고 있는데[23] 立法論上 참

19) F. Peters/R. Zimmermann, “Verjährungsfristen”, in: Gutachten und Vorschläge zur Überarbeitung des Schuldrechts, Bd. 1, 1981, S. 189 f.

20) Peters/Zimmermann(註 19), S. 290.

21) Peters/Zimmermann(註 19), S. 289; Larenz, Allgemeiner Teil des Deutschen Bürgerlichen Rechts, 7. Aufl., 1989, S. 253.

22) 高翔龍, 714면 등.

23) 註 19, S. 316.

고할 가치가 있다.

Ⅳ. 不動產 所有權移轉登記請求權의 消滅時效

1. 民法附則 제10조 제1항과 登記請求權의 消滅時效

不動產所有權移轉登記請求權의 발생원인으로서 중요한 것은 法律行爲에 의한 것(民法 제186조)과 占有取得時效(民法 제245조 제1항)로 인한 것이 있다. 이러한 登記請求權의 消滅時效에 있어서는 우선 依用民法 시행당시의 法律行爲 또는 取得時效로 인한 登記請求權의 消滅時效와 民法附則 제10조와의 관계가 문제된다.

원래 依用民法은 物權變動에 관하여 意思主義 내지 對抗要件主義를 택하고 있었으므로(제176조, 제177조) 不動產을 매수한 자는 登記를 하지 않더라도 賣渡人에 대한 관계에서는 所有權을 취득하고, 이 所有權에 기한 登記請求權은 消滅時效의 對象이 아니었으며,[24] 이 점은 取得時效(依用民法 제162조)의 경우에도 같았다. 그런데 民法 附則 제10조 제1항은 “本法 施行日前의 法律行爲로 인한 不動產에 관한 物權의 得失變更은 이 法 施行日로부터 6年內에 登記하지 아니하면 그 效力을 잃는다”고 규정하고, 동조 제3항은 “本法 施行日 전의 時效完成으로 인하여 物權을 取得한 경우에도 第1項과 같다”고 규정하고 있으므로 民法 시행 전에 法律行爲나 取得時效에 의하여 所有權을 취득하였지만 登記는 하지 않고 있던 자는 1966. 1. 1. 이후에는 登記請求權을 상실하는 것인가가 문제된다.

이에 관하여 判例는 法律行爲로 인한 登記請求權의 경우에 “원고가 1965. 12. 31.까지 본건 토지에 관한 소유권이전등기를 경료하지 못하므로써 민법 부칙 제10조에 의하여 소유권을 상실하였다 하더라도 그 원인관계로 인한 소외 강덕선에게 채권으로서의 소유권이전등기청구권마저 상실되는 것은 아니라고 할 것이고 또 본건에 있어서 원고의 소외 강덕선에 대한 본건 토지에 관한 소유권이전등기청구권은 종전에는 소멸시효의 대상이 될 수 없었으나 민법 부칙

---

24) 대법원 1958. 8. 14. 선고 4290민상810 판결(總 1-2(A), 322).

제10조 제 1 항에 의하여 1966. 1. 1.부터 소멸시효의 대상이 되어 그 날부터 시효기간이 진행된다고 할 것"이라고 판시한 이래,[25] 그와 같은 판결을 거듭하여 判例로서 확립되게 되었다.[26]

그리고 取得時效로 인한 登記請求權의 경우에도 "민법 부칙 제10조 제 1 항, 제 3 항의 규정은 물권변동 자체의 효력을 상실케 하는 것뿐으로 그 변동의 기초가 되는 채권적인 원인관계나 시효완성의 바탕이 된 점유사실까지를 소멸시키는 것은 아닌 만큼 시효취득의 바탕이 된 점유사실로 인한 채권적인 소유권이전등기청구권은 1966. 1. 1.부터 소멸시효의 대상이 되는 것이다(이 청구권은 물권적인 등기청구권이 존속하는 동안은 행사의 여지가 없기 때문이다)"라고 한 이래[27] 역시 확립된 判例가 되었다.[28]

즉 判例는 依用民法下에서의 未登記 所有權은 1965. 12. 31.까지 登記를 하지 않음으로써 소멸하지만 債權的인 登記請求權은 여전히 행사할 수 있고 그 消滅時效는 1966. 1. 1.부터 진행한다는 것이다.

그러나 判例가 法律行爲로 인한 物權變動에 있어서 未登記 所有者는 物權的 登記請求權과 債權的 登記請求權을 동시에 취득하는데 物權的 登記請求權은 1965. 12. 31.까지 登記하지 않음으로써 소멸하고 債權的 登記請求權은 그 다음날부터 消滅時效가 진행한다는 뜻이라면[29] 이는 의문이다. 法律行爲에 기한 債權的 登記請求權은 다른 債權과 마찬가지로 權利를 행사할 수 있는 때로부터 消滅時效가 진행한다고 보아야 할 것이기 때문이다.[30]

그렇다면 契約 체결 후 165. 12. 31.까지 10년 이상이 경과한 경우에는 債權的인 登記請求權은 이미 時效에 의하여 소멸하고 따라서 종전의 未登記所有者는 더 이상 登記請求權을 행사할 수 없다는 결론이 된다.

그리하여 學說 가운데에는 民法 附則 제10조 제 1 항은 財産權을 보장한

25) 대법원 1966. 9. 20. 선고 66다1151 판결(總 6, 455-9).

26) 대법원 1966. 9. 27. 선고 66다1150 판결(總 1-2(A), 322; 1966. 10. 4. 선고 66다1326 판결(總 6, 455-3); 1967. 6. 13. 선고 66다807 판결 등(總 6, 455-4) 등. 근래의 대법원 1980. 1. 29. 선고 79다1863 판결(公 628, 12593)도 위의 判例를 전제로 하고 있다.

27) 대법원 1966. 11. 22. 선고 66다1864 판결(總 6, 455-3).

28) 대법원 1967. 4. 4. 선고 67다163 판결(集 15-1, 300); 1967. 7. 18. 선고 67다854 판결(集 15-2, 200); 1968. 7. 24. 선고 68다924 판결(總 6, 454-1) 등.

29) 高翔龍, "不動産 買受人의 登記請求權의 消滅時效", 判例月報 138호 149면; 郭潤直, 不動産物權變動의 硏究, 1968, 242-243면; 金容晉, "新民法 시행 전에 발생한 債權的 移轉登記請求權의 消滅時效", 司法行政 1968. 1, 45면 등.

30) 郭潤直(註 29), 46-47면. 반대, 高翔龍(註 29), 151면.

憲法에 위반되어 무효이므로 위의 경우 종전의 未登記所有者는 위 조항에도 불구하고 여전히 所有權을 상실하지 아니하고 物權的인 登記請求權을 행사할 수 있다는 견해가 있다.[31)]

그러나 위와 같은 違憲論에는 쉽게 찬성하기 어렵다. 원래 民法 附則 제10조 제1항에 의하여 상실된다고 하는 所有權은 제3자에 대하여는 주장하지 못하고 주로 當事者 사이에서만 주장할 수 있는 실질적으로는 債權과 같은 성질의 權利이고, 다만 消滅時效에 걸리지 않는다는 점에서 단순한 債權과는 구별된다. 그런데 이처럼 시간적인 제한없이 행사할 수 있던 權利를 民法 시행 후 6년이라는 期間內에만 행사할 수 있도록 제한하였다 하여도 이는 財産權의 내용의 시간적인 제한일 뿐 財産權 그 자체를 박탈하는 것은 아니며 또한 소급적인 제한도 아니므로 이를 가리켜 위헌이라고는 하기 어려울 것이다. 실질적으로 관찰한다면 이는 이제까지 消滅時效의 對象이 아니었던 權利를 消滅時效에 걸리게 하는 것에 불과하다고 할 수 있다.

그러나 民法 시행 후 6년이 지나 종전의 未登記 所有者의 所有權이 상실됨과 아울러 경우에 따라 債權的인 登記請求權조차 더 이상 행사할 수 없게 된다는 결론이 반드시 바람직한 것은 아니다. 이러한 관점에서 判例의 결론을 다시 한 번 음미하여 볼 필요가 있다. 위 民法 附則 제10조 제1항의 규정은 民法 시행 후 6년이 경과한 후에는 종전의 未登記 所有者가 登記없이 所有權을 행사하는 것을 허용하지 않겠다는 것일 뿐 기본적인 債權關係上의 權利를 행사하는 것까지 금지한다는 趣旨라고는 볼 수 없다. 한편 종전의 依用民法上의 제3자에게 대항하지 못하는 所有權이란 현행 民法의 입장에서 볼 때에는 債權과 다를 것이 없다.

그렇다면 위 조항에 의하여 일단 발생하였던 物權變動의 효력이 상실된다고 하여도, 또 원래의 債權的 登記請求權의 消滅時效는 이미 完成하였다 하더라도 當事者 사이에는 이제 아무런 法律關係도 존재하지 않게 되는 것이 아니라 종전의 物權的인 權利關係가 債權的인 權利關係로 바뀌는 것이라는 해석도 가능할 것이다. 따라서 종전에는 消滅時效에 걸리지 않았던 所有權에 기한 登記請求權도 1966. 1. 1.부터는 債權的인 登記請求權으로 바뀌게 된다. 이처럼 종래에는 消滅時效에 걸리지 않던 權利가 消滅時效에 걸리는 權利로 성질이

31) 郭潤直(註 29), 246-51면; 李在性, "民法施行前의 法律行爲로 인한 不動産 所有權抹消登記請求", 李在性判例評釋集 7, 425면.

바뀌었을 때에는 그 때부터 消滅時效가 진행한다고 보아야 할 것이다.[32] 이러한 해석이 民法 附則 제10조 제1항으로부터 바로 도출되는 것인지에 대하여는 의문이 있을 수 있겠으나 적어도 위 조항에 위배되는 것은 아닐 것이다.

위와 같은 解釋의 필요성은 取得時效에 관한 民法 附則 제10조 제3항의 경우에 더욱 절실하다. 원래 依用民法上의 取得時效에 있어서는 占有者가 取得時效의 完成으로 바로 所有權을 취득하는 외에 다른 權利關係가 남지 않는데, 만일 위 條項으로 인하여 占有者가 取得한 所有權은 상실되고 달리 아무런 法律關係도 남지 않는다면 그와 같은 占有者는 民法 시행 후 取得時效가 完成된 占有者보다도 불리한 위치로 떨어지고 만다. 그러므로 위 條項에 의하여 占有者가 취득한 所有權은 상실된다고 하더라도 적어도 當事者 사이에서는 종전의 物權的 權利關係가 債權的 權利關係로 바뀌어 현행 民法 시행 후에 取得時效가 完成한 경우와 같은 효력은 인정된다고 보아야 한다.[33]

다른 한편으로는 舊法의 규정에 의한 時效期間을 경과한 權利는 民法의 규정에 의하여 취득 또는 소멸한 것으로 본다는 民法 附則 제8조 제1항의 해석에 의하여도 이와 동일한 결론을 얻을 수 있을 것이다.

그리고 이러한 取得時效로 인한 登記請求權은 占有가 계속되는 한 消滅時效에 걸리지 않는다고 본다면(後術 3. 참조.) 결국 依用民法 당시 取得時效가 完成된 占有者의 지위는 1966. 1. 1.의 전후를 막론하고 아무런 변화가 없는 셈이 된다.

2. 不動産을 인도받아 점유하고 있는 買受人등의 登記請求權과 消滅時效

위에서 보는 것처럼 判例는 不動産 買受人 등의 所有權移轉登記請求權은 원칙적으로 消滅時效의 대상인 것으로 보고 있다. 그러나 이러한 買受人 등이 不動産을 인도받은 경우에는 登記請求權이 消滅時效에 걸리지 않는다고 한다.

즉 대법원 1976. 11. 6. 선고 76다148 전원합의체 판결(集 24-3, 277)의 多

---

32) BGH NJW 1982, S. 2385 참조.

33) 결과에 있어서 同旨, 崔鐘吉, "民法施行 전의 時效完成으로 인한 物權取得과 民法附則 제10조와의 관계", 司法行政 1967. 12, 73면 이하.

數意見은 不動産買受人의 登記請求權은 債權的 請求權이므로 원칙적으로 消滅時效에 걸리지만, 買受人이 不動産을 引渡받아 사용 수익하고 있는 경우에는 時效制度의 存在理由에 비추어 그 買受人을 權利 위에 잠자는 것으로 볼 수 없고, 賣渡人 명의로 잔존하고 있는 登記를 보호하기보다는 買受人의 사용 수익상태를 더욱 보호하여야 할 것이라는 등의 이유로 위와 같은 買受人의 登記請求權은 消滅時效에 걸리지 않는다고 판시하였다.

이에 반하여 위 판결의 第1別個意見은 買受人의 登記請求權은 매매목적물의 引渡나 明度를 받은 여부에 불구하고 모두 消滅時效의 對象이 되지만, 買受人이 賣買契約의 이행으로서 목적물의 引渡나 明渡를 받았다면 賣渡人은 登記義務의 존재를 承認하였고 그 承認의 상태는 계속하고 있다고 보아야 한다고 주장하였으며, 第2別個意見의 買受人이 賣渡人에 대하여 가지는 所有權移轉登記請求權은 物權的 合意로부터 발생하는 것으로서 物權的인 것에 가까우므로 독립하여 消滅時效의 對象이 될 수 없다고 보았다.

判例는 그 후에도 위의 態度를 유지하여[34] 被告가 農地를 전전매수하여 경작하고 있는 경우,[35] 不動産을 贈與契約에 따라 引渡받은 경우[36] 등에도 각 登記請求權이 消滅時效에 걸리지 않는다고 판시하고 있다.

이 문제에 관하여 學說은 여러 가지로 나누어져 있는데, 登記請求權을 債權的 請求權으로 보는 입장에서도 第1別個意見과 같이 引渡는 登記義務의 承認이 되고 그 承認狀態가 계속된다는 견해,[37] 不動産의 引渡가 登記義務의 承認이 된다는 것은 수긍할 수 있으나 그 承認으로 인한 中斷狀態가 계속된다는 것은 무리라는 견해[38] 및 不動産의 引渡를 所有權移轉義務의 承認으로 볼 수도 없고, 설사 承認이 된다 하여도 時效中斷상태가 계속된다고는 볼 수 없다는 견해[39]

---

34) 대법원 1977. 3. 8. 선고 74도2796 판결(集 25-1, 刑36); 1979. 7. 10. 선고 79다551 판결(公 616, 12068); 1980. 11. 25. 선고 80다1986 판결(公 649, 13453) 등. 최근의 예로는 대법원 1989. 4. 11. 선고 88다카13455 판결(公 849, 752).

35) 대법원 1977. 3. 8. 선고 76다1736 판결(總 1-2(A), 322-33).

36) 대법원 1976. 11. 23. 선고 76다546 판결(總 1-2(A), 322-27).

37) 高翔龍, 725-726면; 同, "不動産 買受人의 登記請求權의 消滅時效", 判例月報 138호 154면; 金基洙, "不動産買受人의 登記請求權과 時效消滅", 法律新聞 1414호 12면; 朴哲雨, "所有權移轉登記請求權의 消滅時效", 法曹 제29권 7호 82면; 張庚鶴, "登記請求權의 消滅時效", 法曹 제26권 2호, 84면.

38) 李在性, "民法시행전의 法律行爲로 인한 不動産 所有權抹消登記請求", 李在性判例評釋集 제7권, 423면; 柳鉉錫, 登記請求權의 消滅時效, 大韓辯護士協會誌 제23호, 36면.

39) 郭潤直, "不動産所有權移轉登記請求權의 消滅時效", 民事判例研究 제1권, 60면. 同旨, 權龍雨, 541-543면.

등으로 나누어진다. 失效의 이론 및 時效制度의 存在理由를 근거로 하여 判例를 지지하는 견해[40]와 구체적 타당성의 견지에서 判例를 지지하는 견해[41]도 기본적으로는 登記請求權을 債權的 請求權으로 보고 있다.

이에 반하여 이러한 경우 登記請求權의 발생근거를 物權的 期待權에서 구하거나[42] 物權的 合意에서 구하는 입장[43]에서는 위의 登記請求權은 物權的請求權이므로 消滅時效에는 걸리지 않는다고 한다.

생각건대 法律行爲로 인한 不動産物權變動에 있어서의 登記請求權의 성질은 債權行爲에서 나오는 債權的 請求權으로서 당연히 消滅時效의 對象이 된다고 보아야 할 것이지만 매매목적물의 引渡는 擔保物의 제공이 被擔保債務의 承認이 되는 것과 마찬가지로 登記義務의 承認으로서 時效中斷의 효력이 있다고 할 것이다. 그러나 일단 목적물이 引渡됨으로써 承認이라는 中斷事由도 종료되는 것으로 보아야 할 것이고(民法 제178조 제1항 참조) 承認狀態가 계속된다는 것은 무리한 이론이다.

그러나 우리나라에서의 不動産 去來의 실정에 비추어 볼 때 引渡 후 10년이 지나면 登記請求權의 消滅時效가 完成한다는 것은 買受人에게 가혹한 결과가 된다. 이러한 買受人을 보호하기 위하여는 消滅時效 濫用의 이론에 의한 해결을 모색할 필요가 있다. 즉 買受人으로서는 賣渡人이 引渡까지 받은 이상 賣渡人이 언제든지 登記節次를 이행해 줄 것으로 믿을 것이고, 買受人이 登記請求權의 行使를 게을리 한 것이 이와 같은 賣渡人에의 信賴 때문이라면 賣渡人이 나중에 消滅時效를 주장하는 것은 위와 같은 不動産의 引渡라는 信賴를 일으키는 先行行爲와는 모순되므로 허용되어서는 안 될 것이다.[44]

3. 取得時效로 인한 所有權移轉登記請求權의 消滅時效

判例는 앞에서 설명한 것처럼 占有取得時效의 完成으로 인한 占有者의 所

---

40) 李英俊, 756-757면.

41) 李範柱, "登記請求權과 登記受取請求權", 裁判資料 제43집 194면.

42) 金曦洙, 460면; 金曾漢, "物權的 期待權論", 民法論集, 1978, 195-199면; 金相容, 物權法, 210면; 同, "所有權보호에 관한 判例의 태도(2)", 法律新聞 제1903호, 11면.

43) 金容漢, "登記請求權의 理論과 判例, 財産法의 課題와 判例", 1989, 432-435, 445면.

44) 尹眞秀, "消滅時效의 濫用에 관한 고찰(1984년 서울大 碩士論文)", 110면 이하. 梁彰洙, "消滅時效에 걸리는 權利", 考試硏究 제195호, 40-42면은 賣渡人에 대한 信賴가 아니라 客觀的인 利益衡量을 근거로 같은 결론에 이르고 있다.

有者에 대한 登記請求權은 消滅時效의 對象인 것으로 보고 있다. 즉 依用民法下에서 取得時效가 完成하였으나 民法 附則 제10조 제3항에 따라 1965. 12. 31.까지 그 登記를 마치지 않은 경우에 관하여, 時效取得의 바탕이 된 債權的인 所有權移轉登記請求權은 1966. 1. 1.부터 消滅時效의 對象이 되므로[45] 1975. 12. 31.이 경과함으로써 그 消滅時效가 完成한다고 본다.[46] 위의 판결들은 依用民法下에서 取得時效가 完成한 사안에 대한 것이나 民法 시행 후 取得時效가 完成된 경우에도 같은 논리가 적용될 수 있을 것이다.

그러나 이러한 判例의 타당성에는 의문이 있다. 원래 不動産의 取得時效, 그 중에서도 占有取得時效는 오랫동안 不動産을 占有한 자를 보호하려는 제도인 점에 비추어보면 不動産을 20년간 占有한 자는 取得時效에 의하여 보호를 받는 반면 그보다 오랜 30년 이상을 占有한 자는 消滅時效로 인하여 보호를 받지 못하게 된다는 것은 제도의 趣旨에 어긋나는 불합리한 결과라고 하지 않을 수 없다. 그러므로 取得時效로 인한 登記請求權은 占有를 전제로 한 權利로서 占有者의 占有가 계속되는 한 消滅時效가 진행되지 않는다고 보아야 할 것이다. 그러한 해석이 不動産을 引渡받은 買受人의 登記請求權의 消滅時效에 관한 判例(前述 2.)와 비교하여도 형평에 맞는 결론일 것이다.[47]

최근의 대법원 1990. 11. 13. 선고 90다카25352 판결(公 887, 93)도 取得時效 完成을 원인으로 하는 所有權移轉登記請求權은 점유자가 그 점유를 계속하는 한 消滅時效가 진행하지 않는 것이라고 판시하였는바, 이는 결론에 있어서 타당하나 그 이론적인 근거에 관한 설명이 없을 뿐만 아니라 명시적인 判例變更의 절차를 밟지 않은 점이 아쉬움으로 남는다.

4. 기　　타

大法院은 債權擔保를 위한 讓渡擔保에 있어 被擔保債務의 소멸을 이유로 하는 登記請求權에 관하여 "채권담보의 목적으로 이루어지는 부동산 양도담보에 있어서 그 부동산의 등기명의가 양도담보권자 앞으로 되어 있다 할지라도 그 실질적 소유권은 양도담보권설정자에게 남아 있다고 할 것이므로 피담보채

45) 대법원 1966. 11. 22. 선고 66다1864 판결(總 6, 455-453).
46) 대법원 1978. 4. 11. 선고 76다2476 판결(總 1-2(A), 334-17).
47) 同旨, 鄭在憲, "不動産所有權取得時效", 司法硏究資料 第8集, 326면.

무가 변제된 이후에 설정자가 행사하는 등기청구권은 위 실질적 소유권에 기한 물권적 청구권으로서 따로이 시효소멸되는 것은 아니라 할 것인바 …"라고 판시하고 있다.[48)]

이 판결은 假登記擔保 등에 관한 法律(1983. 12. 31. 法律 제3681호) 시행 전의 것으로서 學說로서는 이 판결에 찬성하는 입장도 있으나,[49)] 위 法律 시행 전의 종래의 통설이 讓渡擔保의 법적 구성에 관하여 信託的 讓渡說을 취하고 있었던 점[50)]에 비추어 보면 위 판결의 이론에는 문제가 있다고 하지 않을 수 없다. 다만 假登記擔保 등에 관한 法律의 시행 후에는 그 영향으로 讓渡擔保의 법적 구성에 관하여 擔保物權說이 통설로 바뀌었으므로[51)] 위 法律 시행 후에 설정된 讓渡擔保에는 위 판결의 이론이 적용될 수 있을 것이다.

이와 관련된 또 다른 문제는 債務者나 기타의 讓渡擔保 設定者는 債務의 辨濟期 이후에 언제까지 債務를 변제하고 所有權移轉登記의 말소를 청구할 수 있는가 하는 점이다. 이에 관하여 假登記擔保 등에 관한 法律 제11조는 債務의 辨濟期로부터 10년의 除斥期間이 경과하면 債務를 변제하고 所有權移轉登記의 말소를 청구하지 못한다는 명문의 규정을 두고 있다. 그러나 위 法律 시행 전에 성립한 擔保契約에는 위 法律이 적용되지 않으므로(同法 附則 참조) 이때에는 어떠한가가 문제된다. 이에 관하여 判例는 약한 의미의 讓渡擔保에서는 債務의 辨濟期가 도과된 이후라 할지라도 債權者가 그 擔保權을 실행하여 清算을 하기 전에는 債務者는 언제든지 債務를 변제하고 擔保를 위한 假登記 및 假登記에 기한 本登記의 말소를 구할 수 있으므로 그 抹消登記請求權은 消滅時效에 걸리지 않고 그러한 抹消請求가 信義則 위반이나 訴權의 濫用에도 해당하지 않는다고 판시한다.[52)]

그리고 名義信託이 解止된 경우 信託者가 受託者에 대하여 가지는 登記請求權이 消滅時效에 걸리는가에 관하여, 判例는 처음에는 信託者의 受託者에 대한 所有權移轉登記請求權은 信託契約을 解除하였을 때 비로소 행사할 수 있으

48) 대법원 79. 2. 13. 선고 78다2412 판결(集 27-1, 136).

49) 申性澤, "讓渡擔保에 있어서의 所有權回復請求權의 消滅時效", 大法院判例解說 1권 1호, 1979, 213 이하.

50) 學說의 상세는 郭潤直(註 3), 673-682면 참조.

51) 郭潤直(註 3), 688-684면; 金容漢(註 3), 632-634면; 張庚鶴(註 3), 900-901면.

52) 대법원 1987. 11. 10. 선고 87다카62 판결(集 35-3, 222). 同旨, 대법원 1980. 1. 15. 선고 79다2033 판결(集 28-1, 41); 1982. 10. 26. 선고 81다375 판결(集 30-3, 160). 日最判 1982(昭和57). 1. 22.(民集 36-1, 91)도 같은 趣旨이다.

므로 그 解除시부터 10년의 消滅時效에 걸린다고 하였다가,[53] 후에는 "특별한 사정이 없으면 신탁자는 언제든지 신탁을 해지하고 수탁자에 대하여 신탁관계의 종료 그것만을 이유로 하고 소유명의의 이전등기절차의 이행을 구할 수 있다고 할 것은 물론이거니와 신탁 해지를 원인으로 하고 소유권에 기해서 그와 같은 청구를 구할 수 있다고도 하여야 할 것이고 이 경우에 있어서는 동 등기청구권은 시효에 의해서 소멸되는 것은 아니라고 할 것인바 …"라고 하여,[54] 信託關係의 종료를 원인으로 하는 것이 아닌 所有權에 기한 登記請求權은 消滅時效에 걸리지 않는다고 하였다. 그러나 名義信託이 解止되었다고 하여 登記 없이 당연히 所有權이 신탁자에게 복귀한다고 보기는 어려우므로[55] 위 판결의 이론에도 의문이 없는 것은 아니다. 위 판결은 名義信託의 경우의 所有權의 귀속을 이른바 相對的 權利移轉說에 의하여 파악하고 있으나, 이러한 相對的 權利移轉說은 우리 民法에서는 불가능한 이론이다.[56]

결국 判例는 讓受人의 경우와 마찬가지로 不動産을 점유하고 있는 자의 登記請求權은 消滅時效에 걸리지 않는다는 것으로 일관하고 있는데, 이러한 判例의 배후에는 이러한 占有者를 登記名義者보다 더욱 보호하여야 한다는 價値判斷이 깔려 있는 것으로 보인다.

Ⅴ. 裁判上 請求로 인한 時效中斷

1. 裁判上 請求로 인한 時效中斷의 根據

裁判上 請求에 왜 時效中斷의 效力이 인정되는가에 대하여는 종래 日本에서 權利確定說(請求權確定說)과 權利行使說(權利主張說)의 대립이 있었다.[57]

---

53) 대법원 1975. 8. 19. 선고 75다273 판결(公 522, 8628).

54) 대법원 1976. 6. 22. 선고 75다124 판결(集 24-2, 137). 金曾漢, 判例回顧 5, 105-106면은 이 判例를 지지한다.

55) 상세는 權五坤, "名義信託에 관한 判例의 동향", 民事判例硏究 X, 398면 참조.

56) 權五坤(註 55), 405-406면; 康鳳洙, "名義信託에 있어서 內部的 所有權의 의미", 民事裁判의 諸問題 5, 71-72면; 梁彰洙, "不動産物權變動에 관한 判例의 동향", 民事判例硏究 X, 347면 이하. 반대, 李英俊, 190-192면.

57) 이에 대하여는 柳星均, "一部請求와 時效中斷", 金曾漢(編), 民法演習(1), 1976, 214-215면; 幾代 通, 民法總則, 1984, 561면 참조.

前說은 中斷의 效力이 인정되려면 權利의 존재가 公權的으로 確定되어야 하므로 中斷事由로서의 裁判上 請求는 그 請求된 權利가 判決의 主文에서 판단되어 旣判力이 發生하는 訴訟物이어야 한다는 것이다.58)

이에 대하여 後說은 時效中斷의 본질은 權利者가 어떤 방법이나 형식에 의하더라도 그 權利를 주장함으로써 權利 위에 잠자지 않는 자임을 표명하는 한편, 時效의 기초인 事實狀態를 파괴하는 데 있다고 보므로 時效中斷事由인 裁判上 請求는 權利者가 訴訟이라는 형식을 통하여 그 權利를 주장하면 족하고, 반드시 그 權利가 訴訟物이 되어 旣判力이 發生할 것을 요하지 않는다고 한다.59)

위와 같은 兩說의 대립은 실제로 裁判上 請求에 해당하는지의 여부 및 時效中斷의 범위 등에 있어서 前說은 좁게 해석하는 데 반하여 後說은 넓게 해석하는 차이로 나타난다. 현재 日本에 있어서 學說의 대세는 權利行使說을 취하고 있고, 判例도 그에 따라 裁判上 請求로 인한 時效中斷을 넓게 인정하고 있다.60)

우리나라에 있어서는 日本만큼 學說의 대립이 현저하지 않으나 대체로 權利行使說과 결론을 같이하는 경우가 많다. 判例도 "소유권의 시효취득에 준용되는 시효중단사유인 민법 제168조, 제170조에 규정된 재판상의 청구라 함은 시효취득의 대상인 목적물의 인도 내지는 소유권존부확인이나 소유권에 관한 등기청구소송은 말할 것도 없고, 소유권침해의 경우에 그 소유권을 기초로 하여 하는 방해배제 및 손해배상 혹은 부당이득반환청구소송도 이에 포함된다고 해석함이 옳은 것이다. 왜 그런고 하니 위와 같은 여러 경우는 권리자가 자기의 권리를 자각하여 재판상 그 권리를 행사하는 점에 있어 서로 다를 바 없고, 또 재판상 청구를 기판력이 미치는 범위와 일치시켜 고찰할 필요가 없기 때문이다"라고 하여61) 權利行使說을 따름을 명백히 하였다.62)

---

58) 兼子 一, 民事訴訟法體系, 178면; 注釋民法 (5), 1967, 65면 등.

59) 我妻榮, "確認訴訟と時效の中斷", 民法硏究 Ⅱ, 263면 이하.

60) 幾代(註 57), 562면 참조.

61) 대법원 1979. 7. 10. 선고 79다569 판결(集 27-2, 142) 해설: 朴種澤, "取得時效中斷事由로서의 裁判上의 請求", 大法院判例解說 1권 1호, 1979, 377면 이하.

62) 나아가 대법원 1992. 3. 31. 선고 91다32053 전원합의체 판결(公 920, 1406)은 "基本的 法律關係의 確認請求가 이로부터 발생한 權利의 實現手段이 될 수 있어 權利위에 잠자는 것이 아님을 표명한 것으로 볼 수 있을 때에는 基本的 法律關係의 確認請求가 이로부터 發生한 權利의 時效中斷事由가 된다"고 한다.

그러나 判例는 다른 한편 뒤에서 보는 바와 같이 一部請求의 경우에 時效中斷의 效力은 그 請求額에 한하여 미친다고 하는 등 權利確定說에 입각한 듯한 판시도 하고 있어 判例가 반드시 權利行使說에 입각하고 있다고는 말할 수 없다.[63)]

裁判上 請求는 權利者측의 행위로 인한 時效中斷事由이므로 權利行使說이 타당할 것이다. 그러나 이러한 時效中斷의 根據에 관한 學說에 의하여 모든 문제를 일률적으로 해결할 수는 없고 사안에 따라 적정한 해결책을 모색하여야 할 것이다.

한편 근래 日本에는 民事訴訟法上 判決의 效力에 관한 이른바 爭點效理論을 時效中斷의 문제에 도입하여 爭點效가 미치는 경우에는 時效가 中斷된다고 하는 설이 등장하였다.[64)] 이 說은 새로운 착상이기는 하나 결과에 있어 權利行使說과 큰 차이가 없을 뿐만 아니라, 爭點效의 이론이 民事訴訟法上 완전히 정착되지 못한 형편이므로 이에 의하여 時效中斷의 문제를 설명하는 것은 아직 시기상조라고 하겠다.

2. 應訴와 時效中斷

가. 문제의 소재

裁判上 請求가 時效中斷事由로서 문제되는 것은 통상은 時效를 주장하는 자의 相對方이 原告가 되어 적극적으로 訴를 提起하는 경우이다. 그런데 그와는 반대로 時效를 주장하는 자가 原告가 되어 訴를 提起한 데 대하여 相對方이 應訴하면서 자기의 權利를 주장하는 경우에도 時效中斷事由인 裁判上 請求에 해당하는가에 관하여 判例·學說상 다툼이 있다.

獨逸의 경우에는 民法上 裁判에 의하여 時效가 中斷되기 위하여는 원칙적으로 權利者가 訴를 提起하여야 하고(§209 Ⅰ: Die Verjährung wird unterbrochen, wenn der Berechtigte … Klage erhebt.), 다만 相對方이 訴訟上 相計의 抗辯을 주장할 때에만 예외적으로 訴의 提起와 동일시하도록 규정되어 있으므로(§209 Ⅱ iii), 이 경우를 제외하고는 應訴行爲에는 時效中斷의 效力이 없다는 것이 통설

63) 同旨, 崔公雄, "時效中斷事由로서의 裁判上 請求와 訴訟物", 司法行政 225, 61-62면; 李時潤, 民事訴訟法, 1990, 369면은 判例가 權利行使說에 입각하고 있다고 주장한다.

64) 石田穰, 民法と民事訴訟法の交錯, 174면 이하; 동지, 新堂, 民事訴訟法(제 2 판), 1981, 160면.

이고 확립된 判例이다.[65]

그러나 民法의 경우에는 단순히 裁判上 請求라고만 되어 있으므로 의견이 갈릴 소지가 있는 것이다.

나. 日本의 判例와 學說

이 문제에 관하여 먼저 비슷한 규정을 가지고 있는 日本의 學說과 判例를 본다.

日本의 判例는 초기에는 應訴行爲에는 時效中斷의 效力을 인정하지 않았으나 현재는 이를 긍정하고 있다. 즉 債務者가 提起한 債務不存在確認訴訟에서 債權者가 자기의 債權을 주장하여 승소한 경우에 그 應訴行爲는 裁判上 請求에 해당한다고 하고,[66] 이는 債務者가 提起한 請求異議訴訟의 경우에도 마찬가지이며,[67] 所有權移轉登記抹消請求의 訴에서 被告가 자기의 所有權을 주장하여 그 주장이 判決에 의하여 인정된 경우에는 原告의 取得時效는 中斷된다고 본다.[68]

그리고 抵當權設定登記抹消請求訴訟에서 債權者의 應訴는 被擔保債權의 消滅時效를 中斷한다고 한다.[69]

日本의 學說도 대체로 이를 지지한다. 즉 權利確定說의 입장에서는 債務不存在確認訴訟이나 請求異議訴訟의 경우에는 債權의 존재가 訴訟物로서 이에 관하여 旣判力이 미치므로 이 경우 權利者의 應訴行爲에 時效中斷의 效力이 있다고 보며, 權利行使說의 입장에서는 한 걸음 더 나아가 權利의 존재에 관하여 旣判力이 미치지 않는 경우에도 被告가 應訴하여 權利를 주장하는 경우에는 時效가 中斷된다고 본다.[70]

---

65) Münchkomm/von Feldmann, §209 Rdnr. 4; Staudinger/Dilcher, §209 Rz. 21; BGHZ 72, 23 ff. 등.

66) 日大判 1939(昭和 14). 3. 22.(民集 18-238).

67) 日大判 1942(昭和 17). 1. 28.(民集 21-37).

68) 日最判 1968(昭和 43). 11. 13.(民集 22-12, 2510).

69) 日最判 1969(昭和 44). 11. 27.(民集 23-11, 2251). 한편 目的物引渡請求訴訟에서 被告가 留置權을 주장하여 승소한 경우에는 그 應訴行爲가 被擔保債權에 관하여 裁判上의 請求를 한 것으로는 볼 수 없지만 訴訟係屬 중 催告로서의 效力은 인정되므로 訴訟 종결 후 6월 내에 다른 강력한 時效中斷의 조치를 취하면 그 時效中斷의 效力이 유지된다고 한다. 日最判 1963(昭和 38). 10. 30.(民集 17-9, 1251).

70) 幾代(註 57), 561-562면 참조.

다. 우리나라의 判例와 學說

우리나라의 判例는 아직까지 被告의 應訴에 時效中斷의 效力을 인정하지 않고 있다. 즉 消滅時效의 경우에는 土地所有者가 占有者를 상대로 賃料 상당의 不當利得返還請求의 訴를 提起하자 被告가 請求棄却 判決을 구하면서 取得時效가 完成되었다고 抗辯함은 단지 방어를 함에 그치고 이로써 取得時效로 인한 所有權移轉登記請求權을 행사한 것으로는 볼 수 없으므로 被告의 取得時效 抗辯이 消滅時效 中斷事由인 裁判上 請求에 해당한다고는 볼 수 없다고 한다.[71)]

그리고 取得時效의 경우에도 原告가 주장하여 所有權移轉登記를 구하는 소를 提起하자 被告가 이에 應訴하고 답변으로서 原告 請求棄却의 判決을 구하면서 原告의 주장사실을 부인하고 不動産이 被告의 소유라고 주장하는 것은 단지 방어를 함에 그치는 것이고 權利者 스스로 權利를 행사하는 행동이 아니어서 時效中斷事由인 裁判上의 請求에 해당한다고는 볼 수 없다고 한다.[72)]

그러나 學說은 應訴의 경우에도 대체로 時效中斷의 效力을 인정한다.[73)]

라. 結 論

생각건대 이 문제는 기본적으로는 時效中斷을 얼마나 넓게 인정하는 것이 타당한가 하는 價値觀에 따른 決斷의 문제라고 할 것이다.[74)]

그러나 오늘날 時效中斷事由로서의 裁判上 請求를 반드시 旣判力이 미치는 범위와 일치시켜 해석하지 않는 등 이를 넓게 보는 것이 일반적 경향인 점에 비추어 보면 權利의 存否가 訴訟物이건 아니건 不問하고 應訴에 時效中斷의 效力을 인정함에 타당할 것이다.

---

71) 대법원 1978. 4. 11. 선고 76다2476 판결(總 1-2(A), 334-16).

72) 대법원 1966. 9. 20. 선고 66다1032 판결(集 14-3, 40); 1971. 3. 23. 선고 71다37 판결(集 19-1, 215); 1974. 11. 22. 선고 74다416 판결 등(公 502, 8105); 1979. 6. 12. 선고 79다573 판결(集 27-2, 84) 등.

73) 金疇洙, 475면; 金曾漢, 343면; 張庚鶴, 722면; 李時潤, "催告의 防禦方法과 取得時效의 中斷," 民事判例硏究 Ⅲ, 5면 이하; 宋相現, 民事訴訟法, 1990, 321면 등. 高翔龍, 746-747면; 金容漢, 465-466면은 債務不存在確認訴訟이나 請求異議訴訟 등에 한정하여 時效中斷의 效力을 인정한다.

74) 權五坤, "時效中斷事由로서의 裁判上 請求", 司法行政 236, 44면 참조.

마. 餘論 — 應訴者가 패소한 경우의 時效中斷의 效力

그러면 이와 같은 應訴에 의한 時效中斷의 效力이 應訴者가 패소한 경우에는 인정될 수 있을 것인가?

判例는 課稅處分에 대한 取消訴訟節次에서 그 處分의 적법함을 주장하여 原告請求의 棄却을 구한 被告(課稅官廳)의 應訴行爲를 裁判上 請求에 준하는 權利의 주장으로 본다고 하더라도, 그 處分을 取消하는 被告取消 判決이 선고, 확정되었다면 被告의 應訴行爲에 時效中斷의 效力을 생길 수 없다고 한다.[75)]

學說로서는 이 경우에는 時效中斷의 效力이 당초부터 생기지 아니하지만 그로부터 6월 이내에 다른 강력한 時效中斷의 방법을 취함으로써 최초의 應訴시에 時效中斷된 것으로 간주될 수 있다는 설[76)] 및 이 경우에는 잠정적이라도 應訴行爲에 時效中斷의 效力을 인정할 여지가 없다[77)]는 설이 있다.

이 문제에 관하여는 相計에 時效中斷의 效力을 인정한 獨逸民法의 규정이 참고가 될 수 있을 것이다. 즉 獨逸民法 §209 Ⅱ iii은 相計의 경우에 訴의 提起에 준하는 時效中斷의 效力을 인정하면서 §215 Ⅱ에서는 訴訟終了 후 6월 내에 소를 提起하지 않으면 相計로 인한 時效中斷의 效力은 發生하지 않는 것으로 규정하고 있다. 이에 따라 실제로 相計의 抗辯에 時效中斷의 效力이 생기는 경우란 相計의 抗辯이 인용된 경우나 相計의 自動債權이 不存在한다는 이유로 배척된 경우가 아니라 相計가 豫備的 抗辯으로 주장되었는데 주된 抗辯이 인용된 경우이거나 相計의 抗辯이 부적법한 것으로 배척된 경우에 한한다.[78)]

이러한 獨逸民法의 해석론과 제170조 제2항의 규정을 아울러 고찰한다면, 被告가 應訴하여 주장한 權利가 존재하지 않는다는 이유로 敗訴判決을 받은 경우에는 時效中斷의 效力을 인정할 여지가 없지만, 그 이외의 다른 事由로 被告가 패소한 경우에는 제170조 제2항을 유추적용하여 6월 내에 다른 강력한 時效中斷조치를 취하면 應訴시에 소급하여 時效中斷의 效力이 發生하는 것으로 봄이 타당할 것이다.

---

75) 대법원 1988. 2. 23. 선고 85누688 판결(集 36-1, 272).

76) 李範柱, "租稅時效의 中斷에 관한 약간의 問題", 特別法研究 2, 355면.

77) 韓相鎬, "課稅處分取消訴訟에서 被告의 應訴行爲와 消滅時效의 中斷", 大法院判例解說 9, 1989, 362면.

78) MünchKomm/von Feldmann, §209 Rdnr. 19.

日最判 1973(昭和 48). 2. 16.(民集 27-1, 149)은 公正證書에 관한 請求異議訴訟에서 債權者가 應訴하여 債權의 존재를 주장하였어도 위 證書의 작성촉탁 당시 代表權이 흠결되었음을 이유로 請求가 인용된 경우에는 消滅時效 中斷의 效力은 생기지 않는다고 하였으나, 日本民法과는 달리 제170조 제2항의 규정이 있는 우리 民法의 해석으로서는 그러한 경우 訴訟終了 후 6월 내에 다른 강력한 時效中斷조치를 취하면 應訴時에 소급하여 時效가 中斷되는 것으로 보아야 할 것이다.

3. 裁判上 請求로 인한 時效中斷의 범위

가. 物的 範圍

(1) 槪　觀

時效中斷의 效力이 미치는 物的 範圍도 權利行使說과 權利確定說 중 어느 설에 의하는가에 따라 차이가 있다. 權利確定說에 의하면 裁判上 請求에 의하여 時效가 中斷되는 범위는 원칙적으로 旣判力이 發生하는 訴訟物에 국한된다. 이에 반하여 權利行使說에 따를 때에는 時效中斷의 범위를 반드시 旣判力의 범위와 일치시킬 필요는 없게 된다. 그러나 이 경우에는 時效中斷의 범위가 일률적으로 정해지지는 않는다. 이하에서는 權利行使說에 따라서 時效中斷의 범위를 살펴보기로 한다.

(2) 請求權競合과 消滅時效의 中斷

이른바 請求權競合의 경우에 한 請求權에 관하여 한 裁判上 請求는 競合하는 다른 請求權의 消滅時效를 中斷시키는가? 이는 주로 어음·手票債權과 原因債權과의 관계에서 문제된다.

判例는 旣存債權의 지불확보의 방법으로 手票가 수수되었을 경우에는 手票金債權과 旣存債權은 表裏의 관계에 있어 手票金債權의 訴訟上 請求는 旣存債權의 消滅時效를 中斷시킨다고 한 반면[79] 旣存債權의 請求를 手票金請求로 변경하였더라도 前者의 訴訟提起로 後者의 請求權에 대한 消滅時效 中斷의 效果가 發生하지 않는다고 한다.[80]

---

79) 대법원 1961. 11. 9. 선고 4293민상748 판결(集 9, 72).

80) 대법원 1967. 4. 25. 선고 67다75 판결(集 15-1, 342).

學說로서는 手票債權이 原因債權보다 더 강력한 점에 비추어 判例를 수긍할 수 있다고 하는 견해[81]가 있는 반면 어음금債權을 먼저 행사한 경우에 관하여 原因關係상의 債權者가 그 지급을 위하여 교부받은 어음에 의하여 原因關係상의 債務者에 대하여 어음금請求訴訟을 提起함은 原因債權에 대한 權利行使의 의사가 객관적으로 표명된 것이므로 어음금請求訴訟의 提起에 의하여 原因債權의 消滅時效 역시 中斷된다는 견해[82] 및 旣判力이 미치지 않는 請求權에 관하여 時效中斷의 效力을 인정할 수 없을 뿐만 아니라 어음·手票의 抽象證券性에 비추어볼 때 原因債權의 時效中斷의 效力을 부정하는 입장이 타당하는 견해[83] 등이 있다.

한편 訴訟物理論에 관한 이른바 新訴訟物論의 입장에서 請求權競合 일반에 관하여 履行의 訴가 提起되면 給付를 구할 법적 지위, 즉 受給權 자체가 時效中斷의 대상이 되며, 따라서 그 給付실현에 수단이 되는 모든 實體法상의 請求權은 그에 의하여 時效가 中斷된다고 하는 설도 있다.[84]

생각건대 이 문제는 訴訟物理論에 관하여 어느 입장을 취하느냐에 따라서도 견해가 갈릴 수 있겠으나, 舊訴訟物論을 따르더라도 時效中斷의 범위가 반드시 당해 請求權에 국한될 이유는 없고, 한 請求權에 대한 裁判上 請求를 동시에 競合하는 다른 請求權의 행사 수단으로 볼 수 있는 때에는 時效中斷의 범위도 다른 請求權에까지 미친다고 할 것이다. 이러한 관점에서 본다면 어음債權의 裁判上 請求는 原因債權의 행사수단으로 볼 수 있으므로 原因債權의 時效를 中斷시키지만,[85] 그 逆이 반드시 성립하지는 않는다고 하겠다.

(3) 基本的 法律關係의 確認請求와 派生的 請求權

基本的 法律關係 確認의 訴를 提起하면 그로부터 파생된 請求權의 消滅時效가 中斷되는가? 判例는 이를 인정한다. 즉 파면된 私立學校 教員이 學校法人을 상대로 罷免處分效力停止處分 및 無效確認의 訴를 提起하여 승소한 경우에 파면된 이후의 報酬金 債權의 消滅時效가 문제된 사건에서 "이 건과 같은 보수금채권은 고용관계의 존재를 전제로 하여 발생하는 것이고, 파면(해지)처분무

81) 鄭東潤, 어음·手票法, 1989, 595면.
82) 安聖會, "어음時效", 裁判資料 31, 331-332면.
83) 崔基元, 어음·手票法, 1987, 498면. 동지, 李英俊, 767면.
84) 李時潤(註 63), 369-370면.
85) 결과에 있어서 同旨, 日最判 1987(昭和 62). 10. 16.(民集 41-7, 1497).

효확인의 소(또는 고용관계존재확인의 소)는 고용관계라고 하는 기본적 법률관계로부터 발생하는 보수금(임금)채권을 실현하는 수단이라는 성질을 가지고 있는 것으로서 이와 같은 수단이 현출된 경우에는 보수금채권 자체에 관한 급부소송을 제기하지 않았다 하더라도 그것을 가지고 [권리 위에 잠자는 자]라고는 할 수 없기 때문에 원고의 이 건 1968. 11. 이후의 보수금채권에 대한 시효는 1968. 11. 하순에 제기된 위 파면처분효력정지가처분 및 무효확인의 소의 제기에 의하여 중단된 것이라고 해석하는 것이 상당하다"고 한다.[86)]

日大判 1930(昭和 5). 6. 27.(民集 9, 619)이 生命保險契約存在確認의 訴의 判決이 確定되기까지는 保險金債權의 消滅時效는 그 진행을 정지한다고 한 것도 같은 취지라고 할 것이다.

다만 대법원 1990. 8. 14. 90누2024(公 881, 1972)는 罷免處分無效確認의 訴는 退職給與請求權의 전제가 되는 公務員 신분의 消滅과는 정반대로 그 신분의 존속을 주장하는 것으로서 退職給與請求權을 행사하기 위한 전제가 되거나 이를 실현하는 수단이 될 수는 없으므로 退職給與請求權의 消滅時效中斷事由가 되지 않는다고 한다.

(4) 取得時效에 있어서 裁判上 請求의 범위

取得時效의 경우에 所有者의 占有者에 대한 土地引渡請求[87)]나 所有權確認請求가 取得時效를 中斷시킨다는 데는 별 의문이 없다. 문제는 所有權移轉登記抹消請求나 所有權에 기한 妨害排除 및 損害賠償 혹은 不當利得返還請求訴訟도 取得時效의 中斷事由에 해당하는가인데, 判例는 權利行使說의 입장에서 이를 긍정한다.[88)] 특히 後者에 관한 判決은 裁判上 請求를 旣判力이 미치는 범위와 일치시켜 고찰할 필요가 없음을 명시적으로 밝히고 있다.

(5) 一部請求

一部請求, 즉 債權者가 債權의 일부만을 裁判上 請求한 경우에 그 時效中斷의 效力은 請求한 부분에만 미치는가, 아니면 債權 전액에 미치는가? 가령

---

86) 대법원 1978. 4. 11. 선고 77다2509 판결(集 26-1, 284면); 또한 대법원 1992. 3. 31. 선고 91다32053 전원합의체 판결(公 920, 1406)도 같은 취지에서 無效宣言으로서의 課稅處分 取消訴訟은 그 課稅處分으로 誤納한 租稅에 대한 不當利得返還請求權의 消滅時效 中斷事由가 된다고 한다.

87) 대법원 1983. 3. 8. 선고 82다카172 판결(集 31-1, 168).

88) 前者에 관하여는 대법원 1971. 12. 28. 선고 71다2313 판결(總 2-2(A), 555-15), 後者에 관하여는 대법원 1979. 7. 10. 선고 79다569 판결(集 27-2, 142).

100만원의 債權者가 訴 提起 당시에는 50만원만을 請求하였다가 원래의 時效期間이 지난 후에 請求를 확장하여 잔액 50만원도 아울러 請求한 경우에, 위 확장한 부분도 訴 提起 당시 이미 消滅時效가 中斷된 것인지, 아니면 이 부분은 이미 消滅時效가 完成된 것인지가 문제된다.

우선 請求된 부분과 請求되지 않은 부분이 어떤 기준에 의하여 구별(특정)될 수 있는 경우, 예컨대 1988년 한해의 賃料債權 중에서 1월에서 6월까지 분만을 請求하고 7월에서 12월까지 분은 請求하지 않은 경우에는 請求하지 않은 부분에 대하여는 時效中斷의 效力이 미치지 않는다.[89)]

문제는 請求한 부분과 請求하지 않은 부분이 그와 같이 구별되지 않는 경우이다. 이에 관하여는 訴訟法上 一部請求의 旣判力이 나머지 부분에까지 미치는가의 문제와도 관련하여 논의가 많다.

判例는 일관하여 一部請求의 경우에는 그 請求한 부분에 한하여 消滅時效가 中斷된다고 한다. 즉 "청구부분이 특정될 수 있는 경우에 있어서의 일부청구는 나머지 부분에 대한 시효중단의 효력이 발생하지 않는다고 할 것이며, 이 나머지 부분에 관하여는 소를 제기하거나 그 청구를 확장(청구의 변경)하는 서면을 법원에 제출한 때에 비로소 시효중단의 효력이 발생한다고 보는 것이 소멸시효와 그 중단에 관한 법리와 민사소송법 제238조 및 제235조 제2항의 규정취지에 부합된다"고 하는바,[90)] 이는 확립된 判例라고 말할 수 있다.[91)]

다만 위 1975. 2. 25.의 判決은 債權이 특정될 수 있는 경우라고 하였으나 이 判決의 사안은 讓受金債權 2,696,451원 중 500,000원을 우선 請求하였다가 나중에 債權 전액으로 그 請求를 확장한 것이므로 이는 부정확한 표현이다.

이에 대하여 學說 중에는 判例를 지지하는 듯한 것도 있으나,[92)] 그 외에는 대체로 判例에 비판적이다. 즉 一說은 一部請求의 旣判力에 관한 判例의 태도와 軌를 같이 하여, 一部請求임을 명시한 경우(明示的 一部請求)의 경우에는 時效中斷의 效力이 請求하지 않은 부분에 미치지 않지만, 一部請求임을 명시하지 않은 경우에는 旣判力이 請求하지 않은 부분에도 미친다고 하고,[93)] 다른 설

89) 柳星均(註 57), 213면.

90) 대법원 1975. 2. 25. 선고 74다1557 판결(集 23-1, 79).

91) 대법원 1967. 5. 23. 선고 67다529 판결(集 15-2, 24); 1970. 4. 14. 선고 69다597 판결(集 18-1, 319) 참조.

92) 李英俊, 767면.

93) 李時潤(註 63), 369-370면. 日本의 判例도 대체로 같은 입장이다. 日最判 1959(昭和 34). 2. 20.(民集 13-2, 209) 및 同 1970(昭和 45). 7. 24.(民集 24-7, 1177).

은 明示의 유무를 불문하고 時效中斷의 效力이 請求하지 않은 부분에도 미친다고 한다.[94)]

생각건대 이 문제는 어느 설에 의하여도 난점이 없다 할 수 없으나[95)] 權利行使說의 입장을 일관한다면 債權者가 주관적으로는 債權 전체를 행사할 의도로 訴를 提起하였고, 相對方이나 제 3 자도 이를 알 수 있었을 때에는 실제로 請求한 것은 일부이더라도 債權 전체에 대하여 消滅時效 中斷의 效力이 미친다고 보아야 할 것이다. 이는 대체로 明示的 一部請求인지의 여부에 따라 가려지겠으나 一部請求임을 명시한 경우라도 訴狀에서 장차 신체감정 결과에 따라 請求를 확장할 것을 명백히 한 경우 등에는 時效中斷의 效力은 전체에 대하여 미친다고 보아야 할 것이다.[96)] 獨逸의 學說도 대체로 그와 같다.[97)]

(6) 기 타

日本의 오래된 判例는 債權者가 讓渡擔保權을 실행할 목적으로 債務者에게 讓渡擔保 目的物의 인도를 裁判上 請求하는 것은 被擔保債權의 消滅時效를 中斷시키지 않는다고 하였으나[98)] 그 타당성은 의문이다.[99)]

나. 人的 範圍

裁判上 請求로 인한 時效中斷의 人的 範圍는 원칙적으로 民法 제169조에 의하여 裁判上 請求의 當事者 또는 그 承繼人이 국한된다. 그러나 裁判上 請求에서 특별히 문제되는 경우가 몇 가지 있다.

(1) 債權者代位訴訟

債權者가 債務者를 대위하여 債務者의 第 3 債務者에 대한 債權을 裁判上 請求한 경우에 그로 인한 代位의 객체인 債權의 時效中斷의 效果는 被代位者에게도 미치는데,[100)] 이를 民法 제169조의 예외라고 하는 설도 있으나,[101)] 원

94) 鄭東潤, 民事訴訟法, 1991, 252면. 宋相現(註 73), 322면도 같은 취지로 보인다.
95) 柳星均(註 57), 221면 참조.
96) 서울민사지방법원 1989. 11. 13. 선고 89가합10765 판결(法律新聞 1889); 대법원 1992. 4. 10. 선고 91다43695 판결(公 921, 154).
97) MünchKomm-von Feldmann §209 Rdnr. 9.
98) 日大判 1927(昭和 2). 9. 30.(新聞 2771, 14).
99) 상세는 注釋民法 (5), 85-86면.
100) 대법원 1985. 6. 25. 선고 84다카1954 판결(集 33-2, 103).
101) 註釋民法總則(下), 689면.

래 債權者代位權 행사의 效果는 債務者 본인에게 귀속되므로 이는 제도의 성질상 당연한 것이고, 이를 구태여 本條의 예외라고 할 필요까지는 없다. 반면 이 경우 債權者의 被代位債務者에 대한 被保全債權까지 中斷되는 것은 아니다. 이는 代位訴訟의 訴訟物은 被代位者의 債權이고 債權者의 被保全債權이 아니기 때문이라고 설명하는 견해가 있다.[102)]

(2) 債權者取消訴訟

日本의 判例는 債權者가 受益者 또는 轉得者를 상대로 債權者取消訴訟을 提起하여 승소하였고, 그 訴訟에 債務者가 補助參加를 하였어도 그로 인하여 債權者의 債務者에 대한 債權의 消滅時效가 中斷되는 것은 아니라고 한다.[103)] 이에 대하여는 반대하는 견해가 있으나[104)] 民法 제169조의 규정상 불가피한 결론이라 할 것이다.[105)]

Ⅵ. 消滅時效完成의 效果

1. 學說의 상황

消滅時效가 完成하면 그 效果로서 權利가 消滅한다고 보는 것이 오늘날 일반적인 견해이다. 그러나 消滅時效가 完成하는 것만으로 權利消滅의 效果가 생기는가(絕對的 消滅說), 아니면 消滅時效의 完成 외에 當事者의 援用이라는 별개의 要件까지 갖추어야만 하는가(相對的 消滅說)에 대하여는 學說이 나뉘고 있다.

위와 같은 絕對的 消滅說과 相對的 消滅說 외에도 消滅時效가 完成한 채무를 自然債務로 파악하는 自然債務說,[106)] 消滅時效가 完成하더라도 實體的 權利에는 아무런 영향을 주지 아니하고 다만 時效期間이 完成되었다는 점이 일

102) 註 101), 699-700면.

103) 日大判 1942(昭和 17). 6. 23.(民集 21, 716); 日最判 1962(昭和 37). 10. 12.(民集 16-10, 2130).

104) 我妻 榮, 民法總則, 1965, 459면.

105) 右田堯雄, 最高裁判所 判例解說 民事編 昭和 37年度, 386면.

106) 李太載, 債權總則, 1981, 48면; 玄勝種, 債權總論, 1975, 88면; 李濬成, “自然債務와 消滅時效”, 張庚鶴 紀念論文集, 1987, 159면 이하. 李太載 교수는 뒤에서 보는 바와 같이 相對的 消滅說을 취하면서도 消滅時效가 完成된 債務를 自然債務로 이해한다.

종의 證據方法(法定證據)이 된다는 法定證據說,[107] 消滅時效가 完成하면 債務者에게 履行要求를 거절할 수 있는 實體法上의 抗辯權이 발생한다는 抗辯權說[108] 등이 있으나 지지자가 많지 않을 뿐만 아니라 民法의 규정들과도 조화되지 않으므로 이에 관하여는 더 이상 언급하지 않는다.

2. 絕對的 消滅說과 相對的 消滅說

가. 絕對的 消滅說

絕對的 消滅說[109]은 그 주된 근거로서 立法者의 意圖 및 民法의 규정들을 들고 있다. 즉 民法은 依用民法과는 달리 時效의 援用制度를 채택하지 아니하였고, 民法 제369조, 제766조, 附則 제 8 조 제 1 항 등이 消滅時效의 完成으로 權利가 消滅하는 것으로 규정하고 있다는 것이다(國稅基本法 제26조, 地方稅法 제48조 제 1 항 등도 같은 취지이다). 그 외에 消滅時效에 대응하는 取得時效에 관한 民法 제245조, 제246조 등이 "所有權을 取得한다"고 규정하고 있는 점도 근거로 들기로 한다.

다만 絕對的 消滅說도 援用의 문제에 있어서는 우리 民事訴訟法이 辯論主義를 취하고 있으므로, 消滅時效의 利益을 받을 자가 消滅時效의 完成으로 權利가 消滅하였음을 訴訟에서 주장·입증하지 않으면 法院이 職權으로 時效를 고려하지는 못한다고 한다.

나. 相對的 消滅說

相對的 소멸설[110]은 絕對的 消滅說을 다음과 같이 비판한다.

첫째, 援用에 관한 규정이 없는 것은 絕對的 消滅說뿐만 아니라 相對的 消滅說과도 조화될 수 있다. 즉 消滅時效의 完成이 상대방에게 抗辯權 기타 어떤 權利를 발생시킬 뿐이라면 그 權利를 행사하는 여부는 그 權利者의 자유이므

107) 鄭範錫, 284면. 崔栻, 369면도 같은 취지라고 할 수 있다.

108) 金聖一, "時效의 援用", 民法演習 1, 207-209면.

109) 郭潤直, 582면; 權龍雨, 566면; 金基善, 369면; 金疇洙, 481면; 方順元, 321면; 李根植, 民法講義(上), 1977, 201면; 李英燮, 420면; 李英俊, 775면; 張庚鶴, 730-735면.

110) 金容漢, 482-489면; 金曾漢, 350-354면; 同, 消滅時效論, 民法論集 274면 이하; 李太載, 388-389면; 崔鍾吉, "消滅時效 完成과 時效의 援用", 法曹 제17권 3호, 51면 이하 등. 한편 高翔龍, 764-765면은 원칙적으로 相對的 消滅說의 입장에 서면서 短期消滅時效의 경우에는 權利가 絕對的으로 消滅한다고 주장한다.

로 援用에 관한 규정이 없더라도 있는 것과 같은 결과가 된다.

둘째, 民法 제369조의 규정만으로는 消滅時效가 完成하면 援用없이도 당연히 權利 消滅의 效果가 발생한다고 볼 수는 없고, 民法 제766조, 附則 제 8 조 제 1 항이 "時效로 인하여 消滅한다"고 하고 있기는 하나 民法이 전반적으로 그와 같은 표현을 쓰지 아니하고 있음을 볼 때 위의 표현은 단순한 用語의 不統一에 불과하다.

셋째, 取得時效에 관한 民法의 규정이 時效期間 完成과 동시에 權利를 取得하는 것으로 규정하고 있는 것은 消滅時效와 取得時效가 별개의 制度로 분리되었다는 점에서 絕對的 消滅說의 근거가 되지 못한다.

넷째, 絕對的 消滅說에 의하면 法院이 當事者의 援用이 없어도 職權으로 消滅時效를 고려하여야 하나, 이는 當事者의 意思에 반하고 消滅時效制度의 存在理由에도 어긋난다.

다섯째, 絕對的 消滅說에 의하면 消滅時效 完成 후 債務者가 그 사실을 모르고 辨濟한 때에는 非債辨濟가 되므로 그 返還을 청구할 수 있다는 결론이 되나, 이는 社會觀念에 어긋난다.

여섯째, 絕對的 消滅說에 의하면 消滅時效 利益의 抛棄를 제대로 설명하지 못한다.

일곱째, 絕對的 消滅說에 의하면 債務者가 奸計를 써서 信義則에 반하는 방법으로 時效中斷을 방해한 경우에도 時效의 完成을 인정하여야 하나 이는 社會 一般의 正義觀念에 반한다.

여덟째, 우리 民法에서는 登記된 物權도 消滅時效에 걸리는데, 登記가 존재함에도 불구하고 期間의 經過만으로 登記된 物權이 消滅한다는 것은 부당하다.

그리하여 相對的 消滅說의 입장에서는 消滅時效가 完成하면 時效의 利益을 받을 자에게 權利의 消滅을 주장할 수 있는 이른바 時效援用權이 생기고, 이 時效援用權은 形成權이라고 한다. 그리고 時效援用權者는 1차적으로는 消滅時效로 인하여 직접적으로 義務를 면하거나 權利의 擴張을 받는 자이지만, 그에 한하지 않고 위의 權利나 義務에 기하여 義務를 면하거나 權利의 擴張을 받는 자도 포함한다고 한다. 따라서 連帶債務者·連帶保證人·保證人 등은 물론 物上保證人·抵當不動産의 第 3 取得者 등도 援用權者로 다루어져야 한다고 주장한다.

다. 判 例

일반적으로는 判例는 絕對的 消滅說을 따르고 있는 것으로 이해되고 있다. 즉 當事者의 援用이 없어도 時效의 完成으로써 債務는 당연히 消滅하므로 消滅時效가 完成된 債務에 기하여 한 假押留는 不法行爲가 되고, 假押留 당시 時效의 援用이 없었더라도 假押留債權者에게 過失이 없었다고는 할 수 없다고 하고,[111] 根抵當權에 기한 競賣開始決定 이전에 그 被擔保債權의 消滅時效가 完成된 경우에는 消滅時效의 援用이 競賣開始決定 이후에 있었어도 競落人은 競賣目的物의 所有權을 取得할 수 없으며,[112] 國家의 租稅賦課權도 그 消滅時效가 完成되면 당연히 消滅하므로 消滅時效 完成 후에 한 租稅賦課處分은 納稅義務 없는 자에 대하여 賦課처분을 한 것으로서 瑕疵가 중대하고 명백하여 그 處分은 當然無效라고 한다.[113]

그러나 判例는 다른 한편으로는 消滅時效의 利益을 받을 자가 실제 訴訟에 있어서 時效消滅의 利益을 받겠다는 抗辯을 하지 않는 이상 그 의사에 반하여 裁判할 수 없음은 辯論主義의 원칙상 당연한 것이라고 하여,[114] 消滅時效의 援用을 필요로 한다고 하면서[115] 그 근거를 辯論主義에서 찾고 있다.

그리하여 被告가 原告는 民法 附則 제10조 제 1 항에 의한 所有權移轉登記를 경료하지 않음으로 인하여 不動産에 관한 所有權을 상실하였다는 抗辯만을 한 경우에, 原審이 原告의 登記請求權이 消滅時效期間 만료로 인하여 消滅하였다고 판단한 것은 위법이라고 하고,[116] 取得時效와 消滅時效는 그 成立要件을 달리하므로 被告가 取得時效를 주장하였다고 하여 消滅時效의 주장까지 포함한 취지라고는 볼 수 없다고 한다.[117]

그리고 이와 같이 消滅時效의 援用을 필요로 하는 것은 國家에 대한 公法上의 金錢給付請求權에 있어서도 마찬가지이다.[118]

---

111) 대법원 1966. 1. 31. 선고 65다2445 판결(集 14-1, 56).
112) 대법원 1978. 10. 10. 선고 78다910 판결(總 16-2(A), 304-45); 評釋; 李在性, "抵當債務의 時效消滅과 競賣의 效力", 李在性 判例評釋集 5, 315면 이하.
113) 대법원 1985. 5. 14. 선고 83누655 판결(集 33-2, 175).
114) 대법원 1968. 8. 30. 선고 68다109 판결(總 1-2(A), 322); 1979. 2. 13. 선고 78다2157 판결(集 27-1, 14) 등.
115) 金曾漢, 351면이 判例가 相對的 消滅說을 따르고 있다고 주장하는 것은 이 때문으로 보인다.
116) 대법원 1980. 1. 29. 선고 79다1863 판결(公 628, 12593). 評釋: 張庚鶴, 法律新聞 1345호.
117) 대법원 1982. 2. 9. 선고 81다534 판결(集 30-1, 48).
118) 대법원 1968. 8. 30. 선고 68다109 판결(總 1-2(A), 322).

나아가 判例는 債權의 消滅時效가 완성된 경우 이를 援用할 수 있는 者는 時效利益을 직접 받는 者뿐이라고 하여 債權者代位權에 기한 請求에서 第3債務者(被告)는 債權者(原告)의 債務者에 대한 債權의 消滅時效 完成을 주장할 수 없다고 한다.[119]

한편 債務者의 一般債權者가 債權者代位權에 기하여 消滅時效를 援用하는 것도 가능하다.[120]

3. 兩說의 비교

가. 立法者의 意圖

立法者의 意圖는 絕對的 消滅說을 택하려는 것이었다. 이 점은 民法의 制定에 있어 참조가 된 日本民法과 滿洲國民法의 규정, 그리고 立法의 경과를 살펴보면 명백히 드러난다.

우선 日本民法(依用民法) 제167조는 "債權은 10년간 이를 行使하지 아니함으로 인하여 消滅한다. 債權 또는 所有權이 아닌 財産權은 20년간 이를 行使하지 아니함으로 인하여 消滅한다"고 규정하고 있으면서도 제145조에서는 時效의 援用에 관하여 규정하고 있어 두 規定의 관계를 어떻게 설명할 것인가에 관하여 여러 가지의 學說이 있었다.

그런데 그 후 제정된 滿洲國民法은 제154조에서 日本民法 제167조와는 달리 "消滅한다" 대신 "消滅時效가 完成한다"라고 표현을 바꾸고 제173조에서 "權利의 消滅時效가 完成한 때에는 그 權利의 消滅로 인하여 利益을 받을 當事者는 그 權利의 消滅을 주장할 수 있다"라는 규정을 둠으로써 相對的 消滅說을 취하였음을 명백히 하였다.

우리 民法의 起草者들도 처음에는 이러한 相對的 消滅說을 채택하려고 하였다. 즉 정부 수립 전의 朝鮮臨時民法典編纂要綱 제14항 및 정부수립 후의 民法典編纂要綱 제13항[121]은 다같이 "消滅時效 完成의 效果는 權利를 消滅시킬 수 있는 일종의 抗辯權을 발생하도록 할 것"이라고 하고 있는바, 이는 위 滿洲

119) 대법원 1992. 11. 10. 선고 92다35899 판결(公 935, 90); 1993. 3. 26. 선고 92다25472 판결(公 944, 1288).

120) 대법원 1979. 6. 26. 선고 79다407 판결(公 615, 12038).

121) 이들 資料에 대하여는 梁彰洙, "民法案의 成立過程에 관한 小考", 서울大學校法學 30-3/4, 190면 이하 참조.

國民法의 규정을 염두에 두었던 것으로 추측된다.

그러나 실제로 完成된 民法은 제162조에서 滿洲國民法과 같이 "消滅時效가 完成한다"라는 규정은 두었으나 滿洲國民法 제172조와 같은 消滅時效의 援用에 관한 규정은 두지 아니하였다. 이 점에 관하여 民法案審議錄은 "현행법 제145조 「時效의 援用」에 관한 규정을 삭제한 문제 … (中略) 종래 時效의 援用에 관하여 각종의 學說이 발생하였는바 草案은 이를 정리하여 援用에 관한 규정을 삭제함으로써 時效에 관하여는 금후 絕對的 消滅說이 확정되고 따라서 援用은 하나의 抗辯權으로 화하게 한 것이다"라고 설명한다.[122)]

이처럼 立法者가 絕對的 消滅說을 채택하여 援用의 制度를 두지 아니한 이유는 어디에 있을까? 추측건대 그 이유는 立法者가 時效援用의 本質을 日本의 判例 및 이전의 通說과 마찬가지로[123)] 訴訟上의 攻擊防禦方法에 지나지 않는 것으로 보아 時效의 援用에 관하여 굳이 民法에 규정을 두지 않더라도 民事訴訟法上의 辯論主義에 의하여 같은 결과를 얻을 수 있는 것으로 본 때문이 아닌가 한다.

나. 絕對的 消滅說의 難點

그러나 위와 같은 絕對的 消滅說에는 다음과 같은 難點이 있다.

(1) 消滅時效의 援用과 辯論主義

현재의 絕對的 消滅說 및 이를 따르는 判例는 消滅時效의 利益을 받을 當事者가 時效의 利益을 받겠다는 주장을 하지 않는 이상 消滅時效가 完成하였다고 判決할 수 없다고 하면서 그 근거를 辯論主義에서 찾고 있다. 그러나 문제는 辯論主義로부터는 그러한 結論을 도출해낼 수가 없다는 점이다.

원래 辯論主義하에서는 主要事實은 當事者의 주장을 통하여 訴訟에 현출되지 않는 한 法院이 이를 判決의 기초로 삼을 수 없지만, 그 主要事實이 반드시 그로 인하여 利益을 받을 當事者에 의하여 주장될 필요는 없고 그 相對方에 의하여 주장되더라도 法院은 그 事實에 의거하여 판결할 수 있는 것이다.[124)]

다만 實體法上의 抗辯權이나 形成權은 그 權利者에 의한 權利의 行使를 필요로 하므로 權利者의 意思表示 없이는 法院이 이를 고려할 수 없을 뿐이다. 따라서 이러한 抗辯權이나 形成權이 아닌 단순한 抗辯(Einwendung)의 경우에는

---

122) 民法案審議錄(上), 103면.
123) 이에 대하여는 郭潤直, 580면; 張庚鶴, 736면 등 참조.
124) 方順元, 民事訴訟法(上), 481-482면; 宋相現(註 73), 457면 등.

그 要件事實이 어느 當事者에 의하여서든지 일단 주장되기만 하면 法院은 그로 인하여 利益을 받겠다는 當事者의 意思表示가 없어도 위의 抗辯을 고려하여야 한다.[125)]

따라서 絕對的 消滅說의 논리를 관철한다면 消滅時效의 要件事實이 어느 쪽 當事者에 의하여서든 주장되기만 하면(실제로는 消滅時效의 起算點이 언제인가, 消滅時效期間을 얼마로 볼 것인가 하는 점 등은 法院이 職權으로 판단하여야 할 法律問題라고 볼 수 있다), 法院은 消滅時效로 인하여 權利가 消滅하였다고 판결하여야 할 것이다. 그러나 이러한 結論은 當事者의 의사에 반하고 時效制度의 存在理由에도 어긋나는 것으로서 絕對的 消滅說을 주장하는 학자들도 받아들이지 않을 것이다. 그러므로 判例가 消滅時效를 援用할 수 있는 者를 時效利益을 직접 받는 者로 제한하고 있는 것은(위 2. 다. 참조) 이런 의미에서 이해할 수는 있으나, 絕對的 消滅說과는 조화되지 아니한다.[126)]

반면 相對的 消滅說의 입장에서는 消滅時效가 完成하면 그로 인하여 利益을 받을 當事者가 權利의 消滅을 주장할 수 있는 일종의 形成權이 발생한다고 보므로 이러한 문제는 생기지 아니한다.

(2) 消滅時效 利益의 拋棄

絕對的 消滅說의 입장에서는 消滅時效 利益의 拋棄를 어떻게 설명하는가에 대하여 반드시 설명이 일치하는 것은 아니나 消滅時效의 利益을 받지 않겠다는 意思表示로서 그에 의하여 利益이 생기지 않았던 것으로 된다고 설명하는 것이 보통이다.[127)]

이 설에 따르면 消滅時效의 完成으로 일단 消滅하였던 權利가 拋棄의 意思表示에 의하여 遡及的으로 되살아날 수 있는 근거가 불분명하다. 이에 관하여 相續拋棄의 遡及效를 규정한 民法 제1042조를 유추적용한다거나,[128)] 消滅時

125) 단순한 抗辯은 法院이 職權으로 고려하여야 한다(von Amts wegen zu prüfen)는 것은 이러한 의미이다. 金曾漢, 消滅時效論(註 110), 289면; Medicus, Allgemeiner Teil des BGB, 2. Aufl., 1985, S. 42 등.

126) 梁彰洙, 民法入門, 1991, 69-70면은 우리 民法의 해석으로서는 消滅時效가 完成하면 그 權利는 당연히 消滅하는 것으로 보아야 한다고 주장하면서, 그 근거로서 時效의 援用이 있어야 한다고 본다면 時效援用權을 가지는 사람의 범위는 세부에 들어가면 매우 정하기 어려운 것인데, 民法이 時效의 援用에 관한 규정을 없애버린 것은 바로 이런 問題가 제기될 여지를 아예 없애 버리려는 취지라고 해석된다는 점을 들고 있다.

127) 郭潤直, 585면; 金基善, 391면; 李英燮, 427면; 李英俊, 774면 등.

128) 金疇洙, 484면; 張庚鶴, 733면.

效의 效果가 遡及하기 때문이라고 설명하기도 하나,[129] 충분한 설명이 되지 못한다.

반면 相對的 消滅說의 입장에서는 時效利益의 拋棄는 時效援用權의 拋棄이며 그로써 權利는 처음부터 消滅하지 않았던 것이라고 간명하게 설명할 수 있다.

(3) 消滅時效 完成 후의 辨濟

消滅時效 完成 후 債務者가 그 사실을 모른 채 債務를 辨濟한 경우 債務者는 非債辨濟라고 주장하여 그 返還을 청구할 수 있는가? 현재 絶對的 消滅說을 지지하는 학자들은 모두 이 경우에는 道義觀念에 적합한 非債辨濟(民法 제744조)에 해당하므로 그 返還을 청구할 수 없다고 한다.[130]

이는 消滅時效가 完成하여도 債務者에게 道德的 義務는 남아 있다는 것이 되는데 絶對的 消滅說을 취하면서 그러한 道德的 義務를 인정하는 것이 整合的인 論理인지 의문이다.

현재 絶對的 消滅說과 相對的 消滅說은 실제에 있어서 큰 차이가 없다고 할 수 있으나 이는 주로 絶對的 消滅說이 논리적 일관성을 拋棄하고 相對的 消滅說의 결론을 받아들인 때문이라고 할 수 있다.

다. 相對的 消滅說의 우수성

위에서 살펴본 바에 의하면 이론적으로는 相對的 消滅說이 우수함을 알 수 있다. 물론 相對的 消滅說이 立法者의 意圖나 法文의 표현(예컨대 民法 제369조, 제766조 등)과는 잘 들어맞지 않음을 부인할 수는 없으나 立法者가 援用의 문제에 관하여 잘못된 前提에서 출발한 이상 그러한 立法者의 意圖에 구속될 필요는 없을 것이다. 따라서 民法의 解釋論으로서는 일반적으로 相對的 消滅說을 따라야 할 것이다.

한편 원칙적으로 相對的 消滅說을 따르면서도 短期消滅時效의 경우에는 絶對的 消滅說이 타당하다고 하는 입장도 있으나[131] 그와 같이 구분할 근거가 박약하다.

---

129) 張庚鶴, 741면.

130) 郭潤直, 583면; 金基善, 387면; 金疇洙, 484면; 李英俊, 774면; 張庚鶴, 732면 등.

131) 高翔龍, 764-765면.

Ⅶ. 앞으로의 展望

이제까지 살펴본 것으로도 어느 정도 알 수 있듯이 현재 學說과 判例 가운데에는 消滅時效에 의한 권리의 소멸을 되도록 억제하려는 움직임을 찾아볼 수 있다. 즉 登記請求權은 消滅時效에 걸리지 않는다고 하고(前述 Ⅳ. 참조) 裁判上 請求로 인한 消滅時效 中斷에 관하여 권리행사설을 택함으로써 中斷의 범위를 넓히고자 한다(前述 Ⅴ. 1. 참조). 그리고 앞에서는 언급하지 않았으나 가령 判例가 불법행위로 인한 손해배상청구권의 消滅時效 기산점에 관한 民法 제766조 제2항의 해석에 있어 그 기산점을 당사자가 실제로 손해배상청구권을 행사할 수 있는 시점으로 늦추고 있는 것[132]도 이러한 생각의 발로라고 할 수 있다.

그렇지만 다른 한편으로는 이와 반대로 消滅時效에 의한 권리의 소멸을 용이하게 인정하고 있는 判例로 찾아볼 수 있어 學說과 判例가 반드시 消滅時效에 의한 권리의 소멸을 억제하려고 하고 있다고 단정하기는 어렵다. 一部請求로 인한 消滅時效의 中斷에 관한 判例(前述 Ⅴ. 3. 가. (5) 참조) 등은 그 예이다.

그러나 외국의 예 등을 참조한다면 우리나라에서도 앞으로 消滅時效의 적용범위를 제한하려는 흐름이 지배적인 경향이 되리라고 예측되고, 또 그것이 올바른 방향이라고 말할 수 있다. 예컨대 權利者側의 應訴에 時效中斷의 효력을 부정하는 判例는 멀지 않은 장래에 변경되리라 여겨진다. 이러한 방향으로 나아감에 있어서는 消滅時效 濫用의 이론(前述 Ⅳ. 3. 참조)도 어느 정도 기여할 수 있을 것이다.

그렇지만 이러한 해석론에 의한 문제의 해결에는 한계가 있다. 가령 근래 실제로 문제되고 있는 이른바 5共 시대의 국가권력에 의한 피해의 구제에 있어서 그 消滅時效의 기산점을 실제 손해가 발생한 시점으로 볼 것인가, 아니면 5共이 끝난 이후로 볼 것인가에 관하여 최근의 判例는 전자의 입장을 취하여 권리자에게 불리한 결론을 내렸는데,[133] 이 문제에 관하여 아직 충분한 判例와 學說의 집적이 없어 단언하기는 어려우나 현행법의 해석상으로는 위 판결과

---

132) 대법원 1979. 12. 26. 선고 77다1894, 1895 전원합의체 판결(集 27-3, 328) 등.

133) 대법원 1991. 7. 12. 선고 90다11554 판결(法律新聞 제2053호, 9면).

같은 결론이 불가피한 것이 아닌가 여겨진다. 따라서 이와 같은 불합리를 제거하기 위하여는 별도의 특별입법 내지는 消滅時效制度 전반에 관한 民法의 개정작업이 요청된다(前述 Ⅲ. 3. 참조).

[主要 參考文獻]
高翔龍, 民法總則, 1990
郭潤直, 民法總則, 1989
權龍雨, 民法總則, 1990
金基善, 韓國民法總則, 1985
金容漢, 民法總則論, 1986
金疇洙, 民法總則, 1988
金曾漢, 新稿 民法總則, 1983
方順元, 新民法總則, 1959
李英燮, 新民法總則講義, 1959
李英俊, 民法總則, 1987
李太載, 民法總則, 1981
張庚鶴, 民法總則, 1986
鄭範錫, 新民法總則, 1961
崔栻, 民法總則, 1964
金曾漢,·朱宰璜(編), 註釋民法總則(下), 1980

〈한국민사법학회, 民法學의 回顧와 展望: 民法典施行三十周年紀念論文集, 1993〉

〈追記〉

1. 이 글이 발표된 후 소멸시효에 관한 판례는 변화가 많았다.

첫째, 헌법재판소 1996. 12. 26. 선고 93헌바67 결정(헌법재판소판례집 8권 2집 800면 이하)은 민법 부칙 제10조 제1항이 합헌이라고 하였다(위 Ⅳ. 1. 참조).

둘째, 대법원 1999. 3. 18. 선고 98다32175 전원합의체 판결(集 47-1 民101면; 公 1999상, 718)의 다수의견은, 부동산의 매수인이 그 부동산을 인도받은 이상 이를 사용·수익하다가 다른 사람에게 그 부동산을 처분하고 그 점유를 승계하여 준 경우에도 이전등기청구권의 소멸시효는 진행되지 않는다고 보아야 한다고 판시하여, 종래의 엇갈리던 판례를 통일하였다(위 Ⅳ. 2. 참조). 이 문제에 대하여는 이 책에 실린 필자의 글 “占有를 상실한 不動産 買受人의 登記請求權의 消滅時效 · 不動産의 二重讓渡와 不法原因給與” 참조.

셋째, 대법원 1993. 12. 21. 선고 92다47861 전원합의체 판결(集 41-3 民383면; 公 1994상, 487)은 취득시효에 관하여, 시효를 주장하는 자가 원고가 되어 소를 제기한 데 대하여 피고로서 응소하여 그 소송에서 적극적으로 권리를 주장하고 그것이 받아들여진 경우도 시효중단사유인 재판상 청구에 포함된다고 하였고, 같은 취지의 판례가 거듭되었으며, 대법원 2005. 12. 23. 선고 2005다59383, 59390 판결(公 2006상, 174)은 소멸시효에 관하여 이 점을 확인하였다.

넷째, 대법원 1997. 12. 12. 선고 95다29895 판결(公 1998, 237) 등 일련의 판례는 일정한 경우에는 소멸시효 항변은 신의성실의 원칙에 반하는 권리남용으로서 허용되지 않는다고 판시하고 있다.

2. 소멸시효 완성의 효과에 관하여는 이 책에 실린 필자의 글 “消滅時效完成의 效果” 참조.

消滅時效 完成의 效果[*]

I. 序　　論

民法 제167조[1])는 소멸시효가 완성하면 그 起算日에 소급하여 효력이 있음을 밝히고 있을 뿐, 그 이외에는 소멸시효 완성의 효과에 관하여 직접적인 규정을 두고 있지 않다. 그리하여 소멸시효 완성의 효과를 어떻게 파악할 것인가 하는 점은 민법 제정 당시부터 매우 치열한 논쟁의 대상이 되었고, 이러한 논쟁은 아직도 계속되고 있다.

이하에서는 우선 이 문제에 관한 민법의 제정과정을 살펴보고(아래 Ⅱ.), 이어서 학설에 관하여 언급한 다음(아래 Ⅲ.), 판례를 분석하여 본다(아래 Ⅳ). 그런데 이 문제에 관하여는 우리 민법의 해석에 관하여 영향을 준 일본 민법상의 논의를 도외시할 수 없으므로 이에 관하여도 살펴본 다음(아래 Ⅴ.), 私見을 밝혀 보고자 한다(아래 Ⅵ.).

* 이 글의 초고를 읽고 의견을 제시하여 주신 梁彰洙 교수님과 張晳朝 판사님께 감사의 뜻을 표한다.

1) 이하 법령의 표시가 없이 조문만으로 나타낸 것은 민법의 조문을 가리킨다.

Ⅱ. 消滅時效 規定의 制定過程

1. 朝鮮臨時民法典編纂要綱 및 民法典編纂要綱

민법 제정 전의 소멸시효 완성의 효과에 관한 立法資料로는 朝鮮臨時民法典編纂要綱 및 民法典編纂要綱의 두 가지를 들 수 있다.[2] 전자는 朝鮮法制編纂委員會[3]에서 마련한 것으로, 그 총칙편 제14항은 “소멸시효 완성의 효과는 권리를 소멸시킬 수 있는 일종의 항변권을 발생하도록 할 것”으로 규정하고 있다. 그리고 후자는 정부 수립 후인 1948. 9.에 대통령령으로 민법전 등의 편찬을 위하여 설치된 法典編纂委員會가 작성한 것으로, 그 總則編 제13항은 전자와 같은 내용으로 규정하고 있다.

위 각 要綱의 규정은, “권리의 소멸시효가 완성한 때에는 그 권리의 소멸로 인하여 이익을 받을 당사자는 그 권리의 소멸을 주장할 수 있다”고 규정하고 있는 滿洲國 民法 제173조를 고려한 것으로 추측된다.

2. 民法案 및 現行 民法

그러나 그 후 주로 金炳魯 당시 대법원장에 의하여 마련된 민법안에서는, 다른 부분은 대체로 民法典編纂要綱을 충실히 따랐으면서도, 소멸시효 완성의 효과에 관하여는 위 要綱과 같은 규정을 두지 않았고, 이것이 결국 현행 민법으로 확정되었다.[4] 어떠한 경위로 이와 같은 변경이 있었는지는 알 수 없으나, 이 점에 관하여 民議院 法制司法委員會 民法案審議小委員會가 편찬한 民法案審議錄은, “현행법 제145조「時效의 援用」에 관한 규정을 삭제한 문제～(中略) 종래 時效의 援用에 관하여 각종의 學說이 발생하였는바 草案은 이를 정리하여 援用에 관한 규정을 삭제함으로써 時效에 관하여는 금후 絕對的 消滅說이 확정되고 따라서 援用은 하나의 抗辯權으로 화하게 한 것이다”라고 설명하고

2) 이들 자료에 대하여는 梁彰洙, “民法案의 成立過程에 관한 小考”, 民法硏究 제1권, 1991, 67면 이하 참조.

3) 이는 1947년 6월 30일의 조선과도정부 행정명령 제3호에 의하여 민사법 등의 기초법전의 초안을 작성하기 위하여 설치된 기구였다. 梁彰洙(註 2), 70면 참조.

4) 梁彰洙(註 2), 77면 및 80면 참조.

있고,[5)] 張暻根 의원도 국회 본회의에서의 발언에서, "이렇게 학설상 대단히 錯雜한 關係가 있기 때문에 草案은 이것을 한번 簡素化하자 해서 일응 消滅時效만 완성될 것 같으면 그 자체로서 絕對消滅된다 하는 그런 學說을 취하는 견지에서" 시효의 원용에 관한 규정을 다 없애버린 것이라고 발언하고 있다.[6)]

3. 民法案意見書 및 玄錫虎 修正案

그런데 이 民法案에 대하여, 학자들로 구성된 民事法研究會가 펴낸 民法案意見書(1957)에서는, 한편으로 "草案이 … 現行民法의 消滅時效에 관한 規定을 整序한 점을 贊成한다"고 하면서,[7)] 다른 한편으로는 草案 第百七十三條 다음에 「권리의 소멸시효가 완성한 때에는 그 권리의 소멸로 인하여 이익을 받는 당사자는 권리의 소멸을 주장할 수 있다」라는 조문을 신설할 것을 제안하였다.[8)] 그리고 그 이유로서는, 위와 같이 초안은 소멸시효가 완성하고 난 뒤에 소멸시효에 걸린 권리의 운명이 어떻게 되느냐에 관하여는 아무런 규정도 두지 아니하였고, 民議院 法制司法委員會의 수정안도 아무런 조치를 강구하지 아니하였는데, 이것은 초안 및 수정안의 중대한 결함의 하나로서 지적되지 않으면 안 될 것이라고 하여, 각국의 입법례를 살펴본 다음, 이상의 입법례의 공통점은 어떠한 형식에 있어서든지 시효의 이익을 받게 되는 자의 주장을 요건으로 하여 권리 또는 권리로부터 발생하는 청구권 소멸의 효과가 생기는 점뿐이고, 그 우열을 추상적·일반적으로 단정하는 것은 매우 곤란하며 어떤 의미에서는 거의 불가능하지만, 현행 민법(依用民法)에 있어서처럼 한편에 있어서는 소멸시효의 완성으로 말미암아 권리 자체가 소멸한다고 규정하고, 다른 한편에 있어서는 원용을 조건으로 한다고 규정하면 이론적 해명 내지 전개에 일대 난점을 제기하고 있으므로 이것을 고려할 때 독일민법의 태도가

---

5) 위 책 上卷, 1957, 103면.

6) 第3代 國會 第26回 國會定期會議 速記錄, 1957, 44호 16면 하단 이하(梁彰洙, "民法案에 대한 國會의 審議", 民法研究 제3권, 1995, 63-64면에서 재인용).

7) 58면 이하(方順元 집필). 여기서는 그 이유로서, "(前略) 草案은 이러한 複雜한 見解의 對立이 있을 것을 避하기 爲하여 時效援用에 關한 規定을 除外한 것이 아닌가 한다. 換言하면 草案은 獨逸民法의 趣旨에 따라 請求權만이 消滅時效에 걸리며 請求權이 消滅時效에 걸린 境遇에도 請求權自體는 存續하되 다만 永久的 抗辯으로 對抗된다는 理論을 採擇한 것에 歸着되며 法律關係의 簡明한 解決을 爲하여 妥當한 立法이라 할 수 있다"고 설명하고 있다. 그러나 方順元 교수는 뒤에 이러한 견해를 변경하였다. 後述 註 20) 참조.

8) 위 의견서 60면 이하(집필자 安二濬).

훨씬 논리의 요청에도 적합하고, 따라서 학설의 분규도 지양할 수 있으므로 우리 신민법도 현행민법보다는 독일민법의 태도를 참작하여 입법조치를 취하는 편이 현명하고, 다만 독일민법처럼 의무자가 급부를 거절할 수 있다고 하여 항변권이 있다는 취지를 소극적으로 규정하는 것보다는 권리의 소멸로 인하여 이익을 받는 당사자에게 항변권이 있다는 취지를 적극적으로 규정하는 것이 좋다고 한다.[9)]

그리고 이른바 玄錫虎 修正案[10)]은 위 民法案意見書의 제안대로, "권리의 소멸시효가 완성한 때에는 그 권리의 소멸로 인하여 이익을 받는 당사자는 권리의 소멸을 주장할 수 있다"는 규정을 신설할 것을 주장하였으나, 이 수정안은 결국 본회의의 의결에서 폐기되었다.[11)]

4. 小　　結

이처럼 우리 민법의 제정과정에서 입법자의 의사는 일단 소멸시효가 완성하면 그 소멸시효의 대상인 권리는 당연히 소멸한다고 하는, 이른바 절대적 소멸설을 택하려는 것이었다고 여겨진다. 그러나 이것에 의하여 소멸시효 완성의 효과에 관한 더 이상의 논의가 불필요하게 된 것은 아니었고, 오히려 이는 문제의 시발점이 되었을 뿐이다.[12)]

Ⅲ. 學說의 展開

1. 槪　　觀

현재의 학설상으로는 소멸시효가 완성하면 그 효과로서 권리가 소멸한다고 보는 것이 오늘날 일반적인 견해이고, 다만 소멸시효 완성 그 자체만으로 권리소멸의 효과가 생기는가(이른바 絶對的 消滅說), 아니면 소멸시효의 완성 외

9) 여기서도 滿洲國 民法 제173조를 참조의 근거로 들고 있다.
10) 이는 玄錫虎 의원 외 19인의 수정안으로 제안되었던 것의 통칭이다.
11) 梁彰洙(註 6), 65면 참조.
12) 梁彰洙(註 6), 65면은 소멸시효 이익의 포기와 관련하여, 원용의 문제는 한번 해소된 것처럼 보여도 메두사의 머리와 같이 다른 모습으로 제기된다고 한다.

에 당사자의 援用이라는 별개의 요건까지 갖추어야만 비로소 권리소멸의 효과가 생기는가(이른바 相對的 消滅說)에 대하여 의견이 갈리고 있다.[13)]

그런데 위와 같은 절대적 소멸설과 상대적 소멸설 외에도, 소멸시효의 완성으로 권리가 소멸하는 것이 아니라고 보는 몇 가지의 학설이 있다.

그 하나는 自然債務說로서,[14)] 소멸시효가 완성하면 소송상 이행을 청구할 수는 없으나, 채무 그 자체는 소멸하지 않고 자연채무로서 존속한다고 한다. 이 설은 주된 근거로서 소멸시효가 완성된 채권이 그 완성 전에 상계할 수 있었던 것이면 그 채무자는 상계할 수 있다고 규정하는 제495조를 들고 있다.

다른 하나는 法定證據說로서,[15)] 소멸시효가 완성하더라도 실체적 권리에는 아무런 영향을 주지 아니하고, 다만 시효기간이 완성되었다는 점이 일종의 증거방법(法定證據)이 되어 소송에서 증거로 제출하지 않으면 입증책임 있는 자에게 불리하게 된다고 한다.[16)]

또 다른 견해로는 抗辯權說이 있는데,[17)] 이 설에 따르면 소멸시효제도는 이행요구를 거절할 수 있는 채무자의 실체법상의 항변권으로 하는 것이 가장 합리적이고 타당하며, 실체적 권리의 소멸이라는 극단적인 방법은 피하는 것이 온당하다고 주장한다.

그러나 소멸시효의 완성이 권리 그 자체의 소멸사유가 아니라고 보는 위의 각 학설은 우리 민법의 해석으로서는 받아들이기 어렵다. 민법상 소멸시효의 완성으로 권리 그 자체가 소멸한다는 취지의 규정이 여러 군데 있을 뿐만

---

13) 이러한 학설의 명칭이 왜 생겼는가는 반드시 명확하지 않다. 그 효과가 절대적인가, 상대적인가에 착안한 것처럼 생각되기도 하나, 이러한 분류를 처음으로 제시한 金曾漢, "消滅時效 完成의 效果", 서울대학교 법학 제1권 2호, 1959, 151면 이하에서는 그 효과에 관하여는 특별한 언급이 없고, 시효기간이 만료함으로써 권리가 당연히 내지는 절대적으로 소멸한다는 견해를 절대적 소멸설이라고 하고, 시효로 인한 이익을 받는 당사자에게 항변권을 발생시키거나 또는 권리의 소멸을 주장할 수 있는 권리를 발생시킨다는 견해를 상대적 소멸설이라고 하고 있다.

14) 李太載, 債權總論, 1981, 48면; 玄勝鍾, 債權總論, 88면; 李濬成, "自然債務와 消滅時效", 民法과 法學의 重要問題(張庚鶴 博士 古稀記念), 1987, 159면 이하. 李太載 교수는 相對的 消滅說을 취하면서도 消滅時效가 完成된 債務를 自然債務로 이해한다.

15) 鄭範錫, 新民法總則, 1961, 284면.

16) 崔栻, 民法總論, 1964, 367면 이하는 소멸시효의 완성으로 청구권 소멸의 법정증거가 성립하였다고 설명한다.

17) 金聖一, "時效의 援用", 金曾漢/李英俊 편 民法演習 1, 1977, 207-209면. 일찍이 金曾漢·安二濬, 新民法總則, 1958, 421-422면도, 소멸시효 완성의 효과는 권리 그 자체를 소멸시키는 것은 아니고, 다만 권리자가 그 권리를 주장하는 때에 이에 대한 항변권을 발생시킬 따름이라고 주장하였다.

아니라(제369조, 제766조, 附則 제 8 조 제 1 항), 제167조가 규정하는 소멸시효의 소급효는 소멸시효의 완성에 의하여 권리가 소멸한다고 하지 않으면 설명이 어렵다. 또한 法定證據說은 민사소송법의 기본원리인 自由心證主義(民事訴訟法 제187조)와도 조화되지 않는다.

그리고 自然債務說이 근거로 내세우는 제495조의 규정은 상계적상에 있는 채권의 당사자는 서로 채권관계를 결제하였다고 생각하는 것이 보통이기 때문에 이러한 당사자의 신뢰를 보호하려는 法政策的 規定일 뿐이므로,[18] 이것이 자연채무설의 근거가 될 수는 없을 것이다.

한편 抗辯權說은 소멸시효가 소멸시효에 걸린 채무를 담보하기 위한 담보권에는 영향을 미치지 않는 獨逸民法이 취하는 입장이나,[19] 우리 제369조는 소멸시효가 완성하면 담보권인 저당권도 소멸하는 것으로 규정하고 있으므로 우리 민법의 해석으로서는 불가능한 입론이다.

2. 絕對的 消滅說

민법 제정 후의 초기의 학설은 압도적으로 절대적 소멸설을 지지하고 있었고,[20] 현재에도 많은 학자들이 이를 지지하고 있다.[21]

가. 絕對的 消滅說의 根據

絕對的 消滅說은 그 주된 근거로서 우선 민법이 依用民法과는 달리 시효의 원용제도를 두지 않고 있다는 점을 든다. 그리고 이 점에 관한 입법자의 의도는, 절대적 소멸설을 채택하려는 것이었다는 것이다. 다른 말로 한다면, 입법

18) 郭潤直, 債權總論, 新訂版, 1994, 101-102면; MünchKomm/von Feldmann §390 Rdnr. 2.

19) 獨逸民法 제222조, 제223조 참조.

20) 張庚鶴, 新民法總則, 1958, 582-583면; 李英燮, 新民法總則, 1959, 420면; 方順元, 新民法總則, 1959, 313-315면(여기서는 民法案意見書에서 표시한 견해를 명시적으로 변경하여, 소멸시효는 그 자체 권리소멸의 사유가 된다고 설명한다); 金基善, 韓國民法總則, 1962, 357-358면 등. 초기에 이 점에 관하여 가장 상세하게 주장을 편 것으로는 李英燮, "新民法下의 消滅時效의 效果와 그 利益抛棄", 저스티스 제 2 권 3호, 1958, 2면 이하가 있다.

21) 郭潤直, 民法總則, 新訂修正版, 1998, 477면; 金玟中, 民法總則, 1995, 763-765면; 金疇洙, 民法總則, 제 4 판, 1996, 535면; 李光信, 民法總則, 增補修正版, 1990, 309-312면; 李英俊, 民法總則, 全訂版, 768면; 李銀榮, 民法總則, 1996, 777-778면; 梁彰洙, "消滅時效 完成의 效果", 고시계 1994. 9, 149-152면; 張庚鶴, 民法總則, 1985, 730면 이하 등. 高翔龍, 民法總則, 1990, 765면은 원칙적으로는 상대적 소멸설을 지지하면서도 단기소멸시효의 경우에는 절대적 소멸설을 지지한다.

자의 의도는 원용제도를 채택하고 있었던 의용민법상의 여러 가지 해석상의 난점을, 절대적 소멸설을 택함으로써 해소하려고 하였다는 것이다.[22)]

그리고 민법의 다른 규정도 소멸시효가 완성하면 바로 권리가 소멸한다고 규정하고 있다는 것도 절대적 소멸설의 근거로 인용된다. 예컨대 제369조는 "抵當權으로 擔保한 債權이 時效의 完成 기타 事由로 인하여 消滅한 때에는"이라고 규정하고 있고, 제766조 제 1 항도 "不法行爲로 인한 損害賠償의 請求權은 … 時效로 인하여 소멸한다"라고 규정하고 있으며, 민법 附則 제 8 조 제 1 항은 "本法施行當時에 舊法의 規定에 의한 時效期間을 經過한 權利는 本法의 規定에 의하여 取得 또는 消滅한 것으로 본다"고 규정하고 있다는 것이다.[23)] 그리고 消滅時效에 대응하는 取得時效에 관한 제245조, 제246조 등이 "所有權을 取得한다"고 규정하고 있는 점을 근거로 드는 경우도 있다.

근래에는 다음과 같은 점을 절대적 소멸설의 근거로 들기도 한다. 즉 상대적 소멸설에서는 시효원용권을 가지고 이를 행사한 사람과 시효원용권이 없거나 있어도 이를 행사하지 아니한 사람 사이에서 권리소멸 여부가 균일하게 처리되지 않는 결과가 생기는 반면, 절대적 소멸설에 의하면 이러한 문제가 생기지 않는다는 것이다.[24)]

---

22) 梁彰洙(註 21), 149-150면은, 상대적 소멸설은 시효완성의 이익을 주장할 수 있는 사람, 즉 시효원용권자의 범위를 정하여야 한다는 어려운 문제를 야기시키는데, 절대적 소멸설에 의하면 별도로 누가 시효원용권자에 해당하는지 여부를 가릴 필요가 없고, 입법자가 "종래 時效의 援用에 관하여 각종의 學說이 발생하였는바 草案은 이를 정리하여 援用에 관한 규정을 삭제함으로써 時效에 관하여는 금후 絕對的 消滅說이 확정"되었다고 하는 것은 이러한 취지를 말하는 것이라고 한다.

23) 이 이외에 다른 특별법(예컨대 國稅基本法 제26조 제 3 호, 地方稅法 제30조의5 등)에서도 시효로 인하여 권리가 소멸한다고 규정하고 있는 점을 들기도 한다. 李英俊(註 21), 768면 참조.

24) 梁彰洙(註 21), 150-151면. 가령 우리 판례는 채권자가 소멸시효 여부가 완성된 채권을 보전하기 위하여 채무자를 대위하여 그가 가지는 제 3 자에 대한 채권을 소송상 행사한 경우에, 그 제 3 자는 소멸시효를 원용할 수 없다고 하나, 채권자가 채무자에 대하여 그 채무의 이행을 소구하였다면 채무자는 당연히 채권의 시효소멸을 원용할 수 있으며, 따라서 채권자는 채무자와의 관계에서 소멸할 여지가 있는 채권을 가지고 채무자의 채무자에 대하여는 채권자대위권을 행사할 수 있다는 결과는 쉽사리 용납하기 어렵다고 한다. 또 지상권에 관하여 소멸시효가 완성된 경우에 저당권자는 시효완성을 원용하였고 소유자는 아직 시효완성을 원용하지 아니하였다고 하면 그 지상권은 저당권자에 대한 관계에서는 소멸하였으나 소유자에 대한 관계에서는 소멸하지 아니하였다고 하는 소위 상대적 물권관계를 인정하여야 하나 이는 물권의 절대성에 반하고, 또 극도로 착잡한 법률관계를 발생시킨다고 한다.

나. 絶對的 消滅說의 具體的 適用

(1) 援用의 問題

절대적 소멸설에서는 그 당연한 귀결로서, 소멸시효가 완성하면 권리는 당연히 소멸하고, 당사자의 원용이 있어야만 소멸하는 것은 아니라고 한다. 그러나 다른 한편, 우리 민사소송법에서는 변론주의를 취하고 있으므로, 당사자가 시효소멸을 소송상의 공격방어방법으로 제출하지 않는 한 법원은 이를 고려할 수 없으므로 이 한도에서는 상대적 소멸설과의 사이에 실제적인 차이는 없다고 한다.

(2) 消滅時效가 완성한 債務를 변제한 경우의 효력

당사자가 소멸시효 완성 후에 그 사실을 알지 못하고 채무를 변제하면, 이는 非債辨濟로서 채무자가 채권자에게 부당이득의 반환을 청구할 수 있는가? 절대적 소멸설의 입장에서도 이러한 변제는 도의관념에 적합한 비채변제(제744조)라는 이유로 그 반환을 부정한다.

(3) 消滅時效 利益의 抛棄

절대적 소멸설은 대체로 소멸시효 이익의 포기를 消滅時效의 利益을 받지 않겠다는 意思表示로서 그에 의하여 利益이 생기지 않았던 것으로 된다고 설명한다.[25] 다만 절대적 소멸설의 입장에서도 절대적 소멸설에 의하면 포기의 효력이 소멸시효완성 전에 소급하는 까닭을 충분히 설명할 수 없고,[26] 이 점이 同說의 난점이라고 하는 견해가 있는 반면,[27] 일방적 의사표시는 법률에 특별한 규정이 없는 한 효력이 없는 것이 원칙이라고 할 것이나, 소멸시효의 완성으로 인한 권리소멸을 주장하지 않겠다고 하는 일방적 의사표시에 대하여는 시효가 단지 시간의 경과에 의하여 권리의 소멸을 인정하는 것이라는 제도의 특성에 비추어 법률이 특별히 이에 효력을 부여한 것이라고 보면 족하다고 하

25) 李英俊(註 21), 769면 등. 다만 郭潤直(註 21), 479면은, 消滅時效 利益의 抛棄는 절대적 소멸설에 의하면 실체법적으로는 시효이익 향수의 사전포기이고, 소송법적으로는 방어방법으로서 주장하는 것의 사전포기라는 것이 된다고 한다.

26) 다만 相續抛棄의 遡及效를 규정한 제1042조를 유추적용한다거나 消滅時效의 效果가 遡及하기 때문이라고 하는 설명도 있다. 金疇洙(註 21), 538면; 張庚鶴(註 21), 733면 및 741면 등.

27) 郭潤直(註 21), 478면; 金疇洙(註 21), 538면; 金玟中(註 21), 764면; 李光信(註 21), 311면 등. 李英燮, "新民法下의 消滅時效의 效果와 그 利益抛棄"(註 20), 4면은 시효이익의 포기는 新民法(현행 민법)이 다른 어떠한 개념유형으로도 제대로 설명할 수 없는 고유개념의 유형을 인정하는 것이라고 한다.

는 주장도 있다.[28)]

3. 相對的 消滅說

가. 相對的 消滅說의 根據

우리 민법의 해석론으로서 상대적 소멸설을 처음으로 주장한 것은 金曾漢 교수이고,[29)] 이 또한 많은 지지를 받고 있다.[30)]

相對的 消滅說은 絕對的 消滅說의 근거를 비판하고 상대적 소멸설이 타당하다는 이유로서 대체로 다음과 같은 점을 든다.

첫째, 원용에 관한 규정이 없는 것은 절대적 소멸설뿐만 아니라 상대적 소멸설과도 조화될 수 있다. 즉 소멸시효의 완성이 상대방에게 어떤 권리를 발생시킬 뿐이라면 그 권리를 행사하는 여부는 그 권리자의 자유이므로 원용에 관한 규정이 없더라도 있는 것과 같은 결과가 된다.

둘째, 제369조의 규정만으로는 소멸시효가 완성하면 원용 없이도 당연히 권리 소멸의 효과가 발생한다고 볼 수는 없고, 제766조, 부칙 제 8 조 제 1 항이 "時效로 인하여 消滅한다"고 규정하고 있기는 하나, 민법이 전반적으로 그와 같은 표현을 쓰지 아니하고 있음을 볼 때 위의 표현은 단순한 용어의 不統一에 불과하다.

셋째, 취득시효에 관한 민법의 규정이 시효기간 완성과 동시에 권리를 취득하는 것으로 규정하고 있는 것은 소멸시효와 취득시효가 별개의 제도로 분리되었다는 점에서 절대적 소멸설의 근거가 되지 못한다.

넷째, 절대적 소멸설에 의하면 법원은 당사자의 원용이 없어도 직권으로

---

28) 梁彰洙(註 21), 151-152면. 李英俊(註 21), 768면도 소멸시효 이익의 포기에 관하여 절대적 소멸설이 그리 궁색한 것은 아니라고 한다.

29) 金曾漢(註 13), 249면 이하; 同, "消滅時效論", 서울大學校 法學博士 學位論文, 1967(同, 民法論集, 1980, 245면 이하에 재수록. 이하 인용은 뒤의 것에 의한다). 또한 金曾漢, 民法總則, 1972, 467면 이하 참조. 문헌상 가장 먼저 상대적 소멸설을 주장한 것은 金曾漢·安二濬, 新民法 1, 1958, 193-195면으로 여겨진다.

30) 姜錫昌, "民法 第186條의 適用範圍와 限界", 民法學의 回顧와 展望, 1993, 146-147면; 金相容, 民法總則, 全訂版, 1998, 757면; 金容漢, 民法總則論, 全訂版, 1986, 486-489면; 金龍熙, 民法總則, 改訂版, 1991, 499-500면; 金曾漢·金學東, 民法總則, 제 9 판, 1995, 541-544면; 朴在佑, 民法總則論, 1992, 498-499면; 尹眞秀, 民法注解 Ⅲ, 1992, 480-484면; 同, "消滅時效", 民法學의 回顧와 展望, 1993, 120-123면; 李太載, 民法總則, 1978, 388-389면; 張哲朝, "消滅時效 抗辯의 訴訟上 取扱", 法曹 1999. 1, 43-44면; 崔鐘吉, "消滅時效 完成과 時效의 援用", 法曹 17권 3호, 1968, 51면 이하 등.

소멸시효를 고려하여야 하며, 절대적 소멸설이 주장하는 것과는 달리 변론주의로부터는 소멸시효의 이익을 받을 당사자가 시효의 이익을 받겠다는 주장을 하지 않는 이상 소멸시효가 완성하였다고 판결할 수 없다고 하는 결론을 이끌어낼 수는 없는데, 이러한 결과는 당사자의 의사에 반하고 소멸시효제도의 존재이유에도 어긋난다.

다섯째, 절대적 소멸설에 의하면 소멸시효 완성 후 채무자가 그 사실을 모르고 변제한 때에는 非債辨濟가 되므로, 그 반환을 청구할 수 있다는 결론이 되나, 이는 사회관념에 어긋난다.

여섯째, 절대적 소멸설에 의하면 소멸시효 이익의 포기를 제대로 설명하지 못한다.

일곱째, 절대적 소멸설에 의하면 채무자가 奸計를 써서 信義則에 반하는 방법으로 시효중단을 방해한 경우에도 시효의 완성을 인정하여야 하나, 이는 사회 일반의 正義觀念에 반한다.[31)]

여덟째, 우리 민법에서는 등기된 물권도 소멸시효에 걸리는데, 등기가 존재함에도 불구하고 기간의 경과만으로 등기된 물권이 소멸한다는 것은 부당하다.

이러한 상대적 소멸설의 근거 가운데 가장 중요한 것은 넷째 및 여섯째의 근거라고 생각된다. 위 넷째의 근거에 관하여 근래의 학설은 이를 부연하여 다음과 같이 설명한다. 즉 도덕은 법률해석에 있어서의 不純物이 아니라 법률해석에 있어서 존중되어야 할 하나의 기준이라 할 수 있으며, 도덕의식과 법률적 규율 사이의 갈등관계를 고려하지 않을 수 없는데, 소멸시효제도가 공익에 기여하는 측면이 없는 것은 아니지만, 이 경우에도 "계약은 지켜져야 한다" 또는 "타인의 권리는 존중되어야 한다"는 보다 상위의 도덕률과 갈등관계에 놓일 수 있고, 따라서 그 규율내용이 보다 완화될 필요가 있다고 한다. 그리고 소멸시효제도가 개인의 재산권을 제한하는 제도라고 보는 경우에는 헌법 제37조 제2항에 따른 기본권 제한의 제원칙(특히 과잉금지원칙)을 준수하여야 하는데, 민법 제162조가 기본권 제한적 입법이라는 의미에서 그 효과가 제한적으로 해석될 필요가 있고, 그렇다면 해석론으로서 권리의 소멸이라는 효과의 부여가

31) 이 점은 金曾漢, 消滅時效論(註 29), 297면; 民法總則(註 29), 479면; 金曾漢·金學東(註 30), 543-544면 등이 들고 있는 근거이다. 그러나 절대적 소멸설을 취한다고 하여 이러한 경우 반드시 消滅時效의 주장을 배척할 수 없는가 하는 점은 의문이다. 尹眞秀, 民法注解 Ⅲ(註 30), 412면 참조. 절대적 소멸설을 지지하는 李光信(註 21), 311면은 이는 시효의 완성 여부의 문제이므로 소멸시효 완성의 효과에 관한 학설의 대립과는 아무 상관이 없다고 한다.

불가피하다 하더라도 이를 의무자의 의사에 따른 상대적인 것으로 구성함이 바람직하다고 보여진다는 것이다.[32)]

나. 相對的 消滅說의 具體的 適用 — 消滅時效의 援用

相對的 消滅說의 입장에서는 소멸시효가 완성하면 시효의 이익을 받을 자에게 권리의 소멸을 주장할 수 있는 이른바 시효원용권이 생기고 이 시효원용권은 形成權이라고 한다.[33)] 그리고 시효원용권자는 1차적으로는 소멸시효로 인하여 직접적으로 의무를 면하거나 권리의 확장을 받는 자이지만, 그에 한하지 않고 위의 권리나 의무에 기하여 의무를 면하거나 권리의 확장을 받는 자도 포함한다고 한다. 따라서 연대채무자 · 연대보증인 · 보증인 등은 물론 物上保證人 · 抵當不動產의 제 3 취득자 등도 원용권자로 다루어져야 한다고 한다.

이러한 원용은 법원에서 소송상의 방어방법으로 할 수 있는 것은 물론이지만, 재판 외에서 하는 것도 유효하며, 일단 원용권을 행사한 후에는 철회할 수 없다. 그리고 소송에서 원용권을 행사하지 아니하여 판결이 확정된 후에는 다시 소멸시효를 원용하여 판결의 결과를 뒤집을 수 없다고 한다.[34)]

그리고 그 원용의 효과는 상대적이어서 원용권자가 수인 있는 경우에 그 1인의 원용 · 불원용은 다른 자에게 영향을 미치지 않는다고 한다. 예컨대 보증인이 원용하더라도 그 효력은 주채무자에게 영향을 미치지 않으며, 따라서 주채무자는 시효이익을 포기할 수 있는데, 왜냐하면 시효의 결과를 받느냐 여부는 각 당사자가 독립으로 그 의사에 의하여 결정할 것으로 하는 것이 시효제도의 취지에 적합하기 때문이라고 한다.

Ⅳ. 判 例

판례는 절대적 소멸설을 따르고 있다고 보는 것이 일반적인 견해이나,[35)]

---

32) 張哲朝(註 30), 32-34면, 43-44면.

33) 다만 상대적 소멸설 가운데에는 이를 항변권으로 이해하는 견해도 있으나{金曾漢 · 金學東(註 30), 544면 등은 "형성권 또는 항변권"이라고 한다}, 이 또한 형성권으로 이해하는 것과 실질적으로 차이는 없다. 張哲朝(註 30), 45면 참조.

34) 金曾漢, 民法總則(註 29), 481-482면; 張哲朝(註 30), 53-54면 등.

35) 그러나 金曾漢, 新稿 民法總則, 1981, 351면은 판례가 상대적 소멸설을 따르고 있다

실제로 판례가 어느 견해를 따르고 있는가는 반드시 일률적으로 말할 수 없다.[36)]

우선 대법원 1966. 1. 31. 선고 65다2445 판결[37)]은, 당사자의 원용이 없어도 시효의 완성으로써 채무는 당연히 소멸하므로 소멸시효가 완성된 채무에 기하여 한 假押留는 불법행위가 되고, 가압류 당시 시효의 원용이 없었더라도 가압류 채권자에게 過失이 없었다고는 할 수 없다고 하는데, 이것이 절대적 소멸설에 따른 가장 전형적인 판례라고 할 수 있다. 그리고 근저당권에 기한 경매개시결정 이전에 그 피담보채권의 소멸시효가 완성된 경우에는 소멸시효의 원용이 경매개시결정 이후에 있었어도 경락인은 경매목적물의 소유권을 취득할 수 없다고 하고,[38)] 國家의 租稅賦課權도 그 소멸시효가 완성되면 당연히 소멸하므로 소멸시효 완성 후에 한 租稅賦課處分은 납세의무 없는 자에 대하여 부과처분을 한 것으로서 하자가 중대하고 명백하여 그 처분은 당연무효라고 한다.[39)]

그러나 판례는 다른 한편으로는 소멸시효의 이익을 받을 자가 실제 소송에 있어서 시효소멸의 이익을 받겠다는 항변을 하지 않는 이상 그 의사에 반하여 재판할 수 없음은 변론주의의 원칙상 당연한 것이라고 하여,[40)] 소멸시효의 원용을 필요로 한다고 하면서 그 근거를 변론주의에서 찾고 있다. 그리하여 피고가 원고는 민법 부칙 제10조 제1항에 의한 소유권이전등기를 경료하지 않음으로 인하여 부동산에 관한 소유권을 상실하였다는 항변만을 한 경우에, 원심이 원고의 등기청구권이 소멸시효기간 만료로 인하여 소멸하였다고 판단한 것은 위법이라고 하고,[41)] 취득시효와 소멸시효는 그 성립요건을 달리하므로 피고가 취득시효를 주장하였다고 하여 소멸시효의 주장까지 포함한 취지라고는 볼 수 없다고 한다.[42)] 그리고 이와 같이 소멸시효의 원용을 필요로 하는 것

고 한다.

36) 張晳朝(註 30), 38면 이하는 종래의 판례를 절대적 소멸설에 따른 판례, 수정된 절대적 소멸설의 판례 및 상대적 소멸설에 근접한 판례로 분류하고 있다.

37) 集 14권 1집 56면.

38) 대법원 1978. 10. 10. 선고 78다910 판결(公 1978, 11511). 이 판결에 대한 평석으로는 李在性, "抵當債務의 時效消滅과 競賣의 效力", 李在性 判例評釋集 5, 315면 이하가 있다.

39) 대법원 1985. 5. 14. 선고 83누655 판결(集 33권 2집 175면); 1988. 3. 22. 선고 87누1018 판결(公 1988, 716) 등.

40) 대법원 1964. 9. 15. 선고 64다488 판결(판례 카아드 8125); 1968. 8. 30. 선고 68다109 판결{總 1-2(A), 322}; 1979. 2. 13. 선고 78다2157 판결(集 27권 1집 民14면) 등.

41) 대법원 1980. 1. 29. 선고 79다1863 판결(公 628, 12593).

42) 대법원 1982. 2. 9. 선고 81다534 판결(集 30권 1집 民48면).

은 국가에 대한 公法上의 金錢給付請求權에 있어서도 마찬가지라고 한다.[43)]

그러나 다음과 같은 판례들은 절대적 소멸설에 의하여는 설명이 어렵다.

우선 판례는 시효의 이익을 받겠다고 주장할 수 있는 자를 제한하고 있다. 먼저 대법원 1979. 2. 13. 선고 78다2157 판결[44)]은, "신민법상은 당사자의 원용이 없어도 시효완성의 사실로서 채무는 당연히 소멸되는 것"이라고 하면서도, 변론주의의 원칙상 소멸시효의 이익을 받을 자가 실제 소송에 있어서 권리를 주장하는 자에 대항하여 시효소멸의 이익을 받겠다는 항변을 하지 않는 이상 그 의사에 반하여 재판할 수 없을 뿐인데, 본건 피고는 소멸시효 완성으로 직접 의무를 면하게 되는 당사자로서 그 소멸시효의 이익을 받겠다는 뜻을 항변할 수 있는 자라고 하여, 소멸시효의 이익을 받겠다는 항변을 할 수 없는 자가 있음을 시사하고 있다.

이어서 대법원 1991. 7. 26. 선고 91다5631 판결[45)]은, "소멸시효에 있어서 그 시효기간이 만료되면 권리는 당연히 소멸하는 것이지만 그 시효의 이익을 받는 자가 소송에서 소멸시효의 주장을 하지 아니하면 그 의사에 반하여 재판할 수 없는 것이고, 그 시효이익을 받는 자는 시효기간 만료로 인하여 소멸하는 권리의 의무자를 말한다"고 하면서, 채권자대위소송의 피고는 원고인 채권자의 채무자에 대한 피보전채권이 시효로 인하여 소멸하였다는 항변을 할 수 없다고 한다.[46)] 다른 한편 대법원 1995. 7. 11. 선고 95다12446 판결[47)]은, "소멸시효를 원용할 수 있는 자는 권리의 소멸에 의하여 직접 이익을 받는 자에 한정된다고 할 것인데, 채권담보의 목적으로 매매예약의 형식을 빌어 소유권이전청구권 보전을 위한 가등기가 경료된 부동산을 양수하여 소유권이전등기를 마친 제3자는 당해 가등기담보권의 피담보채권의 소멸에 의하여 직접 이익을 받는 자라 할 것이므로 위 부동산의 가등기담보권에 의하여 담보된 채권의 채무자가 아니라도 그 피담보채권에 관하여 소멸시효가 완성된 경우 이를 원용

43) 대법원 1968. 8. 30. 선고 68다109 판결(總 1-2(A), 322).

44) 集 27권 1집 民114면; 公 1979, 11847.

45) 公 1991, 2244.

46) 대법원 1992. 11. 20. 선고 92다35899 판결(公 1993, 90)은 같은 취지에서 "채권의 소멸시효가 완성된 경우 이를 원용할 수 있는 자는 시효이익을 직접 받는 자만이고 채권자대위소송에서 제3채무자는 이를 행사할 수 없다"고 판시하였으며, 대법원 1993. 3. 26. 선고 92다25472 판결(公 1993, 1289); 1997. 7. 22. 선고 97다5749 판결(公 1997하, 2641) 등도 같은 취지이다.

47) 公 1995하, 2761. 이 판결의 해설로는 安泳律, "消滅時效의 援用權者의 範圍", 대법원판례해설 제24호(1995년 하반기), 18면 이하가 있다.

할 수 있다고 보아야 할 것이고, 이러한 직접수익자의 소멸시효원용권은 채무자의 소멸시효원용권에 기초한 것이 아닌 독자적인 것으로서 채무자를 대위하여서만 시효이익을 원용할 수 있음에 지나지 아니하는 것은 아니다"라고 판시하였다.[48)]

반대로 債務者의 一般債權者가 債權者代位權에 기하여 消滅時效를 援用하는 것도 가능하다고 하는데,[49)] 소멸시효를 누구나 원용할 수 있다면 구태여 채권자대위권에 기하여 원용할 필요가 없을 뿐만 아니라, 절대적 소멸설과 같이 소송상 소멸시효 완성의 주장이 단순한 소송행위에 불과하다면, 판례가 개개의 소송행위에 대한 채권자대위권의 행사를 허용하지 않는 점에 비추어 볼 때 이 또한 절대적 소멸설로서는 설명하기 어렵다.[50)]

나아가 판례[51)]는 토지매수인이 토지를 매수하여 인도를 받지 아니한 관계로 민법부칙 제10조 또는 소멸시효에 의하여 등기청구권이 소멸되었다 하더라도, 그 후 토지매수인 앞으로 소유권보존등기가 마쳐졌다면, 특별한 사정이 없는 한 위 등기는 실체관계에 부합하는 유효한 등기라고 한다.

그리고 대법원 1997. 12. 12. 선고 95다29895 판결[52)]은, 불법행위로 인한 손해배상채권의 단기소멸시효기간이 경과하기 전에 채무자인 피고가 적극적으로 채권자인 원고의 소 제기 등 시효 중단 조치가 불필요하다고 믿게 하고 이를 피고의 소청심사위원회에 의한 구제절차의 종료시까지 미루도록 유인하는 행동을 하였고, 또한 피고와의 약정에 따라 위와 같은 피고측의 행정적 구제절차를 충실히 밟고 이를 기다린 다음 상당한 기간 내에 이 사건 소를 제기한 원고에 대하여, 위 행정적 구제절차를 오래 끌어오면서 애초에는 원고의 청구를 인용하는 결정을 하였다가 오류가 있는 위 재심결정에 의하여 원고의 청구를 부정한 피고가 이번에는 단기소멸시효를 원용하여 채무 이행을 거절하는 것은 현저히 부당하다고 할 것이므로, 피고의 소멸시효 항변은 신의성실의 원

---

48) 위 판결은 대법원 1991. 3. 12. 선고 90다카27570 판결(公 1991, 1178)을 인용하고 있는데, 위 1991년 판결은, "가등기에 기한 소유권이전등기 청구권이 시효의 완성으로 소멸되었다면 그 가등기 이후에 그 부동산을 취득한 제3자는 그 소유권에 기한 방해배제의 청구로서 그 가등기권자에 대하여 본등기청구권의 소멸시효를 주장하여 그 등기의 말소를 구할 수 있다"고 하여, 이 문제를 소멸시효의 원용권자의 문제보다는 소유권에 기한 방해배제청구의 문제로 보았다.

49) 대법원 1979. 6. 26. 선고 79다407 판결(公 615, 12038).

50) 張哲朝(註 30), 42면 참조.

51) 대법원 1991. 8. 27. 선고 91다17825 판결(公 1991, 2430).

52) 公 1998상, 237.

칙에 반하는 권리남용으로서 허용되지 않는다고 보아야 할 것이라고 판시하였는데, 이 판결이 피고의 소멸시효 주장을 배척하는 근거로서 권리남용의 점을 달고 있는 것도, 상대적 소멸설을 전제로 하는 것이 아닌가 생각된다.[53)]

결국 판례 가운데 절대적 소멸설에 의하여서만 설명할 수 있는 판례는 위 대법원 1966. 1. 31. 선고 65다2445 판결(註 37) 및 대법원 1968. 8. 30. 선고 68다109 판결(註 43) 정도[54)]이고, 나머지는 절대적 소멸설에 의하여서는 설명할 수 없거나, 또는 상대적 소멸설에 의하여 더 잘 설명할 수 있다.[55)]

V. 日本에서의 논의

1. 問題의 狀況

앞에서도 어느 정도 언급하였지만, 이 문제에 관한 우리 민법의 제정 과정이나 학설상의 논의에 있어서는 依用民法(현행 日本民法)상의 시효원용에 관한 논의가 그 배경에 깔려 있다. 그러므로 현행 일본민법상의 이 문제에 관한 논의를 살펴보는 것이 우리 민법상의 논의를 좀더 깊이 이해하기 위하여서도 도움이 될 수 있을 것이다.

이에 관한 일본민법의 규정은 다음과 같다. 즉 제167조는, 제 1 항에서 "債權은 10년간 이를 행사하지 않음으로 인하여 소멸한다"고 규정하고, 제 2 항에서는 "債權이나 所有權 아닌 財産權은 20년간 이를 행사하지 않음으로 인하여 소멸한다"고 규정하여, 소멸시효의 완성으로 바로 권리가 소멸하는 것처럼 규정하고 있다. 그러나 다른 한편 시효에 관한 총칙편에 있는 제145조는, "時效는 당사자가 이를 援用하지 않으면 裁判所는 이에 의하여 재판하지 못한다"고 규정하고 있어서 양자의 관계를 어떻게 이해할 것인가가 여러 가지로 논란의

---

53) 이미 대법원 1994. 12. 9. 선고 93다27604 판결(公 1995상, 434)이 동일한 판시를 하였으나, 그 사건에서는 결론에 있어서 피고가 소멸시효의 완성을 주장하는 것이 권리남용이 아니라고 하였다.

54) 뿐만 아니라 상대적 소멸설에서도 公法上 債權에 속하는 租稅債權의 경우에는 소멸시효가 완성하면 원용 없이도 당연히 소멸한다고 하는 견해가 있으므로{尹眞秀, 民法注解 Ⅲ(註 30), 484면 참조} 그렇게 본다면 위 대법원 1968. 8. 30. 선고 68다109 판결(註 43)은 원칙적인 상대적 소멸설과 반드시 모순되는 것이라고 할 수도 없다.

55) 張哲朝(註 30), 43면도 같은 취지이다.

대상이 되었다.

2. 學說 및 判例의 狀況

이 점에 관하여 일본의 학설은 종래 여러 가지로 갈라져 있었다.[56]

이를 대체로 攻擊防禦方法說, 解除條件說, 停止條件說, 法定證據提出說로 크게 분류하는 것이 일반적이다. 이 중 解除條件說과 停止條件說을 한데 묶어 不確定效果說이라고 하고, 攻擊防禦方法說을 確定效果說이라고 부르며, 이들 3설을 實體法說, 法定證據提出說을 訴訟法說로 구별하는 것이 보통이나, 攻擊防禦方法說을 訴訟法說에 포함시키기도 한다.

가. 攻擊防禦方法說

이 설에 따르면 시효기간의 경과에 의하여 확정적으로 권리의 得失變更은 일어나고, 원용은 소송에 있어서의 攻擊防禦方法에 지나지 않으며, 따라서 공격방어방법으로서 제출하지 않으면 민사소송법상의 변론주의의 원칙에 따라 실체법상의 권리관계와 다른 판결이 내려진다고 한다.

그러나 이 설에 대하여는, 실체법과 재판의 결과 사이에 모순이 생기고, 시효이익의 포기는 새로운 채무부담으로 보게 되나 이는 당사자의 통상의 의사에 반하고, 실체법인 민법에 규정되어 있는 원용을 소송행위로 본다는 면에서 부당하다는 등의 비판을 받는다.

나. 法定證據提出說

이 설은 시효를 소송상의 제도로 파악하여, 원용은 기간의 경과에 의한 권리의 득실변경이라고 하는 법정증거를 법원에 제출하는 행위로 본다. 그러나 이에 대하여도 원용을 소송법상의 제도로 본다는 점에서 공격방어방법설과 같은 비판이 있다.

---

56) 이하의 설명은 我妻 榮, 民法總則, 新訂版, 1965, 442-445면; 注釋民法 (5), 1967, 38면 이하(川井 健); 民法注解 財産法 第1卷(民法總則), 1989, 682면 이하(山崎敏彦); 松久三四彦, "時效制度", 星野永一 編 民法講座 Ⅰ, 1984, 577면 이하; 幾代 通, 民法總則, 第2版, 1984, 534면 이하; 川井 健, 民法概論 Ⅰ(民法總則), 1995, 359면 이하를 주로 참조하였다.

다. 解除條件說

이 설에 의하면 기간의 경과에 의하여 일단 권리의 득실변경은 생기지만, 시효를 원용하지 않고, 시효이익을 포기하면 일단 발생하였던 효과가 소멸한다고 하는 견해이다.

라. 停止條件說

이 설에 의하면 시효의 완성만으로는 아직 권리의 득실변경은 생기지 않고, 시효이익을 받겠다는 의사표시인 원용이 있어야만 그러한 효과가 발생하며, 시효이익의 포기에 의하여 그러한 효과가 생기지 않는 것으로 확정된다고 하는 견해이다.

현재 일본의 다수설은 원용을 실체법상의 제도로 이해하며, 解除條件說과 停止條件說 가운데에는, 해제조건설에 따르면 시효기간이 완성하면 채권이 소멸하지만, 그 후 채무를 이행하면 소멸하였던 채권을 부활시키는 효과를 가져오는 동시에 채권이 또 다시 소멸하는 효과를 가져온다고 하는 등의 복잡한 설명이 되므로, 停止條件說이 가장 간명하고 무리 없게 설명할 수 있다고 하여 이를 지지하는 것이 다수설이다.[57)]

이전의 大審院 판례는 攻擊防禦方法說을 따랐으나,[58)] 근래의 最高裁判所 판례는 不確定效果說 가운데 停止條件說을 채택하였다.[59)]

3. 時效의 援用權者

그러면 時效는 누가 원용할 수 있는가? 이 점에 관하여도 논란이 많다. 판례는 시효에 의하여 직접 이익을 받는 자 및 그 승계인에 한정된다(直接受益者

57) 我妻 榮(註 56), 444면; 川井 健, 民法概論 Ⅰ(註 56), 362면; 幾代 通(註 56), 536면 등.

58) 日大判 1919(大正 8). 7. 4. 民錄 25輯 1215頁 등.

59) 日最判 1986(昭和 61). 3. 17.(民集 40卷 2號 420頁). 이 판결은, 농지의 매수인이 매도인에 대하여 가지는 縣知事에 대한 許可申請協力請求權의 시효에 의한 소멸의 효과는 10년의 시효기간의 경과와 함께 확정적으로 생기는 것이 아니고, 매도인이 위 청구권에 관한 시효를 원용하였을 때 비로소 확정적으로 생기는 것이므로, 위 시효의 원용이 없는 동안에 당해 농지가 非農地化하면, 그 시점에서 위 농지의 매매계약은 당연히 효력을 발생하고 매수인에게 그 소유권이 이전되며, 그 후 매도인이 소멸시효를 원용하더라도 그 효력이 생기지 않는다고 하였다.

限定說)고 하는 반면,[60] 다수설은 시효에 의하여 직접 권리를 취득하고 의무를 면하는 자뿐만 아니라, 그러한 권리의무에 기하여 간접적으로 권리를 취득하고 의무를 면하는 자도 포함한다(間接受益者包含說)고 한다.[61]

그러나 일본의 판례도 이론상으로는 위와 같은 직접수익자 한정설을 유지하면서도, 그 원용권자의 범위를 점차 확대하여, 연대채무자나 보증인뿐만 아니라 物上保證人,[62] 抵當不動產의 第 3 取得者,[63] 假登記擔保權의 目的不動產의 第 3 取得者[64] 등도 모두 원용권자라고 함으로써, 실질적으로는 원용권자를 직접수익자에 한정하는 것은 원용권자의 범위를 판정하는 기준이 되지 못하고 있다.[65] 그리고 이처럼 시효의 원용권자의 범위를 확대하려는 판례는 대체로 학설의 지지를 받고 있다.[66]

다른 한편 일본의 이전의 판례는, 詐害行爲의 受益者에 대하여는 피보전채권의 소멸시효의 원용권을 부정하고 있었는데,[67] 이에 대하여는 비판하는 학설이 유력하였다.[68] 그리하여 근래의 日最判 1998(平成 10). 6. 22.[69]는, 사해행위의 수익자도 사해행위의 피보전채권의 소멸시효를 원용할 수 있다고 하였다. 그리고 채무자의 다른 채권자는 그 채무자가 무자력이어서 자신의 채권을 보전하기 위하여 필요한 한도 내에서 채무자를 대위하여 소멸시효를 원용할 수 있다고 하여,[70] 일반적으로는 채무자의 다른 채권자의 소멸시효 원용권을 인정하지 않는다.[71]

60) 日最判 1967(昭和 42). 10. 27.(民集 21卷 9號 2110頁) 등.
61) 我妻 榮(註 56), 446면; 幾代 通(註 56), 538면 등.
62) 日最判 1967(昭和 42). 10. 27.(註 60). 종래의 日大判 1910(明治 43). 1. 25.(民錄 16輯 22頁)은 이를 부정하였다.
63) 日最判 1973(昭和 48). 12. 14.(民集 27卷 11號 1586頁) 등.
64) 日最判 1985(昭和 60). 11. 26.(民集 39卷 7號 1701頁) 등.
65) 川井 健, 民法概論 Ⅰ(註 56), 366면 참조.
66) 遠藤厚之助, "時效の援用權者の範圍は擴大すべきか", 民法の爭點 Ⅰ(ジュリスト 增刊), 1985, 88면 이하 참조.
67) 日大判 1928(昭和 3). 11. 8.(民集 7卷 980頁).
68) 我妻 榮(註 56), 448면; 幾代 通(註 56), 540면 등.
69) 民集 52卷 4號 1195頁.
70) 日最判 1968(昭和 43). 9. 26.(民集 22卷 9號 2002頁). 이에 대하여는 채권자는 채무자를 대위하여서도 소멸시효를 원용할 수 없다는 松田二郎 재판관의 반대의견이 있다.
71) 幾代 通(註 56), 540면; 川井 健, 民法概論 Ⅰ(註 56), 368면 등.

4. 時效 援用의 效力

이 점에 관하여는 대체로 우리나라의 상대적 소멸설의 설명과 같다. 즉 數人의 원용권자 중 1인이 원용한 경우에 원용의 효과는 다른 자에게 미치지 않는데, 시효가 의사주의와 결합을 보이는 이상, 이러한 상대적 효력은 당연한 귀결이고, 시효중단의 상대효와도 대응한다고 한다. 다만 법률상 및 이론상 1인의 원용이 다른 자에게 영향을 미치는 특별한 경우가 있는데, 예컨대 연대채무자의 1인이 시효를 원용하면 그 자의 부담부분의 한도에서 다른 연대채무자에게도 효력이 미치고(일본 민법 제439조), 보증채무에 있어서 주된 채무자가 시효를 원용하여 채무가 소멸하면 보증채무도 소멸하지만, 이는 보증채무의 성질이라고 하는 이론상 특별한 경우에 해당한다고 한다.

5. 小　　結

위와 같은 일본민법에서의 논의를 우리 민법상의 절대적 소멸설과 상대적 소멸설의 대립과 관련시켜 보면, 절대적 소멸설은 기본적으로 일본민법상의 攻擊防禦方法說의 연장이라고 할 수 있는 반면, 상대적 소멸설은 불확정 효과설, 그 중에서도 정지조건설과 같은 것임을 알 수 있다. 나아가 소멸시효의 원용권자에 관한 우리 판례도 대체로 일본의 판례와 유사하다고 할 수 있다.

Ⅵ. 相對的 消滅說의 妥當性

필자는 기본적으로 상대적 소멸설이 타당하다고 생각한다.[72] 이하에서는 절대적 소멸설의 문제점과 상대적 소멸설의 우수성에 대하여 앞에서의 논의와 중복되지 않는 범위 내에서 살펴본다.

72) 尹眞秀, 民法注解 Ⅲ(註 30); 同, "消滅時效"(註 30) 각 참조.

1. 絕對的 消滅說의 문제점

절대적 소멸설은 이론 그 자체로서는 성립할 수 없는 것이라고는 할 수 없다. 특히 우리 민법의 제정과정이나, 다른 민법 규정 등과의 관계에 비추어 보면 절대적 소멸설도 상당히 근거가 있다. 그러나 절대적 소멸설의 가장 큰 이론적인 문제점은 절대적 소멸설이 당사자의 원용을 요하는 근거를 소송법상의 변론주의에서 찾는 점과, 소멸시효 이익의 포기를 제대로 설명하지 못한다는 점이다.

가. 辯論主義와의 關係

현재의 絕對的 消滅說 및 이를 따르는 판례는, 소멸시효의 이익을 받을 당사자가 시효의 이익을 받겠다는 주장을 하지 않는 이상 소멸시효가 완성하였다고 판결할 수 없다고 하면서, 그 근거를 민사소송법상의 변론주의에서 찾고 있다. 그러나 문제는 변론주의로부터는 그러한 결론을 도출해낼 수가 없다는 점이다.

원래 변론주의하에서는 間接事實 아닌 主要事實은 당사자의 주장을 통하여 소송에 현출되지 않는 한 법원이 이를 판결의 기초로 삼을 수 없지만, 그 주요사실이 반드시 그로 인하여 이익을 받을 당사자에 의하여 주장될 필요는 없고, 그 상대방에 의하여 주장되더라도 법원은 그 사실에 의거하여 판결할 수 있는 것이다.[73] 다만 실체법상의 抗辯權이나 形成權 등은 그 권리자에 의한 권리의 행사를 필요로 하므로 권리자의 의사표시 없이는 법원이 이를 고려할 수 없을 뿐이다. 예컨대 동시이행의 항변권에 있어서는 쌍방의 채무가 동시이행관계에 있다는 사실이 변론에 현출되더라도, 채무자가 동시이행의 항변을 하지 않는 한, 법원이 직권으로 동시이행을 명할 수는 없다. 따라서 이러한 항변권이나 형성권이 아닌 단순한 소송법상의 抗辯(Einwendung)의 경우에는 그 요건사실이 어느 당사자에 의하여서든지 일단 주장되기만 하면, 법원은 그로 인하여 이익을 받겠다는 당사자의 의사표시가 없어도 위의 항변을 고려하여야 한다.[74]

---

73) 이른바 主張共通의 原則. 宋相現, 民事訴訟法, 新訂版, 1997, 394면; 李時潤, 民事訴訟法, 신정 3 版, 1997, 428면 등.

74) 단순한 抗辯은 法院이 職權으로 고려하여야 한다(von Amts wegen zu prüfen)는 것은 이러

따라서 절대적 소멸설의 논리를 관철한다면, 소멸시효의 요건사실, 즉 어느 시점에서 권리를 행사할 수 있었고, 그 이후 소멸시효기간이 경과하였다는 점이 어느 쪽 당사자에 의하여서든 주장되기만 하면, 법원은 소멸시효로 인하여 권리가 소멸하였다고 판결하여야 할 것이며, 소멸시효의 이익을 받을 당사자가 시효의 이익을 받겠다는 주장이 요구될 이유가 없다. 그러나 이러한 결론은 당사자의 의사에 반하고 시효제도의 존재이유에도 어긋나는 것으로서, 절대적 소멸설을 주장하는 학자들도 받아들이지 않고 있다. 반면 상대적 소멸설의 입장에서는 소멸시효가 완성하면 그로 인하여 이익을 받을 당사자가 권리의 소멸을 주장할 수 있는 일종의 형성권이 발생한다고 보므로 이러한 문제는 생기지 아니한다. 이러한 비판은 일본의 공격방어방법설에 대하여도 그대로 적용될 수 있다.

그런데 이러한 절대적 소멸설에 대한 비판에 대하여, 근래에 다음과 같은 반론이 제기되었다. 즉 소멸시효의 요건사실이란 쟁송의 대상인 권리가 언제부터 행사될 수 있었음에도 불구하고, 그 때부터 일정한 기간 동안 행사되지 아니하였다는 내용인데, 이러한 요건사실의 주장을 시효완성으로 권리를 상실하게 되는 사람이 하는 경우란 쉽사리 상상할 수 없고, 단지 그 권리가 어느 시점에서 발생하였음을 주장하는 것만으로는 그 사이에 권리의 행사가 없었다는 사실까지 주장된 것으로는 볼 수 없으며, 다른 한편으로 위와 같은 요건사실을 주장하였다면 이는 바로 소멸시효로 인하여 권리가 소멸하였다는 攻擊防禦方法의 주장(또는 時效利益을 받겠다는 訴訟上의 主張)을 불가분적으로 포함하는 것이라고 할 수 있으므로, 절대적 소멸설이 "당사자가 시효소멸을 訴訟上의 攻擊防禦方法으로 제출하지 않는 한 법원은 이를 고려할 수 없다고 하는 것"을 변론주의와 결부시킨다고 하여도 이에 큰 잘못은 없다고 생각된다는 것이다.[75)]

그러나 이러한 반론은 설득력이 없다. 우선 이 견해에서는 權利의 不行使가 소멸시효의 요건사실에 포함됨을 전제로 하여, 단지 그 권리가 어느 시점에서 발생하였음을 주장하는 것만으로는 그 사이에 권리의 행사가 없었다는 사실까지 주장된 것으로는 볼 수 없다고 한다. 그러나 소멸시효의 요건사실은 소

한 의미이다. 金曾漢, 消滅時效論(註 29), 289면 참조. Medicus, Allgemeiner Teil des BGB, 6. Aufl., 1994, S. 42는 항변은 직권으로(즉 피고의 특별한 신청이 없이도) 고려하여야 한다는 의미에서 항변권의 반대개념이라고 한다.

75) 梁彰洙(註 21), 147면.

멸시효의 기산점으로부터 소멸시효기간이 경과하였다는 것일 뿐이고, 소멸시효기간 동안에 권리자가 권리를 행사하지 아니하였다는 것은 소멸시효의 요건사실이 아니다.[76] 만일 권리자가 권리를 행사하지 아니하였다는 것이 소멸시효의 요건사실이라고 한다면, 소멸시효의 완성을 주장하는 자는 권리자가 소멸시효기간 동안에 권리를 행사하여 소멸시효가 중단된 것이 아니라는 점까지 증명하여야 하는 것이 되는데, 소멸시효의 중단사유는 그 중단사유가 있었음을 주장하는 자가 증명하여야 하기 때문이다.[77] 그리고 이처럼 권리의 불행사가 소멸시효의 요건사실이 아니라면, 소멸시효의 요건사실을 주장하는 것이 바로 소멸시효로 인하여 권리가 소멸하였다는 攻擊防禦方法의 주장(또는 時效利益을 받겠다는 訴訟上의 主張)을 불가분적으로 포함하는 것이라고 볼 아무런 근거도 없다. 예컨대 채권자가 채권의 이행을 소송상 청구함에 있어서는 그 채권의 이행기가 도래하였음을 주장하게 되는데, 그 이행기로부터 소멸시효기간이 경과하였음이 명백하다면, 절대적 소멸설에 의하는 한 채권자의 주장 자체에 의하여 소멸시효 완성의 요건사실이 모두 주장된 셈이다. 이러한 경우에는 소멸시효의 완성으로 인하여 채권이 소멸하였다는 주장은 법률적인 주장일 뿐, 법원이 그러한 당사자의 법률적 주장이 있어야만 채권이 소멸하였다고 판단할 수 있는 것은 아니다. 이른바 당사자의 主張責任은 사실문제에 국한되는 것이고, 법률문제에까지 미치는 것은 아니기 때문이다.

반면 상대적 소멸설에 의하면 위와 같은 소멸시효기간이 완성되었다는 사실 이외에, 소멸시효의 완성으로 인하여 채권이 소멸하였다는 상대방의 주장, 즉 소멸시효의 원용이 있어야만 법원이 이를 고려할 수 있는 것이다.

나아가 만일 이처럼 소멸시효의 원용과 변론주의를 결부시킨다면, 소멸시효와 (出訴期間 아닌) 제척기간을 구별하는 의의는 매우 감소되게 된다. 소멸시효와 제척기간은 일정한 기간 내에 권리를 행사하지 않음으로써 권리가 소멸한다는 점에서는 공통되고, 다만 소멸시효에 있어서는 당사자의 원용이 있어야

76) 尹眞秀, 民法注解 Ⅲ(註 30), 414면; 李英俊(註 21), 744면; 民法注解 財産法(註 56), 839면(齋藤和夫); Rosenberg, Die Beweislast, 5. Aufl., 1965, S. 382 등. 다만 不繼續地役權에 있어서는 최후로 행사한 때부터 소멸시효가 진행하므로 그 불행사가 요건사실이 된다고 할 수 있다. 尹眞秀, 民法注解(註 30), 474면 참조. 나아가 張哲朝(註 30), 61-62면은 기산점이 확정되면 시효기간의 경과 여부는 역수상 당연히 확정되는 것이라는 이유로, 주장입증책임의 대상이 되는 소멸시효 완성의 요건사실로는 소멸시효의 기산점만이 남고, 상대적 소멸설에 의하면 여기에 시효원용권의 행사라는 사실이 추가되어야 한다고 주장한다.

77) 尹眞秀, 民法注解 Ⅲ(註 30), 488면 참조.

만 법원이 이를 고려할 수 있는데 반하여 제척기간에 있어서는 법원이 직권으로 이를 고려하여야 한다는 점에 그 차이가 있다. 그러나 여기서 직권으로 고려하여야 한다는 것은 항변권과 같이 그로 인한 이익을 받겠다는 당사자의 주장을 필요로 하지 않는다는 의미일 뿐, 그 요건사실에 대하여도 당사자의 주장을 필요로 하지 않는다는 의미는 아니고, 이 점에서 제척기간의 경과 여부도 변론주의의 적용을 받는다.[78] 그런데 만일 소멸시효의 원용이 요구되는 것이 변론주의 때문이라면, 제척기간에 관하여도 변론주의의 적용 때문에 당사자의 원용이 있어야 할 것이고,[79] 반대로 변론주의에 의하더라도 제척기간은 직권으로 고려하여야 한다면, 절대적 소멸설을 고수하는 한 소멸시효도 제척기간과 마찬가지로 직권으로 고려하여야 할 것이다.[80]

나. 消滅時效 利益의 抛棄

절대적 소멸설로서는 소멸시효 이익의 포기를 잘 설명할 수 없음은 절대적 소멸설을 주장하는 학자도 대체로 이를 시인하고 있다. 그런데 절대적 소멸설을 주장하는 학자 가운데에는 이 점에 관하여, 소멸시효의 완성으로 인한 권리 소멸을 주장하지 않겠다고 하는 일방적 의사표시에 대하여는 시효가 단지 시간의 경과에 의하여 권리의 소멸을 인정하는 것이라는 제도의 특성에 비추어 법률이 특별히 효력을 부여한 것이라고 보면 족하다고 하는 주장이 있다.[81]

사실 모든 법률의 규정을 이론적으로 전부 설명할 수 있는 것은 아니고, 이론적으로 설명할 수 없는 법률규정도 있을 수 있으며, 이 때에는 법률이 그렇게 규정되었기 때문이라고 하는 수밖에 없다. 그러나 서로 대립하는 이론 가

---

78) 다만 提訴期間인 제척기간에 관하여는 그 요건사실에 대하여 당사자의 주장이 없더라도 법원이 직권으로 이를 조사하여야 하고, 이 점에서 변론주의의 적용대상이 아니다. 尹眞秀, 民法注解 Ⅲ(註 30), 405면 참조.

79) 金曾漢·金學東(註 30), 542면도 이 점을 지적하고 있다.

80) 실제로 독일에서는 公法上의 債權의 경우에는 그 소멸시효가 완성되면, 단순한 항변권만이 발생하는 私法上의 債權과는 달리 공법상의 채권 그 자체가 소멸하고, 법원은 이를 직권으로 고려하여야 하며, 이 점에서 제척기간과 차이가 없다고 설명한다. MünchKomm/von Feldmann §222 Rdnr. 2; Staudinger/Dilcher Vorbem zu §194 Rz. 21 참조. 독일에서는 또한 失效(Verwirkung)의 원칙이 실체법상의 항변권(Einrede)이어서 당사자가 이를 행사하여야 하는가, 아니면 단순한 소송상의 항변이므로 법원이 이를 직권으로 고려하여야 하는가에 관하여 학설의 대립이 있으나, 後說이 다수설이라고 할 수 있는데(MünchKomm/Roth, §242 Rdnr. 377 참조), 만일 소송상 주장하여야 하는 근거를 변론주의에서 구한다면 이러한 논의 자체가 의미가 없게 될 것이다.

81) 梁彰洙(註 21), 151-152면.

운데 어느 한 이론은 문제의 법률 규정을 잘 설명할 수 있는 반면, 다른 이론은 그러한 규정을 설명하지 못한다면, 이를 잘 설명할 수 있는 이론이 적어도 이 점에서는 더 우수하다고 할 수 있다. 그럼에도 불구하고 이러한 이론을 채택하지 않으려면 충분한 이유가 있어야 할 것인데, 소멸시효의 경우에는 절대적 소멸설을 채택하여야 할 충분한 이유가 있다고는 할 수 없는 것이다.[82)]

2. 相對的 消滅說의 優秀性

상대적 소멸설이 많은 학자들의 지지를 받고 있는 가장 큰 이유는, 근본적으로 소멸시효 제도는 의무는 이행하여야 한다는 법의 기본원칙에 대한 예외에 해당하므로, 소멸시효가 완성하였다고 하더라도 바로 권리가 소멸하는 결과를 가져오는 것은 바람직하지 않고, 소멸시효를 주장할 것인가 하는 점은 의무자의 의사에 맡겨야 한다는 생각이 기본적인 법의 체계 내지 일반인의 법의식에 부합하기 때문이라고 여겨진다. 이러한 소멸시효제도에 대한 기본 인식은 학설과 판례상 소멸시효제도의 전반적인 운용에 있어서 가급적 소멸시효에 의한 권리의 소멸을 되도록 억제하려는 움직임으로 나타나고 있는데,[83)] 상대적 소멸설도 이러한 흐름과 부합하는 것이고, 이 점에서 상대적 소멸설의 優秀性을 찾아볼 수 있다.

그러면 구체적으로 어떤 점에서 상대적 소멸설이 소멸시효에 의한 권리 소멸의 억제에 기여하는 것인가? 이론적으로는 여러 가지를 생각할 수 있겠으나, 여기서는 소멸시효의 원용권자 제한과, 법원의 釋明義務 否定의 두 가지에 관하여 언급하고자 한다.

종래 절대적 소멸설과 상대적 소멸설은 실제 결과에 있어서는 큰 차이가 없다고 하는 생각이 많았으나, 적어도 위 두 가지 점에 있어서는 兩 說의 차이를 부정할 수 없다. 이 이외에 원용의 효과의 상대적 효력도 또 다른 예로 들 수 있겠으나, 이 점에 대하여는 아래 3.에서 따로 설명한다.

---

82) 梁彰洙(註 21), 132면은 상대적 소멸설에 중대한 難點이 있음을 절대적 소멸설의 채택 근거로 내세우고 있으나, 여기서 지적하는 문제점은 난점이라고 할 수 없고, 오히려 장점이 될 수 있다. 아래 2. 및 3. 참조.

83) 尹眞秀, "消滅時效"(註 30), 124면 참조.

가. 援用權者의 制限

절대적 소멸설에 의하면 소멸시효의 원용은 소송상 공격방어방법에 불과하므로 특별히 실체법상의 근거에 의하여 그 원용이 제한될 이유가 없고, 이해관계가 있는 자는 누구나 주장할 수 있게 된다. 이에 반하여 상대적 소멸설에 의하면 이러한 원용은 실체법상의 권리인 형성권이므로 당연히 그러한 권리를 행사할 수 있는 자는 일정한 범위로 제한될 수밖에 없다. 바로 이 점에서 상대적 소멸설은 소멸시효에 의한 권리의 소멸을 어느 정도 제한하는 기능을 수행할 수 있는 것이다.[84)]

그런데 이러한 주장에 대하여는, 일본에서의 논의에서 알 수 있는 것처럼, 실제로 어떤 기준에 의하여 소멸시효의 원용권자를 결정할 것인가가 매우 불분명하므로 법적 안정성을 해치고,[85)] 또 일본에서도 실제에 있어서는 점차로 소멸시효의 원용권자를 확대하려는 경향이 있으므로, 이처럼 상대적 소멸설을 취함으로써 시효의 원용권자를 제한하는 것은 별다른 의미가 없다는 반론이 있을 수 있다.

확실히 법률에 명문의 규정이 없는 상태에서 소멸시효의 원용권자를 어떻게 한정할 것인가 하는 점은 매우 어려운 문제이고, 또 일본에서 소멸시효의 원용권자를 확대하려는 경향도 수긍할 만한 점이 없지 않다. 그런데 소멸시효의 원용권자를 결정하는 기준은 추상적으로 말하여, 소멸시효를 원용할 수 있음이 분명한, 소멸시효의 대상인 권리의 의무자와 동등하게 취급되어야 할 사람인가 하는 점이고, 이러한 衡平의 관점에서 본다면 반드시 소멸시효의 원용권자를 좁게 제한할 것은 아니라고 생각된다. 그러나 이러한 원용권자의 확대에는 그 한계가 없을 수 없으며, 이는 추상적인 기준보다는 개별적인 이익 형량에 의하여 결정되어야 할 것이다.

구체적인 예로서 우리 판례가 소멸시효의 원용권자가 아니라고 하는, 채권자대위소송에 있어서 대위권 행사의 상대방이 소멸시효의 원용권자인가를 살펴본다. 이 경우는 기본적으로 판례가 들고 있는, 권리의 소멸에 의하여 직접 이익을 받는 자에 해당한다고는 할 수 없고, 일본의 학설이 들고 있는, 간접적

---

84) 梁彰洙(註 21), 150면이, 누구나 필요하면 시효가 완성된 권리의 소멸을 주장할 수 있다고 하는 점을 절대적 소멸설의 장점으로서 들고 있는 것과 대조하여 볼 필요가 있다.

85) 梁彰洙(註 21), 149-150면은 이러한 취지로 보인다.

으로 의무를 면하는 자에도 해당한다고 하기 어렵다. 뿐만 아니라 이러한 판례의 결론은 개별적인 이익 형량에 의하여도 지지될 수 있다고 생각된다. 채권자대위권 행사의 상대방에게 소멸시효의 원용을 허용하여 채권자대위소송을 각하한다고 하더라도, 다시 피대위자 자신이 소송을 제기하면, 그 상대방은 소송에 응하여야 하고, 따라서 이는 상대방 자신에게 이익이 되지 않음은 물론 소송경제상으로 낭비를 초래하는 결과가 된다.[86] 이에 대한 반론으로서는 대위권 행사의 상대방으로서는 채권자가 제기한 대위소송에서 승소하기 위하여 소멸시효를 원용할 이익이 있다는 주장이 있을 수 있다. 그러나 이러한 주장은 부당한 것이다. 왜냐하면 원용권의 개념 그 자체를 부정한다면 몰라도, 일단 원용권이란 개념을 인정한다는 전제에 설 때에는, 원용권자의 범위 문제는 구체적으로는 특정 소송에서 누구를 승소시킬 것인가를 판단하기 위한 기준이 되는 것으로서, 원용권이 있어야만 그가 승소할 수 있는 것인데, 특정 당사자가 소송에서 승소하여야 하기 때문에 원용권을 인정하여야 한다면, 이는 循環論理에 빠지는 것이 된다.

물론 이 경우에 상대방의 소멸시효 원용을 부정하여 채권자대위소송을 허용한다고 하더라도, 정작 채권자가 채무자에 대하여 채무의 이행을 청구할 경우에는 채무자가 소멸시효를 원용하게 될 가능성을 배제할 수는 없다. 그렇다고 하더라도 채권자대위소송의 실체법적 효과는 채무자에게 귀속하는 것이므로 채권자대위소송이 전혀 徒勞에 그친다고 할 수는 없을 뿐만 아니라, 이처럼 채무자의 소멸시효 원용 여부가 불확실한 상태에서 채무자 자신의 원용 가능성이 있다는 사유만으로 채권자대위소송을 불허할 필요는 없다고 생각된다.

또 하나 생각할 수 있는 예로는, 소멸시효가 완성된 채권의 채권자 아닌, 그 채무자의 다른 채권자는 소멸시효를 원용할 수는 없고, 이러한 채권자는 채권자대위권의 요건을 갖춘 경우에 한하여 채무자를 대위하여 소멸시효를 원용하게 하는 것으로 충분하다고 생각된다.

86) 이와는 달리 채권자취소권에 기한 사해행위취소소송에 있어서는 수익자에게 소멸시효의 원용권이 인정되어야 할 것이다. 그로서는 채권자취소권의 피보전채권이 소멸하면, 사해행위취소로 인한 원상회복의무를 부담하지 않게 됨은 물론이고, 이러한 결과가 소송경제상 어떠한 불합리를 가져오는 것도 아니기 때문이다.

나. 消滅時效에 관한 法院의 釋明義務 여부

가령 당사자가 소멸시효를 주장하지는 않고 있으나, 변론에 소멸시효의 요건이 모두 현출된 경우에 법원이 이에 관하여 당사자에게 석명을 하여야 할 의무가 있는가? 물론 이는 독립된 항변에 관한 석명이라는 점에서 이른바 積極的 釋明에 해당하지만, 통설이나 판례는 제한된 경우에는 이러한 적극적 석명을 허용하고 있다.[87]

그런데 종래 독일에서는 소멸시효에 관하여는 그것이 단순한 소송상의 항변이 아닌 實體法上의 抗辯權임을 이유로 이러한 소멸시효의 제출에 관한 법원의 석명의무를 부정하고 있다.[88] 즉 민법이 이를 항변권으로 구성한 것은, 소멸시효를 주장할 것인가 여부를 당사자에게 맡겨놓은 것이기 때문에 법원이 당사자에게 그 제출 여부를 석명하여서는 안 된다는 것이다.[89]

그런데 우리 민법상 소멸시효가 완성하면 당사자의 원용 없이도 당연히 권리가 소멸한다고 한다면, 소멸시효의 항변 제출에 관한 법원의 석명의무가 부정될 이유는 없을 것이다. 원래 절대적 소멸설을 논리적으로 관철한다면, 소멸시효 완성의 요건사실이 변론에서 주장되면 법원은 이를 직권으로 고려하여야 하고, 또 소멸시효 원용의 요건사실은 소멸시효 기간의 기산점, 즉 권리 발생이 가능한 시기와, 소멸시효 기간의 경과 여부뿐인데, 변론에서 이러한 요건사실이 주장되지 않는 경우란 생각하기 어려우므로, 법원은 특별히 석명을 할 필요 없이도 직권으로 소멸시효가 완성하였다고 판단할 수 있게 될 것이다. 그러나 종래의 절대적 소멸설은 이러한 경우에도 소송상 공격방어방법으로서의 소멸시효의 원용은 요구된다고 하고 있는데, 이처럼 소멸시효의 원용을 단순한 소송상 공격방어방법으로 이해한다면, 당사자가 소멸시효의 원용 여부를 밝히지 않는 경우에는 법원은 당사자가 소멸시효를 원용할 것인지 여부를 석명을 통하여 밝혀야 할 의무가 긍정될 수 있다.

---

87) 이 점에 관하여는 尹眞秀, "土地賃借人의 買受請求權 行使와 法院의 釋明義務", 人權과 正義 1996. 4, 132면 참조.

88) MünchKomm/von Feldmann, §222 Rdnr. 2; Stein/Jonas/Leipold, §139 Rn. 24a 등. 다만 반대설이 없는 것은 아니다. 위 Stein/Jonas/Leipold, §139 Rn. 24a, 특히 Fn. 120에 소개되어 있는 문헌 참조. 이 점은 일본에서도 마찬가지이다. 川井 健, 注釋民法(5)(註 56), 53면 참조.

89) 물론 당사자의 주장이 소멸시효를 주장하는 것인지 불분명하여, 이에 관하여 밝힐 것을 요구하는 것은 소극적 석명으로서 허용될 수 있다.

그러나 소멸시효가 완성하였다 하더라도 당사자의 원용이라는 형성권의 행사가 있어야만 권리가 소멸한다고 본다면, 법원의 석명의무를 인정하는 것은 소멸시효의 원용 여부를 당사자의 의사에 맡기려는 것과는 모순되므로, 법원의 석명의무는 인정될 수 없다.[90] 이 또한 상대적 소멸설의 실제적인 합리성을 나타내는 또 다른 사례라고 할 수 있다.

3. 相對的 消滅說 批判論에 대하여

가. 종래의 비판론

종래 절대적 소멸설의 근거로 내세워진 것은 대체로 상대적 소멸설에 대한 반대 근거로도 들 수 있을 것이다. 그러나 이들은 어느 것이나 상대적 소멸설을 부정하는 근거로서는 불충분하다.

먼저 입법자의 의사에 관하여 본다면, 우리 민법의 입법자는 아마도 의용 민법상의 원용제도를 攻擊防禦方法說에 입각하여 이해하고, 따라서 실체법에 원용에 관한 규정을 둘 필요는 없다고 생각한 것으로 여겨진다. 그러나 日本의 攻擊防禦方法說도 소멸시효의 이익을 받을 자의 이익을 받겠다는 의사표시까지 필요 없다고 한 것은 아니었고, 우리 민법의 입법자도 이를 배제하는 취지는 아니었다고 생각된다. 그런데 앞에서 살펴본 것처럼 이러한 결론은 절대적 소멸설의 기본 이론에 의하여서는 이끌어낼 수 없으며, 오히려 상대적 소멸설에 의하여서만 이끌어낼 수 있는 것이다. 그러므로 역설적이지만 상대적 소멸설이 입법자의 의도와 더 가까운 것이라고 말할 수도 있다.

그리고 소멸시효의 원용권자를 제한하지 않는 것이 입법적인 決斷이라고 하는 점[91]에 대하여는, 과연 입법자가 그러한 점까지 염두에 두었다고는 단정할 수 없고, 이 문제는 해석에 의하여 결정될 문제라고 하여야 할 것이다.

또한 제369조, 제766조 제1항, 附則 제8조 제1항 등의 표현이 일견하여서는 상대적 소멸설과 어울리지 않는다고 생각될 수도 있으나, 이 또한 당사자의 원용권을 적극적으로 부정하는 취지에서 규정된 것이라고 단정할 수는 없을 것이다.

---

90) 張哲朝(註 30), 67-68면 참조.
91) 梁彰洙(註 21), 150면 참조.

나. 援用의 相對效에 대한 비판론

그러면 근래에 주장된, 상대적 소멸설에서는 시효원용권을 행사한 사람과 시효원용권이 없거나 있어도 이를 행사하지 않은 사람 사이에서 권리소멸 여부가 균일하게 처리되지 않는다는 비판[92]은 어떠한가?

우선 원용의 상대효가 인정되는 범위를 명백히 할 필요가 있다. 제421조는, "어느 連帶債務者에 대하여 消滅時效가 完成한 때에는 그 債務者의 負擔部分에 한하여 다른 連帶債務者도 義務를 免한다"라고 규정하고 있는데, 이 규정이 적용되는 전형적인 경우는 한 연대채무자에 관하여는 소멸시효가 완성되었으나 다른 연대채무자에 관하여는 소멸시효가 완성되지 않은 경우이겠지만, 연대채무자 전원에 관하여 소멸시효가 완성되었는데, 그 중 한 연대채무자는 소멸시효를 원용하였지만, 다른 연대채무자는 가령 시효의 이익을 포기하였다든지 하는 경우에도 위 규정의 적용을 배제할 이유는 없다.

또한 보증채무는 보증채무의 부종성(제430조) 때문에 주채무자의 채무가 시효소멸하면 보증인의 채무도 소멸하는 것으로 보아야 할 것이다. 이러한 법리는 물상보증인이 저당권 등을 설정한 경우에도 마찬가지로 적용된다(제369조 참조). 따라서 이러한 경우에는 절대적 소멸설과 상대적 소멸설의 대립에 관계없이 시효완성의 절대적 효력이 인정된다.

그러면 이러한 규정이 없는 경우에는 어떠한가? 예컨대 학설은 일반적으로 부진정연대채무에는 시효소멸의 절대적 효력을 규정한 제421조의 적용이 없다고 보고 있다.[93] 물론 이 경우도 기본적으로는 부진정연대채무자 중 한 사람에 대하여 소멸시효가 완성하였으나 다른 사람에 대하여는 소멸시효가 완성되지 않은 경우에 다른 사람에게는 소멸시효 완성의 효력이 미치지 않는다는 뜻으로만 새길 수도 있으나, 여러 부진정연대채무자에 관하여 다같이 소멸시효가 완성하였고, 그 중 일부 부진정연대채무자만 소멸시효를 원용한 경우에도 마찬가지로 원용하지 않은 다른 부진정연대채무자에 대하여는 원용의 효력이 미치지 않는다고 보는 것이, 일반적으로 부진정연대채무에 관하여 시효소멸의 절대적 효력을 부정하는 것과 조화를 이룬다고 생각된다.

나아가 보증인이 소멸시효를 원용하였다고 하더라도, 이 때 주채무자는 그

92) 梁彰洙(註 21), 150면.

93) 車漢成, 民法注解 X, 1995, 84면, 123면 참조.

에 영향을 받지 않는다고 해석하여도 큰 문제는 없다. 이때 반드시 주채무자와 보증인의 채무소멸 여부가 균일하게 처리되어야 할 이유는 없는 것이다. 이는 물상보증인과 채무자 사이의 관계에 있어서도 마찬가지이다. 또 이러한 해석이 앞에서 말한대로 소멸시효에 의한 권리의 소멸을 억제하는데 도움이 됨은 물론이다.

이처럼 채권의 소멸시효에 관하여는 법 자체가 특별히 절대적 효력을 인정하는 경우 이외에는 소멸시효 완성으로 인한 채권 소멸의 상대적 효력을 인정하더라도 별 문제가 없다. 그러면 물권의 경우에는 어떠한가? 이 점에 대하여는, 상대적 소멸설의 입장에서, 형식주의를 취한 우리 민법상으로는 형성권인 시효원용권을 행사하였더라도 등기하기 전에는 물권변동이 일어나지 않으므로 상대적 물권관계로 분리될 여지가 없다는 재반론이 있다.[94] 이제까지의 상대적 소멸설에서는 물권이 시효소멸하는 경우에는 등기하여야만 소멸의 효과가 발생한다고 하고 있으므로, 이를 전제로 한다면 상대적 물권관계의 문제는 생기지 않을 것이다. 다만 이와는 달리 상대적 소멸설을 택하더라도 소멸시효의 완성에는 소급효가 있으므로(제167조), 소멸시효의 완성으로 인한 물권의 소멸은 다른 소급효가 있는 형성권의 행사, 예컨대 취소나 해제의 경우와 마찬가지로 등기 없이도 바로 일어난다고 해석한다면[95] 역시 상대적인 물권관계가 문제될 수 있을 것이다. 그러나 우리 법상 계약의 취소나 해제의 경우에도 제3자가 관여하면 이러한 상대적인 권리관계는 발생할 수 있으므로, 소멸시효의 경우에만 이를 받아들일 수 없다고는 할 수 없다.

Ⅶ. 結　　語

종래 絕對的 消滅說과 相對的 消滅說의 대립은 그 이론구성에 있어서만 차이가 있을 뿐 실제에 있어서는 큰 차이가 없는 논쟁으로 이해되어 왔다. 그러나 근래에 이르러서는 가령 채권자대위권 행사의 상대방이 채무자의 소멸시효를 원용할 수 있는가 하는 점과 관련하여서는 뚜렷한 차이를 보여주고 있다. 그러므로 위와 같은 논쟁이 의미가 없다고 하여서는 안 될 것이다.

94) 張哲朝(註 30), 44면.

95) 金滉植, 民法注解 Ⅳ, 138면 註 19)는 그러한 취지로 보인다.

그리고 이론적으로나 실제적으로 상대적 소멸설이 우수함은 앞에서 설명한 바에 의하여 어느 정도 밝혀졌다고 생각된다. 다만 상대적 소멸설을 택하는 경우에 그로 인한 실제적인 문제, 예컨대 소멸시효의 원용권자를 어떠한 기준에 의하여 결정할 것인가, 그 원용의 효과는 어떠한가 하는 점은 앞으로 더욱 연구가 필요한 과제라 하겠다.

〈茂巖李英俊博士華甲紀念 韓國民法理論의 發展, 1999〉

占有를 상실한 不動産 買受人의 登記請求權의 消滅時效·不動産의 二重讓渡와 不法原因給與*

— 대법원 1997. 7. 22. 선고 95다17298 판결** —

[事件의 槪要]

1. 事實關係

이 사건 제1, 2심이 다같이 인정한 사실관계는 다음과 같다.

가. 이 사건 임야는 원래 소외 A의 소유로서, 그의 위임에 따라 소외 B가 이를 점유, 관리하여 왔는데, A는 1940. 1. 12.경 B의 입회하에 위 임야를 소외 C에게 매도하였고, C는 1945. 10. 10.경 위 임야를 위 임야의 관리를 맡고 있던 B에게 다시 매도하였다. 그 후 A는 1957. 10. 9. 사망하여 피고 Y_1이 단독으로 호주상속 및 재산상속을 하였고, C는 1970. 12. 6. 사망하여 그의 처자인 소외 D 등 9인이 공동으로 상속하였으며,[1] B는 1972. 9. 1. 사망하여 이 사건 원고들로서 처인 X_1, 자녀들인 X_2 내지 X_6가 공동으로 상속하였고, 그 중 X_1은 이 사건 소송 계속중인 1993. 6. 14. 사망하여 나머지 원고들이 다시 공동으로 상속하였다.

나. 한편 이 사건 임야는 위 1940. 1. 12.에는 미등기 상태였으나 1940. 5. 8. A 명의로 소유권보존등기가 경료되었다가, 1967. 12. 19. Y_1 명의로 호주상

* 이 사건 판결 관련 자료를 제공하여 준 수원지방법원 안영률 부장판사님과 대법원 김병운 재판연구관님께 감사의 뜻을 표한다.

** 판례공보 1997하, 2607.

1) 이 사건 소송 계속 중 C의 처가 사망하여 계모자관계에 있는 장남을 제외한 나머지 자녀들이 공동으로 상속하였다.

속을 원인으로 하는 소유권이전등기가 경료되고, 같은 날 그 중 1/2 지분에 관하여 Y_1의 4촌동생인 E(제1심 공동피고)명의로 일부 매매를 원인으로 하는 소유권이전등기가 경료되었으며, 다시 1968. 2. 23. 이 사건 임야 전부에 관하여 Y_1의 매부인 Y_2 명의로 역시 매매를 원인으로 하는 소유권이전등기가 경료되었다가, 1985. 4. 13. Y_1의 외아들인 Y_3 명의로 같은 달 12. 증여를 원인으로 하는 소유권이전등기가 경료되었다.

다. B는 1968. 3. 14. Y_1, Y_2 및 E를 상대로 하여 소유권이전등기청구 등의 소를 제기하였다가 위 소를 곧바로 취하하였고 그 후 1972.경 사망하였으나, 사망 당시까지 임야의 관리에 관하여 피고 등으로부터 지시를 받거나 방해받은 바가 일체 없었다.

원고들은 1990.경 이 사건 피고 등을 상대로 하여, 취득시효 완성을 원인으로 하는 소유권이전등기청구소송을 제기하였으나, 서울고등법원은 A의 C에 대한 매도 사실은 인정할 수 있지만 C의 B에 대한 매매사실을 인정할 수 없다는 등의 이유로 원고들의 청구를 기각하였고, 이 판결은 1992. 12. 22. 상고기각으로 확정되었다.

라. 그러자 원고들은 다시 이 사건 소송을 제기하여, 위 C의 상속인들에 대하여는 이 사건 임야에 관하여 위 1945. 10. 10.자 매매를 원인으로 하는 소유권이전등기절차의 이행을, Y_1에 대하여는 C의 상속인들을 대위하여 1940. 1. 12. 매매를 원인으로 하는 소유권이전등기절차의 이행을, Y_2에 대하여는 Y_1을 대위하여 1985. 4. 12. 매매를 원인으로 하는 소유권이전등기절차의 이행을 각 구하고, Y_3 및 E에 대하여는 위 각 소유권이전등기의 말소등기절차의 이행을 청구하였다.[2)] 그러자 C의 상속인들은 원고들의 청구를 모두 인낙하였다.

마. 위와 같은 사실관계를 요약하면 다음과 같다.

○ 매매관계

A → C → B(점유는 계속 B 내지 그 상속인들이 함)

○ 상속관계

A → Y_1(Y_3는 Y_1의 아들); C → D 등 9인; B → X_1 내지 X_6

○ 등기관계

A → Y_1, E → Y_2 → Y_3

2) 실제로는 주위적 청구 및 예비적 청구 등이 있으나, 검토를 위하여 필요한 부분만을 표시하였다.

2. 제 1, 2 심 판결

가. 제 1 심 판결[3]은 E에 대하여는 원고들의 청구를 기각하였으나,[4] 나머지 피고들에 대하여는 대체로 제 2 심판결과 같은 이유로 원고들의 청구를 인용하였다.

나. 제 2 심 판결[5]

제 2 심판결은 우선 A의 상속인인 Y_1은 C의 상속인들에게 위 1940. 1. 12.자 매매를 원인으로 하는 소유권이전등기절차를 이행할 의무가 있고, C의 상속인들은 원고들에게 1945. 10. 10.자 매매를 원인으로 하는 소유권이전등기절차를 이행할 의무가 있다고 판단하였다.

그리고 C의 A에 대한 소유권이전등기청구권이 소멸시효에 걸렸다는 피고들의 주장에 대하여는, 다음과 같은 이유로 이를 배척하였다. 즉 부동산매수인이 그 부동산을 인도받은 경우에는 이전등기청구권이 민법 부칙 제10조의 기간이 경과한 1966. 1. 1.부터의 10년 소멸시효에 걸리지 아니하고 여기에 있어서의 인도 역시 현실의 인도에 한하지 아니함은 물론 전전매도가 있는 경우라도 점유가 연속적으로 승계된 것이라면 그러한 경우까지 포함한다는 것이다.

그리고 이 사건 임야에 관한 소유권이전등기가 Y_1으로부터 순차 이전등기가 된 경위에 관하여는, Y_1이 1968. 1.경 Y_2에게 이 사건 임야를 매도하고, E의 동의를 받아 자신 및 E명의의 지분에 관하여 Y_2에게 등기를 이전하여 주었다가, 1985. 4. 12. Y_2로부터 다시 이를 재매수하여 외아들인 Y_3에게 증여하여 줄 생각으로 Y_2로부터 직접 Y_3에게 증여를 원인으로 한 소유권이전등기를 경료하였다고 인정하고, 이를 기초로 하여 다음과 같이 판단하였다.

즉 Y_1은 이 사건 임야가 타에 처분되었다는 정을 알았다고 추단되고 그 후 자신이 이 사건 임야를 재매수하여 이 사건 임야의 내력을 잘 알고 있다고 보여지는 Y_3에게 이를 증여하여 그가 이를 증여받은 것이므로 Y_3로서는 결국 아버지인 Y_1의 소유권이전등기 의무위배행위에 적극 가담한 것으로밖에 볼 수 없어 위 두 사람 사이의 1985. 4. 12.자 증여는 반사회적 법률행위에 해당하여

---

3) 수원지방법원 1994. 6. 14. 선고 93가단4645 판결.

4) 이에 대하여는 원고들이 항소하지 아니하여 그대로 확정되었다.

5) 수원지방법원 1995. 2. 24. 선고 94나6151 판결. 이는 하급심판결집 1995(1), 28면 이하에 공간되어 있다.

무효이고, 따라서 원고들은 C의 상속인들을 대위하여 Y_1에게 매매를 원인으로 하는 소유권이전등기절차의 이행을, Y_2로부터 이 사건 임야를 재매수하여 소유권이전청구권을 취득함으로써 소유권을 회복할 수 있는 지위에 있게 된 Y_1[6)]을 순차로 대위하여 Y_2에게 1985. 4. 12. 매매를 원인으로 한 소유권이전등기절차의 이행과, 다시 Y_2를 대위하여 Y_3에게 소유권이전등기의 말소등기절차의 이행을 구할 수 있다는 것이다.

그리고 Y_3 명의의 등기가 무효라 하더라도 이는 불법원인급여이므로 Y_1으로서는 위 증여가 무효라 하더라도 이 사건 등기의 말소를 구할 수 있는 위치에 있지 않고, 원고들 또한 피대위자가 청구할 수 없는 권리를 대위하여 행사할 수는 없는 것이라고 하는 피고들의 주장에 대하여는, 다음과 같이 판단하여 이를 배척하였다. 즉 Y_2에게는 그 어떤 불법이 있었다고 하기 어려우며, Y_1과 Y_3 사이의 증여가 불법원인급여에 해당한다고 하더라도 채권자 대위권을 행사하여 불법적으로 경료된 등기의 말소를 구하는 이 사건에서는 급여자가 자신의 불법을 이유로 그 청구를 거절할 사유가 되지 않는다는 것이다.

3. 피고들의 상고이유

가. 제 1 점

원고들이 시효취득을 주장하였던 전 소송에서 B의 매수사실을 부인하는 판결이 확정되었으므로 다른 합리적인 증거도 없이 B의 매수사실을 인정한 원심판결은 관련 확정판결의 증명력에 관한 판례에 어긋나고, 증거없이 사실을 인정함으로써 채증법칙을 위반한 잘못을 저질렀으며, C의 매수사실을 뒷받침하는 매매계약서나 등기필증은 위조된 것으로 보이고, 달리 C의 매수사실을 인정할 만한 증거도 없다.

나. 제 2 점

대법원 1976. 11. 6. 선고 76다148 전원합의체 판결은 매수인이 목적물을 현실인도받았을 때에 한하여 또 매수인이 현실적으로 점유하고 있는 동안에 한하여 시효중단이 된다는 취지이다. 그런데 C는 간접점유자에 불과하였으므

---

6) 이 판결은, C의 상속인들로서는 비록 소유권이전등기의무자인 Y_1으로부터 Y_2에게 소유권이전등기가 경료되어 Y_2에게는 소유권이전등기청구권을 주장할 수 없다고 하더라도 그로부터 Y_1이 다시 이 사건 임야를 매수하여 그 소유권을 회복할 수 있게 된 지위에 있게 된 이상 Y_1에 대하여는 계속하여 위 소유권이전등기청구권을 주장할 수 있다고 판단하고 있다.

로 동인의 등기청구권은 민법부칙 제10조에 의하여 1966. 1. 1.부터 소멸시효가 진행되어 1975. 12. 31. 시효소멸되었다.

가사 간접점유의 경우도 시효소멸이 중단된다고 하더라도, C 및 그 상속인들의 B에 대한 목적물반환청구권 자체가 1975. 12. 31. 시효소멸되었으므로 그 이후는 간접점유자라고도 할 수 없고, 따라서 그로부터 10년이 경과한 1985. 12. 30. 등기청구권이 소멸되었다.

다. 제 3 점(반사회적 법률행위에 관한 법리오해) — 생략

[大法院의 判決理由 要旨]

대법원은 상고이유 제 1 점은 받아들이지 아니하였으나, 제 2 점은 이유있다고 하여 나머지 상고이유에 대하여 판단하지 않고 원심판결을 파기환송하였다.

1. 상고이유 제 1 점에 대하여

C의 매수사실을 인정한 원심의 판단에 채증법칙 위배의 위법이 있다고 할 수 없고, 한편 이 사건 소송은 B의 상속인들인 원고들이 C의 상속인들에 대한 등기청구권에 기하여 C의 상속인들의 피고 Y_1에 대한 등기청구권을 대위행사하는 채권자대위소송인데, C의 상속인들인 이 사건 소송의 제 1 심 공동피고 D 외 8인이 원고들의 1945. 10. 10. 매매를 원인으로 하는 소유권이전등기 절차 이행청구에 대하여 인낙하였음이 기록상 명백하므로, 원고들이 C의 상속인들에 대하여 원고들 주장과 같은 등기청구권이 있다는 점은 입증되었다고 할 것이어서(당원 1988. 2. 23. 선고 87다카961 판결, 1989. 6. 27. 선고 88다카9111 판결, 1995. 12. 26. 선고 95다18741 판결 등 참조) 피고들은 더 이상 등기청구권의 존재를 다툴 수 없다.

2. 제 2 점에 대하여

원심은 C의 상속인들의 피고 Y_1에 대한 등기청구권이 시효로 소멸되었다는 피고의 주장에 대하여 부동산의 매수인이 매매목적물을 인도받아 이를 사용, 수익하고 있는 경우에는 시효제도의 취지에 비추어 소멸시효에 걸리지 않는바, 이 경우 목적물의 인도를 굳이 현실인도로 한정하여 해석할 필요가 없으므로 반환청구권의 양도나 점유개정 등에 의한 인도를 받은 경우도 포함되고,

나아가 매수인이 매매목적물을 타에 처분하여 점유를 하지 아니하는 경우라고 하더라도 매수인 및 전전매수인의 보호필요성에 비추어 점유가 연속적으로 승계된 것이라면 원래의 매수인의 등기청구권은 소멸시효에 걸리지 않는다고 하여 피고의 주장을 배척하였다.

그러나 부동산의 매수인이 매매목적물을 인도받아 사용, 수익하고 있는 경우에는 그 매수인의 등기청구권은 소멸시효에 걸리지 아니하나 매수인이 그 목적물을 매도하고, 그 점유를 상실하여 더 이상 사용, 수익하고 있는 상태가 아니라면 그 점유상실시점으로부터 매수인의 등기청구권에 관한 소멸시효가 진행한다는 것이 당원의 견해이므로(당원 1996. 9. 20. 선고 96다68 판결 참조), 위와 달리 판단한 원심판결에는 등기청구권의 소멸시효에 관한 법리를 오해하여 판결에 영향을 미친 위법이 있다.

[研　　究]

Ⅰ. 爭點의 限定

이 사건 원심판결과 대법원 판결을 아울러 검토하여 보면, 여러 가지의 법률적 문제점이 눈에 뜨인다. 우선 상고이유 제1점에 대한 대법원의 판시와 같이, 채권자대위소송에 있어서 피대위자인 채무자가 채권자의 청구를 인낙하거나 또는 채권자의 피보전채권이 존재한다는 채무자에 대한 승소판결이 존재하는 경우에 채권자대위소송의 상대방으로서는 더 이상 피보전채권의 존재를 다툴 수 없는가 하는 점이 문제가 될 수 있다. 이 점에 관하여는 이미 선례가 있기는 하지만,[7] 그 이론적 근거가 반드시 명확한 것은 아니다.[8] 또 원고들이 제

---

7) 대상판결이 인용하고 있는 대법원 1988. 2. 23. 선고 87다카961 판결(公 1988, 580); 1989. 6. 27. 선고 88다카9111 판결(公 1989, 1144); 1995. 12. 26. 선고 95다18741 판결(公 1996상, 525) 이외에도 대법원 1995. 2. 10. 선고 94다39369 판결(公 1995상, 1310)이 있고, 또 대법원 1995. 7. 28. 선고 95다18406 판결(公 1995하, 2978)도 같은 취지라고 여겨진다.

8) 文一鋒, "債權者代位訴訟의 몇 가지 問題點에 관한 檢討 등(하)", 法曹 1996. 9, 123면 이하는, 이른바 反射的 效力에 관한 旣判力의 第3者效說에 입각하여, 債權者와 債務者 사이의 確定判決의 反射的 效力이 債權者代位權의 被保全權利의 存否에 관하여 제3채무자에게 불리하게도, 유리하게도 미치는 것을 긍정해도 무방하다고 하여 이러한 판례를 지지하고 있고, 元

기한 취득시효 완성을 원인으로 한 前訴에서 C의 B에 대한 매도사실이 부정되었는데, 이와 관련하여서는 이른바 爭點效의 관점에서도 논의가 있을 수 있다.

그리고 원심판결은, C의 상속인들로서는 비록 소유권이전등기의무자인 Y_1으로부터 Y_2에게 소유권이전등기가 경료되어 Y_2에게는 소유권이전등기청구권을 주장할 수 없다고 하더라도 그로부터 Y_1이 다시 이 사건 임야를 매수하여 그 소유권을 회복할 수 있게 된 지위에 있게 된 이상 Y_1에 대하여는 계속하여 위 소유권이전등기청구권을 주장할 수 있다고 판단하고 있는데, 이는 아마도 부동산에 대한 점유취득시효가 완성된 후 이를 등기하지 않고 있는 사이에 그 부동산에 관하여 제3자에게로 소유권이전등기가 경료되었다가 다시 취득시효 완성 당시의 소유자에게로 소유권이 회복되면 그 소유자에게 시효취득의 효과를 완성할 수 있다고 한 대법원 1991. 6. 25. 선고 90다14225 판결[9]에 의거한 것으로 보이나, 이 점에 관하여도 논란의 여지가 없는 것은 아니다.[10] 나아가 원심판결은 Y_1의 Y_3에 대한 증여가 공서양속에 위반되어 무효라고 하였는데, 이 또한 원고들이 Y_1에 대하여 소유권이전등기청구권을 주장할 수 있는가 하는 문제와 관련하여 검토할 필요가 있다.

그러나 여기서는 위와 같은 문제점에 대하여 일일이 살펴볼 여유는 없고, 대법원이 판시하고 있는 사항인, 부동산 매수인의 매도인에 대한 소유권이전등기청구권은, 매수인이 점유를 상실하였을 때부터 소멸시효가 진행하는가 하는

裕錫, "債權者代位訴訟에 있어서 被保全權利의 存否에 대한 判斷基準", 民事判例研究 XXII, 2000, 481면 이하도 같은 취지이다. 그러나 채권자와 채무자 사이의 소송에서 피보전채권의 부존재가 확정된 때에는 채권자대위권을 행사할 보전의 필요성이 없다고 하여 채권자대위소송을 각하하는 것은 별론으로 하고(이 점에 대하여는 대법원 1993. 2. 12. 선고 92다25151 판결, 公 1993상, 966; 尹眞秀, "債權者가 債務者에 대하여 받은 敗訴判決이 債權者代位訴訟에 미치는 法律要件的 效力", 大法院判例解說 제19권 1호, 351면 이하 참조), 채권자와 채무자 사이의 소송에서 피보전채권이 존재한다는 판결이 선고, 확정되었다고 하여 제3자가 이러한 판결에 구속되어야 하는 근거가 어디 있는지 의문이다. 판결의 반사적 효력이란 판결을 받은 당사자와 실체법상 특별한 의존관계에 있는 제3자에게 판결의 효력이 영향을 미치는 경우를 말하는데, 채권자대위권을 행사하는 채권자에 대하여 제3자는 채무자에 대한 항변을 주장할 수 있으므로 채권자는 채무자에 대하여 특별한 의존관계에 있고, 따라서 채무자와 제3자 사이의 판결의 반사적 효력은 채권자에게 미친다고 할 수 있으나, 제3자가 전 소송의 당사자인 채무자에 대하여 실체법상 특별한 의존관계에 있다고는 할 수 없기 때문이다.

9) 公 1991, 1999.

10) 池元林, "時效完成으로 인한 登記請求權의 履行不能", 人權과 正義 1992. 6, 107면 이하는 이 판결에 반대하고 있고, 대법원 1992. 12. 11. 선고 92다9968, 9975 판결(公 1993상, 444)은, 점유취득시효 완성 당시의 소유자가 아니라 그 상속인이 다시 소유권을 취득한 경우에는 점유자가 그 상속인에게 소유권이전등기청구권을 주장할 수 없다고 판시하였다.

점을 중점적으로 살펴보고, 餘論으로서 원심이 판시하고 있는, 부동산 이중양도와 불법원인급여의 문제를 간략하게 언급하기로 한다. 이 문제는 대법원이 직접 판시하고 있는 사항은 아니지만, 학설상으로는 이 전부터 논의되어 왔는데도 이제까지 이 점에 관하여 언급하고 있는 판례가 없었으므로 이 기회에 다루어 보고자 한다.

Ⅱ. 登記請求權의 消滅時效에 관한 判例의 흐름

대상판결의 의의를 이해하기 위하여는 등기청구권의 소멸시효에 관한 종래의 판례가 어떠하였는지를 살펴 볼 필요가 있다.

1. 賣渡人으로부터 引渡를 받은 買受人의 登記請求權이 消滅時效에 걸리는지 여부

1960. 1. 1. 민법이 시행되기 전의 이른바 의용민법 시대에는, 부동산 물권변동에 대하여 이른바 대항요건주의를 취하였으므로,[11] 부동산 매매계약이 체결되면 매수인은 매매계약 체결과 동시에 매도인에 대한 관계에서는 소유권을 취득하고, 이때 매수인이 매도인에 대하여 행사하는 소유권 이전등기청구권은 물권적 청구권의 성질을 가진 것이어서 소멸시효에 걸리지 않는다고 보고 있었다.[12] 그런데 민법 부칙 제10조 제1항은 "本法 施行日 前의 法律行爲로 인한 不動産에 관한 物權의 得失變更은 이 法 施行日로부터 6年 내에 登記하지 아니하면 그 效力을 잃는다"라고 규정하여, 1966. 1. 1.부터는 등기하지 않은 부동산 매수인 등은 소유권을 상실하게 되었는데,[13] 판례는 이러한 매수인의 소유권이전등기청구권은 종전에는 소멸시효의 대상이 될 수 없었으나 민법 부

11) 다만 그 근거규정이 日本民法 177조인지, 아니면 朝鮮民事令 제13조인지에 관하여는 논란의 여지가 있다. 梁彰洙, "不動産物權變動에 관한 判例의 動向", 民事判例硏究 Ⅹ, 1988, 350면 참조.

12) 대법원 1958. 8. 14. 선고 4290民上810 판결(總 1-2(A), 322면) 등.

13) 헌법재판소 1996. 12. 26. 선고 93헌바67 결정(헌법재판소판례집 제8권 2집 800면)은 위 조항이 위헌이 아니라고 하였다. 같은 취지, 民法注解 Ⅲ, 1992, 424면(尹眞秀 집필); 李仁馥, "遡及立法에 의한 刑事處罰 및 財産權剝奪禁止 原則", 憲法問題와 裁判(中), 재판자료 76, 1997, 661면 註 89) 등.

칙 제10조 제1항에 의하여 1966. 1. 1.부터 소멸시효의 대상이 되어 그 날부터 시효기간이 진행한다고 하였다.[14)]

그러다가 대법원 1976. 11. 6. 선고 76다148 전원합의체 판결[15)]은, 부동산을 매수한 자가 그 목적물을 인도받은 경우에는 그 매수인의 등기청구권은 다른 채권과는 달리 소멸시효에 걸리지 않는다고 해석함이 타당하다고 하였다. 이 판결에 대하여는 뒤에서 보는 것처럼 학설상 찬반의 논의가 있으나, 이 이후에도 같은 취지의 판례가 계속되어,[16)] 이러한 판례는 이제는 흔들릴 수 없이 확고한 것이 되었다고 하겠고, 대상판결도 위 전원합의체 판결을 전제로 하고 있다.

다른 한편 판례는 등기청구권의 근거가 매매와 같은 채권계약인 경우뿐만 아니라 취득시효인 경우에도, 점유자가 그 점유를 계속하는 한 소멸시효가 진행하지 않는 것이라고 하고 있다.[17)]

2. 登記請求權者가 占有를 상실한 경우 登記請求權의 消滅時效가 새로이 진행하는지 여부

그런데 대법원의 주류적인 판례는 이처럼 등기청구권자가 점유하고 있는 동안은 등기청구권이 소멸시효에 걸리지 않으나, 등기청구권자가 어떠한 이유로든 그 점유를 상실하면, 그때부터는 그 등기청구권의 소멸시효가 진행한다고 한다.

이 점을 최초로 명시한 것은 대법원 1992. 7. 24. 선고 91다40924 판결[18)]이다. 이 판결은 부동산의 매수인이 매매목적물을 인도받아 사용수익하고 있는 경우에는 그 매수인의 이전등기청구권은 소멸시효에 걸리지 않지만, 매수인이

14) 대법원 1966. 9. 20. 선고 66다1151 판결(總覽 6, 455-9); 1966. 9. 27. 선고 66다1150 판결(總覽 1-2(A), 322) 등.

15) 大法院全員合議體判決集 民事編 553 = 集 24권 3집 民277 = 公 550, 9492.

16) 대법원 1977. 3. 8. 선고 74도2796(集 25권 1집 형36면); 1979. 7. 10. 선고 79다551(公 616, 12068); 1988. 9. 13. 선고 86다카2808(公 1988, 1272); 1991. 3. 22. 선고 90다9797(公 1991, 1244); 1991. 12. 27. 선고 91다35410(公 1992, 780) 등.

17) 대법원 1990. 11. 13. 선고 90다카25352 판결(公 1991, 93); 1991. 7. 26. 선고 91다8104 판결(公 1991, 2245); 1992. 3. 10. 선고 91다24311 판결(公 1992, 1274) 등. 다만 대법원 1978. 4. 11. 선고 76다2476 판결{總覽 1-2(A), 334-17}은 반대취지이나, 그 후의 판례에 의하여 사실상 변경되었다고 보인다. 尹眞秀(註 13), 417면 참조.

18) 公 1992, 2523.

그 목적물의 점유를 상실하여 더 이상 사용수익하고 있는 상태가 아니라면 그 점유상실시점으로부터 매수인의 이전등기청구권에 관한 소멸시효는 진행한다고 하였다.

이 사건의 사실관계는, 원고가 피고로부터 부동산을 매수한 후 이를 인도받았으나 1971년경 경기도청 직원들이 나와 위 부동산이 귀속재산이므로 원고가 이를 점유 사용하여서는 안 된다고 하면서 원고의 점유를 침탈하여 제3자로 하여금 경작하게 함으로써 그 시경부터 원고가 위 부동산의 점유를 상실한 것인데, 대법원은 원고가 점유를 상실한 때부터는 소유권이전등기청구권에 관한 소멸시효가 진행하는 것이라고 한 것이다.

이어서 대법원 1996. 9. 20. 선고 96다68 판결[19]도 같은 취지를 밝히고 있다. 이 사건의 사실관계는 반드시 명확하지 않으나, 피고가 1953. 2. 7. A에게 이 사건 부동산을 매도하였고, A는 1960. 3. 20. B에게 이를 매도한 후 인도하였으며, B는 다시 1984. 7. 3. C에게 매도하고 인도하였는데, C는 이를 점유, 사용하고 있으면서 1987. 8. 22. 피고로부터 다시 이를 매수하여 같은 달 25. 소유권이전등기를 마쳤고, 그에 따라 위 A의 상속인들이 피고에 대하여 소유권이전등기의무의 이행불능을 원인으로 하는 손해배상을 청구한 것인데, 원심은 A의 피고에 대한 소유권이전등기청구권이 시효로 소멸하였다는 피고의 주장을 배척하였으나, 대법원은 위 앞의 판결을 인용하면서, 원심이 A가 이 사건 부동산을 B에게 매도한 후 이를 인도함으로써 점유를 상실한 사실을 인정하면서도 A의 피고에 대한 소유권이전등기청구권에 관하여 소멸시효가 진행되지 아니한다는 취지로 판단하여 피고의 위 주장을 배척한 것은 소멸시효에 관한 법리를 오해한 것이라고 하여 원심판결을 파기하였다.

그리고 대상판결 직전에 선고된 대법원 1997. 7. 8. 선고 96다53826 판결[20]도 위 두 개의 판결을 인용하면서 같은 취지로 판시하고 있다.

다른 한편 판례는 취득시효로 인한 소유권이전등기청구권의 소멸시효에 관하여도 같은 취지이다. 즉 대법원 1995. 12. 5. 선고 95다24241 판결[21]은, "부동산에 대한 점유취득시효 완성을 원인으로 하는 소유권이전등기청구권은 채권적 청구권으로서 취득시효가 완성된 점유자가 그 부동산에 대한 점유를

19) 公 1996하, 3116.
20) 公 1997하, 2447.
21) 集 43권 2집 359면 = 公 1996상, 202면.

상실한 때로부터 10년간 이를 행사하지 아니하면 소멸시효가 완성한다"고 하여 원심이 이러한 소유권이전등기청구권이 물권적 청구권이므로 20년간 행사하지 아니하여야 비로소 소멸시효가 완성한다고 본 원심판결을 파기환송하였다.[22)]

그리고 대판 1996. 3. 8. 선고 95다34866, 34873 판결[23)]은, "토지에 대한 취득시효 완성으로 인한 소유권이전등기청구권은 그 토지에 대한 점유가 계속되는 한 시효로 소멸하지 아니하고, 그 후 점유를 상실하였다고 하더라도 이를 시효이익의 포기로 볼 수 있는 경우가 아닌 한 이미 취득한 소유권이전등기청구권은 바로 소멸하지 아니하는 것임은 원심의 판시와 같으나, 취득시효가 완성된 점유자가 점유를 상실한 경우 취득시효 완성으로 인한 소유권이전등기청구권의 소멸시효는 이와 별개의 문제로서, 이러한 경우 점유자는 그 부동산에 대한 점유를 상실한 때로부터 10년간 등기청구권을 행사하지 아니하면 소멸시효가 완성한다고 보아야 할 것이다"라고 하여 소멸시효의 주장을 배척한 원심판결을 파기환송하였다.[24)]

그러나 대법원 1977. 3. 8. 선고 76다1736 판결[25)]은 이러한 주류적인 판례와는 다른 취지인 것으로 보인다. 이 판결의 사안은 다음과 같다. 즉 농지의 소유자로 등기되어 있는 원고가 그 농지를 점유하고 있는 피고에 대하여 그

22) 위 사건의 상고이유에 의하면 원고가 취득시효 완성 당시의 점유자인 소외 A에 대한 소유권이전등기청구권을 보전하기 위하여 피고에게 1972. 11. 30. 취득시효 완성을 원인으로 하는 소유권이전등기절차의 이행을 구하였고, 이에 대하여 피고는 A가 점유를 상실한 1979년경부터 10년이 경과한 1993. 4. 14.에야 제기되었으므로 A의 소유권이전등기청구권은 시효소멸하였다고 주장하였는데 그 소멸시효기간에 대한 원심과 대법원의 판단이 달랐던 것이다.

23) 公 1996상, 1207.

24) 이 판결은 선례로서 위 대법원 1995. 12. 5(註 21) 외에 대법원 1995. 3. 28. 선고 93다47745 전원합의체 판결(公 1995상, 1609)을 인용하고 있다. 위 전원합의체 판결은 점유취득시효기간 만료 후 점유의 승계가 있는 경우에 승계인이 직접 자기에게 취득시효 완성을 원인으로 하는 소유권이전등기청구를 할 것을 청구할 수 있는가 하는 점을 다루고 있는데, 다수의견은 점유를 승계한 현 점유자는 자신의 전 점유자에 대한 소유권이전등기청구권을 보전하기 위하여 전 점유자의 소유자에 대한 소유권이전등기청구권을 대위행사할 수 있을 뿐 전 점유자의 취득시효 완성의 효과를 주장하여 직접 자기에게 소유권이전등기를 청구할 권원은 없다고 하였으나, 전 점유자의 소유권이전등기청구권의 소멸시효에 관하여는 직접 언급하고 있지 않다. 이에 반하여 반대의견은 점유를 승계한 현 점유자가 전 점유자를 대위할 필요 없이, 등기부상 소유자에 대하여 직접 취득시효 완성을 원인으로 하는 소유권이전등기를 청구할 수 있다고 주장하면서, 다수의견을 비판하는 근거의 하나로, 다수의견에 의하면 전 점유자의 등기청구권을 채권적으로 파악하는 경우에는 그 등기청구권은 점유를 이전한 후 10년을 경과함으로써 소멸시효가 완성된다고 주장하고 있다.

25) 總覽 1-2(A), 322-33.

인도를 청구하자, 피고는 소외 A가 1959. 9. 7. 원고로부터 위 농지를 매수하였고, 다시 B, C를 거쳐 피고가 매수하여 이를 점유하고 있다고 주장한 것이다. 이에 대하여 원심판결은 피고의 주장사실을 인정할 수는 있으나, 피고의 원고에 대한 위 사람들을 대위한 물상청구권인 등기청구권은 민법부칙 제10조에 의하여 1965. 12. 31. 경과로 소멸되었으니 피고는 이 사건 농지를 점유할 아무런 권원도 없다고 판단하였다. 그러나 대법원은, "원심이 확정한 바와 같이 피고가 이 사건의 농지를 전전 매수하여 이를 점유경작하고 있는 상태라면, 그 등기청구권은 소멸시효의 대상이 되지 아니한다는 것이 당원의 판례(1976. 11. 6. 선고 76다148 판결)"라고 하여 원심판결을 파기환송하였다. 이 판결은 등기청구권의 소멸시효에 관하여 대상판결과는 다른 태도를 취한 것임이 명백하다. 대상판결의 논리대로라면 A가 언제 점유를 상실하였는지, 그때로부터 10년이 경과하였는지 여부를 심리하였어야 할 것이기 때문이다.

Ⅲ. 占有를 상실한 不動產 買受人의 登記請求權의 消滅時效

1. 不動產을 引渡받은 買受人의 登記請求權이 消滅時效에 걸리지 않는 根據

그러면 과연 대상판결처럼 부동산을 인도받은 매수인이 그 점유를 상실한 때에는 그 등기청구권이 새로이 소멸시효에 걸리게 된다고 보아야 할 것인가? 이 점에 대하여 판단하기 위하여는 먼저 판례가 왜 부동산을 인도받은 매수인의 등기청구권은 소멸시효에 걸리지 않는다고 하는지를 따져 볼 필요가 있다. 위 1976. 11. 6. 전원합의체 판결(註 15)에는 부동산을 매수한 자가 그 목적물을 인도받은 경우에는 그 매수인의 등기청구권은 소멸시효에 걸리지 않는다는 複數意見(plurality opinion)[26] 외에 두 개의 別個意見이 있었다. 제 1 별개의견은 매수인이 매매계약의 이행으로서 목적물의 인도나 명도를 받고 있으면, 달리 특별한 사유가 없는 한 매도인은 매수인에 대한 등기의무의 존재를 승인하였고, 그 승인의 상태는 계속된다고 하였고, 제 2 별개의견은 부동산의 매매와 같

26) 대법원판사 15인 중 과반수에 달하지 못하는 7인의 찬성만을 얻었다.

은 법률행위에 의한 경우에 있어서 매수인의 매도인에 대한 등기청구권은 이른바 물권적 합의에서 나오는 것으로서, 그 등기청구권은 다분히 물권적인 것에 가까우므로 적어도 시효제도에 관한 한 등기청구권은 그 자체가 독립하여 소멸시효의 대상이 될 수 없는 것이라고 하였다.

이러한 두 개의 별개의견에 따른다면 매수인이 목적물의 점유를 상실한 경우에도 그 등기청구권의 소멸시효가 새로이 진행한다고 보기는 어려울 것이다. 그 소멸시효가 진행하지 않는 이유를 매도인의 승인 상태가 계속되어 있는 데서 찾는다면, 매수인이 점유를 상실하였다는 것은 매도인과는 관계없는 사유로서, 그 때문에 승인상태가 종료되었다고 보기는 어려울 것이고, 또 매수인의 등기청구권이 물권적인 것이기 때문에 소멸시효에 걸리지 않는다고 보더라도, 매수인이 점유를 상실하였다는 사정이 등기청구권의 성질 자체에 변화를 가져올 수는 없기 때문이다.

그러나 이러한 각 별개의견은 모두 이론적으로 난점이 있어 따르기 어렵다.[27] 우선 매도인이 부동산을 매수인에게 인도하는 것을 소유권이전등기의무의 승인으로 보고 따라서 그때 일단 소멸시효가 중단된다고 하더라도, 그러한 승인상태가 계속되는 것이라고 할 근거는 없을 것이다. 그리고 학설상으로도 매수인의 등기청구권이 物權的 合意 또는 物權的 期待權에서 나오는 것으로서 물권적 청구권이므로 소멸시효에 걸리지 않는다는 주장이 있기는 하지만, 물권적 합의는 이행행위이므로 그로부터 또다시 소유권이전의무의 이행을 구하는 권리인 등기청구권이 나온다고 보기는 곤란할 것이다. 그리고 우리 민법의 해석론으로서 물권적 기대권이라는 개념을 인정할 것인지에 관하여도 의견이 대립하지만, 설사 이를 인정한다고 하여도 물권적 기대권으로부터 등기청구권이 나오는 것이 아니라, 매매계약에서 나오는 (채권적인) 등기청구권이 있기 때문에 물권을 취득할 수 있는 기대, 즉 물권적 기대권이 인정될 수 있는 것이므로 위의 주장은 앞뒤가 바뀐 논리라고 생각된다. 다시 말하여 위의 주장은 채권적인 등기청구권이 있으면 물권적인 등기청구권도 있다는 주장과 마찬가지가 되는 것이다. 백보를 양보하여 물권적 합의나 물권적 기대권으로부터 등기청구권이 나온다고 하더라도 그러한 등기청구권이 소멸시효에 걸리지 않는 물권적 청구권이라는 결론이 인정될 수는 없는 것이다.

---

27) 尹眞秀(註 13), 416면; 同, "消滅時效의 濫用에 관한 考察", 서울대학교 석사학위 논문, 1984, 101면 이하 참조.

그러면 위 전원합의체 판결의 복수의견이 부동산을 인도받은 매수인의 등기청구권이 소멸시효에 걸리지 않는다고 하는 근거는 무엇인가? 위 복수의견은 대체로 다음과 같은 점을 근거로 들고 있다. 즉 매매의 목적물은 부동산 자체이고 등기는 부동산의 거래상황을 공시하기 위한 등기법상의 절차에 불과하므로 부동산의 매수인이 그 목적물을 인도받아 사용수익하고 있는 경우에는 매수인을 권리 위에 잠자는 것으로 볼 수 없고, 또 매도인의 명의로 등기가 남아 있는 상태와 매수인이 인도받아 이를 사용하고 있는 상태를 비교하면 매도인 명의로 잔존하고 있는 등기를 보호하기보다는 매수인의 사용수익상태를 더욱 보호하여야 할 것이며, 이러한 경우의 등기청구권도 다른 일반채권과 동일하게 소멸시효에 걸린다면 매도인의 등기이전의무가 소멸되는데 그치지 아니하고 매도인에게 인도된 매매목적물이 매도인에게 환원되어야 하는 결과가 되어 우리나라 부동산 거래의 현실정에 비추어 심히 불합리하다고 한다. 이는 요컨대 등기만이 남아 있는 매도인의 이익과, 실제로 부동산을 점유하면서 사용수익하고 있는 매수인의 이익을 비교 형량하면 매수인을 더 보호하여야 하고, 또 등기청구권이 시효소멸하였다고 하여 매매목적물이 매도인에게 환원되는 사태는 받아들이기 어렵다[28]고 하는, 이익형량에 근거한 것이나, 그 이론적 근거가 무엇인지는 반드시 명확하지 않다.

필자는 이러한 복수의견을 지지하면서 그 이론적 근거를 소멸시효의 남용에서 찾아야 한다고 주장한 바 있다. 즉 매수인에게 부동산을 인도하여 준 매도인이 나중에 소멸시효를 주장하는 것은 부동산의 인도라는 신뢰를 일으키는 선행행위와는 모순되므로 허용되어서는 안 된다는 것이다.[29][30] 어쨌거나 위 전

28) 다만 郭潤直, "不動產所有權移轉登記請求權의 法律的 性質 및 그것이 時效로 消滅하는지의 與否", 民事判例硏究 Ⅰ, 1979, 53-54면은 매수인의 등기청구권이 시효로 소멸하더라도, 매도인이 소유권에 기한 목적물 반환청구권을 행사하는 데 대하여 매수인은 이른바 '賣却되어 引渡된 物件의 抗辯(exceptio rei venditae et traditae)'을 주장할 수 있으며, 따라서 그의 점유는 적법한 점유라고 한다. 독일의 판례와 통설도 대체로 그러한 취지이나, 다만 매수인이 매도인의 대금청구권의 소멸시효를 주장하는 때에는 매수인의 점유할 권리는 소멸된다고 한다. MünchKomm/Medicus, §986 Rdnr. 14; BGHZ 90, 269 등.

29) 尹眞秀(註 13), 416-417면; 尹眞秀(註 27), 110면 이하. 梁彰洙, "消滅時效에 걸리는 權利", 考試硏究 1990. 6, 40-42면도 위와 같은 경우 매도인이 소멸시효의 완성을 주장하는 것은 소멸시효제도를 남용하는 것이어서 허용되지 않는다고 하면서도, 그 근거를 매수인의 매도인에 대한 신뢰에서가 아니라, 객관적인 이익형량에서 구하고 있다.

30) 消滅時效의 濫用 法理에 대하여는 尹眞秀(前註) 외에, 韓杠鉉, "消滅時效의 主張이 權利濫用에 해당하는가", 民事裁判의 諸問題 9, 1997, 205면 이하 참조. 대법원의 판례도 근래에 이르러서는 특별한 사정이 있는 경우에는 채무자가 소멸시효의 완성을 주장하는 것이 신의성실

원합의체 판결이 매매목적 부동산을 인도받은 매수인의 등기청구권이 소멸시효에 걸리지 않는다고 하는 실질적인 근거는, 매수인이 매매 목적물을 점유함으로써 누리는 실질적인 이익을 보호하여야 한다고 하는 점에 있는 것이다. 이 점에서는 부동산 취득시효, 특히 점유취득시효 제도의 근거를, 권리 위에 잠자는 자보다 오랫동안 권리자와 마찬가지로 목적물을 점유하며 실질적 이해관계를 맺어온 자를 보호하는 것이 더 형평에 맞기 때문이라고 하는 이른바 衡平說[31] 내지 권리를 행사하지 않고 있는 권리자보다는 실제로 목적물로부터 수익을 얻고 있는 자를 보호함으로써 재화의 효용을 극대화할 수 있다는 견해[32]와 일맥상통한다.

나아가 이러한 매수인의 점유는 반드시 직접점유에 한정될 필요는 없고 간접점유라도 무방할 것이다. 대상판결의 원심에서는 매수인의 등기청구권이 소멸시효에 걸리지 않기 위하여는 현실의 인도를 받아야 하는가, 아니면 반환청구권의 양도 등의 방법으로 인도를 받아도 무방한가가 다투어졌으나, 이를 현실의 인도에 국한할 이유는 없을 것이다. 가령 매수인이 현실의 인도를 받은 후에 제 3 자에게 직접점유를 하게 하고 자신은 간접점유만을 하고 있는 경우에도 매수인의 등기청구권이 소멸시효에 걸리지 않는다고 한다면, 매수인이 처음부터 간접점유를 하는 경우를 이와 달리 취급할 이유는 없을 것이다.

그렇다면 취득시효 완성으로 인한 점유자의 등기청구권이 점유를 계속하고 있는 한 소멸시효에 걸리지 않는 근거는 무엇인가? 이는 취득시효제도 자체에서 그 근거를 찾아야 할 것이다. 다시 말하여 부동산의 점유취득시효제도는 오랫동안 부동산을 점유한 자를 보호하려는 제도인 점에 비추어보면, 부동산을 20년간 점유한 자는 취득시효에 의하여 보호를 받는 반면, 그보다 오래 30년 이상을 점유한 자는 취득시효로 인한 등기청구권의 소멸시효가 완성되어 보호받지 못하게 된다는 것은 제도의 취지에 어긋나는 불합리한 결과이기 때문이다.[33]

의 원칙에 반하여 권리남용으로서 허용될 수 없다고 한다. 대법원 1994. 12. 9. 선고 93다27604 판결(公 1995상, 434); 1997. 12. 12. 선고 95다29895 판결(公 1998상, 237) 등.

31) 徐廷友, "無效인 讓渡契約과 買受人의 自主占有", 민사판례연구 Ⅰ, 1979, 38면 등.

32) 尹眞秀(註 13), 392면; 全元烈, "不動産의 占有取得時效 完成 後의 法律關係에 관한 考察", 司法研究資料 22, 1995, 260면 등.

33) 尹眞秀(註 13), 417면; 民法注解 Ⅴ, 1992, 394면(尹眞秀 집필) 참조. 다만 취득시효의 기산점에 관하여 이른바 逆算說 내지 단순한 20년 이상설을 채택하면 취득시효 완성으로 인한 등기청구권의 소멸시효 문제는 원칙적으로 생기지 않을 것이다. 단순한 20년 이상설에 대하

2. 買受人이 점유를 상실한 경우

그러면 매수인이 점유를 상실한 경우는 어떠한가? 우선 여기서는 두 가지 경우를 나누어 볼 필요가 있다. 그 하나는, 대상판결처럼 매수인이 부동산을 제3자에게 다시 매도하는 등의 처분행위를 하고 점유를 이전하여 준 경우, 즉 점유의 승계가 있는 경우이고, 다른 하나는 위 대법원 1992. 7. 24. 선고 91다40924 판결(註 18)의 사안처럼 매수인이 점유를 침탈당하였거나 점유를 포기하는 등, 점유의 승계가 없이 단순하게 점유만을 상실한 경우이다. 후자의 경우에는 점유를 침탈당한 매수인이 민법 제204조의 기간 내에 점유회수청구권을 행사하였다는 등의 특별한 사정이 없는 한,[34] 판례와 같이 점유를 상실한 때부터 등기청구권의 소멸시효가 진행한다고 보는 데 큰 의문이 없다. 이 때에는 매수인을 보호하여야 할 현실적인 이익이 더 이상 존재하지 않기 때문이다.

그런데 매수인의 등기청구권이 소멸시효에 걸리지 않는 근거를 부동산의 인도라는 신뢰를 일으키는 매도인의 선행행위와는 모순되므로 허용되어서는 안 된다는 점에서 찾는다면, 매수인이 점유를 승계하여 줌이 없이 단순히 점유만을 상실한 경우에도 소멸시효가 진행하지 않는다고 주장될 여지도 있다. 그러나 매수인의 점유에 관한 현실적인 이익이 더 이상 존재하지 않는다면, 매수인으로서는 더 이상 매도인의 소멸시효 주장이 선행행위에 어긋나므로 신의칙에 반한다고 주장할 자격이 없다고 보아야 할 것이다.

그러면 매수인이 제3자에게 점유를 이전하여 준 경우도 마찬가지로 보아야 할 것인가? 대상판결 및 다른 대법원의 판례가 이러한 경우에는 매수인의 등기청구권의 소멸시효가 새로이 진행한다고 하는 것은, 위 전원합의체 판결에 비추어 보면 이 때에는 매수인의 부동산에 대한 이익도 점유의 상실과 함께 사라져 버렸다고 보기 때문이라고 추측된다. 그러나 매수인이 점유를 제3자에게 이전하여 주었다고 하여, 과연 매수인이 매매의 목적인 부동산에 대하여 가지는 이익이 사라져 버렸다고 할 수 있을 것인가? 이 점은 의심스럽다. 매수인

여는 金元烈(註 32), 323면 이하 참조.

34) 매수인이 제204조의 규정에 의하여 점유를 회수한 때에는 제192조 제2항 단서에 의하여 처음부터 점유를 상실하지 않은 것으로 본다.

이 매매의 목적물인 부동산에 관하여 가지는 실질적 이해관계가, 반드시 그 부동산의 점유 내지 사용수익이라는 형태로만 나타날 필요는 없을 것이다. 일반적으로 소유권의 내용이 목적물의 사용, 수익뿐만 아니라 처분의 형태로도 발현될 수 있다고 한다면, 목적물을 인도받은 부동산 매수인이 그 목적물에 대하여 가지는 권리의 발현형태도 그 목적물 자체의 사용 수익에만 그칠 이유는 없고, 매수인이 이를 제 3 자에게 처분하는 것도 마찬가지로 보호를 받아야 할 것이다.

만일 이러한 경우를 매수인이 현실적으로 점유하고 있는 경우와는 달리 취급하여 그때부터는 매도인에 대한 등기청구권의 소멸시효가 진행한다고 한다면, 매수인은 곤란한 상태에 빠지게 된다. 즉 자신으로부터 부동산을 매수한 제 3 자의 자신에 대한 등기청구권의 소멸시효는 진행하지 않는데, 자신의 매도인에 대한 등기청구권은 소멸시효가 완성되어 버린다면, 매수인으로서는 제 3 자에 대한 소유권이전의무를 이행할 수 없는 것이 되어, 손해배상책임을 져야 할 것이다.[35)]

다른 한편 제 3 자의 처지에서 보더라도, 매수인의 매도인에 대한 등기청구권이 존재하는 한은, 제 3 자는 매도인의 소유권에 기한 부동산 반환청구에 대하여 민법 제213조 단서의 '점유할 권리'가 있음을 주장할 수 있을 것인데,[36)] 매수인의 매도인에 대한 등기청구권이 시효소멸하면 제 3 자로서는 더 이상 이러한 점유할 권리를 주장하지 못하고, 매도인에게 부동산을 반환하여야 할 것이나, 그로 인한 부당함은 위 전원합의체 판결이 지적하고 있는, 매수인이 매도인에게 부동산을 반환하여야 하는 불합리함과 별다른 차이가 있다고 볼 수 없다.

그러므로 매수인이 그 점유를 포기하거나 제 3 자에게 침탈당한 경우와는 달리, 제 3 자에게 점유를 이전하여 줌으로써 제 3 자가 점유를 승계한 경우에는, 매수인 자신이 점유를 계속하고 있는 경우와 마찬가지로 매수인의 등기청구권은 소멸시효에 걸리지 않는다고 보아야 할 것이다. 그리고 위 대법원 1976. 11. 6. 선고 76다148 전원합의체 판결(註 15)에 관여하였던 대법원판사들

---

35) 이 경우에 제 3 자 자신이 등기청구권 행사를 게을리 하였다고 하여 과실상계 사유가 될 수 있다는 것은 별개의 문제이다.

36) 이에 대하여는 尹眞秀, "法定地上權 成立後 建物을 取得한 者의 地位", 民事裁判의 諸問題 5, 1989, 105면 이하; 民法注解 Ⅴ, 224면 이하(梁彰洙 집필) 등 참조.

에 의하여 선고된 위 대법원 1977. 3. 8. 선고 76다1736 판결(註 25)이, 부동산 매수인이 제 3 자에게 점유를 이전하여 주었다는 사정을 매수인의 등기청구권의 소멸시효에 관하여는 별달리 고려하지 않은 점에 비추어 보면, 위 전원합의체 판결의 의도도 그러한 것이 아니었나 여겨진다.

이러한 해석은 점유의 승계에 관한 민법 제199조에 의하여 어느 정도 뒷받침될 수 있다고 여겨진다. 동조 제 1 항은, "占有者의 承繼人은 自己의 占有만을 主張하거나 自己의 占有와 前占有者의 占有를 아울러 主張할 수 있다"고 규정하고 있다. 물론 위 조항은 직접적으로는 취득시효에 있어서의 점유기간에 관하여, 점유자의 승계인이 前 占有者의 점유를 자기의 점유와 합산하여 주장할 수 있다는 취지여서, 이 사건에 있어서와 같이 前占有者가 승계인이 점유하는 경우에도 자신이 계속 점유하고 있는 것과 마찬가지로 취급하라는 의미는 아니다. 그러나 위 조항의 근본 취지는, 승계인의 점유와 피승계인의 점유를 마치 한 사람이 계속 점유하고 있던 것과 같이 보아준다는 데 있다고 이해할 수 있고, 그렇다면 위 조항으로부터, 점유의 승계가 있더라도 이는 한 사람이 계속 점유하고 있는 것과 마찬가지로 취급하여 등기청구권의 소멸시효도 진행하지 않는다고 하는 결론을 이끌어낼 수도 있을 것이다.

특히 점유의 승계가 있는 경우에 등기청구권의 소멸시효가 새로이 진행하는가 하는 점은, 대상판결의 사안처럼 현재의 점유자가 전 점유자를 대위하여 피승계인의 등기청구권을 행사하는 때에 주로 문제된다. 이러한 경우에는 실질적으로는 승계인인 현재의 점유자가 전 점유자의 점유와 자신의 점유를 아울러 주장하는 것과 같은 결과이다. 따라서 이러한 경우에 점유의 승계가 있었다는 이유로 전 점유자가 소유자에 대하여 가지는 등기청구권의 소멸시효가 새로이 진행한다고 보는 것은 제199조 제 1 항의 규정과는 조화되지 않는다고 생각된다.

이 점은 전 점유자의 등기청구권이 취득시효 완성을 원인으로 하는 경우에는 좀더 명백하다. 앞에서도 말한 것처럼, 취득시효 완성을 원인으로 하는 등기청구권은 그 등기청구권자가 점유를 계속하고 있는 동안은 소멸시효에 걸리지 않는데, 점유의 승계가 있으면 그때부터는 전 점유자의 등기청구권의 소멸시효가 새로이 진행한다고 하는 것은, 민법 제199조 제 1 항과는 어긋나는 것이다. 가령 전 점유자가 소유의 의사로 점유를 개시한 지 20년이 되기 직전, 예컨대 19년 만에 점유의 승계가 있었으면 그 승계인은 20년이 되는 시점에서 소유자에 대한 등기청구권을 취득하고, 이 등기청구권은 그가 점유를 계속하는 한 소멸시효에 걸리지 않는 반면, 전 점유자가 점유개시 후 21년째에 현 점유자에게 점유를 승계하여 준 때에는 이 등기청구권은 소멸시효에 걸린다고 한다면, 점유의 승계가 언제 있었는가 하는 우연한 사정에 따라 소멸시효에 걸리는가 여부가 달라지는 것이 되나 이러한 결과가 부당하다는 것은 두말할 필요가 없다.[37] 물론 대법원 1995. 3. 28. 선고 93다47745 전원합의체 판결(註 24)은 점유취득시효기간 완성 후에 점유의 승계가 있는 때에는 현재의 점유자는 전 점유자를 대위하여서만 소유자를 상대로 취득시효 완성을 원인으로 하는 소유권이전등기청구를 할 수 있다고 하고 있기 때문에, 점유의 승계가 취득시효기간 완성 전인가 후인가에 따라 차이가 생기는 것은 부득이하다고 말할지도 모르겠으나, 이는 현 점유자가 직접 자기 명의로 소유권이전등기를 청구할 수 있는가, 아니면 전 점유자를 대위하여서 청구할 수 있는가 하는 방법의 차이일 뿐이지, 그러한 점유 승계의 시기 여하에 따라 소유권이전등기 청구의 가부 자체가 달라져서는 곤란한 것이다.

결론적으로 부동산 매수인의 등기청구권이나 또는 점유자의 점유취득시효 완성을 원인으로 하는 등기청구권은 자신이 스스로 점유를 계속하는 경우뿐만 아니라 점유를 다른 사람에게 이전하여 준 경우에도 여전히 소멸시효에 걸리지 않고, 다만 이러한 점유자가 점유를 포기하였거나 또는 점유를 침탈당하여 점유가 절대적으로 상실된 경우에만 그러한 등기청구권이 소멸시효에 걸린다고 보아야 할 것이다.

Ⅳ. 餘論 — 不動産 二重讓渡에 있어서 不法原因給與의 問題

1. 爭點의 所在

판례는 부동산의 이중양도에 있어서 第二讓受人이 讓渡人의 第一讓受人에

37) 徐廷友, "取得時效 完成後 占有를 移轉받은 者의 地位", 民事判例硏究 XⅧ, 113면 이하, 특히 123면은 위 대법원 1995. 3. 28. 선고 93다47745 전원합의체 판결(註 24)의 반대의견을 지지하면서도, 소멸시효의 문제에 관하여는, 시효완성의 권리와 점유를 함께 이전한 경우에는 소멸시효가 진행하지 않는다는 이론을 구성하면 실제의 불합리는 막을 수 있다고 한다.

대한 배임행위에 적극 가담한 경우에는 위 第二의 양도는 무효이고, 따라서 第一讓受人은 讓渡人을 대위하여 第二讓受人에 대하여 第二讓受人 명의의 소유권이전등기의 말소를 청구할 수 있다고 보고 있다.[38] 이와 같은 판례의 이론구성, 즉 이른바 "反社會的 無效論"에 대하여는 여러 가지 문제점이 지적되어 왔는데, 그 중 한 가지는, 이처럼 제 2 양수인이 양도인의 배임행위에 가담하였다는 이유로 제 2 의 양도가 무효라고 한다면, 양도인이 제 2 양수인에게 소유권이전등기를 경료하여 준 것은 불법원인급여에 해당하여 양도인으로서는 제 2 양수인에 대하여 그 이전등기의 말소를 구할 수 없고, 따라서 제 1 양수인으로서도 양도인을 대위하여 제 2 양수인에게 소유권이전등기의 말소를 청구할 수 없는 것이 아닌가 하는 점이었다.[39] 이 문제를 둘러싸고 학설상으로는 여러 가지 논란이 있었으나, 대법원의 판례 가운데에는 이 문제를 다루고 있는 것이 없고, 하급심의 판례 가운데에도 이 점에 관하여 언급하고 있는 것을 찾지 못하였는데, 이 사건 원심판결은 이 점을 정면으로 다루고 있다.

그런데 과연 이 사건에서 이러한 불법원인급여의 문제가 생기는 것인지는 다소 검토할 필요가 있다. 즉 이 사건에서는 양도인에 해당하는 Y_1이, 소유자이던 Y_2로부터 부동산을 매수하여 제 2 양수인에 해당하는 Y_3에게 부동산을 증여하기는 하였으나, 소유권이전등기는 Y_2로부터 Y_3 앞으로 직접 마쳐졌고, 따라서 원고들도 Y_1의 Y_3에 대한 소유권이전등기말소청구권을 대위행사한다고 주장하는 것이 아니라, Y_2가 Y_3에 대하여 가지는 등기말소청구권을 Y_1이 대위행사할 수 있고, 원고들은 이러한 Y_1의 권리를 다시 대위행사한다고 주장하고 있기 때문이다. 원심은 이 점에 착안하여, Y_2가 Y_3에게 무슨 급여를 하였다거나 또는 Y_2에게 어떤 불법원인이 있었다고 하기 어렵다고도 설시하고 있다.

그러나 이러한 경우도 적어도 불법원인급여의 문제에 관한 한, Y_1으로부터 Y_3 앞으로 직접 소유권이전등기가 경료된 것과 달리 취급할 이유는 없다. Y_1이 비록 Y_2를 대위하는 형식을 취하고는 있어도, 그 청구의 기초는 기본적으로는 Y_1의 Y_3에 대한 증여가 반사회적 법률행위로서 무효이므로 그로 인한 등기의 말소를 구한다는 점에 있는 이상, 결과에 있어서는 Y_1의 Y_3에 대한 급

38) 이에 대하여는 尹眞秀, "不動産 二重讓渡의 經濟的 分析", 저스티스 제29권 1호, 1996, 96면 이하에서 인용하고 있는 판례 참조.

39) 李容勳, "反社會的 法律行爲로 인한 給付의 回收와 不法原因給與", 民事判例硏究 Ⅵ, 1984, 18면 이하 참조.

여의 반환을 청구하는 것이 되기 때문이다.[40)]

2. 대위청구 긍정설

종래 이 점에 관하여 논의하고 있는 대부분의 학설은 결론에 있어서는 제 1 양수인이 양도인을 대위하여 제 2 양수인에 대하여 이전등기의 말소청구를 할 수 있다는 결론을 지지하고 있으나, 그 이론구성에 있어서는 크게 다음과 같은 두 가지로 나누어 볼 수 있다.[41)]

그 하나는 위와 같은 경우에는 양도인의 제 2 양수인에 대한 소유권이전등기가 불법원인급여가 아니라고 보는 것이다. 즉 종래의 통설이 법률행위가 민법 제103조가 규정하고 있는 것처럼 선량한 풍속 기타 사회질서에 위반할 때에는 그로 인한 급여는 불법원인급여라고 보는 것과는 달리, 불법원인급여의 개념을 좁게 파악하여, 민법 제746조의 「不法」은 "人格的 非難을 받아야만 하는 惡"에 한정되므로 부동산의 이중양도행위는 민법 제103조에 해당하는 불법인 반사회적인 행위가 되지만, 제746조의 불법원인급여에는 해당하지 않는다고 하거나,[42)] 제746조의 불법원인급여는 민법 제103조가 말하는 선량한 풍속 기타 사회질서 위반 가운데 선량한 풍속 위반의 경우에만 한정되고, 사회질서 위반의 경우에는 불법원인 급여가 아니라고 보아야 하는데,[43)] 부동산 이중양도의 경우에는 사회질서 위반일지는 몰라도 선량한 풍속 위반은 아니므로 불법원인 급여에 해당하지 않는다고 한다.[44)]

다른 설은, 부동산 이중양도가 무효인 경우에 양도인이 제 2 양수인을 상대로 등기의 말소를 청구하는 것은 불법원인급여이기는 하지만, 제 1 양수인이 양

---

40) 다른 한편 급부가 원인 없이 이루어졌음을 근거로 하는 이른바 給付不當利得(Leistungs-kondiktion)의 경우에는 부당이득 반환 채권자에게 損失이 요구되지 않는다고 하는 전제에 선다면, Y_1의 Y_3에 대한 증여가 무효일 때에는 Y_1은 Y_2를 대위하지 않고 직접 Y_3에 대하여 그 소유권이전등기의 말소를 청구할 수 있다고 볼 수도 있다. 대법원 1994. 12. 13. 선고 93다49482 판결(公 1995상, 468)은, 제 3 자의 명의를 빌려 주식을 보유하고 있던 자가 주식을 제 3 자에게 매도하였으나, 그 매매계약이 강박을 이유로 하여 취소된 경우에는, 명의신탁자는 그 매매계약 당사자의 지위에서 매수인에게 명의신탁된 주식의 반환을 직접 청구할 수 있고, 명의대여자만이 그 반환을 청구할 수 있는 것은 아니라고 하였다.

41) 이하의 설명에 대하여는 尹眞秀, "不動産의 二重讓渡에 관한 硏究", 서울대학교 법학박사 학위논문, 1993, 특히 75면 이하, 91면 이하 및 227면 이하 참조.

42) 高翔龍, 民法總則, 全訂版, 1999, 355-356면.

43) 金先錫, 註釋債權各則 Ⅲ, 1986, 199면은 같은 취지이다.

44) 宋德洙, "民法 第746條의 適用에 있어서 不法性의 比較", 民事判例研究 XVIII, 1996, 335-338면.

도인을 대위하여 말소를 청구하는 것은 허용된다고 한다. 즉 民法 제746조가 不當利得返還請求權을 배제하는 이유는 出捐을 出捐者와 受取者 중 어느 一方에 머무르게 하는 것이 法秩序에 반하여 現狀을 고정하려는 데 있는 것이므로 부동산 이중매매에 있어서 제1양수인이 양도인을 대위하는 경우처럼 出捐이 원래 귀속되어야 할 第三者에게 자동적으로 귀속되는 경우에는 民法 제746조의 적용을 부정하여야 한다고 한다.[45] 이 사건 원심판결도 채권자대위권을 행사하여 불법적으로 경료된 등기의 말소를 구하는 이 사건에서는 급여자가 자기의 불법을 이유로 그 청구를 거절할 사유가 되지 아니한다고 하여, 대체로 이 견해에 입각한 것으로 보인다.

그러나 위와 같은 견해에는 어느 것이나 문제가 있다. 먼저 불법원인급여를 인격적 비난을 받아야만 하는 惡에 한정된다거나, 선량한 풍속 위반의 경우에만 한정된다고 하는 설은, 불법원인급여 규정의 적용범위를 좁혀야 한다는 점을 근거로 내세우고 있으나, 그렇다고 하여 위와 같이 구별하는 것은 다소 자의적이라고 하지 않을 수 없다. 뿐만 아니라 실제에 있어서 그러한 구별이 가능한 것인지, 예컨대 부동산 이중양도의 경우에는 그것이 과연 선량한 풍속 위반에는 해당하지 않는 것인지가 명확하지 않다.[46]

대법원 1993. 12. 10. 선고 93다12947 판결[47]은, 명의신탁된 부동산이라는 사실을 잘 알고 있는 제3자가 명의수탁자로부터 위 부동산을 매수한 것이, 명의신탁자에 대한 배신행위에 적극 가담한 것으로서 무효인 경우에, 제3자가 명의수탁자에게 지급한 매매대금은 불법원인급여에 해당하는 것임을 전제로

---

45) 李英俊, 全訂版 民法總則, 1997, 244면; 金相容, 改訂版 民法總則, 1996, 461면 등.

46) 宋德洙(註 44), 337면은, 선량한 풍속 위반의 경우에만 불법원인급여에 해당한다고 보는 것이 역사적으로나 비교법적으로 보아도 타당하다고 하면서 로마법, 프랑스 민법, 이탈리아 민법 등을 열거하고 있으나, 이는 정확하다고 할 수 없다. 위와 같은 입법례는 단순한 강행법규 위반의 경우에는 불법원인급여에 해당하지 않는다는 점에 대한 뒷받침은 될 수 있어도, 반드시 사회질서 위반의 경우에는 불법원인급여를 배제한다는 것으로는 보이지 않기 때문이다. 뿐만 아니라 많은 경우에는 선량한 풍속과 사회질서 내지 공공의 질서 자체를 엄밀하게 구별하고 있는 것도 아니다. 가령 선량한 풍속 위반의 법률행위만을 무효로 하고 있는 독일 민법에서도 선량한 풍속에 공공의 질서가 포함되는 것으로 보고 있고(예컨대 Flume, Allgemeiner Teil des Bürgerlichen Rechts, 2. Teil, Das Rechtsgeschäft, 3. Aufl., 1979, S. 367 등), 프랑스에서는 公序良俗을 政治的 公序(ordre public politique)와 經濟的 公序(ordre public économique)로 분류하는데, 선량한 풍속은 이 중에서 정치적 공서의 일종으로 보고 있다. 後藤巻則, "フランス法における公序良俗論とわが國への示唆", 椿 壽夫 · 伊藤 進 編, 公序良俗違反の研究, 1995, 156-157면 참조.

47) 公 1994상, 345.

하면서도 이른바 不法性 比較理論에 의하여 그 매매대금의 반환을 명하고 있는데,[48] 그렇다면 명의수탁자의 제3자에 대한 소유권이전등기 또한 불법원인급여가 아니라고 할 수는 없을 것이다.

그리고 부동산 이중양도에 기한 등기가 불법원인급여이기는 하지만, 제1양수인이 채권자대위권을 행사하는 경우에는 민법 제746조가 적용되지 않는다는 견해 또한 찬성하기 어렵다. 채권자대위권은 우선 대위의 객체인 채무자의 권리의 존재를 전제로 하는 것으로서,[49] 債務者인 양도인의 제2양수인에 대한 반환청구가 不法原因給與라는 이유로 허용되지 않는다면 양도인의 제2양수인에 대한 반환청구권은 존재하지 않는 것으로 보아야 할 것인데, 이처럼 존재하지 않던 양도인의 반환청구권이 제1양수인의 代位請求時에는 어떻게 하여 생겨나는 것인가 하는 점이 설명되지 않는다.

외국에서는 不法原因給與 일반에 관하여 이를 이유로 하는 반환청구권의 배제가 급여자 자신뿐만 아니라 代位債權者나 破產管財人 또는 承繼人 등에 대하여도 적용되는 것인가에 관하여 논의가 있으나, 대체로 이러한 경우에도 불법원인급여 반환의 금지 규정이 적용된다고 보고 있다.

예컨대 獨逸의 이전의 判例[50]는 破產管財人(Konkursverwalter)이 행사하는 破產者(Gemeinschuldner)의 부당이득반환청구권에는 불법원인급여의 반환을 금지하는 獨逸民法 제817조 第2文이 적용되지 않는다고 하면서, 그 근거로서 경제적인 관점에서 관찰한다면 破產管財人이 행사하는 부당이득반환청구권은 破產債權者들의 이익이 되고 이 破產債權者들의 부담으로 그 자신 公序良俗 또는 法律에 위반하여 행동한 受領者로 하여금 給與를 보유하게 하는 것은 위 조항의 목적이 될 수 없다는 것 등을 들고 있었다. 그러나 獨逸의 거의 모든 학설은 이와 같은 점만으로는 "누구도 自身이 가지는 것 이상의 權利를 다른 사람에게 讓渡할 수 없다(nemo plus iuris ad alium transferre potest quam ipse habet)"라는 근본적인 原則의 例外를 인정하기에 부족하고, 이 原則은 給與者의

48) 그러나 이 사건에서 대법원이 명의수탁자의 불법성이 제3자의 불법성보다 현저히 크고 그에 비하면 제3자의 불법성은 미약하다고 하여 불법성 비교이론을 적용한 것이 타당한지는 의문이다. 金文洙, "民法 제746조 本文의 適用制限에 관하여", 判例研究 제6집, 釜山判例研究會, 203-204면 참조. 宋德洙(註 44), 348면도 이 점에 관하여는 같은 취지이다. 반면 文興洙, "不法原因給與規定의 意義 및 適用範圍", 法曹 1996. 12, 138면 이하는 이 판결에 찬성한다.

49) 대법원 1980. 6. 10. 선고 80다891 판결(集 28권 2집 民42면); 1982. 3. 24. 선고 82다283 판결(公 690, 876) 참조.

50) RGZ 99, 161, 166 ff.; BGHZ 19, 338, 340; BGH NJW 1962, 438 f. 등.

承繼人이 아니라 給與者 자신의 권리를 행사하는 破産管財人에게는 더욱 적용되어야 한다는 등의 이유로 이러한 판례에 반대하고 있었다.[51] 그리하여 근래의 獨逸의 判例[52]도 위와 같은 통설에 따라 破産管財人이 행사하는 破産者의 부당이득반환청구권에도 獨逸民法 제817조 제2문이 적용된다고 하여 종전의 判例를 변경하였다.

그리고 日本의 判例는 債權者代位權은 채무자의 권리를 행사할 수 있는 權利에 지나지 않으므로 不法原因給與者의 채권자도 給與者를 대위하여 반환을 청구할 수 없다고 하고 있다.[53] 나아가 最判 1979(昭和 54). 3. 16. 판결[54]은, 債權者代位訴訟에 있어서 原告는 그 債務者에 대한 자기의 債權을 보전하기 위하여 債務者의 第三債務者에 대한 權利에 관한 管理權을 취득하여 그 관리권의 행사로서 債務者에 갈음하여 자기의 이름으로 債務者에게 속하는 권리를 행사하는 것이므로 그 地位는 債務者 자신이 原告인 경우와 마찬가지의 지위를 가지는 것이라고 하여야 하고, 따라서 被告인 第三債務者는 債務者가 스스로 原告로 되는 경우에 비하여 더 불이익한 지위에 서게 되어서는 안 되며, 原告인 債權者도 또한 그 債務者가 현재 가지고 있는 법률상의 지위에 비하여 더 유리한 地位를 누릴 수는 없다고 하지 않으면 안 되므로, 第三債務者인 被告가 제출한, 債務者에 대한 債權을 自動債權으로 하는 相計의 抗辯에 대하여, 代位債權者인 原告가 제출할 수 있는 再抗辯은 債務者 자신이 주장할 수 있는 再抗辯事由에 한정되어야 하고, 債務者와는 관계없는 原告의 독자의 사정에 기한 抗辯을 제출할 수는 없다고 해석하여야 하고, 따라서 被告의 相計의 抗辯이 債務者에 대한 관계에 있어서 權利濫用이 되지 않는 이상 代位債權者인 原告에 대한 관계에 있어서 위 相計의 주장이 權利의 濫用으로서 허용되지 않는다고 하는 것은 債權者代位訴訟의 성질에 비추어볼 때 債權者인 原告의 지위를 債務者가 訴訟을 수행하는 경우에 비하여 유리하게 하는 것으로서 허용되지 않는다고 판시하고 있다.

---

51) 상세한 것은 尹眞秀(註 41), 97면 이하 참조.

52) BGHZ 106, 169, 171 ff.

53) 日大判 1916(大正 5). 11. 21 民錄 22輯 2250面.

54) 民集 33권 2호 270면.

3. 第一讓受人의 原狀回復請求權

실제로 판례가 부동산 이중양도에 관하여 적용하고 있는 이른바 반사회적 무효론, 즉 제2양도가 무효이므로 제1양수인은 양도인을 대위하여서만 제2양수인 명의의 등기 말소를 청구할 수 있다는 이론은, 위와 같이 불법원인급여의 문제를 제대로 설명할 수 없다는 점 이외에도, 제2양수인으로부터 善意로 부동산을 매수한 사람도 보호를 받지 못하고,[55] 또 제2양수인이 확정판결에 의하여 양도인으로부터 등기를 넘겨받은 때에는 제1양수인이 양도인을 대위하여 그 등기의 말소를 청구하는 것은 위 확정판결의 旣判力에 저촉되어 허용되지 않는다[56]는 등의 문제점도 아울러 가지고 있다.[57]

이러한 여러 가지의 문제점은 제2양수인에 대하여 제1양수인에 대한 原狀回復義務를 인정하는 방법에 의하여 모두 해결할 수 있다. 즉 부동산의 2중양도에 있어서 제2양수인이 惡意인 때에는,[58] 이는 제1양수인에 대한 불법행위에 해당하고, 따라서 제2양수인은 제1양수인에 대하여 손해배상의무를 부담하는데, 그 손해배상의 방법으로는 금전배상 아닌 원상회복의 의무를 인정하여야 한다는 것이다.[59]

이러한 주장에 대하여는, 우리 민법 제394조가 손해배상의 방법으로 원상회복 아닌 금전배상을 인정하고 있으므로 해석론상으로는 불가능하다는 반론이 있다.[60] 여기서 이에 대하여 상론할 여유는 없으나, 한 가지 강조하고 싶은 것은, "다른 意思表示가 없으면 損害는 金錢으로 배상한다"라고 규정하고 있는 우리 민법 제394조는 금전배상이 손해배상의 원칙적인 방법이라고 선언하고 있는 임의규정에 불과한 것이지, 필요한 경우에 원상회복에 의한 손해배상을 인정하는 것까지 허용하지 않는 경직된 규정이라고 이해할 필요는 없다는 것

55) 예컨대 대법원 1996. 10. 25. 선고 96다29151 판결(公 1996하, 3430) 등. 이에 대하여는 尹眞秀, "反社會的 二重讓渡에 있어서 轉得者의 地位", 法曹 1998. 9(통권 504호), 141면 이하 참조.

56) 대법원 1988. 2. 23. 선고 87다카777 판결(集 36권 1집 53면) 참조.

57) 尹眞秀, "不動産의 二重讓渡와 原狀回復", 민사법학 제6호, 1986, 161면 이하, 특히 168면 이하 참조.

58) 이 점에 대하여는 尹眞秀(註 38) 참조.

59) 상세한 것은 尹眞秀(註 41), 200면 이하; 尹眞秀(註 57), 177면 이하 참조.

60) 예컨대 宋德洙, 民法注解 Ⅸ, 60면 註 234) 등.

이다.[61] 그러므로 우리 민법의 해석상으로도 당사자의 의사표시나 법률의 규정이 없더라도, 채권자의 입장에서는 금전배상이 명백히 불충분한 반면, 채무자의 입장에서는 원상회복에 의하더라도 금전배상의 경우보다 별달리 가혹하지 않으며, 나아가 그 집행에 있어서도 금전배상보다 편리할 때에는 손해배상의 방법으로서 원상회복을 인정할 수 있을 것이다.[62]

이처럼 우리 민법상 원상회복에 의한 손해배상이 인정된다면, 어떤 경우에 이를 인정할 수 있을까 하는 것은 구체적인 사안에 따라 판단할 문제이다. 몇 가지 예를 든다면, 가령 부당편취한 판결을 가지고 강제집행하려는 데 대한 구제수단으로서는 판례[63]와 같이 청구이의의 소를 인정할 것이 아니라,[64] 불법행위에 기한 원상회복청구권을 인정하여 强制執行의 不作爲(Unterlassen der Zwangsvollstreckung)와 채무명의의 반환을 청구할 수 있는 권리를 인정하여야 하고,[65] 가집행선고부 판결에 기하여 원고가 피고 소유의 부동산을 경락받았으나 나중에 그 가집행선고가 취소된 경우에는 손해배상의 방법으로서 원상회복을 인정하여 경락인인 가집행채권자에 대하여 가집행채무자에게 부동산을 반환하는 것이 합리적이다.[66]

그리고 종래 제3자의 채권침해에 대하여 방해배제청구권을 인정할 것인가에 관하여 논란이 있으나, 이 경우에도 불법행위에 기한 원상회복을 인정하는 것이 간명할 것이다.[67] 또 외화채무의 불이행으로 인한 손해배상에 있어서

61) 梁三承, 民法注解 Ⅸ, 1995, 595면 이하도 같은 취지이다. 다른 한편 梁彰洙, "損害賠償의 範圍와 方法/損害賠償責任의 內容(不法行爲法 改正案 意見書)", 民事法學 제15호, 1997, 216면 이하는 불법행위로 인한 손해배상의 방법에 관한 立法論으로서, "損害賠償은 金錢으로 한다. 그러나 당사자는 상당한 이유가 있는 경우에는 불법행위가 없었더라면 있었을 상태의 회복을 청구할 수 있다"라는 민법 제752조의2를 신설하자는 제안을 하고 있다.

62) 尹眞秀(註 41), 223-224면 참조.

63) 대법원 1984. 7. 24. 선고 84다카572 판결(集 32권 3집 207면); 1997. 9. 12. 선고 96다4862 판결(公 1997하, 3073) 등.

64) 일반적으로 청구이의의 소의 사유가 있는 경우에 강제집행이 이미 종료하여 버린 때에는 부당이득의 반환을 청구할 수 있다고 보고 있다. 그런데 다른 한편 판례는 확정판결에 기한 강제집행은 불법행위가 될 수 있음은 별론으로 하고 부당이득은 되지 않는다고 보고 있으므로(대법원 1995. 6. 29. 선고 94다41430 판결, 公 1995하, 2526 등), 확정판결을 편취한 경우에 청구이의의 소를 제기할 수 있다고 하는 것은 부당이득반환청구를 할 수 없다는 것과는 모순되게 된다.

65) 尹眞秀(註 41), 225-226면; 同, "確定判決의 不正利用에 대한 救濟의 要件과 方法", 荷岨鄭東潤先生華甲紀念 二十一世紀 民事訴訟法의 展望, 1999, 369면 이하 참조.

66) 尹眞秀, "假執行宣告의 失效와 競落人인 假執行債權者의 不當利得返還義務", 민사재판의 제문제 6, 1991, 175면 이하, 특히 196면 註 37) 참조.

67) 독일에서도 방해배제와 원상회복 사이의 구별이 어렵다는 점이 지적되고 있다. 가령

는 원상회복의 방법으로 외화의 지급을 인정할 필요가 있다.[68]

여기서 문제되고 있는 부동산 이중양도는 원상회복에 의한 손해배상이 적절한 대표적인 사례라고 할 수 있다. 즉 제 2 양수인이 제 1 양수인에 대하여 불법행위책임을 지는 경우에는, 제 1 양수인이 제 2 양수인에 대하여 원상회복으로서 그 소유권 이전등기의 말소를 청구할 수 있다고 보아야 한다.[69] 이때 채권자인 제 1 양수인으로서는 금전배상만으로는 그 손해가 충분히 전보되기 어렵고, 반대로 원상회복의무를 인정하는 것이 채무자인 제 2 양수인에게 특별히 불리한 결과를 초래하는 것도 아니며,[70] 또 제 2 양수인의 원상회복의무를 인정하는 것이 집행절차의 면에서도 특별히 어려움을 초래하는 것도 아니며, 오히려 금전배상의 강제집행보다도 더 간단하다고 할 수 있다.

다른 한편으로는 債權者取消權制度를 유추하더라도 제 2 양수인의 원상회복의무를 인정할 수 있다고 생각된다. 원래 채권자취소권제도의 존재이유는 다음과 같은 점에 있다고 할 수 있다. 즉 채권의 實效性을 담보하는 최후의 보루는 채무자의 일반재산인데, 이러한 채무자의 일반재산이 채무자와 제 3 자의 행위에 의하여 부당하게 감소함으로써 채무자의 변제능력이 부족하게 되는 경우에는 그러한 채무자와 제 3 자의 행위(詐害行爲)에 의하여 채권자의 채권이 침해되는 것으로 보아 채무자로부터 이탈한 재산을 회복하게 할 필요가 있는 것이다. 바꾸어 말하면 이러한 채무자와 제 3 자의 사해행위는 제 3 자에 의한 채권침해의 한 유형이라고도 볼 수 있는 것이다. 일반적으로 제 3 자가 채무자와 공모하여 채무자의 책임재산을 불법하게 감소시킨 경우에도 채권자에 대한 채권침해가 있는 것으로 보는 데에는 異說이 없고, 다만 그것이 채권자취소권제도에 의하여 규율될 수 있을 때에는 굳이 채권침해를 이유로 하는 불법행위를 문제삼을 필요가 없을 따름이다.

MünchKomm/Medicus, §1004 Rdnr. 59 ff. 참조.

68) 그런데 대판 1997. 5. 9. 선고 96다48688 판결(公 1997상, 1724)은, 외화로 지급하여야 할 매매대금채무의 불이행에 대하여 손해배상의 예정에 따른 손해배상을 청구하는 사건에서, 금전배상의 원칙을 규정하고 있는 민법 제394조의 금전이라 함은 우리 나라의 통화를 가리키는 것이라고 하여, 외화에 의한 지급을 명한 원심판결을 파기하였으나 이는 의문이다. 이 경우에는 우선 당사자간에 묵시적으로라도 손해배상을 외화로 지급하기로 하는 의사표시가 있었는지를 따져 보았어야 할 것이다.

69) 상세한 것은 尹眞秀(註 41), 227면 이하 참조.

70) 이 경우에 제 2 양수인이 금전배상의무만을 부담하는 것과의 차이는 결국 제 2 양수인이 목적물의 시가상승으로 인한 이익을 보유하지 못하게 된다는 데 있으나, 불법행위를 저지른 제 2 양수인에게 그러한 이익을 보유하게 할 이유가 없다.

그런데 채권자취소권의 취소대상인 사해행위의 경우에는 그로 인하여 채권자의 채권이 침해된다고 하더라도 이는 간접적인 것에 지나지 않는다고 할 수 있다. 즉 채권자의 피보전채권은 원칙적으로 금전채권이므로 이행불능의 문제는 생기지 않고, 다만 사해행위의 결과 채무자가 무자력이 되면 그로 인하여 채권자의 채권도 집행불능이 되어 사실상 만족을 얻지 못하게 되므로, 이를 방지하기 위하여 채권자는 채권자취소권을 행사함으로써 사해행위의 취소와 원상회복을 청구할 수 있는 것이다. 이처럼 채권자의 채권이 간접적으로 침해되는 경우에도 그 효과로서 원상회복이 인정된다고 한다면, 부동산의 이중양도와 같이 제 1 양수인의 채권이 직접적으로 침해되는 경우에 그 채권의 보전을 위하여 원상회복이 인정된다는 것은 결코 무리라고 할 수 없다. 부동산 이중양도의 문제를 채권자취소권의 轉用[71] 내지 類推[72]에 의하여 해결하려는 견해도 이러한 관점에서 이해할 수 있는 것이다.

이러한 부동산 이중양도에 있어서의 원상회복 문제를 좀더 추상화하여 말한다면, 가해자의 불법행위로 인하여 피해자가 원래 가지고 있던 권리의 관념적인 행사에 법률적인 장애가 생겼으나 피해자의 권리행사가 물리적으로 불가능하지는 않은 경우에는 일단 원상회복에 의한 구제로서 피해자의 권리행사를 허용하는 것을 고려할 여지가 있다고 할 수 있다. 즉 제 2 양수인의 불법행위로 인하여 제 1 양수인이 양도인에 대한 소유권이전등기청구권을 행사하는 데 법률적인 장애를 초래한 결과가 되었으나, 그러한 법률적 장애를 제거하도록 제 2 양수인에게 요구하는 것이 기대가능한(zumutbar) 것이라면 불법행위의 효과로서 그러한 법률적 장애를 제거하도록 요구하는 것이 원상회복청구의 내용이 될 것이다. 이 점에 관하여는 프랑스의 판례와 학설이 원상회복의 주요한 예로서 금지된 행위로 인한 법률효과의 否定(La suppression des conséquences juridique d'une activité prohibée)을 들고 있는 것[73]을 참고할 필요가 있다.

따라서 부동산 이중양도의 문제를 반사회적 무효론에 의하여 해결하고 있는 종래의 판례는 재검토되어야 한다고 생각된다.

---

71) 洪春義, "不動産의 二重賣買와 第 1 買受人의 保護", 石霞 金基洙敎授 華甲記念 不動産法學의 諸問題, 1992, 245-247면.

72) 高翔龍, "不動産의 二重賣買와 第1買受人의 保護", 考試硏究 1988. 12, 207면 이하.

73) Viney, Traité de droit civil Ⅴ: Les obligations La responsabilité; effets, 1988, n° 22 참조.

〈追記〉

이 글은 1998. 4. 민사실무연구회에서 발표한 것인데, 그 중 일부를 "占有를 상실한 不動産 買受人의 登記請求權의 消滅時效"라는 제목으로 人權과 正義 1998년 5월호에 발표하였다. 한편 姜京求 판사도 法曹 1998년 5월호에 "不動産이 轉賣된 경우 登記請求權의 消滅時效"라는 제목으로 같은 판결에 대하여 판례평석을 발표하였는데, 그 결론은 대체로 이 글과 같다.

그 후 대법원 1999. 3. 18. 선고 98다32175 전원합의체 판결(公 1999상, 718)은 이 글에서 주장한 방향으로 종전의 판례를 변경하였다. 그 사건의 주심은 이 글 발표 당시 민사실무연구회의 회장이셨던 朴駿緖 대법관님이었는데, 박 대법관님은 위 사건에서 보충의견을 내시는 등 판례가 변경되는데 주도적인 역할을 하셨다. 이제 회갑을 맞으신 박 대법관님의 건강을 축원한다.

〈雲坡朴駿緖先生 華甲紀念 民事裁判의 諸問題 제10권, 2000〉

國家 公權力의 違法行爲에 대한 民事的 救濟와 消滅時效 · 除斥期間의 문제

I. 서　　론

우리나라가 1980년대 이후 권위주의 체제를 벗어나 정치적으로 민주화가 이루어짐에 따라, 과거청산이라는 이름 아래 과거의 권위주의 정부에서 이루어졌던 여러 가지 위법행위에 대하여 그 진상을 밝히고, 나아가 그에 대한 법적 책임을 물으려는 노력이 행하여지고 있다. 그런데 이러한 위법행위에 대하여 민사적인 구제를 청구함에 있어서는 소멸시효와 제척기간의 규정이 장애로 등장하고 있다. 왜냐하면 현재 문제되고 있는 여러 가지 국가의 위법행위는 대부분 늦어도 1981년까지 있었던 것인데, 그에 대하여 민사소송을 제기한 것은 빨라도 1980년대 말이어서 민법상의 소멸시효기간이나 제척기간을 도과한 것이라고 볼 수 있고, 현재까지의 판례도 대체로 그러한 취지에서 민사 구제를 인정하지 않고 있다.

이 글에서는 주로 1979년에 선포된 비상계엄 하에서 이루어진 국가의 위법행위, 그 중에서도 삼청교육의 대상자로서 연행되었던 사람들에 대한 국가의 불법행위와, 당시 계엄사령부 예하의 합동수사본부에서 강압적으로 재산을 헌납 받은 행위의 두 가지 유형을 중심으로 하여 소멸시효와 제척기간의 문제를 살펴보고자 한다. 이 이외에도 다른 유형의 국가의 위법행위에서도 소멸시효 등이 문제되고 있으나, 이러한 사례들은 사안별로 각각 다른 특수성이 있기 때문에 일률적으로 판단하기에는 적당하지 않다. 다만 이들 사례에 대하여도 비교 고찰할 필요는 있다.

서술의 순서는 다음과 같다. 먼저 Ⅱ.에서는 위 삼청교육대의 문제가 어떻게 다루어졌는지를 살펴보고, Ⅲ.에서는 재산 헌납의 문제가 어떻게 다루어졌는지를 살펴본다. Ⅳ.에서는 이 문제에 대한 이제까지의 학설상의 논의에 대하여 언급한 다음, Ⅴ.에서 본인의 의견을 밝히고자 한다.

Ⅱ. 삼청교육 관련 피해에 관한 법적 처리

1. 삼청교육의 개요[1)]

비상계엄하이던 1980년 국가보위비상대책위원회는 1980. 7. 10.경부터 '국민적 기대와 신뢰를 구축'한다는 명분으로 사회정화를 위해 「불량배 소탕계획」(삼청계획 5호)을 작성하여 같은 달 28. 국보위 상임위원장인 전두환의 재가를 받은 후 7. 29. 계엄사령부에 하달하였다. 계엄사령관은 그에 따라 1980. 8. 4. 계엄포고 13호를 발령하여 불량배를 일제 검거하도록 하였다. 그리하여 1980. 8. 1.부터 1981. 1. 25.까지 국보위 지침 상의 검거대상인 '개전의 정이 없이 주민의 지탄을 받는 자, 불건전한 생활 영위자 중 현행범과 재범 우려자, 사회풍토 문란사범, 사회질서 저해사범' 등 총 60,755명을 영장 없이 검거하였다. 검거된 인원은 시·군·구 관할 경찰서 단위에서 군·경·검 합심제에 의한 등급 분류심사를 통해 A·B·C·D 4등급으로 분류되었는데, A급은 군사재판 또는 검찰 인계, B급은 순화교육 후 근로봉사, C급은 순화교육 후 사회복귀, D급은 훈방 조치되었다. 순화교육 대상자는 입소한 군부대에서 재분류 심사를 받았다. 당시 검거 대상자를 불명확하고 추상적인 개념으로 규정하여 결과적으로 전체 피검자 중 전과사실이 없는 자가 35.9%에 달해 '불량배 소탕'이라는 명분과는 달리 다수의 억울한 피해자가 발생하였다.

순화교육은 B·C급으로 분류된 39,742명을 대상으로 1980. 8. 4.-1981. 1.

---

1) 이에 대하여는 임상혁, "삼청교육대의 위법성과 민사상 배상", 법과 사회 22호, 2002, 76-83면; 국방부 과거사진상규명위원회, "삼청교육대사건 조사결과발표"(2006. 11. 10. 보도자료) 등 참조. 뒤의 문서는 국방부 뉴스 홈페이지(mnd.news.go.kr)의 국방부 보도자료난에서 구할 수 있다.

21.까지 전후방 26개 부대에서 11차에 걸쳐 실시되었고, 기간은 4주간을 원칙으로 하되 죄질 및 개과천선 가능성 등에 따라 2주간 훈련 후에 조기 퇴소를 시키기도 하였다. 순화교육은 주로 고된 육체훈련으로 유격체조, 기초 장애물 극복, 공수접지 훈련 등이었고, 교육과정에서 구타와 육체적 고통을 가하는 얼차려도 빈번하게 실시되었다. 특히 지시불이행자나 태도불량자 등은 별도로 설치된 특수교육대에서 혹독한 교육을 받았다. 또한 감호생들은 장기수용으로 불만이 고조되어 5, 11, 15, 27사단 등에서 집단소요 사태를 일으켰으며, 이 과정에서 하사관 1명과 감호생 3명이 사망하였다.

1988년 국회의 국방부 국정감사에서 국방부는 삼청교육대 현장 사망자가 52명, 후유증으로 인한 사망자 397명, 정신장애 등 상해자 2,678명이 발생하였다고 보고하였다.

그리고 1980. 12. 18. 제정된 '사회보호법'(법률 제3286호)의 부칙 제5조 제1항에 의하여 군부대에 수용되어 있던 8,187명과 경찰에 유치되어 있던 2,101명 등 총 10,288명이 사회보호위원회의 보호감호 심사를 받고, 이 중 7,578명이 1년에서 5년 사이의 보호감호 처분을 받았다.

국방부 과거사진상규명위원회는 2006. 11. 10. 삼청교육대사건 조사결과를 발표하면서, 삼청교육대 사건은 공직자 숙정이나 언론인 해직 및 언론 통폐합과 함께 내란죄의 한 부분으로 볼 수 있고, 삼청교육 입안에는 정권창출 및 정당화라는 정치적 의도가 있었다고 보이며, 삼청교육의 직접적인 근거인 「계엄포고 제13호」는 국무회의 부의 없이 시행되어 적법한 절차에 어긋나고, 군사상 필요와 무관한 불량배 소탕을 목적으로 발령되었으므로 결국 삼청교육은 적법한 근거 없이 시행된 것이었고, 국보위 지침은 불명확하고 추상적인 기준으로 검거대상을 정하였기 때문에 죄형법정주의에 반하고, 삼청교육 대상자 검거는 영장주의에 위반할 뿐만 아니라, 법률에 의하지 아니한 구금에 해당하며, 순화교육, 근로봉사는 각각 법률에 의하지 아니한 처벌과 강제노역에 해당하는 위법한 행위이고, 순화교육의 내용을 살펴볼 때, 이는 정당한 교육훈련의 범위를 넘는 반인간적인 가혹행위, 인간으로서의 존엄과 가치를 훼손시키는 행위였다고 지적하였다.

2. 노태우 대통령의 담화 발표

노태우 대통령은 1988. 11. 26. 소위 삼청교육과 관련한 사상자에 대하여 신고를 받아 피해보상을 하겠다는 의사를 국민에 대한 시국관련특별담화의 형식으로 표시하였고,[2] 위 특별담화의 구체화 작업으로 국방부장관이 같은 해 12. 3. 담화문의 형식으로 정부가 삼청교육관련 피해자들에게 응분의 보상을 하기로 결정하였음과 삼청교육관련 사망자 및 부상자를 대상으로 하여 신고기간을 같은 해 12. 12.부터 1989. 1. 20.까지로 하여 신고하여 줄 것을 밝혔고, 그에 따라 많은 피해자들이 신고를 하였다. 그러나 실제로 위 담화에 따른 입법이나 보상은 이루어지지 아니하였다.

3. 소의 제기 및 대법원 판결[3]

그러자 1990년대 초반부터, 삼청교육의 대상자로서 연행되어 부상을 입었던 사람들이 대한민국을 상대로 불법행위를 이유로 하여 국가배상책임을 묻는 소가 다수 제기되었다. 이러한 소송들에서 주된 쟁점으로 등장한 것이 국가의 손해배상책임의 소멸시효가 완성된 것인지 여부였다. 즉 국가를 상대로 하는 금전지급청구권은 민법 제766조 및 예산회계법의 규정에 의하여, 손해 및 가해자를 안 날로부터 3년이 경과하거나 또는 불법행위를 한 날로부터 5년이 경과하면 소멸하는 것인데, 이러한 소는 위 기간을 경과한 후에 제기된 것이었기 때문이다.

이에 대하여 원고 측에서는, 노태우 대통령이 1988. 11. 26. 소위 삼청교육과 관련한 사상자에 대하여 신고를 받아 피해보상을 하겠다는 의사를 국민에 대한 시국관련특별담화의 형식으로 표시하였고, 위 특별담화의 구체화 작업으

---

2) 위 담화 중 직접 관련 있는 곳은, "둘째, 지난 시대의 아픔을 치유하는 사면과 함께 광주민주화운동, 1980년 공직자 해직과 삼청교육대 사건, 인권침해 사례 등 지난 시대 잘못된 공권력의 행사로 억울하게 피해를 본 분들께 補償과 함께 명예회복이 되도록 하겠읍니다. … 소위 三淸교육과 관련한 사상자에 대하여는 신고를 받아 피해보상을 할 것입니다" 라는 부분이다.

3) 이에 대하여는 康東弼, "三青敎育과 관련한 大統領 談話의 法律的 性格", 法曹 1997. 12, 150면 이하; 尹眞秀, "三淸敎育 被害者에 대한 大統領의 談話 발표가 損害賠償請求權의 消滅時效에 미치는 영향", 尹錧大法院長退任紀念 國民과 司法, 1999, 578면 이하 참조.

로 정부 내의 주무부서인 국방부장관이 같은 해 12. 3. 담화문의 형식으로 정부가 삼청교육관련 피해자들에게 응분의 보상을 하기로 결정하였음과 삼청교육관련 사망자 및 부상자를 대상으로 하여 신고기간을 같은 해 12. 12.부터 1989. 1. 20.까지로 하여 신고하여 줄 것을 밝혔으며, 원고들도 위 기간 내에 피해신고를 하였으므로, 이는 소멸시효 이익의 포기에 해당하거나 또는 피고의 소멸시효 주장은 신의칙에 반하고 권리남용이라고 다투었다.

이 점에 관하여 하급심 판결례는 여러 가지로 나뉘었다. 일부 법원에서는 이러한 원고 측의 주장을 배척하고 피고의 소멸시효 주장을 받아들여 손해배상청구를 기각한 반면, 일부 법원은 국가가 소멸시효의 이익을 포기한 것이라고 하여 원고 측의 청구를 받아들였고, 또 일부 법원은 원고들의 손해배상청구권이 시효로 인하여 소멸하였다고 주장하는 것은 신의칙 특히 금반언의 원칙에 어긋난다고 하여 원고 측의 청구를 인용하였다.

그러나 대법원 1996. 12. 19. 선고 94다22927 전원합의체 판결[4]은 결론에 있어서 원고들의 청구권이 소멸시효에 걸렸다고 판시하였다. 위 판결에서 대법관 9인의 다수의견은, 대통령이 삼청교육 피해자들에 대한 피해보상의 방침을 밝힌 이상 정부로서는 마땅히 위 피해자들에게 위 담화에서 밝힌 대로 입법조치 등을 통하여 적절한 피해보상을 하여 줄 정치·도의적인 책임이 있다고 할 것이지만, 대통령의 그러한 담화는 단순히 정치적으로 대통령으로서의 시정방침을 밝히면서 일반 국민들의 이해와 협조를 구한 것에 불과하므로, 이로써 사법상으로 위 피해자들에 대한 국가배상채무를 승인하였다거나 또는 시효이익을 포기한 것으로 볼 수는 없다고 하여, 그에 어떠한 사법상의 법률효과가 인정되지 않는다고 보았다.

위 다수의견에 대한 보충의견[5]은, 국가의 채무에 대한 소멸시효가 완성된 후에 그 시효이익을 포기하는 행위는 이미 소멸한 채무를 소급적으로 유효한 것으로 하는 행위로서 실질적으로 새로운 채무를 부담하는 것과 같은 효과가 발생하므로, 국가의 채무부담행위를 할 권한이 있는 자가 채무부담의 적법한 절차에 의하여 하여야 하는데, 대통령이나 국방부장관은 소멸시효가 완성된 국가의 삼청교육 관련 피해자들에 대한 손해배상채무의 시효이익을 포기할 권한은 있지만, 대통령이나 국방부장관이 국가채무인 그 손해배상채무의 소멸시효

4) 集 44권 2집 民392면; 公 1997상, 75.

5) 대법관 박준서.

이익을 포기하여 국가의 채무부담행위를 하려면 헌법 제54조 등에 의하여 그로 인하여 부담할 채무를 국무회의의 심의를 거쳐 국가예산에 편성한 후 국회가 이를 심의·확정하거나 예산 외에 국가의 부담이 될 계약에 준하여 국무회의의 심의를 거쳐 국회의 의결을 얻어야 하고, 특히 대통령이 이를 행하려면 헌법 제82조에 의하여 국무총리와 관계 국무위원이 부서(副署)를 하여야 할 것인데, 이와 같이 법이 정한 국가 채무부담의 절차를 거치지 않은 위 대통령과 국방부장관의 단순한 담화 발표를 국가의 손해배상채무에 대한 소멸시효이익을 포기하고 그 손해배상채무를 부담하려는 의사표시로 볼 수는 없고, 삼청교육과 관련한 피해에 대하여 손해배상책임의 시효소멸 여부가 문제되는 배상이 아닌 보상차원에서 새로운 입법조치 추진의사를 밝힌 정치적 시정방침으로 보는 것이 마땅하다고 하였다.

반면 대법관 4인의 반대의견은, 소멸시효가 완성된 후에 채무자가 시효를 원용하지 아니할 것 같은 태도를 보여 권리자로 하여금 이를 신뢰하게 한 경우에는, 채무자의 소멸시효의 항변은 신의성실의 원칙에 반하는 권리남용으로서 허용될 수 없다고 하면서, 피해신고를 한 원고로서는 대통령과 국방부장관의 담화와 이에 따른 신고의 접수로써 피고 국가가 시효이익을 주장하지 아니하고 손해배상을 할 것으로 신뢰를 갖게 되었다고 할 것이므로, 설사 대통령의 담화와 그에 따른 이러한 일련의 행위가 다수의견이 보는 바와 같이 단순히 정치적으로 대통령으로서의 시정방침을 밝히면서 일반 국민들의 이해와 협조를 구한 것으로 해석한다고 하더라도, 피고 국가의 소멸시효항변은 결국 신의성실의 원칙에 어긋난 권리남용에 해당하는 것이라고 아니할 수 없고, 더욱이 이 사건의 경우는 국가 소속의 공무원이 통상적인 공무수행을 하는 과정에서 개별적으로 저지르게 된 일반적인 불법행위가 아니고, 그 당시의 비상한 시기에 국가에 의하여 대규모로 그리고 조직적으로 실시된 삼청교육 과정에서 피고 소속 공무원들이 대량으로 저지르게 된 특수한 불법행위의 경우이므로, 이러한 경우에 있어서는, 국민의 기본적 인권을 보호하여 국민 개개인의 인간으로서의 존엄과 가치를 보장하며 국민으로 하여금 행복을 추구할 권리를 향유하도록 하여야 할 임무가 있는 피고 국가로서는, 위 삼청교육 과정에서 피해를 입었다고 주장하는 국민들에 대하여 정정당당하게 그러한 불법행위 자체가 있었는지의 여부를 다투는 것은 몰라도, 구차하게 소멸시효가 완성되었다는 주장을 내세워 그 책임을 면하려고 하는 것은 결코 용납할 수 없는 방어방식이라고 할 것이며, 이러한 이유에서도 피고의 소멸시효항변은 허용될 수 없다고 주장하였다. 대통령이 삼청교육 피해자의 손해를 보상하겠다는 발표를 하고, 그에 따라 국방부장관이 피해의 신고를 받기까지 하였다면, 이 사건 불법행위가 국가에 의하여 대규모로 그리고 조직적으로 실시된 삼청교육 과정에서 피고 소속 공무원들이 대량으로 저지르게 된 특수한 불법행위라는 점에서 피고 국가의 소멸시효항변은, 결국 신의성실의 원칙에 어긋난 권리남용에 해당하여 허용될 수 없다는 것이다.

위 판결의 다수의견은 이 사건에서의 국가 측의 소멸시효 주장이 신의칙에 반하고 권리남용에 해당하는가 하는 점에 관하여 명시적으로 판단하고 있지 않으나, 이 사건 판결 후에 선고된 대법원 1997. 2. 11. 선고 94다23692 판결[6]은 이러한 경우에 피고의 소멸시효 주장이 금반언의 원칙에 위배된다거나 신의성실의 원칙에 반하여 권리남용에 해당된다고 할 수는 없다고 하여 이 주장 또한 배척하였다.

4. 신뢰상실로 인한 손해배상청구

이처럼 삼청교육 피해자가 직접 불법행위를 이유로 청구하는 손해배상은 소멸시효의 완성 때문에 인정받을 수 없게 되었다. 그러자 이러한 피해자들은 다시, 대통령이 피해를 보상하겠다는 담화를 발표하고서도 그러한 약속을 지키지 않은 것에 대하여 국가에게 손해배상책임이 있다고 주장하였다. 이러한 주장에 대하여 대법원 2001. 7. 10. 선고 98다38364 판결[7]은, 피해를 보상하겠다는 담화를 발표하고 이에 따라 관계 행정각부의 장(長)인 국방부장관이 삼청교육 관련 피해자들에게 그 피해를 보상하겠다고 공고하고 피해신고까지 받은 것은, 대통령이 정부의 수반(首班)인 지위에서 피해자들인 국민에 대하여 향후 입법조치 등을 통하여 그 피해를 보상해 주겠다고 구체적 사안에 관하여 종국적으로 약속한 것으로서, 거기에 채무의 승인이나 시효이익의 포기와 같은 사법상의 효과는 없더라도, 그 상대방은 약속이 이행될 것에 대한 강한 신뢰를 가지게 되고, 이러한 신뢰는 단순한 사실상의 기대를 넘어 법적으로 보호받아야 할 이익이라고 보아야 하므로, 국가로서는 정당한 이유 없이 이 신뢰를 깨

6) 公 1997상, 720.
7) 集 29권 2집 民1면; 公 2001하, 1815.

뜨려서는 아니 되고, 이를 어긴 경우에는 그 신뢰의 상실로 인한 손해를 배상하여야 하며, 이러한 손해에는 정신적 손해도 포함된다고 하여 국가의 위자료 지급 책임을 인정하였다.

그러나 대법원 2003. 11. 28. 선고 2002다72156 판결[8]은, 삼청교육으로 인한 피해와 관련하여 노태우 대통령이 1988. 11. 26. 발표한 담화는 그 발표 경위와 취지 및 내용 등에 비추어 보면 그 담화를 발표한 대통령의 시정방침에 지나지 아니하고, 한편 후임 대통령이 전임 대통령의 시정방침을 그대로 승계하여야 할 법적인 의무가 있다고 볼 수는 없으므로, 노태우 대통령이 위 담화에 따른 아무런 후속조치를 취하지 아니하여 보상관련 정부법률안을 국회에 제출하지도 않은 채 방치하다가 1993. 2. 24. 퇴임한 이상, 그 때 삼청교육 피해자들의 신뢰는 상실되어 손해배상청구권이 발생하였다고 할 것이고, 그 후 일부 국회의원들을 중심으로 매회기마다 보상관련 법률안이 발의되어 그 법안이 국회에 계속되다가 임기만료로 자동 폐기된 바 있다거나, 김대중 대통령이 당직자회의에서 보상입법을 지시하여 그것이 언론에 보도된 바 있다고 하더라도 그러한 사실들은 위 손해배상청구권의 발생에 영향이 없으므로, 노태우 대통령의 임기가 만료된 다음날인 1993. 2. 25.로부터 5년이 경과한 때 소멸시효가 완성하였다고 하였다.

위 2002다72156 판결이 선고되기 전에는 소멸시효의 기산점에 관하여 하급심 판결례는 엇갈리고 있었는데, 일부 하급심 판결들은 2000. 6. 16. 제16대 국회가 개원된 지 1년이 지나도록 아무런 입법 발의가 없었음을 근거로 그 시점에 비로소 위자료 청구권이 발생하였다고 하거나,[9] 피해 당사자들의 신뢰는 대통령 개인이 아닌 행정부에 대한 계속적인 신뢰이고, 노태우, 김영삼, 김대중 대통령이 통솔하는 어느 행정부도 위 보상과 관련된 어떠한 입법조치를 취하지 아니하여 부작위에 의한 불법행위가 계속되었다는 이유로 소멸시효가 완성되지 아니하였다고 하여 원고들의 청구를 받아들였다.[10]

8) 公 2004상, 40.

9) 위 2002다72156 판결의 원심인 대구지방법원 2002. 11. 20. 선고 2002나6546 판결의 태도이다.

10) 姜宇燦, "國家賠償訴訟에서 國家의 消滅時效 完成主張에 대한 起算點 認定 및 信義則 違反與否에 관한 檢討", 法曹 2006. 2, 287-288면 참조. 위 글 289-290면은 적어도 원고들이 대통령과 국방부장관의 담화내용에 따라 그 정한 방식대로의 행정청에 신고까지 마쳤으므로 그 사람들에 대하여는 행정적 또는 사법적 약정에 준하는 법률효과를 발생시킨 것이고, 이것은 대통령이 교체되었다는 사실만으로 영향을 받을 문제가 아니라 행정부 차원에서 계속적으로

5. '삼청교육 피해자의 명예회복 및 보상에 관한 법률'의 제정

이러한 우여곡절을 거친 후, 국회는 2003. 12. '삼청교육 피해자의 명예회복 및 보상에 관한 법률안'을 의결하였고, 이 법률안은 2004. 1. 29. 법률 제7121호로 공포되어 공포일로부터 6월 후에 시행되게 되었다. 이 법률의 골자는 삼청교육피해자[11] 및 그 유족에 대하여 보상을 하는 것이다.

Ⅲ. 강제적 재산헌납에 대한 법적 처리

1. 합동수사본부에 의한 강제적 재산 헌납

다른 한편 1979년의 10·26 사태 후 비상계엄이 선포되어 있던 기간 동안에 계엄사령부 예하의 합동수사본부에서 많은 사람들을 연행하여 그들로부터 재산을 국가 등에 헌납한다는 의사표시를 받아내어 재산을 국가 등의 소유로 돌린 예가 많이 있었다. 이는 대상자에 따라 몇 가지로 분류할 수 있는데, 첫째, 10·26 사태에 대한 직접 관련자, 즉 당시 중앙정보부장이던 김재규나 청와대 비서실장이던 김계원과 같은 사람들이나 그 일가친족의 재산을 헌납받은 경우이다. 다른 하나는 1980. 5. 17. 비상계엄이 전국으로 확대된 후 합동수사본부에 연행된 사람들을 부정축재자라 하여 그들로부터 재산을 헌납받은 경우이다. 또 다른 경우는 1980년 8월 경에 이루어진 언론통폐합 당시에 통폐합 대상인 언론기관의 사주들로부터 언론기관에 관련된 재산을 헌납받은 경우이다.

2. 법원의 판결

이러한 사건들에서 재산을 헌납한 당사자 내지 그 상속인들은 1980년대

해결해 주어야 할 정치적, 도의적 의무를 지는 것으로 보아야 하므로, 위자료 부분만이라도 부작위에 의한 법적 구성을 통해 법적인 구제를 받도록 하는 것이 正道였다고 주장한다.

11) 위 법 제2조 제2호는 삼청교육피해자를 삼청교육으로 인하여 사망하거나 행방불명된 자, 삼청교육으로 인하여 상이를 입고 그 후유증으로 인하여 사망한 자 및 삼청교육으로 인하여 상이를 입은 자로 정의하고 있다.

후반부터 헌납한 재산을 돌려받기 위한 소를 제기하였다. 그 이유로서는 위 재산 헌납의 의사표시가 강박의 정도가 극심하여 무효라는 주장, 또는 공서양속에 위반되어 무효라는 주장, 불공정한 법률행위로서 무효라는 주장 등을 하였고, 또 강박으로 인하여 무효는 아니고 취소할 수 있을 뿐이라 하여도 취소권의 제척기간이 경과하지 않았다는 주장을 하였으나 이러한 주장들은 거의 받아들여지지 않았다.

우선 위 재산 헌납의 의사표시가 강박의 정도가 극심하여 무효라는 주장에 대하여는, 판례는, "강박에 의한 법률행위가 하자 있는 의사표시로서 취소되는 것에 그치지 않고 나아가 무효로 되기 위하여는, 강박의 정도가 단순한 불법적 해악의 고지로 상대방으로 하여금 공포를 느끼도록 하는 정도가 아니고, 의사표시자로 하여금 의사결정을 스스로 할 수 있는 여지를 완전히 박탈한 상태에서 의사표시가 이루어져 단지 법률행위의 외형만이 만들어진 것에 불과한 정도이어야 한다"라고 하면서,[12] 합동수사본부가 당사자들을 감금하고 재산헌납을 강요하였다고 하더라도 당사자가 완전히 의사결정의 자유를 박탈당하였다고 보기는 어렵다고 하여 이는 무효는 아니고 취소할 수 있는 행위에 불과하다고 하였다.[13]

대법원 1993. 7. 16. 선고 92다41528, 41535 판결[14]의 원심은, 10·26 사건 당시 청와대 비서실장이었던 김계원의 아들인 원고가 수사관 등의 계속적인 재산헌납 강요에도 당시 김계원의 형사사건 변호를 맡고 있던 변호사들과 상의한 끝에 이를 거절하기도 하였다가 위 김계원의 재판결과에 악영향을 끼칠까 두려워한 나머지 이 사건 부동산을 증여하기에 이른 점 등으로 미루어, 강박으로 인하여 완전히 의사결정의 자유를 박탈당한 상태에 놓여 있었다고 보기는 어렵다고 판단하였고, 대법원은 원심의 이와 같은 판단은 정당하다고 하였다.

이처럼 이러한 재산 헌납 행위가 취소할 수 있는 행위에 불과하다고 한다

12) 대법원 2003. 5. 13. 선고 2002다73708, 73715 판결(公 2003상, 1286). 같은 취지, 대법원 1974. 2. 26. 선고 73다1143 판결(集 22권 1집 民80면; 公 1974, 7745); 1984. 12. 11. 선고 84다카1402 판결(集 32권 4집 民166면; 公 1985, 163) 등.

13) 대법원 1992. 11. 27. 선고 92다7719 판결(公 1993상, 242); 1996. 10. 11. 선고 95다1460 판결(公 1996하, 3285); 1996. 12. 23. 선고 95다40038 판결(公 1997상, 492); 1998. 2. 27. 선고 97다38152 판결(公 1998상, 870) 등.

14) 集 41권 2집 民234면; 公 1993하, 2283.

면, 그 취소권의 제척기간은 언제부터 언제까지 행사할 수 있는가가 문제된다. 민법 제146조는 "取消權은 追認할 수 있는 날로부터 3年 내에 法律行爲를 한 날로부터 10年내에 行使하여야 한다"고 규정하고 있기 때문이다. 여기서 문제되는 것은 주로 추인할 수 있는 날로부터 3년의 제척기간이 언제부터 진행하는가 하는 점이다. 민법 제144조 제 1 항은 "追認은 取消의 原因이 終了한 後에 하지 아니하면 效力이 없다"고 규정하고 있으므로, 강박의 경우에는 표의자의 강박상태가 종료한 시점이 3년의 취소기간의 기산점이 될 것이다.

그런데 이 사건과 같은 경우에는 판례는 일관하여 전국적으로 실시되었던 비상계엄이 1981. 1. 21. 해제되어 자유민주주의적 헌정질서를 회복한 때부터는 강박으로 인한 외포상태가 종료하였다고 보아, 그로부터 3년이 경과한 후에는 강박으로 인한 취소권이 소멸하였다고 판시하고 있다.[15)16)] 다만 대법원 1997. 12. 12. 선고 95다38240 판결[17)]은, 10·26 사건에서 박정희 대통령을 시해한 김재규 전 중앙정보부장의 경우에는 김재규와 김재규의 처인 원고 모두 구금되어 수사관들로부터 고문을 당하는 등 강박의 상태 아래서 1979. 11.경 김재규 일가의 그 재산을 대한민국에게 증여한다는 의사표시가 담긴 기부서를 작성하였다가, 김재규는 1980. 1. 28. 내란목적살인 등 사건의 형사재판절차에서 피고 대한민국 산하 계엄사령부 소속 고등군법회의에 제 1 차 항소이유보충

15) 대법원 1992. 11. 27. 선고 92다8521 판결(公 1993, 243); 1993. 2. 23. 선고 92다14632 판결(集 41권 1집 民162면; 公 1993상, 1056); 1996. 10. 11. 선고 95다1460 판결(公 1996하, 3285); 1997. 12. 12. 선고 95다38240 판결(集 45권 3집 民360면; 公 1998상, 243); 2002. 12. 10. 선고 2002다56031 판결(公 2003상, 368) 등. 이 문제를 처음으로 다룬 대법원 1991. 9. 10. 선고 91다18989 판결(集 39권 3집 民356면; 公 1991, 2518)은 보안부대의 강박으로 인하여 생긴 원고 등의 외포상태가 제 6 공화국이 출범한 1988. 2. 25.경까지 그대로 지속되었다고 단정할 수 없다고 하여 반대로 판단한 원심판결을 파기하였으나, 구체적으로 그 기산점을 명시하지는 않았다.

16) 다만 대법원 1998. 11. 27. 선고 98다7421 판결(公 1999상, 33)은 이처럼 강박에 의한 증여계약이 있은 후 그 이행을 위하여 제소전화해가 이루어지고 그에 기하여 소유권이전등기가 마쳐진 경우에 관하여, 당사자들이 1981. 1. 21. 비상계엄령의 해제로 강박상태에서 벗어난 후 이 사건 증여계약을 취소한다 하더라도, 위 제소전화해조서의 기판력이 존속하는 동안에는, 재산권을 원상회복하는 실효를 거둘 수 없어 강박에 의하여 이루어진 이 사건 부동산에 관한 증여계약을 취소하는 데 법률상 장애가 존속되고 있다고 보아야 할 것이고, 따라서 위 제소전화해조서를 취소하는 준재심사건 판결이 확정되어 위 제소전화해조서의 기판력이 소멸된 때부터 민법 제146조 전단에 규정한 3년의 취소기간이 진행된다고 하였다. 그러나 이 사건도 결과적으로는 법률행위를 한 날로부터 10년의 제척기간이 경과하였다고 하여 취소권의 행사가 인정되지 않았다. 대법원 2002. 11. 22. 선고 2001다13952 판결(公 2003, 137) 참조. 이 판결에 대한 재판연구관의 해설로는 崔復奎, "민법 제146조 후단 소정의 제척기간과 신의성실의 원칙", 대법원판례해설 제42호 (2002 하반기), 112면 이하가 있다.

17) 集 45권 3집 民360면; 公 1998상, 243.

서를 제출하면서 위 군법회의를 통하여 피고 대한민국에 대하여 이 사건 각 토지 중 그 소유의 재산에 대한 증여를 강박에 대한 의사표시로서 취소하였다고 보았다.

이외에 판례는, 공서양속 위반 주장에 대하여는 단지 법률행위의 성립과정에서 강박이라는 불법적 방법이 사용된데 불과한 때에는, 그 강박에 의한 의사표시의 하자나 의사의 흠결을 이유로 그 효력을 논의할 수는 있을지언정 반사회질서의 법률행위로서 무효라고 할 수는 없다고 하여 이를 받아들이지 않았다.[18] 그리고 불공정한 법률행위라는 주장에 대하여는, 기부행위와 같이 아무런 대가관계 없이 당사자 일방이 상대방에게 일방적인 급부를 하는 법률행위는 그 공정성 여부를 운위할 수 있는 성질의 법률행위가 아니라고 하여 이 또한 받아들이지 않았다.[19] 또한 대법원은 국가가 이처럼 강제적으로 재산을 헌납 받은 것이 국민의 재산권을 수용하는 수용에 유사한 행정처분, 이른바 수용유사적 침해(Enteignungsgleicher Eingriff)라는 주장도 받아들이지 않고 있다.[20] 즉 우리 법제 하에서 그와 같은 이론을 채택할 수 있는 것인가는 별론으로 하더라도 대한민국의 증여에 의한 주식취득이 그러한 공권력의 행사에 의한 수용유사적 침해에 해당한다고 볼 수는 없고, 국가가 주식을 취득한 것이 공공의 필요에 의한 것이라고 본다 하여도, 그 수단이 사법상의 증여계약에 의한 것인 경우에는 비록 공무원이 그 증여계약 체결 과정에서 위법하게 강박을 행사하였다 하더라도 그것만으로 이 사건 주식의 취득 자체를 공권력의 행사에 의한 것이라고는 볼 수 없으며, 그 증여계약의 효력은 민법의 법리에 의하여 판단되어야 한다는 것이다.[21]

---

18) 대법원 1992. 11. 27. 선고 27, 92다7719 판결(公 1993, 242). 같은 취지, 대법원 1993. 3. 23. 선고 92다52238 판결(公 1993상, 1279); 1996. 10. 11. 선고 95다1460 판결(公 1996하, 3285); 2002. 12. 10. 선고 2002다56031 판결(公 2003상, 368) 등. 이미 대법원 1984. 12. 11. 선고 84다카1402 판결(集 32권 4집 民166면; 公 1985, 163)이 그와 같이 판시한 바 있다.

19) 대법원 1993. 3. 23. 선고 92다52238 판결(公 1993상, 1279). 같은 취지, 대법원 1993. 7. 16. 선고 92다41528, 92다41535 판결(公 1993, 2283); 1993. 10. 26. 선고 93다6409 판결(公 1993, 3173); 1997. 3. 11. 선고 96다49650 판결(公 1997상, 1064) 등.

20) 대법원 1993. 10. 26. 선고 93다6409 판결(集 41권 3집 民200면; 公 1993하, 3173); 1996. 12. 23. 선고 95다40038 판결(公 1997상, 492).

21) 위 93다6409 판결에 대한 해설로는 尹眞秀, "公務員에 의한 强制贈與와 收用類似的 侵害理論의 適用 與否", 法曹 1994. 10, 158면 이하. 이에 반대하는 것으로는 李英俊, 韓國民法論[總則編], 修正版, 2004, 5-6면; 송유영 "國家公務員의 放送社株式의 强制贈與行爲가 收用類似行爲에 해당되는지 與否", 判例月報 298號(1995. 7), 41면 이하.

Ⅳ. 학설상의 논의

1. 삼청교육 관련 손해배상청구에 대하여

판례가 삼청교육 관련 손해배상청구에 대하여 소멸시효의 완성을 인정한 데 대하여는 주로 위 94다22927 전원합의체 판결의 반대의견과 같이 소멸시효 남용의 법리에 의하여 국가의 소멸시효의 항변을 배척하였어야 한다는 비판이 제기되었다. 일단 소멸시효가 완성되었다 하더라도 채무자가 소멸시효의 항변을 제기하는 것이 신의성실의 원칙에 어긋날 때에는 이는 신의칙 위반 또는 권리남용으로서 허용될 수 없다는 점은 이전부터 주장되어 왔고,[22] 오늘날은 학설상 일반적으로 인정되고 있다고 보인다.[23]

대법원의 판례도 이러한 이론을 채택하여, 채무자가 시효완성 전에 채권자의 권리행사나 시효중단을 불가능 또는 현저히 곤란하게 하거나 그러한 조치가 불필요하다고 믿게 하는 행동을 하였거나, 객관적으로 채권자가 권리를 행사할 수 없는 장애사유가 있었거나, 또는 일단 시효완성 후에 채무자가 시효를 원용하지 아니할 것 같은 태도를 보여 권리자로 하여금 그와 같이 신뢰하게 하였거나, 채권자보호의 필요성이 크고 같은 조건의 다른 채권자가 채무의 변제를 수령하는 등의 사정이 있어 채무이행의 거절을 인정함이 현저히 부당하거나 불공평하게 되는 등의 특별한 사정이 있는 경우에 한하여 채무자가 소멸시효의 완성을 주장하는 것이 신의성실의 원칙에 반하여 권리남용으로서 허용될 수 없다고 판시하고 있다.[24][25]

---

22) 尹眞秀, "消滅時效의 濫用에 관한 考察"(1984년 서울대 碩士論文); 民法注解 Ⅲ, 1992, 409-413면(尹眞秀).

23) 아래 인용하는 문헌들 외에 韓杠鉉, "消滅時效의 主張이 權利濫用에 해당하는가", 民事裁判의 諸問題 9권, 1997, 205면 이하; 註釋民法 總則(3), 제 3 판, 2001, 540-541면(鄭址炯); 民法注解 ⅩⅨ, 2005, 411-415면(尹眞秀); 姜台星, 新版 民法總則, 2006, 938면 등 참조. 다만 李英俊(註 21), 684-685면은 이에 반대한다.

24) 대법원 1994. 12. 9. 선고 93다27604 판결(公 1995, 434); 1997. 12. 12. 선고 95다29895 판결(公 1998상, 237); 1999. 12. 7. 선고 98다42929 판결(公 2000상, 140); 2002. 10. 25. 선고 2002다32332 판결(公 2002하, 2849); 2003. 3. 28. 선고 2002두11028 판결(公 2003상, 1090); 2003. 7. 25, 2001다60392 판결(公 2003하, 1825) 등. 또한 대법원 1995. 4. 25. 선고 94재다260 전원합의체 판결(公 1995, 1858)의 別個意見도 참조할 것. 다만 93다27604 판결 및 2002두11028 판결에서는 결과에 있어서 소멸시효 남용의 주장이 받아들여지지 않았다. 최근의 대법원 2005. 5. 13. 선고 2004다71881 판결(公 2005상, 950)은 이러한 판례를 유지하면서도, 국

위 판례를 비판하는 한 논자는, 대통령이나 국방부장관이 한 담화 내용에 시효이익의 적법한 포기행위로서의 효력은 인정할 수 없다고 하더라도, 그들의 행위는 일반인의 행위에 비하여 고도의 신뢰성을 가지는 것이어서 특별한 사정이 없는 한 지켜져야 하는데, 그 담화로부터 5년이 지난 지금까지도 국회의 의결을 받지 못하였다는 이유로 그 보상을 하지 못하고 있는 처지에, 원고의 손해배상청구에 대하여 시효로 인하여 소멸하였다고 주장하는 것은 신의칙에 크게 어긋난다고 한다.26)

다른 논자는, 대통령과 국방부장관의 담화가 그 절차상의 요건을 완벽하게 갖추지 못하여 새로운 채무의 부담행위이거나 시효이익의 포기라고 볼 만한 승인으로 평가될 수 없다고 하더라도, 삼청교육피해자들이 차마 그 손해배상청구권을 행사할 엄두조차 내지 못하였다고 봄이 상당한 그 피해일로부터 1988. 경까지의 기간 동안은 판례가 들고 있는 소멸시효 남용의 요건 가운데 '채권자로서 객관적으로 권리를 행사할 수 없는 장애사유가 있은 경우'에 해당하고, 그들이 위 대통령과 국방부장관의 담화를 믿고 이에 부응하여 피해신고를 한 다음부터는 국가가 곧 후속조치를 취함으로써 자신들의 피해에 대한 보상이 곧 이루어질 것이라는 신뢰 내지는 기대이익을 가지게 되었다고 할 것이므로, 이러한 국가 측의 일련의 행위는 소멸시효 남용의 또 다른 요건인 '일단 시효완성 후에 채무자가 시효를 원용하지 아니할 것 같은 태도를 보여 채권자로 하여금 그와 같이 신뢰케 한 경우'에 해당한다고 봄이 상당하다고 한다.27)

그리고 위 전원합의체 판결의 소수의견에 동조하면서, 그 이유로서 위 사

가에게 국민을 보호할 의무가 있다는 사유만으로 국가가 소멸시효의 완성을 주장하는 것 자체가 신의성실의 원칙에 반하여 권리남용에 해당한다고 할 수는 없으므로, 국가의 소멸시효 완성 주장이 신의칙에 반하고 권리남용에 해당한다고 하려면 일반 채무자의 소멸시효 완성 주장에서와 같은 특별한 사정이 인정되어야 할 것이고, 또한 그와 같은 일반적 원칙을 적용하여 법이 두고 있는 구체적인 제도의 운용을 배제하는 것은 법해석에 있어 또 하나의 대원칙인 법적 안정성을 해할 위험이 있으므로 그 적용에는 신중을 기하여야 한다고 판시하여 소멸시효 남용의 주장을 배척하였다.

25) 이들 판례에 대하여 상세한 것은 李柱玄, "채권자의 권리행사가 객관적으로 불가능한 사실상의 장애사유가 있음에 불과한 경우 채무자의 소멸시효항변이 신의칙에 반한다는 이유로 허용하지 않을 수 있는지 여부", 대법원판례해설 제42호(2002 하반기), 569면 이하; 金義煥, "장해연금선급금 과소 지급과 소멸시효", 대법원판례해설 제45호(2003 상반기), 97면 이하; 姜宇燦(註 10), 258면 이하; 박찬익, "消滅時效와 信義誠實의 原則", 민사판례연구회 2006. 3. 20 발표 논문 등 참조.

26) 康東弼(註 3), 174면.

27) 吳世律, "消滅時效의 主張과 信義則 違反", 裁判과 判例 제8집, 1999, 56면 이하. 임상혁(註 1), 99-100면도 이에 동조한다.

건의 사실관계가 향후 다른 사건에 별로 적용될 가능성이 적어 시효제도의 주된 목적인 법적 안정성 유지에 별다른 영향을 주지 못할 정도로 특수하다는 점, 위 소송이 제기된 후 거의 10년이 지나서야 보상법제가 마련된 점, 사법적 구제가 최후의 방법이므로 이것을 정치에 미루는 것이 바람직하다고 보기 어려운 점 등에 비추어 오히려 사회적 법적 안정 차원에서 당시에 배상을 해 주는 정책적 판단을 하는 편이 더 나았을 것이라는 주장도 있다.[28)][29)]

2. 재산헌납 사건에 관하여

판례는 앞에서 본 것처럼 합동수사본부가 재산을 강제로 헌납받은 것에 대하여 이는 당연무효는 아니고 강박을 이유로 취소할 수 있을 뿐인데, 전국적으로 실시되었던 비상계엄이 1981. 1. 21. 해제되어 자유민주주의적 헌정질서를 회복한 때부터는 강박으로 인한 외포상태가 종료하였다고 하여, 그로부터 3년이 경과한 후에는 강박으로 인한 취소권이 소멸하였다고 판시하고 있다. 이에 대하여도 여러 가지의 비판이 있다.

우선 이러한 사실관계 하에서의 재산 헌납의 의사표시는 항거불능에 준하는 準抗拒不能 상태의 경우로서 의사결정의 자유가 완전히 박탈된 상태에서 이루어진 것이므로 무효라고 보아야 한다고 하거나,[30)] 강박으로 인하여 의사결정의 자유가 완전히 박탈된 상태에 이르지 않더라도 강박으로 인하여 자기의 의사를 실현하기 현저히 곤란한 상태에 이른 경우에 해당하여 그 행위를 무효로 보아야 한다[31)]고 하는 비판이 있다.

나아가 제척기간의 기산점에 관한 대법원의 판시도 심히 의제된 논거라는 비난을 면치 못할 것이라고 한다.[32)][33)]

---

28) 姜宇燦(註 10), 285면.

29) 이외에 피해자의 권리침해 사실이 인정되고, 통상적인 방법에 의하여 법적 구제를 청구할 수 없었던 기간 중에는 소멸시효의 진행을 인정해서는 곤란하며, 더욱이 정당한 직무집행을 통해 비로소 정당성을 확보하게 되는 국가로서는 자신이 저지른 대량적 인권침해에 대해 시효의 이익을 주장하는 것은 불법국가의 승계자임을 자인하게 되어, 국가 자체의 정당성이 의문시될 수 있다고 하는 주장도 있다. 韓寅燮, "5·18재판과 과거청산의 과제", 法과 社會 제15호, 1997, 191-192면.

30) 李英俊(註 21), 388-389면.

31) 權五乘, "强要에 의한 贈與契約", 判例月報 282號(1994. 3), 14면.

32) 李英俊(註 21), 390면. 그러나 이 견해는 기산점을 언제로 보아야 하는지에 관하여는 명확히 밝히지 않고 있다. 또한 韓寅燮(註 29), 190면은 이러한 판결은 국가조직이 관여하거나 다

이외에 이러한 강압에 의하여 재산을 헌납받는 것은 공서양속에 위반된 행위로서 무효라고 보아야 한다는 주장[34] 및 민법 제104조가 정하는 불공정한 법률행위의 적용 대상을 雙務·有償契約에 국한할 아무런 근거가 없으므로 위와 같은 행위는 무효라고 보아야 한다는 주장[35]도 있다.

V. 檢　討

1. 기본적인 觀點

위 삼청교육 사건이나 강제 재산헌납 사건은 모두 위 94다22927 전원합의체 판결의 반대의견이 설명하는 것처럼, 국가 소속의 공무원이 통상적인 공무수행을 하는 과정에서 개별적으로 저지르게 된 일반적인 불법행위가 아니고, 비상계엄 하라는 비상한 시기에 국가에 의하여 조직적으로 저질러진 불법행위라는 특징을 가지고 있다. 그런데 이러한 사례에서 국가가 소멸시효나 제척기간과 같은 기술적인 제도를 내세워 그에 대한 법적 책임을 면하려고 하는 것은 법감정 상으로 받아들여지기 힘든 면이 있다. 그러므로 과연 법이론적으로 그러한 난점을 극복하고 국가의 책임을 물을 수 있는가를 모색할 필요가 있다.

물론 이 사건들은 현재로서는 이미 종결된 문제이고, 또 앞으로 이러한 일이 다시 일어날 가능성은 별로 많지 않다고 보이므로, 구태여 이 문제를 다시 거론하는 것의 실제적인 의미는 별로 없다고 할 수도 있다. 그러나 우리나라의 과거청산은 아직 진행 중이라고 할 수 있으므로 이러한 연구의 실제적인 의미가 전혀 없다고 단정할 수는 없다. 뿐만 아니라 과거에 무엇이 잘못되었는가를 확인한다면 앞으로 다른 경우에 같은 잘못을 범하지 않을 수 있는 것이다.

수 범죄자가 가담한 불법행위에 대해 도저히 구제를 청구할 수 없었던 5공하의 강압적 분위기를 완전히 간과한 형식적인 판결이라고 비판받아 마땅하다고 주장한다.

33) 朴尙勳, "5공화국 해직자의 해고소송", 勞動法硏究 제2권 1호, 1992, 88-90면은 5공화국 출범 무렵 강박에 의하여 해직된 근로자의 취소권의 제척기간의 기산점에 관하여 ① 사직서 제출시 또는 근로관계의 사실상 종료시설(終了時說), ② 1987. 6·29 선언시설(宣言時說), ③ 계엄령 해제시설(解除時說), ④ 5공화국 헌법의 실효시설(失效時說), ⑤ 1988년 12월 국회 청문회시설(聽聞會時說) 등이 이론상 가능하다고 하면서, 강박상태가 법적으로 종료한 것은 5공화국 헌법이 실효된 1988. 2. 25.이므로 위 ④설이 가장 타당하다고 한다.

34) 李英俊(註 21), 217-218면; 權五乘(註 31), 11면 이하 등.

35) 李英俊(註 21), 231면.

우선 짚고 넘어갈 것은 현행법상 소멸시효나 제척기간과 같은 제도가 엄연히 존재하는 이상, 국가기관이 조직적으로 저지른 불법행위에 대하여는 국가의 기본권 보호의무 때문에 소멸시효나 제척기간과 같은 제도가 적용될 수 없다[36]고 할 수는 없을 것이다. 또 비인도적 범죄에 대하여 공소시효를 두지 말 것을 권고하는 국제적 권고도 그 국내법적 효력은 별론으로 하더라도 이러한 사건에 적용되기는 어렵다.[37] 나아가 국가의 보호 의무를 내세워 불법행위에 대한 보상을 하여 주지 않는 것이 또 다른 불법행위라고 하기도 어렵다.[38] 그러므로 여기서 시도하려는 것은 개별적인 소멸시효 또는 제척기간의 제도를 해석론으로 가능한 범위 내에서 최대한 합리적으로 해석·운용함으로써 구체적인 타당성 있는 해결책을 모색하려는 것이다.

그런데 그 출발점을 이루는 것은 왜 피해자들이 법정된 소멸시효 또는 제척기간 내에 권리를 행사하지 못하였을까 하는 점에 대한 올바른 인식이다. 삼청교육이나 합동수사본부에 의한 강제적 재산 헌납은 5공화국 출발 당시의 정권창출 및 그 정당화 문제와 직결되어 있다. 따라서 5공화국이 존속하고 있는 상황에서 이러한 점을 문제 삼는다면 5공화국의 집권자들로서는 자신의 정권 자체의 정당성에 도전하는 행위라고 보았을 것이고, 따라서 이를 용납하기가 어려웠을 것이다. 피해자들도 이러한 점을 모를 리 없었기 때문에 5공화국이 존속하고 있는 동안은 司法的인 구제를 청구할 엄두를 내지 못하였다고 보는 것이 정확하지 않을까?[39]

---

36) 그러나 송기춘, "국가의 기본권보장의무와 조작간첩사건 피해구제책임", 국가에 의한 중대한 인권침해와 피해자 권리구제 2차 워크숍 자료집, 한국인권재단, 2006, 18면은 그러한 취지로 보인다.

37) 이러한 국제적 권고를 원용하는 것으로는 韓寅燮(註 29), 192면; 류혜정, "공권력에 의한 중대한 인권침해와 손해배상청구소송", 한국인권재단(註 36), 122면 이하가 있다. 또한 최종길 교수 사건에 관한 서울고법 2006. 2. 14. 선고 2005나27906 판결(아래 註 51) 참조. 반면 임상혁, "거창사건 관련 판결과 소멸시효 항변", 법과 사회 제27호, 2004, 163-165면은 국제규약이나 국제관습법에 따라 국가의 민사책임을 인정할 수 있는 근거는 충분하지만 시효 배제의 법리가 바로 이끌어내지기는 어렵다고 한다. 그러나 위 논문 177면은 반인도적 국가 범죄의 경우 그에 대하여 국가 자신은 소멸시효 항변을 행사할 수 없고, 이 경우의 소멸시효 항변은 무효인 소송행위가 된다고 한다.

38) 그러나 임상혁(註 37), 177면 이하는 이러한 부작위에 의한 불법행위를 긍정하는 것으로 보인다.

39) 법적 판단에 있어서 행위맥락의 고려를 강조하는 것으로 梁鉉娥, "사회학적 사고와 법해석의 교감(交感)을 위해", 서울대학교 법학 제47권 3호, 2006, 271면 이하 참조.

2. 강제적 재산헌납에 대하여

우선 강제적 재산헌납에 대하여 살펴본다.

가. 강제적 재산헌납이 당연무효인지 여부

먼저 강제적 재산헌납에 대한 취소권의 제척기간이 언제부터 진행하는가를 따지기에 앞서서 강제적 재산헌납이 극도의 강박으로 인한 것이어서 당연무효인지에 대하여 살펴볼 필요가 있다. 만일 이를 당연무효로 볼 수 있다면 취소권의 제척기간에 관하여는 따로 따질 필요가 없기 때문이다.[40)]

원래 강박으로 인한 무효와 취소의 구별은 독일에서 절대적 폭력(vis absoluta)과 강제적 폭력(vis compulsiva)을 구별한 데서 유래한다. 그런데 이러한 구별은 단순한 강박의 정도에 따른 양적인 구별이 아니고, 행위의사(Handlungswille)가 존재하는가 아닌가 하는 질적인 차이에 그 근거를 두고 있는 것이다. 다시 말하여 취소 사유인 강박은 장래의 해악(Übel)을 고지하는 것인데 반하여, 직접 폭력을 행사하는 것과 같이 바로 불이익을 가하는 것은 절대적 폭력(vis absoluta)으로서 취소사유인 강박에 해당하지 않는다고 한다. 즉 강박을 이유로 하는 취소 규정(독일 민법 제123조 제1항)은 심리적인 강제상황, 즉 강제적 폭력(vis compulsiva)을 대상으로 하는 것이고, 직접적인 물리적 강제를 대상으로 하는 것은 아니라고 한다. 예컨대 서면에 의한 의사표시의 경우에 표의자의 손을 강제로 끌어서 서명하게 하는 것은 행위의사(Handlungswille)가 없기 때문에 의사표시가 존재하지 않는다고 한다. 그렇지만 표의자가 구타를 당한 다음 서명을 하는 경우에는 구타가 장래의 구타의 위협으로서 파악될 수 있고, 표의자가 이를 피하기 위하여 서명을 하였다면 강박을 이유로 하여 취소할 수 있다고 한다.[41)]

결국 당사자에게 선택의 자유가 전혀 없는 경우에는 강박으로 인한 의사

---

40) 다른 한편 이러한 강제적 재산헌납이 민법 제103조나 제104조에 의하여 무효라는 견해도 있으나 이에 대하여는 여기서 언급하지 않는다. 이 문제에 대하여는 註釋民法 總則(2), 제3판, 2001, 425면 註 52), 472-473면(尹眞秀) 등 참조.

41) Bork, Allgemeiner Teil des Bürgerlichen Gesetzbuchs, 2. Aufl., 2006, Rdnr. 890; Larenz/Wolf, Allgemeiner Teil des Bürgerlichen Rechts, 9. Aufl., 2004, §37 Rdnr. 27(S. 690); MünchKomm/Kramer, 4. Aufl., 2001, §123 Rdnr. 44 등.

표시는 무효이지만, 당사자가 강박으로 인하여 더 작은 惡(Übel)을 선택하였다면 당사자에게 선택의 자유가 전혀 없었던 것은 아니고, 따라서 이때에는 강박으로 인한 의사표시는 무효가 아니라 취소할 수 있을 뿐인 것이다.[42)]

물론 양자의 구별이 반드시 용이한 것은 아니다. 예컨대 총을 겨누고 어떤 서류에 서명을 강요한 경우에 이는 절대적 폭력에 해당하는가, 아니면 강제적 폭력에 해당하는가? 이는 절대적 폭력이라고 볼 여지도 있다.[43)] 그러나 당사자가 합동수사본부에 장기간 감금을 당하고, 수사관들로부터 재산 헌납 등을 강요당한 경우에는 이를 절대적 폭력으로 보기는 어렵고, 강제적 폭력에 해당하는 경우로 보아야 할 것이다.[44)]

그런데 이러한 판례에 대하여는, 이러한 사실관계 하에서의 의사표시는 의사결정의 자유가 완전히 박탈된 상태에서 이루어진 것이므로 무효라고 보아야 한다고 하거나, 강박으로 인하여 의사결정의 자유가 완전히 박탈된 상태에 이르지 않더라도 강박으로 인하여 자기의 의사를 실현하기 현저히 곤란한 상태에 이른 경우에는 그 행위를 무효로 보아야 한다고 하는 비판이 있음은 앞에서 살펴본 바와 같다.

그러나 이러한 견해에 따를 때에는 어떠한 경우가 의사의 자유가 완전히 박탈된 상태인지 또는 자기의 의사를 실현하기 현저히 곤란한 상태인지 판단하기 어려워 법적인 불안정성을 가져올 뿐만 아니라, 과연 일반적인 강박의 경우와 위와 같은 경우를 법적으로 따로 취급할 실질적인 이유가 있는가 하는 의문이 있다.

이러한 비판론의 바탕에는 이 사건과 같은 경우에 강박에 의한 행위를 무효가 아니고 취소할 수 있는 것으로 보게 되면, 결과적으로 강박을 당한 사람에 대한 구제를 부정하는 것이 되어 부당하다는 생각이 깔려 있는 것으로 생각된다. 그러나 이러한 행위를 취소할 수 있는 것으로 본다고 하더라도, 그 취소권의 행사기간의 기산점을 합리적으로 정하면 이러한 문제점은 해소될 수 있다.

---

42) Staudinger/Reinhard Singer/Barbara von Finckenstein, Bearbeitung 2004, §123 Rdnr. 61 참조. 이러한 설명은 영국에서도 마찬가지이다. Chitty on Contracts, 28 ed., 1999, Vol. 1, 7-002 참조.

43) 그러나 Chitty on Contracts(註 42), 7-005는 총을 든 사람이 피해자의 지갑을 가져갔다면 이 경우에는 계약이 존재하지 않지만, 그가 지갑을 요구하여 피해자로부터 받은 경우에는 강박에 의한 것이고 따라서 계약이 존재한다는 취지이다.

44) 위 대법원 1993. 7. 16. 선고 92다41528, 41535 판결(註 14) 참조.

나. 강박으로 인한 취소권의 행사기간의 기산점

이 사건과 같은 계엄사령부 합동수사본부의 강박에 의한 법률행위가 무효가 아니라 취소할 수 있는 것으로 보게 되면, 그 취소권은 언제부터 언제까지 행사할 수 있는가가 문제로 된다. 종래에는 주로 추인할 수 있는 날로부터 3년의 제척기간이 언제부터 진행하는가 하는 점이 문제되었다. 민법 제144조 제1항은 "追認은 取消의 原因이 終了한 후에 하지 아니하면 效力이 없다"고 규정하고 있으므로 강박의 경우에는 표의자의 강박상태가 종료한 시점이 3년의 취소기간의 기산점이 될 것이다.

그런데 판례는 일관하여 전국적으로 실시되었던 비상계엄이 1981. 1. 21. 해제되어 자유민주주의적 헌정질서를 회복한 때부터는 강박으로 인한 외포상태가 종료하였다고 보아, 그로부터 3년이 경과한 후에는 강박으로 인한 취소권이 소멸하였다고 판시하고 있다.

그러나 이러한 판단의 타당성은 의문이다. 우선 강박으로 인한 의사표시에 있어서 언제 강박으로 인한 외포상태가 종료하였는가 하는 점은 表意者를 기준으로 하여 주관적으로 판단하여야 할 것이고, 객관적인 상황만을 가지고 강박으로 인한 외포상태가 종료하였다고 판단할 수는 없다.[45] 이와 같이 해석하는 것이 표의자의 구체적인 의사결정의 자유를 보호하려는 강박으로 인한 의사표시의 취소 제도의 목적에 부합하는 것이다.

그러므로 전국적으로 실시되었던 비상계엄이 해제되어 자유민주주의적 헌정질서를 회복하였다는 객관적인 사실만으로 당사자들이 강박으로 인한 외포상태에서 벗어났다고 단정할 수는 없다. 만일 판례와 마찬가지로 비상계엄이 해제된 때부터는 강박으로 인한 외포상태가 종료하였다고 본다면, 왜 5공화국이 존속하였던 기간 동안에는 아무도 강박으로 인한 취소를 주장하지 않고 있다가, 6공화국이 들어서자 비로소 취소를 주장하면서 소송을 제기하는 사람들이 잇달아 나타나게 되었을까?

위와 같은 강박행위는 당시 국군보안사령부 예하의 보안부대 내지 합동수사반에 의하여 이루어졌는데, 1980. 10. 27. 신군부를 중심으로 하여 출범한 제5공화국 시절에는 국군보안사령부가 그 출범과정과 그 이후의 권력유지에 중

45) 독일의 일반적인 견해이다. MünchKomm/Kramer, §124 Rdnr. 2; Staudinger/Singer/Finckenstein, §124 Rdnr. 5 등. 반대설로는 Mankowski, Beseitigungsrechte, 2003, pp. 800 ff.

추적인 역할을 담당하였다는 것은 공지의 사실이다. 따라서 제 5 공화국 당시에 이러한 국군보안사령부 예하의 강박에 의한 법률행위의 효력을 다투는 것은 당시 집권자로서는 집권 과정의 정당성을 문제 삼는 것으로 받아들여져서 이의를 제기하는 사람이 또 다른 불이익을 입게 될 가능성이 컸다고 보이고, 적어도 위와 같은 강박행위의 피해자들로서는 그와 같이 생각하지 않을 수 없다고 보인다. 그러므로 피해자들이 강박상태에서 벗어난 것은 제 5 공화국이 제 6 공화국으로 교체된 때인 1988. 2. 25. 이후라고 보아야 할 것이다.

취소권의 제척기간의 기산점을 이와 같이 본다면 많은 경우에 당사자들로서는 구제를 받을 수 있었을 것이다. 다만 미묘한 문제는 당사자가 취소를 주장한 시기가 1988. 2. 25.로부터는 3년 내이지만, 최초의 재산 헌납시기부터 따진다면 10년이 경과한 경우이다. 이때에는 법률행위를 한 날로부터 10년의 제척기간(민법 제146조)이 만료되어 구제를 받을 수 없다고 보아야 할 것인가? 어려운 문제이나, 이 때에는 10년의 제척기간을 주장하는 것이 신의성실의 원칙에 어긋나는 것인가 하는 문제로 귀착되게 된다.[46)]

3. 손해배상청구에 대하여

삼청교육 피해자의 손해배상청구권이 소멸시효로 인하여 소멸하였는가 하는 점을 판단함에 있어서도 그들이 5공화국 시대에는 사실상 손해배상청구를 할 수 없었을 것이라는 점을 염두에 두지 않으면 안 된다. 물론 이러한 사유는 사실상의 장애에 불과할 뿐 법률상의 장애는 아니어서 소멸시효의 기산점 자체에 영향을 줄 수는 없다. 그러나 이처럼 실제로 당사자가 손해배상청구를 할 수 없었고, 그 사유가 손해배상청구를 하는 경우에는 가해행위에 책임이 있는 정부 또는 집권층으로부터 어떠한 불이익을 받을 것인지 알 수 없었기 때문이라면 대한민국 정부가 소멸시효 완성의 항변을 주장하는 것은 신의성실의 원칙에 어긋나서 허용될 수 없다고 보아야 할 것이다. 이는 판례가 들고 있는, 객관적으로 채권자가 권리를 행사할 수 없는 장애사유가 있는 때에 해당한다고 할 것이다.

물론 객관적으로 채권자가 권리를 행사할 수 없는 장애사유가 있었던 경

46) 제척기간의 경우에도 그 경과를 주장하는 것이 신의칙에 어긋날 수 있다는 점에 대하여는 民法注解 XIX(註 23), 415면 참조.

우에 소멸시효 완성을 주장하는 것이 신의성실의 원칙에 어긋나서 허용될 수 없었다고 하는 데 대하여는 어떠한 경우가 이에 해당하는지 명확하지 않다는 문제점이 있다.47) 권리행사에 대한 사실상의 장애는 소멸시효의 진행에 영향을 주지 못한다는 일반원칙에 비추어 보면 객관적으로 채권자가 권리를 행사할 수 없는 장애사유가 있었다는 것만으로 소멸시효의 주장이 신의칙에 반한다고 할 수는 없을 것이다. 종래 소멸시효의 주장이 신의칙에 반한다고 한 판례 가운데에도 이 점을 이유로 한 판례로는 대법원 2002. 10. 25. 선고 2002다32332 판결48)이 있을 뿐이다.49)

그러나 이 사건의 경우, 피해자들이 손해배상청구를 제기하지 못한 것은

---

47) 李柱玄(註 25), 573면; 姜宇燦(註 10), 271면 등 참조. 李柱玄(註 25), 574면은 이를 "의무자 측에서 시효완성 전에 채권자의 권리행사나 시효중단을 불가능 또는 현저히 곤란하게 하거나, 그러한 조치가 불필요하다고 믿게 하는 행동을 한 바는 없었지만 그에 상당하는 객관적인 사정이 있는 경우"라고 이해한다.

48) 公 2002하, 2849.

49) 이 사건은 사용자가 취업규칙을 근로자에게 불리하게 변경하면서, 기존 근로자들의 기득이익을 보호하기 위하여 부칙에서 1980. 12. 31.까지의 근속기간에 대하여는 개정 전의 퇴직금규정을, 그 이후는 개정 퇴직금규정을 각 적용한다는 취지의 경과규정을 두었는데, 그 후 1993. 무렵부터 기존 근로자들에 대하여 부칙을 적용하지 아니하고, 총 근속기간에 대하여 개정 퇴직금규정을 적용하여 퇴직금을 산정하는 편이 유리하게 되는 역전현상이 나타나기 시작하여, 1995. 무렵에는 대부분의 기존 근로자들에 대하여 위와 같은 역전현상이 나타나게 되었으나 사용자는 기존 근로자에 대하여 여전히 부칙 규정을 적용하여 퇴직금을 산정하다가 "부칙은 기존 근로자들에게 유리한 경우에 한하여 제한적으로 적용되는 것으로 해석되어야 한다"는 대법원 판결이 나오게 되자, 이미 부칙 규정에 의하여 퇴직금을 지급받았던 퇴직근로자들이 추가 퇴직금을 청구한 사건이다. 대법원은 사용자인 피고의 소멸시효 주장에 대하여, "피고가 기존 근로자들에게 불리하게 퇴직금규정을 개정하면서 그들의 기득이익을 보호하기 위하여 부칙의 경과규정을 두면서도, 그 적용 범위에 관하여 그들에게 유리한 경우에만 적용한다는 명시적인 규정을 두지 아니하였고, 또한 부칙을 적용하면 오히려 기존 근로자들에게 불리한 결과가 된 것은 위 부칙을 규정한 때로부터 13년여의 세월이 흐른 다음부터여서, 부칙을 적용하여 자신들에 대한 퇴직금을 산정하면 아니 된다는 점을 원고들이 알기 어려웠다고 보여지고, 피고 역시 부칙을 기존 근로자들에게 유리한 경우에만 제한적으로 적용하여야 한다는 사실을 전혀 알지 못하고 계속하여 적용하여 온 것으로 보여지는바, 그렇다면 원고들이 이 사건 추가 퇴직금을 구하는 권리행사를 하지 아니한 것은 앞서 본 김은현 등이 제기한 소송의 대법원판결이 선고될 때까지는 법규범적 성격을 가지고 있는 취업규칙의 부칙이 정당하다고 신뢰한 때문이라고 보아야 할 것이고, 부칙이 제한적으로 적용되어야 한다는 점을 피고의 고문 변호사나 노무사, 그리고 심지어 김은현 등이 제기한 위 소송의 제1심법원조차 알지 못하였다면, 원고들이 위와 같이 신뢰한 것에 어떠한 과실이 있다고도 보기 어렵다 할 것이어서, 이러한 원고들에게 부칙의 적용 범위에 관한 의심을 가지고 소송을 제기하여 추가 퇴직금 청구권을 행사할 것을 기대하기는 어렵다 할 것이다"고 하여 위와 같은 상황하에서는 원고들에게는 객관적으로 이 사건 추가 퇴직금 청구권을 행사할 수 없는 사실상의 장애사유가 있었고, 따라서 이러한 경우에까지 이 사건 피고가 주장하는 소멸시효 항변을 받아들이는 것은 이 사건 원고들에게 너무 가혹한 결과가 되어, 신의성실의 원칙에 반하여 허용될 수 없다고 봄이 타당하다고 판시하였다.

그러한 청구를 제기하였다가 피고측으로부터 어떠한 불이익을 입을지도 모르겠다는 두려움 때문이었고, 또 그 두려움에 근거가 없는 것도 아니었다. 그렇다면 피해자들이 손해배상청구를 할 수 없었던 장애 사유는 결국 피고측에게 책임이 돌아가는 것이라고 할 수 있고, 이러한 상황에서 피고측이 원고들이 손해배상청구를 하지 않았음을 이유로 하여 소멸시효를 주장하는 것은 신의칙에 어긋난다고 하지 않을 수 없다.

이 문제는 국가의 소멸시효 항변이 신의칙을 이유로 배척되었던 이른바 수지 킴 사건[50]과 최종길 교수 사건[51]과 비교하여 보는 것이 도움이 될 것이다. 앞의 사건에서는 피고 윤태식이 1987년에 자신과 동거하던 여자를 살해하고, 오히려 위 여자가 북한 간첩으로서 그녀에 의하여 납북될 뻔하였다는 주장을 하였고, 국가안전기획부는 이러한 사실을 나중에 알게 되었음에도 불구하고 이미 윤태식으로 하여금 기자회견을 하게 하였음을 이유로 진실을 은폐하여 왔던 것이 문제되었다.

이 사건에 관하여 법원은, 피고 대한민국 소속 국가안전기획부는 국가기관으로서 국민의 안전을 보호할 의무가 있음에도 피고 윤태식과 공동하여, 망인이 피고 윤태식에 의해 살해되었고 또한 망인이 북한 공작원이 아니라는 사실을 잘 알면서도, 남북관계 등을 고려한다는 명목 하에 진실을 은폐, 조작함으로써 망인의 가족인 원고들에게 간첩의 가족이라는 멍에를 씌우고 또한 망인의 죽음의 진상을 밝혀내고 법적 절차에 호소하여 망인의 원한을 풀어 줄 기회를 박탈하여 원고들의 인격적 법익을 침해하였으므로, 피고들은 각자 원고들에게 위와 같은 진실 은폐, 조작행위로 인하여 원고들이 입은 손해를 배상할 의무가 있다고 판시하였다. 그리고 피고들의 소멸시효 주장에 대하여는 다음과 같은 이유로 이를 배척하였다.

"국가로서는 국민을 보호할 의무가 있는 까닭에 국민은 국가를 믿고 국가가 취한 조치가 적법하게 이루어졌을 것이라는데 대해서 의심을 하지 아니하는 것이 일반적이고 이와 같이 국가를 믿은 것에 어떠한 잘못이 있다고 볼 수는 없다고 할 것이어서 국가에 의한 어떤 조치가 있기 전까지는 국민이 자진해서 국가의 행위에 대하여 위법을 문제 삼고 그에 대해서 적절한 대응책을 마련한다는 것은 좀처럼 기대하기 어려운 일이라고 아니할 수 없고, 국가도 국민의 국가

---

50) 서울지법 2003. 8. 14. 선고 2002가합32467 판결(각공 2003. 10. 10, 284).

51) 서울고법 2006. 2. 14. 선고 2005나27906 판결(각공 2006. 4. 10, 1008).

에 대한 이러한 기대와 신뢰를 존중하고 그에 상응하기 위하여 국가의 위법한 조치로 인한 결과에 의하여 이미 형성된 생활관계를 회복시키기 위해 적절한 조치를 취하는 것이 원칙이라고 할 수 있는데다가 비밀 업무를 담당하는 국가기관의 위와 같은 위법이 외부에서 거의 알아보기 힘든 경우에 일반 국민으로서는 국가의 그와 같은 조치에 전적인 신뢰를 둘 수밖에 없는 실정이며 더구나 위법행위를 한 국가가 그 위법에 대해 아무런 조치를 취하지 않고 있다가 이제 와서 그 위법을 몰랐던 원고들에 대해 소멸시효 완성을 주장한다는 것은 신의칙상 또는 형평의 원칙상 도저히 허용될 수 없는 것이라 할 것이다.[52)]

이 사건에 관하여 보건대, 피고 대한민국 소속 국가안전기획부는 피고 윤태식과 공동하여 홍콩살인사건의 진실을 은폐, 조작함으로써 원고들로서는 국가안전기획부와 피고 윤태식이 공동하여 홍콩살인사건의 진실을 은폐, 조작한 사실을 홍콩살인사건이 발생한 날로부터 약 15년이 경과한 2001. 11. 13. 피고 윤태식이 기소된 후에야 비로소 알게 되었음은 앞서 본 바와 같고, 원고들이 2002. 5. 24. 이 사건 소를 제기하였음은 기록상 명백한바, 앞서와 같은 법리에 비추어 볼 때 피고 대한민국이 홍콩살인사건에 대하여 진실을 은폐, 조작하다가 이제 와서 홍콩살인사건의 진실을 알지 못했던 원고들에게 소멸시효 완성을 주장하는 것은 신의칙상 또는 형평의 원칙상 허용될 수 없다고 보아야 하므로 이 사건 청구에 대한 소멸시효는 원고들이 홍콩살인사건의 진실을 알게 된 2001. 11. 13.부터 그 기간이 개시되는 것이라고 봄이 상당하다고 할 것이니 결국 피고들의 소멸시효 주장은 이유 없다."

그리고 후자의 판결에서는 1973년에 당시 서울대 법대 교수이던 최종길 교수가 중앙정보부에 연행되었다가 사망한 사건에서, 당시 중앙정보부는 최 교수가 북한 간첩임을 시인하고 죄책감에서 투신자살한 것이라고 발표하였으나 그 후 의문사진상규명위원회는 2002. 5. 27. 최종길의 사망원인에 대하여, 최종길이 심한 고문을 받아 소생 불가능한 상태에 이르게 되자 중앙정보부의 수사관들이 최종길을 7층에서 바닥으로 던졌거나, 고문으로 인하여 이미 사망한 최종길을 자살로 가장하기 위하여 상당한 높이까지 사체를 운반한 다음 아래로 추락시켰거나, 또는 수사관들이 사체를 바닥으로 운반한 다음 발바닥에 둔기

52) 이러한 판시는 대법원 1979. 12. 26. 선고 77다1894, 1895 전원합의체 판결(集 27권 3집 民 238면; 公 1980, 12526)을 따른 것이다. 위 판결도 소멸시효 남용론에 입각하여 이해할 수 있다는 점에 대하여는 民法注解 Ⅲ(註 22), 412-413면; 同, ⅩⅨ(註 23), 405면 참조.

등으로 외력을 가하였거나, 그렇지 않더라도 심한 고문과 협박을 당하던 최종길이 이에 항거하고 자신의 결백을 주장하기 위하여 스스로 뛰어내려 죽음에 이르렀다고 추정할 수 있다는 결론을 내리고, 그렇다면 최종길은 민주화운동과 관련하여 위법한 공권력의 행사로 인하여 사망한 것으로 인정된다고 발표하자 최종길 교수의 유족들이 국가를 상대로 손해배상청구를 하였다. 이에 대하여 서울고등법원은 최종길 교수의 사망에 대하여 국가가 책임이 있고, 또 그가 간첩이라고 허위로 발표한 데 대하여 국가에게 불법행위 책임이 있다고 보았다. 그리고 피고의 소멸시효 주장에 대하여는, 원고들이 그 청구권을 행사할 수 없는 객관적인 사정이 있었거나 소멸시효를 인정하는 것이 현저히 부당하거나 불공평하게 되는 등의 특별한 사정이 있었던 경우에 해당하므로 피고 대한민국이 소멸시효 완성을 주장하는 것은 신의칙에 반하여 권리남용에 해당하므로 허용할 수 없다고 판단하였다.

私見으로서는 이 판례들이 국가의 소멸시효 주장을 배척한 것은 타당하다고 생각하나 그 근거로서는 주로 국가측이 사건의 진상을 알면서도 이를 숨기고 오히려 허위의 사실을 발표하였다는 점이 강조되어야 한다고 생각된다. 즉 판례가 말하는 소멸시효 주장이 신의칙에 반하는 사유 중 채무자가 시효완성 전에 채권자의 권리행사나 시효중단을 불가능 또는 현저히 곤란하게 한 경우에 해당한다고 보인다.

그런데 위 삼청교육 사건의 경우에는 정부측이 명시적으로 피해자들의 권리 행사를 방해하였다는 사정은 드러나 있지 않다.[53] 그러나 피해자들이 삼청교육으로 인하여 피해를 입었다고 하여 손해배상청구를 제기할 경우에는 정부측으로부터 이를 저지하기 위하여 어떠한 불이익을 입을지도 모른다는 두려움을 가지고 있었고, 그러한 두려움에 근거가 없지 않다면, 정부측이 소멸시효의 항변을 주장하는 것은 신의칙에 어긋난다고 보지 않을 수 없다.

이러한 경우에 피해자의 소멸시효가 언제부터 진행하는 것으로 보아야 하는가가 문제된다. 일반적으로 소멸시효 항변이 신의칙에 어긋난다고 판단되는 경우에 어떠한 법률효과를 인정할 것인가에 대하여 논의가 있다. 이에 대하여는 첫째, 소멸시효 완성 후의 채무승인에 관한 일본의 판례와 같이 소멸시효의

53) 다만 임상혁(註 1), 95면은, 삼청교육대 피해자들은 퇴소한 뒤에도 "1. 본 수료증은 항상 휴대하여야 한다. …3. 본 교육 수료자가 재범시는 엄중 처단한다…"라는 문구가 적힌 수료증을 항상 휴대하여야 했기 때문에 그들의 삼청교육은 제5공화국 내내 계속되고 있었다고 한다.

중단과 비슷한 효과를 인정하여 채무의 승인 등과 같은 채무자의 행위가 있는 때부터 새로이 소멸시효가 진행된다는 입장, 둘째 독일의 판례와 같이 소멸시효의 남용을 이유 있게 하는 사정이 해소된 때에는 채권자는 신의칙상 상당하다고 인정되는 기간 안에 소를 제기하는 등의 방법으로 권리를 행사하여야 한다는 입장, 셋째 소멸시효의 남용을 이유 있게 하는 사정이 계속되고 있는 동안은 이를 소멸시효 기간에서 제외하는 입장이 있을 수 있다.[54]

이 점은 소멸시효의 주장이 신의칙에 반하는 사정에 따라 달리 취급하여야 할 것이다. 일반적으로는 독일의 판례와 같이 소멸시효의 남용을 이유 있게 하는 사정이 해소된 때에는 채권자는 신의칙상 상당하다고 인정되는 기간 안에 소를 제기하는 등의 방법으로 권리를 행사하여야 한다는 입장이 타당하다고 할 수 있겠지만, 채무자가 소멸시효 완성 후 소멸시효 완성 사실을 모르고 채무를 인정한 때와 같이 실질적으로 민법상의 채무승인과 동일시 할 수 있는 특수한 경우에 한해서 소멸시효 중단과 같은 효력을 인정할 수 있을 것이다. 또 채무자가 소멸시효 기간 동안 계속하여 채권자로 하여금 권리를 주장할 수 없게 하였다면 그러한 사정이 해소된 때부터 비로소 소멸시효가 진행하는 것으로 보아야 할 것이다.

이 사건의 경우에도 5공이 계속되는 동안은 피해자들이 손해배상청구권을 행사한다는 것이 사실상 전혀 불가능하였으므로 결국 5공화국이 6공화국으로 바뀐 1988. 2. 25부터 3년의 소멸시효가 진행한다고 보는 것이 합리적이라고 여겨진다.

그러면 노태우 대통령의 1988. 11. 26.자 담화는 어떠한 의미를 가지는가? 만일 그 담화 시점에 피해자들의 손해배상청구권이 이미 시효로 인하여 소멸하였다면, 위 담화는 기껏해야 소멸시효 이익의 포기 정도의 의미밖에 가지지 못한다. 그런데 이를 소멸시효 이익의 포기로서 유효하다고 하는 데는 위 대법원 1996. 12. 19. 선고 94다22927 전원합의체 판결(註 4)의 보충의견이 밝히고 있듯이 여러 가지 난점이 있다. 즉 이러한 시효이익의 포기는 실질적으로 새로운 채무를 부담하는 것과 같은 효과가 발생하므로 국가의 채무부담행위를 할 권한이 있는 자가 채무부담의 적법한 절차에 의하여 하여야 하는데, 위 담화가 그러한 절차적 요건을 갖추었다고 볼 수는 없는 것이다. 또 이를 신의칙 위반

54) 尹眞秀, “消滅時效의 濫用에 관한 考察”(註 22), 90-91면 참조.

의 문제로 접근한다고 하더라도 역시 위와 같은 절차를 요구하고 있는 법규정에 어긋난다는 문제점이 있다.

그러나 위 담화 당시 아직 소멸시효 기간이 완성되지 않았다면, 위 담화에는 채무의 승인과 같은 소멸시효 중단 사유로서의 효력을 인정할 수 있을 것이다. 채무의 승인의 경우에는 소멸시효 이익의 포기와 같은 절차적 요건이 요구되지는 않을 것이기 때문이다. 따라서 위 노태우 대통령의 담화가 있고, 그에 따라 국방부 장관이 담화를 발표하고 신고를 받을 때까지는 소멸시효는 중단되었고, 신고기간이 만료한 후에 비로소 소멸시효가 새로이 진행한다고 보아야 하지 않을까?[55)]

그런데 대법원 2001. 7. 10. 선고 98다38364 판결(註 7)은 위 담화 당시 소멸시효가 완성하였고, 위 담화 자체는 소멸시효에 영향을 주지 않는다고 하는 종래의 판례를 유지하면서도, 위 담화에 채무의 승인이나 시효이익의 포기와 같은 사법상의 효과는 없더라도, 그 상대방은 약속이 이행될 것에 대한 강한 신뢰를 가지게 되고, 이러한 신뢰는 단순한 사실상의 기대를 넘어 법적으로 보호받아야 할 이익이라고 보아야 하므로, 국가로서는 정당한 이유 없이 이 신뢰를 깨뜨려서는 아니 되고 이를 어긴 경우에는 그 신뢰의 상실로 인한 손해를 배상하여야 하며, 이러한 손해에는 정신적 손해도 포함된다고 하여 국가의 위자료 지급 책임을 인정하였다. 그러나 이러한 논리에는 의문이 있다. 우선 그렇게 되면 일반적으로 대통령의 담화를 신뢰한 국민은 그 신뢰가 깨어질 때에는 따로 특별한 손해를 입지 않더라도 과연 손해배상을 청구할 수 있는 것인가 하는 점이다. 뿐만 아니라 위 담화는 기본적으로 보상을 위한 특별입법을 전제한 것인데, 입법권은 국회에 속한 것이고, 대통령이 담화를 발표하였다고 하여 국회의 입법의무가 발생하는 것인지도 의문이다.

Ⅵ. 결　　론

이제까지 판례는 소멸시효와 제척기간의 완성을 이유로 하여 삼청교육과

55) 尹眞秀(註 3)의 글에서는 위 노태우 대통령의 담화 당시 이미 소멸시효가 완성한 것을 전제로 하였다. 그러나 그 당시 아직 소멸시효가 완성되지 않았다면 위 담화는 충분히 법률적인 의미를 가지는 것이다.

강제 재산헌납으로 인한 피해자의 구제를 거부하여 왔다. 그러나 이 문제는 본문에서 보는 것처럼 재고를 요한다. 물론 더 이상 이것이 현실적으로 문제될 가능성이 높지는 않겠지만, 이러한 잘못을 되풀이하지 않기 위하여도 짚고 넘어가는 것이 의미가 없지 않다.

다른 한편으로는 이러한 피해자의 구제는 실제로 사법절차에 의하여 이루어지기보다는 입법에 의하는 것이 바람직스럽다. 그 피해자의 숫자도 많을 뿐만 아니라 사법절차에서 다투어야 할 쟁점도 별로 많지 않기 때문이다. 그러한 점에서 삼청교육 피해자에 관한 입법이 뒤늦게나마 이루어진 것은 불행 중 다행한 일이다.

〈한인섭 편, 재심·시효·인권, 2007〉

〈追記〉

이 글 완성 후, 소멸시효의 남용을 인정한 서울중앙지법 2006. 11. 3. 선고 2005가합88966 판결(각공 2006, 2587) 및 같은 법원 2007. 8. 21. 선고 2006가합92412 판결에 접하였다. 두 판결은 모두 유죄의 확정판결이 수사기관의 가혹행위 등에 의하여 선고된 것임을 이유로 재심판결에 의하여 취소된 경우에, 피해자의 손해배상청구에 대한 국가의 소멸시효 항변이 권리남용이라고 하였다. 그러나 적어도 잘못된 유죄의 확정판결을 받음으로써 입은 손해에 관하여는 그 확정판결이 재심에 의하여 취소되지 않는 한, 그러한 손해배상청구는 형사판결의 기판력에 저촉되는 것으로서 법률상 받아들일 수 없을 것이고, 따라서 이러한 유죄의 확정판결은 법률상의 장애사유로서 손해배상청구권의 소멸시효는 재심에 의하여 위 판결이 취소된 때부터 비로소 진행된다고 보아야 할 것이며, 이렇게 본다면 굳이 소멸시효 남용의 이론을 원용하지 않고서도 피고측의 소멸시효 주장을 배척할 수 있었을 것이다. 이 점에 대하여는 尹眞秀, "2006년도 주요 民法 관련 판례 회고", 서울대학교 법학 제48권 제1호, 2007, 399면 및 그 곳 註 57)에 소개된 이유정 변호사의 글 참조.

物權行爲 槪念에 대한 새로운 接近*

I. 序　　論

우리 민법이 제정되면서부터 가장 뜨거운 논란의 대상이 되었던 것이 物權行爲의 문제이다. 독일 학자의 표현을 빌린다면,[1] 한국의 민법학자는 물권행위에 관하여 글을 쓴 사람과 아직 쓰지 않은 사람으로 분류할 수 있다고 할 정도이다. 그런데 그 동안 오랜 세월에 걸쳐 이에 관하여 논의가 진행되었으나, 아직 이 논의는 어떤 귀결을 찾지 못하고 있을 뿐만 아니라, 과연 이제까지의 논의가 생산적이었는가도 의심스럽다. 뿐만 아니라 일부 학자나 실무가들은 이러한 논의가 무가치하다는 의문까지 제기하고 있다. 필자는 이제까지 물권행위에 관한 여러 가지의 논란이 종식되지 않고 있었던 것은 종래의 논쟁이 우리나라의 實定法 내지 제도에 근거를 두지 않고 수입된 외국의 이론에 입각하고 있었던 것이 가장 큰 원인이라고 생각한다.

이 글은 우리나라의 실정법에 근거하여 물권행위의 개념과 이론을 구성하여야 한다는 제안을 하고자 한다. 글의 순서로서는 먼저 이제까지 우리나라의 물권행위론의 모델이 되었던 독일에서의 물권행위론을 간단히 소개하고, 이제

---

* 이 글은 2005. 4. 23. 민사법학회 춘계 학술대회에서 발표한 글을 당시의 토론 내용을 반영하여 수정 보완한 것이다. 당시의 지정토론자인 홍성재 교수와 박영규 교수 및 기타 토론에 참여한 여러 분들께 감사의 뜻을 표한다.

1) Ernst von Caemmerer, "Das Problem der Überholenden Kausalität im Schadensersatzrecht", in: Gesammelte Schriften, Bd. 1, 1968, S. 411은 M. Wolf, On the Nature of Legal Persons, Law Quarterly Review 54(1938), 494의 표현을 인용하면서, 독일의 私法學者를 追越的 因果關係의 문제에 관하여 글을 쓴 사람과 아직 쓰지 않은 사람으로 나누려는 유혹을 느끼게 된다고 한다.

까지의 물권행위 논쟁의 개요를 살펴본다. 이어서 이제까지의 물권행위 논쟁의 문제점을 지적하고, 필자가 구상하는 새로운 물권행위 개념을 제안한 다음 그 개념의 구체적인 적용에 관하여 서술한다. 미리 결론부터 이야기한다면 필자는 물권행위란 不動産의 경우에는 物權變動을 위한 登記의 申請行爲이고, 動産의 경우에는 物權變動을 위한 占有 移轉(引導)의 합의일 뿐 그 외의 다른 것이 아니라고 본다.

Ⅱ. 獨逸의 物權行爲論

독일 민법전에도 物權行爲(dingliches Rechtsgeschäft)라는 용어가 사용되고 있는 것은 아니다. 다만 독일 민법 제873조 제1항은 "부동산의 소유권을 양도하거나 부동산에 권리를 설정하거나 또는 그 권리를 양도하거나 그 권리에 부담을 설정함에는, 법률에 다른 정함이 없는 한, 권리변동에 관한 권리자와 상대방의 合意(Einigung) 및 부동산등기부에의 권리변경의 등기를 요한다"[2]고 하고, 제929조는 "동산소유권의 양도에는 소유자가 양수인에게 물건을 인도하고 또 쌍방이 소유권의 이전에 합의하는(einig) 것을 요한다. 양수인이 물건을 점유하고 있는 경우에는 소유권 이전의 합의(Einigung)로 족하다"[3]고 하여 계약(Vertrag)이라는 용어 대신 합의(Einigung)라는 용어를 사용하고 있다. 또 제925조 제1항 제1문은 "제873조에 의하여 부동산소유권의 양도에 요구되는 양도인과 양수인 간의 합의(부동산소유권양도합의)는 두 당사자가 동시에 출석하여 관할기관 앞에서 표시하여야 한다"라고 규정하여[4] "부동산소유권양도합의(Auflassung)"라는 용

2) Zur Übertragung des Eigentums an einem Grundstücke, zur Belastung eines Grundstücks mit einem Rechte sowie zur Übertragung oder Belastung eines solchen Rechtes ist die Einigung des Berechtigten und des anderen Teiles über den Eintritt der Rechtsänderung und die Eintragung der Rechtsänderung in das Grundbuch erforderlich, soweit nicht das Gesetz ein anderes vorschreibt.

3) Zur Übertragung des Eigentums an einer beweglichen Sache ist erforderlich, daß der Eigentümer die Sache dem Erwerber übergibt und beide darüber einig sind, daß das Eigentum übergeben soll. Ist der Erwerber im Besitze der Sache, so genügt die Einigung über den Übergang des Eigentums.

4) Die zur Übertragung des Eigentums an einem Grundstück nach § 873 erforderliche Einigung des Veräußerers und des Erwerbers(Auflassung) muß bei gleichzeitiger Anwesenheit beider Teile vor einer zuständigen Stelle erklärt werden.

어를 사용하고 있다.[5] 독일에서는 일반적으로 이러한 Einigung이나 Auflassung을 물권행위 내지 물권계약(dinglicher Vertrag)으로 이해하고 있다.[6]

이러한 물권행위는 이른바 處分行爲(Verfügungsgeschäft)의 일종으로서, 이에 관하여는 分離의 原則(Trennungsprinzip, Trennungsgrundsatz)과 抽象性의 原則(Abstraktionsprinzip)이라는 두 가지의 특성이 인정되고 있다. 분리의 원칙이란 義務負擔行爲(Verpflichtungsgeschäft)와 처분행위는 구별되는 별개의 법률행위라는 것이다. 즉 물건이 매도되고 인도되는 경우에, 이것이 卽時賣買와 같이 자연적으로는 하나의 單一體를 이루더라도 두 개의 법률행위가 존재한다는 것이다.[7] 반면 추상성의 원칙이란 물권행위의 효력은 그 원인이 되는 의무부담행위가 무효로 되거나 효력을 상실하더라도 영향을 받지 않는다는 것이다.[8][9] 추상성의 원칙에 따르면 의무부담행위가 무효이거나 효력을 상실하더라도 처분행위는 유효하고, 다만 이해관계의 조정은 부당이득에 의하여 이루어진다.

분리의 원칙은 독일 민법이 처분행위에 해당하는 Einigung이나 Auflassung을 의무부담행위인 Vertrag과는 구별하고 있음에 비추어 명백하다. 반면 추상성의 원칙에 관하여는 독일 민법상 명문의 규정이 없다. 그러나 독일 민법의

---

5) 어원적으로는 이는 양도인이 토지를 떠나고(Verlassen) 소유권이 취득자에게로(Auf) 이전된다는 의미를 가지고 있을 것이라고 한다. Staudinger/Pfeiffer, 13. Bearbeitung, 1995, Vorbem zu §§925 ff. Rz. 3 참조.

6) 예컨대 Baur/Stürner, Sachenrecht, 17. Aufl., 1999, §5(S. 35 ff.); Brehm/Berger, Sachenrecht, 2000, §1 18(S. 11); Wieling, Sachenrecht, 4. Aufl., 2001, §1 Ⅲ 1 a(S. 9 ff.); Jan Wilhelm, Sachenrecht, 2. Aufl., 2002, Rz. 736(S. 289) 등. 다만 독일에도 Einigung뿐만 아니라 등기가 합체되어 물권적인 계약을 구성한다는 소수설도 있다. Staudinger/Karl-Heinz Gursky, Neubearbeitung 2000, §873 Rz. 35 및 그 곳에서 열거하고 있는 문헌 참조.

7) 이와는 달리 프랑스 민법처럼 의무부담행위와는 구별되는 처분행위를 인정하지 않고, 소유권 이전에 필요한 의사의 합치는 이미 매매계약과 같은 의무부담행위에 이미 포함되어 있다고 보는 것을 單一性의 원칙(Einheitsprinzip)이라고 부른다. 예컨대 Larenz, Lehrbuch des Schuldrechts Ⅱ/1. 13. Aufl., 1986, §39 Ⅱ c, d(S. 16 ff.). Larenz는 법정책적으로는 물권변동에 있어서는 인도나 등기와 같은 이행행위는 필요하지만, 의무부담계약과 물권적 계약의 분리는 요구하지 않는 것이 낫다고 주장한다.

8) Baur/Stürner(註 6), §5 Ⅳ 1. ff.(S. 47 f.); Brehm/Berger(註 6), §1 19 ff.(S. 11 ff.) 등.

9) 그런데 이러한 추상성의 원칙을 다시 內的 抽象性(innere Abstraktheit)과 外的 抽象性(äußere Abstraktheit)으로 나누기도 한다. 본문에서의 설명은 외적 추상성에 해당하는 것이고, 내적 추상성이란 처분행위는 처분의 목적에 관한 합의를 필요로 하지 않는다는 것이다. Brehm/Berger(註 6), §1 21(S. 12) 등 참조. 그리고 경우에 따라서는 분리의 원칙과 추상성의 원칙을 같은 의미로 사용하기도 한다. 이 점에 대하여는 Musielak, "Ein weiteres Mal — Mickefetts schöner Wiesengrund und das Abstraktionsprinzip", JuS 1993, 615 f. 참조. 양자를 엄격히 구별하여야 한다는 주장으로는 Jauernig, "Trennungsprinzip und Abstraktionsprinzip", JuS 1994, 721 ff. 참조.

입법자는 이를 당연한 것으로 인식하고 있었고,[10] 오늘날 적어도 해석론으로는 이를 부정하는 견해는 없다. 그러나 실제에 있어서는 추상성의 원칙은 瑕疵의 同一性(Fehleridentität), 條件의 연관(Bedingungszusammenhang) 등의 방법에 의하여 제한되고 있다.[11] 나아가 입법론적으로도 이러한 추상성의 원칙에 대하여 처분행위의 효력은 의무부담행위에 의존하여야 한다[12]는 비판이 계속되고 있다.[13]

Ⅲ. 우리나라에서의 종래의 物權行爲 論爭

이제까지 우리나라에서 벌어진 물권행위 논쟁에 가담한 논자는 일일이 파악하기 어려울 정도로 많다. 반면 그 내용은 비교적 잘 알려져 있다고 생각되므로 이하에서는 그 골자만을 간단히 서술한다.

1. 債權行爲와 物權行爲의 구별 여부

일반적으로 물권행위라 함은 處分行爲의 일종으로서 물권변동 그 자체를 목적으로 하는 법률행위이고, 그 발생한 채무의 이행이라는 문제가 남지 않는다는 점에서 義務負擔行爲인 채권행위와는 구별된다고 설명된다.[14]

10) 독일 민법 제1草案 제829조는 물권계약은 법적 원인이 존재하지 않거나 효력이 없더라도 무효로 되지 않는다고 규정하고 있었으나, 제2심의위원회는 이러한 규정이 옳기는 하지만 불필요하다(richtig, aber überflüssig)는 이유로 이를 삭제하였다. Prot. S. 3408(Mugdan, Die gesamten Materialien zum Bürgerlichen Gesetzbuch für das Deutsche Reich, Bd. Ⅲ, 1899/1979, S. 531).

11) 상세한 것은 예컨대 Staudinger/Karl-Heinz Gursky, §873 Rz. 127 ff. 참조.

12) 이른바 有因性의 원칙(Kausalitätsprinzip).

13) 근래의 비판론으로서 예컨대 Ulrich Eisenhardt, "Die Entwicklung des Abstraktionsprinzips im 20. Jahrhundert", in: Kobler/Nehlsen(Hrsg.), Wirkungen europäischer Rechtskultur: Festschrift für Karl Kroeschell zum 70. Geburtstag, 1997, S. 215 ff.; Karl-Heinz Schindler, "Kausale oder abstrakte Übereignung", id., S. 1033 ff.; Andreas Wacke, "Eigentumserwerb des Käufers durch schlichten Konsens oder erst mit Übergabe? Unterschiede im Rezeptionsprozeß und ihre mögliche Überwindung", ZEuP 2000, S. 255 ff., 262 등이 있다. 반면 근래의 옹호론으로는 예컨대 Astrid Stadler, Gestaltungsfreiheit und Verkehrsschutz durch Abstraktion, 1996; Hans Christoph Grigoleit, "Abstraktion und Willensmängel", AcP 199, 1999, S. 379 ff., 381 ff.; Hans Wieling, "Das Abstraktionsprinzip für Europa", ZEuP 2001, 301 ff. 등이 있다.

14) 郭潤直, 物權法, 제7판, 2002, 31면 이하 등 참조.

물권행위를 논함에 있어서 우선 문제되는 것은 이처럼 우리 민법의 해석상 물권변동에 있어서 당사자 사이에 물권변동의 의무를 발생시키는 채권행위와는 별도로 물권변동 그 자체를 목적으로 하는 물권행위를 인정할 것인가 하는 점이다. 이는 후술하는 물권행위의 시기에 관한 이른바 물권행위의 독자성 문제와는 구별되는 것으로서,[15] 논자에 따라서는 이를 물권행위의 *存在性論*이라고 표현하기도 한다.[16] 말하자면 독일에서 말하는 분리의 원칙(Trennungsprinzip)을 우리 법의 해석으로도 인정할 것인가 하는 문제이다.

종래 이에 관하여는 이를 인정하는 것이 압도적인 다수설이라고 할 수 있고, 물권행위의 독자성을 부정하는 견해도 거의 대부분 채권행위와 구별되는 물권행위가 현행법상 인정되고 있다는 것에 관하여는 별다른 의문을 표시하지 않고 있다. 왜 채권행위와는 별도로 물권행위를 인정하여야 하는가에 대하여는 자세한 설명을 하는 견해가 많지 않으나, 대체로 다음과 같은 점을 이유로 들고 있다. 첫째, 우리 민법은 물권과 채권을 준별하고 있는데 제186조의 "법률행위"가 물권편에 있으므로 이를 물권행위로 해석하여야 한다. 둘째, 민법 제568조는 "매도인은 매수인에 대하여 매매의 목적이 된 권리를 이전하여야 하며"라고 규정함으로써 채권행위인 매매계약에 의해서는 소유권이전의 효과가 직접 생기지 않고 이전의무만이 생길 뿐이라는 것을 시사한다. 셋째, 입법자의 의도도 물권계약을 채권계약과 구별하고 있었다.[17]

반면 우리 민법의 해석상으로는 물권변동의 요건으로서 채권계약과 등기 내지 인도 외에 별도로 물권행위를 인정할 필요가 없다는 견해도 주장되었다.

---

15) 그러나 金曾漢·金學東, 物權法, 제9판, 1996, 43-44면; 李英俊, 새로운 體系에 의한 韓國民法論, 新訂2版, 2004, 66면 이하는 물권행위의 독자성을 존재성의 의미로 이해하면서, 종래 물권행위의 독자성으로 논의되었던 물권행위가 채권행위와 따로 또는 합쳐져 행하여지는가의 여부는 물권행위의 時期의 문제라고 한다.

16) 예컨대 洪性載, 不動産物權變動論, 1992, 220면 이하 참조.

17) 李英俊/金學東, 註釋 物權法(上), 1991, 107면 이하; 丁玉泰, "登記原因에 관한 一考察", 石霞金基洙教授華甲紀念 不動産法學의 諸問題, 1992, 437면 이하; 洪性載(註 16), 238면 이하 등. 이외에 丁玉泰 교수는 민법이 물권행위 개념을 기초로 하는 독일 민법을 모범으로 하고 있다는 점을 들고 있고, 洪性載 교수는 채권행위와는 별개 독립의 물권행위를 인정함으로써 그 각각에 대한 요건을 달리 정할 수 있으며, 실체법적 효력이 인정되는 등기에 당사자의 의사가 반영되어야 하고, 불실등기 신뢰자를 보호하기 위한 법리를 구성함에 있어서 물권행위의 독자적 존재를 인정하여야 한다고 설명하고 있다. 李銀榮, 物權法, 改訂新版, 2002, 137면도 물권행위개념을 인정함으로써 그 요건과 시기를 채권행위와 별도로 정할 수 있기 때문이라는 점을 들고 있고, 李英俊(註 15), 70-71면의 서술도 같은 취지이다. 또한 金曾漢·金學東(註 15), 44면 이하 참조.

즉 獨法式의 기성관념을 깨끗이 떠나서 순진하게 민법 제186조와 제188조 제 1 항을 읽는다면 물권 자체의 변동만을 목적으로 하는 내용의 합의를 그 원인행위되는 채권행위와 떼어서 들추어낸다는 것은 그리 쉬운 이론구성은 아니고, 특히 이러한 이론구성은 비법률가에 있어서는 거의 기대할 수 없을 것이며, 독일에서 특히 부동산 소유권이전의 합의를 위시하여 기타의 부동산권 변동의 합의에 관하여 독자성을 법문화한 까닭은 틀림없이 독일이 부동산 등기신청에 관하여 실질적 심사주의를 취하고 있기 때문인 것이지만, 우리 부동산등기법은 형식적 심사주의를 취하고 있기 때문에 등기신청서를 수리하기 이전에 새삼스럽게 당사자에게 물권을 변동시키려는 의사의 유무를 다시 타진하여 볼 필요는 없으므로 독일식으로 채권행위 이외에 물권변동의 합의를 의제할 필요는 없다고 한다.[18)]

이와는 약간 다른 취지에서 물권행위의 개념에 대하여 비판적인 견해도 있다. 즉 우리의 법률제도에서는 독일의 Auflassung에 해당하는 명문규정이 없고 그러한 입법취지도 찾을 수 없으며, 그러한 연혁도 갖고 있지 않고, 이러한 물권행위의 구속력은 매매계약상의 구속력과 다를 바 없으므로 우리나라에서는 독일과 같이 법률상의 물권행위의 독자성을 인정할 수는 없고, 다만 매매계약과는 구별되는 등기에 필요한 일체의 서류의 교부를 물권행위라고 본다면 이는 "事實上의 物權行爲"이고, 이러한 사실상의 물권행위가 행하여지는 것은 "事實上의 物權行爲의 分離性"일 뿐이라고 한다.[19)]

물권행위의 개념을 인정하는 종래의 학설은 민법 제186조의 "법률행위"나 제188조의 "양도"를 물권행위로 이해한다.[20)] 논자에 따라서는 물권의 포기와

18) 李英燮, "物權行爲의 獨自性", 法曹 제 9 권 7호, 1960, 25면 이하. 여기서는 우리 民法이 物權行爲의 獨自性을 인정하고 있지 않다는 증거로서 부동산등기법 제41조 5호가 등기신청서의 기재사항의 하나로서 「登記原因과 그 年月日」을 들고 있는데, 이 등기원인과 연월일은 채권행위의 날짜를 가리키는 것이라는 점을 들고 있다. 鄭照根, "物權行爲論", 동아대 東亞法學 8號, 1989, 169면 이하도 대체로 같은 취지라고 보인다. 이외에 李好珽, "不動産의 最終買受人(轉得者)의 最初賣渡人에 대한 登記請求權", 考試界 제26권 7호(293호), 1981, 17면 이하는 물권행위의 독자성과 무인성을 부정한다면 채권행위와 물권행위의 구별은 그 의미를 상실하게 되며, 물권행위의 개념도 필요없다고 한다. 또한 李好珽, "Franz Beyerle의 物權契約論", 上, 下, 法曹 1969. 1, 1969. 4 참조.

19) 高翔龍, "物權行爲의 獨自性과 無因性論의 再檢討小考", 春齊玄勝鍾博士華甲紀念 法思想과 民事法, 1979, 254면 이하.

20) 그러나 李銀榮(註 17), 124-125면은 민법 제186조의 "법률행위"는 채권행위이고, 제188조 제 1 항의 양도는 법률행위를 가리키는 것이 아니라 소유권이전이라는 물권변동을 가리키는 것이라고 한다. 그리고 洪性載, "民法 第186條 所定의 法律行爲의 해석", 私法硏究 제 3 집,

같이 채권행위가 먼저 행하여지지 않고 물권행위만이 행하여지는 경우도 있으므로 민법 제186조의 "법률행위"나 제188조의 "양도"는 물권행위를 가리키는 것이라고 설명하기도 한다.[21)]

반면 물권행위의 개념을 부정하는 학설은 민법 제186조와 제188조 제1항의 「법률행위」 내지 「양도」라 함은 채권행위를 가리키는 것으로 볼 수밖에 없다고 한다.[22)] 그리고 "事實上의 物權行爲"를 주장하는 설은 물권행위는 물권적 합의와 등기·인도에 의하여 구성된다고 보아 민법 제186조 소정의 법률행위나 제188조 소정의 양도는 채무부담행위인 채권행위 또는 물권적 합의가 포함되어 있는 매매계약 등의 채권행위로 보아야 한다고 주장한다.[23)]

2. 物權行爲의 獨自性 여부

일반적으로 물권행위의 독자성이란 물권행위가 원칙적으로 그 원인행위인 채권행위와는 별개의 행위로 행하여진다는 물권행위의 시기에 관한 문제로 이해되고 있다. 따라서 물권행위의 독자성을 긍정한다는 견해는 물권행위가 원칙적으로 채권행위와 별개의 행위로 행하여진다고 보는 것이고, 물권행위의 독자성을 부정한다는 견해는 원칙적으로 물권행위는 채권행위와 함께 하나의 행위로 행하여진다는 견해이다.

독자성이 인정된다는 견해는 그 근거로서 우리 민법이 물권변동에 있어서 성립요건주의를 취한다는 점, 민법 제186조와 제188조 제1항의 법률행위 내지 양도는 물권행위를 가리키는 것으로 보아야 한다는 점, 물권행위의 독자성을 인정하지 않으면 채권이 발생함과 동시에 이행되는 것이 원칙이라는 결과가 되어 채권의 성질에 반한다는 점, 물권행위의 무인성을 인정하는 전제로서 독자성을 인정하여야 한다는 점, 민법 제565조가 물권행위의 독자성을 인정하는 실정법적 근거라는 점, 부동산 거래에 있어서의 관행에 비추어 보아도 물권

1995, 1면 이하, 특히 25면은 물권행위의 개념을 인정하면서도 동조의 "法律行爲"의 意味는 物權的 合意를 포함하는 채권행위로 해석된다고 한다.

21) 郭潤直, 新定(修正版) 物權法, 1999, 66-67면 등. 郭潤直(註 14), 43면에서는 이러한 설명이 생략되어 있다.

22) 李英燮(註 18), 29면.

23) 高翔龍, 物權法, 2001, 62-63면. 玄勝鍾, 民法(總則·物權), 1965, 181-182면은 물권행위의 독자성을 부인한다는 전제에서 제196조의 법률행위와 제188조의 양도는 채권행위와 합체되어 있는 물권행위라고 한다.

행위의 독자성은 인정된다는 점 등을 든다. 반면 독자성 부정설은 이러한 점들이 모두 독자성 인정의 근거가 되지 못한다고 반박한다.[24] 독자성을 주장하는 설은 대체로 물권행위는 대금지급과 상환으로 등기서류를 교부할 때 행하여진다고 보는 것이 일반인의 법의식에 부합한다고 주장한다.[25][26] 반면 물권행위의 독자성을 부정하는 설은 거래의 실제에 있어서는 채권행위 외에 물권행위를 의식해서 따로 행한다는 일은 없다고 하면서도, 거래의 실정을 보는 시각의 차이에 따라 두 견해는 모두 성립할 수 있다고 한다.[27]

다른 한편 물권적 합의와 같은 물권적 의사표시 그 자체가 물권행위에 해당하고 등기나 인도와 같은 공시방법은 그 효력발생요건 또는 물권변동의 또 다른 요건인가, 아니면 물권적 의사표시와 등기 또는 인도와 같은 공시방법이 물권행위를 구성하는가에 대하여도 학설이 대립하고 있다.[28]

3. 物權行爲의 無因性 여부

물권행위의 무인성이란 물권행위의 원인행위인 채권행위와 따로 독립해서 행하여진 때에 그 원인행위인 채권행위가 존재하지 않거나 무효이거나 취소 또는 해제된 경우에 물권행위도 무효로 되는가의 문제로서, 물권행위의 효력은 그 원인행위의 부존재·무효·취소·해제 등에 의하여 당연히 그 영향을 받는다는 것이 물권행위의 有因論이고, 반대로 영향을 받지 않는다는 것이 無因論이다.

종래 무인론을 주장하는 학자들이 드는 근거는 대체로 다음과 같다. 즉 물권행위와 채권행위를 별개의 행위로 생각한다면 그 유효성의 여부도 따로 정

---

24) 독자성 긍정설과 부정설의 상세한 근거에 대하여는 姜台星, 物權法, 新版, 2004, 121면 이하 참조.

25) 金曾漢, "物權行爲論", 民法論集, 1978, 28면 이하; 李英俊/金學東(註 17), 124면 이하 등. 그러나 李銀榮(註 17), 137면 이하는 매도인이 매수인으로부터 대금완급과 상환하여 등기서류 교부 및 점유이전을 하는 때에 행해진다고 한다. 동산에 관하여는 명확히 밝히고 있는 견해가 많지 않으나 金曾漢·金學東(註 15), 112면은 물권적 합의는 반대의 의사가 명백하지 않은 한 인도된 때에 행해진 것으로 해석하는 것이 타당하다고 한다.

26) 그러나 金相容, 物權法, 全訂版, 1998, 112면 이하는 賣渡證書를 등기원인서면으로 이용하였을 때에는 물권행위의 독자성은 인정될 수 있었으나, 검인계약서가 등기원인서면으로 이용되는 지금은 물권행위의 독자성은 더 이상 인정될 수 없다고 한다.

27) 郭潤直(註 14), 46면; 郭潤直/金滉植, 民法注解 Ⅳ, 1992, 40-41면 등.

28) 상세한 학설의 소개는 姜台星(註 24), 109면 이하 참조.

하여야 하고, 물권적 법률관계는 모든 사람에 대하여 명백함을 이상으로 하므로 물권행위의 효력을 당사자 사이에서만 효력을 가지는 원인행위의 유효성 여부에 의하여 받게 하는 것은 부당하며, 무인성을 인정함으로써 등기에 공신력을 인정하지 않는 민법의 제도상의 결함을 보완할 수 있다는 것이다.[29] 반면 유인론자들은 채권행위를 원인으로 하여 물권행위가 이루어진 경우에 채권행위가 실효한다면 물권행위도 이로 인하여 실효된다고 해석하는 것이 당사자의 의사에 합치하고, 무인성설에 의하면 악의인 제3자도 보호받게 되므로 거래안전의 보호는 공신의 원칙 등에 의하여야 한다고 비판한다.[30] 일반적으로 물권행위의 독자성을 부정하면 무인성도 인정하지 않지만, 물권행위의 독자성을 인정하면서도 무인성은 부정하는 견해도 없지 않다.[31] 다른 한편으로 물권행위의 무인성을 긍정하는 논자도 채권행위의 유효를 물권행위의 조건으로 한 경우, 의사표시상의 결함이 채권행위와 물권행위에 공통되는 경우 등에는 有因으로 된다는 이른바 相對的 無因說을 취한다.[32]

4. 判例의 態度

대법원의 판례는 어떠한 입장인가? 대법원의 판례는 물권행위 내지 물권적 합의라는 용어를 사용하고 있어서 물권행위가 현행법상 인정된다고 보고 있는 것으로 이해된다. 그러나 구체적으로 무엇을 물권행위 내지 물권적 합의로 파악하고 있는지는 명확하지 않다.

다만 대법원 1991. 3. 22. 선고 90다70 판결[33]은 민법 제249조가 규정하고 있는 선의취득의 요건으로서의 善意·無過失을 어느 시점을 기준으로 하여 판단하는가 하는 점과 관련하여, "민법 제249조가 규정하는 선의 무과실의 기준시점은 물권행위가 완성되는 때인 것이므로 물권적 합의가 문제로 된 동산의 인도보다 먼저 행하여지면 인도된 때를, 인도가 물권적 합의보다 먼저 행하여지면 물권적 합의가 이루어진 때를 기준으로 해야 하는 것"이라고 판시하여,

29) 金曾漢·金學東(註 15), 55면 이하는 부당이득에 관한 규정들 및 민법 제201조 내지 제203조의 규정도 무인성을 전제로 한 규정이라고 주장한다.
30) 姜台星(註 24), 136면 이하 참조.
31) 李英俊(註 15), 73면 이하; 李銀榮(註 17), 148면 이하; 李相泰, 物權法, 四訂版, 2004, 58면 이하 등.
32) 상세한 것은 李英俊/金學東(註 17), 127면 이하; 金曾漢·金學東(註 15), 59면 이하 등 참조.
33) 公 1991, 1248.

인도를 물권행위의 요건인 것으로 보고 있는 것으로 이해된다.[34] 또 대법원 1996. 6. 11. 선고 96도233 판결[35]은 "소유권이전등기의 원인이 되는 법률관계인 매매 내지는 물권적 합의"라는 표현을 쓰고 있어서 물권적 합의가 소유권 이전등기의 원인이 될 수 있는 것처럼 판시하고 있다.

나아가 대법원 1964. 9. 15. 선고 64다61 판결7[36]은 농지개혁법 제19조 제2항의 소재지관서의 증명에 관하여, 물권적 매매와 채권적 매매를 구별하고 있다. 즉 위 조항이 규정한 농지의 매매는 등기에 의하여 직접 그 농지의 소유권을 이전하는 이른바 물권적인 매매를 말할 뿐이고, 당사자간에서 농지소유권의 이전을 목적으로 한 채권적인 매매까지를 이르는 것이 아니므로, 농지의 소유 명의자로부터 그 소유권을 취득하기 위하여 이를 매수하였다가 제3자에게 전매한 후 3자 합의로서 소유명의자로부터 전매자인 제3자에게 그 양인간의 매매를 원인으로 하여 직접 소유권 이전등기를 하기로 하였을 경우에는, 그 이전등기의 원인이 되는 위 합의에 의한 매매만이 위 법조에 해당되는 것이라고 해석된다고 판시하고 있다.

그러나 다른 한편으로 물권행위의 독자성과 무인성의 인정 여부에 관하여는 대법원 1977. 5. 24. 선고 75다1394 판결[37]은 다음과 같이 판시하여 물권행위의 독자성과 무인성이 인정되지 않음을 명백히 하고 있다.

"민법 제548조 제1항 본문에 의하면 계약이 해제되면 각 당사자는 상대방을 계약이 없었던 거와 같은 상태에 복귀케 할 의무를 부담한다는 뜻을 규정하고 있는바, 계약에 따른 채무의 이행으로 이미 등기나 인도를 하고 있는 경우에 그 원인행위인 채권계약이 해제됨으로써 원상회복된다고 할 때 그 이론 구성에 관하여 해제가 있더라도 이행행위 그 자체는 그대로 효력을 보유하고 다만 그 급부를 반환하여 원상회복할 채권 채무관계가 발생할 뿐이라는 소위 채권적 효과설과 이미 행하여진 이행행위와 등기나 인도로 물권변동이 발생하고 있더라도 원인행위인 채권계약이 해제되면 일단 이전하였던 물권은 당연이 복귀한다는 소위 물권적 효과설이 대립되어 있다. 우리의 법세가 물권행위의 독자성과 무인성을 인정하고 있지 않는 점과 민법 제548조 제1항 단서

34) 高翔龍(註 23), 58-59면 등 참조.

35) 公 1996하, 2262.

36) 集 12권 2집 民106면.

37) 集 25권 2집 民44면; 公 1977, 10107.

가 거래안정을 위한 특별규정이란 점을 생각할 때 계약이 해제되면 그 계약의 이행으로 변동이 생겼던 물권은 당연히 그 계약이 없었던 원상태로 복귀한다고 봄이 타당하다 할 것이다.”[38]

나아가 대법원 1991. 11. 12. 선고 91다9503 판결[39]은 “채무자가 채권자의 승낙을 얻어 본래의 채무이행에 갈음하여 부동산으로 대물변제를 하였으나 본래의 채무가 존재하지 않았던 경우에는, 당사자가 특별한 의사표시를 하지 않은 한, 대물변제는 무효로서 부동산의 소유권이 이전되는 효과가 발생하지 않는 것”이라고 판시하고 있는데, 이 또한 물권행위의 무인성을 부정한 것으로 이해된다.[40] 뿐만 아니라 판례는 부동산의 소유권 이전을 목적으로 하는 채권계약이 처음부터 무효이거나 사후적으로 효력을 상실한 경우에는 그 채권계약에 기한 등기가 무효로 되는 것을 당연한 것으로 받아들이고 있으므로,[41] 판례는 일반적으로 물권행위의 유인론을 인정하고 있다고 할 수 있다.[42]

---

38) 姜台星(註 24), 128면 註 63), 140면 註 15) 등은 물권행위의 무인성을 지지하면서, 물권행위의 원인행위인 채권행위에서 발생한 채무의 불이행을 이유로 그 채권행위를 해제하는 경우에 그 물권행위도 해제하려는 것이 해제권자의 의사이므로 물권행위도 해제되고, 따라서 이 판결을 근거로 하여 판례가 유인성을 인정하였다고 볼 수는 없다고 하나, 물권행위는 이행의 문제가 남지 않는다고 하는 종래의 설명에 따를 때에는 채무불이행을 이유로 하는 물권행위의 해제는 문제될 수 없다. 이러한 주장은 채권행위가 취소된 경우에 관한 위 책 145면의 설명과도 모순된다.

39) 集 39권 4집 民113면; 公 1992, 87.

40) 이 판결에 대한 대법원 재판연구관의 해설인 崔春根 “본래의 채무이행에 갈음하여 부동산으로 代物辨濟를 하였으나 본래의 채무가 존재하지 않았던 경우 그 부동산의 소유권이 이전되는지 여부: 物權行爲의 獨自性, 無因性과 관련하여”, 대법원판례해설 第16號(91년 하반기), 221면 이하 참조. 이 판결 자체도 물권행위의 무인성을 부정하고 있는 위 대법원 1977. 5. 24. 선고 75다1394 판결(위 註 37)을 선례로서 인용하고 있다. 또한 이 판결의 환송 후 재상고심 판결인 대법원 1993. 4. 23. 선고 92다19163 판결(公 1993하, 1525) 참조. 반면 이러한 판결도 무인성을 근거로 한 것이 아니라는 견해로는 洪性載, “物權行爲의 有因·無因性論”, 南松 韓琫熙 教授 華甲紀念 現代民法의 課題와 展望, 1994, 972면 이하; 姜台星(註 24), 140면 註 15) 등.

41) 예컨대 대법원 1996. 10. 25. 선고 96다29151 판결(公 1996하, 3430)은 부동산의 제 2 매수인이 매도인의 배임행위에 적극 가담하여 제 2 매매계약이 반사회적 법률행위에 해당하는 경우에는 제 2 매매계약은 절대적으로 무효이므로, 당해 부동산을 제 2 매수인으로부터 다시 취득한 제 3 자는 설사 제 2 매수인이 당해 부동산의 소유권을 유효하게 취득한 것으로 믿었다고 하더라도 제 2 매매계약이 유효하다고 주장할 수 없는 것이라고 한다. 이 판결과 무인성 원칙의 관계에 대하여는 尹眞秀, “反社會的 不動産 二重讓渡에 있어서 轉得者의 地位”, 法曹 1998. 9, 152면 참조. 채권행위가 반사회적 법률행위인 경우에 물권행위도 무효가 되는가에 대하여는 학설상 다소 논란이 있다. 李英俊/金學東(註 17), 128-129면 참조. 이 외에 구체적인 판례의 예에 대하여는 金聖洙, “原因無效의 登記”, 裁判資料 43輯 登記에 關한 諸問題(上), 1988, 486면 이하 참조.

42) 李英俊(註 15), 76면은 이러한 판례를 근거로 하여 物權行爲의 有因主義는 우리 민법에 있어서 하나의 움직일 수 없는 慣習法으로 되었다고 한다.

Ⅳ. 物權行爲 槪念에 대한 새로운 接近

1. 物權行爲 槪念의 基本的인 發想과 종래 論議의 問題點

물권행위 개념의 기본적인 발상은, 채권행위의 이행으로서 물권변동이 이루어지는 경우에 그 이행과정인 물권변동도 채권행위와는 별개의 당사자의 의사를 기초로 하여 이루어져야 한다는 것으로 이해될 수 있다. 다시 말하여 당사자의 계약만으로 바로 물권변동이 일어나는 意思主義(Konsensprinzip)가 아니라, 등기나 인도와 같은 공시방법을 추가로 요구하는 成立要件主義(Traditionsprinzip) 하에서는 그러한 등기나 인도가 적법하기 위하여는 그 등기나 인도가 채권계약 외의 별도의 당사자의 의사에 기하여 이루어져야 하는 것이 반대채무의 이행 없이는 자기 채무를 이행하지 않으려는 당사자의 이익에 부합하는 것이다. 이러한 등기나 인도에 요구되는 당사자의 의사를 물권행위로 파악하는 것은 어떻게 보면 자연스러운 일이다.[43] 아래에서 보는 것처럼 독일뿐만 아니라 성립요건주의를 택하고 있는 스위스나 오스트리아와 같은 나라들에서도 물권행위의 개념이 받아들여지고 있고, 영미법에서도 부동산 소유권이 이전되기 위하여는 매매계약서와는 구별되는 捺印證書(deed)를 교부(delivery)하는 것이 필요한데,[44] 이를 물권행위와 같은 것으로 파악할 수도 있다.[45]

그러나 종래의 물권행위론에는 여러 가지의 문제점이 있다. 우선 종래의 물권행위론, 특히 독자성과 무인성을 인정하는 견해는 실정법상의 제도나 규정을 근거로 하지 않고, 주로 독일의 이론을 우리나라에 적용하려고 하는 태도를 보이고 있다.[46] 이러한 견해는 우리 민법의 물권변동에 관한 규정은 독일 민법

43) 원인행위가 計劃劃定(Programmfeststellung)이고 물권행위는 履行指示(Vollzugsanordnung)라는 표현은 이러한 생각을 나타낸 것이라고 할 수 있다. 丁玉泰, "韓國民法上 物權行爲의 無因性論", 財産法硏究 제 5 권 1호, 1988, 33면 참조. 또한 洪性載(註 16), 242면은 실체법적 효력이 인정되는 등기에 당사자의 의사가 반영되지 않고 단순히 등기공무원의 절차법적인 의사에 좌우되도록 하는 것은 당사자 보호에 미흡하다고 한다.

44) Joseph William Singer, Introduction to Property, 2001, §11.4.1.1(p. 504). 이 날인증서에는 (1) 당사자를 특정하고, (2) 양도되는 토지를 표시하며, (3) 문제되는 부동산상의 이익을 양도한다는 양도인의 의사를 진술하고, (4) 양도인의 서명을 포함하여야 한다.

45) 金相容, "英美財産法上의 不動産物權變動論", 厚巖郭潤直敎授華甲紀念 民法學論叢, 1985, 126면 이하; Stadler(註 13), 37 ff. 참조.

46) 종래의 물권행위의 독자성과 무인성 논쟁에 관한 高翔龍(註 19), 254면 이하; 高翔龍(註

을 모범으로 한 것이고, 따라서 독일에서의 이론이 우리나라에도 적용되어야 한다고 보고 있다.47) 그러나 과연 우리 민법의 물권변동 규정이 독일 민법을 모범으로 한 것인지 자체가 의심스럽다. 독일 민법은 물권적 합의행위를 Einigung 또는 Auflassung이라고 하여 용어 자체부터 채권계약(Vertrag)과 구별하고 있을 뿐만 아니라 부동산 소유권 이전의 합의에 관하여는 Auflassung이라는 제도까지 규정하고 있는데, 우리 민법은 이러한 규정을 두지 않고 있다. 우리 민법의 물권변동 규정이 어느 나라의 법을 계수하였는가는 좀더 따져 볼 문제이지만, 규정체제로 볼 때 독일 민법보다는 오히려 스위스 민법에 더 가깝다고 보인다.48)

다른 한편으로 종래의 물권행위의 독자성론은 매도인이 대금을 모두 지급받으면 등기에 필요한 서류를 교부하는 거래의 실제에 주목하여 이러한 등기에 필요한 서류의 교부를 물권행위로 파악하려고 하고 있다.49) 그러나 여기에

---

23), 71면 이하의 비판도 이러한 취지로 이해된다.

47) 예컨대 姜台星(註 24), 144면; 丁玉泰(註 17), 438면 등. 이 점을 명백히 밝히고 있지는 않은 다른 논자들도 독일법의 영향을 강하게 받고 있음은 명백하다.

48) 스위스 민법 제656조 제1항은 "부동산 소유권의 취득을 위하여는 부동산등기부에의 등기를 필요로 한다"고 규정하고, 제714조 제1항은 "동산 소유권의 양도를 위하여는 취득자에 대한 점유의 이전을 필요로 한다"고 규정하고 있어서 물권적 합의(Einigung)도 요구하고 있는 독일 민법과는 다르다. 또한 법률의 규정에 의한 물권변동에 관하여 규정하고 있는 우리 민법 제187조에 해당하는 규정은 독일 민법에는 찾아볼 수 없고, 스위스 민법 제656조 제2항이 이와 거의 같은 규정을 두고 있다. 李容勳, "法律의 規定에 의한 不動産物權變動", 司法論集 제8집, 1977, 7면; 金滉植, "物權法의 改正方向", 民事判例硏究 Ⅶ, 1985, 295면 이하; 尹眞秀, "法定地上權 成立後 建物을 取得한 者의 地位", 民事裁判의 諸問題 제5권, 1989, 96면 이하 등 참조.

49) 註 25) 참조. 그런데 이 점에 관하여 민사법학회에서의 발표 당시 지정토론자이던 홍성재 교수는, 종래 학설은 그 "등기에 필요한 서류의 교부" 자체를 "물권행위"로 본 것이 아니라, "등기에 필요한 서류의 교부"의 시점에 당사자 사이에 물권행위 내지 물권적 합의가 이루어진 것이라고 보는 것으로서, "등기에 필요한 서류의 교부"는 물권행위가 있었다고 주장되는 시기의 표준일 뿐이지 그 행위 자체가 물권행위라고 하는 것은 아니라고 주장하였다. 그러나 종래의 학설이 그러한 취지라고는 보이지 않는다. 가령 물권행위 독자성을 주장하는 대표적 논자인 金曾漢 교수는, 매도인이 매수인에게 매도증서를 교부하는 것이 법률적으로는 Auflassung에 해당하는데, 그 법률적 의미는 소유권을 이전해 준다는 것이라고 설명한다. 金曾漢(註 25), 28면 참조. 이외에도 거래의 관행을 근거로 하여 물권행위의 독자성을 주장하는 학설은 당사자가 대금의 완급과 함께 등기서류를 교부할 때에 소유권은 이제 확정적으로 매수인에게 넘어간다고 의식한다고 설명한다. 李英俊/金學東(註 17), 125면; 尹喆洪, 物權法講義, 1998, 50면. 姜台星(註 24), 129면은 등기필증은 거래계에서 權利證이라고 俗稱되면서 마치 부동산 물권을 표상하고 있는 것과 같은 의식이 매우 강하므로 이의 授受時에 물권행위가 있다고 함이 옳다고 설명한다. 이론적으로 본다면 이처럼 거래의 관행을 근거로 하여 등기서류의 교부시에 물권행위가 있었다고 하는 것은 결국 법률행위의 해석에 의한 것이고, 그처럼 해석하는 근거는 결국 등기서류의 교부를 물권행위로 보기 때문이라고 할 수밖에 없다. 위와 같은 홍성재 교수의 주장은 종래의 독자성론도 등기서류의 교부만을 물권행위로 보는 것은

도 의문이 있다. 우선 과연 이처럼 거래의 실제로부터 물권행위의 개념을 이끌어내는 것이 규범적으로 정당한가에 관하여는 별다른 논증이 없는 것이다.[50] 먼저 실정법의 규정이나 제도로부터 물권행위에 해당한다고 볼 수 있는 것이 있는가를 찾는 것이 순서인 것이다. 뿐만 아니라 위와 같은 등기에 필요한 서류의 교부를 과연 위와 같은 물권행위에 해당하는 것으로 볼 것인지는 보는 사람에 따라서 얼마든지 견해가 갈릴 수 있다. 과연 물권행위의 개념을 이처럼 불확실한 것에 근거를 두어도 괜찮은 것인지 의문이다.

또한 이러한 등기에 필요한 서류의 교부는 그것만으로는 특별한 법률효과가 발생하지 않기 때문에 법률적으로 별다른 의미를 가진다고 하기도 어렵다. 만일 등기에 필요한 서류의 교부가 물권행위 내지 물권적 합의에 해당한다고 본다면, 매매와 같은 채권행위가 있으면 매도인은 물권행위인 등기에 필요한 서류의 교부를 하여야 할 의무를 부담하고, 매도인이 이에 응하지 않으면 매수인은 재판상 이러한 행위를 청구할 수 있어야 할 것이다. 그러나 실제에 있어서는 이러한 일은 일어나지 않는다. 매도인이 소유권이전의무를 이행하지 않으면 매수인은 매도인을 상대로 소유권이전등기절차를 이행하라는 청구를 할 뿐이고,[51] 등기에 필요한 서류를 교부해 달라고 청구하지는 않는 것이다. 다시 말하여 등기에 필요한 서류의 교부만으로 매도인이 자신의 의무인 물권행위를 하여야 할 의무의 이행을 완료하였다고 볼 수는 없는 것이다.

논자에 따라서는 물권행위가 있으면 物權的 期待權이 발생하고, 이러한 물권적 기대권으로부터 등기청구권이 발생한다고 한다.[52] 그러나 현행법의 체계상 이처럼 등기청구권의 발생근거가 되는 물권적 기대권을 인정하는 것 자체가 무리라고 여겨질 뿐만 아니라, 물권적 기대권을 인정하는 학자들 사이에서

아니고, 등기서류의 교부 외의 다른 방법에 의한 물권행위도 있을 수 있다는 것을 배제하는 것은 아니라는 취지로 이해된다. 그러나 실제로 종래의 독자성론은 등기서류의 교부 외에 물권행위로 볼 수 있는 다른 구체적인 사례를 제시하고 있지는 않다.

50) 이러한 견해는 연원을 따진다면 일본의 末川博, "特定物の賣買における所有權移轉時期", 民商法雜誌 第2卷 4號, 1935(昭和 10), 549면 이하가 소유권 이전의 시기를 등기, 인도 또는 대금지급 등의 객관적 징표가 있을 때로 본 데서 유래하는 것으로 보인다. 이는 의사주의를 택하고 있는 일본 민법에서 법규정으로부터 물권행위 개념의 근거를 찾기 어렵기 때문에 거래의 실제에 착안한 것이 아닌가 추측된다. 일본에서의 물권행위에 관한 논의는 瀧澤聿代, "物權變動の時期", 民法講座 2, 1984(昭和59), 42면 이하; 山本進一 , 新版 注釋民法(6), 1997, 228면 이하 참조.

51) 이러한 청구의 법적 의미에 관하여는 아래 註 85)의 본문 참조.

52) 金曾漢, 新物權法(上卷), 1960, 292면 이하; 金曾漢(註 25), 109면 이하 등 참조.

도 물권행위만으로 물권적 기대권이 발생하는 것이 아니라 부동산의 인도까지 받아야 한다는 주장도 제기되고 있다.[53]

이하에서는 과연 현행 법규정이나 제도로부터 물권행위로 볼 만한 것을 찾을 수 있는지를 살펴본다. 이를 논함에 있어서는 물권행위의 개념 그 자체를 다시 따져 볼 필요가 있다. 앞에서도 언급한 것처럼 물권행위라 함은 處分行爲의 일종으로서 물권변동 그 자체를 목적으로 하는 법률행위이고, 그 발생한 채무의 이행이라는 문제가 남지 않는다는 점에서 義務負擔行爲인 채권행위와는 구별된다고 설명되고 있다. 그러나 현행 민법이 법률행위로 인한 물권변동에 관하여 등기나 인도를 요구하고 있으므로 성립요건주의를 채택하고 있으므로 이러한 물권행위 내지 물권적 합의 그 자체만으로 물권변동이 일어날 수는 없다. 그렇지만 다른 한편으로 물권행위는 물권변동 그 자체를 목적으로 하는 것이므로 물권행위는 물권변동이 일어나게 하는 요건인 등기나 인도를 지향하는 것이어야 한다. 그러한 내용의 법률행위라야 물권변동 그 자체를 목적으로 하는 것이라고 할 수 있는 것이다. 반대로 그러한 등기나 인도와 관계없는 법률행위라면 이를 가리켜 물권변동 그 자체를 목적으로 하는 법률행위라고 할 수는 없다.

2. 動産의 경우

그러므로 동산의 경우에는 소유권의 이전[54]을 목적으로 하는 引渡(占有移轉)의 합의를 물권행위 내지 물권적 합의에 해당하는 것으로 볼 수 있다. 동산의 양도의 경우에 인도를 필요로 한다는 것은 민법 제188조 제1항이 규정하고 있는 바이다. 그리고 인도가 채권행위의 이행으로서 이루어지는 경우에는 점유의 이전 자체에 관하여 당사자 사이에 의사의 합치가 있을 뿐만 아니라, 그 인도에 의하여 소유권의 이전이 일어난다는 점에 대하여도 당사자 사이에 의사의 합치가 존재한다. 이러한 소유권의 이전을 위한 인도에 관한 의사의 합치를 물권행위로 보는 데에는 별다른 문제점이 없다고 생각된다. 앞에서 본 물권행위의 개념에 비추어 보더라도, 동산에 관한 소유권을 이전하기로 하는 채

53) 예컨대 金相容(註 26), 180면 이하. 이러한 견해는 원래 崔鐘吉, "物權的 期待權" V, 司法行政 제6권 6호, 1965에서 유래한다.

54) 동산에 관한 물권으로서 인정되는 것은 소유권 외에 留置權과 質權이 있는데, 유치권은 법률행위에 의하여 설정되는 것이 아니고, 질권의 경우에는 목적물의 인도를 요구하는 별도의 규정이 있으므로(민법 제330조), 이하에서는 소유권의 이전에 대하여만 언급한다.

권계약을 맺은 당사자가 인도에 의하여 소유권이 이전된다는 것을 인식하면서 그러한 효과를 의욕하여 인도의 합의를 하였다면, 이는 그러한 물권행위의 개념에 들어맞는 것이다.

다른 말로 설명한다면 다음과 같다. 관념적으로는 소유권 이전의 합의 그 자체와 점유 이전의 합의를 구분할 수 있을 것이다. 그러나 실제에 있어서는 매매와 같은 채권행위의 이행을 위하여 동산을 인도하는 경우에 당사자들이 그 점유 이전의 합의를 함에 있어서 소유권 이전을 의식하지 않고서 점유 이전의 합의만을 한다고는 생각하기 어렵다. 또한 점유 이전과 관계없는 동산 소유권 이전의 합의 자체는 별다른 의미를 가지기 어려운 것이다. 그러므로 이러한 경우에 있어서는 점유이전의 합의에 당연히 소유권 이전의 물권적 합의가 포함되어 있다고 볼 수 있다.

이 점에 관하여 일찍이 물권행위 개념의 창시자라고 할 수 있는 Savigny는 다음과 같이 서술하고 있다.

"그러므로 引渡(Tradition)는 진정한 계약인데, 그 안에서 계약 개념의 모든 표지를 발견할 수 있기 때문이다; 왜냐하면 인도는 당사자쌍방의 점유 및 소유권의 현재의 이전을 지향하는 의사표시를 포함하고 있고, 행위자 사이의 법률관계는 그에 의하여 새로이 규정된다. 이러한 의사표시가 그 자체만으로는 완전한 인도를 위하여 충분하지 않고, 점유의 현실적인 취득이 외적 행위로서 부가되어야 한다는 것은 기초에 깔려 있는 계약의 본질을 제거하는 것은 아니다."[55)]

다른 한편으로는 이러한 물권행위(물권적 합의)와 실제의 인도가 시간적으로 어떠한 관계에 있는가 하는 점도 살펴볼 필요가 있다. 관념적으로는 인도를 위한 합의와 인도 그 자체를 구별할 수는 있고, 양자가 다른 시기에 행하여지는 것을 배제할 수는 없지만,[56)] 실제로는 거의 대부분의 경우에는 양자는 동시에 일어난다고 보는 것이 합리적일 것이다. 그러므로 채권행위와 인도가 어느 정도의 시간적인 간격을 두고 행해지는 경우에는 일반적으로는 물권적 합의는

---

55) Savigny, System des Heutigen Römischen Rechts, Bd. 3, 1840, S. 312.

56) 예컨대 집합동산의 양도담보를 점유개정의 방법에 의하여 설정함에 있어서 장차 양도담보 설정자가 취득할 동산까지 양도담보의 목적으로 합의하는 경우에는 물권행위에 해당하는 점유개정의 합의와 실제로 동산이 담보목적물에 편입됨으로써 점유매개관계가 성립하는 시기 사이에는 차이가 나게 된다. 이를 先行의 占有改定(antizipiertes od. antezipiertes Besitzkonstitut)이라고 부른다. Baur/Stürner(註 6), §51 E. Ⅱ. 5. Rz. 31(S. 581 f.) 참조.

채권행위시가 아닌 인도시에 행하여진다고 볼 수 있을 것이다.[57)]

이 점에 관하여 성립요건주의를 취하고 있는 다른 나라들의 예를 살펴본다. 우선 독일의 경우에는 어떠한가? 독일 민법 제정 과정에서는 이 문제가 비교적 자세히 다루어졌다. 독일 민법 제1초안 제874조 제1항 제1문은 다음과 같이 규정하였다.

"동산에 대한 법률행위에 의한 소유권의 양도를 위하여는 소유자와 취득자 사이에 물건의 인도에 의하여 체결되는, 소유권이 취득자에게 이전된다는 계약체결자의 의사표시를 포함하는 계약을 필요로 한다."[58)]

이 점에 관하여 제1초안 이유서는 다음과 같이 설명하고 있다.

"합의에 의한 점유 이전을 법률이 규정하고 있는 법률행위의 특별한 형식(§91)으로 볼 것인가에 관하여는 초안에서 결정되지 않았고, 이는 이론적인 문제로서 학문에 위임된 문제이다. 인도는 물권적 계약의 필요적으로 요구되는 요소로서, 유효조건으로서 사후적으로 충족되어야 하는 요건으로 규정된 것은 아니다. 인도 전에는 구속력 있는 물권계약은 존재하지 않는다."[59)]

그러나 제2초안 제842조 제1항은 이 규정을 현행 제929조와 같이 바꾸었다.[60)] 그 심의과정에서 심의위원회는, 합의(Willenseinigung)는 반드시 명시적으로 표시되거나 인도시에 표시될 필요는 없고, 인도와 합의와의 관계에 관하여는 인도가 합의에 부가되어야 하며, 인도가 합의의 形式(Form)은 아니고, 인도는 소유권 이전을 위한 독자적인 요건이라고 하는 점을 표현하기로 하였다고 한다.[61)] 그러나 오늘날에도 물권적인 합의와 인도는 광범위하게 단일한 과정으로 다루어져야 한다는 견해가 지배적이라고 한다.[62)]

---

57) Baur/Stürner(註 6), §51 Ⅰ. 1(S. 570) 참조. Schwab/Prütting, Sachenrecht, 28. Aufl., 1999, Rz. 372(S. 167)는 동산의 양도에 있어서 Einigung은 형식을 요하지 않고, 실제 거래에 있어서 말로 표현되지는 않지만, 인도는 원칙적으로 Einigung과 함께 일어나고 Einigung이 인도에 의하여 명백해 진다고 한다. 李銀榮(註 17), 130-131면은 동산의 경우에는 물권적 합의와 인도가 하나의 물권행위를 이룬다고 하면서 그 근거로서 동산양도에서 물권적 합의와 인도는 대개 합체되어 행해지는 것이 거래의 실태라는 점을 들고 있다.

58) Zur Übertragung des Eigentums an einer beweglichen Sache durch Rechtsgeschäft ist ein zwischen dem Eigentümer und dem Erwerber unter Übergabe der Sache zu schließender Vertrag erforderlich, welcher die Willenserklärung der Vertragsschließenden enthält, daß das Eigentum auf den Erwerber übergehen soll.

59) Mot. 336(Mugdan, 註 10. S. 186).

60) 위 註 3) 및 그 본문 참조.

61) Prot. 3678(Mugdan, 註 10, S. 624).

62) Staudinger/Wiegand, 13. Bearbeitung 1995, §929 Rz. 77 f.

스위스 민법의 경우에는 어떠한가? 스위스 민법 제714조 제1항은 "동산 소유권의 이전을 위하여는 점유가 취득자에게로 이전될 것을 요한다"[63]고만 규정하고 있어서 동산의 양도의 경우에 물권행위가 별도로 필요한가에 관하여는 견해의 대립이 없지 않으나, 다수설은 이를 긍정하는데,[64] 이러한 견해에서는 물권적 계약이 채권행위와 시간적으로 결합할 수도 있지만 반드시 그러한 것은 아니라고만 하고 있을 뿐 어느 시기에 물권행위가 있다고 보는가에 관하여는 반드시 명확하지 않다.[65] 반면 물권계약을 부정하는 학설은 인도가 소유권 이전에 관한 의사의 합치라고 본다.[66]

오스트리아의 경우에는 원래 오스트리아 민법전의 입법자는 titulus-modus의 이론에 따라 물권변동을 위하여 요구되는 등기나 인도와 같은 法的 取得方式(rechtliche Erwerbungsart)[67]을 이른바 순수한 사실행위로 이해하였으나, 19세기 후반에 이르러 후기 보통법의 영향 아래 물권행위의 개념을 인정하게 되었다.[68] 그러나 이러한 물권행위가 언제 이루어지는가에 대하여는 견해의 대립이 있다. 근래에 주장된 견해는 이러한 물권행위는 원칙적으로 의무부담행위에 포함되어 있고, 인도는 물권 취득의 요건이기는 하지만 단순한 사실상의 효력요건에 불과하다고 한다.[69] 그러나 반대의 견해에서는 인도가 법률행위라고 하면서, 반대설과 같이 "법적인 交付와 受領"[70]이 법률적인 의미에서 그와 동시에

---

63) Zur Übertragung des Fahrniseigentums bedarf es des Überganges des Besitzes auf den Erwerber.

64) Kommentar zum Schweizerischen Privatrecht, Schweizerisches Zivilgesetzbuch, Ⅰ, 1998 Art. 714 N 5 f.(Schwander). 여기서는 판례가 묵시적으로는 이 요건을 인정하고 있지만 명시적으로는 태도를 밝히고 있지 않다고 설명한다.

65) Tuor/Schneyder/Schmid, Das Schweizerische Zivilgesetzbuch, 11. Aufl., 1995, §93 Ⅱ. a(S. 745)는 이러한 점유의 이전은 물권계약(dinglicher Vertrag)이라고도 불리우는 물권적 합의(dingliche Einigung)인 처분계약(Verfügungsvertrag)의 틀 내에서 이루어지는데, 표시되고 점유 이전에 의하여 이루어지는 계약 의사는 동산 소유권의 이전을 지향한다고 설명한다.

66) Schwander(註 64), N. 7 참조.

67) 오스트리아 민법전(ABGB) 제380조는 다음과 같이 규정하고 있다. "權原과 法的 取得方式 없이는 所有權을 취득할 수 없다(Ohne Titel und Ohne rechtliche Erwerbungsart kann kein Eigentum erlangt werden)."

68) Koziol/Welser, Grundriß des bürgerlichen Rechts, 8. Aufl., 1988, S. 56, 68; Stadler(註 13), S. 27 f.

69) 예컨대 Spielbüchler, Übereignung durch mittelbare Leistung, JBl 1971, 592; derselbe, Der Dritte im Schuldverhältnis, 1973, S. 101 ff. 최근의 오스트리아 대법원(OGH)의 판례(ÖBA 1987, 51)도 이를 따랐다고 한다. 이상은 Koziol/Welser(註 68), S. 68 f.에서 재인용. Schwimann/Klicka, Praxiskommentar zum ABGB, 2. Aufl., 1998, §425 Rz. 2는 이것이 근래의 다수설이라고 한다.

70) 오스트리아 민법 제425조는 다음과 같이 규정한다. "단순한 권원은 소유권을 부여하지 않는다. 소유권과 모든 물권은 법률에 규정된 경우를 제외하고는 법률적인 교부와 수령에 의하

실현되는 효과의사 없이 가능한 것인지, 처분의사에 기한 교부와 사실이 시간적으로 분리될 수 있는지 의문이라고 하면서, 교부의 개념에는 의사가 포함되는데, 교부에 권리의 이전이라는 결정적인 효과가 발생한다면 그 의사가 자연적인 의사만으로 충분하다는 것은 매우 기이하다고 한다.[71)]

그런데 現實引渡의 경우에 당사자의 의사의 합치를 법률행위로 볼 수 있는가에 대하여는 견해의 대립이 있다. 이 경우의 당사자의 의사는 效果意思이므로 이 경우의 의사의 합치는 법률행위라고 하는 견해가 있는 반면 현실의 인도에 관한 한 당사자의 의사는 自然的 意思에 불과하므로 법률행위가 아니라는 반대 견해도 있다.[72)] 그러나 민법은 점유권을 독립된 물권으로 규정하고 있고, 제196조는 점유권의 양도를 인정하고 있으며, 제199조는 점유의 승계를 규정하고 있으므로 점유 이전에 관한 당사자의 의사를 효과의사로 보고 그 당사자의 의사의 합치를 법률행위로 보는 데에는 큰 어려움이 없다고 생각된다. 적어도 인도가 동산 양도를 위한 채권행위의 이행으로서 이루어지는 한, 그 인도가 讓渡라는 법률효과를 낳기 위하여는 그러한 법률효과를 의욕하는 당사자의 의사가 있어야 할 것이다.[73)]

현실인도에 관한 당사자의 의사는 자연적 의사에 불과하다는 설에서는 이를 의사표시로 본다면 예컨대 어린아이가 자신의 물건을 타인에게 인도한 경우 기타 무효인 계약에 기하여 물건을 타인에게 인도한 경우에 상대방에게 점유가 인정되지 않는 결과가 된다든지,[74)] 점유이전의사에 의사표시에 관한 규정을 전부 적용한다면 인도를 착오 등을 이유로 취소하게 되는 등 점유라는 사실상태와는 맞지 않는 결과를 초래한다[75)]고 하는 점을 근거로서 들고 있다.

그러나 의사능력이 없는 사람이 물건을 인도하였다든지 하는 경우에 그 상대방이 그 물건을 사실상 지배하고 있는 한 그 인도행위의 하자와는 관계없

여만 취득될 수 있다(Der bloße Titel gibt noch kein Eigentum. Das Eigentum und alle dingliche Rechte überhaupt können, außer den in dem Gesetze bestimmten Fällen, nur durch die rechtliche Übergabe und Übernahme erworben werden)."

71) Koziol/Welser(註 68), S. 69.

72) 학설의 상세는 李英俊(註 15), 235면 참조. 현실인도가 아닌 簡易引渡나 占有改定 또는 目的物 返還請求權의 讓渡의 경우에는 물권적 합의가 존재한다는 점에 관하여는 학설상 다툼이 없다. 다만 그 대상이 소유권 그 자체의 이전인가 아니면 단순히 점유의 이전인가에 관하여는 논란이 있다. 아래 註 77) 참조.

73) 위 註 71)의 본문 참조.

74) 金曾漢 · 金學東(註 15), 114면.

75) 李銀榮(註 17), 293면.

이 상대방이 물건을 점유하고 있다는 사실 자체를 부정할 수는 없다. 또 인도를 위한 의사의 합치에 어떤 하자가 있다면 인도 자체의 무효 또는 취소를 주장하는 것이 아니라 그 의사의 합치의 무효 또는 취소를 주장할 수 있다고 보아야 할 것이다. 예컨대 동산 매매에 있어서 매수인이 매매대금을 다 지급하면 매도인이 매매 목적물을 인도해 주기로 하였는데 매수인이 매매대금을 다 지급하지 않은 채로 다 지급하였다고 매도인을 기망하여 인도를 받았다면,[76] 매도인으로서는 원인행위인 매매계약 자체를 취소할 수는 없지만, 그 인도의 물권적 합의를 취소하고 목적물의 반환을 청구할 수 있어야 할 것이다.

다만 이처럼 인도시에 물권적 합의 내지 물권행위가 있는 것으로 본다고 하여도, 동산의 경우에는 물권행위에 정지조건을 붙일 수 있기 때문에 물권변동 그 자체도 항상 물권행위가 있을 때 발생하여야 하는 것은 아니다. 예컨대 소유권유보부 매매의 경우에는 물권행위는 매도인이 매수인에게 목적물을 인도할 때 행해지지만 소유권의 이전은 대금 전액의 지급이라는 정지조건이 성취되면 별도의 의사표시 없이 이루어진다.[77]

나아가 동산의 양도를 위한 인도가 현실인도 아닌 簡易引渡의 合意(민법 제188조 제2항), 점유개정의 합의(제189조) 및 목적물반환청구권의 양도(제190조)의 방법에 의하는 경우에는 이러한 합의에 소유권 이전의 물권적 합의가 포함되어 있다고 보아야 할 것이다.[78]

---

76) 부동산의 매매에 관한 대법원 1996. 6. 11. 선고 96도233 판결(公 1996하, 2262) 참조.

77) 대법원 1996. 6. 28. 선고 96다14807 판결(公 1996하, 2358); 1999. 9. 7. 선고 99다30534 판결(公 1999하, 2088) 등. 다만 소유권유보의 특약은 채권행위인 매매계약의 체결시에 이루어질 수도 있고, 물권행위시에 이루어질 수도 있다. 梁亨宇, "所有權留保附 動産賣買契約의 法的 性質과 그 目的物의 所有權歸屬關係", 判例月報 2001. 9, 20면 참조.

78) 가령 金曾漢·金學東(註 15), 117면은 簡易引渡에 있어서 의사표시란 결국 소유권 이전의 합의이고 그 밖에 따로이 점유의 승계에 관한 합의는 불필요하다고 생각할 수도 있지만, 민법은 특히 점유권의 양도의 방법으로서 간이인도에 관한 규정을 준용하고 있고, 또 간이인도는 부동산에 관하여도 있을 수 있는 것이므로 관념상 점유의 승계에 관한 합의를 소유권 이전의 합의와 구별할 수 있고 따라서 여기서의 의사표시는 점유의 승계에 관한 것이고 다만 점유승계에 관한 합의는 소유권이전의 합의에 당연히 포함된다고 하고, 같은 책 118면은 점유개정에 의한 동산소유권의 양도에 있어서는 소유권이전의 합의와 점유매개관계의 기초인 법률관계를 발생시키는 계약과의 두 개의 계약이 존재한다고 한다. 또한 郭潤直(註 14), 120면도 점유개정에 의한 동산소유권의 양도에 있어서는 소유권이전의 합의와 양수인에게 간접점유를 취득시키는 계약과의 두 개의 합의가 있고 두 합의는 하나의 행위로 합체되어서 행해지는 것이 보통이며, 반환청구권의 양도에 의한 동산소유권의 양도에 있어서도 반환청구권의 양도의 합의와 소유권이전의 합의는 보통은 하나의 행위로 행하여진다고 한다. 반면 高翔龍(註 23), 154-155면은 간이인도에 있어서의 의사표시는 순수한 점유이전에 대한 합의만을 의미한다고 한다.

3. 不動産의 경우

부동산의 경우에는 동산의 인도의 합의에 대응하는 것이 등기신청행위이다. 不動産登記法은 부동산 등기에 관하여 이른바 共同申請主義를 택하여, 등기권리자 및 등기의무자의 쌍방의 공동신청이 있어야 하도록 규정하고 있다(제28조). 그러므로 예컨대 매매에 기한 소유권이전등기의 경우에는 매도인이 등기의무자이고 매수인이 등기권리자로서 공동으로 등기를 신청하게 된다.

물권변동을 위한 등기신청의 경우에는 그 신청이 접수되어 그에 따라 등기가 이루어지면 그에 의하여 물권변동이 발생한다. 그러므로 이러한 등기신청행위는 분명히 물권변동 그 자체를 목적으로 하는 處分行爲에 해당한다고 볼 수 있다. 이러한 등기신청만으로 물권변동이 일어나는 것은 아니지만, 물권변동의 요건인 등기는 등기신청에 의하여 이루어지기 때문이다. 또한 등기신청이 있으면 등기관은 등기신청의 접수번호의 순서에 따라 등기를 하여야 하고(부동산등기법 제54조), 등기한 권리의 순위를 결정함에 있어서도 접수번호가 기준이 되기 때문에(부동산등기법 제5조 제2항), 등기신청행위 자체에 의하여 중요한 법률적 효과가 발생한다고 말할 수 있다. 나아가 부동산등기부에는 신청서 접수의 연월일과 접수번호도 기재하도록 되어 있으며(부동산등기법 제57조 제2항), 등기일자 자체는 기재하지 않는다.[79)]

그런데 종래에는 이러한 등기신청행위의 성질에 관하여는 이는 등기절차법상의 의사표시로서 私人이 행하는 공법상의 행위이지만 법률행위는 아니라고 보는 것이 일반적이었다.[80)] 물론 등기신청행위는 1차적으로는 등기공무원을 상대방으로 하는 공법상의 행위에 해당한다. 그러나 그것이 私法的으로는 처분행위의 의미를 가진다고 보는 것과 양립할 수 없는 것은 아니다.[81)] 나아가 등

---

79) 郭潤直, 不動産登記法, 新訂(修正版), 1998, 242면은 성립요건주의를 취하고 있는 우리나라에서는 입법론적으로 등기일자도 기재하여야 한다고 주장한다.

80) 郭潤直(註 79), 1998, 147-148면. 朴駿緖/金相容, 註釋民法 제3판, 物權(1), 2001, 101면도 등기신청행위는 법률행위가 아니라고 하고, 姜台星(註 24), 99면, 104면은 등기의 신청은 의사의 통지를 요소로 하는 준법률행위라고 한다.

81) 李銀榮(註 17), 130면도 등기신청행위는 한편으로는 공법행위로서의 성질을 가지며, 다른 한편으로는 私法上의 法律效果를 의욕하는 私法行爲로서의 성격을 가지는 등 양면성을 가진다고 한다. 독일에서는 부동산에 관한 등기를 이해관계자 중 한 사람이 단독으로 신청할 수 있다(單獨申請主義). 이때 신청 내용의 정확성을 담보하기 위하여 부동산 소유권 이전 등기의 경우에는 Auflassung이 요구되고, 그 외의 경우에는 다른 이해관계인에 의한 登記同意(Ein-

기신청의 의사표시는 직접적으로는 등기공무원을 상대방으로 하는 것이지만, 등기 신청에 관한 등기권리자와 등기의무자의 의사가 합치되고 있고, 등기신청서도 하나의 신청서에 의하여 양자가 공동으로 신청을 하고 있으며, 민법은 직접 계약의 상대방에 대한 의사표시 이외의 경우에도 계약의 성립을 인정하고 있으므로(민법 제532조 참조) 이러한 공동의 등기신청시에 계약의 성립을 인정하는데 별다른 문제가 없다고 생각된다.[82]

이에 반하여 종래 물권행위의 독자성을 인정하는 학설은 대체로 등기에 필요한 서류의 교부시에 물권행위가 있는 것으로 보고 있었다.[83] 이러한 학설

---

tragungsbewilligung)가 요구된다. 이 등기동의는 절차법상의 의사표시(Willenserklärung des Verfahrensrechts)로서, 공무원에 의한 수령을 필요로 하는 단독행위(eine einseitige amtsempfangsbedürftige Willenserklärung)와 마찬가지로 다루어지지만, 이 가운데 실체법상의 의사표시가 포함되어 있을 수도 있고, 이는 해석에 의하여 결정될 문제라고 한다. Baur/Stürner(註 6), §16 Ⅲ 3, 4(S. 165 f.). 또한 Brehm/Berger(註 6), §11 20(S. 191); Schwab/Prütting(註 57), Rz. 280(S. 121)도 참조. 다른 한편 私法上의 形成權을 소송상 행사하는 경우에는 이를 訴訟行爲로만 보는 것이 아니라 訴訟行爲와 私法行爲의 두 가지 성질을 가진다고 보는 것이 일반적이다. 다만 양자의 관계를 어떻게 이해할 것인가에 대하여는 여러 가지의 견해가 대립한다. 李時潤, 新民事訴訟法, 2002, 324면 이하; 註釋 新民事訴訟法(Ⅳ), 2004, 373면 이하(李鎬元) 참조.

82) 이 점에 관하여는 다음과 같은 판례가 참고가 된다. 우선 판례는, 상속재산 전부를 상속인 중 1인에게 상속시킬 방편으로 그 나머지 상속인들이 가정법원에 상속포기신고를 하였으나 그 상속포기가 상속포기로서의 효력이 없는 경우에도 그 1인과 나머지 상속인들 사이에는 그 1인이 상속재산 전부를 취득하고 그 나머지 상속인들은 그 상속재산을 전혀 취득하지 않기로 하는 의사의 합치가 있었으므로 그들 사이에 위와 같은 내용의 상속재산의 협의분할이 이루어진 것으로 보아야 한다고 한다. 대법원 1989. 9. 12. 선고 88누9305 판결(公 1989, 1415); 1991. 12. 24. 선고 90누5986 판결(公 1992, 707); 1996. 5. 15. 선고 95다45545, 45552, 45569 판결(公 1996 상, 1374) 등. 또한 대법원 2003. 5. 13. 선고 2000다45273 판결(公 2003 상, 1271)은 토지구획정리사업의 시행으로 인하여 당초 오피스텔 부지로 예정되어 있던 토지의 일부에 대한 소유권을 이전받지 못한 오피스텔 수분양자들이 분양자에게 보낸 통지서 및 이에 첨부된 환지계획의견서 양식에 나타난 수분양자들의 분양자에 대한 요구 내용은, 분양자가 분할 후 위 미이전 토지에 대하여 환지 대신 환지청산금을 교부받아 그 금원으로 수분양자 등에게 부과될 환지청산금을 처리하여 달라는 것으로서, 이는 분할 후 위 미이전 토지에 대하여 환지 대신 환지청산금이 교부되는 것을 조건으로 하여 분양자가 교부받는 환지청산금 상당을 수분양자 등이 부과받을 환지청산금 범위 내에서 지급하여 달라는 의사표시이고, 당시 환지청산금의 구체적인 금액은 정하여지지 않았지만 그 대상 토지가 특정된 이상 장래 환지처분 공고시 그 금액은 자연히 확정될 수 있는 것이어서 수분양자 등이 분양자에게 보낸 통지서에 나타난 위 의사표시는 상대방의 승낙이 있으면 곧바로 의사의 합치에 이를 수 있는 정도로 내용적으로 확정될 수 있는 청약에 해당하고, 분양자가 수분양자들로부터 위 통지서를 받고 수분양자들이 요청한 대로 그에 첨부된 위 환지계획서의견서 양식 말미에 서명·날인하여 이를 토지구획정리사업시행자에게 제출한 행위는 민법 제532조에 따라 승낙의 의사표시로 인정될 수 있다고 하였다.

83) 위 Ⅲ. 2. 참조. 李英俊/金學東(註 17), 125면은 등기신청서 작성시에 물권행위가 있은 것으로 해석하는 것도 가능해 보인다고 하면서도 결론에 있어서는 당사자는 대금의 완급과 함께 등기서류를 교부할 때에 소유권은 확정적으로 매수인에게 넘어간다고 의식한다는 이유로 이

을 선해한다면 등기의 신청 그 자체는 물권행위는 아니지만, 등기에 필요한 서류의 교부가 있는 때에 등기신청에 대한 합의가 있고, 이러한 등기신청의 합의는 물권변동의 합의를 포함한다고 보아 이때에 물권행위가 있다고 하는 것으로 이해할 수 있다.

그러나 이러한 견해는 받아들이기 어렵다. 이러한 등기신청을 하기로 하는 합의 그 자체는 별다른 법률적인 의미가 없는 것이다. 즉 등기신청을 하기로 합의를 하였다고 하여도 법률이 요구하는 것은 등기신청 그 자체이지 등기신청을 하기로 하는 합의를 요구하는 것은 아니며, 따라서 그에 대하여 특별한 법률적 효과가 인정되는 것은 아니다. 가령 매도인으로서는 등기 서류를 교부하면 자신의 의무를 다 이행한 것으로 생각한다고 하더라도, 법적으로는 매도인이 매수인과 공동으로 등기신청을 하여야만 자신의 의무를 이행한 것이 된다. 실제에 있어서는 매수인이 매도인으로부터 등기에 필요한 서류를 교부받은 다음 법무사 등에게 등기신청을 위임하는 것이 보통이지만, 법적으로는 법무사가 매도인과 매수인의 쌍방으로부터 위임을 받아 쌍방을 대리하여 공동등기신청을 하는 것이다. 그러므로 매도인이 매수인에게 등기에 필요한 서류를 교부하는 것은 매수인이나 매수인이 지정하는 제 3 자에게 등기신청의 대리권을 수여하는 것으로밖에 평가될 수는 없다. 만일 등기에 필요한 서류의 교부를 처분행위인 물권행위로 본다면 그로써 이행은 종료되었고, 더 이상의 이행행위는 필요 없다고 해야 할 것이지만, 실제로는 등기서류의 교부는 등기신청을 위한 것이고, 그러한 등기신청행위가 있어야만 이행은 종료되는 것이므로 이 점에 비추어 보아도 등기서류의 교부를 이행이 필요 없는 처분행위인 물권행위로 보는 것은 맞지 않는다. 법률적으로는 매수인에게 등기서류를 교부하는 것만으로 등기신청이 있는 것으로 보지는 않는다.

이 점은 다음과 같은 점에 비추어 보아도 알 수 있다. 즉 매매계약의 경우에 매수인이 대금의 지급 등 자신의 채무를 모두 이행하였는데도 매도인이 물권행위를 하여 주지 않는다면 매수인으로서는 민법 제389조 제 2 항, 민사집행법 제263조에 의하여 재판상 매도인이 물권행위에 필요한 의사표시를 할 것을 청구할 수밖에 없다.[84] 그런데 이러한 경우에 매수인은 매도인에게 등기에

를 부정하고, 李銀榮(註 17), 130면도, 등기신청행위는 양면성을 가지지만 등기신청의 여부는 매수인이 주도적으로 결정하므로 그 신청행위가 물권적 합의라고 보기는 어렵다고 한다.

84) 부동산등기법 제29조도 이를 전제로 하고 있다.

필요한 서류의 교부를 청구하는 것이 아니라, “소유권이전등기절차를 이행하라”는 청구를 하게 된다. 이는 “등기신청의 의사표시를 이행하라”는 것을 간략하게 표현한 것이다.[85] 반대로 매도인이 매수인에게 이미 등기에 필요한 서류를 교부하였다고 하더라도 그것만으로 매수인의 소유권이전등기신청청구를 거부할 수는 없다.[86] 그러므로 실제로 강제이행을 청구할 수 있는 것은 이러한 등기신청의 의사표시이지 등기서류의 교부가 아닌 것이다.

다른 한편으로 이 문제는 다음과 같은 경우와 비교할 수도 있다. 즉 계약의 체결에 있어서 계약서가 작성되는 경우에, 실제로는 계약서의 작성 이전에 계약서의 작성에 관한 합의가 있는 경우가 대부분일 것이다. 그러나 그러한 경우에도 계약서의 작성 시점에 계약이 체결된 것으로 보지 그 이전의 계약서의 작성에 관한 합의가 있는 시점에 계약이 체결된 것으로 보지는 않는다. 그러므로 등기서류의 교부 시점에 사실상 등기신청 내지 물권변동에 관한 합의가 있었다고 하더라도 법률적으로는 실제의 합의는 그러한 합의가 구체화된 때인 등기 신청시에 있는 것으로 볼 수밖에 없다.

또한 이 문제를 婚姻申告의 경우와 비교하여 본다. 가령 당사자 사이에 약혼이 이루어졌고, 당사자 일방이 다른 일방에게 혼인신고를 위임하였으며, 그에 따라 다른 일방이 혼인신고를 한 경우를 상정하여 본다면 약혼은 채권행위 내지 의무부담행위라고 할 수 있고, 혼인신고의 위임은 등기서류의 교부에 상

85) 註釋 新民事執行法(Ⅴ), 2004, 166면(徐基錫) 참조. 대법원 1989. 10. 24. 선고 89다카10552 판결(集 37권 3집 民244면; 公 1989, 1765)에 대한 대법원 재판연구관의 해설인 朴聖哲, “登記義務를 명하는 債務名義상의 債務者가 임의로 登記義務를 이행한 후에 다시 그 債務名義에 기하여 경료된 登記의 效力”, 대법원판례해설 第12號(89년 하반기), 60면 이하는 등기신청의 의사 진술을 명하는 채무명의를 등기절차상 쌍방신청주의 하에서 등기신청에 필요한 채무자의 물권행위가 존재하는 것으로 의제하는 것이라고 설명하고 있다. 다만 여기서도 임의적인 물권행위는 채무자가 채권자에게 등기신청서류 일체를 교부하는 것으로 보고 있다.

86) 대법원 1977. 5. 24. 선고 76다1976 판결(公 1977, 10144)은 토지의 매도인이 매수인인 원고에게 토지의 소유권이전등기 소요서류 일체를 이미 제공한 이상 이로서 매도인의 매수인에 대한 의무이행은 끝난 것이므로 매도인의 상속인인 피고들은 동 토지의 소유권을 새삼스러이 원고에게 이전시키기 위한 절차이행의 의무가 없다는 피고들의 항변에 대하여 원심판결이 피고들이 원고에게 본건 토지의 소유권 이전을 하여줄 의무가 있고 아직 그 등기절차가 이행되지 아니한 이상 피고들의 그 소유권 이전등기절차이행의무가 소멸된 것은 아니라 하여 그 항변을 배척하였음은 정당하다고 하였다. 등기 서류의 교부를 물권행위로 보는 견해에서는 이러한 결과에 대하여 급부행위는 있었으나 급부결과는 없었으므로 매도인이 다시 급부를 청구할 수 있다고 설명할 것이다. 鄭淇雄, “債權法上의 「給付」 槪念에 대한 考察”, 民事法學 제 7 호, 1988, 146면 참조. 그러나 등기신청행위를 물권행위로 본다면 등기 서류의 교부만으로는 아직 급부행위는 없었고, 다만 급부행위의 준비행위만이 있었다고 하게 될 것이다.

응하며, 혼인신고는 등기신청에 상당한다고 할 수 있다. 이러한 경우에 혼인신고를 위임한 때에 혼인의 합의가 있는 것이라고 볼 수 있을까? 사회 통념상으로는 그와 같이 볼지도 모른다. 그러나 법률적으로는 이는 별다른 의미가 없다. 왜냐하면 혼인 의사의 유무를 판단하는 기준 시점은 혼인신고시이기 때문이다.[87] 혼인신고 이전에 혼인의 의사가 있었다는 사정은 혼인신고 당시에 혼인의 의사가 있었는가를 판단하는 자료가 될 수 있을 뿐이다.[88]

종래 우리나라에서 물권행위의 독자성을 인정하는 많은 논자들은 독일의 Auflassung에 상당하는 것을 위와 같은 등기 서류의 교부에서 찾았다. 그러나 우리나라의 제도로서 독일의 Auflassung에 상당하는 것은 당사자들에 의한 소유권이전등기의 공동신청이라고 보아야 할 것이다. 독일에서는 부동산등기에 관하여 단독신청의 원칙을 채택하고 있기 때문에, 그 등기신청의 진정성을 담보하기 위하여 소유권이전등기의 경우에는 두 당사자가 관할기관 앞에 동시에 출석하여 Auflassung의 의사표시를 하도록 규정하고 있는 것이다. 독일에서 Auflassung은 현재는 원칙적으로는 公證人(Notar) 앞에서 하도록 되어 있으나,[89] 역사적으로는 Auflassung은 법원과 같은 국가기관에 대하여 하는 것이었다. 독일 민법 제정 당시에는 Auflassung을 등기소(Grundbuchamt)에서 하도록 규정되어 있었으나,[90] 독일 민법 시행법 제143조의 규정에 따라 州法에 의하여 공증

---

87) 대법원 1983. 12. 27. 선고 83므28 판결(公 1984, 263)은 "혼인은 당사자간에 혼인할 의사의 합치를 요구하며 이 의사의 합치는 혼인신고서를 작성할 때는 물론이고 혼인신고서를 호적공무원에게 신고할 때에도 존재함을 요한다고 해석되므로 일단 의사의 합치아래 유효하게 신고서를 작성하였더라도 그 제출전에 일방이 다른 일방에게 대하여 또는 그 제출을 다른 사람에게 의뢰하였으면 그 사람에게 혼인의사를 철회한 경우나 호적공무원에게 혼인의사를 철회하였으므로 그 수리를 하지 말도록 말한 경우에는 혼인의 의사합치가 없다고 할 것이니 그 신고서가 제출되었더라도 그 혼인은 무효로 돌아간다"고 판시하였다.

88) 대법원 2000. 4. 11. 선고 99므1329 판결(公 2000상, 1190)은 혼인의 합의란 법률혼주의를 채택하고 있는 우리 나라 법제하에서는 법률상 유효한 혼인을 성립하게 하는 합의를 말하는 것이므로 비록 사실혼관계에 있는 당사자 일방이 혼인신고를 한 경우에도 상대방에게 혼인의사가 결여되었다고 인정되는 한 그 혼인은 무효라 할 것이나, 상대방의 혼인의사가 불분명한 경우에는 혼인의 관행과 신의성실의 원칙에 따라 사실혼관계를 형성시킨 상대방의 행위에 기초하여 그 혼인의사의 존재를 추정할 수 있으므로 이와 반대되는 사정, 즉 혼인의사를 명백히 철회하였다거나 당사자 사이에 사실혼관계를 해소하기로 합의하였다는 등의 사정이 인정되지 아니하는 경우에는 그 혼인을 무효라고 할 수 없다고 판시하였다.

89) 현행 독일 민법 제925조 제 1 항 제 2 문.

90) 제정 당시의 독일 민법 제925조 제 1 항은 다음과 같이 규정하고 있었다. "Die zur Uebertragung des Eigentums an einem Grundstücke nach §873 erforderliche Einigung des Veräußerers und des Erwerbers(Auflassung) muß bei gleichzeitiger Anwesenheit beider Theile vor dem Grundbuchamt erklärt werden".

인이나 법원과 같은 다른 기관에 대하여도 할 수 있도록 되었고, 현재와 같이 공증인만이 담당하게 된 것은 최근인 1970년의 일이었다.[91]

다른 한편 스위스에서는 登記申請(Grundbuchanmeldung)을 처분행위로 보고 있다. 스위스 민법 제656조 제1항은 "부동산 소유권의 취득을 위하여는 등기부에의 등기를 필요로 한다"[92]고 규정하고 있는데, 그 등기는 종전 소유자의 단독신청에 의하여 이루어진다(스위스 민법 제963조 제1항). 그런데 스위스의 학설은 이러한 등기신청이 등기공무원에 대한 형식적인 신청에 지나지 않는 것이 아니라 등기된 소유권에 대한 實體的인 處分(materielle Verfügung)으로서 單獨行爲(einseitiges Rechtsgeschäft)에 해당한다고 보고 있다.[93] 스위스 연방대법원의 판례도 등기신청을 소유권에 대한 처분의 의사표시로 보고 있다.[94]

이러한 여러 가지 점에 비추어 본다면 부동산의 경우에는 등기의 신청행위가 물권행위 내지 물권적 합의에 해당한다고 보아야 할 것이다.

Ⅴ. 새로운 物權行爲 槪念의 具體的 適用

1. 物權行爲 槪念의 認定 實益

이처럼 물권행위를 등기신청행위 내지 인도의 합의로 보게 되면, 그 구체적인 결론은 대부분의 경우에 종래의 물권행위 독자성 내지 무인성 이론과는 다르고, 오히려 물권행위 독자성 및 무인성 부정설과 유사하게 된다. 그러면

---

91) Staudinger/Pfeiffer, §925 Rz. 77, 78 참조.

92) Zum Erwerbe des Grundeigentums bedarf es der Eintragung in das Grundbuch.

93) Berner Kommentar/Meier-Hayoz, 3. Aufl., 1964/1973, Art. 656 Rz. 33; Schwander(註 64), Art. 656 Rz. 10; Kommentar zum Schweizerischen Privatrecht, Schweizerisches Zivilgesetzbuch, Ⅱ, 1998, Art. 963 Rz. 20(Jürg Schmid); Tuor/Schneyder/Schmid(註 65), §85 Ⅰ. b. 1(S. 649).

94) 예컨대 스위스 연방대법원(Schweizerisches Bundesgericht) 1989. 6. 20. 판결(BGE 115 Ⅱ 221 ff., 229)은 등기신청을 등기부(Hauptbuch)에 기재되기 전에는 철회할 수 있는가에 관하여 철회할 수 있다고 하던 종래의 판례를 변경하면서 다음과 같이 판시하였다. 즉 연방대법원은 스위스 민법 제963조 제1항의 신청을 최근 판례에서 부동산 소유권에 대한 처분이라고 하였으며, 이러한 견해는 오늘날 지배적인 견해와도 일치한다고 한다. 그러므로 부동산등기의 신청은 등기공무원에게 등기부의 기재에 의하여 궁극적으로 소유권의 변동을 초래하는 위한 등기부상 필요한 변경을 실행하도록 하는 소유자의 의사표시라고 한다. 1954년 이후의 스위스 연방대법원의 판결은 스위스 연방대법원의 홈페이지(http://www.bger.ch)를 통하여 검색할 수 있다(최종 방문: 2005. 4. 6).

군이 물권행위의 개념을 인정할 실익이 있는가 하는 의문이 제기될 수 있다.[95)]

일찍이 李英燮 선생이 지적한 것처럼[96)] 우리 민법의 규정으로부터 바로 물권행위의 개념을 이끌어내는 것이 쉬운 일은 아니다. 그런 점에서 우리 민법은 독일 보통법 시대의 titulus-modus의 전통, 즉 權原(titulus)과 그에 따른 사실행위인 공시방법(modus acquirendi)을 갖추기만 하면 물권행위 없이도 물권변동이 일어나는 체계[97)]를 채택한 것으로 이해할 여지가 없는 것은 아니다.[98)] 이러한 점에서 인도의 합의 내지 등기신청행위를 물권행위로 이해하는 것은 解釋에 의한 外挿(interpolation)이라고 볼 수도 있다.

그럼에도 불구하고 물권행위를 별도로 인정하는 것은 그와 같은 물권행위의 개념을 인정하는 것이 우리 민법과 부동산등기법의 규정과 체계에 근거를 둔 것일 뿐만 아니라, 채권행위의 효력요건과 물권행위의 효력요건을 별도로 인정할 필요가 있기 때문이다. 즉 물권행위에 관하여는 채권행위와는 달리 그 목적물이 적어도 물권행위의 효력발생시까지 특정되어야 하고, 물권행위가 유효하기 위하여는 행위자가 처분권을 가져야 한다는 등의 특질이 인정된다.[99)] 또한 물권행위에는 하자가 있으나 채권행위에는 하자가 없거나 채권행위의 하자와 물권행위의 하자가 다른 경우가 있을 수 있는데, 이 경우에는 물권행위의 하자만을 주장할 수 있게 할 필요가 있다. 예컨대 매매계약에서 매수인이 매매대금을 다 지급해야만 매매목적물의 소유권을 이전하기로 하였는데, 매수인이 매매대금을 다 지급하였다고 매도인을 기망하여 인도 내지 소유권이전등기를

---

95) 李好珽, 考試界 제26권 7호(註 18) 참조. Larenz(註 7), §39 Ⅱ d)(S. 20)은 有因的인 물권적 계약은 논리적으로 과잉이고 실제적으로도 불필요한, 채권계약에서 이미 이루어진 의사의 합의의 중복이라고 주장한다.

96) 위 註 18)의 본문 참조.

97) titulus-modus에 대하여 자세한 설명으로는 洪性載(註 16), 57면 이하 참조.

98) 민법전의 제정에 관여한 法典編纂委員會 위원장이었던 金炳魯의 발언 및 우리 민법이 滿洲國 민법의 영향을 받았다는 점을 근거로 하여 우리 민법의 기초자는 채권행위와는 별개 독립된 법률행위인 물권행위의 독자적 존재를 인정하고 있다는 설명이 있다. 洪性載(註 16), 204면 이하. 같은 취지, 丁玉泰(註 17), 437면 등. 그러나 여기에 소개된 金炳魯의 발언을 분석해 보아도, 그의 기본 의도는 형식주의가 물권의 귀속을 명확하게 한다는 점에서 바람직하다는 것으로서, 이를 설명함에 있어서 당시 일본 민법학에서 논쟁의 대상이었던 물권행위의 개념을 원용한 것일 뿐으로 보이고, 이것만으로 바로 물권행위 개념이 입법에도 반영된 것이라고까지 결론을 내리기는 어렵다고 생각된다. 또한 만주국 민법이 과연 물권행위 개념을 인정한 것인가 하는 점도 분명하지 않다. 오히려 입법과정에서는 이 점에 관하여 명백하지 않았다고 보는 것이 타당할 것이다. 高翔龍(註 19), 252면 이하 참조. 洪性載(註 16)도 현행 민법의 입법태도가 물권행위의 존재성에 관한 문제를 완전히 불식시킨 것은 아니라고 한다.

99) 李英俊(註 15), 70면 이하 참조.

마친 경우, 매도인으로서는 매매계약 자체에는 하자가 없으므로 매매계약 자체를 취소할 수는 없지만, 인도 내지 소유권이전등기에 수반되는 물권행위를 취소할 수는 있는 것이다.[100] 물론 이러한 경우에 매도인으로서는 매매계약을 해제할 수도 있겠지만, 계약의 해제와 취소는 그 요건이나 절차에 있어서 차이가 있을 뿐만 아니라 법률효과에 있어서도 반드시 같지 않으므로 해제와 취소를 아울러 주장할 수 있는 길을 열어 놓을 필요가 있다.[101]

다만 이 점과 관련하여 물권행위에 관하여는 채권행위와는 별도의 요건이 갖추어져야 한다는 것이, 그러한 요건이 물권행위시까지만 갖추어지기만 하면 된다는 의미는 아니다. 이 문제는 등기나 인도를 물권행위의 구성요소로 볼 것인가 하는 점과 관련하여 살펴볼 필요가 있다. 예컨대 대법원 1991. 3. 22. 선고 90다70 판결[102]은 “민법 제249조가 규정하는 선의 무과실의 기준시점은 물권행위가 완성되는 때인 것이므로 물권적 합의가 문제로 된 동산의 인도보다 먼저 행하여지면 인도된 때를 인도가 물권적 합의보다 먼저 행하여지면 물권적 합의가 이루어진 때를 기준으로 해야 하는 것”이라고 판시하고 있어, 동산의 인도를 물권행위의 구성요소로 보고 있는데, 이 판결의 문언에 따를 때에는 선의 무과실은 물권행위 시점에 존재하여야 하는 것이어서[103] 동산의 인도를 물권행위의 구성요소로 보지 않으면 결론이 달라질 수 있는 것처럼 이해될 소지도 있다.

그러나 이와 같이 이해할 필요는 없다. 우선 私見과 같이 원칙적으로 인도시에 물권행위가 있다고 본다면 동산의 경우에는 이러한 문제는 별로 생기지 않는다. 이러한 문제는 所有權留保附 賣買의 경우와 같이 물권행위의 시기와 소유권 이전의 시기가 달라지는 경우에만 문제가 된다. 뿐만 아니라 인도나 등기와 같은 공시방법을 물권행위의 구성요소로 보지 않더라도, 물권의 취득에 필요한 요건은 물권변동이 다 갖추어질 때까지 존재하고 있어야 한다. 가령 처분권의 존재는 물권적 합의 당시뿐만 아니라 공시나 인도시까지 존재하여야

100) 대법원 1996. 6. 11. 선고 96도233 판결(註 76)의 사례 참조.

101) 梁彰洙, “强迫者가 僞造한 書類로 행한 所有權移轉登記의 效力”, 民法硏究 제6권, 2001, 103면 이하도 동일한 취지라고 생각된다. 여기서는 채권행위인 매매계약은 사기로 인하여 체결된 것이고, 소유권이전등기는 한정치산의 선고를 받은 후에 법정대리인의 동의를 받지 않고 경료하여 준 경우에 채권행위와는 별도로 행위무능력을 이유로 물권행위를 취소할 수 있다고 주장한다.

102) 위 註 33).

103) 위 대법원 판결의 경우에 어느 시기에 물권적 합의가 있었다고 보았는지는 반드시 명확하지 않으나 물권행위 독자성 부인론에 따라 매매계약 당시에 물권적 합의까지 있었다고 본 것으로 추측된다.

하는 것이다.[104] 이는 善意取得의 요건으로서의 善意·無過失에 관하여도 마찬가지로 적용될 수 있다.[105]

2. 民法 제186조의 '法律行爲'와 제188조 제 1 항의 '讓渡'의 意味

앞에서 살펴본 것처럼 종래 물권행위의 개념을 인정하는 견해에서는 물권행위의 독자성과 무인성을 부정하더라도 제186조의 법률행위나 제188조 제 1 항의 양도는 모두 물권행위를 의미한다고 보고 있다.[106] 그러나 私見과 같이 등기신청행위를 물권행위로 보게 되면 민법 제186조의 법률행위는 적어도 채권행위의 이행으로서 물권변동이 일어나는 경우에는 채권행위로 보게 됨은 논리상 당연하다. 물권변동을 위한 등기신청행위 자체가 물권변동의 원인이 되는 법률행위라고 할 수는 없기 때문이다. 이 점은 부동산등기법상 '登記原因'의 해석에 있어서도 마찬가지이다. 부동산등기법 제41조 제 1 항 제 5 호는 등기신청서에는 등기원인을 적도록 되어 있는데, 등기신청 자체가 등기의 원인이 될 수는 없는 것이다.[107] 현재의 판례나 부동산 등기의 실무도 매매와 같은 채권

104) 李英俊/金學東(註 15), 116면 등 참조. 그러나 이와 구별하여야 할 것이 일단 행해진 물권행위(예컨대 부동산 등기의 신청행위) 이후에 행위자가 사망하거나 행위능력을 잃은 경우에 이는 일단 행해진 물권행위의 효력에는 어떤 영향을 미치는가 하는 점이다. 원칙적으로 그러한 사정은 이미 효력을 발생한 물권행위의 효력에는 영향을 미치지 않는다. 대법원 1989. 10. 27. 선고 88다카29986 판결(集 37권 3집 民264면; 公 1989, 1778); 2004. 9. 3. 선고 2003다3157 판결(公 2004하, 1644) 등은 등기신청을 등기공무원이 접수한 후 등기를 완료하기 전에 본인이나 그 대리인이 사망한 경우 등과 같이 그 등기의 신청이 적법한 이상 등기가 경료될 당시 등기명의인이 사망하였다는 이유만으로는 그 등기를 무효라고 할 수 없다고 한다. 또한 姜台星(註 24), 99면 참조. 이 점에 관한 독일법상의 논의에 관하여는 Baur/Stürner(註 6), §5 Ⅲ 3 Rz. 38(S. 46) 참조.

105) 洪性載, "登記主義 내지 形式主義의 채택과 物權行爲의 構成 — 제249조 소정의 善意·無過失의 判斷基準時點과 관련하여", 高翔龍 代表執筆, 民法判例解說(2): 物權法, 1992, 27면은 동산의 양도에 있어서 인도를 물권행위의 한 요소로 보면서도, 物權行爲를 物權的 合意만으로 구성한다고 하더라도 판단의 결과가 달라지는 것은 아니라고 한다.

106) 위 Ⅲ. 1. 참조.

107) 그런데 위 부동산등기법상의 등기원인의 의미에 관하여는 논란이 있다. 郭潤直(註 14), 68면은 법률행위에 의한 물권변동에 있어서는 물권행위의 무인성을 인정한다면 물권행위가 등기원인이 되지만 유인성을 인정한다면 등기원인은 물권행위를 하게 된 원인이 되는 원인행위 또는 그의 무효·취소·해제 등이 등기원인이라고 한다. 또한 姜台星(註 24), 171면은 물권행위의 무인성을 주장하면서도 등기원인은 채권행위라고 한다. 그러나 민법 제186조의 법률행위를 물권행위라고 전제한다면 물권행위의 독자성과 무인성을 인정하는지 여부에 관계없이 부동산등기법상의 등기원인도 물권행위라고 보는 것이 논리적 일관성이 있는 것이다. 金曾漢·金學東(註 15), 68면 註 32) 참조. 물권행위의 유인성을 주장하는 金相容(註 26), 144면도 등기원인은 물권행위라고 한다. 그런데 李英俊(註 15), 199면은 실체법적 등기원인은 물권적

행위를 등기원인으로 보고 있고,[108] 부동산등기특별조치법 제 3 조 제 1 항이 계약을 원인으로 소유권이전등기를 신청할 때에는 계약서에 시장·군수 등의 檢印을 받아 제출하도록 규정하고 있는 것도 등기원인이 매매계약과 같은 채권행위라고 보고 있음을 전제로 하는 것으로 이해된다.

다른 한편 민법 제188조 제 1 항의 '양도'는 무슨 의미인가? 종래 이는 일반적으로 물권행위를 가리킨다고 보고 있었다. 그러나 私見으로서는 '양도'란 법률행위로 인한 동산물권(구체적으로는 소유권)의 이전을 가리키는데,[109][110] 이 때의 법률행위란 채권행위를 의미한다고 보는 것이 타당하다고 생각한다. 부동산의 경우와 마찬가지로 소유권 이전을 위한 점유이전의 합의 자체가 동산 물권변동의 원인이 될 수는 없기 때문이다.

그런데 종래 민법 제186조의 법률행위나 제188조 제 1 항의 양도가 물권행위를 가리킨다고 하는 견해에서는 그 근거로서 채권행위 없이 물권행위만이 있는 경우가 존재한다고 하면서 예로서 물권의 拋棄를 들고 있다.[111][112] 그러나 포기의 경우에 권리 소멸을 위하여는 등기나 점유의 포기 등을 필요로 한

합의이지만 부동산등기법상의 등기원인은 등기법적·절차법적 개념으로서 원인행위 즉 채권행위라고 하나, 과연 우리 법상 실체법상의 등기원인과 절차법상의 등기원인이 구별되고 있는지 의문이다.

108) 대법원 1995. 2. 28. 선고 94다23999 판결(公 1995상, 1452); 1997. 11. 28. 선고 95다51991 판결(公 1998상, 30) 등.

109) 郭潤直/李仁宰, 民法注解 Ⅳ, 1992, 195면은 동산에 관한 물권의 양도란 법률행위에 의한 승계취득을 의미한다고 하고, Schwander(註 64)은 "동산 소유권의 취득을 위하여는 점유의 취득자에의 이전을 필요로 한다"는 스위스 민법 제714조 제 1 항은 법률행위에 의한 동산 소유권 취득의 요건(die Voraussetzungen des rechtsgeschäftlichen Erwerbs von Fahrniseigentum)을 규정하고 있다고 한다.

110) 李銀榮(註 17), 125면은 양도란 법률행위를 가리키는 것이 아니라 소유권이전이라는 물권변동을 가리키며, 이는 법률행위로 인한 양도나 법률의 규정에 의한 양도를 가리지 않는다고 주장하나, 양도라는 말 자체가 당사자의 의사에 의한 이전을 의미할 뿐만 아니라 법률의 규정에 의하여 동산의 소유권이 이전되는 경우에 인도가 요구되는 경우란 없는 것으로 보인다.

111) 註 21)의 본문 참조.

112) 논자에 따라서는 채권계약이 선행함이 없이 물권계약이 독립하여 행해지는 경우가 있다고 하면서 지상권·전세권·저당권 등의 제한물권의 설정계약을 예로 드는 경우가 있다. 金曾漢·金學東(註 15), 50면 등(다만 먼저 그러한 제한물권을 설정하기로 약정하는 채권계약이 선행할 수도 있다는 단서를 붙이고 있다). 그러나 이러한 경우에는 예외 없이 그러한 제한물권을 설정하기로 하는 채권계약이 있고, 그에 따라 물권계약으로서의 등기 신청이 행하여진다고 보아야 할 것이다. 같은 취지, 李英俊(註 18), 30면 이하. 대법원 2004. 2. 13. 선고 2002다7213 판결(公 2004상, 463)은 근저당권설정 약정에 의한 근저당권설정등기청구권이 그 피담보채권이 될 채권과는 별개로 소멸시효에 걸린다고 하였는데, 이처럼 근저당권설정등기청구권을 발생시키는 근저당권설정 약정은 채권계약일 수밖에 없다.

다고 하더라도,[113] 과연 포기의 경우가 제186조나 제188조 제1항이 적용되는 경우인지는 좀더 따져 보아야 한다.

우선 동산의 경우에는 포기가 제188조 제1항이 규정하고 있는 '양도'에 해당한다고 할 수도 없고, 점유의 포기가 '인도'에 해당한다고 할 수 없음은 명백하다. 반면 부동산의 경우에는 포기가 제186조의 문언상으로는 물권의 상실로서 "物權의 得失變更"에 포함된다고 볼 여지도 있다. 그러나 현재 부동산등기법상으로는 포기의 등기에 관한 규정이 없고, 대법원의 등기예규상으로는 소유권을 포기한 자는 단독으로 그에 따른 등기를 신청할 수 없으며, 민법 제252조 제2항에 의하여 그 소유권을 취득하는 국가와 공동으로 소유권 포기를 원인으로 한 소유권이전등기를 신청하여야 하도록 규정하고 있다.[114] 과연 이러한 포기를 원인으로 하는 이전등기가 민법 제186조가 예정하고 있는 등기인지는 의심스럽다. 학설상으로는 이러한 경우에 등기예규와는 달리 소유권의 포기와 같이 상대방 없는 단독행위로 물권이 포기되는 경우에는 단독으로 말소등기를 신청할 수 있다고 하는 주장이 있으나,[115] 일반적으로 말소등기란 등기가 원시적 또는 후발적 이유에 의하여 등기사항의 전부에 관하여 부적법하게 된 경우에 기존등기의 전부를 소멸시키는 목적으로 행하여지는 등기를 말하는 것이므로,[116] 말소등기 자체에 의하여 물권변동이 생기는 것이라고 보기도 어렵다.

설사 이처럼 채권행위가 선행하지 않는 경우에는 민법 제186조의 법률행위를 물권행위로 볼 수밖에 없다고 하더라도, 그것만으로 채권행위가 선행하는 경우까지 항상 물권행위로 보아야 한다는 결론이 나오는 것은 아니다. 채권행위의 이행으로서 물권행위가 이루어지는 경우에는 민법 제186조의 법률행위를 채권행위로 보고, 물권행위만이 존재하는 경우에는 이를 물권행위로 보는 것도 충분히 가능한 것이다.[117]

---

113) 李英俊(註 15), 99면; 李銀榮(註 17), 167면 등은 부동산 소유권의 포기의 경우에는 등기를 요하지 않는다고 한다. 그러나 독일 민법 제875조는 부동산 물권의 포기에 관하여 등기의 말소를 요건으로 하고, 제959조는 동산 소유권의 포기에 관하여 점유의 포기를 요건으로 하고 있으며, 스위스 민법 제666조, 제729조도 같다. 우리 민법에 이에 관한 규정이 없는 것은 입법적인 미비로 여겨진다.

114) 등기예규 제816호(1995. 4. 20). 이에 대하여는 田桂元, "不動産所有權을 拋棄한 경우의 登記節次와 外國人인 相續人이 土地所有權移轉登記를 申請할 경우의 許可證 등의 添附 要否", 法曹 1996. 1, 170면 이하 참조.

115) 郭潤直(註 14), 132면 등. 金曾漢·金學東(註 15), 175면도 마찬가지이나 상대방 있는 단독행위인 제한물권의 포기도 단독으로 등기신청을 할 수 있다는 취지이다.

116) 郭潤直(註 79), 279면 참조.

117) 洪性載(註 20), 26면은 處分行爲에는 所有權의 拋棄와 같이 전혀 원인이 없는 처분행위가

3. 物權行爲의 無因性 與否

私見처럼 물권행위를 등기신청행위 내지 소유권 이전을 위한 점유이전의 합의로 보고, 민법 제186조의 법률행위를 채권행위로, 제188조 제1항의 양도를 채권행위에 의한 물권 이전이라고 본다면 물권행위의 무인성은 이를 인정할 여지가 없게 된다.

종래 물권행위의 독자성이 무인성의 전제가 된다고 하는 설명이 많았으나, 근래에는 물권행위의 독자성을 물권행위의 시기 문제로 이해한다면 물권행위의 독자성은 물권행위의 무인성의 전제가 될 수 없고, 물권행위의 독자성을 물권변동의 과정에 있어서 물권행위가 존재한다는 의미로 파악할 경우에만 물권행위의 무인성은 물권행위의 독자성을 전제로 한다는 비판이 대두되고 있다.[118] 그러나 엄밀히 말한다면 물권행위의 무인성은 채권행위와 물권행위가 별개라는 것을 전제로 한다기보다는 물권행위가 그 자체로서 물권변동의 원인이 된다는 것, 즉 민법 제186조의 "법률행위에 의한 물권변동"을 "물권행위에 의한 물권변동"이라고 해석하고 민법 제188조 제1항의 "양도"를 물권행위에 의한 물권이전이라고 해석할 때에만 가능한 이론이라고 생각된다.[119] 그런데 물권행위를 등기신청행위 내지 점유이전의 합의로 파악한다면 물권행위 그 자체는 물권변동의 원인이 될 수는 없고, 다만 물권변동 과정에서 물권변동의 진정성을 담보하는 의미만을 가진다. 그렇다면 채권행위가 무효이거나 효력을 상실하였음에도 불구하고 물권행위가 유효하게 된다는 것은 이론적으로 불가능하다.

이러한 개념적인 설명 외에도 물권행위의 무인성을 인정하기 어려운 실질적인 이유는 그것이 당사자의 의사에 부합하지 않기 때문이다. 종래 물권행위의 무인성에 대한 비판으로서 일반인이 물권행위라는 개념 자체를 알지 못하고, 이러한 개념이 일반인에게 생소하다는 것을 들고 있으나, 법적 개념이 일

있기 때문에, 물권변동의 효력이 발생하기 위해서는 언제나 원인행위로서 채권행위를 요구하는 것을 관철하기는 곤란하지만 이러한 예외의 현상을 일반화하여 원인행위인 채권행위는 물권변동의 요건이 아니라고 이해할 것은 아니라고 한다.

118) 姜台星(註 24), 135-136면; 丁玉泰, "韓·獨民法上 物權行爲 無因論關係 規定", 然藍裵慶淑敎授 華甲紀念 韓國民事法學의 現代的 展開, 1991, 345면. 洪性載(註 16), 251-252면도 같은 취지로 보인다.

119) 물론 물권행위가 그 자체로서 물권변동의 원인이 된다고 보더라도 채권행위의 실효가 물권행위에 영향을 미친다는 有因說이 이론상 불가능한 것은 아니다.

반인에게 생소하다는 이유만으로 이를 받아들이지 못할 사유는 되지 못한다.[120] 문제는 당사자들이 법률행위를 할 때 물권행위의 무인론에 따라 생겨나는 결과를 미리 인식한다면 과연 그러한 결과를 의욕하고 받아들일 것인가 하는 점인데, 이 점은 긍정하기 어렵다.[121]

무인적 물권행위를 인정하는 경우에는 채권행위가 처음부터 부존재 또는 무효이거나 사후적으로 효력이 상실되었다 하더라도, 그러한 채권행위에 기하여 이루어진 물권변동은 물권행위가 유효한 한 여전히 유효하고, 양도인은 양수인에 대하여 소유권이 아니라 부당이득반환청구권이라는 채권적인 청구권만을 가진다는 매우 열악한 지위에 놓이게 된다. 따라서 양수인의 채권자가 양도의 목적물에 대하여 압류나 가압류 등을 하였다면 양도인은 그러한 처분의 효력을 받아들여야 하게 되고, 양수인이 파산하였다면 양도인은 소유권에 기한 還取權(파산법 제79조, 회사정리법 제62조)[122]을 행사할 수는 없고 다른 파산채권자와 동일한 지위을 가지게 된다. 나아가 양수인이 양도의 목적물을 제3자에게 다시 양도하였다면 그 제3자는 선의·악의를 묻지 않고 유효하게 양도 목적물의 소유권을 취득하게 된다.[123][124] 이러한 결과가 양도인의 의사에 합치한다고 말하기는 어려운 것이다. 그렇다고 하여 양수인이 그러한 결과를 원한다고 할 수도 없다.

무인론이 당사자의 의사에 합치한다고 보기 어렵다는 점은 一部無效의 법

---

120) 金曾漢·金學東(註 15), 56-57면; Larenz(註 7), §39 Ⅱ d(S. 18).

121) 물권행위의 무인론을 주장하는 논자들은 무인성을 인정하는 것이 당사자들의 의사와 배치되지 않는다고 하면서, 원인행위에 기하여 물권행위를 한 후 그 원인행위가 실효된 경우에 통상적으로 당사자는 이미 행해진 등기를 말소해야 비로소 확실히 그 부동산이 자신의 것으로 되었다고 생각할 것이라는 점을 들고 있다. 金曾漢·金學東(註 15), 58면; 姜台星(註 24), 143면 등. 그러나 과연 당사자들이 그와 같이 생각하는 것인지도 명백하지 않을 뿐만 아니라 당사자들의 의사에 합치하는지 여부는 이처럼 事後에 분쟁이 생긴 경우에 당사자들이 어떻게 생각할 것인지가 중요한 것이 아니고 분쟁이 생기기 전에 당사자들이 거래를 할 때 계약이 무효 또는 취소되는 등의 사태를 예상하였다면 그러한 무인론의 결과를 받아들일 의사가 있다고 볼 수 있을 것인가 하는 점에 따라 결정되어야 할 것이다.

122) 파산법 및 회사정리법은 2005. 3. 31. 공포된 채무자 회생 및 파산에 관한 법률에 의하여 폐지되었으나 위 법률 제70조, 제407조, 제585조 등은 마찬가지로 환취권을 규정하고 있다.

123) 독일에서도 物權行爲의 抽象性에 관한 비판은 주로 이러한 결과가 부당하다는 점에 집중되어 있다. Larenz(註 7), §39 Ⅱ b), d)(S. 15 f., 20); Schindler(註 13), S. 1040 등 참조.

124) 이와 관련하여 대법원 2000. 1. 14. 선고 99다40937 판결(公 2000상, 385); 2000. 4. 21. 선고 2000다584 판결(公 2000상, 1250); 2005. 1. 14. 선고 2003다33004 판결(公 2005상, 274)등은 해제된 매매계약에 기하여 채무자의 책임재산이 된 부동산을 가압류집행한 가압류채권자나 체납처분에 기한 압류등기를 경료한 채권자 등이 민법 제548조 제1항 단서 소정의 제3자에 해당한다고 하였으나, 그 타당성에는 의문이 있다. 같은 취지, 金東勳, "契約解除와 제3자의 保護", 考試硏究 2000. 11, 50면 이하 참조.

리를 생각하여 보면 쉽게 알 수 있다. 민법 제137조는 "法律行爲의 一部分이 無效인 때에는 그 全部를 無效로 한다. 그러나 그 無效部分이 없더라도 法律行爲를 하였을 것이라고 인정될 때에는 나머지 部分은 無效가 되지 아니한다"고 규정하고 있다. 그런데 여러 개의 법률행위라고 하여도 그것이 하나의 통일적 목적을 성취하고자 하는 것으로서 이른바 一體性이 있을 때에는 이 규정이 적용될 수 있음은 일반적으로 인정되고 있다.[125] 그렇다면 채권행위가 무효인 경우 그 이행을 위하여 이루어진 물권행위는 어떻게 될 것인가? 이 경우에 당사자들로서는 채권행위가 무효라면 물권행위를 할 이유가 없었을 것이므로 물권행위도 당연히 무효로 돌아간다.[126][127] 그런데 물권행위의 무인성을 주장하는 학설에 따르면 이 경우에 채권행위가 무효임에도 불구하고 물권행위는 무효가 아니라고 하는 것이 된다. 이 점에 관하여 무인론자들은 민법 제137조에 의하여 채권행위가 무효로 되면 물권행위도 무효로 된다고 하는 것은 법이 전제로 하는 무인성 원칙을 부인하는 것으로서 타당하지 않다고 주장한다.[128] 이 주장의 타당성 여부는 결국 우리 민법이 과연 무인성 원칙을 규정하고 있는가, 이러한 무인성 원칙은 당사자의 의사를 기본으로 하는 私的 自治의 원칙보다 上位의 원칙인가 하는 문제에로 돌아간다.

종래 무인론을 부정하는 논자는 無因主義를 취하기 위하여는 明文規定이 필요하다고 하는 반면,[129] 무인론자는 물권행위 개념을 인정하면서 특별히 有因으로 하는 규정을 두지 않은 민법에서는 논리적으로 無因論이 당연하다고

125) 郭潤直/金龍潭, 民法注解 Ⅲ, 1992, 271면 이하; 朴駿緖/李宙興, 註釋民法 제 3 판, 總則(3), 2001, 318면 이하; 金天秀, "一部無效에 관한 民法 第137條의 解釋 및 適用範圍", 比較私法 제7권 1호, 2000, 136면 이하 등 참조.

126) 대법원 1996. 2. 27. 선고 95다38875 판결(公 1996상, 1095)은 "복수의 당사자 사이에 중간생략등기의 합의를 한 경우 그 합의는 전체로서 일체성을 가지는 것이므로, 그 중 한 당사자의 의사표시가 무효인 것으로 판명된 경우 나머지 당사자 사이의 합의가 유효한지의 여부는 민법 제137조에 정한 바에 따라 당사자가 그 무효 부분이 없더라도 법률행위를 하였을 것이라고 인정되는지의 여부에 의하여 판정되어야 할 것이고"라고 판시하였다.,

127) 2004. 10. 21. 국회에 제출된 민법개정안 제137조는 "법률행위의 일부분이 무효인 때에는 그 나머지 부분은 효력이 있는 것으로 한다. 그러나 효력 있는 부분만으로는 법률행위를 하지 아니하였을 것이라고 인정되는 때에는 그 전부를 무효로 한다"라고 규정하고 있다. 그러나 본문에서의 설명은 개정안대로 개정되더라도 그대로 유지될 수 있다.

128) 金曾漢·金學東(註 15), 60면. 독일에서도 이러한 견해가 많지만, 반대설도 유력하며, 독일의 판례는 예외적으로 채권행위가 무효이면 우리 민법 제137조에 해당하는 독일 민법 제139조의 규정에 의하여 물권행위도 무효가 될 수 있다고 보고 있다. 이 점에 관하여 상세한 것은 Eisenhardt, "Die Einheitlichkeit des Rechtsgeschäfts und die Überwindung des Abstraktionsprinzips", JZ 1991, 271 ff.; Brehm/Berger(註 6), §1 25 f.(S. 15 f.) 등 참조.

129) 李銀榮(註 17), 148면.

한다.[130] 그러나 민법의 기본 원칙인 私的 自治라는 관점에서 보면 무인론은 당사자의 의사에 어긋나는 것이고, 따라서 물권행위의 무인성을 인정하려면 법에 명문의 규정이 있어야 할 것이다. 그런데 우리 민법상으로는 물권행위의 무인성을 직접 인정하고 있는 규정은 없을 뿐만 아니라, 이를 뒷받침할 만한 규정도 찾기 어려우며, 오히려 무인성이 인정되지 않는다고 하여야만 이해할 수 있는 조문들은 여럿 있다.

무인론자들은 예컨대 부당이득에 관한 규정들, 그리고 점유자와 회복자와의 관계에 관한 민법 제201조 내지 제203조의 규정 등이 무인성을 전제로 한 규정이라고 하나,[131] 이러한 규정들이 반드시 무인성을 전제로 한 규정이라고 볼 근거는 없다.[132] 반면 법률행위의 무효·취소의 경우에 선의의 제 3 자만을 보호하는 규정(민법 제107조-제110조), 계약 해제의 경우에 제 3 자 보호규정(민법 제548조 제 1 항 단서) 등은 채권행위가 무효· 취소 또는 해제되는 경우에 원칙적으로는 제 3 자가 보호될 수 없다는 유인론을 전제로 하여, 예외적으로 이러한 규정들에 해당하는 제 3 자는 보호된다는 것으로 이해된다.[133] 결국 물권행위의 무인성은 우리 민법상 인정될 여지가 없다.

그렇다면 입법론적으로는 물권행위의 무인성은 인정될 필요가 있는가? 이 점에 관하여 상론할 만한 여유는 없으나, 종래 물권행위의 무인성을 인정함으로써 달성하려고 하는 거래의 안전 보호를 위하여는 물권행위의 무인성은 적절한 방법이 아니고, 따라서 입법론적으로도 물권행위의 무인성을 택할 필요는

---

130) 丁玉泰(註 17), 439면. 李英俊(註 15), 74면 이하는 우리 민법의 입법자는 물권행위의 무인성을 인정할 것인가의 여부에 관하여 명백히 하지 않았으므로 무인성 긍정 논리와 무인성 부정 논리 두 가지 논리가 모두 가능하다고 하면서, 無因主義의 전형인 독일 민법도 이에 관하여 아무런 명문의 규정을 두고 있지 않으므로 명문 규정이 없다는 것을 이유로 우리 민법이 무인주의를 취하고 있지 않다고 단정하는 것은 의문이라고 한다.

131) 金曾漢 · 金學東(註 15), 55면.

132) 일본 민법에도 이러한 규정이 있으나 이것이 물권행위의 무인성을 전제로 하는 것이라고 설명되지는 않는다. 그 외에 丁玉泰(註 118), 341면에서 들고 있는 여러 규정들에 대하여도 마찬가지로 말할 수 있다.

133) 이 점에 대하여 무인론을 주장하는 丁玉泰(註 118), 347면 이하; 金曾漢 · 金學東(註 15), 55면 註 24) 등은 민법 제548조 제 1 항 단서의 규정은 주의규정이고, 선의의 제 3 자 보호규정은 악의의 제 3 자에게는 대항할 수 있다는 취지라고 주장하나, 수긍하기 어렵다. 법률의 규정을 주의규정이라고 하는 것은 그러한 규정이 별다른 의미가 없다는 것이 되어 이론적으로는 설명이 어렵다는 것을 나타내는 것이고, 법문상 선의의 제 3 자 보호규정임이 명백한데 악의의 제 3 자 배제규정이라고 하는 것도 부자연스럽다. 또한 이러한 민법의 규정들은 일반적으로 물권행위의 무인성을 인정하지 않았던 일본 민법의 규정을 받아들인 것인데, 위 규정들을 무인론에 입각하여 해석하는 것은 이러한 연혁과는 부합하지 않는다.

없다고 생각한다.[134)]

4. 實體的 權利關係에 부합하는 登記의 문제

판례는 매수인과 같은 등기권리자가 매도인의 협력을 받지 않고 등기서류를 위조하여 자기 명의로 이전등기를 마친 경우에도 일정한 요건하에 그 등기가 이른바 "실체적 권리관계에 부합하는 등기"라고 하여 그 유효를 인정하고 있다. 예컨대 대법원 1978. 8. 22. 선고 76다343 판결[135)]은 부동산의 증여계약이 있었는데 수증자가 일반농지의 소유권이전등기에 관한 특별조치법에 의하여 단독으로 그 소유권 이전등기를 마친 경우에 그 수증자 명의의 소유권 이전등기가 유효하다고 하면서 다음과 같이 판시하였다.

"부동산의 소유권을 이전할 것을 목적으로 하는 계약이 있고 동 계약당사자간에 등기청구권을 실현하는데 있어서 법률상 하등의 지장이 없고 따라서 등기의무자가 그 의무의 이행을 거절할 정당한 하등의 사유가 없는 경우에 양도인이 동 계약에 터잡고 양수인으로 하여금 사실상 그 목적부동산에 대한 전면적인 지배를 취득케 하여 그로써 양도인에 대한 관계에 있어서는 양수인은 소유권의 개념으로서 통합되어 그의 실질적인 내용을 이룩하고 있는 것으로 되어 있는 사용, 수익, 처분 등의 모든 권능을 취득하였다고 할 수 있는 상태에 이르렀다면은 특별한 사정이 없는 한 법적으로도 양도인과 양수인과의 이와 같은 실질적인 관계를 외면할 수 없는 것이라고 할 것이니 위와 같은 상태에서 양 당사자간의 관계를 상대적으로 다투는데 있어서는 등기전이라고 하더라도 소유권은 실질적으로 양수인에게 옮겨져 있는 것으로 해도 무방하다 할 것이며 등기가 위와 같은 양 당사자의 실질적인 관계에 상응하는 것이라면 동 등기가 등기의무자의 신청에 의하지 아니한 하자가 있다고 해서 이를 반드시 무효로 하지 않으면 안될 이유가 있다고도 할 것이 아니므로 등기가 실체관계에 부합하여 유효하다고 할 때 위와 같은 경우까지를 이에 포함시켜 무방하다 할 것이다(등기가 양 당사자의 위와 같은 실질적인 관계에 부응하는 것이라면 그 등기는 의당 있어야 마땅한 등기라고 할 것이고 이와 같은 등기는 일반적으로 등기의무자

---

134) 金曾漢·金學東(註 15), 57면도 해석론으로는 물권행위의 무인성을 주장하면서도 입법정책적인 면에서는 적절하다고 할 수 없다고 한다.

135) 公 1978, 11061.

의 의사에 터 잡고 있는 것이라고 할 수 있다. 양 당사자간의 실질적인 관계가 위와 같은 상태에 이르렀다면 그와 같은 상태에 이르게끔 한 양도인의 행위는 특별한 사정이 없는 한 일반적으로 소유권의 양도계약 등 물권변동을 위한 법률행위 당시에 잠재적이고 부동적이었던 등기의무자의 등기의사를 현실화시키고 확정적인 것으로 하려는 의사에 원유하는 것이라고 보아 무방하다 할 것이므로 위와 같은 상태하에서의 당사자간의 그 실질관계에 부합되는 등기는 등기의무자의 등기의사를 바탕으로 하고 있다고 보아서 안될 이유가 있는 것이 아니므로 가사 그 등기가 등기의무자의 신청에 의하지 아니하였다고 하더라도 그것을 단지 등기의무자의 의사에 기하지 아니하였다고 하고 등기의무자의 말소청구를 시인하여야 할 이유나 필요는 없다고 할 것이다)."

반면 판례는 매매대금이 지급되지 않은 경우에는 매매대금 완불 전에 미리 소유권이전등기를 하기로 하는 특약이 없는 한 그 등기로써 실체관계에 부합한다고 할 수 없다고 본다.[136)]

학설 가운데에는 이러한 대법원의 판례가 매매대금이 지급된 때에 물권행위 내지 물권적 합의가 있는 것으로 보고, 위조된 서류에 기하여 등기가 이루어졌더라도 물권행위가 있은 경우에는 그 등기가 실체적 권리관계에 부합하여 유효한 것으로 보는 것으로 이해하기도 한다.[137)] 그러나 이러한 해석은 타당하다고 할 수 없다. 왜냐 하면 매매대금의 지급을 물권행위나 물권적 합의로 볼 수는 없기 때문이다.

이 점은 다음의 예를 생각해 보면 알 수 있다. 즉 부동산 매매계약이 체결되고 계약금과 중도금까지 지급되었으나 매도인이 잔금 수령을 거부하여 매수인이 잔금을 공탁하고 매도인을 상대로 소유권이전등기청구의 소를 제기하여 승소판결을 받아 소유권이전등기를 마쳤다. 이 경우에 물권적 합의는 언제 있었는가? 잔금의 지급은 매수인의 일방적 행위이므로 이를 가리켜 물권적 합의라고 할 수는 없고, 결국 매수인의 등기청구와 그에 따른 판결에 의하여 물권적 합의가 있는 것으로 의제될 뿐이다. 가령 위의 경우에 매수인이 잔금을 공탁한 다음 등기 서류를 위조하여 자신의 명의로 소유권이전등기를 마쳤다면 위의 판례에 따를 때에는 실체적 권리관계에 부합하여 유효한 것이 될 것이나, 이를 물권행위가 있기 때문이라고 설명할 수는 없다.

---

136) 대법원 1985. 4. 9. 선고 84다카130, 84다카131 판결(集 33권 1집 民167면; 公 1985, 716); 1994. 6. 28. 선고 93다55777 판결(公 1994하, 2090) 등.

137) 李英俊 · 金學東(註 17), 126-127면; 洪性載(註 16), 335-336면 등.

이처럼 판례가 위조서류에 의한 등기라도 실체적 권리관계에 부합하여 유효라고 보는 것은, 물권행위인 등기신청행위는 없었지만, 매수인이 매매계약상의 모든 의무를 다 이행하여 매도인이 동시이행의 항변권과 같은 등기신청을 거부할 사유가 없는 경우에, 매수인이 일방적으로 등기를 마쳤다면 이는 물권행위인 등기신청행위가 없었으므로 원래는 무효로 보아야 하겠지만, 이를 무효라고 하여 그 말소를 명한다 하여도 다시 매수인이 매도인을 상대로 하여 소유권이전등기를 청구하면 이전등기를 하여 주어야 할 것이므로 불필요한 절차를 거치게 할 필요가 없고, 무조건적으로 소유권이전등기를 넘겨 주어야 할 의무를 부담하는 매도인이 매수인을 상대로 이전등기의 말소를 청구하는 것은 신의칙에도 어긋나므로 말소 청구를 받아들이지 않는 것일 뿐이다.[138] 위 대법원 1978. 8. 22. 선고 76다343 판결(註 135)이 등기가 실체적 권리관계에 부합하는 요건으로서 등기의무자가 그 의무의 이행을 거절할 정당한 하등의 사유가 없다는 점을 들고 있는 것도 이러한 취지로 이해된다.[139] 그러므로 중요한 것은 등기 당시에 등기의무자가 그 등기를 거절할 사유가 있는가 하는 점이지, 물권행위가 있었는가 여부라고는 할 수 없다.

Ⅵ. 結　　論

이제까지 살펴본 것처럼 우리 민법상 물권행위로 볼 수 있는 것은 부동산

138) 로마법 이래로 "반환하여야 할 것을 訴求하는 것은 허용되지 않는다"는 法理가 인정되고 있고, 우리 민법하에서는 이는 신의성실의 원칙의 한 적용례로 이해된다. 郭潤直/梁彰洙, 民法注解 Ⅰ, 1992, 139면 이하 참조.

139) 대법원 1992. 2. 28. 선고 91다30149 판결(公 1992, 1158)은 "등기가 실체적 권리관계에 부합한다고 하는 것은 그 등기절차에 어떤 하자가 있다 하더라도 진실한 권리관계와 합치되는 것을 말하는 것이며, 매매대금 전액이 지급되었다고 하더라도 소유권이전등기청구권을 행사할 권능이 없거나 매매대금 완불 전에 그 소유권이전등기를 하기로 하는 특약이 있는 경우가 아니면 그 등기로써 결코 실체적 권리관계에 부합한다고 할 수 없"다고 한다. 이 사건에서는 매매대금이 전부 지급되기 전에 매도인인 주식회사에 관하여 회사정리절차가 개시되었는데, 매수인이 정리회사 관리인이 아니라 당사자적격을 상실한 매도인 회사를 상대로 소유권이전등기의 승소판결을 받고, 그 판결에 기하여 매수인 명의로 등기를 마쳤는데 정리회사 관리인이 위 등기의 말소를 청구하자 잔대금을 공탁하였다. 원심은 매수인 명의의 등기가 실체관계에 부합하여 유효하다고 하였으나, 대법원은 관리인에게는 회사정리법 제103조의 규정에 의하여 위 매매계약의 해제권이 있고, 위 등기 말소 청구에 의하여 위 해제권을 행사하는 것으로 볼 수 있다고 하여 원심판결을 파기하였다. 이 판결에 대하여는 金平祐, ""실체관계에 부합하는 등기" 항변의 적격요건(實體適狀論)", 저스티스 2004. 4(통권 78호), 67면 이하 참조.

에 관하여는 등기신청행위, 동산에 관하여는 물권변동을 위한 점유이전(인도)의 합의 외에는 없다. 종래의 판례나 실무도 등기원인을 채권행위로 보았고, 재판상 청구에 있어서 등기신청행위 외에 별도의 물권행위를 인정하지 않고 있었던 점 등에 비추어 본다면 이러한 물권행위 개념이 종래의 판례나 실무례가 묵시적으로 전제하고 있던 것이라고도 할 수 있다.

물권행위를 이와 같이 이해한다면 물권행위 개념이 우리 민법상 반드시 핵심적이거나 중요한 개념이라고 하기는 어려우며, 다만 물권변동 과정을 설명하는 하나의 기술적 개념에 불과하다.[140] 그런데 과거에는 왜 물권행위 개념이 이처럼 중시되고, 이에 관하여 치열한 논쟁이 벌어졌을까? 여기에는 다음과 같은 이유가 있었다고 보인다. 그 하나는 우리 민법이 제정되면서 물권변동에 관하여 依用民法(日本民法)과는 달리 성립요건주의를 취하게 되자, 마찬가지로 성립요건주의를 취하고 있는 독일 민법에서의 물권행위 이론을 직수입하여 우리 민법상의 물권변동 이론을 정립하려고 하였던 것이다. 그 배후에는 일본 민법으로부터의 이론적인 독자성을 추구하려는 의도도 있었을지 모른다. 다른 하나는 좀더 실천적인 것으로서, 물권행위의 獨自性과 無因性을 인정하여야만 미등기매수인을 좀더 보호할 수 있고, 또 등기의 공신력을 인정하지 않고 있는 민법의 결점을 보완할 수 있다는 것이다.[141] 이러한 先學의 노력은 그 당시의 시점에서는 나름대로 의미를 가졌다고 생각된다.

그러나 우리 민법의 규정이 독일 민법의 규정과 차이가 있는 이상 독일의 이론이 우리나라에 그대로 적용될 수는 없고, 또 물권행위의 개념에 의하여 위와 같은 효과를 꾀하는 것도 해석론으로서는 무리가 있는 것이다. 이제 우리 민법이 시행된 지도 40년 이상이 경과하였는데, 물권행위 논쟁도 외국의 이론을 출발점으로 하여 종래의 주장을 별다른 변화 없이 되풀이만 하는 것을 지양하고, 우리 민법의 규정과 체계에 맞는 이론을 발전시킬 때가 되었다고 생각된다.

〈民事法學 제28호, 2005〉

---

140) 그러나 李銀榮(註 17), 初版 머리말은 물권법에서 가장 중요한 이론적 줄기가 물권행위에 관한 有因性·無因性 논쟁이라고 한다.

141) 金曾漢(註 52), 249, 252면 참조.

〈追記〉

이 글 발표 후 뒤늦게 朴泳珪, "物權行爲論 批判", 법률행정논집 제10권, 2003, 1면 이하를 발견하게 되었다. 이 논문의 문제의식은 이 글과 공통되는 면이 있으나 결론에 있어서는 현행법상 채권행위와 물권행위를 구별할 필요가 없다고 한다. 그리고 명순구, 김제완, 김기창, 박경신 공저 아듀, 물권행위, 2006도 물권행위 개념을 인정할 필요가 없다고 한다.

環境權 侵害를 理由로 하는 留止請求의 許容 與否

— 대법원 1995. 5. 23.자 94마2218 결정* —

[決定要旨]

1. 헌법 제35조 제1항은 [모든 국민은 건강하고 쾌적한 환경에서 생활할 권리를 가지며, 국가와 국민은 환경 보전을 위하여 노력하여야 한다]라고 규정하여 환경권을 국민의 기본권의 하나로서 승인하고 있으므로 사법(私法)의 해석과 적용에 있어서도 이러한 기본권이 충분히 보장되도록 배려하여야 할 것임은 당연하다고 할 것이나, 헌법상의 기본권으로서의 환경권에 관한 위 규정만으로서는 그 보호대상인 환경의 내용과 범위, 권리의 주체가 되는 권리자의 범위 등이 명확하지 못하여 이 규정이 개개의 국민에게 직접으로 구체적인 사법상의 권리를 부여한 것이라고 보기는 어렵고, 또 사법적 권리인 환경권을 인정하면 그 상대방의 활동의 자유의 권리를 불가피하게 제약할 수밖에 없는 것이므로, 사법상의 권리로서의 환경권이 인정되려면 그에 관한 명문의 법률규정이 있거나 관계법령의 규정취지나 조리에 비추어 권리의 주체, 대상, 내용, 행사방법 등이 구체적으로 정립될 수 있어야 할 것이다.

그것은 환경의 보전이라는 이념과 산업개발 등을 위한 개인활동의 자유와 권리의 보호라는 상호 대립하는 법익 중에서 어느 것을 우선시킬 것이며 이를 어떻게 조정·조화시킬 것인가 하는 점은 기본적으로 국민을 대표하는 국회에서 법률에 의하여 결정하여야 할 성질의 것이라고 보아야 할 것이기 때문이다.

---

* 公 1995하, 2236.

헌법 第35조 제 2 항이 환경권의 내용과 행사에 관하여는 법률로 정한다고 규정하고 있는 것도 이러한 고려에 근거한 것이라고 여겨진다.

2. 피신청인이 서울특별시 강남구청장으로부터 도시공원법상의 근린공원인 청담공원 내의 피신청인 소유 토지상에 이 사건 골프연습장을 설치할 수 있다는 인가처분을 받은 데 가사 소론과 같은 하자가 있다고 하더라도, 그러한 하자가 있다는 점만으로 바로 위 청담공원 인근 주민들인 신청인들에게 피신청인에 대하여 위 골프연습장 건설의 금지를 구할 권리가 생기는 것이라고는 할 수 없다.

3. 청담공원이 도시공원법상 근린공원으로 지정됨으로 인하여 신청인들과 같은 일반 주민들은 다른 사람의 공동사용을 방해하지 않는 한 자유로이 이 사건 청담공원을 이용할 수 있다고 할 것이지만 그러한 사정만으로 신청인들이 누구에게나 주장할 수 있는 이른바 공원이용권이라는 배타적인 권리를 취득하였다고는 할 수 없고, 위 골프연습장 설치인가처분에 하자가 있다는 이유만으로 피신청인의 이 사건 골프연습장 설치가 신청인들에 대한 불법행위가 된다고 볼 수도 없다.

[參照條文]

헌법 제35조 제 1 항, 제 2 항; 민법 제214조, 제217조

[事件의 槪要]

1. **事實關係**

이 사건 신청인들은 서울 강남구 청담동 소재 근린공원인 청담공원 주변에 거주하는 주민들이고, 피신청인은 위 청담공원 내의 청담동 66의 4, 66의 7 토지를 소유하고 있는 사람이다.

피선청인은 위 토지상에 골프연습장을 설치하겠다고 하여 관할관청인 강남구청장에게 그 인가신청을 하였다가 1993. 10. 27. 반려되었으나, 서울특별시의 재결에서 1993. 11. 13. 위 반려처분이 취소되어 같은 해 12. 20. 인가처분을 받고, 1994. 1. 29. 위 골프연습장 건축허가를 받아, 위 토지상에 골프연습장 건립을 위한 건축공사에 착수하였다.

그러자 신청인들은 강남구청장을 상대로 위 인가처분 및 건축허가 취소의 행정소송을 제기하는 한편, 이와는 별도로 피신청인을 상대로 위 건물 기타 공

작물의 설치를 금하는 가처분의 신청을 하였다.

2. 제 1 심 결정

그러나 제 1 심은 신청을 기각하였다. 그 요지는 다음과 같다.

가. 위 골프연습장 설치가 신청인들의 환경권을 침해하는지 여부

헌법상의 환경권이 사유재산권의 행사와 저촉되는 경우에는 두 기본권의 충돌을 합리적으로 조정하여야 하는데, 이 사건에 있어서 골프연습장 설치인가를 하면서 강남구청장이 붙인 민원해결대책을 피신청인이 준수하는 한 신청인들은 골프연습장 설치에 따른 환경침해를 수인하여야 할 것이므로 신청인들로서는 환경권을 피보전권리로 하여 피신청인의 이 사건 골프연습장 설치 자체의 금지를 구할 수는 없다.

나. 이 사건 골프연습장설치인가가 도시공원법에 위반되는지 여부

이 사건 골프연습장설치인가는 관련법규에 따른 것으로 보이고, 그 인가의 근거가 된 도시공원법시행규칙 제 2 조, 도시공원법 제 2 조 제 2 호 자목이 무효라고 볼 수도 없다.

3. 원심결정

원심도 신청인들의 항고를 기각하였다.

가. 환경권을 피보전권리로 할 수 있는지 여부

헌법상의 환경권은 국민의 대국가적인 공권으로서 기본권으로서의 환경권의 효력은 국민 개개인 상호간의 사적인 법률관계에서는 그 효력이 직접적으로 미치지 아니하고 다만 사적인 법률관계를 규율하는 사법의 일반규정 등을 통하여 간접적으로 사인간에 적용됨에 그친다. 따라서 현행의 사법체계 아래서는 상대방의 환경파괴가 민법상의 불법행위를 구성하거나 상린관계 규정에 해당되어 그에 따라 침해배제 등의 *私法的*인 청구권을 행사할 수 있음에 그치고 이를 초과하여 헌법상 기본권인 환경권에 의하여 직접 국민 개개인 상호간에 있어서 손해배상이나 침해의 배제를 청구할 수 있는 권리가 인정된다고는 보기 어렵다.

나. 민법상의 상린관계 내지는 생활이익을 피보전권리로 할 수 있는지 여부

위 인가처분에 중대하고 명백한 하자가 있다고 보기 어려우므로 이 사건 인가처분은 적법히 취소되지 아니한 이상 여전히 효력을 가지고 있고 따라서 신청인의 골프연습장 건립은 일응 적법한 사유재산권의 행사라 할 것인데, 그 사유재산권의 행사가 인근 주민들의 생활환경을 현실적으로 침해하거나 침해할 우려가 있는 경우 침해행위가 사회생활상 일반적으로 수인할 수 있는 범위 내라면 인근 주민이 이를 수인하여야 하고, 그것이 일반적인 수인의 정도를 초과하는 경우에는 민법상의 불법행위 또는 상린관계의 규정에 의하여 인근 주민은 침해행위자에 대하여 손해배상 내지 침해행위의 금지를 구할 수 있는데, 이 사건 인가조건의 내용에 비추어 보아 앞으로 이 사건 골프연습장을 위 인가조건에 충족하도록 건립하는 경우에는 신청인들이 입게 되는 생활환경 침해는 사회통념상 수인할 수 있는 정도의 범위 내라고 보아야 한다.

다. 공원이용권을 피보전권리로 할 수 있는지 여부

일반국민이 위 청담공원을 공원으로서의 일반용도에 따라 사용할 수 있는 지위인 공원이용권은 공원관리청과의 사이에서 공공용물의 일반사용관계에 터잡아 법률상 보호되는 이익 내지 지위로서 피신청인의 골프연습장 설치가 불법행위를 구성한다는 등의 특별한 사정이 없는 한 피신청인에 대하여 공원이용권을 침해한다는 이유를 내세워 위 침해의 배제를 구할 수는 없다.

4. 재항고이유

가. 제 1 점

이 사건의 제 1 차적 쟁점은 골프연습장 설치로 말미암아 도시근린공원의 환경이 회복할 수 없을 정도로 침해된다는 것이고, 골프연습장의 설치주체가 누구냐 하는 것은 우연적이고 부수적인 사항으로서, 국가 또는 공공법인이 골프연습장을 설치하는 경우와 개인이 설치주체가 된 경우를 구별할 이유는 없고, 따라서 인가처분의 근거인 도시공원법, 도시계획법 등 관계규정의 위헌, 위법여부와 인가처분의 당부가 요체이다.

그리고 원심결정은 이 사건 인가처분에 명백한 하자가 있다고 볼 수 없다고 하였으나, 환경침해를 인정하면서도 하자가 없다는 것은 모순이고, 피신청인의 사유재산권 행사와 이 사건 인가처분에 하자가 있느냐의 여부는 논리적

으로 연관성이 없고, 환경침해의 여부는 국립서울대학교 부설 환경계획연구소의 감정으로 충분히 증명이 되었다.

또한 이 사건 인가처분의 근거가 된 도시공원법 제2조 제2호 (자)목, 동법 시행규칙 제2조, 도시계획법 제12조 제1항 단서, 동법 시행령 제7조의8 제3호 (가)목, 동 제6조 제1항 제4호는 위헌의 규정이고 모법에 위배되므로 이 사건 인가처분에는 명백한 하자가 있고, 이 사건 인가처분에는 이해관계인의 진술권을 신청인들에게 부여하지 아니한 위법도 있으므로 명백한 하자가 있음에도 불구하고 원심이 이에 대하여는 아무런 판단도 하지 않은 채 하자가 없다고 설시한 것은 잘못이다.

다음 원심이 이 사건 인가처분이 중대하고 명백한 하자가 없다고 본 것은 잘못이고, 가사 중대하고 명백한 하자가 없더라도 도시공원법 및 도시계획법 위반의 사유가 있다면 마땅히 이 사건 공원환경침해의 회복불능성과 긴급성을 고려하여 이 사건 신청을 받아들였어야 한다. 현재 신청인들은 이 사건 인가처분의 취소를 구하는 행정소송을 제기하고 있는데, 원결정대로라면 이 사건 골프연습장 설치를 중지시킬 방도가 없다는 것이므로 신청인들은 의미없는 소송을 계속하는 것이 되고, 위 본안소송의 사회적 중요성 및 실효성을 고려하여서도 이 사건 가처분신청은 인용되어야 한다.

나. 제2점

서울대학교 부설 환경계획연구소의 감정에 의하면 공원 환경의 훼손은 물론 신청인들의 생활환경에 대하여도 회복하기 어려운 침해가 예상된다는 것이므로 신청인들이 수인할 수 없을 정도의 생활환경침해가 발생한다고 볼 만한 자료가 없다는 원심의 판단은 불합리하고 자의적이다.

다. 제3점

신청인들의 공원이용권은 단순히 공원관리청에 대한 것뿐만 아니라 공원에 훼손을 가하여 결과적으로 공원이용권을 침해하는 모든 행위에 대하여 배타적으로 그 배제를 구할 수 있는 물권적인 성격의 권리이다.

뿐만 아니라 이 사건 공프연습장설치는 그 근거 법규가 헌법 및 모법에 위반되어 공원환경을 침해하고 있으므로 청구인들에 대하여 불법행위도 성립하고 청구인들은 그 위법성의 지속을 배제할 권리를 갖는다.

그리고 공원관리청은 스스로 공원환경침해를 방지할 지위에 있지 않으므로 원결정대로라면 신청인의 공원이용권은 이 사건에서 실효성이 전혀 없는 것이다.

[解　說]

Ⅰ. 爭點의 所在

이 사건의 쟁점은 우선 신청인들의 주장과 같이 環境權이 헌법상의 기본권 내지 공법상의 권리일 뿐만 아니라 피신청인과 같은 私人에 대하여도 주장할 수 있는 사권의 성격도 가지는가 하는 점이다. 이 문제는 보다 포괄적으로는 이 사건에서처럼 환경상의 이익 침해를 이유로 그 침해행위의 중단 또는 예방 등을 구할 수 있는 이른바 留止請求(일본에서는 이를 差止請求라고 표현하고 있고, 우리나라에서는 이를 防止訴訟이라고 부르기도 하나 差止에 대응하는 우리의 법률용어는 留止이다. 상법 제402조 등 참조)의 청구권원이 무엇인가 하는 점과 관련이 있다.

또한 신청인들 주장의 공원이용권이라는 권리가 인정될 수 있는가 하는 점도 문제된다.

그리고 이 사건 골프연습장에서 발생하는 소음, 교통장애 등으로 신청인들이 피해를 입는다고 할 때 이를 이유로 신청인들이 골프장 건축금지를 청구할 수 있는가 하는 점이 또 다른 쟁점이다. 이는 이른바 수인한도론의 문제이다.

나아가 신청인들은 피신청인에 대한 골프연습장 인가처분에 하자가 있음을 주장하고 있는데, 이러한 하자가 있는지 여부를 살펴보기에 앞서서 과연 이 사건에서 이러한 하자의 유무를 심리할 필요가 있는지를 따져보아야 한다.

Ⅱ. 留止請求의 根據

1. 우리나라에서의 논의

우리 헌법 제35조 제1항은, "모든 국민은 건강하고 쾌적한 환경에서 생활할 권리를 가지며, 국가와 국민은 환경보전을 위하여 노력하여야 한다"고 규정하여 기본권으로서의 환경권을 인정하고 있다.

그런데 이러한 환경권이 국가에 대하여뿐만 아니라 일반 私人에 대하여도 인정되는가에 관하여는, 환경권도 私人에 대하여 효력을 가지지만 이는 私法의 일반조항을 통하여 私人에게 간접적용된다는 설[2]과, 헌법이 명문의 규정을 가지고 환경권과 그에 대응하는 국민의 환경보전의무를 규정하고 있는 이상, 환경권은 사인 상호간의 관계에도 직접 적용된다고 하여 사인에 대하여도 헌법 제35조 제1항을 근거로 오염배제청구소송을 제기하거나 손해배상청구소송을 할 수 있다는 설[3]이 대립한다.

그리하여 환경권의 私的 權利性에 관하여도 이를 적극적으로 인정하여야 한다는 설[4]과, 환경권은 법원에 대하여 직접 구제를 청구할 수 있는 권리는 아니라고 하여 그 私權性을 부정하는 견해[5] 등으로 나누어진다.

2. 日本의 學說

일본에서는 공해에 대한 差止청구(留止청구)의 근거 내지 법적 구성에 대하여는 物權的 請求權說, 人格權說, 環境權說, 不法行爲說 등의 여러 가지 견해가 대립하나[6] 주로 문제되는 것은 物權的 請求權說, 人格權說, 環境權說의 3가지이다.

---

2) 金哲洙, 全訂新版 憲法學槪論, 543면.

3) 權寧星, 新訂版 憲法學原論, 363-364면.

4) 예컨대 全昌祚, "環境權의 確立", 韓國法學敎授會 編 法과 環境, 1977, 200면 이하, 특히 220면 이하 등; 李勇雨, "公害防止訴訟", 裁判資料 제2집, 231면 이하.

5) 徐元宇, "環境權의 性質과 效力", 서울대학교 法學 제25권 1호, 1984, 25면 이하, 특히 38면 이하 등.

6) 澤井 裕, "公害の差止請求", ジュリスト 增刊 民法の爭點 Ⅱ, 1985, 210면 이하 참조.

이 중 環境權說은 일본 헌법 제13조(幸福追求權), 제25조(生存權)의 해석상 기본권으로서의 환경권이 인정된다는 전제 아래 이를 사법상의 권리로서도 인정하여야 한다는 견해로서, 1970년대에 종래의 受忍限度論을 극복하기 위하여 주장된 이론이다.[7]

즉 이 설은, 종래의 受忍限度論이 利益衡量論의 입장에 서서 공해로 인한 피해가 있더라도 사회생활상 어느 정도까지는 수인하여야 하고 그 정도를 넘어설 때에만 위법성을 띠게 된다고 주장하는 데 대하여, 이는 결과적으로 공해를 일으키는 기업을 보호하는 것이 된다고 비판하면서, 환경권은 배타성을 가지는 절대적 권리이므로 환경오염이라는 피해가 존재하면 곧바로 위법성이 인정되고, 가해행위의 태양 등은 고려할 필요가 없다고 한다.[8]

나아가 이러한 환경권에 근거하면 현저한 정신적 고통이나 생활상의 불이익을 가져오지 않는 자연환경의 파괴행위에 대하여도 환경권에 기하여 유지청구를 할 수 있다고 한다.[9]

3. 日本의 判例

그러나 일본의 판례 가운데 이와 같은 私權으로서의 환경권을 인정하고 있는 것은 거의 찾아볼 수 없고, 주로 인격권 또는 물권적 청구권에 기하여 유지청구를 인정하고 있다. 인격권에 기하여 유지청구를 인정할 수 있다고 한 대표적인 판례로는 이른바 大阪國際空港公害訴訟의 控訴審 판결인 大阪高等裁判所 1975(昭和 50). 11. 27. 판결[10]이 있다. 이 판결은,

"개인의 생명·신체의 안전, 정신적 자유는 인간의 존재에 가장 기본적인 것이므로 법률상 절대적으로 보호되어야 할 것임은 의심이 없고, 또 인간으로서 생존하는 이상, 평온, 자유롭게 인간으로서의 존엄에 어울리는 생활을 영위하는 것도 최대한도 존중하여야 할 것으로서, 헌법 제13조는 그 취지에 입각하고 있고, 同 제25조도 거꾸로 그것을 뒷받침하고 있다고 해석할 수 있다. 그러한 개인의 생명, 신체, 정신 및 생활에 관한 이익은 각 사람의 인격에 본질적

7) 이에 대하여는 위 全昌祚(註 3), 李勇雨(註 3), 徐元宇(註 4) 외에 千慶松, "環境權", 司法論集 제10집, 1979, 57면 이하 참조.
8) 久保井一匡, "受忍限度論と環境權論", 民法の爭點 Ⅱ(註 5), 213-214면 참조.
9) 市川正人, "環境訴訟の可能性", ジュリスト No. 1037, 1994, 187면 참조.
10) 判例時報 797, 36.

인 것으로서 그 총체를 인격권이라고 할 수 있고, 그러한 인격권은 누구도 함부로 침해하는 것은 허용되지 않으며, 그 침해에 대하여는 이를 배제하는 권능이 인정되지 않으면 안 된다. 즉, 사람은 질병을 초래하는 등의 신체침해행위에 대해서는 물론, 현저한 정신적 고통을 입게 하거나 또는 현저하게 생활상의 방해를 가져오는 행위에 대해서도 그 침해행위의 배제를 구할 수 있고, 또 그 피해가 현실화되지 않았어도 그 위험이 절박한 경우에는 미리 그 침해행위의 금지를 구할 수 있다고 해석하여야 하고, 그와 같은 인격권에 기한 방해배제 및 방해예방청구권이 私法上의 유지청구의 근거로 될 수 있다"고 판시하여, 大阪國際空港에서 매일 오후 9시부터 다음날 오전 7시까지는 긴급을 요하지 않는 한 항공기의 이착륙을 하지 못한다고 명령하였다.

그런데 위 사건의 上告審判決인 最高裁判所 1981. 12. 16. 판결[11]의 多數意見은 위와 같이 비행기의 발착을 금한 부분은 민사소송사항이 아니라는 이유로 파기, 각하하였으며 따라서 人格權에 기한 差止請求가 허용되는지 여부에 대하여는 직접 언급하지 아니하였다. 다만 이 부분 청구가 적법하다고 한 반대의견 중에서 團藤 재판관은, 差止請求의 근거로 되는 인격권을 어디까지 권리로서, 나아가 배타적 권리로서 인정할 것인지는 매우 곤란한 문제라고 하고 環 재판관은, 이른바 인격권 내지 환경권이라고 하는 사권을 승인하여 差止請求를 용인하는 견해에는 법적 안정의 요청의 견지에서 찬동할 수 없다고 하였다.

이 판결 이후에 아직 公害의 유지청구 문제에 관하여 인격권을 인정한 최고재판소의 판결은 보이지 않으나, 最高裁判所는 名譽權과 관련하여서는 이른바 北方저널 사건에서, 인격권으로서의 명예권에 기하여 가해자에 대하여 현재 행하여지고 있는 침해행위를 배제하고, 또는 장래 일어날 침해를 예방하기 위하여 침해행위의 差止를 구할 수 있다고 하면서 그 이유로서, 명에는 생명, 신체와 함께 극히 중대한 보호법익으로서, 인격권으로서의 명예권은 물권의 경우와 마찬가지로 배타성을 가지는 권리이기 때문이라고 하였다.[12]

그리고 일본의 하급심판결은 위 大阪空港事件 판결 이후에도 현재까지 계속하여 이러한 공해로 인한 差止請求에 있어서 인격권을 근거로 하여 그 差止를 청구할 수 있다고 하면서, 환경권을 근거로 하는 差止請求는 부정하고 있다.[13]

---

11) 判例時報 1025, 39 이하.

12) 最高裁判所 1986(昭和 61). 6. 11. 판결(判例時報 1194, 6 이하).

13) 예컨대 名古屋高等裁判所 1985(昭和 60). 4. 12. 판결(判例時報 1150, 53); 大阪高等裁判所

4. 環境權說에 대한 검토

생각건대 우리 실정법의 해석으로는 헌법에 환경권이 기본권의 하나로 규정되어 있다고 하여 곧바로 私人 상호간에도 私法的인 권리로서의 環境權을 직접 인정할 수는 없다고 생각된다. 이는 종래의 통설이 헌법상의 기본권은 사인간에는 직접적으로는 효력이 미치지 아니하고 단지 사법상의 일반조항 등을 통하여서 간접적으로만 적용된다고 하는 이른바 간접적용설과 궤를 같이하는 것이다.

다만 이처럼 환경권이 사인 상호간에 직접 효력을 미치지는 않는다고 하더라도 사법 법규의 해석에 있어서는 헌법이 환경권을 기본권으로서 승인하고 있는 취지를 최대한 고려하여야 할 것은 물론이고, 이러한 의미에서 사인이 소음 등의 공해를 유발하여 다른 사인의 생명, 신체 등에 대한 직접적인 피해나 정신적 고통을 가하거나 가할 우려가 있을 때에는 불법행위에 기한 손해배상을 청구하거나 물권적 청구권에 기한 방해배제청구권 또는 방해예방청구권을 행사할 수 있을 뿐만 아니라 뒤에서 보는 바와 같이 인격권에 기한 유지청구도 할 수 있다고 보아야 할 것이다.

대법원 1991. 7. 26. 선고 90다26607, 26614 판결[14)]이, 피고들의 공장에서 배출된 환경물질로 인하여 원고들이 구체적인 발병에 이르지는 아니하였다 하여도 적어도 장차 발병가능한 만성적인 신체건강상의 장해를 입었고 이는 통상의 수인한도를 넘는다고 하여 피고들의 위자료 지급책임을 인정하면서 그 근거로서 헌법 제35조를 들고 있는 것도 이와 같은 취지로 이해할 수 있다.

그러나 이처럼 직접적인 피해가 없는 경우에도 단순한 환경의 보전을 위하여 환경권에 기하여 유지청구를 하는 것까지 허용된다고 보기는 어려울 것이다.

일본의 판례는 사법상 환경권을 인정할 수 없는 근거로서, 주로 실정법상 규정이 없다는 점, 그 성립요건이나 내용 등도 매우 불명확하여 각 개인의 권리의 대상이 되는 환경의 범위, 즉 환경을 구성하는 내용의 범위 및 그 지역적

1992(平成 4). 4. 20. 판결(判例時報 1415, 29); 岐阜地方裁判所 1994(平成 6). 7. 20. 판결(判例時報 1508, 76) 등 다수.

14) 公 1991, 2244.

범위가 막연하고 그 침해의 개념도 명확하지 아니하며 권리자의 범위도 한정하기 어렵다는 이유를 들고 있다.[15)]

그러나 그러한 사정도 私權으로서의 환경권을 바로 인정하는 데 장애가 되는 것이기는 하나, 이것이 환경권 부정의 결정적인 근거가 된다고 하기는 어려울 것이다. 법률의 규정이 없다고 하여 반드시 권리로서 인정할 수 없다고는 할 수 없고, 일본의 판례나 학설도 법률의 규정이 없는 인격권은 인정하고 있을 뿐만 아니라 권리의 내용 등이 불명확한 점은 판례에 의하여 그 범위를 명확하게 하는 것이 가능할 수도 있기 때문이다.[16)]

仙台지방재판소 1994(平成 6). 1. 31. 판결[17)]은, 환경권이 실정법상 명문의 근거가 없더라도, 권리의 주체가 되는 권리자의 범위, 권리의 대상으로 되는 환경의 범위, 권리의 내용은 구체적인 개별적인 사안에 따라 생각한다면 반드시 불명확하다고 속단할 수는 없으므로 환경권에 기한 청구(원자력발전소의 운전, 건설 중지)가 민사소송법상 민사재판의 심사대상으로서의 적격성을 가지지 않는다고 하여 부적법하다고는 할 수 없다고 하였다. 다만 이 판결도 환경권이 인정될 수 있는가는 별도로 검토를 요하고, 원고의 청구는 기본적으로 인격권에 기한 청구와 동일하다고 하여 환경권을 인정할 수 있는가에 대하여는 명백한 입장을 밝히지 않고 있다.

이처럼 광범위한 범위 내에서 환경권을 인정하기 어려운 보다 근본적인 이유는, 이러한 환경권을 인정하게 되면 그 상대방의 자유와 권리를 크게 제한하는 결과를 가져온다는 점이다.[18)] 다시 말하여 환경권은 다른 사람의 직업의 자유나 재산권의 행사를 근본적으로 제약하는 것이므로, 당사자가 가지는 환경보전의 이익과, 그 상대방의 자유 및 권리 가운데 어느 것을 우선시킬 것인가는 매우 어려운 문제이고, 이러한 판단 내지 이익의 형량을 법원이 법률의 근거 없이 내릴 수 있는가 하는 점이 의심스러운 것이다.

위 名古屋高等裁判所 1985. 4. 12. 판결(註 12)은, 환경의 침해행위라고 보이는 행위가 주민의 구체적인 권리를 침해할 우려가 있는 때에는 당해 권리침해의 우려를 이유로 하여 침해행위의 差止를 청구할 수 있고, 그에 의하여 어

---

15) 澤井 裕, "差止請求の法的構成", 自由と正義 제34권 4호, 1983, 10면 등 참조.
16) 和田眞一, "環境權論", 法律時報 제65권 3호, 1993, 96면 참조.
17) 判例時報 1482, 10 이하.
18) 和田眞一(註 15), 96면.

느 정도 환경보전의 목적을 달성할 수 있지만, (그러한 구체적인 권리의 침해가 없는) 지역적 환경의 보전에 관하여는 사람들의 사회적 경제적 활동의 자유와의 조화를 도모하지 않으면 안 되고, 이는 민주주의 기구를 통하여 종국적으로는 입법에 의하여 결정되지 않으면 안 되며, 개인의 피해를 넘는 지역적 피해를 가지고 환경권이라고 하는 사법상의 권리를 구성하여 差止를 인정함으로써 직접 환경의 보전을 기도하는 것은 자연환경의 파괴를 미연에 방지한다고 하는 사회적 목적을 달성하기 위한 즉효적인 수단을 구하는 것으로서, 개인의 私權의 보호를 중심으로 발달한 민사재판제도에 대하여 그 본래의 역할을 넘어서서 사회적, 경제적, 문화적 가치판단을 포함하는 광범위한 재량에 기하여 공권력 발동의 가능성을 구하는 것으로서 법해석의 한계를 넘는 것이라고 한다.

종래 환경권의 사권성을 부정하는 학설도 이러한 점을 지적하고 있다. 즉 환경보전과 산업개발은 다같이 중요한 사회적 가치이고, 그 어느 쪽을 우선시킬 것인가는 一義的으로 일방이 언제나 타방에 우선하는 것으로 단정할 수는 없으며, 산업개발을 어느 정도 진행시키고 환경오염을 어느 정도 억제할 것인가는 정치정책적 차원에 속하는 문제이고 법원의 법인식작용의 대상 밖에 있는 것이라고 한다.[19)]

우리 헌법 제35조 제2항이 "환경권의 내용과 행사에 관하여는 법률로 정하여야 한다"고 규정하고 있는 것도 이와 같은 생각에 근거한 것이라고 보아야 할 것이다.

5. 物權的 請求權說의 검토

환경침해에 대한 유지청구의 근거로서 가장 쉽게 생각할 수 있는 것은 민법상의 相隣關係 규정에 기한 물권적 청구권의 행사(민법 제217조, 제214조)이다. 다만 민법 제217조에 의한 경우에는 방해배제 청구 외에 방해예방청구는 인정되지 않는다고 하는 설도 있으나, 이를 부정할 이유가 없을 것이다.[20)] 대법원 1974. 12. 24. 선고 68다1489 판결[21)]은, 병원시체실의 설치로 인한 악취, 유족 등의 곡성 및 시체의 운구 등으로 인하여 그 인접지 거주자가 피해와 고통을

19) 原田尙彦, "環境權と民事訴訟", 環境權と裁判, 1977, 12면; 徐元宇(註 4), 34면 참조.
20) 柳元奎, 民法注解 5, 310면 註 57).
21) 公 507, 8267.

받는 경우에 위 방해요인의 제거 내지 예방을 청구할 수 있다고 하면서 그 근거로서 민법 제217조를 들고 있다.

6. 人格權說의 검토

그러나 물권적 청구권 이외에 인격권도 유지청구의 근거로 인정할 필요가 있다. 이를 인정할 실익은 첫째, 토지소유자 등의 물권적 권리자가 아니라도 인격권에 대한 침해를 입증하여 유지청구를 할 수 있다는 점, 둘째, 인격권에 기하여 청구를 하는 경우에는 청구를 하는 사람이 자신의 물권, 점유권 등을 주장입증할 필요가 없고, 자기의 피해의 실태만을 주장입증하면 족하므로 법원으로서도 편리하다는 점을 들 수 있다.[22] 이 사건에서도 신청인들은 자신들이 위 도산공원 인근 거주 주민들이라고만 주장하고 있을 뿐 소유권 등은 직접 주장입증하지 않고 있다.

그런데 이처럼 인격권에 기한 유지청구를 인정하려는 데 대하여는 이를 인정하는 명문의 규정이 없고, 인격권의 내용 내지 범위가 불명확하다는 비판이 있다.[23] 그러나 인격권은 헌법 제10조의 인간으로서의 존엄과 가치 및 행복추구권에 근거한 것으로서, 우리 판례도 이러한 인격권의 개념을 인정하고 있으므로[24] 단지 법률의 규정이 없다는 이유만으로 인격권의 개념을 부정할 수는 없을 것이다.

다만 문제는 아직 대법원의 판례가 공해 문제와 관련하여서는 인격권을 인정한 바가 없고, 또 이러한 경우에 인격권을 인정한다 하더라도 어느 범위에서 인정할 것인가가 불분명하다는 점이다. 그러나 이는 합리적인 해석에 의하여 해결될 수 있는 문제이다. 즉 생명침해 및 건강침해(질병의 발생)의 경우에는 인격권의 침해가 바로 인정될 수 있을 것이고, 질병에 이르지 아니하는 경우에도 현저한 정신적 고통을 입게 하거나 또는 현저하게 생활상의 방해를 가져오는 행위는 인격권의 침해로 볼 수 있을 것이나,[25] 단순하고 경미한 정신적 침

22) 大塚 直, "生活妨害の差止に關する基礎的考察(8)", 法學協會雜誌 제107권 4호, 1990, 522-523면 참조.

23) 위 大阪國際空港事件 상고심 판결의 반대의견 참조. 또한 柳元奎(註 19), 310면도 그러한 취지이다.

24) 대법원 1980. 1. 15. 선고 79다1883 판결, 公 628, 12586; 1988. 10. 11. 선고 85다카29 판결, 公 836, 1392 등.

25) 大阪高等裁判所 1975. 11. 27. 판결(註 9) 참조.

해는 인격권의 침해라고 볼 필요가 없을 것이다.[26] 물론 단순하고 경미한 침해의 경우에는 뒤에서 보는 것처럼 수인한도론에 의하여 보호의 대상에서 제외된다고 설명할 수도 있다.

그러므로 이 사건에서 신청인들이 소음, 교통장애 등을 이유로 인격권의 침해를 주장하는 것은 별론으로 하고, 단순히 공원에 골프연습장을 세운다는 이유만으로 그 건축금지를 청구할 수는 없을 것이다.

7. 이 사건 결정의 태도

이 사건 결정은 환경권이 私權으로서 인정될 수 있는가 내지 환경침해를 방지하기 위한 留止請求의 권원이 될 수 있는가에 관하여는 앞에서 살펴본 바와 같은 이유로 이를 부정하고 있을 뿐, 적극적으로 이러한 유지청구의 권원을 어떻게 파악하여야 할 것인가에 관하여는 확실한 입장을 밝히지 않고 있다. 이는 당사자들의 주장이 주로 사권으로서의 환경권을 인정할 수 있는가에 집중되어 있기 때문에 구태여 가령 인격권을 청구권원으로서 인정할 수 있는가 하는 점까지는 언급할 필요가 없다고 판단한 때문이라고 여겨진다.

Ⅲ. 신청인들이 골프연습장 인가처분의 하자를 주장할 수 있는지 여부

원심은 신청인들이 이 사건 골프연습장 인가처분의 하자를 주장한 데 대하여, 위 인가처분이 당연무효라고는 볼 수 없다는 등의 이유로 이를 배척하였다. 그러나 원심의 위와 같은 판단은 이론적으로는 반드시 정당하다고 보기 어렵다.

다시 말하여 위 인가처분이 당연무효인지 여부를 판단하기에 앞서서 과연 위와 같은 인가처분의 하자 유무 내지 인가처분이 당연무효인지 여부가 이 사건 가처분신청에 영향을 줄 수 있는 사유인지를 먼저 검토하였어야 할 것인데, 위와 같은 인가처분의 하자 유무는 신청인들이 피신청인에 대하여 공사금지를

26) 大塚 直(註 21), 524면 참조.

청구할 수 있는가 여부와는 원칙적으로는 아무런 관계가 없다고 보아야 할 것이다. 극단적인 예를 든다면 가령 피신청인이 전혀 인가를 받지 않고 위 골프연습장을 건설한다 하더라도 그 사유만으로는 신청인들이 피신청인에게 그 건설의 금지를 청구할 수 있는 권리가 생긴다고는 할 수 없는 것이다.

이 점에 관하여 참고가 될 수 있는 일본의 판례가 있다. 그 하나는 最高裁判所 1964(昭和 39). 1. 16. 판결[27]이다. 이 사건에서는, 피고가 公道(村道)를 불법점거하여 나무를 심고 석재를 쌓고 나아가 불법건축을 하여 위 도로를 도로로서 사용할 수 없게 만들자 그 도로에 접하여 거주하고 있던 원고가 그 방해배제를 구하는 소송을 제기한 것인데, 원심은 원고가 위 도로를 통행할 자유는 반사적 이익에 불과하고 배타적인 사용권을 취득한다고 볼 수 없으므로 방해배제를 청구할 권리가 없다고 하여 원고의 청구를 기각하였다.

그러나 최고재판소는, “지방공공단체가 개설하고 있는 村道에 대하여는 촌민 각자가 다른 촌민이 그 도로에 대하여 가지는 이익 내지 자유를 침해하지 않는 정도에 있어서, 자기의 생활상 필수적인 행동을 자유로 행할 수 있는 바의 사용의 자유권(민법 제710조)를 가진다고 해석함이 상당하다. 물론 그 통행의 자유권은 공법관계로부터 유래하는 것이기는 하지만, 각자가 일상생활상 제반의 권리를 행사하는 것에 관하여 없어서는 안 될 要具이므로 그에 대하여는 민법상의 보호를 부여함이 당연한 조리이다. 그러므로 한 촌민이 그 권리를 방해당하였을 때에는 민법상 불법행위의 문제가 생기는 것은 당연하고, 그 방해가 계속될 때에는 그 배제를 구할 수 있는 권리를 가지는 것은 말할 필요도 없다”라고 하여 원심판결을 파기하였다.

다른 하나는 最高裁判所 1993(平成 5). 11. 26. 판결[28]이다. 이 사건도 피고가 원고 소유 건물의 부지와 공도 사이의 토지에 건축기준법에 위반하여 블록담을 쌓아서 원고의 통행에 장애를 주었다는 이유로 원고가 그 수거를 청구한 것인데, 원심은 피고가 원고의 통행의 자유권(인격권)을 침해하였다는 이유로 원고의 청구를 인용하였다.

그러나 최고재판소는, “상고인이 건축기준법 제42조 제 2 항에 지정된 지정이 있은 본건 도로지정토지 내에 동법 제44조 제 1 항에 위반하는 건축물인 본건 블록 담을 설치하였으나, 그로부터 바로 본건 도로지정 토지에 인접하는 토

27) 集 18권 1호 民1면.

28) 判例時報 1502, 89.

지의 지상건물 소유자인 피상고인에게 본건 블록 담의 수거를 구할 사법상의 권리가 있다고는 할 수 없다"고 하면서, 피고가 설치한 정도의 블록 담만으로는 원고의 일상생활에 지장을 주지는 않으므로 원고의 인격적 이익이 침해되었다고는 볼 수 없다고 하여, 위 건축기준법에 규정한 지정이 있은 토지를 통행 등에 이용하는 것이 특정의 사인에게 있어 자유권(인격권)으로서 민법상 보호할 가치가 있다고 하는 원심의 판단의 이론적 당부에 관하여 논할 것도 없이 위법이라고 하여 원심판결을 파기하였다.

학설상으로도 일반적으로는 일반인이 위와 같은 도로 등을 이용하는 권리는 그 도로가 공물로 지정된 데 따르는 반사적 이익에 불과하고, 따라서 공법상의 규제에 위반하여 도로의 사용을 방해하는 것으로부터 바로 사법상의 수거청구권이 생기지 않는다고 하면서도, 다만 통행에 대한 방해가 私人의 일상생활에 지장을 줄 정도이면 방해제거청구권을 인정할 수 있고, 그 근거로서는 인격권 내지 인격적 이익의 침해를 드는 견해가 유력한 것으로 보인다.[29)]

또한 대법원 1991. 6. 11. 선고 90다12007 판결[30)]이, 주위토지통행권과 관련하여, "건축법에 건축과 관련하여 도로에 관한 폭 등의 제한규정이 있다 하더라도 이는 건물신축이나 증·개축허가시 그와 같은 범위의 도로가 필요하다는 행정법규에 불과할 뿐 위 규정만으로 당연히 원고에게 그 반사적 이익으로서 건축법에서 정하는 도로의 폭이나 면적 등과 일치하는 주위토지통행권이 바로 생긴다거나 주위토지의 특정승계인인 피고에게 위 행정법규의 제한을 수인해야 할 사법상의 의무를 승계한다 할 수는 없는 것이다"라고 하는 것도 참고가 될 수 있을 것이다.

그러므로 이 사건에서 피신청인의 행위가 신청인들의 인격권이나 재산권 등을 침해한다고 볼 수 없다면 피신청인에 대한 골프연습장 인가처분에 하자가 있는지 여부는 이 사건에서 따져볼 필요가 없다.

다만 신청인들이 위 골프연습장 인가처분의 효력을 다투는 행정소송을 제기할 당사자적격이 있는지, 위와 같은 하자를 이유로 위 인가처분의 취소를 구할 수 있는지 하는 점은 별도로 검토하여야 할 문제로 여겨진다. 특히 이 사건

29) 松島諄吉, "道路の自由使用", 別冊 ジュリスト No. 122 行政判例百選 1(제 3 판), 36면 이하; 大塚 直, "道路指定土地內の違法建築物に對する收去請求の可否", ジュリスト 臨時增刊 平成5年度重要判例解說, 75면 이하 참조.

30) 公 1991, 1898.

에서는 신청인들이 소음 등으로 인한 피해를 주장하고 있으므로 이 점에서는 행정소송의 원고적격이 인정될 여지가 있다.

Ⅳ. 公園利用權의 문제

신청인들은 또한 자신들이 위 청담공원 이용권을 가지고 이는 피신청인에 대하여서도 주장할 수 있는 배타적인 권리라고 주장하나, 이는 받아들이기 어렵다. 이점에 관하여는 도로이용에 관한 위 일본 최고재판소의 판례들이 참고가 될 수 있다고 생각된다.

뿐만 아니라 공원의 이용에 관하여 유사한 취지의 일본 하급심판결례[31]도 있다. 이 사건에서는 동경에 설치되어 있는 도시공원인 日比谷公園에 인접하여 피신청인이 30층의 고층건물을 세우려고 하는 데 대하여, 동경도 주민들인 신청인들이 이는 자신들의 공원이용권을 침해한다고 하여 13층 이상의 건축공사의 금지를 명하는 가처분을 신청한 사건이다.

이에 관하여 東京高等裁判所는, “지방공공단체가 설치한 도시공원은 주민 내지 일반공중의 공동사용에 제공되는 공공의 시설로서 누구라도 다른 사람의 공동사용을 방해하지 않는 한도에 있어서 자유로이 이를 사용할 수 있다고 하겠지만, 그 사용은 공법관계에 있어서 이른바 일반사용에 해당하는 것으로서 도시공원의 관리는 이를 설치한 지방공공단체가 공원관리자로서 행하여야 하는 것이고, 일반사용자인 개인이 당연히 위와 같은 差止를 구할 근거로 되는 권리 내지 이익을 가진다고는 할 수 없다”고 하고, 다만 “공공시설의 일반사용자라고 하여도 그 사용이 일상생활상 제반의 권리를 행사하는데 있어 불가결의 것이라고 하는 등 특별한 이해관계가 있는 경우에는 자기의 사용에 대한 방해의 배제를 구할 수 있다고 해석하여야 할 것이나, 이 사건에 있어서 그러한 사정이 존재한다는 것에 관하여는 주장도 없고 소명도 없다”고 하고 나아가 “위와 같이 항고인에게 법적 보호의 가치가 있는 이익이 존재하지 않는 이상 상대방의 행위가 항고인에 대한 관계에서 불법행위를 구성한다고도 인정되지 않는다”고 하여 가처분의 신청을 각하하였다.

---

31) 東京高等裁判所 1978(昭和 53). 9. 18. 결정(判例時報 907, 61).

위와 같은 이론은 이 사건에 있어서도 대체로 적용될 수 있을 것이다.

Ⅴ. 소음, 교통장애와 受忍限度

원심은 위 골프연습장의 운영으로 인한 교통체증, 소음, 골프공 타격소리와 연습장 내 조명 등으로 인근주민들인 신청인들의 생활환경을 침해한다는 주장에 대하여는 이른바 수인한도론을 채택하여, 위 인가처분의 부대조건인 주차장의 충분한 확보, 완벽한 방음시설, 건물전면에 소로개설, 주택가로의 조명차단, 그린에 인조잔디를 입힘으로 인한 약수오염우려 해소 등의 내용에 비추어 보면 위 골프연습장을 위 인가조건에 충족하도록 건립하는 경우에는 위 골프연습장의 운영으로 인하여 그 인근주민인 신청인들이 입게 되는 생활환경 침해는 그것이 인근 주민들이 사회 통념상 수인할 수 있는 정도의 범위 내라고 봄이 상당하다 하여 신청인들의 주장을 배척하였다.

위와 같은 수인한도론에 대하여는 비판이 없지 않으나 우리 대법원의 판례는 이를 인정하고 있을 뿐만 아니라,[32] 민법 제217조 제2항의 규정취지도 그와 같은 것으로 보지 못할 바 아니다.

나아가 위 인가조건에 부수한 부대조건이 모두 이행된다면 신청인들이 입게 되는 생활환경의 침해는 그것이 사회통념상 수인할 수 있는 정도의 범위 내라고 봄이 상당하다고 하는 원심의 판시도 수긍할 수 있다.

Ⅵ. 結　論

이 사건 결정은 환경침해를 이유로 하는 유지청구에 있어서 환경권은 그 청구권원이 될 수 없음을 밝힌 최초의 판례로서, 앞으로도 자주 발생할 것으로 보이는 이러한 종류의 분쟁을 해결함에 있어서 중요한 의의를 가진다고 생각된다.

---

32) 대법원 1982. 9. 14. 선고 80다2859 판결(公 693, 1001); 1989. 5. 9. 선고 88다카4697 판결(公 1989, 890); 1994. 6. 28. 선고 93다51539 판결(公 1994, 2089) 등. 앞의 두 판결은 日照權에 관한 것이고 마지막 판결은 이 사건처럼 소음, 진동 등에 관한 것이다.

또한 피신청인에 대한 행정처분의 하자가 직접 신청인들의 권리에는 영향을 주지 못한다는 점을 선언한 것도 이론적으로 중요한 의미를 가진다고 하겠다.

Ⅶ. 追 記

1. 이 사건 결정 이후에 선고된 대법원 1995. 9. 15. 선고 95다23378 판결(集 43권 2집 民193면; 公 1995하, 3399)은, 피신청인이 신청인인 대한민국 산하 부산대학교에 인접한 토지에 24층의 아파트를 건립하려는데 대하여, 신청인이 18층을 초과하는 부분에 대한 공사금지의 가처분을 신청한 사건에서, 이 사건 결정을 인용하여 환경권에 관한 헌법 제35조의 규정이 개개의 국민에게 직접으로 구체적인 사법상의 권리를 부여한 것이라고 보기는 어렵다고 하여, 원심이 신청인이 환경권에 기하여 방해 배제를 청구할 수 있는 것처럼 설시한 것은 잘못이라고 하였으나, 피신청인이 건축하는 이 사건 아파트가 24층까지 완공되는 경우 신청인 산하 부산대학교 구내의 그 판시 첨단과학관에서의 교육 및 연구활동에 커다란 지장이 초래되고, 위 첨단과학관 옥상에 설치된 자동기상관측장비 등의 본래의 기능 및 활용성이 극도로 저하되며, 위 부산대학교의 대학교로서의 경관·조망이 훼손되고, 조용하고 쾌적한 교육환경이 저해되며, 소음의 증가 등으로 교육 및 연구활동이 방해받게 된다면, 위 부산대학교의 부지 및 건물을 교육 및 연구시설로서 활용하는 것을 방해받게 되는 그 소유자인 신청인으로서는 위와 같은 방해가 사회통념상 일반적으로 수인할 정도를 넘어선다고 인정되는 한 그것이 민법 제217조 제1항 소정의 매연, 열기체, 액체, 음향, 진동 기타 이에 유사한 것에 해당하는지 여부를 떠나 그 소유권에 기하여 그 방해의 제거나 예방을 청구할 수 있다 할 것이라고 하여, 결론에 있어서는 신청인의 신청을 받아들인 원심이 정당하다고 하였다.

다른 한편, 위 판결에서는 원심이 인격권에 기한 방해배제청구권을 이 사건 피보전권리의 하나로 들고 있는 것도 잘못이라고 하였으나, 이는 이 사건의 신청인이 국가라는 점에서 국가가 인격권의 주체가 될 수 없다는 의미로 여겨지고(이 점은 환경권의 경우에도 마찬가지이다), 일반적으로 인격권이 유지청구의 근거가 될 수 없다는 취지라고 받아들이기는 어려울 것이다.

2. 이 사건의 신청인들 중 일부가 강남구청장을 피고로 하여 제시한, 피신청인에 대한 골프연습장설치인가처분취소 등을 구하는 행정소송에 대하여 서울고등법원은 청구를 기각하였고(1995. 1. 27. 선고 94구7227 판결), 대법원도 그에 대한 상고를 기각하였다(1996. 1. 23. 선고 95누3237 판결, 미공간).

3. 이 문제에 관한 美國에서의 논의에 관하여는 趙弘植, "美國憲法上의 環境權", 法曹 1996. 8(통권 제479호), 74면 이하: 1996. 9(통권 제480호), 62면 이하 참조.

〈大法院判例解說 1995년 상반기(통권 23호) =
判例月報 1996. 12(통권 315호)〉

無效인 第2讓受人 名義의 所有權移轉登記가 確定判決에 의하여 이루어진 경우 第1讓受人 내지 그 承繼人의 救濟方法*

— 대법원 1999. 7. 9. 선고 98다29575 판결 —

[事實의 槪要]

익산시(종전의 이리시) 남중동 446 전 407 제곱미터는 원래 일본인 소유였던 귀속재산으로서, 해방 후 국가 소유로 되었다가, 소외 A가 1954. 8. 31. 국가로부터 불하받고, 미등기 상태에서 1960년경 위 토지 중 224 제곱미터(이하 이 사건 토지라고만 한다)를 소외 B에게 매도하였으며, B는 다시 1976. 9. 경 이 사건 원고 X에게 이 사건 토지를 매도하여, 그 이래 X가 이를 점유하고 있다.

그런데 A는 1970. 9. 4. 사망하여 그의 자녀들인 A' 등이 이를 상속하였는데, 이 사건 피고 Y는 1989. 4. 11. A' 등으로부터 이 사건 토지와 다른 토지를 아울러 매수하였다. 그 후 Y는 1989. 10. 6. A' 등을 상대로 이 사건 부동산 등에 관하여 소유권이전등기청구소송을 제기하여 승소판결을 받고(1991. 1. 14. 확정됨), 1991. 4. 11. 위 판결에 기하여 A' 등으로부터 자신 명의로 소유권이전등기를 경료하였다.

이어서 Y는 X를 상대로 이 사건 토지상에 건립된 X 소유의 건물 철거

* 검토를 위하여 필요한 자료를 제공하여 주신 전주지방법원 군산지원 조병훈 부장판사님, 전주지방법원 곽종훈 부장판사님 및 대법원 재판연구관 유남석 부장판사님께 감사의 뜻을 표한다.

및 이 사건 토지 인도청구의 소를 제기하였는데,[1] 이에 대하여 X는 Y를 상대로, Y와 A' 등과의 매매계약은 반사회적 법률행위로서 무효라는 이유로 Y 명의의 위 소유권이전등기의 말소를 구하는 반소청구를 제기하였다. 제1심 법원은 1993. 12. 1. 원고 승소의 판결을 선고하였다. 그러나 위 사건 항소심은, 1995. 9. 7. Y의 본소 청구에 대하여는, A' 등이 Y에게 이 사건 토지를 매도한 것은 B를 거쳐 X에게 소유권이전등기를 경료할 의무가 있는 자의 배임행위이고, 또한 Y가 이 사건 토지를 X가 매수하여 점유하고 있음을 알면서도 A' 등에게 매도를 요청한 행위는 배임행위에 적극 가담한 것이므로, 결국 Y의 이 사건 토지 매매계약은 반사회적 법률행위에 해당하여 무효라고 판단하여 이를 기각하는 한편, X의 반소청구에 대하여도, Y가 A' 등을 상대로 하여 받은 확정판결이 당연무효라거나 재심의 소에 의하여 취소되지 않는 한 X로서는 A' 등을 대위하여 Y 명의의 소유권이전등기의 말소를 청구할 수 없다고 하여 이 또한 기각하였다. 이 판결에 대하여 Y가 상고하였으나 Y의 상고는 기각되었다.[2]

[訴訟의 經過]

1. X의 Y에 대한 소유권이전등기청구

그러자 X는 1997년에 이르러 Y를 상대로 하여, 자신이 1976. 9.부터 이 사건 토지를 소유의 의사로 점유하여 왔으므로 1996. 9. 30. 취득시효가 완성되었음을 이유로 하여 취득시효 완성을 원인으로 하는 이 사건 소유권이전등기청구의 소를 제기하였다. 여기서 Y 명의의 소유권이전등기가 무효로서 Y가 소유자가 아니라면, Y가 X에 대하여 취득시효완성을 이유로 하는 소유권이전등기의무를 부담하는 자에 해당하는가 하는 점이 쟁점으로 되었다.[3]

2. 제1심 및 제2심 판결

이 점에 대하여 제1심 법원과 제2심 법원은 다같이, 시효완성으로 토지

---

1) 원래는 위 소송에는 X 외에 다른 제3자도 피고로 되었으나 이 사건과는 직접 관련이 없으므로 이에 대하여는 언급하지 않는다.

2) 대법원 1996. 3. 26. 선고 95다45545, 45552, 45569 판결(公 1996상, 1374).

3) 다른 한편 Y는, X가 1995. 7. 20. A' 중 한 사람으로부터 손해배상으로 900만원을 지급받은 것을 들어서 이때부터 X의 점유는 타주점유로 전환되었다고 주장하였으나, 이 주장은 받아들여지지 않았고, 대법원도 이를 시인하였다. 이 부분은 검토의 대상에서 제외한다.

의 소유권을 취득하기 위하여는 그로 인하여 소유권을 상실하게 되는 시효완성 당시의 진정한 소유자를 상대로 소유권이전등기청구를 하여야 하는데, Y와 A'와의 매매는 무효이기는 하지만, Y가 A' 등을 상대로 이 사건 토지에 대한 소유권이전등기청구소송을 제기하여 승소확정판결을 받은 이상, X로서는 Y의 적극적인 협력 없이는 Y 명의의 소유권이전등기를 말소하여 원소유자 명의로 회복할 수 있는 방도가 없게 된 점에 비추어 보면 자신의 명의로 소유권이전등기를 마쳐 두고 있는 Y가 X의 취득시효 완성을 원인으로 한 소유권이전등기청구를 방해할 목적으로 스스로 위 확정판결이 그릇된 것이라는 이유로 자신의 소유권을 부정하는 것은 신의성실의 원칙에 반하여 허용될 수 없다고 하여, 원고의 청구를 인용하였다.

3. Y의 상고이유 제2점

Y는 자신이 정당한 소유자가 아니라고 주장한 일은 없고, X와 Y 간에는 Y와 A' 등과의 매매계약이 이중매매계약으로 원인무효이므로 Y는 X에 대하여 소유권을 주장할 수 없음이 판결로 확정되었고, X가 Y에게 구하는 점유취득시효 완성을 원인으로 한 소유권이전등기절차이행 청구는 Y가 X에 대하여 이 사건 토지에 대하여 적법한 소유권자임을 주장할 수 있음을 요건으로 하는 것이므로 소유권을 주장할 수 없는 피고에 대하여 적법한 소유권자임을 주장할 수 있음을 요건으로 하는 취득시효를 주장할 수 없다고 주장하였을 뿐이다. X에 대하여 Y는 위 판결 확정에 의하여 이 사건 토지에 관한 한 적법한 소유자임을 주장할 수 없고 다만 등기부상 소유자로만 남아있었으므로 X의 점유를 적극적으로 배제할 권원이 없게 되었으며, X의 편에서 보면 등기부상 소유자일 뿐인 Y에 대하여 소유권 취득의 원인이 되는 취득시효를 주장할 수 없다.

[大法院의 判決理由 要旨]

대법원은 다음과 같이 판시하여 상고를 기각하였다.

"부동산의 점유로 인한 시효취득자는 취득시효 완성 당시의 소유자에 대하여 소유권이전등기를 청구할 수 있다고 할 것인바, 취득시효 완성 당시 그 부동산의 등기부상 소유명의자의 등기가 판시와 같은 흠결이 있다 하더라도 그 등기명의 소유자가 진정한 소유자를 상대로 제기한 소유권이전등기 청구소송의 기판력 있는 확정판결에 의하여 소유권이전등기를 경료하였던 것이고, 따라서 시효취득자가 진정한 소유자를 대위하여 등기부상 소유자를 상대로 위 등기의 말소를 구하는 것은 위 판결의 기판력 때문에 극히 어려운 것이고, 그 등기명의를 둔 채 진정한 소유자를 상대로 시효취득을 원인으로 한 이전등기를 구하여 판결을 받더라도 위 등기가 말소되지 않는 한 그 판결이 이행될 수 없는 것이라면 특별한 사정이 없는 한 시효취득자는 그 등기부상 소유명의자를 상대로 취득시효를 원인으로 한 소유권이전등기를 청구할 수 있다고 보아야 할 것이고, 등기명의자인 Y가 X를 상대로 그 등기를 근거로 건물의 철거를 구하여 왔으면서도, 이제 진정한 권리를 취득한 X가 그 이전등기를 구하자 스스로 자신의 등기를 무효라고 내세워 진정한 권리취득을 방해하는 것은 허용될 수 없는 일이라 할 것이다.

따라서 원심이 Y의 이 사건 점유 부분에 대한 매수행위가 위 A의 상속인들의 이중매매라는 배임행위에 적극 가담한 것으로서 사회질서에 반하여 무효인 사실을 인정할 수 있으나, Y가 위 A의 상속인들을 상대로 이 사건 토지에 대한 소유권이전등기 청구소송을 제기하여 승소확정판결을 받아 그 소유권이전등기를 경료한 이상 Y는 A에게 이 사건 점유 부분에 관하여 1976. 9.부터 20년이 경과한 1996. 9. 30. 취득시효 완성을 원인으로 한 소유권이전등기절차를 이행할 의무가 있다는 취지로 판단한 것은 정당하고, 거기에 지적하는 것과 같은 취득시효에 관한 법리오해의 위법은 없다."

[研　　究]

Ⅰ. 問題의 所在

이 판결은 종래의 판례에 비추어 볼 때 매우 이례적이라고 할 수 있다. 종래의 판례는, 민법 제245조 제1항의 부동산의 점유로 인한 시효취득자는 등기하기 전에는 취득시효완성 당시의 소유자에 대하여 소유권이전등기청구권을 가질 뿐이고, 만일 취득시효완성 당시의 소유자로부터 제3자 명의로 원인무효의 등기가 경료되었다면, 시효취득자는 취득시효완성 당시의 소유자에 대하여 가지는 소유권이전등기청구권을 피보전채권으로 하여 소유자를 대위하여 위 제3자 앞으로 이루어진 원인무효인 등기의 말소를 구하고 아울러 위 소유자에게 취득시효완성을 원인으로 한 소유권이전등기를 구할 수 있으나,[4] 시효취득자가 무효인 등기명의자에 대하여 직접 시효취득을 원인으로 한 소유권이전등기를 청구할 수는 없다고 하고,[5] 또 부동산의 점유자가 취득시효 완성을 원인으로 한 소유권이전등기를 하지 않고 있는 사이에, 제3자가 등기명의인을 상대로 제소하여 그 부동산에 대한 소유권이전등기절차행위의 확정판결을 받아 소유권이전등기를 한 경우에는, 위 확정판결이 당연무효이거나 심의 소에 의하여 취소되지 않는 한 부동산 점유자는 위 원래의 등기명의인에 대한 소유권이전등기청구권을 보전하기 위하여 동인을 대위하여 위 확정판결의 기판결에 저촉되는 제3자 명의의 소유권이전등기의 말소를 구할 수 없다[6]고 하고 있기 때문이다.

그러므로 이 사건 판결이 취득시효 완성 당시 그 부동산의 등기부상 소유명의자의 등기가 무효라 하더라도, 그 등기명의자가 진정한 소유자를 상대로 제기한 소유권이전등기 청구소송의 기판력 있는 확정판결에 의하여 소유권이전등기를 경료한 경우에는 점유자가 그 무효인 등기부상 소유명의자를 상대로 직접 취득시효 완성을 이유로 하는 소유권이전등기를 청구할 수 있다고 한 것이 종래의 판례, 특히 시효취득자가 무효인 등기명의자에 대하여 직접 시효취득을 원인으로 한 소유권이전등기를 청구할 수는 없다고 한 판례[7]와는 어떠한 관계에 있는지, 이들 판례와는 상충되는 것은 아닌지가 우선 문제될 뿐만 아니라, 과연 이 사건 판결이 이론적으로 정당화될 수 있는 것인지가 우선 문제된다.

나아가 다소 시야를 넓혀 본다면, 이 사건의 진정한 쟁점은 Y가 취득시효 완성으로 인한 소유권이전등기의무자가 될 수 있는가 하는 점에 있다기보다는,

---

4) 대법원 1986. 8. 19. 선고 85다카2306 판결(公 1986, 1216); 1988. 4. 25. 선고 87다카2003 판결(公 1988, 890); 1989. 1. 31. 선고 87다카2561 판결(公 1989, 344); 1990. 11. 27. 선고 90다6651 판결(公 1991, 200); 1993. 9. 14. 선고 93다12268 판결(公 1993, 2765) 등.

5) 대법원 1993. 9. 14. 선고 93다10989 판결(公 1993, 2764); 1997. 4. 22. 선고 97다3408 판결(公 1997상, 1548); 1997. 4. 25. 선고 96다53420 판결(公 1997상, 1585) 등. 대법원 1994. 12. 23. 선고 94다40734 판결(公 1995상, 642)은, 취득시효완성으로 인한 권리변동의 당사자는 시효취득자와 취득시효완성 당시의 진정한 소유자이고, 실체관계와 부합하지 않는 원인무효인 등기의 등기부상 소유명의자는 권리변동의 당사자가 될 수 없는 것이므로, 시효이익의 포기는 달리 특별한 사정이 없는 한 시효취득자가 취득시효완성 당시의 진정한 소유자에 대하여 하여야 그 효력이 발생하는 것이지, 원인무효인 등기의 등기부 상 소유명의자에게 그와 같은 의사를 표시하였다고 하여 그 효력이 발생하는 것은 아니라고 하였다.

6) 대법원 1992. 5. 22. 선고 92다3892 판결(公 1992, 1978).

7) 위 註 5) 참조.

부동산 이중양도 내지 이중매매에 있어서, 제2양수인이 양도인을 상대로 하여 소유권이전등기청구를 제기하여 확정판결을 받아 소유권이전등기를 경료하여 버린 경우에, 제1양수인 내지 그 승계인에게 어떠한 구제수단을 인정하여야 할 것인가 하는 점에 있다고 보아야 할 것이다. 이 사건에서 X의 점유기간이 20년이 된 것은 1996. 9.인데, X와 Y 사이의 분쟁은 이미 그 이전인 1991년부터 발생한 것이다. 따라서 X로서는 1996년까지 기다리지 않고서 바로 자신에 대한 매도인인 B 및 B에 대한 매도인인 A의 상속인인 A'를 순차 대위하여 Y에 대하여 Y 명의의 소유권이전등기의 말소를 청구함과 아울러 A' 및 B에 대하여 순차 소유권이전등기를 청구하면 되었을 것이다. 그런데 Y 명의의 소유권이전등기가 A'에 대한 확정판결에 기하여 이루어진 경우에는, 종래의 판례이론에 따른다면 이 경우 제2양수인인 Y가 제1양수인인 X를 상대로 소유권을 행사하여 이중양도의 목적인 토지의 인도를 구할 때에는, X가 제2양수인과 양도인 사이의 양도계약이 무효이므로 Y가 소유자가 아니라고 주장하여 Y의 청구에 대하여 방어할 수 있지만, X가 적극적으로 Y 명의의 소유권이전등기의 말소를 청구하는 것은 양도인과 Y 사이의 확정판결의 기판력에 저촉되므로 허용될 수 없다고 하게 되며, 이 사건에서도 그와 같이 처리되었다. 그리하여 X는 자신의 점유취득시효가 완성되기를 기다려 Y를 상대로 이 사건 소송을 제기한 것이다.

그런데 이처럼 Y가 X를 상대로 하여 소유권을 행사하지는 못하지만, X 또한 자신 명의로 소유권을 옮겨올 수 있는 방법이 없다면, 결국 당사자 사이의 분쟁은 종국적으로 해결되지 못하는 결과가 된다. 그러므로 이러한 경우에 X가 제2양수인 내지 그 승계인의 지위에서 점유취득시효 완성과는 관계없이 당사자 사이의 분쟁을 종국적으로 해결할 수 있는 방법이 있는가 하는 점을 살펴볼 필요가 있는 것이다.

이하에서 이러한 문제점들에 대하여 차례로 살펴본다.[8)]

---

8) 이 이외에, Y와 A' 간의 매매가 종래 판례가 말하는 배임행위 적극가담의 요건에 해당하여 무효인가 하는 점도 문제가 될 수 있으나, 이는 앞서의 판결에서 이미 확정된 것이고, 이 사건에서도 이 점은 당사자 사이에 특별히 문제가 되지 않았으므로 이하에서는 따로 다루지 않는다. 이 문제에 관하여는 尹眞秀, "不動産 二重讓渡의 經濟的 分析 — 背任行爲 積極加擔論의 批判 —", 저스티스 제29권 1호, 1996, 95면 이하 참조.

Ⅱ. 占有取得時效 完成으로 인한 所有權移轉登記 義務者

1. 일반적인 경우

민법 제245조 제1항이 규정하고 있는 20년의 占有取得時效期間이 완성된 경우에도 점유자는 그것만으로 당연히 소유권을 취득하지는 못하고, 등기를 하여야만 소유권을 취득한다. 따라서 이 경우에 점유자는 어떠한 방법으로 등기를 하여야 하는가가 문제된다. 우선 이 경우 소유자로부터 점유자에게로 소유권이전등기를 하여야 하는가, 아니면 취득시효로 인한 소유권 취득은 原始取得임을 근거로 하여 점유자 명의로 소유권보존등기를 하여야 하는가가 문제되는데, 학설상으로는 현 소유자 명의의 등기를 말소하고 점유자 명의의 소유권보존등기를 하여야 한다는 설도 없는 것은 아니지만,[9] 통설은 原始取得이라 하여 반드시 보존등기를 하여야 한다는 근거도 없을 뿐만 아니라, 현행 부동산등기법상 보존등기를 할 수 있는 경우가 제한되어 있으며, 보존등기에 의할 경우에는 종래의 권리변동과정이 공시되지 못하는 등의 문제점이 있으므로 이전등기의 방식에 의하여야 한다고 보고 있고,[10] 실무상의 처리도 그와 같다.[11]

그리고 이처럼 이전등기의 방식을 택하는 경우에는 그 등기청구권자는 점유자(시효취득자)이고, 그 상대방은 점유취득시효 완성 당시의 소유자가 되며, 그 부동산에 관하여 원인무효의 소유권이전등기가 경료되어 있을 때에는 그 원인무효의 등기 명의자는 그 원인무효의 등기의 말소등기청구의 상대방이 될 수 있을 뿐, 직접 그가 취득시효 완성을 원인으로 하는 소유권이전등기청구의 상대방이 될 수는 없다. 이 점은 이른바 등기권리자·등기의무자의 개념에 의하여 설명할 수도 있겠으나, 그 근거를 다음과 같이 설명하는 것이 간명하다고 생각된다. 즉 취득시효 완성을 이유로 소유권이전등기를 하는 것도, 그 등기에 의하여 원래의 소유자의 소유권이 상실되는 반면, 점유자가 소유권을 취득하게

---

9) 예컨대 金容漢, 物權法論, 再全訂版, 1993, 277면.

10) 尹眞秀, 民法注解 Ⅴ, 1992, 392면; 金旭坤·李起勇, 註釋 物權法(上), 1991, 602면; 郭潤直, 物權法, 新訂(修正版), 1999, 263-264면 등. 安甲濬, "一般取得時效와 登記", 司法研究資料 제18집, 1991, 125면 이하는 등기된 부동산에 관하여는 소유권이전등기의 방법에 의하여야 하지만, 미등기부동산의 경우에는 시효취득자 명의로 직접 보존등기를 하여야 한다고 주장한다.

11) 위 註 4) 참조.

된다는 점에서 종전의 소유자가 하는 일종의 처분이라고 볼 수 있는데, 소유자가 아니지만 무효인 등기명의만을 가지고 있는 자는 이러한 처분을 할 수 있는 권한을 가지지 못하는 것이다. 다른 말로 한다면 이러한 무효인 등기명의자에 의하여 점유자 명의로 이전등기가 이루어지더라도 그 이전등기는 처분권한이 없는 자에 의하여 이루어진 것이므로 점유자가 소유권을 취득하는 효력을 가질 수 없는 것이다. 또 각도를 달리하여 본다면, 이처럼 진정한 소유자를 상대로 하지 않고 무효인 등기명의자만을 상대로 하여 취득시효 완성을 이유로 하는 소유권이전등기청구가 가능하다면, 진정한 소유자로서는 자신의 이익을 방어할 수 있는 기회를 박탈하는 것이 된다.

취득시효 완성을 이유로 하는 등기청구권의 성질에 관하여는 이를 채권적 청구권이라고 보는 통설과, 물권적 기대권에서 발생하는 일종의 물권적 청구권이라고 보는 소수설이 대립하지만,[12] 그 성질을 어떻게 파악하든 이 문제에 관하여는 결론이 달라지지 않을 것으로 생각된다. 나아가 그 등기의무자를 취득시효 완성 당시의 소유자로 한정하는 현재의 판례 및 통설과는 달리, 취득시효 완성 후의 소유권 취득자도 그로 인한 등기의무를 부담한다는 견해[13]에 의하더라도, 그 의무자는 유효한 소유권을 가지고 있어야 할 것이고, 원인무효의 등기명의자는 이에 해당하지 않을 것이다.

2. 原因無效의 登記가 確定判決에 기하여 이루어진 경우

그런데 이 사건 판결은, 취득시효 완성 당시 그 부동산의 등기부상 소유명의자의 등기가 무효라 하더라도, 그 등기가 진정한 소유자를 상대로 제기한 소유권이전등기 청구소송의 기판력 있는 확정판결에 의하여 소유권이전등기를 마친 경우에는, 시효취득자가 진정한 소유자를 대위하여 등기부상 소유자를 상대로 위 등기의 말소를 구하는 것은 위 판결의 기판력 때문에 극히 어렵고, 그 등기명의를 둔 채 진정한 소유자를 상대로 시효취득을 원인으로 한 이전등기를 구하여 판결을 받더라도 위 등기가 말소되지 않는 한 그 판결이 이행될 수

12) 이 점에 대하여는 尹眞秀(註 10), 393면; 金旭坤·李起勇(註 10), 599-600면 참조.

13) 金旭坤·李起勇(註 10), 590-591면; 林東鎭, "取得時效의 起算點과 完成時點", 民事判例研究 I, 1979, 74면 이하; 全元烈, "不動産의 占有取得時效 完成 後의 法律關係에 관한 考察", 司法研究資料 22, 1995, 323면 이하 등.

없으므로, 특별한 사정이 없는 한 시효취득자는 그 등기부상 소유명의자를 상대로 취득시효를 원인으로 한 소유권이전등기를 청구할 수 있다고 판시하고 있다.

일반적으로 甲이 乙을 상대로 하여 자신이 乙 소유의 부동산을 매수하였다고 하여 매매를 원인으로 하는 소유권이전등기를 재판상 청구하여 승소판결을 받고, 그 확정판결에 기하여 갑 명의로 소유권이전등기가 이루어진 때에는, 乙이 반대로 그 소유권이전등기가 원인무효라 하여 말소를 구하는 것은, 선행의 소유권이전등기청구의 기판력과 모순되기 때문에 허용될 수 없다는 것이 판례이고,[14] 학설상으로도 異論이 없다.[15] 나아가 위의 경우에 乙 본인뿐만 아니라 제3자가 乙을 대위하여 갑 명의의 소유권이전등기의 말소를 청구하는 것 또한 마찬가지로 기판력에 저촉된다고 하는 것이 판례의 태도이다.[16] 따라서 이 사건의 경우에는 X로서는 A'를 대위하여 Y 명의의 소유권이전등기의 말소를 청구할 수는 없게 된다. 이 사건 판결은 이러한 사정을 중시하여, 이러한 경우에만 예외적으로 무효인 소유권 등기명의자인 Y를 상대로 한 소유권이전등기청구가 허용된다고 한 것이다.

그러나 과연 이러한 사정만으로, Y에게 이 사건 부동산에 대한 처분권한이 생긴다고 할 수 있을까? 이는 확정판결의 기판력의 본질에 관하여 이른바 實體法說, 즉 확정판결이 있으면 그 판결에 따라 실체법상의 권리의무관계 그 자체가 변동된다는, 이미 극복된 학설을 따르지 않는 한 인정될 수 없는 결론이다. 그러므로 이 사건 판결이 이러한 사정만을 들어 Y를 상대로 하는 이전등기청구가 가능하다고 한 것은 수긍하기 어렵다.

이 사건 판결도 이러한 이론적인 난점을 의식하였던 것으로 보인다. 그리하여 등기명의자인 Y가 X를 상대로 그 등기를 근거로 건물의 철거를 구하여 왔으면서도, 이제 진정한 권리를 취득한 X가 그 이전등기를 구하자 스스로 자신의 등기를 무효라고 내세워 진정한 권리취득을 방해하는 것은 허용될 수 없

---

14) 대법원 1981. 9. 8. 선고 80다2442, 2443 판결(公 1981, 14320); 1987. 3. 24. 선고 86다카1958 판결(公 1987, 722); 1995. 3. 24. 선고 93다52488 판결(公 1995상, 1712) 등.

15) 예컨대 宋相現, 民事訴訟法, 新訂二版, 1999, 484면; 李時潤, 民事訴訟法, 新訂3版, 1998, 686-687면 등.

16) 대법원 1975. 8. 19. 선고, 74다2229 판결(公 1975, 8627); 1977. 6. 28. 선고 76다1121 판결(公 1977, 10195) 등 다수. 가장 최근의 것으로는 대법원 1999. 2. 24. 선고 97다46955 판결(公 1999상, 558)이 있고, 시효취득자가 원래의 소유자를 대위하는 경우에 관하여는 위 대법원 1992. 5. 22. 선고 92다3892 판결(註 6)이 있다.

는 일이라는 설시를 덧붙이고 있다. 제1심 및 제2심 판결은 Y의 이러한 주장은 신의칙에 어긋난다고 하고 있는데, 대법원 판결도 같은 취지라고 생각된다.

그러나 과연 여기서 신의칙을 끌어들일 수 있을까? 단순히 생각한다면 Y의 주장이 신의칙에 어긋난다고 볼 여지도 있다. 그러나 이 사건의 경과를 본다면 그러한 주장은 실제에 부합하지 않는다. 즉 이 사건에서는 선행소송에서 Y의 소유권에 기한 X에 대한 청구에 대하여, X가 적극적으로 Y 명의의 소유권이전등기는 무효라고 다투었고, 그 주장이 받아들여져서 X의 청구가 배척되었다. 그러므로 X로서는 이 사건 소유권이전등기청구를 하기 전에 이미 Y 명의의 소유권이전등기가 무효라는 사실을 알면서도 이 사건 소송을 제기한 것이므로, Y가 자기 명의의 등기가 무효라고 하는 주장이 신의칙에 어긋난다고 할 수는 없고, 오히려 X야말로 전 소송에서는 Y 명의의 소유권이전등기가 무효라고 주장하고, 이 사건 소송에서는 Y 명의의 소유권이전등기가 유효하다는 주장을 하는 셈이 되어 전후가 모순되는 것이다.

나아가 이 사건 판결에 문제가 있음은 다음과 같은 경우를 생각하여 보아도 알 수 있다. 즉 이 사건에서는 Y 명의로 소유권이전등기가 이루어진 것이 X의 점유취득시효가 완성되기 전이었는데, 가령 X의 점유취득시효가 완성되었으나 아직 등기를 하기 전에 Y가 소유권이전등기를 마쳤다고 하자. 이때에도 X가 Y에 대하여 소유권이전등기를 청구할 수 있는가? 종래의 확립된 판례에 의하면 Y 명의의 등기가 유효한 것이면 X는 취득시효 완성을 가지고 Y에 대항할 수 없다고 보고 있다.[17] 그런데 이 사건 판결처럼 Y 명의의 소유권이전등기가 원래의 소유자에 대한 확정판결에 기하여 이루어진 것이면 취득시효 완성을 이유로 하는 소유권이전등기청구에 있어서는 이를 유효한 것과 마찬가지로 보아야 한다면, Y 명의의 소유권이전등기가 이루어진 것이 X의 점유취득시효 완성 후일 때에는 X는 Y에 대하여 자신의 취득시효 완성을 주장하지 못하는 것이 된다. 그러나 Y 명의의 등기가 무효인 이상, Y 명의의 등기가 언제 이루어졌느냐에 따라 결과가 달라진다는 것은 우연한 사정에 의하여 결과가 달라지는 것이 되어 부당하다.

私見으로서도 뒤에서 보는 바와 같이, 이 사건에서 X가 자기 명의로 소유권이전등기를 마칠 수 있는 방법이 있어야 한다고 생각하며, 따라서 이 판결이

17) 대법원 1969. 1. 28. 선고 68다1158 판결(集 17권 1집 民93면) 등 다수.

X를 보호하는 쪽으로 결론을 낸 것에는 공감할 수 있다. 그러나 이 판결이 이 문제를 취득시효의 측면에서 접근한 것은 부적절하고, 부동산 이중양도 그 자체에 있어서 제 2 양수인 명의의 소유권이전등기가 확정판결에 의하여 이루어진 경우, 제 1 양수인 내지 그 승계인을 어떤 방법으로 보호하여야 할 것인가 하는 점 자체를 정면에서 살펴볼 필요가 있다고 여겨진다.

Ⅲ. 確定判決에 의하여 第2讓受人 名義로 所有權移轉登記가 이루어진 경우 第1讓受人의 保護方法

1. 제 2 讓受人의 代位請求와 確定判決의 旣判力

앞에서도 언급하였고, 또 이 사건의 선행소송이 보여주는 것처럼, 종래의 판례에 따르면 부동산 이중양도에 있어서 제 2 의 양도가 무효라고 하더라도, 제 2 양수인이 양도인에 대하여 확정판결을 얻어 그에 의하여 자기 앞으로 소유권이전등기를 마친 경우에는, 제 2 양수인이 제 1 양수인에 대하여 소유권을 행사할 수는 없지만, 제 1 양수인이 양도인을 대위하여 제 2 양수인 명의의 소유권이전등기의 말소를 청구할 수도 없다. 가령 대법원 1988. 2. 23. 선고 87다카777 판결[18]의 사례가 이 점을 잘 보여주고 있다. 이 사건에서는 제 2 양수인이 양도인에 대한 확정판결에 기하여 소유권이전등기를 마치자, 제 1 양수인의 승계인이 제 2 양수인에 대하여 그 소유권이전등기의 말소를 청구하였으나, 大法院은 위 甲의 相續人인 甲' 등을 代位하여 위 甲' 등으로부터 X 앞으로의 所有權移轉登記의 抹消를 구하는 Y의 請求는 위 甲' 등과 X 사이의 위 確定判決의 旣判力에 저촉되는 請求라고 하여 Y의 請求를 기각한 原審判決을 그대로 確定시켰고,[19] 위 대법원 판결에 대한 재심청구도 기각되었다.[20]

그러자 이번에는 제 2 양수인이 제 1 양수인의 승계인에 대하여, 그 토지 소유권을 주장하면서 그 지상에 건립되어 있는 건물의 철거를 청구하였으나, 대법원은,

---

18) 集 36권 1집 53면.
19) 대법원 1978. 12. 26. 선고 78다1692 판결(未公刊).
20) 대법원 1981. 1. 27. 선고 79사1 판결(判例總覽 第1期版 民法 제404조 110).

“부동산을 매수한 자가 소유권이전등기를 하지 않고 있는 사이에 제3자가 매도인을 상대로 제소하여 그 부동산에 대한 소유권이전등기절차이행의 확정판결을 받아 소유권이전등기를 경료한 경우 위 확정판결이 당연무효이거나 재심의 소에 의하여 그 판결이 취소되기 전에는 매수인은 매도인을 대위하여 제3자 명의의 소유권이전등기에 대한 말소를 구할 수 없음은 소론과 같다.… 그러나 이는 매수인이 위 확정판결의 기판력이 미치는 매도인의 권리를 행사하는 경우에 그 기판력에 저촉되는 주장을 할 수 없다는 취지에 불과하고 매수인이 위 확정판결의 기판력이 미치는 매도인을 대위하지 아니한 경우에까지 확정판결의 내용에 저촉되는 주장을 할 수 없다는 취지는 아니다”라고 하여 원심이 확정판결의 기판력이 미치지 아니하는 피고의 항변을 받아들여 제1양수인 명의의 소유권이전등기가 무효라고 판단한 것은 정당하다고 하였다.

이 사건 선행소송에서도 이러한 대법원 판례의 취지에 따라 Y의 X에 대한 건물철거 및 토지인도청구는 배척되었으나, X의 Y에 대한 소유권이전등기 말소청구 또한 받아들여지지 않았다.

2. 眞正名義回復을 위한 所有權移轉登記請求의 可否

그러므로 이러한 경우 X로 하여금 소유권이전등기를 마칠 수 있게 하기 위한 방법으로서 우선 생각해 볼 수 있는 것은, 이 경우 제1양수인이 양도인을 대위하여 이른바 “眞正한 登記名義의 回復”을 위한 소유권이전등기를 청구할 수 있다고 하면, 제2양수인이 양도인을 상대로 하여 받은 소유권이전등기를 명하는 판결의 기판력에 저촉된다는 문제를 해결할 수 있다는 논의가 있을 수 있다. 확실히 현재의 판례는, 이미 자기 앞으로 소유권을 표상하는 등기가 되어 있었거나 법률에 의하여 소유권을 취득한 자가 진정한 등기명의를 회복하기 위한 방법으로는 현재의 등기명의인을 상대로 그 등기의 말소를 구하는 외에 “진정한 등기명의의 회복”을 원인으로 한 소유권이전등기절차의 이행을 구하는 것도 허용되어야 하는데,[21] 등기명의인이 진정한 소유자를 상대로 한 말소등기청구소송에서 승소하여 그 판결에 기하여 진정한 소유자 명의의 등기가 말소되었다 하더라도 그 확정판결의 기판력은 말소등기청구권의 존부에만

21) 대법원 1990. 11. 27. 선고 89다카12398 전원합의체 판결(集 38권 4집 50면).

미치고 부동산의 소유권 자체에는 미치는 것이 아니므로, 진정한 소유자가 등기명의인을 상대로 하는 소유권회복을 위한 소유권이전등기청구는 위 확정판결의 기판력에 저촉되는 것이 아니라고 하고 있다.[22)]

그러므로 위의 판례를 좀더 확장하여, 확정판결에 의하여 말소등기가 아니라 소유권이전등기가 이루어진 경우에도 그 사건에서 패소하였던 사람이 다시 원고로 되어 전 소송에서 승소한 등기명의인을 상대로 하여 진정한 소유권의 회복을 위한 소유권이전등기를 청구할 수 있고, 이러한 소유권이전등기청구는 이전의 소유권이전등기를 명한 판결의 기판력에 저촉되지 않는다고 본다면, 부동산 이중양도의 사례에도 이러한 법리가 적용될 수 있을 것이다. 즉 제1양수인이 양도인을 대위하여 확정판결에 기하여 소유권이전등기를 마친 제2양수인에게 진정한 소유권의 회복을 위한 소유권이전등기청구를 청구하는 것은 양도인에 대하여 제2양수인에게 소유권이전등기절차를 이행할 것을 명한 판결의 기판력에 저촉되지 않는다고 하는 것이다.

실제로 이러한 취지로 보이는 판례가 있다. 즉 대법원 1997. 5. 16. 선고 96다43799 판결[23)]은, 국유의 토지에 관하여 甲(국가)으로부터 乙, 乙로부터 丙으로 순차 매매가 이루어진 후, 丙이 乙과 甲을 상대로(甲에 대하여는 乙을 대위함) 순차 매매를 원인으로 한 소유권이전등기청구 소송을 제기하여 승소확정판결을 받아서 그 확정판결에 기하여 甲으로부터 乙을 거쳐 丙으로 순차 소유권이전등기가 경료되었는데, 그 후 甲이 乙과 사이에 이루어진 매매가 무효임을 주장하면서 丙을 상대로 소유권에 기하여 진정명의 회복을 위한 소유권이전등기를 청구한 사안에서, "확정판결의 기판력은 그 판결의 주문에 포함된 것 즉 소송물로 주장된 법률관계의 존부에 관한 판단의 결론 그 자체에만 생기는 것으로 부동산소유권이전등기절차의 이행청구에 관한 확정판결의 기판력은 그 소송물이었던 이전등기청구권의 존부에만 미치고 그 목적부동산의 소유권 자체의 존부에까지 미치는 것은 아니"라고 하여, 소유권이전등기청구소송에서 패소한 당사자도 그 후 진정한 소유자 명의의 회복을 위한 소유권이전등기를 청구할 수 있다고 하였고, 대법원 1997. 6. 27. 선고 97다9529 판결[24)]도 같은 취

---

22) 대법원 1990. 12. 21. 선고 88다카26482 판결(公 1991, 580); 1992. 11. 10. 선고 92다12121 판결(公 1993, 81) 등. 이미 대법원 1990. 11. 27. 선고 89다카12398 전원합의체 판결(集 38권 4집 50면); 1990. 12. 21. 선고 88다카20026 판결(公 1991, 578)도 같은 취지이다.

23) 公 1997하, 1826.

24) 公 1997하, 2348.

지로 보인다.

그러나 이러한 판례의 타당성은 의심스럽다. 일반적으로 이처럼 진정명의 회복을 원인으로 하는 소유권이전등기청구를 인정할 것인가에 관하여도 논의가 있으나, 이 점은 별론으로 한다고 하더라도, 이를 인정할 수 있는 경우란, 등기의 무효를 제3자에게 대항할 수 없는 경우[25]나, 단독명의의 소유권이전등기 중 일부 共有持分에 관한 부분이 무효인 경우, 또는 무효인 소유권이전등기가 甲에서 乙로 이루어지고 이에 터잡아 다시 순차로 丙, 丁, 戊 등 여러 사람에게 이전등기가 이루어진 경우 등으로 제한되어야 할 것이고,[26] 말소등기청구가 판결의 기판력에 저촉되는 경우에 진정명의 회복을 위한 소유권이전등기청구를 인정하여서는 안 될 것이다. 기본적으로 이러한 진정명의 회복을 위한 소유권이전등기라는 것은 소유권이전등기말소등기의 대용물이고, 다만 편의를 위하여 말소등기 대신 이전등기의 방법에 의하는 것뿐이므로, 두 개의 청구는 그 이름 여하에 불구하고 실제에 있어서는 동일한 것일 뿐이며, 진정명의회복을 위한 소유권이전등기청구의 실질은 말소등기에 다름 아니라고 할 것이다. 따라서 말소등기청구가 기판력에 저촉되어 허용될 수 없다면 진정한 등기명의의 회복을 위한 소유권이전등기청구도 기판력에 저촉된다고 보아야 할 것이며, 이와 다른 현재의 판례에는 문제가 있다고 하지 않을 수 없다.[27]

이에 대하여 현재의 판례를 옹호하는 견해는, 원인무효로 인한 말소등기청구권은 그 前登記로의 회복을 목적으로 하는 소극적인 것임에 반하여, 진정명의 회복을 원인으로 하는 소유권이전등기는 새로운 등기의 생성을 목적으로 하는 적극적인 것이고, 진정명의 회복을 원인으로 하는 소유권이전등기청구권은 말소등기청구권과는 별도의, 절차법적인 이전등기청구권이므로 양자는 실질적으로나 형식적으로 별개의 청구권, 별개의 소송물이 될 수 있다고 한다.[28]

---

25) 예컨대 甲, 乙 사이의 소유권이전등기가 통정허위표시에 의하여 이루어진 후 乙이 선의의 제3자인 병에 대하여 저당권설정등기를 마친 경우에 甲이 乙에 대하여 소유권이전등기의 말소를 청구하는 대신 진정명의 회복을 위한 소유권이전등기청구를 하는 것과 같다.

26) 朴一煥, "眞正한 登記名義回復을 위한 移轉登記請求權에 대한 고찰", 裁判資料 제43집, 1988, 337면 이하 참조.

27) 朴一煥(註 22), 339-340면; 尹眞秀, "부동산의 이중양도에 관한 연구", 서울대학교 법학박사 학위논문, 1993, 102-103면; 金吾洙, "眞正名義回復을 위한 所有權移轉登記請求와 旣判力의 問題", 民事裁判의 諸問題 제9권, 1997, 271면 이하.

28) 金滉植, "眞正名義 回復을 위한 所有權 移轉登記請求", 尹錧大法院長退任紀念 國民과 司法, 1999, 24-25면. 이미 金滉植, "眞正名義回復을 위한 所有權移轉登記請求의 許否", 民事判例研究 Ⅳ, 1982, 44-45면; 同, 民法注解 Ⅳ, 1992, 97면이 진정명의 회복을 위한 소유권이전등기청구

이 견해는 주로 독일민법 제894조가 규정하고 있는, 등기부의 기재와 실체적 권리관계가 불합치하는 경우 그 불합치로 인하여 불이익을 받게 되는 자는 그 불합치의 제거로 인하여 불이익을 받는 자에 대하여 등기부의 정정에 대한 동의를 구할 권리, 즉 登記訂正請求權이 특수한 절차법적인 권리라는 점을 원용하고 있다. 그러나 이러한 독일민법상의 등기정정청구권도 그 근거는 물권이고, 그 법적 성질은 특수한 방해배제청구권으로서의 물권적 청구권으로 보아야 할 것이어서,[29] 진정명의 회복을 위한 소유권이전등기청구권을 순전한 절차법적 권리로 파악하기는 어려울 것이다.[30]

판례도, 진정한 등기명의의 회복을 원인으로 한 소유권이전등기절차의 이행을 구하는 경우, 그 소송물은 소유권에 기한 이전등기청구권이고 소유권 취득의 원인이 되는 각개의 사실은 공격방법에 불과할 뿐 별개의 소송물을 구성하지 아니한다고 하고,[31] 멸실회복등기에 대신하여 진정한 명의의 회복을 구하기 위하여 소유권이전등기절차의 이행을 구하는 권리는 시효로 인하여 소멸하지 않는다[32]고 하여, 진정명의 회복을 위한 이전등기청구권을 물권적인 말소등기청구권이나 멸실회복등기청구권과 마찬가지로 다루고 있다.

다른 한편으로, 설사 소유권말소등기청구소송에서 패소한 자는 진정명의 회복을 위한 소유권이전등기청구소송을 제기할 수 있다고 보더라도, 이전등기소송에서 패소한 경우는 이와 같지 않다. 즉 소유권에 기하여 소유권이전등기의 말소청구소송을 제기할 때에는 그와 함께 자신에게 소유권이 있다는 소유권확인청구를 병합하여 제기하여 승소판결을 받으면, 그 소유권확인판결의 기판력에 의하여 나중에 위 말소등기청구소송에서 패소한 상대방이 자신에게 소유권이 있음을 전제로 하여 진정명의 회복을 위한 이전등기청구소송을 제기하는 것을 사전에 막을 수 있게 된다. 반면 단순히 매매와 같은 채권적인 원인에 기하여 이전등기청구소송을 제기할 때에는 위와 같이 자신에게 소유권이 있음의 확인을 구할 수는 없고, 따라서 이 경우에는 나중에 상대방이 진정명의 회복을 위한 이전등기청구소송을 제기할 것이 예상된다고 하여도 이를 미리 막

권은 특수한 절차법적 권리의 성격을 가진다고 설명하고 있다.

29) MünchKomm/Wacke, 3. Aufl., 1997, §894 Rdnr. 2; 梁彰洙, 民法注解 V, 1992, 258면의 설명 참조.

30) 金吾洙(註 23), 275-276면 참조.

31) 대법원 1999. 7. 27. 선고 99다9806 판결(公 1999하, 1765).

32) 대법원 1993. 8. 24. 선고 92다43975 판결(公 1993, 2582).

을 수 있는 방법은 없고, 따라서 이처럼 소유권이전등기를 명하는 승소판결을 받은 것만으로는 그 승소자의 법률상 불안은 해소되기 어려운 것이다. 그러므로 이러한 경우에까지 진정명의 회복을 원인으로 하는 소유권이전등기청구를 허용한다면 원래의 이전등기를 명하는 판결의 기판력은 사실상 별다른 의미가 없게 되고 만다.

3. 第1讓受人의 原狀回復請求權

가. 問題 解決의 方向

이처럼 부동산 이중양도에 있어서 제2양수인이 확정판결을 받아 소유권이전등기를 마친 경우에 제1양수인 보호의 관점에서 어려움이 생기는 것은, 제1양수인이 양도인을 대위하여야 한다는 구조를 유지하는 한 피할 수 없는 문제이다. 따라서 이러한 어려움을 해결하기 위하여는 제1양수인이 양도인을 대위함이 없이 직접 제2양수인에게 그 등기의 말소를 청구할 수 있는 직접적인 권리를 인정하여야 하는 방향으로 이론을 수립하는 것이다. 그러한 이론에 의할 때에는, 제1양수인이 양도인을 대위함으로써 생기는 기판력 저촉의 문제는 회피할 수 있게 된다.

이러한 제1양수인의 제1양수인에 대한 직접적 청구권을 인정하기 위하여 우선 생각할 수 있는 것은, 제1양수인이 양도인과 제2양수인 사이의 第二讓渡行爲가 자신을 해하는 사해행위라고 하여 채권자취소권에 기하여 이를 취소하는 것이다. 그러나 이는 원래의 채권자취소권제도의 취지에는 어긋날 뿐만 아니라, 채권자취소권 행사의 효과는 모든 채권자의 이익을 위하여 그 효력이 있다고 규정하고 있는 민법 제407조의 규정과는 모순되므로 현행법의 해석론으로는 인정하기 곤란하다.[33)]

나. 제2讓受人의 不法行爲로 인한 原狀回復義務 理論

필자는 종전부터 이러한 문제는 제1양수인에게 제2양수인의 불법행위의 효과로서 원상회복청구권을 인정함으로써 해결하여야 한다고 주장하여 왔

---

33) 이 점에 대하여 상세한 것은 尹眞秀(註 27), 196-199면; 同, "不動産의 二重讓渡와 原狀回復", 民事法學 제6호, 1986, 176-177면; 同, "反社會的 不動産 二重讓渡에 있어서 轉得者의 地位", 法曹 1998. 9, 155-159면 참조.

다.[34] 즉 부동산의 二重讓渡에 있어서 제2양수인이 惡意인 때에는,[35] 이러한 이중양도는 제1양수인에 대한 불법행위에 해당하고, 따라서 제2양수인은 제1양수인에 대하여 손해배상의무를 부담하는데, 그 손해배상의 방법으로는 금전배상 아닌 원상회복의 의무를 인정하여야 한다는 것이다.

이러한 주장에 대하여, 우선 제기되는 반론은, 우리 민법 제394조가 손해배상의 방법으로 원상회복 아닌 금전배상을 인정하고 있으므로 해석론상으로는 불가능하다는 주장이다.[36] 이에 대하여는 이전에 이미 다른 곳에서 상세히 설명하였으므로[37] 자세한 설명은 생략하나, 이 문제는 기본적으로 손해배상의 방법에 관하여 "다른 意思表示가 없으면 損害는 金錢으로 배상한다"라고 규정하고 있는 우리 민법 제394조의 취지를 어떻게 이해할 것인가 하는 점에 달려 있다. 위 규정은 금전배상이 손해배상의 원칙적인 방법이라고 선언하고 있는 規定, 그것도 다른 의사표시가 있으면 그에 따르지 않아도 되는 任意規定일 뿐이지, 이 규정이 반드시 다른 의사표시가 없을 때에는 원상회복에 의한 손해배상은 허용되지 않는다는 취지는 아닌 것이다. 다른 말로 한다면 이 규정을 해석에 의하여 예외적으로 원상회복에 의한 손해배상을 인정하는 것까지 금지하는 규정이라고 경직되게 이해할 이유는 없는 것이다.[38] 그러므로 이론적으로 볼 때 손해배상을 원상회복의 방법에 의하겠다는 당사자 사이의 의사표시가 있는 것과 동등하게 평가할 수 있는 다른 사정이 있는 경우에도 금전배상의 원칙만을 고집하여야 할 이유는 없고, 이때에는 원상회복에 의한 손해배상이 인정될 수 있는 것이다.

원래 우리 민법이 손해배상의 방법으로서 원상회복 아닌 금전배상을 원칙으로 채택한 이유는, 첫째 원상회복이 불가능한 경우가 많고, 둘째 금전배상도 완전에 가까운 배상을 실현할 수 있으며, 셋째 원상회복이 실제 집행에 있어 문제가 생길 소지가 많고, 넷째 그것이 채무자에게 가혹하게 될 소지가 있다는

---

34) 위 註 33)의 각 문헌 참조.

35) 이 점에 대하여는 尹眞秀(註 8) 참조.

36) 예컨대 宋德洙, 民法注解 Ⅸ, 1995, 60면 註 234) 등. 대법원 1997. 3. 28. 선고 96다10638 판결(公 1997상, 1202)도, 민법 제763조에 의하여 불법행위에 준용되는 민법 제394조가 금전배상의 원칙을 규정하고 있으므로, 법률에 다른 규정이 있거나 당사자가 다른 의사표시를 하는 등 특별한 사정이 없는 이상 불법행위자에 대하여 원상회복청구는 할 수 없다고 한다. 대법원 1961. 10. 12. 선고 4293민상115 판결(판례 카아드 6083); 1994. 3. 22. 선고 92다52726 판결(公 1994상, 1295) 등도 같은 취지이다.

37) 특히 尹眞秀(註 27), 200면 이하 참조. 또한 尹眞秀, "確定判決의 不正利用에 대한 救濟의 要件과 方法", 荷邨鄭東潤先生華甲紀念 二十一世紀 民事訴訟法의 展望, 1999, 372면도 참조할 것.

38) 梁三承, 民法注解 Ⅸ, 1995, 595면 이하도 같은 취지이다.

점의 4가지라고 할 수 있다.[39] 따라서 이처럼 금전배상의 원칙이 적용되어야 할 이유가 없는 경우에는 해석에 의하여 손해배상의 방법으로서 원상회복을 인정한다고 하더라도 이것이 반드시 입법자의 규율과 어긋난다고 할 수는 없는 것이다.

국내의 학설 가운데에도 이전부터 이처럼 주장하는 것이 있었다.[40] 이 설은, 金錢賠償을 원칙으로 하는 것은 대체로 타당하다고 하여도 좋을 것이지만, 被害者의 입장에서 그것으로는 만족할 수 없는 경우가 있을 것이고, 사회적 입장에서도 原狀回復이 지당한 경우가 있을 것이므로 각각의 사례에 관하여 구체적으로 被害者·加害者 쌍방의 이해득실과 사회적 입장도 고려하여 필요에 따라 原狀回復의 입장도 인정하여야 할 것이라고 주장한다.[41]

그러면 어떤 경우가 이처럼 당사자의 의사표시가 있는 경우와 동등하다고 평가될 수 있는가 하는 점이 문제되는데, 추상적으로는 손해배상 의무가 있다고 확정된 때에는 합리적인 당사자라면 손해배상의 방법으로 원상회복을 인정할 것이라고 하는 경우라면 이러한 예외에 해당한다고 할 수 있을 것이다. 구체적으로는 채권자의 입장에서는 금전배상이 명백히 불충분한 반면, 채무자의 입장에서는 원상회복에 의하더라도 금전배상의 경우보다 별달리 가혹하지 않으며, 나아가 그 집행에 있어서도 금전배상보다 편리할 때에는 손해배상의 방법으로서 원상회복을 인정할 수 있을 것이다.[42]

비교법적으로 보더라도 외국의 입법례에서는 손해배상의 방법으로서 금전배상뿐만 아니라 원상회복도 아울러 인정하고 있는 것이 일반적이고,[43] 이때 원상회복을 인정할 것인가 하는 점은 구체적인 사정을 고려하여 법원이 결정하고 있으며, 반드시 법률의 규정이 있는 때에만 원상회복을 인정하는 예는 찾기 어렵다.

구체적으로 우리 민법상 원상회복이 인정될 수 있는 예를 몇 가지 들어본다면, 가령 부당편취한 판결을 가지고 강제집행하려는 데 대한 구제수단으로서는 판례[44]와 같이 민사소송법 제505조에 의한 청구이의의 소를 인정할 것이

39) 尹眞秀(註 27), 209-210면의 설명 참조.

40) 金曾漢, 債權各論, 1988, 516면.

41) 또한 金曾漢·金學東, 債權總論, 제6版, 1998, 133면도 참조할 것.

42) 尹眞秀(註 27), 223-224면 참조.

43) 尹眞秀(註 27), 200면 이하 참조.

44) 대법원 1984. 7. 24. 선고 84다카572 판결(集 32권 3집 207면); 1997. 9. 12. 선고 96다4862 판결(公 1997하, 3073) 등.

아니라,[45] 불법행위에 기한 원상회복청구권을 인정하여 强制執行의 不作爲(Unterlassen der Zwangsvollstreckung)와 채무명의의 반환을 청구할 수 있는 권리를 인정하여야 하고,[46] 가집행선고부 판결에 기하여 원고가 피고 소유의 부동산을 경락받았으나 나중에 그 가집행선고가 취소된 경우에는 손해배상의 방법으로서 원상회복을 인정하여 경락인인 가집행채권자에 대하여 가집행채무자에게 부동산을 반환하는 것이 합리적이다.[47] 또 외화채무의 불이행으로 인한 손해배상에 있어서는 원상회복의 방법으로 외화의 지급을 인정할 필요가 있다.[48]

여기서 문제되고 있는 부동산 이중양도에 있어서는, 원상회복에 의한 손해배상이 적절한 대표적인 사례라고 할 수 있다. 즉 제2양수인이 제1양수인에 대하여 불법행위책임을 지는 경우에는, 제1양수인이 제2양수인에 대하여 원상회복으로서 그 소유권 이전등기의 말소를 청구할 수 있다고 보아야 한다.[49] 이때 채권자인 제1양수인으로서는 금전배상만으로는 그 손해가 충분히 전보되기 어렵고, 반대로 원상회복의무를 인정하는 것이 채무자인 제2양수인에게 특별히 불리한 결과를 초래하는 것도 아닌 한편,[50] 제2양수인의 원상회복의무를 인정하는 것이 집행절차의 면에서도 특별히 어려움을 초래하는 것도 아니며, 오히려 금전배상의 강제집행보다도 더 간단하다고 할 수 있다.

이는 다음과 같은 점에 비추어 보아도 알 수 있다. 즉 우리 민법상으로는 채무자가 채무를 이행하지 않는 경우에 채권자가 그 채무의 이행을 강제할 수

45) 일반적으로 청구이의의 소의 사유가 있는 경우에 강제집행이 이미 종료하여 버린 때에는 부당이득의 반환을 청구할 수 있다고 보고 있다. 그런데 다른 한편 판례는 확정판결에 기한 강제집행은 불법행위가 될 수 있음은 별론으로 하고 부당이득은 되지 않는다고 보고 있으므로(대법원 1995. 6. 29. 선고 94다41430 판결, 公 1995하, 2526 등), 확정판결을 편취한 경우에 청구이의의 소를 제기할 수 있다고 하는 것은 부당이득반환청구를 할 수 없다는 것과는 모순되게 된다.

46) 尹眞秀(註 37), 369-373면 참조.

47) 尹眞秀, "假執行宣告의 失效와 競落人인 假執行債權者의 不當利得返還義務", 民事裁判의 諸問題 제6권, 1991, 175면 이하, 특히 196면 註 37) 참조.

48) 그런데 대법원 1997. 5. 9. 선고 96다48688 판결(公 1997상, 1724)은, 외화로 지급하여야 할 매매대금채무의 불이행에 대하여 손해배상의 예정에 따른 손해배상을 청구하는 사건에서, 금전배상의 원칙을 규정하고 있는 민법 제394조의 금전이라 함은 우리나라의 통화를 가리키는 것이라고 하여, 외화에 의한 지급을 명한 원심판결을 파기하였으나 이는 의문이다. 이 경우에는 우선 당사자간에 묵시적으로라도 손해배상을 외화로 지급하기로 하는 의사표시가 있었는지를 따져 보았어야 할 것이다.

49) 상세한 것은 尹眞秀(註 27), 227면 이하 참조.

50) 이 경우에 제2양수인이 금전배상의무만을 부담하는 것과의 차이는 결국 제2양수인이 목적물의 시가상승으로 인한 이익을 보유하지 못하게 된다는 데 있으나, 불법행위를 저지른 제2양수인에게 그러한 이익을 보유하게 할 이유가 없다.

있도록 규정하고 있으므로, 양도인이 양수인에 대한 양도의무를 이행하지 않는 경우에는 양수인으로서는 양도인의 양도의무의 이행을 강제할 수 있다. 그런데 부동산 이중양도에 있어서 제3자인 제2양수인이 이러한 양도인의 채무불이행에 가담하여 제1양수인에 대한 관계에 있어서 양도인과 함께 책임을 져야 하는 경우에는, 제2양수인도 양도인과 같은 내용의 의무를 부담하도록 하는 것이 형평에 부합한다. 그런데 이러한 지위에 있는 제2양수인이, 자신은 원래의 계약관계의 채무자가 아니므로 양도인이 제1양수인에 대하여 양도의무를 이행하는 데 협력할 수는 없고, 단지 금전배상만을 하여 주겠다고 주장하는 것을 용인하여야 하는가 하는 점은 매우 의문인 것이다. 이 사건 판결이, 등기명의자인 Y가 X를 상대로 그 등기를 근거로 건물의 철거를 구하여 왔으면서도, 이제 진정한 권리를 취득한 X가 그 이전등기를 구하자 스스로 자신의 등기를 무효라고 내세워 진정한 권리취득을 방해하는 것은 허용될 수 없는 일이라고 하고 있는 것은 앞에서 언급한 것처럼 그 자체로는 설득력이 없다고 하겠지만, 이 문제를 Y의 X에 대한 원상회복의무라는 맥락에서 볼 때에는 의미가 전혀 없는 것도 아니다. 즉 대법원의 위와 같은 설시는, 고의로 양도인의 제1양수인에 대한 소유권이전등기의무의 이행에 관하여 장애 사유를 초래한 제2양수인이, 손해배상의 원칙적인 방법은 금전배상임을 내세워 원상회복을 거부하는 것은 허용될 수 없다고 하는 것과 일맥상통하는 것이다.[51)]

다른 한편으로는 債權者取消權制度를 유추하더라도 제2양수인의 원상회복의무를 인정할 수 있다고 생각된다. 원래 채권자취소권제도의 존재이유는 다음과 같은 점에 있다고 할 수 있다. 즉 채권의 實效性을 담보하는 최후의 보루는 채무자의 일반재산인데, 이러한 채무자의 일반재산이 채무자와 제3자의 행위에 의하여 부당하게 감소함으로써 채무자의 변제능력이 부족하게 되는 경우에는 그러한 채무자와 제3자의 행위(詐害行爲)에 의하여 채권자의 채권이 침해되는 것으로 보아 채무자로부터 이탈한 재산을 회복하게 할 필요가 있는 것이다. 바꾸어 말하면 이러한 채무자와 제3자의 사해행위는 제3자에 의한 채권침해의 한 유형이라고도 볼 수 있는 것이다. 일반적으로 제3자가 채무자와 공모하여 채무자의 책임재산을 불법하게 감소시킨 경우에도 채권자에 대한 채

51) 金曾漢·金學東(註 41), 133면은, 채권자가 원상회복의 방법에 의한 손해배상을 청구하였는데, 채무자가 이러한 방법에 의하여 용이하게 손해배상을 할 수 있음에도 불구하고 이를 반대하는 경우에는, 그러한 반대는 신의칙에 반하는 것으로서 허용되지 않는 것이라고 보아야 한다고 주장한다.

권침해가 있는 것으로 보는 데에는 異說이 없고, 다만 그것이 채권자취소권제도에 의하여 규율될 수 있을 때에는 굳이 채권침해를 이유로 하는 불법행위를 문제삼을 필요가 없을 따름이다. 그런데 채권자취소권의 취소대상인 사해행위의 경우에는 그로 인하여 채권자의 채권이 침해된다고 하더라도 이는 간접적인 것에 지나지 않는다고 할 수 있다. 즉 채권자의 피보전채권은 원칙적으로 금전채권이므로 이행불능의 문제는 생기지 않고, 다만 사해행위의 결과 채무자가 무자력이 되면 그로 인하여 채권자의 채권도 집행불능이 되어 사실상 만족을 얻지 못하게 되므로, 이를 방지하기 위하여 채권자는 채권자취소권을 행사함으로써 사해행위의 취소와 원상회복을 청구할 수 있는 것이다. 이처럼 채권자의 채권이 간접적으로 침해되는 경우에도 그 효과로서 원상회복이 인정된다고 한다면, 부동산의 이중양도와 같이 제1양수인의 채권이 직접적으로 침해되는 경우에 그 채권의 보전을 위하여 원상회복이 인정된다는 것은 결코 무리라고 할 수 없다. 부동산 이중양도의 문제를 채권자취소권의 類推에 의하여 해결하려는 견해도 이러한 관점에서 이해할 수 있는 것이다.

또한 이처럼 반사회적 부동산 이중양도의 문제를 공서양속 위반이 아니라 불법행위로 인한 원상회복의 문제로 다루게 되면, 종래 반사회적 부동산 이중양도 이론의 난점으로 지적되었던, 양도인이 제2양수인을 상대로 하여 소유권이전등기의 말소를 청구하는 것은 불법원인급여의 반환을 청구하는 것이 아닌가 하는 문제나,[52] 또는 제2양수인으로부터 부동산을 선의로 전득한 사람도 보호되지 않는다는 문제[53] 등도 자연히 해결되게 된다.[54]

다. 이 사건에서의 해결

따라서 이 사건에서는, Y가 이 사건 부동산에 관한 A로부터의 제1양수인인 B 내지 그의 승계인인 X의 존재를 알면서도 A' 등과 또다시 이 사건 부동산에 관하여 매매계약을 체결하고, 확정판결에 기하여 자신 명의로 소유권이전등기를 마친 것은, B에 대한 불법행위에 해당하므로, B로서는 이를 이유로

---

52) 李容勳, "反社會的 二重讓渡와 不法原因給與", 溫山方順元先生古稀記念 民事法의 諸問題, 1984, 22면 이하 참조. 郭潤直, 民法總則, 新訂(修正版), 1998, 311면은, (부동산 이중매매에 관하여 불법원인급여반환금지의 규정을 배제하려는) 이제까지 나타난 이러한 시도는 어느 것이나 합당한 것으로 생각되지 않고, 아직은 판례이론을 정당화해 주는 이론은 발견되어 있지 않다고 한다.

53) 가령 대법원 1996. 10. 25. 선고 96다29151 판결(公 1996하, 3430) 등.

54) 이에 대하여는 尹眞秀(註 27) 이외에도 註 33)의 각 문헌 참조.

A' 등을 대위함이 없이 직접 Y에 대하여 Y 명의의 소유권이전등기의 말소를 청구할 수 있고,[55] 따라서 X로서는 B에 대한 소유권이전등기청구권을 보전하기 위하여 B를 대위하여 Y에 대하여 Y 명의의 위와 같은 소유권이전등기의 말소를 청구한 다음, 위 등기가 말소되면 A' 및 B를 상대로 순차 소유권이전등기청구를 함으로써 소유권을 취득할 수 있다고 보아야 할 것이다.

다른 한편 위 Y의 행위가 B뿐만 아니라 B로부터 이 사건 부동산을 매수하여 점유하고 있는 X에 대한 관계에 있어서도 불법행위가 될 수 있지 않을까 하는 점도 논의의 여지가 없는 것은 아니다.

Ⅳ. 結　　論

이 사건 대법원 판결이, 취득시효 완성 당시 그 부동산의 등기부상 소유명의자의 등기가 무효라 하더라도 그것이 진정한 소유자를 상대로 하여 제기한 소유권이전등기 청구소송의 기판력 있는 확정판결에 의하여 이루어진 때에는, 시효취득자가 그 소유명의자를 상대로 취득시효 완성을 원인으로 하는 소유권이전등기를 청구할 수 있다고 한 것은, 앞에서 살펴본 것처럼 타당하다고 할 수 없다. 그러나 다른 한편으로는, 이 판결은 부동산의 이중양도에 있어서 제2 양수인이 확정판결에 의하여 소유권이전등기를 마친 때에도, 제1 양수인을 보호하여야 한다는 가치판단을 보여준 것으로 이해할 수도 있으며, 그러한 점에서는 고무적인 것이라고 할 수도 있다. 앞으로의 판례가, 부동산 이중양도에 있어서 제1 양수인의 보호라는 문제를, 정면으로 원상회복청구권을 인정함으로써 해결하게 될 것을 기대하여 본다.

〈民事判例研究 XXII, 2000 = 司法研究 2000. 1〉

---

55) 이 사건에서 B가 X에게 이 사건 토지를 매도한 것은 1976. 9.경의 일이므로 그 때부터 10년이 경과함으로써 B의 A'에 대한 소유권이전등기청구권의 소멸시효가 완성된 것이 아닌가 하는 점이 문제될 수 있으나, B로부터 이 사건 토지에 대한 점유를 승계받은 X가 이 사건 토지를 점유하고 있는 한 B의 A'에 대한 소유권이전등기청구권의 소멸시효는 진행하지 않는다고 보아야 할 것이고(이 점에 대하여는 尹眞秀, "占有를 상실한 不動産買受人의 登記請求權의 消滅時效", 人權과 正義 1998. 5, 124면 이하; 姜京求, "不動産이 轉賣된 경우 登記請求權의 消滅時效", 法曹 1998. 5, 150면 이하 참조), 대법원 1999. 3. 18. 선고 98다32175 전원합의체 판결(公 1999상, 718)도 종래의 판례를 변경하여 이러한 태도를 취하고 있다.

〈追記〉

1. 이 판결에 대한 또 다른 평석인 文一鋒, “取得時效完成을 原因으로 한 所有權移轉登記請求의 相對方”, 法曹 1999. 11, 257면 이하, 268면 이하는 이 사건에서 X가 A' 등을 대위하여 Y를 상대로 진정한 소유자 명의의 회복을 위한 소유권이전등기를 청구하였어야 한다고 주장한다. 그러나 대법원 2001. 9. 20. 선고 99다37894 전원합의체 판결(集 49권 2집 民84면; 公 2001하, 2251)은, 소유권이전등기말소청구소송에서 패소확정판결을 받았다면 그 기판력은 그 후 제기된 진정명의회복을 원인으로 한 소유권이전등기청구소송에도 미친다고 하였고, 대법원 2002. 12. 6. 선고 2002다44014 판결(公 2003상, 310)은, 제소전 화해에 기하여 경료된 소유권이전등기의 말소등기청구에 갈음한 진정명의회복을 원인으로 한 소유권이전등기청구가 실질적으로는 말소등기청구와 소송물이 동일하다는 이유로 제소전 화해의 기판력에 저촉되어 허용되지 않는다고 하였다.

2. 대법원 2005. 5. 26. 선고 2002다43417 판결(公 2005하, 1007)은, 점유취득시효완성을 원인으로 한 소유권이전등기청구는 시효완성 당시의 소유자를 상대로 하여야 하므로 시효완성 당시의 소유권보존등기 또는 이전등기가 무효라면 원칙적으로 그 등기명의인은 시효취득을 원인으로 한 소유권이전등기청구의 상대방이 될 수 없고, 이 경우 시효취득자는 소유자를 대위하여 위 무효등기의 말소를 구하고 다시 위 소유자를 상대로 취득시효완성을 이유로 한 소유권이전등기를 구하여야 하지만, 토지의 소유자나 그 상속인을 확인할 수 없어 취득시효가 완성되었음에도 불구하고 소유권이전등기청구의 상대방을 찾을 수 없어 소유권이전등기를 구할 수 없게 되는 경우에는 시효취득자는 취득시효완성 당시 진정한 소유자는 아니지만 소유권보존등기명의를 가지고 있는 피고에 대하여 직접 취득시효완성을 원인으로 하는 소유권이전등기를 청구할 수 있다고 판시하였다. 이 판결에 대한 대법원 재판연구관의 해설인 閔裕淑, “점유취득시효가 완성된 자에 대한 무효 등기명의인의 소유권이전등기 의무”, 대법원판례해설 54호(2005 상반기), 102면 이하, 특히 120면 이하 참조.

法定地上權 成立 後 建物을 取得한 者의 地位

— 대법원 1985. 4. 9. 선고 84다카1131, 1132 전원합의체 판결 —

Ⅰ. 序　　論

우리 民法은 土地와 그 地上建物이 同一人의 所有였는데 建物에 傳貰權이 設定된 후 土地所有權의 特別承繼가 있은 때(民法 제305조 제1항) 및 抵當物의 競賣로 인하여 土地와 그 地上建物이 다른 所有者에게 속하게 된 때(民法 제366조)의 두 가지 경우에는 당사자의 의사에 관계없이 土地所有者는 建物所有者에 대하여 地上權을 設定한 것으로 보는 이른바 法定地上權制度를 規定하고 있다.

그리고 判例는 위의 두 경우 외에도 土地와 建物이 同一人의 所有에 속하였다가 賣買 기타의 原因으로 인하여 그 所有者가 달라지는 경우에 建物所有者는 특별한 사정이 없는 한 이른바 慣習에 의한 法定地上權을 취득한다고 하고 있다. 이 이외에도 特別法上 法定地上權이 인정되는 경우가 몇 가지 있으나 判例上 자주 등장하고 있는 것은 抵當物의 競賣로 인한 法定地上權 및 慣習上의 法定地上權 두 가지라고 할 수 있다.

위와 같이 일정한 경우에는 地上權을 設定한다는 당사자 사이의 약정이 없음에도 불구하고 法定地上權의 成立을 인정하는 이유는, 一次的으로는 土地와 建物을 별개의 부동산으로 다루고 있는 우리 法制下에서 土地와 그 地上建物의 소유자가 서로 달라지게 되는 경우에 建物所有者에게 土地를 占有할 권리를 부여함으로써 土地所有者에 의하여 건물이 철거될 때 일어나는 社會經濟

的인 損失을 사전에 방지하고자 하는 데 있다고 할 수 있다.[1)]

그런데 일단 法定地上權이 성립된 후에도 그 法定地上權에 의하여 보호되던 건물을 제 3 자가 새로이 취득한 경우에는 그 제 3 자는 土地所有者에 대한 관계에 있어 어떤 지위에 놓이게 되느냐가 문제된다. 종래의 判例는 一貫하여 土地所有者는 法定地上權 성립 후 法律行爲에 의하여 建物을 取得한 者에 대하여는 建物의 撤去 및 그 垈地의 引渡를 청구할 수 있다고 판시하여 오고 있었는데, 대법원 1985. 4. 9. 선고 84다카1131, 1132 전원합의체 판결[2)]은 土地所有者가 建物의 撤去나 垈地의 引渡를 청구할 수 없다고 판시하면서 종래의 판례를 변경하였다. 이제까지도 이 문제에 관하여 많은 연구가 있었으나 위 判決을 契機로 하여 이를 다시 한번 검토하여 보고자 한다.[3)]

Ⅱ. 事實關係 및 判決理由

1. 事實關係 및 原審判決

이 事件의 第 1 審 및 原審判決[4)]에 나타난 事實關係를 간추리면 다음과 같다. 이 事件의 垈地는 원래 A의 소유였는데, A는 1967. 12. 9.경 위 垈地上에

---

1) 法定地上權制度의 存在理由에 대하여는 朴駿緖, "法定地上權", 司法論集 제 5 집 116면 이하 참조

2) 集 33권 1집 174면.

3) 이에 관한 종래의 文獻을 筆者가 調査한 範圍內에서 紹介한다. 金容圭, "法定地上權에 관한 判例硏究", 저스티스 제14권 1호, 1977. 12; 朴禹東, ① "判例가 인정하는 慣習法上의 地上權", 法曹 제14권 9, 10호, 1965, ② "慣習法上의 法定地上權, 그 問題點", 司法行政 1977. 10; 朴駿緖, 註 1)의 論文; 朴熙萬, "法定地上權", 法曹 제33권 10호, 1984; 徐敏, ① "法定地上權의 成立 및 讓渡", 考試硏究 1984. 1, ② "法定地上權(上)·(下)", 法律新聞 제1531호(1984. 3. 5) 및 제1532호(1984. 3. 12), ③ "法定地上權 讓受人의 法的 地位", 民事判例硏究 Ⅳ, 1984; 李時潤, ① "慣習上의 法定地上權", 法政 1968 新春號, ② "判例를 中心으로 한 慣習上 法定地上權", 서울大學校 法學 제14권 1호, 1973; 李湊成, "우리 判例가 認定하는 慣習上의 法定地上權과 그 讀渡에 관한 考察", 司法論集 제 7 집, 1976; 李海鎭, "慣習에 의한 法定地上權(1)-(5)", 法律新聞 제925호(1971. 7. 26)-제929호(1971. 8. 23); 鄭賢壽, "法定地上權의 移轉에 관한 一考祭", 제13기 사법연수생 논문집, 1983; 韓基春, "慣習上의 法定地上權에 관한 判例硏究", 서울大學校 法學碩士學位論文, 1978. 그리고 위 判決의 評釋으로는 高翔龍, "法定地上權 讓受者의 法的 地位", 法律新聞 제1612호(1985. 11. 11), 12면 및 李在性, "法定地上權에 대하여", 서울地方辯護士會, 辯護士 XVI, 1986이 있다.

4) 第 1 審判決: 서울민사지방법원 1983. 7. 6. 선고 82가단5234, 6915, 83가단1052 판결, 原審判決: 서울민사지방법원 1984. 4. 25. 선고 83나1505, 1506, 1507, 84나255 판결.

이 事件 건물을 신축하고, 보존등기는 하지 않은 채로 1970, 3. 30 垈地에 관하여만 B 앞으로 根抵當權設定登記를 경료하여 주었다. 한편 被告 Y_1은 1970. 9 경 A로부터 이 사건 대지와 건물을 아울러 買受하여 같은 해 10. 1 대지에 관하여만 이전등기를 마쳤다. 그 후 위 垈地에 관한 根抵當權의 實行으로 垈地가 위 B 앞으로 競落되어, B는 1973. 3. 13 소유권이전등기를 마쳤고, 다시 原告 X가 1978. 6, 26 B로부터 소유권이전등기를 넘겨받았으며, 한편 위 건물에 관하여는 被告 Y_1이 1978. 3, 20 소유자인 A를 代位하여 보존등기를 하고 같은 날 자기 앞으로 소유권이전등기를 마쳤다. 위와 같이 이 사건 垈地의 소유자가 된 X는 Y_1에 대하여는 위 建物의 撤去 및 垈地의 引渡를, Y_1으로부터 위 建物의 일부씩을 賃借 사용중이던 Y_2, Y_3에 대하여는 위 建物로부터의 退去를 구하는 訴訟(이 事件의 本訴)을 제기하였다. 이에 대하여 被告들은 위 垈地가 B에게 競落될 때 건물소유자인 A가 法定地上權을 취득하였고, Y_1은 그 法定 地上權을 讓受하였다고 다투고, 한편 Y_1은 별도로 X를 상대로 A를 代位하여 A에게 1972. 3. 23.자 競落許可決定을 원인으로 한 地上權設定登記 節次를 履行하라는 反訴를 제기하였다.

第1審에서는 대체로 아래에서 살펴볼 原審判決과 같은 이유로 X의 本訴請求는 모두 기각하고 Y_1의 反訴請求만을 인용하였다.[5)]

이에 대하여 X가 抗訴하였으나 原審은 다음과 같이 판시하였다.

먼저 X의 本訴請求에 대하여는 "… (前略) … 위 인정사실에 의하면 이 사건 대지와 건물은 위 근저당권 설정 당시에는 모두 동일한 소유자에게 속해 있다가 대지가 다른 사람에게 경락됨으로써 대지와 건물이 각기 소유자를 달리하게 된 경우이므로 당시 위 건물의 소유자이던 소외 A는 민법 제366조의 규정에 의하여 이 사건 대지에 대하여 건물의 소유를 목적으로 한 법정지상권을 취득하였다 할 것이고 소외 B로부터 이 사건 대지를 매수한 원고는 위 법정지상권에 의하여 제한을 받는 소유권을 취득하였다 할 것이며, 한편 A로부터 이 사건 건물을 매수한 피고 Y_1은 위 건물 매매당시 법정지상권을 양도하기로 한 채권계약이 있었던 것으로 보아야 할 것이므로 위 피고는 채권자대위의 법리에 따라 A를 대위하여 원고에 대하여 A 앞으로 지상권설정등기절차의 이행을 구함과 아울러 A에 대하여는 그 이전등기절차의 이행을 구할 수 있다

5) 그 외에도 第1審判決은 被告 Y_1으로부터 위 建物을 買受한 者의 獨立當事者參加를 不適法하다고 却下하고 있다.

할 것이니, 이처럼 이 사건 대지에 대한 법정지상권을 취득할 지위에 있는 위 피고에 대하여 원고가 대지소유권에 기하여 건물철거를 구함은 지상권의 부담을 용인하고 그 설정등기를 이행할 의무있는 자가 그 권리자를 상대로 한 청구라 할 것으로서 신의성실의 원칙상 이는 채용될 수 없다 할 것이므로(대법원 1981. 4. 14. 선고 80다2637 판결 참조) … (後略)"라고 하여 被告들 의 抗辯을 받아들였다. 그리고 Y_1의 反訴請求에 대하여는, Y_1이 A를 代位하여 X에게 法定地上權設定登記節次의 履行을 구할 수 있음은 앞서 본 바와 같고, 그 法定地上權이 미치는 범위는 이 事件 垈地 전부라고 판시하여, 결국 第1審判決이 정당하다는 이유로 原告의 抗訴를 기각하였다.

위 原審判決에 대하여 原告는 上告許可申請을 하였고, 大法院 제3부는 上告를 許可하고 事件을 全員合議體에 넘김으로써 이 事件 대법원판결이 나오게 된 것이다.

2. 大法院의 判決理由

이 事件 大法院判決은 大法院判事 7人의 支持를 받은 多數意見과 大法院判事 6人의 支持를 받은 少數意見으로 나뉘어졌다. 多數意見은 "(前略) 사실관계가 위와 같다면 이 사건 대지와 건물은 위 근저당권 설정 당시는 동일인인 소외 A의 소유에 속하였다가 그 후 대지의 경매로 인하여 대지와 건물이 다른 소유자에게 속하게 된 것이니 위 건물의 소유자인 소외 A는 민법 제366조에 의하여 이 사건 대지에 대하여 건물의 소유를 목적으로 하는 법정지상권을 취득하였다 할 것이고, 법정지상권자는 물권으로서의 효력에 의하여 이를 취득할 당시의 대지소유자나 이로부터 소유권을 전득한 제3자에 대하여도 등기없이 위 지상권을 주장할 수 있는 것이므로 소외 A는 위 대지의 전득자인 원고에 대하여 지상권설정등기청구권이 있다 할 것이며, 위 법정지상권을 양도받기로 한 피고 Y_1은 채권자대위의 법리에 의하여 원고 및 소외 A에 대하여 차례로 지상권설정등기 및 이전등기절차의 이행을 구할 수 있다 할 것이다. 그리고 이와 같이 이 사건 대지에 대한 법정지상권을 취득할 지위에 있는 위 피고에 대하여 원고가 대지소유권에 기하여 건물철거를 구함은 지상권의 부담을 용인하고 또한 그 설정등기절차를 이행할 의무있는 자가 그 권리자를 상대로 한 청구라 할 것이어서 신의성실의 원칙상 허용될 수 없다 할 것이다. 위의 견해에 저촉되는 당원 1982. 10. 12. 선고 80다2667 판결 등 종래의 견해는 이를 변경하기로 한다"고 판시하여 上告를 棄却하였다.

이에 대하여 反對意見은 위와 같은 多數意見을 상세하게 批判한 다음 "결론적으로 우리는 법정지상권을 아직 취득하지 못하고 그 이전등기청구권을 가진 데에 불과한 건물양수인에 대한 토지소유자의 건물철거청구를 획일적으로 신의성실의 원칙에 반한다 하여 배척하는 것은 타당하지 않다고 보며, 따라서 당원 1982. 10. 12. 선고 80다2667 판결(당원 1965. 2. 4. 선고 64다1418, 1419 판결도 같은 취지이다)은 폐기될 것이 아니라 유지되어야 한다고 생각한다"라고 주장하고 있다.

3. 論點의 整理

위 判決 중 多數意見의 判示事項은 다음 세 가지라고 할 수 있다. 첫째, 法定地上權者는 物權으로서의 效力에 의하여 法定地上權 취득 당시의 垈地 所有者뿐만 아니라 그로부터 所有權을 轉得한 제3자에 대하여도 등기 없이 地上權을 주장할 수 있으므로, 垈地의 轉得者에 대하여 地上權設定登記請求權이 있다. 둘째, 法定地上權者로부터 建物을 취득한 자는 法定地上權 讓渡의 約定에 의하여 法定地上權者에 대한 地上權移轉登記請求權을 가지므로, 債權者代位의 法理에 의하여 法定地上權者의 垈地轉得者에 대한 地上權設定登記請求權을 代位行使할 수 있다. 셋째, 위와 같이 垈地에 대한 法定地上權을 취득할 지위에 있는 建物取得者에 대하여 垈地所有者가 所有權에 기하여 건물철거를 구함은 地上權의 負擔을 容認하고 또한 그 設定登記節次를 履行할 義務있는 者가 그 권리자를 상대로 한 청구라 할 것이므로, 信義則上 許容될 수 없다.

위 판시사항 중 첫째 점은 대법원 1965. 9. 23. 선고 65다1222 전원합의체 판결[6]을 비롯한 여러 判決들이 거듭하여 밝히고 있는 確立된 判例이다. 그리고 둘째 점도 이미 이를 인정하고 있는 先例가 있어 새로운 것은 아니다. 이 판결이 종래의 판례를 변경한 것은 위 셋째 점에 관한 부분이다.

위 판결의 少數意見도 첫째 및 둘째 점에 관하여는 多數意見과 같고 셋째 점에 관하여서만 견해를 달리하고 있는 것이다. 위 세 가지 判示事項 중 둘

6) 法律新聞 647호 4면.

째 점에 대하여는 다음의 Ⅲ.에서, 그리고 이 判決에서 직접 爭點이 되고 있는 셋째 점에 대하여는 Ⅳ.와 Ⅴ.에서 보다 상세히 살펴보기로 하고 첫째 점에 대하여는 여기서 간단히 言及하고 넘어가기로 한다.

종래의 판례가 法定地上權者는 法定地上權 성립 당시의 垈地所有者뿐만 아니라 그 후에 垈地所有權을 취득한 者에 대하여도 등기 없이 法定地上權을 주장할 수 있다고 보는 근거는 法定地上權의 取得은 民法 제187조 소정의 이른바 法律의 規定에 의한 物權變動에 해당하므로 따로 이 등기를 필요로 하지 않는다는데 있다. 이는 學說上으로도 당연한 것으로 받아들여지고 있기는 하지만 문제가 전혀 없는 것은 아니다. 우선 法定地上權 가운데 慣習에 의한 法定地上權의 取得을 법률의 규정에 의한 물권변동이라고 볼 것인지에 대하여 의문이 있을 수 있다.[7)]

물론 형식적으로 본다면 物權은 慣習法에 의하여도 創設될 수 있고 또한 民法 제187조의 "法律의 規定에 의한 物權變動"은 法律行爲에 의하지 않은 물권변동을 포괄하는 개념이므로,[8)] 慣習에 의한 法定地上權의 取得도 법률의 규정에 의한 物權變動에 해당한다고 말할 수 있겠지만, 地上權의 성립을 인정하는 慣習이 실제 존재하는 것은 아니므로,[9)] 判例는 慣習의 이름을 빌어 公示의 原則에 대한 예외를 인정하고 있는 셈이 된다. 이 문제는 결국 현재의 판례와 같이 넓은 범위에서 慣習에 의한 法定地上權을 인정하는 것이 옳은가의 論議에로 귀착될 것이다.

法定地上權者가 등기 없이도 제 3 자에게 地上權을 주장할 수 있다고 할 때 생기는 또 하나의 문제점은 登記簿上 公示되지 않은 法定地上權의 존재를 알지 못하고 垈地를 취득한 선의의 제 3 자에게 예측하지 못했던 손해를 입힐 우려가 있다는 점이다.[10)]

法定地上權에 의하여 보호되는 건물이 등기된 것인 경우에는 民法 제622

---

7) 朴禹東, 위 註 3) ①, 48, 49면에서는 "民法 第187條는 不動産에 관한 物權取得에 있어 登記를 要하지 아니하는 境遇를 明示하고 있지만 慣習法에 依하여 取得한 不動産物權이 여기에 包含된다고 말할 수는 없고 그러한 物權取得을 公示의 原則에서 一旦 除外하여야 할 特別한 理由도 없다"고 主張한다.

8) 李容勳, "法律의 規定에 의한 不動産物權變動", 司法論集 제 8 집, 1977, 8면; 韓基春, 위 註 3), 77면.

9) 이는 一般的으로 시인되고 있다. 朴駿緖, 위 註 1), 131면; 李湊成, 위 註 3), 98면; 金容圭 위 註 3), 22, 23면(李好珽 發言); 李英俊, 註釋民法(上), 1973, 499면 등.

10) 李時潤, 위 註 3) ②, 136면; 李英俊, 위 註 9), 500면 등.

조가 地上建物의 登記가 있는 土地賃貸借의 제 3 자에 대한 對抗力을 인정하고 있는 것과의 균형상 그런대로 합리성을 인정할 수 있겠으나, 이 사건에 있어서와 같이 건물이 보존등기조차 되지 않은 것일 때에는 문제이다. 원래 우리 民法 제187조는 뒤에서 보는 바와 같이 스위스 民法 제656조에서 由來한 것인데, 그 곳에서는 登記의 公信力이 인정되기 때문에(스위스 民法 제973조) 善意의 第三者가 피해를 입는 일은 없다.[11] 日本民法에 있어서도 不動產物權變動에 관하여 對抗要件主義를 취하고 있으므로 위와 같은 문제는 생기지 않는다.[12]

이러한 점에 비추어 보면 우리 民法 제187조는 立法論的으로는 善意의 제 3 자와의 관계에 있어서 문제점을 안고 있다.[13] 위와 같은 문제점을 解消하기 위하여 未登記建物의 경우에는 法定地上權의 成立을 인정하지 말자는 說이 주장되기도 한다.[14]

생각건대 法定地上權의 成立 여부를 결정함에 있어 등기된 건물과 미등기 건물을 구별할 수 있는 법적인 근거는 없다고 할 수 있으며, 民法 제622조도 債權인 賃借權에 관한 것이므로 物權인 地上權에 곧바로 유추적용되기는 어렵다. 그러나 일반적으로 建物이 保存登記되지 못하는 것은 건축허가 없이 건립되었기 때문인 경우가 많고, 또 그 경제적 가치도 그리 크지 않은 경우가 대다수를 점하리라고 추측된다. 이 사건에 있어서도 문제된 건물은 建坪 33.30㎡ 및 26.20㎡의 住宅 각 1棟이었는데 그 垈地 93㎡ 전부에 관하여 法定地上權이 인정되었으며, 第 1 審의 事物管轄이 單獨判事에게 속하는 경우[15]였다. 위와 같이 경제적 가치도 별로 크지 않은 未登記建物에 대하여까지 일률적으로 法定

11) Berner Kommentar, 3. Aufl., 1973, Art. 656 N. 72; Kommentar zum schweizerischen Zivilgestzbuch, 2. Aufl., 1977, Art. 656 N. 33.

12) 日本의 建物保護에 관한 法律 제 1 조는 土地賃借權뿐만 아니라 地上權에 관하여도 우리 民法 제622조와 같은 趣旨로 規定하고 있다.

13) 財團法人의 設立에 있어 出捐不動產의 歸屬時期를 정한 民法 제48조에 관한 대법원 1979. 12. 11. 선고 79다481, 482 전원합의체 판결의 多數意見이 財產出捐者와 法人과의 關係에 있어서는 法人 成立時에 財產이 法人에 歸屬하지만, 第三者에 대한 關係에 있어서는 登記를 必要로 한다고 解釋하고 있는 것도 根本的으로는 위와 같은 問題點에 基因한 것이라고 볼 수 있다.

14) 高翔龍, 위 註 3). 또한 李時潤, 위 註 3) ②, 127면도 建坪 5坪의 無計可 未登記建物에 관하여 法定地上權의 成立을 인정하고 있는 대법원 1964. 9. 22. 선고 63다62 판결에 懷疑를 나타내고 있다. 한편 徐敏, 위 註 3) ①, 112면 및 118면은 徹去의 對象인 無許可建物에 관하여는 慣習上의 法定地上權의 成立을 否定함이 옳다고 한다.

15) 이 事件 提訴時인 1982년에는 訴訟物의 價額이 200만원 이하인 民事事件이 여기에 해당하였다.

地上權의 成立을 인정할 이유가 있는지 再考하여 볼 필요는 있을 것이다.

Ⅲ. 法定地上權의 讓渡와 登記請求權

1. 建物所有權의 移轉과 法定地上權의 歸屬

이 事件 이전에 法定地上權者로부터 건물을 취득한 자에 대하여 地上權設定登記請求權의 代位行使를 인정한 최초의 대법원판결은 대법원 1967. 11. 28. 선고 67다1831 판결[16]로 여겨진다. 위 판결은 慣習上의 法定地上權 成立後 建物所有權이 순차 移轉된 事案에 있어서 "지상권이 설정됨으로 인정되는 건물을 양도하기로 한 경우에 건물철거 등 합의가 있은 것과 같은 특별한 사정이 없을 때에는 건물과 함께 지상권도 양도하기로 한 것이어서 지상권자는 건물 양수인에게 대하여 그 지상권의 설정 등기를 한 후 이의 양도등기절차를 이행하여 줄 의무를 부담한 것이라 해석되고, 지상권의 등기가 없었다고 하여 건물의 양도가 있을 경우에 특별한 사정이 없는 한 곧 그 지상권이 소멸된 것이라 인정할 수 없다고 봄이 상당하다 할 것이다. 위와 같은 사정하에 있는 본건에 있어 특별한 사정이 없는 한 피고 김○○은 건물양도와 함께 지상권도 양도하기로 하였으나 그 지상권에 관한 등기가 없으므로 의연 지상권자라 할 것이며 피고 김○○은 소외 박○○에게, 그는 다시 원고에게 지상권을 양도하기로 한 채권적 계약이 있은 것으로 인정함이 상당하다 함은 위에서 설명한 바로서 원고는 채권자대위의 법리에 의거 피고 XX주식회사에 대하여 피고 김○○에게 지상권설정등기절차 이행을 구하고, 피고 김○○에 대하여는 소외 박○○(1심 피고)에게, 그는 다시 원고에게 순차로 그 지상권의 각 이전등기를 구할 수 있는 법리라 할 것임에도 불구하고 피고 김○○이가 본건 건물의 소유권을 양도함으로써 건물소유자인 지위를 상실하기 전에 법정지상권의 등기를 하지 아니한 이상 그 지상권이 소멸되었다는 취의로 판단한 원판결에는 지상권에 관한 법리를 오해한 위법이 있다 할 것이다"라고 판시하였다.

이 판결 후에도 대법원 1981. 9. 8. 선고 80다2873 판결[17]은 "(前略) 법정

---

16) 集 15권 3집 民323면.

17) 集 29권 3집 民29면.

지상권이 붙어 있는 건물을 양도한 지상권자는 양수인에게 그 지상권 설정등기를 한 후 이전등기절차를 이행할 의무가 있으며, 그 지상권설정 등기가 없다 하여 건물이 양도되는 경우 특별한 사정이 없는 한 곧 지상권이 소멸되는 것이 아니므로 (後略)"라고 하여 法定地上權者를 代位하여 토지소유자에게 地上權設定登記節次의 履行을 구하는 建物轉得者의 청구를 認容하고 있다. 그리고 위 사건 全員合議體判決이 변경되어야 할 판례로서 들고 있는 대법원 1982. 10. 12. 선고 80다2667 판결[18]도 「(前略) 이 경우 피고 주장과 같이 위 법정지상권 양도계약이 수반되어 피고가 위 소외인들을 순차로 대위하여 지상권설정등기청구권 또는 지상권이전등기 청구권을 행사할 지위에 있다 하더라도(後略)」라고 判示하고 있어 傍論이기는 하지만 地上權設定登記請求權의 代位行使 자체는 당연한 것으로 받아들이고 있다.

學說도 대체로 建物의 轉得者는 法定地上權移轉登記請求權을 가지며, 이를 保全하기 위하여 法定地上權者를 代位하여 그의 地上權設定登記請求權을 代位行使할 수 있다는 점에 대하여는 크게 이의를 제기하지 않고 있다.[19]

그러나 이에 관하여도 몇가지 짚고 넘어갈 점이 있다. 우선 위의 판례들은 法定池上權者가 건물의 소유권을 타인에게 양도하더라도 法定地上權의 이전등기가 없는 한 이는 그대로 法定地上權者에게 남아 있는 것으로 보고 있다.[20]

그러나 이에 대하여는 이론적으로 두 가지의 다른 가능성을 생각할 수 있다.

하나는 위 1967. 11. 28의 대법원판결(註 16)의 原審判決처럼 法定地上權者가 건물의 소유권만을 제3자에게 양도하였다면 法定地上權은 소멸한다는 견해이다. 이는 말하자면 法定地上權에 있어 建物所有權에 대한 强度의 附從性을 인정하는 것이라 할 수 있다. 원래 法定地上權은 建物의 保全을 위하여 인정되는 것이므로 어느 정도 建物의 運命에 따라 영향을 받는 것은 불가피한 것이라 할 수 있다. 예컨대 건물이 멸실되면 法定地上權도 소멸된다고 보아야 할

18) 集 30권 3집 民119면. 이는 註 17) 판결의 被告가 그 事件 原告를 相對로 提起한 建物撤去請求事件이다.

19) 朴駿緖, 위 註 1), 139면; 李湊成, 위 註 3), 107면; 朴禹東, 위 註 3) ②, 15면; 李在性, 위 註 3), 171면 등. 다만 다음의 註 24) 참조.

20) 대법원 1980. 9. 9. 선고 78다52 판결(公 643, 13153; 集 29권 3집 民35면)은 法定地上權者가 建物을 他人에게 名義信託하였더라도 法定地上權은 移轉登記가 수반되지 않았다면 이는 당초의 法定地上權者에게 留保되어 있으므로 法定地上權者가 그 建物의 所有權을 회복하면 土地所有者에게 法定地上權을 主張할 수 있다고 한다.

것이고[21] 法定地上權만을 건물과 분리하여 양도할 수는 없을 것이다.[22]

그러나 建物의 所有權만이 讓渡된 경우에는 새로운 소유자에게 法定地上權을 취득할 수 있게 함으로써 建物이 지니는 경제적 가치를 계속 유지시키는 것이 法定地上權制度의 目的에 비추어 합리적이고 따라서 法定地上權은 소멸하지 않는다고 봄이 타당할 것이다.[23]

다음으로 생각할 수 있는 또 다른 견해는 法定地上權이 별도의 이전등기 없이도 建物所有權과 함께 새로운 건물취득자에게 당연히 이전된다는 것이다. 실제로 이와 같이 주장하는 學說이 없는 것도 아니다. 즉 法定地上權은 機能上으로는 建物所有權에 附從하는 것이므로 地役權이 要役地의 所有權에 附從하여 移轉한다는 民法 제292조 제1항을 法定地上權에도 유추적용하여, 건물의 소유권이 이전되면 地上權은 建物所有權에 따라서 移轉되며, 이는 법률의 규정에 의한 物權變動으로서 등기 없이도 효력을 발생할 수 있다는 것이다.[24]

그러나 위와 같은 견해는 立法論으로서는 충분히 傾聽할 만한 것이지만,[25] 법률행위로 인한 不動産物權의 得失變更은 등기하여야 효력이 생긴다는 民法 제186조는 부동산물권변동에 있어 등기에 의한 공시를 요구하고 있는 物權法의 기본원칙으로서, 건물소유권의 양도에 수반하여 법정지상권이 이전되는 것도 법률행위에 기한 것으로서 소유권이전등기 외에 법정지상권의 이전등기가 있어야 할 것이며, 특별한 법률상의 근거 없이 解釋에 의하여 위와 같은 公示의 原則에 대한 예외를 인정하기는 어렵다고 하지 않을 수 없다.

다만 學說 가운데에는 법률의 규정에 의한 물권의 취득 후에도 등기하지 아니하면 이를 처분하지 못한다는 民法 제187조 단서를 效力規定 아닌 團束規定으로 본다면 建物의 轉得者가 法定地上權을 등기하지 않아도 이를 주장할 수 있는 것처럼 설명하는 예가 있으나,[26] 法定地上權의 登記를 要하느냐는 民法 제186조에 의하여 결정될 문제이고,[27] 뒤에서 보는 바와 같이 제187조 단

---

21) 대법원 1985. 5. 14. 선고 85다카13 판결; 李在性, 위 註 3), 181면; 反對: 李英俊, 위 註 9), 812면; 柚木馨, 上田徹一郎, 注釋民法(9), 改訂版, 1972, 192면.

22) 李在性, 위 註 3), 182면; 徐敏, 위 註 3) ①, 123면 등; 反對: 李英俊, 위 註 9), 812면; 柚木馨·上田徹一郎, 위 註 21), 192면.

23) 朴禹東, 위 註 3), 18면; 李在性, 위 註 3), 184면.

24) 徐敏, 위 註 3) ①, 126면; 高翔龍, 위 註 3).

25) 鄭賢壽, 위 註 3), 185면.

26) 李時潤, 위 註 3) ②, 133면.

27) 朴駿緖, 위 註 1), 138면; 韓基春, 위 註 3), 85면; 李湊成, 위 註 3), 105면.

서는 이 문제와는 관계가 없다고 보아야 할 것이다.[28]

위에서 설명한 것은 건물의 소유권이 법률행위에 의하여 이전된 경우에 관한 것이다. 건물의 소유권이 법률의 규정에 의하여 이전된 경우에는 어떠할까? 판례[29]는 건물소유를 위하여 법정지상권을 취득한 자로부터 競賣에 의하여 그 건물의 소유권을 이전받은 競落人은, 競落後 건물을 철거한다는 등의 賣却條件下에서 競賣되는 경우 등 특별한 사정이 없는 한, 建物의 競落取得과 함께 地上權도 당연히 취득한다고 판시하고 있다. 위 判決들은 建物이 競落된 경우와 법률행위에 의하여 移轉된 경우를 구별하고 있는 근거를 명확히 說示하고 있지 않으나, 建物이 競賣된 경우는 民法 제187조의 法律에 의한 物權變動으로서 등기 없이도 그 효력이 생긴다는 취지로 이해된다.[30]

그런데 同條 但書가 법률의 규정에 의하여 등기 없이 취득한 부동산에 관한 물권도 등기하지 아니하면 처분하지 못한다고 규정하고 있는 것과 관련하여, 여기서 말하는 「處分」에는 법률의 규정에 의한 物權變動도 포함되므로 法定地上權 成立後 건물이 競落된 경우에도 法定地上權의 設定登記가 되어 있지 않으면 競落人은 法定地上權을 취득하지 못하는 것으로 보아야 한다는 주장이 있다.[31]

그러나 이 주장에는 따르기 어렵다. 원래 處分(Verfügung)이라 함은 法律行爲에 의하여 權利를 직접 讓渡하거나 變更 또는 抛棄하거나 여기에 負擔을 지우는 것을 意味한다고 理解되고 있으므로,[32] 法律行爲에 기하지 않고 物權變動이 일어나는 것까지 處分의 槪念에 포함시키기는 어려울 것이다.[33] 뿐만 아니라 위 주장을 一般化시킨다면, 예컨대 相續人이 相續한 不動産에 관하여 등기를 마치기 전에 사망하였을 때에는 위 부동산은 相續의 對象이 될 수 없다는

28) 다음 다. 참조.

29) 대법원 1976. 5. 11. 선고 75다2338 판결, 集 24권 2집 民33면; 1979. 8. 28. 선고 79다1087 판결, 公 619, 12193; 1985. 2. 26. 선고 84다카1578, 1579 판결, 公 1985, 469.

30) 金容圭, 위 註 3), 15면; 李湊成, 위 註 3), 111면; 朴禹東, 위 註 3) ②, 16면; 鄭賢壽, 위 註 3), 174면; 李容勳, 위 註 8), 45면 註 112).

31) 金容圭, 위 註 3), 26-27면(金鼎鉉 質問); 韓基春, 위 註 3), 89-97면.

32) Flume, Allgemeiner Teil des Burgerlichen Rechts, Ⅱ Bd., Das Rechtsgeschäft, 2. Aufl., 1974, S. 140.

33) 鄭賢壽, 위 註 3), 173면. 우리 民法 제187조와 같은 內容인 스위스 民法 제656조 제 2 항의 解釋에 있어서도 同 條項이 規定하는 處分權能의 制限은 登記簿에의 登記에 의하여 完成되는 處分만을 말하므로, 예컨대 株式會社의 合併契約과 같은 것은 이에 해당하지 않는다고 본다. Kommentar Zum schweizerischen Zivilgesetzbuch, Art. 656 N. 33.

불합리한 결론에 이르게 될 것이다.[34] 위 民法 제187조 但書의 「處分」의 의미에 대하여는 뒤에서 다시 살피기로 한다.

그러나 위 판례에 대하여는 위와는 다른 측면에서 의문을 제기할 수 있다. 法定地上權이 競落人에게 등기 없이 바로 이전되었다고 하려면 건물의 소유권뿐만 아니라 법정지상권 그 자체도 競賣의 目的이 되었어야 할 것인데, 법정지상권 자체를 등기하여 이에 대한 押留 및 競賣開始決定의 記入登記가 되고 適法히 評價하는 등의 절차를 밟지 않았다면 法定地上權 자체가 競賣의 對象이 된 것으로는 볼 수 없지 않을까?[35]

2. 建物의 讓渡와 法定地上權의 讓渡

위 1967. 11. 28의 大法院判決(註 16)은 "지상권이 설정됨으로 인정되는 건물을 양도하기로 한 경우에 건물철거 등 합의가 있은 것과 같은 특별한 사정이 없을 때에는 건물과 함께 지상권도 양도하기로 한 것"이라고 判示하고 있고, 위 1981. 9. 8의 대법원판결(註 17)도 이를 따르고 있으며, 이 사건 판결도 당사자 사이에 그와 같은 法定地上權 讓渡의 債權契約이 있었던 것으로 인정하고 있다.

그런데 이러한 경우 당사자들이 실제로 法定地上權의 存在를 認識하고서 이를 讓渡하는 것으로 보기는 어려울 것이다. 법률전문가가 아닌 일반인들로서는 法定地上權이 성립하였다 하여도 그 사실을 아는 경우가 많지 않으리라 짐작된다. 더욱이 이 사건의 경우에는 건물의 양도행위 자체는 法定地上權 成立 이전에 있었는데 그 등기만이 法定地上權成立 이후에 이루어졌으므로, 건물의 양도행위 당시에 장차 法定地上權이 발생할 것을 예측하여 이 또한 아울러 미리 양도한다는 것은 거의 있을 수 없는 일이라 할 것이다. 그렇다고 하여 이 사건에서 건물의 매매계약 외에 별도로 法定地上權讓渡의 約定이 있었던 것은 아니다. 이 점에 대하여 대법원판결은 단순히 그와 같은 債權契約이 있었다고

34) 李容勳, 위 註 8), 43면 및 45면은 民法 제187조 但書의 處分에는 法律의 規定에 의한 物權變動도 包含되고 이 경우 物權變動의 效力은 같은 條文 本文에 의하여 規定되나 登記問題만은 이 但書의 適用을 받아 새로운 取得者 名義로 登記하기 위하여서는 原取得者 名義로 登記한 연후에 새로운 取得者 名義로 登記 하여야 한다고 한다. 그 結論 자체는 妥當하지만 그 根據를 民法 제187조 但書에서 구하는 것에는 따르기 어렵다.

35) 李容勳, 위 註 8), 45면 註 112) 참조.

만 하고 있으나, 원심판결은 "A로부터 이 사건 건물을 매수한 피고 Y_1은 위 건물매매 당시 법정지상권을 양도하기로 한 채권계약이 있었던 것으로 보아야 할 것이므로"라고 보다 명확하게 판시하고 있다.

判例가 法定地上權 成立 後 건물을 양도한 때에는 특별한 사정이 없는 한 地上權도 讓渡하기로 한 것이라고 보는 것은 主物·從物理論의 類推適用에 의하여 설명될 수 있다. 民法 제100조 제2항은 "從物은 主物의 處分에 따른다"고만 규정하고 있으나, 學說은 이를 主된 權利와 從된 權利 相互間에도 유추적용할 수 있다는 데 의견이 일치되고 있다. 예컨대 건물이 양도되면 그 건물을 위한 垈地의 賃借權도 建物의 讓受人에게 이전한다는 것이다.[36] 이는 法定地上權의 경우에도 그대로 적용될 수 있을 것이다.[37]

위 1976. 5. 11의 대법원판결(註 29)이 "원래 건물은 토지의 이용없이는 존재할 수 없는 것이므로 건물과 건물의 소유를 위한 지상권은 경제적으로는 불가분의 동일체적인 관계로서 재산적 가치를 가지게 되는 것이라고 할 것이어서 법적으로도 특별한 사정이 없으면 그 처분에 있어서 동일체적인 관계에서 취급하는 것이 타당하다"고 하고 있는 것은 바로 이 점을 가리키고 있는 것이다. 위 판결은 建物이 競賣에 의하여 이전된 경우에 관한 것이지만, 건물이 법률행위에 의하여 양도된 경우에도 法定地上權의 取得에 등기를 요한다는 점 외에는 그대로 적용될 수 있을 것이다.

그러나 이 事件에서처럼 建物의 讓渡行爲 당시에는 아직 法定地上權이 성립조차 하지 않고 있던 경우에는 위와 같은 이론에 의하여 설명할 수 없다. 그럼에도 불구하고 이 사건 판결이 같은 결과를 인정하고 있는 것은 실질적으로는 당사자 사이에 전혀 約定이 없는 사항에 관하여 法院이 法律行爲의 解釋이라는 이름 아래 당사자들을 대신하여 約定을 만들어 내는 것이라고 할 수 있다.

이와 비슷한 例로서는 대법원 1976. 1. 13. 선고 70다2462 전원합의체 판결[38]의 多數意見이, 提示期間을 徒過하여 手票상의 權利가 소멸된 자기앞수표를 讓渡하는 행위는 手票金額의 支給受領權限과 아울러 특별한 사정이 없으면 手票上의 權利의 소멸로 인하여 所持人에게 발생한 利得償還請求權까지도 이

36) 郭潤直, 民法總則, 全訂增補版, 1979, 295면; 金容漢, 民法總則論, 제12판, 1981, 232면; 金曾漢, 民法總則, 1980, 254면; 李澔九, 註釋民法總則(上), 1980, 625면; 張庚鶴. 民法總則, 1984, 382면 등.

37) 朴禹東, 위 註 3), 15면.

38) 集 24권 1집 民1면.

를 양도하는 동시에, 그에 수반해서 利得을 한 發行人인 銀行에 대하여 所持人을 대신해서 그 양도에 관한 통지를 할 수 있는 權能을 부여하는 것이라고 하는 데서도 찾아볼 수 있다. 일반적으로 거래의 실제에서는 자기앞수표의 경우에는 당사자들이 提示期間 經過에 관계없이 有效한 手票로 알고 讓渡·讓受하였을 것이고 利得償還請求權같은 것은 전연 의식하지 않았을 터인데도 위 판결은 당사자의 의사를 위와 같이 해석하고 있는 것이다.

그렇다면 과연 法院이 법률행위를 위와 같이 해석하는 것이 가능한가, 만일 가능하다면 그 근거는 어디에 있는가를 따져보아야 할 것이다. 獨逸에서는 위와 같은 해석을 法律行爲의 補充的 解釋(die ergänzende Auslegung des Rechtsgeschäfts) 또는 위와 같은 해석이 주로 契約에서 문제되므로 補充的 契約解釋(die ergänzende Vertragsauslegung)이라고 부르고 있다.[39] 契約의 實行過程에서 당사자들이 전혀 約定하지 않았던 事項이 문제될 때에는 이는 1차적으로 任意法規(dispositives Recht)의 적용에 의하여 規律될 것이다. 예컨대 賣買契約의 當事者들이 물건의 하자가 발견될 경우에 대하여는 전혀 規定하지 않았다면 事後 발견된 하자에 대하여는 瑕疵擔保責任에 관한 民法規定이 적용된다. 그러나 그와 같은 任意法定이 없거나 적용될 수 없을 때에 비로소 補充的 解釋이 문제되게 되는데, 이때 契約은 誠實한 當事者들이 그러한 사항을 고려하여 約定하였더라면 어떻게 하였을 것인가(이른바 假定的인 當事者의 意思, "Der hypothetische Parteiwille")라는 觀點에서 해석되어야 할 것이고, 그 解釋의 標準은 慣習 및 信義誠實의 原則이 될 것이다.[40]

이러한 通說과는 달리, 위와 같은 補充的 解釋은 이미 법률행위의 해석에 속한다고는 할 수 없고, 解釋者의 恣意에 의하여 법률행위의 내용을 歪曲시키는 것이므로 인정할 수 없다는 비판이 없는 것은 아니다.[41]

그러나 법률행위의 해석이 단순히 당사자가 무엇을 意欲했는가를 확인하는 事實 問題에 局限되는 것은 아니며, 법률행위의 내용이 불분명하거나 불완전할 때 여기에 어떤 의미를 부여하는 것이 法的인 觀點에서 타당한가를 결정

---

39) W. Flume, 위 註 32), S. 321 ff.; Lange/Köhler, BGB Allgemeiner Teil, 17. Aufl., 1980, S. 237; K. Larenz, Allgemeiner Teil des deutschen Bürgerlichen Rechts, 5. Aufl., 1980, S. 497; D. Medicus, Allgemeiner Teil des BGB, 1982, S. 122.

40) 註 39)에서 들고 있는 문헌들 참조.

41) Ernst Wolf, Allgemeiner Teil des bürgerlichen Rechts, 3. Aufl. 1981, S. 427 ff. 또한 金亨培, 註釋民法總則(下), 1979, 93면 참조.

하는 規範的인 性格을 가지고 있는 것 또한 부인할 수 없다.[42] 그렇다면 法官이 당사자 사이의 계약이 불완전할 때 慣習 내지 信義則에 기하여 이를 보충하는 기능을 수행하는 것을 부정할 필요는 없을 것이다.[43]

돌이켜 이 事件을 본다면 A가 垈地와 建物을 아울러 被告 Y_1에게 賣渡하였는데 垈地에 設定된 抵當權이 實行되어 垈地가 第三者에게 競落되었으면 A는 Y_1에 대하여 擔保責任을 부담하여야 하는 지위에 놓이게 된다. 그런데 A는 위 垈地의 競賣로 인하여 法定地上權을 취득하게 되었으므로 그 法定地上權이라도 Y_1에게 이전하여 줌으로써 Y_1이 건물을 계속 보유할 수 있게 된다면 두 사람 사이에 있어서는 공평한 해결방법이 될 것이고, 이는 당사자들의 의사에도 부합할 것이다 그러므로 이 事件 判決이 A가 Y_1에게 위 法定地上權을 讓渡하기로 하는 債權契約이 있는 것으로 인정한 것은 위와 같은 법률행위의 보충적 해석의 이론에 비추어 볼 때 타당성을 인정할 수 있을 것이다.

3. 民法 제187조 但書와의 관계

그런데 위와 같은 法定地上權 讓渡의 約定은 民法 제187조 但書에 저촉된다는 論議가 있으므로 이에 관하여 살펴보기로 한다. 즉, 法定地上權의 成立은 法律의 規定에 의하여 登記 없이 物權을 取得하는 경우이므로 設定登記 없이 이를 양도하는 것은 民法 제187조 단서의 "處分"에 해당한다는 것이다.[44] 말하자면 法定地上權을 讓渡하기로 하는 物權的 合意 그 자체를 위 但書의 處分으로 보는 것이다.

그리고 등기 없이 法定地上權讓渡의 約定이 이루어졌을 때의 효력에 관하여는, 위 但書의 규정을 團束規定 내지 取締規定으로 보아 위 但書에 관계없이 有效하다는 입장도 있고,[45] 반대로 위 但書의 規定은 效力規定이므로 이에 違

---

42) Flume, 위 註 32), S. 302; Larenz, 위 註 39), S. 308, 319. 日本에서는 法律行爲 解擇의 이와 같은 側面을 "意味の持ち入み"라고 하여 "意味の發見"과 區分하는 學者도 있다. 穗積忠夫, "法律行爲の「解釋」の構造と機能 (1), (2)", 法學協會雜誌 제77권 6호, 제78권 1호, 1961 참조.

43) 물론 이와 같은 補充的 解釋을 너무 安易하게 인정하면 私的 自治를 侵害하고 法的 安定性을 해칠 우려가 있으므로 補充的 解釋은 制限된 範圍에서 例外的으로만 인정하여야 할 것이다. Medicus, 위 註 39), S. 124 참조.

44) 朴駿緒, 위 註 3), 138면; 李湊成, 위 註 3), 105면; 李容勳, 위 註 8), 43, 44면; 金容圭, 위 註 3), 27, 28면(金鼎絃 質問); 鄭賢壽, 위 註 3), 168면 등.

45) 朴駿緒, 李湊成.

反한 物權行爲로서의 處分行爲는 무효이지만, 그 原因이 되는 債權行爲까지 무효로 되는 것은 아니므로 處分行爲의 상대방이 債權行爲에 기한 청구권까지 행사할 수 없게 되는 것은 아니라는 입장도 있다.46) 결국 어느 입장을 취하더라도 法定地上權의 讓受人이 讓渡人을 상대로 등기청구권을 행사할 수 있다는 점에서는 차이가 없다.

그러나 私見으로서는 法定地上權 讓渡의 物權的 合意를 한 것 그 자체 만으로는 아직 民法 제187조 但書의 處分에 해당하지 아니한다고 본다. 一般的으로 處分(Verfügung)이란 權利의 讓渡, 負擔設定, 變更 또는 抛棄로 인하여 생기는 종전의 權利保有者의 地位의 變動을 말하는 것이라고 할 수 있다.47) 그런데 우리 民法上 부동산에 관하여 위와 같은 지위의 변동이 이루어지려면 物權的 合意만으로는 부족하고 등기가 있어야 하므로, 위 但書 소정의 처분은 物權的 合意가 있었을 뿐만 아니라 그에 대한 등기까지 마쳤을 때 完了되는 것이고, 따라서 物權的 合意만이 있는 단계에서는 아직 완전한 의미에서의 처분이 있었다고 볼 수 없다. 종래 物權的 合意만이 物權行爲인가 아니면 登記도 處分行爲인 物權行爲의 要素로 볼 것인가에 대하여도 學說上 對立이 있으나, 어느 說을 따른다 하여도 위 但書의 解釋에 있어서는 위에서 말한 바와 같이 이해하여야 할 것이다.

원래 위 제187조 但書의 규정은 같은 條文 本文의 규정에 의하여 登記없이 不動産物權을 취득한 者가 그 등기를 하지 않은 채 직접 제3자에게로 등기를 하는 것, 예컨대 相續人이 相續登記를 하지 않은 채 不動産을 賣渡하고 被相續人 名義로부터 직접 買受人 名義로 登記를 移轉하는 것과 같은 일을 막으려고 하는데 있다고 할 수 있다. 따라서 자기 앞으로 登記하지 않은 채 讓渡의 約定을 하였더라도 事後에 자기 名義의 登記를 마친 후 相對方에게로 登記를 한다면 위 但書의 目的은 달성되는 것이므로 위 讓渡의 約定 그 자체를 제한할 필요는 없는 것이다. 위 但書는 자기 앞으로 등기를 하지 않고 직접 第三者 앞으로 등기가 이루어졌을 때 비로소 문제되며 위 但書가 效力規定인가 아닌가는 위 登記의 有效 여부에만 관련된다고 보아야 할 것이다.

46) 李容勳, 鄭賢壽. 그 밖에 李時潤, 위 註 3) ②, 133면; 韓基春, 위 註 3), 93면도 위 但書를 效力規定으로 본다.

47) Flume, 위 註 32), S. 140: Nur die Änderung der Rechtsstellung des bisherigen Inhabers des Rechts, welche durch die Übertragung, Belastung, Änderung oder Aufhebung des Rechts eintritt, ist Verfügung.

이는 위와 같은 해석은 위 民法 第187條의 由來가 된 스위스 民法 제656조 제2항[48]에 의하여도 어느 정도 뒷받침된다. 위 條項은 "先占, 相續, 公用收用, 强制執行 또는 判決에 의한 경우에는 取得者는 登記 前에도 소유권을 취득한다. 그러나 등기한 때로부터 비로소 土地登記簿上 土地를 處分할 수 있다(Bei Aneignung, Erbgang, Enteignung, Zwangsvollstreckung oder richterlichem Urteil erlangt indessen der Erwerber schon vor der Eintragung das Eigentum, kann aber im Grundbuch erst dann über das Grundstück Verfügen, wenn die Eintragung erfolgt ist)"라고 하여 處分이 登記와 관련된 것임을 밝히고 있다. 그리고 그 해석에 있어서도 위 조항은 團束規定(Ordnungsvorschriften)으로서 이에 違反하여도 有效하다고 하면서, 그 違反의 事例로서 取得者 名義의 등기를 거치지 않은 채 직접 第三者에게로 등기된 경우만을 들고 있을 뿐 따로 處分行爲의 效力을 문제 삼고 있지는 않다.[49]

대법원의 판결도 위 제187조 但書의 의미를 위와 같이 해석하고 있는 것이 있다. 즉, 대법원 1972. 2. 22. 선고 71다2687 판결[50]은, "민법 제187조 단서는 같은 조 본문에 의하여 등기없이 취득한 부동산 물권을 처분하려면 새로운 취득자 명의로 등기하기 위하여 우선 자기 명의의 등기를 경료하여야 한다는 원칙을 규정한 것"이라고 하면서 위 但書에 위반하여 새로운 취득자 명의로 등기되었다 하여도 그 등기가 현재의 진실한 權利狀態에 합치되는 이상 무효라고는 할 수 없다고 판시하였다.

民法 제187조 但書를 위와 같이 해석한다면 法定地上權者가 法定地上權을 양도하기로 하는 約定은 위 但書와는 관계없이 有效하다고 할 것이다. 따라서 그 讓受人은 法定地上權者에 대한 地上權移轉登記請求權을 保全하기 위하여 垈地所有者에게 法定地上權者를 代位하여 地上權設定登記節次의 履行을 청구할 수 있는 것으로 보아야 할 것이므로, 판례가 이를 인정하고 있는 것은 당연하다. 다만 판례는 法定地上權 成立 後 垈地의 所有者가 변동된 때에는 새로운 垈地所有者를 그 設定登記節次의 履行義務者로 보고 있는데, 이에 대하여는 法定地上權 成立 당시의 垈地所有者를 등기의무자로 보아야 한다는

48) 崔鐘吉, "判決에 의한 不動産物權變動", 서울大學敎 法學 제6권 1호, 1965, 103면; 金曾漢, "瑞西法에서의 不動産物權變動", 法曹 제17권 7호, 1968, 16면.

49) Berner Kommentar Art. 656 N. 73 ; Kommentar zum schweizerischen Zivilgesetrbuch, Art. 656 N. 33.

50) 判例總覽 民法 187조(56) 判決.

견해도 있을 수 있으나, 現在의 垈地所有者를 등기의무자로 하는 편이 간명할 것이다.[51]

Ⅳ. 垈地所有者의 建物撤去請求와 信義則

1. 종래의 判例

이 사건 판결이 法定地上權 成立 後의 建物取得者에 대한 垈地所有者의 建物撤去請求가 信義則上 허용될 수 없다고 하면서 判例를 變更한 意義가 어디 있는지 정확히 이해하기 위하여 우선 이에 관한 종래의 판례와 학설을 개관하여 보기로 한다.

종래의 판례는 이 판결 이전까지는 垈地所有者는 法定地上權 成立 後 건물을 취득한 자에 대하여 건물의 철거 및 대지의 인도를 청구할 수 있다는 것으로 一貫하여 왔다.[52] 다만 건물의 소유권이 競賣에 의하여 移轉된 경우에만 法定地上權이 등기없이도 당연히 新所有者에게 이전한다고 보아 이에 대한 예외를 인정하고 있음은 앞에서 본 바와 같다(위 Ⅲ. 1. 참조). 판례는 위와 같이 새로운 建物取得者의 建物撤去義務를 인정하는 근거로서, 法定地上權의 設定登記 및 移轉登記가 없는 이상 새로운 建物取得者는 地上權을 承繼取得하지 못한다는 점을 들고 있다.[53]

그리고 앞에서 본 것처럼 새로운 建物取得者가 垈地所有者에 대하여 法定地上權設定登記請求權을 代位行使할 지위에 있다 하더라도 그것만으로는 垈地의 占有를 정당화할 만한 適法한 權原이 되지 못한다고 한다.[54] 그런데 이 사건 原審判決은 垈地所有者의 建物撤去請求가 신의성실의 원칙에 반한다고 하면서 대법원 1981. 4. 14. 선고 80다2637 판결[55]을 援用하고 있는데, 과연 위 판결이 종전의 다른 판결들과 다른 취지의 것인지 살펴볼 필요가 있다.

---

51) 同旨: 鄭賢壽, 위 註 3), 178면.
52) 判例의 紹介는 鄭賢壽, 위 註 3), 179면 註 43) 참조.
53) 대법원 1965. 9. 23. 선고 65다1222 판결(註 6); 1970. 7. 24. 선고 70다729 판결, 集 18권 2집 民180면 등.
54) 대법원 1982. 10. 12. 선고 80다2667 판결(註 18).
55) 公 657, 13901.

이 判決의 事案은, 被告가 第三者 소유의 土地 위에 건물을 신축한 다음 原告로부터 돈을 借用하고 그 담보로 위 건물을 原告에게 還買特約下에 賣渡하고 1971. 8. 3 그 소유권이전등기를 經了하여 주었는데, 原告는 위 토지를 第三者로부터 매수하고 1973. 4. 23 그 소유권이전등기를 經了하여 土地와 建物이 모두 原告의 所有로 되었으며, 그 후 被告는 還買代金을 支給하고 위 건물에 관한 原告名義의 所有權移轉登記抹消請求의 訴를 제기하여 1978. 7. 27 被告 勝訴로 확정되었으나, 아직 그 抹消登記가 이루어지지 않고 있는 사이에 原告가 被告를 상대로 위 건물의 철거 및 대지의 인도를 구하는 訴를 제기한 것이다. 原審은 위 土地 및 建物이 모두 原告 所有였는데 被告가 建物을 還買함으로써 慣習上의 法定地上權을 취득하였다고 판단한데 반하여, 大法院은 建物에 관한 原告 名義의 등기가 아직 말소되지 않았으므로 被告는 慣習上의 法定地上權을 취득하지는 못하였지만, 原告는 被告에 대하여 위 건물에 관한 소유권을 말소하여 줄 의무가 있고, 被告는 그 抹消登記를 함으로써 法定地上權을 취득할 지위에 있으므로 原告는 被告에 대하여 信義誠實의 原則上 그 건물의 철거를 구할 수 없다고 判示한 것이다.

위 판결은 垈地所有者의 建物撤去請求를 信義則에 反한다 하여 배척한 점에서는 이 사건 판결과 공통점이 없는 것은 아니지만, 직접 건물을 還買한 당사자 사이의 관계라는 點에서 法定地上權者로부터 건물을 취득한 자와 垈地所有者와의 법률관계가 문제되는 경우와는 다르다고 할 것이다.

원래 慣習上의 法定地上權制度에 비판적인 입장에서는 위와 같은 경우에 구태여 慣習上의 法定地上權을 인정하지 않더라도 信賴責任(Vertrauenshaftung) 또는 先行行爲에 矛盾되는 擧動의 禁止(venire contra factum proprium) 등의 理論에 의하여 문제를 해결할 수 있다고 주장한다.[56)]

결국 위 판결의 判示事項은 法定地上權 固有의 것이라기보다는 일반적인 신의성실의 원칙의 문제라고 보아야 할 것이다.

2. 종래의 學說

위와 같이 종래의 판례가 垈地所有者의 建物撤去請求를 허용하고 있었던

---

56) 李好珽, 判例回顧 제 3 호(1974년도), 民法(財産編), 61-62면.

데 반하여, 學說上으로는 판례를 지지하는 견해[57]와 반대하는 견해[58]가 대립하고 있으나, 판례에 반대하는 견해가 보다 우세하다고 말할 수 있다.

종전의 판례에 반대하는 견해 가운데에는 建物取得者가 法定地上權의 登記 없이도 法定地上權을 취득한다는 前提에 선 것도 있지만(註 24 참조), 대개는 建物取得者가 法定地上權者를 代位하여 垈地所有者에게 法定地上權의 등기를 청구할 수 있다는 것을 土臺로 하여 이론을 전개하고 있다. 즉, 法定地上權의 設定登記節次를 履行하여야 할 지위에 있는 垈地所有者가, 그 履行을 請求할 수 있는 지위에 있는 건물취득자에게 건물의 철거를 청구하는 것은 取得時效期間의 經過로 소유권이전등기를 청구할 수 있는 자에 대하여 所有者가 引渡를 청구할 수 없는 것[59]과 마찬가지로 義務있는 者가 權利者를 상대로 청구하는 것이므로 認容될 수 없다는 것이다.[60]

또한 地上權者는 그 권리를 양도하거나 土地를 賃貸할 수 있다는 民法 제282조를 들면서, 地上權者의 同意下에 土地를 占有하는 者는 土地所有者에 대한 관계에서도 適法한 占有를 하는 것이라고 보아야 한다는 주장도 있다.[61] 適法한 占有者로부터 適法하게 占有를 承繼한 者의 占有는 適法한 占有이며, 결코 不法占有가 될 수 없다는 것이다.[62]

그리고 建物撤去請求의 성질 자체를 분석하여 보더라도 人的 要素가 전혀 없고 處分이 자유로운 物權인 地上權의 負擔을 갖는 垈地所有者로서는 地上權者의 交替는 당연히 예상해야 되는 일이고, 그 건물이 누구의 소유에 귀속되느냐에 따라 垈地所有權에 손해를 입을 우려가 없으므로 地上權存續期間 동안은 마땅히 그 建物을 容認하여야 하며, 그 所有者가 바뀌었다 하여 새삼스럽게 무슨 妨害를 당하였다고 볼 수 없을 것이라고도 한다.[63]

土地所有者가 建物의 讓受人에게 건물의 철거를 청구하는 것은 地上權의 負擔을 지는 土地所有者가 地上權者와 建物所有者가 일시적으로 일치하지 아

57) 朴禹東, 위 註 3) ②, 17면 ; 韓基春, 위 註 3), 104면; 金容圭, 위 註 3), 22면.

58) 金容圭, 위 註 3), 28면(金鼎鉉 質問); 朴駿緖, 위 註 1) 140면; 徐敏, 위 註 3) ① 내지 ③; 李湊成, 위 註 3), 109면; 李海鎭, 위 註 3), (4), (5); 鄭賢壽, 위 註 3), 183-185면; 高翔龍, 위 註 3); 李在性, 위 註 3), 175, 185면.

59) 대법원 1967. 7. 18. 선고 67다954 판결. 集 15권 2집 民206면.

60) 朴駿緖, 위 註 1), 140면; 李湊成, 위 註 3), 108면.

61) 鄭賢壽, 위 註 3), 184-185면; 李在性, 위 註 3), 187면도 民法 제282조를 根據로 들고 있다.

62) 徐敏. 위 註 3) ③, 66면; 同旨 金容圭, 위 註 3), 28면(金鼎鉉 質問).

63) 朴駿緖, 위 註 1), 141면.

니함을 틈타서 건물의 철거를 청구하는 것에 불과하므로 이러한 請求는 信義則에 반하는 權利行使로서 배척되어야 한다는 주장[64]도 同一한 脈絡에서 이해할 수 있다.

反面 종전의 판례를 지지하는 입장에서는 위와 같은 견해를 다음과 같이 비판한다. 우선 建物의 撤去를 구하는 垈地所有者와 地上權의 移轉을 구하는 建物讓受人은 직접적인 法定地上權의 讓渡登記 當事者가 아니며, 建物讓受人은 어디까지나 讓渡人을 代位하여 垈地所有者에게 法定地上權의 設定登記를 구할 수 있을 뿐이고, 垈地所有者는 建物의 轉得者에 대하여는 아무런 의무가 없다는 점을 들고 있다.[65] 義務 있는 者가 權利者를 상대로 한 청구는 허용되지 않지만 이때의 의무자나 권리자는 직접적인 의무자와 권리자에 한정된다는 것이다.[66]

그리고 地上權의 負擔을 갖는 土垈地所有者로서는 所有者가 바뀌었다 하더라도 建物을 容認하여야 한다는 주장에 대하여는, 그와 같은 견해를 따른다면 法定地上權의 讓渡에는 등기가 불필요하다는 것이 되고 만다고 비판한다. 法定地上權을 등기하지 아니하였다 하여 건물소유자가 건물을 철거하여야 한다는 것은 建物所有者의 利益保護를 소홀히 하는 것이기는 하지만, 등기를 할 수 있음에도 하지 않는 者는 權利 위에 잠자는 者로서 보호할 필요가 없다는 것이다.[67]

3. 이 判決의 多數意見과 少數意見

이 判決의 多數意見은 종래의 판례를 비판하는 多數說에 영향을 받았음인지 "(前略) 이 사건 대지에 대한 법정지상권을 취득할 지위에 있는 위 피고에 대하여 원고가 대지소유권에 기하여 건물철거를 구함은 지상권의 부담을 용인하고 또한 그 설정등기절차를 이행할 의무있는 자가 그 권리자를 상대로 한 청구라 할 것이어서 신의성실의 원칙상 허용될 수 없다"고 판시하였다. 그러나 위 多數意見이 理論的인 面에서 종래의 多數說을 전면적으로 받아들인 것인지

64) 徐敏, 위 註 3) ③, 63면.
65) 朴禹東, 위 註 3), 17, 18면.
66) 韓基春, 위 註 3), 107면.
67) 韓基春, 위 註 3), 111면.

는 반드시 명백하지 않다. 종래의 多數說이 신의성실의 원칙도 垈地所有者의 청구를 배척하는 근거의 하나로 들고 있기는 하지만, 기본적으로는 새로운 建物取得者의 占有를 適法한 것으로 보고 있음에 반하여, 이 판결의 多數意見은 의무있는 자가 권리자를 상대로 한 청구라는 표현을 쓰고 있으면서도 적극적으로 建物取得者의 占有가 適法占有라고는 하지 않고, 단지 청구가 신의성실의 원칙상 허용될 수 없다고만 판시하고 있기 때문이다. 추측건대 이 판결의 多數意見은 法定垈地權 成立後 건물을 취득한 자가 순차 地上權設定登記 및 移轉登記의 履行을 구할 수 있다는 것만으로는 아직 垈地에 대한 適法한 占有者라고 할 수 없지만 그러한 不法占有者에 대하여도 信義誠實의 原則上 건물철거를 청구할 수 없다고 본 것이 아닌가 한다. 말하자면 權利濫用의 法理를 類推한 것으로 생각할 수 있다.[68)]

이 판결의 소수의견이 다수의견에 대하여, 建物讓受人이 前所有者의 法定地上權을 가지고 자기에 대한 土地所有者의 土地用益權 주장에 당연히 대항할 수 있는 것이라면 구태여 信義誠實의 原則을 이끌어 쓸 필요가 없다고 指摘하고 있는 것도 위와 같은 推測을 뒷받침한다.

위와 같은 다수의견에 대하여, 소수의견은 그러한 견해는 신의성실의 원칙을 지나치게 擴張適用하는 것이라고 비판한다. 그 要旨를 다음과 같이 간추려 볼 수 있다. 첫째, 토지소유자는 法定地上權을 가진 당초의 건물 소유자 이외의 者에 대하여는 특단의 사정이 없는 한 자기의 土地用益權을 주장할 수 있다. 둘째, 土地所有者가 부담하고 있는 地上權設定登記義務는 이미 有效하게 存續하는 法定地上權의 公示方法을 갖추어 준다는 의미만 있을 뿐, 그 義務履行으로 建物讓受人에게 土地所有者에 대항할 수 있는 權原이 발생하는 것도 아니므로 이를 信義則 違反의 根據로 삼을 수 없다. 셋째, 抽象的 規範인 신의성실의 원칙을 구체적인 법률관계에 적용함에 있어서는 相對方의 利益의 內容, 行使하거나 履行하려는 권리 또는 의무와 상대방 이익과의 상관관계 및 상대방의 신뢰의 타당성 등 모든 구체적 사정을 고려하여야 하는데, 土地所有者는 建物讓受人의 法定地上權承繼取得에 협력할 의무가 없으므로, 그러한 토지소유자가 그 承繼取得에 관한 建物讓受人의 利益을 배려하지 아니하더라도 信義則 違反이라고는 할 수 없다. 특히 地上建物을 철거가능한 것으로 믿고 土地所有

---

68) 李在性, 위 註 3), 175면은 이 判決의 多數意見이 灌利濫用의 理論을 適用한 것으로 理解하고 있다.

權을 취득한 자의 權利行使를 劃一的으로 衡平과 信賴에 어긋나는 權利行使라고 할 수는 없다. 넷째, 다수의견과 같이 해석하게 되면 建物의 穰受人은 전혀 등기하지 않고도 사실상 法定地上權의 排他的 效力을 享有하는 결과가 되어 不動産公示制度의 原則의 본래 취지에 어긋난다. 다섯째, 土地와 建物의 所有者가 다르게 된 경우의 土地利用關係의 調整에 있어서는 土地所有者의 權益과 現在의 公示制度의 原則 등을 고려하여 調整이 이루어져야 하는데, 建物讓受人은 法定地上權을 유효하게 취득함으로써 건물을 보호받을 수 있는 法的 手段을 가진 자이므로, 이러한 法的 手段을 갖춘 경우에만 利害가 相衡되는 土地所有者의 土地用益權에 優先할 수 있다고 보는 것이 土地利用關係의 調整上 公平하고 合理的인 解釋이다.

위와 같이 대립하고 있는 다수의견과 소수의견을 어떻게 평가하여야 할 것인가? 論議를 우선 垈地所有者의 建物撤去請求가 신의성실의 원칙에 위배되는가의 문제로 한정시켜 본다면 다수의견 보다는 소수의견의 論理가 보다 설득력이 있다고 여겨진다. 원래 法定地上權이란 建物의 維持를 위하여 法이 垈地所有者에게 그의 의사와는 관계없이 강제적으로 부담을 지우는 제도라고 할 수 있다 물론 때로는 그러한 負擔의 根據를 당사자의 의사에서 찾을 수 있는 경우도 있으나, 法定地上權一般에 있어 모두 그렇다고는 할 수 없다. 그런데 그와 같이 强制로 負擔을 지게 된 垈地所有者에 대하여 뚜렷한 법적 근거도 없이 항상 建物所有者의 利益을 고려하여 行動하라고 要求하는 것이 신의성실의 원칙에 의하여 정당화되기는 어려울 것이다. 더구나 소수의견의 지적처럼 法定地上權의 存在를 모르고서 새로이 垈地를 取得한 者에 대하여까지 위와 같이 요구한다는 것은 지나치다고 하지 않을 수 없다. 요컨대 이 판결의 소수의견이 垈地所有者의 建物撤去請求를 신의성실의 원칙에 반한다는 이유로 배척할 수는 없다고 하고 있는 것은 正鵠을 찌른 것이라 하겠다.

그렇지만 한 걸음 더 나아가서 볼 때 과연 소수의견이 주장하는 것처럼 建物讓受人이 法定地上權의 登記를 갖춘 경우에만 垈地所有者에게 우선할 수 있고, 그렇지 않는 한 垈地所有者의 撤去請求에 대항할 수 없다고 보는 것만이 土地利用關係의 調整上 공평하고 합리적인 해석이라고 단정할 수 있을까? 소수의견은 土地利用關係의 調整에 있어서는 오로지 社會經濟的 損失을 이유로 建物의 存立保護만을 金科玉條로 내세울 수는 없다고 주장하면서, 아무런 權原 없이 建立된 건물의 경우에는 그 철거로 인한 손실이 아무리 크다고 하여도 이 理由만으로 土地所有者의 權利에 우선시켜 存立시킬 수는 없다는 예를 들고 있다. 그러나 일단 法定地上權이 成立된 때에는 法이 社會經濟的 損失을 방지하기 위하여 建物을 存立시킬 필요가 있다고 評價한 것으로 볼 수 있는데, 그 후 건물의 소유자가 바뀌었다고 하여 건물이 철거되어야 한다는 것은 위와 같은 法의 評價와는 모순된다고 여겨지고, 오히려 건물소유자의 변동에도 불구하고 건물을 계속 존립시키는 것이 論理的으로 首尾一貫한 태도일 것이다. 이를 가리켜 오로지 社會經濟的 損失을 理由로 建物의 存立保護만을 金科玉條로 내세운다고 하는 것은 초점이 어긋난 비판이라는 느낌이 든다.

위와 같이 法定地上權의 登記를 갖추지 않으면 새로운 建物所有者는 건물을 철거할 의무가 있다고 하는 소수의견의 결론은 받아들이기 어렵고, 반면 다수의견과 같이 垈地所有者의 建物撤去請求가 신의성실의 원칙에 어긋난다고 볼 수도 없다면 과연 어떤 방법으로 새로운 建物取得者를 보호할 수 있을까? 그 방법을 찾기 위하여는 먼저 建物取得者의 垈地占有의 성질을 분석하여 볼 필요가 있다.

원래 어떠한 법률문제라도 이를 信義則이나 權利濫用과 같은 一般條項에 의하여 해결하기에 앞서 과연 다른 法制度에 의하여는 해결이 불가능한가를 확인하여야 할 것이다. 一般條項에 依存하지 않더라도 해결할 수 있음에도 불구하고 굳이 一般條項으로써 문제를 처리하려고 하는 것은 이른바 "一般條項에로의 逃避(Flucht in die Generalklauseln)"로서 허용되어서는 아니된다. 法定地上權 成立 後 建物所有權이 移轉된 때의 법률관계에 있어서도 法定地上權을 讓受한 새로운 建物所有者의 占有를 適法한 占有라고 인정할 수 있다면 굳이 신의성실의 원칙을 끌어들일 필요가 없을 것이다. 아래에서 法定地上權 讓受人의 占有의 性質을 살펴보기로 한다.

V. 法定地上權 讓受人의 占有할 權利

1. 占有者의 占有할 權利

우리 民法 제213조는 "所有者는 그 所有에 屬한 物件을 占有한 者에 對하여 返還을 請求할 수 있다. 그러나 占有者가 그 物件을 占有할 權利가 있을 때에는 返還을 拒否할 수 있다"고 규정하고 있다. 그런데 法定地上權者로부터 건물을 취득하여 垈地를 占有하는 者는 垈地에 대하여 占有할 權利를 가지는 者인가? 이 점에 관하여 종전의 판례를 지지하는 學說이, 義務있는 者가 權利있는 者를 상대로 한 청구는 허용되지 않지만, 이때의 권리자나 의무자는 직접적인 의무자와 권리자에 한정된다고 주장하고 있는 것[69]은 결국 새로운 建物所有者와 垈地所有者 사이에는 法定地上權에 관한 직접적인 권리의무관계가 없기 때문에 새로운 建物所有者에게는 垈地를 占有할 權利가 없다는 뜻으로 풀이할 수 있다. 이 사건 판결의 다수의견이 垈地所有者의 建物撤去請求는 義務있는 者가 權利者를 상대로 한 청구라고 하면서도, 건물소유자에게 占有할 權利가 있다거나 그의 占有가 적법한 것이라고 명백하게 밝히지 않고 있는 것도 占有할 權利는 직접적인 권리의무관계에서만 나올 수 있는 것으로 생각한 때문이 아닌가 여겨진다.

그러나 과연 占有者의 占有할 權利란 직접적인 권리의무관계에서만 나올 수 있는 것일까? 이 점에 관하여 먼저 獨逸民法의 解釋論을 살펴보는 것이 도움이 될 것이다. 同法 제985조는 "所有者는 占有者에게 物件의 返還을 請求할 수 있다(Der Eigentümer kann von dem Besitzer die Herausgabe der Sache verlangen)"라고 규정하고 있고, 이어서 同法 제986조 제1항 前段은 "占有者 또는 占有者가 占有할 權利를 承繼한 間接占有者가 所有者에 대하여 占有할 權利를 가진 경우에는 占有者는 物件의 返還을 拒絶할 수 있다(Der Besitzer kann die Herausgabe der Sache verweigern, wenn er oder der mittelbare Besitzer, von dem er sein Recht zum Besitz ableitet, dem Eigentümer gegenüber zum Besitze berechtigt ist)"라고 규정하고 있다. 위 제986조 제1항 前段의 意味를 달리 풀이한다면, 占有者는 자기 스스로 所有者에 대하여 직접 占有할 權利(Recht zum Besitz)를 가질 때뿐만 아니라, 自己의 間接占有者가 소유자에 대하여 占有할 權利를 가질 때에도 그러한 間接占有者로부터 자기의 占有할 權利를 이끌어 내어서 물건의 반환을 거부할 수 있다는 것이다.[70]

위 규정만을 본다면 占有者와 所有者 사이에 직접적인 권리의무관계가 없을 때에는 中間에 占有할 權利가 있는 間接占有者가 있어야만 直接占有者가

69) 위 註 66) 참조.

70) 다만 이 경우의 間接占有者는 所有者에 대한 關係에 있어서 占有를 他人에게 移轉할 수 있는 權限을 가진 者라야 한다(同條 제1항 後段 참조).

占有할 權利를 갖는 것으로 되어 있다. 그러나 현재 獨逸의 學說은 반드시 그러한 間接占有者가 存在할 필요는 없으며, 占有者와 所有者 사이에 직접적인 권리의무관계가 없더라도 占有者가 占有를 移轉받은 前者가 所有者에 대한 관계에 있어서 占有할 權利가 있고, 또 그 前者가 他人에게 占有를 移轉할 수 있는 權限이 있으면 그 前者가 間接占有를 하고 있지 않더라도 그로부터 占有를 移轉받은 現在의 占有者 또한 所有者에 대하여 占有할 權利를 가진다는 데 견해가 일치하고 있다.[71] 다시 말하자면 適法한 占有者가 所有者에 대한 관계에 있어 占有를 第三者에게 移轉할 權限이 있다면 그로부터 占有를 移轉받은 者도 適法한 占有者라는 것이다. 예컨대 A가 B에게, B는 다시 C에게 不動産을 賣渡하였으나 A와 B, B와 C 사이에 Auflassung은 행하여지지 않은 채 登記는 여전히 A에게 남아 있다면 A는 自己의 소유권을 내세워 C가 占有하고 있는 不動産의 引渡를 청구할 수 없다고 한다. 나아가서 그와 같은 경우 中間者, 위의 事例에서는 B가 처음부터 占有를 取得한 일이 없었더라도 결과는 마찬가지라고 한다.[72]

獨逸의 學說은 위와 같이 해석하는 근거로서 그러한 現實의 占有狀態가 實體的인 法律關係에 合致한다는 點을 들고 있다. 또한 沿革的으로 보더라도 Rome法에서는 買受人이 가지는 "賣却되어 引渡된 物件의 抗辯(exceptio rei venditae et traditae)"은 買受人의 特別承繼人에게도 인정되었다고 한다.[73]

日本의 경우는 어떠한가? 日本民法에는 우리 民法 제213조에 해당하는 규정이 없고, 이 문제에 관하여 상세히 언급하고 있는 것도 그다지 많지 않지만, 當事者의 占有權原이 債權的인 경우에 관하여 이를 論하고 있는 學者가 있다. 즉 債權的 占有權原者로부터 占有를 讓受받은 者는 원칙으로 債權的 占有權原者의 債務者, 즉 所有者에 대하여는 占有할 權利를 갖지 않지만, 그 성질상 第三者에게 占有를 移轉하는 것이 허용된다고 해석될 특별한 사정이 있는 債權에 있어서는 所有者는 위의 第三者에 대하여 物權的 請求權을 행사할 수 없다고 한다.[74] 그 구체적인 예로서는 所有權留保賣買의 경우를 든다. 즉 所有權移轉이 後日로 留保되어 있는 賣買의 買受人이 그 目的物을 第三者에게 賣渡하

71) Staudinger/Gursky, 12. Aufl. 1980, §986 Rz. 18; MünchKomm/Medicus, 1981, §986 Rdnr. 4u. 18; F. Baur, Lehrbuch des Sachenrechts, 12. Aufl., 1983. S. 97.

72) Staudinger/Gursky, §986 Rz. 18; MünchKomm/Medicus, §986 Rdnr. 18.

73) 註 72)의 문헌 참조

74) 好美清光, 注釋民法(6), 1967. 65면.

거나 賃貸한 경우에는 處分禁止의 特約이 없는 한 賣渡人은 第三者에 대하여 소유권에 기한 반환청구권을 행사할 수 없다고 한다.[75]

우리나라의 教科書들은 民法 제213조에 있어서의 占有者의 占有할 權利는 返還請求의 相對方이 質權 · 留置權 · 地上權 · 傳貰權 등의 物權을 가짐으로써 생기는 경우도 있고, 賃借權 등의 債權을 가짐으로써 생기는 경우도 있다고 하는 정도로 설명하고 있을 뿐, 그 이외에 占有者가 所有權에 대하여 직접 그러한 物權이나 債權을 가지지 않는 경우에도 占有할 權利가 인정될 수 있는지에 관하여까지는 언급하고 있지 않다.[76]

그러나 등기를 갖추지 않은 不動產取得者의 法的 地位를 論하면서, 不動產을 買受하였으나 아직 등기는 하지 않은 買受人에 대하여 所有者가 目的物返還請求를 하는 경우에는 買受人에게 로마法上의 "賣却되어 引渡된 物件의 抗辯(exceptio rei venditae et traditae)"을 인정하여야 하며, 이러한 抗辯은 買受人의 特別承繼人도 行使할 수 있다고 주장하는 說이 있다.[77] 이는 결과적으로는 앞에서 살펴본 獨逸의 學說과 일치한다고 할 수 있다. 그리고 대법원 1984. 4. 10. 선고 83다카1222 판결[78]은 第三者에 대하여 不動產所有權移轉登記義務를 부담하고 있는 者가 自己의 相續人들에게 不動產을 贈與하고 死亡하자, 그 相續人들이 自己들 名義로 賣買를 원인으로 하는 소유권이전등기를 마친 다음 위 第三者로부터 위 不動產을 또 다시 買受하여 이를 占有하고 있는 被告에 대하여 그 반환청구를 한 事案에서, 原審이 原告들이 위 第三者에 대하여 소유권이전등기를 부담한다고 볼 수 없다는 이유로 原告들의 請求를 認容한데 반하여, 原告들이 위 第三者에게 여전히 소유권이전등기의무를 부담한다고 하면서 "그렇다면 피고가 위 144평을 원고들을 포함한 그 재산상속인들에게 그 소유권이전 등기청구권을 가진 위 유○○ 으로부터 매수하여 점유하고 있는 것이 원고들에 대한 관계에서 불법이라고는 볼 수 없으므로 피고의 위 점유가 불법이라는 전제에서 원고들의 이 사건 청구를 인용한 원심판결은 필경 위와

---

75) 同旨: 幾代 通, "割賦賣買", 契約法大系 Ⅱ, 1962, 296면 이하. 그러나 多數說은 이에 反對하고 있다.

76) 郭潤直, 物權法(全訂增補版), 1980, 313면; 金容漢, 物權法論, 第4版, 1980, 327면; 金曾漢, 物權法, 改稿版, 1980, 260면 등.

77) 郭潤直, 위 註 76), 159-161면; 同, 不動產物權變動의 硏究, 1968, 183-206면. 또한 위 註 7)의 本文 참조.

78) 集 32권 2집 90면.

같은 매도인의 소유권이전등기의무의 상속과 이행불능 및 불법점유에 관한 법리를 오해하였거나 심리미진의 위법을 저질러서 판결에 영향을 미쳤다고 할 것이므로 이러한 취지를 포함하는 상고논지는 이유있다"고 判示하고 있다. 위 判決은 原告들이 위 第三者에게 所有權移轉登記義務를 부담하고 있는 경우에는 被告들의 占有는 당연히 不法이 아닌 것으로 보고 있으나, 따로 그 이유를 설명하고 있지 않다.

위와 같은 外國 및 우리나라의 學說과 判例 등에 비추어 본다면 占有者의 占有할 權利란 반드시 占有者가 所有者에게 직접 주장할 수 있는 物權이나 債權 등의 권리를 가지고 있는 때에만 인정되는 것이 아니라, 그러한 권리를 가진 適法한 占有者로부터 占有를 移轉받은 경우에도 인정될 수 있다고 結論을 내려야 할 것이다. 다만 그 경우 前의 占有者에게 所有者에 대한 관계에 있어서 占有를 他人에게 移轉할 수 있는 권한이 있을 것이 요구된다. 예컨대 賃借人은 賃貸人의 承諾이 없는 한 任意로 賃借權을 讓渡하거나 轉貸하지 못하므로, 賃借人으로부터 目的物의 占有를 移轉받았다는 것만으로는 所有者인 賃貸人에게 占有할 權利를 주장할 수 없다.

獨逸의 學說이 위와 같은 해석의 根據로서 事實上의 占有狀態가 실체적인 법률관계에 合致한다는 점을 들고 있는 것은 우리의 判例가 中間省略登記와 같은 것을 實體關係 내지 實體的 權利關係에 부합하는 등기이므로 유효하다고 설명하고 있는 것을 聯想하게 한다. 위와 같은 判例의 用語法을 빈다면 占有者와 所有者 사이에 직접적인 권리의무관계가 없음에도 適法한 것으로 인정되는 占有를 實體關係에 부합하는 占有라고 부를 수도 있을 것이다. 종래 判例가 실체관계에 부합하는 등기라는 개념을 인정하는데 대하여는 등기가 현재의 권리관계 뿐만 아니라 物權變動의 過程 그 自體도 나타내어야 한다는 점을 들어 비판하는 주장도 있으나, 占有의 경우에는 不動産뿐만 아니라 動産에 있어서도 物權變動의 過程을 나타내는 機能은 없으므로 실체관계에 부합하는 占有라는 槪念을 인정한다고 하더라도 그러한 비판의 여지는 없을 것이다.

2. 法定地上權 讓受人의 占有할 權利

그러면 法定地上權을 讓受하였으나 아직 그 등기를 마치지 않은 建物取得者에게 垈地를 占有할 권리가 있는지를 살펴본다. 종래의 판례를 비판하는 학설이 위와 같은 建物取得者의 垈地占有가 適法한 것임을 力說하고 있음은 앞에서 본 바와 같지만 다시 한번 整理하여 본다.

法定地上權者는 垈地上의 建物을 使用하는데 一般的으로 필요하다고 인정될 수 있는 범위 내의 垈地에 대하여는 이를 占有할 수 있는 권리를 가진다. 뿐만 아니라 地上權者는 任意로 他人에게 그 권리를 양도하거나 土地를 賃貸할 수 있으므로, 垈地所有者에 대한 관계에 있어서도 第三者에게 占有를 移轉할 수 있는 권한을 가진다.

따라서 法定地上權을 讓受한 者는 아직 그 등기를 마치지 아니하였더라도 所有者에 대하여 그 法定地上權이 미치는 범위 내의 垈地를 占有할 권리가 있다고 보아야 한다. 이를 앞에서 예를 들었던 不動産의 轉買人과 비교하여 보아도, 轉買人의 占有할 權利의 根據인 原買受人의 權利는 所有者에 대한 債權에 불과하지만, 法定地上權者는 垈地所有者뿐만 아니라 널리 第三者에 대하여도 주장할 수 있고 또 자유로이 讓渡할 수 있는 物權을 保有하고 있으므로, 法定地上權者의 權利를 讓受한 者의 지위는 不動産의 轉買人에 비하여 결코 뒤떨어지는 것이 아니다. 그러므로 不動産의 轉買人이 適法한 占有者라면 法定地上權의 讓受人은 適法한 占有者가 아니라고 할 이유가 없는 것이다.

종래 法定地上權 讓受人이 適法한 占有者라는 근거로서 그가 債權者代位權을 행사할 수 있는 地位에 있다는 점을 드는 경우가 많았다. 그러나 債權者代位權을 행사할 수 있다는 것이 適法占有의 여부를 결정하는 데 있어 반드시 필요한 요건이라고는 할 수 없다.

다만 이를 建物取得者가 建物을 撤去하고 垈地를 引渡할 의무가 있다는 종래 判例의 結論이 불합리하다는 反證으로 사용할 수는 있다. 즉, 垈地所有者가 建物取得者에게 건물철거를 명하는 판결을 얻어 강제집행을 하려고 할 때에는, 建物取得者는 法定地上權의 讓受人으로서 法定地上權者인 前建物所有者를 代位하여 건물의 철거로 法定地上權이 소멸한다는 점을 내세워 第三者異議의 訴를 제기하여 강제집행을 저지할 수 있을 것이다. 만일 건물이 철거되어도 法定地上權은 소멸하지 않는다는 입장을 취한다면, 건물이 철거된 후에도 法定地上權讓受人은 法定地上權의 登記를 마친 후 새로운 建物을 新築할 수 있을 것이니 그에게 建物의 撤去 및 垈地의 引渡를 命한다는 것 自體가 무의미한 일이 되어 버린다. 또한 債權者代位權을 행사함에 있어 辨濟의 受領을 요하는 경우에는 代位債權者는 被代位者에게 引渡할 것을 청구할 수 있을 뿐만 아니라 직접 自己에게 引渡할 것을 청구할 수도 있으므로[79] 가령 法定地上權 成立後에도 垈地所有者가 垈地를 여전히 占有하고 있는 경우에는 登記를 하기 전의 法定地上權讓受人은 法定地上權者를 代位하여 垈地所有者에게 垈地를 직접 자기에게 引渡하라고 청구할 수 있을 것이다. 그런데 反對로 法定地上權 讓受人이 垈地를 占有하고 있는 때에는 垈地所有者가 그 引渡를 청구할 수 있다는 것은 명백히 불합리할 것이다.[80]

이제까지 살펴본 것에 의하여 法定地上權을 讓受한 建物所有者는 所有者에 대한 관계에 있어서도 占有할 權利를 가진 適法한 占有者에 해당한다는 점은 대체로 설명되었다고 본다. 그런데 이러한 解釋에 대하여는 公示의 原則에 어긋난다는 비판이 있음은 앞서 본 바와 같으나 法定地上權의 讓受人이 適法한 占有者라는 것이 그가 등기없이도 당연히 法定地上權을 취득한다는 뜻은 아니므로 公示의 原則과는 관계가 없고 따라서 위의 비판도 根據 없는 것이라고 하여야 할 것이다.[81]

Ⅵ. 結 語

이 事件 大法院判決이 종래의 判例를 變更하여 法定地上權 成立後의 建物取得者에 대하여 垈地所有者가 建物의 撤去 및 垈地의 引渡를 청구할 수 없다고 판시한 것은, 이론적으로는 信義誠實의 原則을 끌어들였다는 점에서 비판의 여지가 있으나 그 結論은 타당하다고 본다. 이로 인하여 法定地上權制度의 機能도 상대적으로 강화되었다고 할 수 있다. 그러나 이러한 機能强化를 契機로 하여 法定地上權制度를 전반적으로 재검토할 필요가 있을 것이다. 특히 종래 判例가 발전시켜 온 慣習上의 法定地上權 制度를 앞으로도 동일한 형태로 계속 維持하는 것이 과연 合理的인지에 관하여 疑問을 提起하는 것으로 이 글을

---

79) 대법원 1966. 9. 27. 선고 66다1149 판결, 集 14권 3집 民93면.

80) 여기서 垈地의 占有와 關聯하여 한 가지 指摘할 것이 있다. 判例는 建物의 所有者는 現實로 建物이나 그 垈地를 占據하고 있지 않더라도 建物의 敷地를 占有하는 것으로 보고 있으나(대법원 1967. 9. 19. 선고 67다1401 판결, 판례 가이드 No. 2407), 占有라 함은 物件에 대한 事實上의 支配에 의하여 成立하는 것인데 建物을 所有한다는 것만으로 그 敷地를 占有한다고 할 수 있을지 疑問이다. 日本의 判例는 反對의 立場이다(稻本洋之助, 注釋民法(7), 1968, 13면).

81) 同旨 鄭賢壽, 위 註 3), 185면.

마치고자 한다.

〈追記〉

1986. 4. 1 民事實務研究會에서의 發表당시 同會 會長이신 尹一泳 大法院 判事님은, 이 判決의 多數意見도 새로운 建物所有者를 適法한 占有者로 본 것이며, "지상권의 부담을 용인하고 또한 그 설정등기절차를 이행할 의무있는 자"라는 表現은 바로 이 點을 나타낸 것이라고 깨우쳐 주셨다. 따라서 이 글에서 多數意見을 이와 달리 說明한 것은 多數意見을 曲解한 것이라고 할 수밖에 없으나, 따로 原稿를 修正하는 대신 여기에서 이 事實을 밝혀 두기로 한다.

〈司法行政 1986. 5, 6, 7 = 民事裁判의 諸問題 제 5 권, 1989〉

所有權을 상실한 抵當權設定者의 抵當權設定登記 抹消請求의 可否

— 대법원 1994. 1. 25. 선고 93다16338 판결* —

[判決의 要旨]

根抵當權이 설정된 후에 그 不動産의 所有權이 제 3 자에게 이전된 경우에는 현재의 所有者가 자신의 所有權에 기하여 被擔保債務의 소멸을 원인으로 하여 그 根抵當權設定登記의 말소를 청구할 수 있음은 물론이지만, 根抵當權設定者인 종전의 所有者도 根抵當權設定契約의 당사자로서 根抵當權消滅에 따른 原狀回復으로 根抵當權者에게 根抵當權設定登記의 말소를 구할 수 있는 契約上 權利가 있으므로 이러한 契約上 權利에 터잡아 根抵當權者에게 被擔保債務의 소멸을 이유로 하여 그 根抵當權設定登記의 말소를 청구할 수 있다고 봄이 상당하고, 目的物의 所有權을 상실하였다는 이유만으로 그러한 權利를 행사할 수 없다고 볼 것은 아니다. 이에 어긋나는 취지의 當院 1962. 4. 26. 선고 4294 민상1350 판결은 이로써 廢棄하기로 한다.

[事件의 槪要]

1. 基本的 事實關係

이 사건 부동산에 관하여는 1983. 4. 23. 원고 명의로 소유권이전등기가 경료되었다가 1990. 4. 9. 소외 甲 명의로 매매를 원인으로 한 소유권이전등기가 경료되었다. 그런데 이 사건 부동산이 원고 명의로 되어 있던 1989. 9. 27.

---

* 公 1994, 798.

채무자 원고, 근저당권자 피고, 채권최고액 금 6,400만원으로 된 근저당권 설정등기가 경료되고 다시 같은 해 12.14. 채무자 소외 乙(원고의 처), 근저당권자 피고, 채권최고액 금 990만원으로 된 근저당권설정등기가 경료되었다.

원고가 피고를 상대로 위 각 근저당권설정등기의 말소를 구하는 것이 이 사건 소송이다.

원고의 주장은 다음과 같다. 즉 원고의 처인 소외 乙은 사채알선업자로서 피고의 대리인인 소외 丙을 통하여 1989. 9. 27. 금 5,300만원을, 1989. 12. 14. 및 같은 달 16. 각 금 400만원을 각 차용하기로 하고 그 담보로 위 각 근저당권설정등기를 경료하여 주었는데, 丙은 위 차용금으로 乙 대신 그녀의 채권자들에게 변제하기로 하고서 그 변제하여야 할 채무액인 금 42,600,000원에 못미치는 금 30,355,000원만을 변제하였고, 乙은 丙에게 1990. 3. 28.경까지 금 9,715,000원을 원리금으로 변제하고 1990. 4. 1. 금 10,114,300원을 변제공탁하였으며 다시 같은 해 6. 11. 금 48,755,000원을 변제공탁하여 위 피담보채무의 원리금은 모두 소멸하였다.

한편 피고가 위 각 공탁금을 수령한 사실은 피고 스스로 자인하고 있다.

다른 한편 원고는 피고가 실질적인 채권자가 아니고 丙이 채권자라고도 주장하였으나 제 1 심은 이를 배척하였다.

2. 1, 2심판결

제 1 심판결(서울지방법원 동부지원 1991. 9. 18. 선고 90가합10313 판결)은 피고가 위 각 변제공탁금을 별다른 이의를 유보하지 아니한 채 수령한 사실을 인정하고 피고의 위 각 근저당권의 피담보채무는 이로써 모두 소멸하였다고 하여 원고의 청구를 인용하였다.

이에 반하여 원심판결(서울고등법원 1992. 12. 30. 선고 91나52134 판결)은 근저당권설정등기의 말소를 청구할 수 있는 자는 청구 당시에 있어서 그 부동산의 소유자 또는 말소등기로 인하여 직접적인 법률상의 이해관계를 가지고 있는 등기부상의 이해관계인만이 그 청구권이 있다고 해석하여야 할 것인데(대법원 1962. 4. 26. 선고 1961민상1350 판결 참조), 원고가 위 각 근저당권의 피담보채무가 소멸되었다고 주장하는 시기 이전인 1990. 4. 1. 이 사건 부동산을 소외 甲에게 매도하여 같은 달 9. 그 소유권이전등기까지 경료하여 주었고 원고에게 위 각 근저당권설정등기의 말소를 청구할 등기부상의 직접적인 이해관계 있음을 인정할 만한 아무런 주장, 입증을 찾아볼 수 없다고 하여 원고의 청구를 기각하였다.

3. 원고의 상고이유

원고는 이 사건 부동산의 매수인인 甲에 대하여 이 사건 근저당권설정등기의 말소의무를 부담하고 있으므로 그 의무의 이행을 위하여는 이 사건 근저당권설정등기의 말소를 구할 이해관계가 있다.

4. 大法院의 判決理由

대법원 전원합의체는 위 판결요지와 같이 판시하여 대법원 1962. 4. 26. 선고 4294민상1350 판결을 폐기하고 원심이 원고의 청구를 기각한 것은 잘못이라고 하여 관여법관 전원의 일치된 의견으로 원심판결을 파기환송하였다.

[解　　說]

Ⅰ. 종래의 學說과 判例

이 사건에서처럼 저당권 설정 후에 당해 부동산의 소유권이 제 3 자에게로 이전된 경우에 종전의 소유자(저당권설정자)가 그 저당권말소등기를 청구할 수 있는가 하는 점에 대하여는 견해의 대립이 있다.

1. 종전의 소유자는 말소청구를 할 수 없다는 설

원심이 인용하고 있는 대법원 1962. 4. 26. 선고 4294민상1350 판결[1])은, 저당권이 설정되어 있는 부동산의 소유자이던 원고가 1958. 5. 16. 위 부동산을 소외 甲에게 매도하여 그 이전등기를 마치고서 같은 해 7. 11.에 위 저당권 말소청구를 한 사건에서, "피담보채권의 소멸로 인한 설정등기의 말소 또는 무

1) 대법원판결집 10권 2집 民241면에는 사건번호가 1961민상1350으로 되어 있으나 대법원판결 원본철을 확인한 결과 4294민상1350이 올바르다.

효인 저당권 설정등기의 말소를 청구할 수 있는 자는 청구 당시에 있어서의 그 부동산 소유권자 또는 말소등기로 인하여 직접적인 이해관계를 가지고 있는 등기부상의 이해관계인만이 청구권이 있다고 해석하여야 할 것인바"라고 하여 이미 소유권을 상실한 원고에 있어서 저당권의 설정등기의 말소를 청구할 등기부상의 직접적인 이해관계를 인정할 수 있는 아무런 흔적이 없다고 하여 종전의 소유자의 말소청구를 부정하였다.

그리고 일본의 일반적인 학설이나 등기실무례도 구소유자의 말소청구를 부정하고 있다.[2] 다만 이 설에서도 제3취득자 명의로 소유권이전등기가 된 후에 저당권이 소멸한 경우에는 제3취득자가 저당권자와 공동으로 말소신청을 하여야 한다는 데 별 문제가 없다고 하고, 그와는 달리 저당권설정등기가 처음부터 무효였거나 또는 제3취득자 명의로 등기가 있기 전에 저당권이 소멸한 경우에는 문제가 있다고 한다. 즉 후자의 경우에는 저당권자의 등기가 무효라는 것의 원인을 등기부상 정확하게 반영하여야 한다거나, 또는 구소유자와 저당권자 사이에 부당이득반환적인 일종의 채권관계가 존재하므로 현재의 소유권의 소재에 관계없이 채권적인 등기청구권을 인정하여야 한다고 하는 견해가 있을 수 있으나, 그러한 경우에도 현재의 소유자와 저당권자의 공동신청에 의하여 저당권을 말소하는 것이 가장 간명한 방법이라고 한다.

다만 一說[3]은 일본최고재판소 1961. 4. 28. 판결[4]이, 甲→乙, 乙→丙으로 된 각 소유권이전등기가 모두 무효인 경우에 중간자인 乙이 丙을 상대로 소유권이전등기의 말소를 청구할 수 있는가에 관하여, 부동산등기법이 권리변동의 과정도 등기부상 여실히 표현하는 것도 목적으로 하고 있다는 점을 근거로 하여 乙의 말소청구권을 긍정하고 있는 것을 인용하면서 「채무변제 후 저당권설정등기를 말소하지 않은 채 저당부동산을 양도하고 이전등기한 경우」에는 저당권설정자인 구소유자는 "권리변동의 과정에 있어서 실체적인 권리변동과 등기와의 불일치를 시정하기 위한 등기청구권"을 가진다고 주장한다.

---

2) 幾代 通, 登記請求權, 1979, 139면 이하, 특히 143면 이하; 半田正夫, "抵當權の登記の抹消登記", 不動産登記先例百選(第2版), 別冊ジュリスト No. 75, 1982, 50-51면; 吉野衛, 新版 注釋不動産登記法總論(上), 1982, 505면 등 참조.

3) 安倍晴彦, 判例タイムズ No. 177, 1965, 19면.

4) 民集 15권 4호 1230면.

2. 종전의 所有者도 抹消請求를 할 수 있다는 설

그러나 우리 대법원의 登記例規[5]는 "저당권설정등기의 말소등기를 함에 있어서 저당권설정 후 소유권이 제3자에게 이전된 경우에는 저당권설정자 또는 제3취득자가 저당권자와 공동으로 그 말소등기를 신청할 수 있다"고 하고 있다.

그리고 학설상으로는 피담보채권의 변제로 저당권이 소멸한 경우에는 저당권설정자는 저당권자에 대하여 말소등기를 청구할 수 있고, 저당권설정자가 저당부동산을 제3자에게 매도하여도 구소유자인 저당권설정자가 의연히 말소등기청구권을 가지며 신소유자는 구소유자를 대위하는 지위에서 말소등기를 구할 수 있고 그 등기의 말소에 관한 등기권리자는 구소유자라고 한다는 설이 주장되고 있다.[6]

나아가 일본의 판례 가운데에도 저당권설정자인 구소유자의 말소청구를 긍정하고 있는 것이 있다. 즉 日本大審院 1902(明治 35). 5. 3. 판결 및 1906(明治 39). 6. 1. 판결[7]은 모두 저당권설정자가 부동산을 양도하여도 그 저당권의 말소를 청구할 이익을 잃지 않는다고 보고 있고(전자의 판결은 소유권이전 후에 저당권이 소멸한 경우에 관한 것으로 보이고, 후자의 판결은 저당권소멸의 원인인 저당권설정자의 무능력을 이유로 하는 취소가 소유권 이전 전에 있었던 경우였다), 京都地方裁判所 1967(昭和 42). 1. 10. 판결[8]은, 甲이 A에 대한 채무담보를 위하여 갑 소유의 부동산에 관하여 저당권설정계약, 대물변제계약을 체결하고 저당권설정등기 및 소유권이전가등기를 한 후에 乙에게 위 부동산의 소유권을 양도하여 그 소유권이전등기를 한 경우 甲과 乙은 다같이 A에 대하여 위 저당권설정등기 및 가등기의 말소등기를 청구할 수 있다고 한다.

그리고 東京地方裁判所 1956. 6. 14. 판결[9]은, 피고 등에 대하여 저당권설정등기의 말소를 청구하는 원고가 현재 소유자가 아니라 하여도, 원고는 이 사건 건물을 소유하고 있을 당시에 실체상의 권리를 수반하지 않는 저당권설정

5) 85. 2. 14. 등기 제94호 각 지방법원장 대 법원행정처장 통첩.
6) 金滉植, 民法注解 Ⅳ, 1992, 90-91면.
7) 각 判例體系 不動産登記法 146條.
8) 判例體系 不動産登記法 146條.
9) 判例體系 不動産登記法 146條.

등기가 경유되었다고 하여 그 말소를 청구할 수 있고 그 청구가 권리보호의 이익이 없는 것은 아니라고 하였다.

Ⅱ. 이 사건의 검토

1. 登記請求權者와 登記權利者의 구별

이 사건에 관하여는 원고가 실체법상의 등기청구권자에 해당하는가의 여부와 부동산등기법상의 등기권리자에 해당하는가의 여부를 나누어 살펴볼 필요가 있다. 양자는 반드시 일치하는 개념이 아니므로 실체법상의 등기청구권자이기는 하지만 부동산등기법상의 등기권리자는 아닌 경우도 있고 반대로 부동산등기법상의 등기권리자이기는 하지만 실체법상의 등기청구권자는 아닌 경우도 있기 때문이다.

2. 抵當權設定者인 舊所有者의 抹消登記請求權의 存否

그러면 이 사건에서처럼 저당권설정 후에 부동산을 제3자에게 양도한 구소유자는 피담보채무의 소멸을 이유로 저당권자를 상대로 말소를 청구할 수 없다고 보아야 하는가? 그는 더 이상 소유자가 아니므로 소유권에 기한 물권적 청구권을 행사할 수는 없을 것이다(후술 Ⅳ. 참조). 그러나 저당권설정계약 자체에 기한 저당권설정등기말소청구권은 행사할 수 있다고 보아야 할 것이다. 원래 저당권설정계약에는 피담보채무가 소멸하면 저당권설정등기를 말소하여 주기로 하는 내용의 합의가 포함되어 있다고 볼 수 있고, 이는 저당권설정계약에 기한 것으로서 소유권 그 자체에 기한 저당권설정등기말소청구권과는 구별되는 권리라고 보아야 할 것이기 때문이다.

이 점에 관하여 우선 대법원 1988. 9. 13. 선고 86다카1332 판결[10]을 살펴볼 필요가 있다. 이 사건은 부동산의 명의신탁자가 그 명의신탁된 부동산을 자신의 채권자에게 양도담보로 제공하고, 채권자 명의로 가등기 및 이에 기한 소

---

10) 公 834, 1267.

유권이전등기를 마쳤다가, 그 후 피담보채무를 변제하고 그 말소를 청구하는 사건인데, 대법원은 "채무자는 담보설정계약의 당사자로서 담보권소멸에 따른 원상회복으로 담보권자에게 담보물의 반환을 구할 수 있는 계약상 권리가 있으므로 이러한 계약상 권리에 터잡아 채권자에게 위 가등기등 담보권등기의 말소를 청구할 수 있고, 반드시 명의수탁자를 대위하여 위 부동산의 소유권에 터잡은 말소등기청구권을 행사해야만 되는 것은 아니다"라고 판시하였다.

그리고 대법원 1993. 9. 14. 선고 92다1353 판결[11)]은, 부동산의 명의신탁자 및 명의수탁자가 공동으로 원고가 되어 그 부동산에 대한 가등기 및 근저당권설정등기의 말소를 청구하는 경우에 관하여, 위 원고들은 채권담보를 위한 약정의 계약당사자로서 그 계약해제에 따른 계약상의 권리에 기하여 원상회복으로 담보물의 반환을 받기 위하여 직접 가등기 및 근저당등기의 말소청구를 하고 있는 것으로 보이므로 명의수탁자인 원고가 소유권에 기한 방해배제청구권의 행사로서 위 각 등기의 말소를 청구하였다가 패소한 확정판결의 기판력은 청구원인 또는 당사자를 달리하는 이 이 사건에 미치지는 않는다고 하였다. 다시 말하여 이 판결은 명의신탁자인 원고도 명의수탁자를 대위하지 않고 직접 계약해제에 기한 원상회복을 구할 수 있다는 것이다.

위와 같은 판결들은 모두 명의신탁에 관한 것이기는 하나, 기본적으로는 가등기 내지 저당권설정계약의 당사자이기만 하면 반드시 소유자가 아니더라도 그 계약상의 지위에 기하여 직접 그 가등기 내지 저당권설정등기의 말소를 청구할 수 있다는 것을 전제로 한 것이라고 할 것이다. 그러므로 위 판결들에 비추어보면 이 사건에 있어서처럼 저당권설정자는 부동산의 소유권을 상실한 후에도 위 저당권설정계약에 따른 원상회복으로서 저당권자에게 저당권설정등기의 말소를 구할 수 있는 계약상 권리가 있고, 이는 현재의 소유자가 가지는 소유권에 기한 말소등기청구권과는 구별되는 권리라고 보아야 할 것이다.

다만 문제는, 이러한 근저당권설정자의 지위라는 것도 소유권을 전제로 하는 것이므로 소유권이 제 3 자에게 이전되면 저당권설정자의 지위도 그 제 3 자에게 이전되는 것이 아닌가 하는 점이나,[12)] 저당권설정계약도 하나의 독립된 계약인 이상 그 계약상의 지위 이전은 이른바 계약인수의 방법에 의하여야 할 것이고 저당권의 목적물의 소유권이 이전되었다고 하여 당연히 그 설정계약상

11) 公 955, 2743.
12) 半田正夫(註 2), 50면은 그러한 취지로 보인다.

의 지위가 이전된다고 볼 근거는 없을 것이다.

다른 한편 실제에 있어서도 이러한 저당권설정자의 말소청구권을 인정할 필요가 있다. 즉 목적물의 소유권이 매매를 원인으로 하여 이전된 경우를 상정해 볼 때, 매도인은 매수인에게 저당권의 부담이 없는 완전한 소유권을 이전하여 줄 의무를 부담하며, 그 이행을 위하여는 저당권자에게 채무를 변제하고 저당권설정등기를 말소시킬 필요가 있다. 그런데 이 경우 매수인은 매도인으로 하여금 저당권설정등기를 말소하게 하는 것이 보통이라고 여겨지고, 자기 스스로 적극적으로 저당권자를 상대로 말소청구를 하는 부담을 지려고 하지는 않을 것이며, 매도인이 위 저당권의 말소절차를 밟아줄 것을 기대할 것이다. 그러므로 이처럼 저당권설정자가 매도인으로서의 의무를 이행하기 위하여는 저당권 설정등기의 말소청구를 하여야 할 실제적인 필요성도 있다고 할 것이다.

3. 抵當權設定者가 登記權利者에 해당하는지 여부

그러나 이처럼 저당권설정자가 말소등기청구권을 갖는다고는 하더라도 그가 부동산등기법상의 등기권리자에 해당하는가 하는 것은 별개의 문제이다. 부동산등기법 제28조는 등기는 등기권리자와 등기의무자의 공동신청에 의하여야 한다는 원칙을 규정하고 있는데, 여기서 등기권리자·등기의무자의 개념은 당해 등기에 의하여 누가 실체법적인 권리·이익을 얻고 잃느냐 하는 실체법적인 권리관계를 중심으로 판정할 개념이 아니고 당해 등기의 형식적 연속성의 유지를 중심으로 하여 판정할 절차법적·형식적인 개념이라고 한다.[13)]

그 근거로서는 이른바 登記連續의 원칙, 즉 한 개의 부동산을 단위로 한 등기절차는 종전의 등기부상의 명의를 출발점으로 하여 연속되어야 한다는 원칙과, 등기공무원에게 형식적 심사권밖에 없다는 형식적 심사주의의 원칙을 들고 있다.

그리하여 일반적으로는 등기권리자란 「등기될 사항에 의하여 직접적으로 권리를 얻거나 의무를 면하게 되는 자」라고 하고, 등기의무자는 「등기될 사항에 의하여 직접적으로 권리를 잃거나 또는 부담을 받게 되는 자」라고 설명하고 있다.[14)] 그러나 여기서 이익·불이익이라는 개념이 모호할 뿐만 아니라 실

13) 金滉植, "登記請求權에 관한 硏究(1)", 司法論集 제11집, 1980, 184면 참조.

14) 吉野衛(註 2), 504면 등.

체법적인 이익·불이익을 의미하는 것으로 오해될 여지가 있으므로 이 또한 형식적으로 파악하여, 등기권리자는 신청된 등기가 실행됨으로써 새로이 등기명의인이 되는 자이고 등기의무자는 신청된 등기가 실행되기 전 현재까지의 등기에 있어서 등기명의인으로서 표시되어 있는 자이어야 한다거나,[15] 또는 어느 물권이나 등기명의가 자기에게 있는 것을 추상적으로 하나의 이익으로 파악하여 구하고 있는 등기가 행하여지면 등기면에서의 자기의 지위(등기명의)가 직접 형식적으로 플러스로 변동하는 자를 등기권리자로, 반대로 마이너스로 변동하는 자를 등기의무자로 보아야 한다는 주장[16] 등이 제기되고 있다.

그러나 이러한 주장에 의하더라도 등기의무자를 형식적으로 확정하는 것은 비교적 용이하지만, 등기권리자의 확정은 반드시 용이하지 않다. 앞에서 등기권리자 및 등기의무자의 개념을 절차적으로 파악하여야 한다는 근거로서 거론된 등기연속의 원칙은 주로 등기가 등기의무자의 신청에 의하여야 한다는 점에 관한 설명일 뿐, 그 등기가 누구 앞으로 되어야 하는가에 대한 답변은 되지 못한다. 예컨대 매매로 인한 소유권이전등기청구의 경우에 등기권리자는 등기부상 이미 나타나 있는 자는 아닌 것이다. 따라서 이 경우에 등기권리자의 확정은 그 사람에게로 소유권이전등기를 넘겨달라는 등기의무자의 신청에 의하여 이루어진다고 함이 정확할 것이다. 다만 말소등기의 경우에는 등기부 자체에 의하여 어느 정도 등기권리자가 결정된다고 볼 수 있다. 예컨대 갑에서 을 명의로 소유권이전등기가 이루어졌다면 그 소유권이전등기의 말소등기의 등기권리자는 그 말소등기에 의하여 등기부상 소유권을 회복하게 되는 것과 같은 외관을 가지게 되는 갑이라고 보아야 할 것이다.

그러나 제한물권의 말소등기의 경우에는 이와는 또 다르다. 이 사건처럼 제한물권 설정 당시의 소유자와 현재의 소유자가 다를 경우에는 누구를 등기권리자로 볼 것인가가 문제된다. 쉽게 생각하면 위 제한물권(저당권)에 의하여 현재 부담을 받고 있는 현재의 소유자가 말소등기에 의하여 제한물권의 부담에서 벗어나게 되고, 따라서 「당해 등기가 행해짐에 의하여 등기부상 직접 또한 형식적으로 종래보다 유리한 지위에 서게 되는 자」라는 부동산등기법상의 등기권리자에 해당한다고 보는 것이 자연스러울 것이다.[17]

---

15) 金滉植(註 13), 187면.
16) 幾代 通(註 2), 36면.
17) 幾代 通(註 2), 144면 참조.

그러나 그렇다고 하여 구소유자인 저당권설정자는 등기권리자에 해당하지 않는다고 하여야 할 것인가? 등기권리자의 개념을 형식적으로 파악할 때에는 저당권설정자도 저당권말소등기에 의하여 저당권설정자라는 지위에서 벗어나는 것이므로 저당권설정자 또한 저당권말소등기에 의하여 등기부상 종래보다 유리한 지위에 서게 되어 부동산등기법상의 등기권리자에 해당한다고 볼 수 있다. 그러므로 저당권설정등기 말소등기의 등기권리자는 현재의 소유자와 과거의 소유자인 저당권설정자 양자라고 보아 무방할 것이다.[18)]

일본의 幾代 通도 이론적으로는 현재의 소유자를 등기권리자로 보아야 한다고 하면서도, 저당권설정자인 과거의 소유자를 등기권리자로서 처리하는 것이 편의의 문제로서 허용될 수 있는가는 다른 문제라고 한다. 즉 이는 저당권설정자와 저당권자 사이의 구체적인 채권적 관계가 소유자측 일반과 제한물권자측이라고 하는 현재의 물권적 긴장관계 가운데 완전히 흡수되어 버린다고 볼 것인가 아닌가에 달려 있고, 또 실제적인 이익형량의 관점에서도 저당권말소등기에 관하여 현재의 소유자는 일반적으로 이익을 얻을 뿐이지, 그로 인하여 구체적으로 불리하게 되는 경우란 지극히 드문 것이므로 현재의 소유자와 저당권설정자 어느 쪽도 등기권리자에 해당한다고 보더라도 별다른 實害는 없다고 한다.[19)]

Ⅲ. 結　　論

이제까지 살펴본 바에 의하면 종전의 소유자인 저당권설정자는 새로운 소유자와 마찬가지로 저당권설정등기의 말소를 청구할 수 있는 실체법상의 등기청구권을 가질 뿐만 아니라 그 말소에 관한 부동산등기법상의 등기권리자에도 해당한다고 봄이 옳을 것이다. 이 판결은 직접적으로는 종전의 소유자가 실체법상의 말소등기청구권을 가진다는 점만을 명시하여 이에 저촉되는 선례인 위 대법원 1962. 4. 26. 선고 4294민상1350 판결을 폐기하였으나, 이 판결은 결과에 있어서는 종전의 소유자가 부동산등기법상의 등기권리자에도 해당한다고

---

18) 이 점에서 저당권 등기의 말소에 관한 등기권리자는 구소유자일 뿐이고 신소유자는 구소유자를 대위하는 지위에서 말소등기를 구할 수 있다는 견해(金滉植, 위 註 6, 90-91면)에는 다소 의문이 있다.

19) 幾代 通(註 2), 145면.

하는 종래의 실무례도 아울러 추인한 셈이 되었다고 하겠다.

Ⅳ. 餘　　論

그런데 종전의 소유자가 이 사건과 같이 피담보채무의 소멸을 원인으로 주장하는 것이 아니라 저당권설정등기 자체가 원인무효임을 주장하여 저당권설정등기의 말소를 청구하는 것도 허용될 것인가? 이 판결 자체는 이 점에 대하여 언급하고 있지 않다.

그러나 대법원 1969. 5. 27. 선고 68다725 전원합의체 판결[20]의 다수의견은, 소유권에 의하여 발생되는 물상청구권(물권적 청구권)을 소유권과 분리하여 소유권 없는 전소유자에게 유보하여 제 3 자에게 대하여 이를 행사하게 한다는 것은 소유권이 절대적 권리인 점에 비추어 허용될 수 없으므로, 일단 소유권을 상실한 전소유자는 제 3 자에 대하여 물권적 청구권에 의한 방해배제를 청구할 수 없다고 하였다. 따라서 이 판결의 취지에 비추어 보면 저당권 말소의 경우에 소유권을 상실한 전소유자가 저당권설정계약에 기한 채권적 청구권을 행사하는 것이 아니라 소유권에 기한 물권적 청구권을 행사하는 것은 허용될 수 없을 것이며, 이 판결도 그러한 경우에까지 물권적 청구권을 행사할 수 있다는 취지는 아니라고 보아야 할 것이다.

〈大法院判例解說 1994년 상반기(통권 21호) = 법조 1995. 2(통권 461호)〉

〈追記〉

金滉植, "根抵當權設定者인 從前 所有者도 根抵當權設定登記의 抹消를 請求할 수 있는지 與否", 民事判例研究 XVII, 1995, 89면 이하는 이 판결의 결론을 지지하면서도, 저당권설정등기의 말소등기를 함에 있어서는 저당권설정자가 등기권리자이며 저당권자가 등기의무자이고, 저당권설정 후에 그 부동산 소유자의 變動이 말소등기의 등기권리자를 바꾸어 놓을 수는 없다고 하며, 李東明, "90年代 物權法 判例回顧", 民事判例研究 XXII, 2000, 656면 註 22도 같은 취지이다.

---

20) 集 17권 2집 民103면.

建物의 合棟과 抵當權의 運命

— 대법원 1993. 11. 10.자 93마929 결정 —

[대법원 결정이유의 요지]

1. 경매대상 건물이 인접한 다른 건물과 합동(合棟)됨으로 인하여 건물로서의 독립성을 상실하게 되었다면 경매대상 건물만을 독립하여 양도하거나 경매의 대상으로 삼을 수는 없다고 할 것이고, 이러한 경우 경매대상 건물에 대한 채권자의 근저당권은 위 합동으로 인하여 생겨난 새로운 건물 중에서 위 경매대상 건물이 차지하는 비율에 상응하는 재항고인의 공유지분 위에 존속하게 되므로 근저당권자인 채권자로서는 이 사건 경매대상 건물 대신 위 재항고인의 공유지분에 관하여 경매신청을 할 수밖에 없다.

2. 경매대상건물에 관하여 생긴 위와 같은 사유는 민사소송법 제728조에 의하여 이 사건 저당권의 실행을 위한 경매에 준용되는 같은 법 제635조 제2항 단서, 제633조 제1호 소정의 경매한 부동산이 양도할 수 없는 것으로서 강제집행을 허가할 수 없는 때에 해당하게 될 것이므로 경매법원으로서는 직권으로 이 사건 건물에 대한 경락을 허가하지 아니하였어야 할 것이며, 경매대상 토지와 그 지상 건물 중 건물에 관하여 경락불허의 사유가 있을 때에는 건물뿐만 아니라 토지에 관하여도 경락을 불허함이 상당하다.

3. 민사소송법 제635조는 항고심에도 준용되므로 항고심으로서는 항고인이 항고사유로서 위의 점을 주장하지 아니하였다 할지라도 직권으로 이러한 점을 심리하여 경매법원의 경락허가결정의 당부를 가려 보아야 한다.

[사건의 개요]

1. 기본적 사실관계

이 사건 채권자인 (주) 동방상호신용금고는 1989. 4. 27. 재항고인 소유의 이 사건 토지(서울 중구 충무로 1가 25의 15) 및 그 지상 건물(철근콘크리트 및 벽돌조 슬레브지붕 5층 점포)에 관하여 재항고인을 채무자로 하는 근저당권설정등기를 마치고, 1992. 1. 21. 위 근저당권의 실행으로서 이 사건 토지 및 건물에 관하여 경매를 신청하였다.

그런데 감정인의 평가보고서에 의하면 이 사건 건물은 1991년에 대수선으로 인하여 인접토지인 충무로 1가 25의 13 및 25의 16 지상의 건물 2동과 합쳐져서 1동의 건물이 되었고, 그 전의 건물의 형태나 면적 등을 측정할 수 없게 되었다. 건축물관리대장상으로는 위 25의 13 건물의 소유자는 재항고인 및 소외 김창호의 공유이고, 25의 16 건물은 소외 현순구 외 7명으로 되어 있으며 각 그들 명의로 등기되어 있는 것으로 보인다.

그럼에도 불구하고 경매법원은 이 사건 토지 및 건물에 관하여 경매를 명령하였고 다만 경매명령에 이 사건 건물의 현황에 관한 설명을 붙였다.

이 사건 토지 및 건물에 대하여는 여러 차례에 걸쳐 경매불능으로 진행되다가, 1993. 4. 19.에 이르러서야 소외 (주) 주은상호신용금고가 금 59,455,700원에 최고가 매수신고를 하였고, 경매법원은 같은 달 22. 위 주은상호신용금고에 대하여 이 사건 토지와 건물에 대한 경락을 허가하였다.

2. 재항고인의 즉시항고와 원심결정

위 경락허가결정에 대하여 소유자인 재항고인은 같은 달 28. 즉시항고를 제기하였는데 그 즉시항고장에는 경락가격이 저렴하다는 것을 이유로 들고 있고, 추가항고이유서를 제출하겠다고 하였다.

그러나 원심법원은 1993. 5. 13. 위 경매사건기록을 접수한 후 같은 달 20. 부동산의 경락가격이 시가에 비해 저렴하다는 사유의 주장은 단순히 경매부동산의 경락가격을 다투는 것으로서 이는 적법한 항고이유가 될 수 없고, 달리 경락허가결정을 취소할 만한 아무런 사유가 발견되지 않는다고 하여 항고를 기각하였다.

그런데 재항고인은 위 항고기각결정의 고지를 받기 이전인 1993. 5. 21. 항고이유보충서를 제출하여 이 사건 근저당권이 설정된 건물은 개조공사로 인하여 3건물이 하나로 합병된 단일건물이 되었고, 따라서 이 사건 경매법원으로서는 경매부분을 특정하거나 아니면 공유지분에 대한 경매진행방식을 택하여야 하는데 원심이 그렇게 하지 않은 것은 잘못이라는 취지로 주장하였다.

3. 재항고인의 재항고이유

가. 제 1 점

재항고인은 항고이유서를 보충하겠다고 하여 항고이유서 보충서를 제출하였는데도 원심은 이에 대한 판단을 유탈하고 항고인의 답변할 기회와 권리를 박탈한 것으로서 위법이다.

나. 제 2 점

이 사건 경매부동산은 단일한 독립된 건물이 아니고 충무로 1가 25의 13, 15, 16, 17 4필지 대지 및 위 대지상에 건축된 건물의 일부만을 공동소유하고 있는 공유지분의 일부에 불과하므로 경매법원으로서는 이 사건 경매부분을 특정하거나 아니면 공유지분에 대하여 경매를 하여야 할 것이다.

4. 대법원의 결정이유

대법원은 위 결정이유의 요지와 같이 판시하여 원심결정을 파기, 환송하였다.

[解　　說]

Ⅰ. 쟁점의 소재

이 사건에 있어서처럼 독립된 2개 이상의 건물이 공사를 통하여 그 사이의 격벽 등을 제거함으로써 하나의 건물이 되는 것을 合棟이라고 한다. 일본에서는 이러한 合棟 이외에 구분소유의 건물이 되었던 2개 이상의 건물을 물리적으로 통합하여 하나로 만드는 것은 合體라고 하여 구별하기도 한다.

이러한 합동이나 합체에 관하여는 민법이나 부동산등기법상 아무런 규정이 없다. 부동산등기법은 건물의 合倂에 관하여 규정하고 있으나(제103조 등), 이는 건물의 물리적 구조 변경과는 관계없이 등기부상 별개의 건물로 되어 있던 것을 하나의 건물로 하는 것을 가리키는 것이다.

이처럼 건물의 합동·합체에 관하여는 아무런 규정이 없어 그 법적 효과나 등기상의 처리에 관하여는 문제가 많다. 그러나 이 사건에 있어서는 뒤에서 보는 것처럼 경매법원이 합동 전의 구 건물에 관하여 경락을 허가한 것은 위법함이 명백하고 따라서 원심결정은 유지될 수 없다(아래 Ⅱ. 참조).

그러나 이러한 경우 합동·합체 전의 구 건물에 관하여 설정된 저당권의 효력은 어떤 것인가를 구명할 필요가 있다. 그래야만 경매법원으로서는 이 사건 경매사건을 어떻게 처리할 것인가를 알 수 있을 것이기 때문이다(아래 Ⅲ. 참조).

Ⅱ. 이 사건 경락허가결정의 위법성

1. 대법원의 판례

근래의 대법원 판례[1]는, 구분소유건물의 專有部分을 경락받은 원고가 공유부분에 관하여 소유권이전등기를 경료한 자를 상대로 그 등기의 말소 및 소유권확인을 구한 사건에서, 원고들이 취득하였다는 전유부분을 공유부분과 구분, 격리시킬 수 있는 아무런 시설이 처음부터 또는 적어도 원고들이 경락받을 당시에는 존재하지 않은 상태이었다고 확정하고, 위 전유부분을 원고들이 경락받은 시점에서는 구분소유의 목적이 될 수 있는 구조상 및 이용상의 독립성을 갖추지 못한 건물의 일부에 불과한 것이어서 이에 관한 구분소유권은 존재할 수 없는 것이고, 등기부상 이것이 구분소유권의 목적으로 등기되어 있었다 하더라도 이는 존재하지 아니하거나 멸실된 건물에 관한 등기와 다를 바 없어 그 자체로 무효이므로 원고들은 그 소유권을 취득하였다고 할 수 없다고 판시하였다.

물론 이 판결은 처음부터 격리시설이 존재하였는지 아니면 사후에 격리시

---

1) 대법원 1992. 4. 24. 선고 92다3151 판결(公 1922, 1685).

설이 철거되었는지가 불분명하고, 또 이 사건과 같은 합동의 경우가 아니라 구분소유건물의 合體에 관한 것이기는 하나 그 취지는 대체로 이 사건과 같이 건물이 합동된 경우에도 그대로 적용될 수 있을 것이다.

이 판결에 대한 해설[2]도 후술하는 일본의 1963. 9. 28.자 民事局長 通達을 인용하여, 구분된 건물이 구조상 및 이용상의 독립성을 상실한 경우에는 구분소유권의 소멸을 원인으로 구분건물에 대한 멸실등기를 한 후 경계벽의 제거로 합체된 건물에 대하여 구분건물의 합체를 등기원인으로 하여 새로이 표시의 등기를 하여야 한다고 설명하면서, 이 경우 종전건물의 소유자가 달랐을 때에는 합체된 1개 건물에 대한 소유권은 종전의 전유부분의 면적 등에 따른 비율로 공유하게 된다고 한다.

2. 이 사건 경락허가결정의 위법

그러므로 이 사건 건물에 대하여 경락을 허가한 결정은 위법임이 분명하다. 즉 종전의 합동 전의 건물은 합동으로 인하여 새로 생긴 건물의 구성부분의 일부가 되었을 뿐 이제는 더 이상 독립한 소유권의 객체가 될 수 없게 되었다고 보아야 하고, 따라서 이는 민사소송법 제633조 제 1 호의 강제집행을 허가할 수 없는 때 내지 제635조 제 2 항 단서의 경매한 부동산이 양도할 수 없는 것에 해당한다고 하여 직권으로 경락을 불허하였어야 할 것이다.

다만 재항고인은 항고심에서는 이러한 사유를 주장하지 않았으나, 항고심은 원칙적으로 속심으로서, 제643조 제 3 항은 직권에 의한 경락불허사유를 규정하고 있는 제635조를 항고심에 준용하고 있으므로 항고심으로서는 이 사건 건물에 대한 경매가 제635조 제 2 항 단서, 제633조 제 1 호 소정의 직권에 의한 경락불허사유인 경매한 부동산이 양도할 수 없는 경우에 해당하는 이상 항고사유로서 이를 주장한 바 없더라도 직권으로 경락허가결정을 취소하였어야 할 것이고 따라서 이 점에 관한 재항고이유는 있는 셈이다.

다른 한 가지의 문제는, 항고는 다른 이해관계인의 권리에 관한 이유에 의하여 하지 못하는 것인데(민사소송법 제643조 제 3 항, 제634조), 이 사건 건물이 양도할 수 없는 경우라 하더라도 이러한 사유는 경락인 등의 권리에 관한 사

2) 李弘權, "建物區分所有權의 成立과 消滅에 관한 몇 가지 問題", 民事裁判의 諸問題 제 7 권, 496면 이하, 특히 509면 이하.

유일 뿐 채무자 겸 소유자인 재항고인의 권리에 관한 사유는 아니지 않는가 하는 점이다.

그러나 위와 같은 사유가 반드시 재항고인의 권리에 관한 사유가 아니라고 할 수 있는지도 의문일 뿐만 아니라, 가사 재항고인의 권리에 관한 사유가 아니라 하더라도, 위 민사소송법 제635조가 항고심에도 준용되는 결과 항고심으로서는 경락허가결정에 대한 즉시항고가 적법한 것으로 인정되는 한 항고인에의 유리 여부와 그가 주장하는 항고이유를 고려함이 없이 직권에 의한 불허가사유가 있다고 인정되면 경락불허가결정을 하여야 하므로,[3] 위 사유가 재항고인의 권리에 관한 사유인지를 문제삼을 필요는 없을 것이다.

실제에 있어서도 위의 사유가 재항고인의 권리에 관한 사유가 아니라고 하여 재항고를 기각한다면 이는 경락인에게 중대한 불이익을 주게 될 뿐만 아니라 경락의 효력에 관한 분쟁을 종식시키지 못하게 되므로 실질적인 쟁점에 관하여 판단함이 옳을 것이다.

3. 파기의 범위

그런데 이 사건 경락허가결정을 파기한다 하더라도 그 파기의 범위가 문제된다. 즉 위 파기사유는 건물부분에 국한된 것이므로 원칙적으로는 그 건물부분만을 파기하여야 할 것이다. 만일 이 사건에서 경매법원이 토지와 건물에 대하여 일괄경매결정을 하였다면 당연히 전부에 대하여 파기할 수 있을 것이나, 기록상으로는 일괄경매결정을 하였다고 볼 만한 근거가 없다. 종전의 실무상으로는 경매명령상 토지와 건물을 일괄하여 하나의 최저경매가격을 기재한 때에는 이를 일괄경매가 있은 것으로 취급하기도 하였던 것 같으나, 개정된 민사소송규칙 제152조 제1호는 경매기일의 공고를 함에 있어서 일괄경매의 결정을 한 때에는 그 취지를 기재하도록 규정하고 있으므로 이 사건에 있어서도 그와 같이 취급하기는 어려울 것이다.

그러나 이 사건에서 일괄경매의 결정이 없었다고 하여 건물부분만을 파기한다는 것은 매우 부당한 것으로 보인다. 그렇게 되면 경락인으로서는 건물이 존재하는 대지만을 경락받게 되어 매우 큰 부담을 안게 되기 때문이다. 이 사

3) 註釋强制執行法 Ⅲ, 1993, 426면.

건에 있어서는 건물을 위하여 법정지상권이 성립하지는 않을 것으로 보이나, 이 사건 토지상의 건물은 다른 건물의 일부이므로 대지소유자가 그 지상 부분의 건물의 철거를 청구하는 것은 사실상 불가능하다고 여겨진다. 그러므로 가급적 대지 부분까지 아울러 파기함이 좋을 것이다.

그 근거가 문제되는데, 판례는 대지와 그 지상 건물에 관하여 일괄경매신청이 있는 경우에는 이를 분리하여 취급함으로써 그 소유권자를 달리하게 되면 그 부동산간의 상호이용관계에 있어서 제한을 받게 되고 부동산의 경제적 가치를 저감하게 되므로, 이러한 경우에는 일괄경매를 하여 동일소유자에게 귀속하게 함이 상당하다고 하여, 이러한 경우에는 과잉경매금지의 원칙에 저촉되지 않는다고 하고,[4] 또한 대지와 그 지상건물을 일괄하여 경매신청을 한 경우에는 일괄경매를 하여 동일 소유자에게 귀속하게 함이 상당하다 할 것이니, 대지와 그 지상건물 중 그 어느 하나에 관하여 경매절차에 위법한 점이 있다면 그 대지와 건물에 대한 경매는 다같이 이를 불허함이 상당하다고 하고 있다.[5]

이 사건의 경우에도 경매법원이 일괄경매 결정을 하지는 않았으나 사실상 일괄경매를 한 것과 마찬가지가 되어 동일인에게 경락되었으므로, 건물 부분에 관하여 위법이 있으면 대지 부분까지 아울러 취소하는 것이 마땅할 것이다. 위 1971. 4. 20.결정은 얼핏 보면 일괄경매결정이 있은 경우로 보일 여지도 있으나 자세히 검토하여 본다면 경매신청만이 일괄적으로 되어 있을 뿐 법원이 적극적으로 일괄경매결정을 한 것 같지는 않고 따라서 이 사건의 경우와 마찬가지라고 보인다.

4. 소 결

그러므로 이 사건에서는 원심결정을 파기하고 제1심의 경락허가결정을 취소하여야 함은 당연하고 이에 관하여는 특별한 문제가 없다.

4) 대법원 1970. 1. 30.자 69마1307 결정(集 18권 1집 民51면) 등 다수.
5) 대법원 1971. 4. 20.자 70마639 결정(集 19권 1집 民347면).

Ⅲ. 건물에 관한 등기절차와 저당권의 운명

이 문제에 관하여 국내에서는 아직 참고가 될 만한 선례나 실무례가 없는 것 같고, 문헌상으로도 이 점을 다루고 있는 것을 찾지 못하였으므로 일본의 경우에 관하여 살펴본다.

1. 일본의 종전의 등기실무

일본에서는 이 문제에 관하여 뒤에서 보는 것처럼 1993. 4. 22. 부동산등기법을 개정하여 입법적으로 해결하였다. 그러나 그 이전의 등기실무는, 건물의 합동 · 합체의 경우에는 원칙적으로 종전건물은 멸실로 인하여 소멸하고, 그에 따라 종전건물에 관한 소유권 이외의 저당권과 같은 권리도 소멸하는 것으로 보고 있었다.[6)]

우선 이 사건과 같이 소유자가 다른 별개의 건물이 합동된 경우를 본다.

이에 관하여 1964(昭化 39). 3. 6. 民事甲 제557호 民事局長 回答(登記關係先例集 追加編 Ⅳ 85면)은, 다음과 같이 설명한다.

즉 소유자를 달리하는 2개의 기등기건물의 중간에 증축을 하여 쌍방건물의 장벽을 철거하고 1동의 건물로 된 경우(각각 소유권 이외의 권리가 있다)에는 쌍방건물의 멸실등기 및 건물의 합체를 등기원인으로 하는 건물표시등기를 신청하여야 하고, 이러한 경우 소유권을 증명하는 서면으로서는 종전의 건물에 관한 고정자산세의 납세증명서와 증축부분에 대한 공사시행자의 증축사실증명서 및 일방이 소유자로서 신청하는 데 대한 다른 일방의 신청서를 첨부하여 수리하여야 한다.

또한 1965(昭化 40). 7. 28. 民事甲 제1717호 民事局長 回答(登記關係先例集 追加編 Ⅳ 476면)은, 두 건물의 소유자가 동일한 경우에도 기존의 건물의 면적변경등기를 하여서는 안 된다고 하고 있어 소유자가 다른 경우와 마찬가지로 종전의 두 건물의 멸실등기를 하고 새로운 건물의 표시등기를 하여야 한다는 취지로 보인다.

---

6) 이에 대하여는 武部文夫, "建物の合棟と合體の登記手續について", 不動産登記制度百周年記念 不動産登記制度と實務上の諸問題(下), 1988, 356면 이하 참조.

그리고 구분소유의 건물이 합체된 경우에 관하여 1963. 9. 28. 民事甲 제2658호 民事局長 回答(登記關係先例集 追加編 Ⅲ 1130の 329면)은, 각 전유부분의 소유자가 동일한데 장벽이 제거되어 구분건물이 아니게 된 경우에는 직권으로 구분소유의 소멸을 등기원인으로 하여 건물의 멸실등기를 하고 새로운 건물에 대하여는 신청 또는 직권에 의하여 구분건물의 합체를 등기원인으로 하여 건물의 표시등기를 하여야 하며, 여러 사람의 구분소유인 것으로 등기되었으나 처음부터 구조상의 독립성이 없어 구분이 인정되지 않은 건물에 대하여는 신청 또는 직권에 의하여 「착오」를 등기원인으로 하여 건물의 멸실등기를 하여야 한다고 한다.

다만 주된 건물과 부속건물이 합동된 경우에는 주된 건물의 표시변경의 등기를 하여야 하고(1963. 4. 15. 民事甲 제931호 民事局 第三課長 回答), 기등기건물과 미등기건물의 합동의 경우에도 기등기건물의 표시변경의 등기를 하여야 한다(1972. 5. 26. 民事3發 473호 民事局 第三課長 回答).

이러한 등기실무는 어느 것이나 종전 건물은 멸실되고, 그에 따라 종전 건물에 관한 소유권 내지 소유권 이외의 권리는 모두 소멸되는 것을 전제로 하고 있다고 보인다.

2. 학　　설

그러나 학설상으로는 이러한 실무례에 대하여 반대하는 견해가 유력하다.

즉 건물이 불에 타거나 지진 등에 의하여 도괴된 경우처럼 건물로서의 가치를 잃은 경우에는 건물이 멸실된 것이라고 할 수 있으나, 합체 합동의 경우에는 건물이 그 원형을 잃은 것일 뿐 사회관념상은 건물이 멸실된 것은 아니며, 따라서 이러한 경우에 멸실등기를 하는 것은 편의에 따른 조치일 뿐이라고 한다.[7] 이를 다른 말로 표현하면 종전의 두 건물에 물리적인 변화가 있더라도 이는 1局部의 변화에 그칠 뿐 상식적으로 말하더라도 건물 전체의 물체로서의 동일성이 단절되었다고 생각되지는 않는다고 한다.[8] 따라서 갑 건물과 을 건물의 합체·합동에 의하여 병 건물이 생긴 경우에 병 건물에 대한 소유권은

7) 山田 晟, "建物の合棟·隔壁の除去とその登記方法(1)", 法學協會雜誌 제84권 8호, 1967, 1011면.
8) 幾代 通, "建物の合棟·合體と登記", 不動産物權變動と登記, 1986, 183면.

실질적으로는 갑·을 건물에 대한 소유권이 합체하여 성립한 것으로서 갑·을 양 건물의 소유권은 소멸하지 않는다고 한다. 그리고 구건물이 멸실된 것으로 본다면 구건물에 관하여 저당권을 취득한 자의 이익이 침해되게 되어 부당하다고 한다.

위의 설에서는 이러한 경우를 부동산과 부동산의 부합의 일종으로 보거나, 또는 이를 유추하여 갑 건물의 소유자와 을 건물의 소유자가 다르고 갑건물과 을 건물 사이에 주종관계를 구별할 수 없을 때에는, 당사자 간에 별다른 의사표시가 없는 한 동산의 부합에 관한 일본민법 제244조(우리 민법 제257조)를 유추하여 부합 당시의 각 건물의 가액의 비율에 따라 합성된 병 건물의 전체를 공유하게 된다고 한다.[9] 그러므로 구 건물이 멸실된 것으로 보지 않는 이상 구 건물에 관하여 설정된 저당권 등의 권리도 소멸하지 않게 된다.

그러면 구체적으로는 위 저당권은 어떻게 되는가? 1설은 종전의 두 건물이 동일인의 소유에 속하는 경우와 다른 사람의 소유에 속하는 경우를 구별하여, 동일인의 소유에 속하는 경우에는 종전의 갑 건물에 대한 저당권의 효력은 새로이 생긴 병 건물 전체에 미치고, 만일 을 건물에도 저당권이 설정되어 있었으면 그 저당권의 효력도 병 건물 전체에 미치므로 각 저당권자에 의한 저당권의 준공유가 성립한다고 한다.[10] 그러나 종전의 두 건물이 서로 다른 사람의 소유에 속하는 경우에는 종전의 한 건물에 대한 저당권은 그 종전 건물에 대응하는 공유지분에만 미친다고 한다.[11]

반면 다른 설은 종전의 두 건물이 다른 사람의 소유에 속하는 경우에 종전 건물의 저당권이 그 종전 건물에 대응하는 공유지분에만 미치는 것은 물론이고, 종전의 두 건물이 동일인의 소유에 속하는 경우에도, 종전의 한 건물에 대한 저당권의 효력은 종전의 건물에 대응하는 공유지분에만 미치고 전체 건물에까지 미치지는 않는다고 한다.[12]

나아가 그 저당권에 관한 등기절차에 있어서도 견해의 차이가 있다. 1설(山田 晟)은, 저당권의 등기가 되어 있는 구 건물의 등기를 말소하기 위하여는

9) 山田 晟, "建物の合棟·隔壁の除去とその登記方法(2)", 法學協會雜誌 제84권 11호, 1449-1450면; 幾代 通(註 8), 187-188면. 이 점은 종래의 등기실무례의 입장에서도 마찬가지이다. 武部文夫(註 6), 361-362면 참조.

10) 山田 晟(註 7), 1015면.

11) 山田 晟(註 9), 1452-1453면.

12) 幾代 通(註 8), 187-189면 참조.

"사건이 등기할 때가 아닌 경우"에 관한 일본 부동산등기법 제149조 제1항의 규정을 유추하여, 등기관이 말소등기를 하려고 할 때에는 저당권자에게 1월을 넘지 않는 기간을 정하여 그 기간 내에 이의를 제기하지 않는 때에는 등기를 말소한다는 뜻을 통지함으로써 저당권자가 알지 못하는 사이에 멸실등기에 의하여 등기용지가 폐쇄되는 것을 막을 수 있다고 한다. 이러한 통지를 받은 저당권자는 소유자와의 교섭에 의하여 신건물에 대한 저당권설정등기를 승낙하게 할 수 있고, 소유자가 이를 승낙하지 않을 때에는 소유자는 기한의 이익을 상실하게 되어 저당권자는 즉시 신건물에 대하여 저당권을 실행할 수 있다고 한다.13)

반면 다른 설은, 이러한 방법만으로는 구건물에 대한 저당권과 신건물에 대한 저당권의 동일성이 단절된다는 등의 문제점이 있으므로, 건물의 합병의 등기 내지 토지의 합필의 등기에 유사한 합동의 등기 내지 합체의 등기라는 방법을 취하여야 한다고 주장한다. 이러한 합동·합체의 등기에 있어서는 종전의 건물 소유자 내지 신건물의 공유자 2인 중 1인이 등기의무자가 되며, 등기용지는 종전의 건물의 등기용지를 폐쇄하고 새로운 등기용지에 합성 후의 건물을 표시하고 소유권 기타의 권리에 관한 등기를 한다. 그 공유지분의 비율에 관하여는 등기상의 이해관계인 전원이 합의한 수치가 있으면 이에 따라 등기를 하지만, 그러한 합의가 없으면 등록면허세 징수를 위하여 등기관이 인정하는 부동산 가액의 비율에 의한다. 그리고 구 건물에 대한 저당권등기나 담보물권의 등기 또는 가등기 등이 있으면 이를 신건물의 등기부에 이기한다는 것이다. 다만 임차권의 등기는 일개의 건물의 일부에 대한 임차권등기가 허용되지 않으므로 이기할 수 없다고 한다.14)

그러나 이러한 학설의 주장에 대하여 실무계에서는 대체로 부정적인 반응을 보이고 있다. 즉 부동산과 부동산이 부합한다는 것 자체를 인정하기 어렵고, 종전의 갑, 을 각 건물의 소유권이 새로운 병 건물의 공유지분으로 전화하여 이행한다고 하는 것은 법령상 특별한 규정이 없는 한 그러한 법률관계가 형성될 수는 없고 이러한 학설은 입법론에 속하는 것이며, 종전의 건물에 관하여 설정되었던 소유권 이외의 권리나 처분제한의 등기가 소유권의 비율적 지분에 이행되어 이들을 갑, 을 건물의 등기용지로부터 병 건물의 등기용지로 이

13) 山田 晟(註 7), 1013, 1014면.

14) 幾代 通(註 8), 194-196면.

기한다고 하는 것도 현행법의 해석으로는 불가능한데, 소유권과 그 지분적 비율(공유지분)은 재산권으로서는 전혀 별개의 이질적인 것이기 때문이라고 한다.[15)]

3. 판 례

이 문제를 다룬 최고재판소의 판례로는 최고재 1975(昭和 50). 5. 27. 판결(判例タイムズ 324, 199)이 있으나 이 사건에서는 종전의 등기실무례의 당부에 대하여는 직접 판단을 하지 않은 채, 원심판결이 인정한 정도의 공사만으로는 두 건물의 독립성이 상실되었다고 볼 수 없다고 하여 원심판결을 파기하였다.

하급심의 판례로서는 東京地裁 1985(昭和 60). 9. 25. 판결(判例時報 1172, 48)이, 동일인의 소유로서 저당권이 설정된 갑 건물과 저당권이 설정되지 않은 을 건물이 합동된 경우에, 을 건물은 갑 건물의 부속건물에 지나지 않으므로 갑 건물이 멸실된 것은 아니고, 따라서 등기관이 갑 건물의 멸실등기를 한 것은 위법이라고 하였다.

또한 福岡高裁 宮崎支部 1990(平成 2). 3. 14. 판결(登記先例解說集 344, 198)은, 이미 합동공사에 의하여 독립한 단일부동산으로서의 존재를 잃어버린 건물에 대하여 받은 가압류명령은 당연무효이므로 그 가압류채권자는 그 건물의 멸실등기에 대하여 취소처분을 구할 이익이 없다고 하였다.

그리고 京都地裁 1991(平成 3). 11. 27. 판결(판례タイムズ 788, 143. 2건임)은, 원고 명의로 근저당권이 설정되어 있는 하나의 건물을 소유자가 베니아 합판으로 격벽을 설치하여 2개의 건물로서 구분건물등기를 경료한 다음, 위 2개의 건물을 양수한 자가 다시 위 격벽을 제거하고 위 2개의 건물이 합체되었다고 하여 구분건물멸실등기를 신청한 결과 원고 명의의 근저당권설정등기가 말소된 경우에, 위 건물의 실체는 구분도 합체도 되지 않은 실질상의 동일건물이고, 위 일련의 등기신청은 건물 위에 존재하는 근저당권설정등기의 효력을 소멸시키는 것을 목적으로 한 것이라고 인정되므로 위 등기신청은 당시의 등기

---

15) 浦野雄幸, "判例不動産登記法ノート(43) — 建物の滅失とその態樣(その二 — 建物の合棟, 合體と登記 1)(東京地判 소화 60년 9월 5일) —", 登記硏究 499호 31면; 同, "判例不動産登記法ノート(44) — 建物の滅失とその態樣(その二 — 建物の合棟, 合體と登記 2)(東京高決昭化57年2月24日) —", 登記硏究 501호 18-19면.

실무를 악용하여 원고의 권리를 침해하는 불법으로서, 위 말소등기처분은 중대한 하자가 있어 무효라고 하였다(148, 153면).

위의 판례들은 종전의 등기실무례의 당부에 관하여 직접 판단하고 있지는 않으나 일단은 종전의 등기실무례를 전제로 한 것으로 판단된다.

이에 반하여 다음의 판결[16)]은, 대등한 관계에 있는 2개의 구건물 (1)과 (2)가 합체되더라도 그 각 구건물에 대하여 각 별개의 채권자를 위하여 설정되어 있는 저당권은 합체에 의하여 소멸되는 것은 아니고 합체에 의하여 생긴 신건물에 이행되어 적어도 구성부분으로 된 구 건물 상당분에 의하여 존속되며, 위 2개의 구건물이 동일소유자의 소유물이라 하여도 구건물 상당분의 지분을 상정할 수 있고 위 각 저당권은 그 지분 위에 존속한다고 해석하여야 하며, 등기제도상 이를 반영할 수 있는 등기절차가 예정되어 있지 않더라도 이것이 위의 실체에 소장을 가져오는 것은 아니라고 판단하였다. 이는 기본적으로는 위의 幾代 通 교수의 설을 따른 것으로 보인다.

이 판결에 대하여는, 저당권은 존속한다는 결론은 지지하면서도 그 저당권이 지분 위에 존속된다고 할 때에는 단독소유권의 관념적 지분을 인정할 수 있는가 하는 난점이 있고, 또 저당권자에 의한 경매대상이 관념적 지분에 한정되게 되어 저당권자에게 현저한 손해를 입히게 되므로, 山田 晟 교수의 설과 같이 저당권의 효력이 새로운 건물 전체에 미친다고 보아야 한다는 평석[17)]과, 위의 판례에 의하면 등기가 되지 아니하여 대항력이 없고 사실상 우선변제권도 없는 저당권이라고 하는 개념을 승인하는 것이 되어 법해석론으로서는 부자연·불합리한 것으로서 배척되어야 한다는 비판이 가능하고, 그 사건의 경우에는 종전의 등기실무를 전제로 하여 신의칙과 같은 다른 이론구성에 의하여 동일한 결론(위 판결의 사안은 저당권자가 저당권에 기한 경매신청을 취하하고 일반채권자로서 강제경매신청을 하여 경락을 받은 다음 신건물에 대하여 임차권을 취득한 임차인에 대하여 명도청구를 하였는데 그것이 인용된 것이다)을 얻을 수 있으므로 위 판결의 일반적 명제를 시인한 재판례로서 중시할 필요는 없다는 평석[18)]이 있다.

---

16) 大阪高裁 1991(平成 3). 9. 30. 판결, 判例時報 1418호 89면.
17) 道垣內弘人, 私法判例 リマークス No. 7, 32면.
18) 塚原朋一, 金融法務事情 1341호 20면 이하.

4. 일본의 부동산등기법 개정

위와 같은 상황에서 일본의 부동산등기법은 1993(平成 5). 4. 22. 개정되어[19] 합동·합체에 관하여 절차적 규정을 두었다.

위 개정법은 수개의 건물이 합체(위 법률에서는 합동과 합체를 구별하지 않고 합체라고 통일하였다)된 경우에 건물소유자가 1월 이내에 합체를 원인으로 하는 구 건물 표시등기의 말소(그에 따른 등기용지의 폐쇄) 및 신 건물의 표시등기를 신청하게 하고(제94조의4의 2 제1항), 합체 전의 건물에 관하여 소유권의 등기 이외의 소유권에 관한 등기 또는 선취특권, 질권 내지 저당권에 관한 등기는 원칙적으로 합체 후의 건물의 지분에 존속되어 이를 합체 후의 건물에 관한 등기용지에 이기하도록 하였다(제94조의4의 2 제3항 제2호, 제94조의12의 2 제2항. 따라서 임차권에 관한 등기는 존속하지 않으므로 이기되지 않는다). 이처럼 이기될 소유권의 등기 이외의 등기가 있는 경우에는 합체 전 건물의 소유자가 동일하더라도 그 소유자가 동일하지 않은 것으로 간주하여 그 지분을 표시하도록 하였다(제94조의4의 2 제3항 제3호).

위 개정법률은 실체법의 해석으로는 구건물 A의 소유자 갑과 구건물 B의 소유자 을은 동산 부합에 관한 규정을 유추하여 부합당시에 있어서 A, B 양 건물의 가격비율에 응하여 신건물을 공유하게 된다고 하는 것을 전제로 하고 있다.[20]

나아가 위 개정법률은 위 법률 시행 이전에 합체가 이루어진 경우에도 적용된다(위 개정법률 부칙 제6항).

위 개정법률은 전체적으로는 幾代 通 교수의 설을 채택한 것으로 여겨진다.

5. 소　결

그러면 우리나라에서는 건물의 합동·합체가 있은 경우에 구 건물에 설정

19) 不動産登記法 改正案, 裁判所時報 1092호 62면 이하; 不動産登記法の一部を改正する法律(平成5年4月22日 法律 第22號), 裁判所時報 1097호 173면.

20) 鈴木綠彌, "建物合體に關する法律案をめぐっての實體民法學的考察", ジュリスト No. 1021, 1993, 106면.

된 저당권의 운명은 어떻게 될 것인가? 이에 관하여는 일본에서와 마찬가지로 여러 가지의 견해가 있을 수 있으나, 私見으로서는 건물의 합동 등으로 인하여 구 건물이 멸실되는 것으로 보아 그에 설정된 저당권도 소멸하는 것이라고 한다면 이는 저당권자에게 부당한 손해를 입게 하는 것이어서 매우 불합리하고, 구 건물의 소유자는 구건물에 상응하는 비율로 신건물에 대한 공유지분을 취득하며, 구 건물에 대한 저당권은 이 신건물에 대한 공유지분상의 저당권으로서 여전히 존속하는 것으로 봄이 옳을 것이다. 이처럼 보는 것이 저당권자를 보호하는 길일 뿐만 아니라 그것이 특별히 건물소유자의 이익을 해하는 것이라고도 할 수 없다.

이러한 입장의 이론적 근거로는 부동산의 부합을 들 수 있다. 민법 제256조 본문은 "부동산의 소유자는 그 부동산에 부합한 물건의 소유권을 취득한다"라고 규정하고 있는데 여기서 "부합한 물건"이 부동산도 포함하는가 아니면 동산에 한정되는가에 관하여는 설이 대립하고, 통설은 동산에 한정된다고 주장하고 있으나,[21] 판례는 부동산과 부동산의 부합도 인정하고 있다.[22] 그런데 여기서 문제되고 있는 건물의 합동·합체는 바로 부동산과 부동산의 부합에 다름 아니다. 그리고 부동산의 부합을 인정하는 경우에 그 법률효과에 관하여는 민법에 별다른 규정이 없으므로 이 경우에는 동산간의 부합에 관한 민법의 규정을 유추할 수밖에 없다.

그러므로 부합한 건물 가운데 주종을 구별할 수 없을 때에는 당사자 사이에 공유의 비율에 관한 특별한 의사표시가 없는 한 제257조 제 2 문을 유추하여 부합 당시의 가액의 비율로 합성물을 공유할 수밖에 없다. 이 점은 부동산간의 부합을 인정하지 않는 입장에서도 시인하고 있다. 나아가 종전의 건물에 관하여 저당권이 설정되어 있는 때에는 민법 제260조 제 2 항을 유추하여 그 저당권은 새로운 건물에 관한 지분에 존속한다고 하여야 할 것이다. 이 점은 종전의 각 건물이 서로 다른 사람의 소유에 속한 경우뿐만 아니라 동일한 사람의 소유에 속한 경우에도 마찬가지로 보아야 한다(민법 제191조 제 1 항의 유추).

다만 종전의 각 건물이 동일인의 소유에 속하는 경우에 관하여도 지분상의 저당권만을 인정한다면 단독소유권의 관념적 지분을 인정할 수 있는가 하는 난점이 있고, 또 저당권자에 의한 경매대상이 관념적 지분에 한정되게 되어

---

21) 權五坤, 民法注解 V, 1992, 493면 참조.
22) 대법원 1962. 1. 31. 선고 4294민상445 판결.

저당권자에게 현저한 손해를 입히게 된다는 비판이 있으나,[23] 이론상 반드시 단독소유권의 관념적 지분을 인정하여서는 안된다고 볼 근거가 없고, 오히려 이 경우에 위 비판설이 주장하는 것처럼 저당권이 새로운 건물 전체에 미친다고 보는 것은 종전의 각 건물에 관하여 각 저당권자가 존재한 경우에 그 저당권자 상호간의 관계를 어떻게 규율하여야 하는가 하는 점과 같은 또 다른 난점을 가져오게 된다.[24] 그리고 지분만을 경매하여야 한다는 것은 저당권자에게 불리하다고 하지만, 저당권자로서는 그러한 정도로라도 저당권을 행사할 수 있는 것이 전혀 행사하지 못하는 것보다는 유리할 것이다.

다만 이렇게 보는 데 문제가 되는 것은 현행 부동산등기법상 이에 관한 규정이 없다는 것이다. 가장 중요한 점은 이처럼 종전 건물에 대한 저당권이 새로운 건물의 지분에 대한 저당권으로 존속한다면 종전 건물에 관한 등기용지상의 저당권의 기재를 새로운 건물에 대한 등기용지에 이기하여야 하나, 이기할 수 있는 근거규정이 없다는 것이다. 그러나 실체법 이론상 저당권의 존속을 인정할 수 있다면 부동산등기법상 근거규정이 없다는 것이 반드시 장애가 될 수는 없다. 오히려 이 경우에는 건물의 합병에 관한 부동산등기법상의 제규정(제105조 이하)을 유추하여 이기가 가능하다고 보아야 할 것이다.

일본의 부동산등기법 개정법률이 종전 건물에 대한 소유권이 공유지분에 대한 소유권으로 바뀐다는 점 및 종전 건물에 대한 저당권이 공유지분에 대한 저당권으로 바뀐다는 점에 관하여 직접 명문의 규정을 두지 않고 있고, 또 위 개정법률이 그 시행 이전의 사항에 대하여도 위 개정법률을 적용하도록 하고 있는 것도 반드시 부동산등기법상의 근거가 있어야만 이러한 해석을 할 수 있는 것은 아니라는 근거가 될 수 있을 것이다.

다만 이에 관하여 절차적 근거를 마련하기 위하여는 입법적인 조치가 뒤따라야 할 것이다.

다른 또 하나의 문제점은 이론상은 이처럼 저당권이 신건물의 공유지분에 존속하는 것으로 본다고 하더라도 저당권자로서는 그 공유지분을 확정하고 나아가 그에 관한 등기를 마치는 것이 용이하지 않다는 점이다. 저당권자로서는 건물소유자의 협력이 없는 한 소송에 의하는 방법밖에는 없을 것이어서 실제로 얼마나 저당권자의 권리실현에 효과적일 것인가 하는 의문이 있으나 이는

23) 道垣內弘人(註 17), 32면.
24) 道垣內弘人(註 17), 32면.

이론에 의하여 해결할 수는 없는 문제이다.[25)]

Ⅳ. 결 론

이 사건 대법원 결정은 위와 같은 취지에서 이 사건 경매대상건물은 그 독립성의 상실 때문에 경매할 수 없고, 종전의 저당권자는 신건물의 지분에 대하여만 권리를 행사하여야 한다고 보아 원심결정을 파기, 환송하였는데 법률상 명백한 규정이 없는 문제에 관하여 매우 획기적인 의미를 갖는 판례라고 할 수 있다.

그리고 이 사건 결정이 경매대상 부동산이 양도할 수 없게 된 것은 항고심의 직권조사사항인 점 및 건물에 대한 경매불능사유가 있으면 그 건물이 위치하고 있는 토지에 대한 경매도 아울러 불허하여야 한다는 점을 아울러 밝힌 것도 실무상 중요한 의미를 가진다고 하겠다.

〈司法行政 1994. 7, 8(통권 403, 404호)〉

〈追記〉

위 大阪高裁 1991(平成 3). 9. 30. 판결(註 16)의 상고심 판결인 最高裁 1994(平成 6). 1. 25. 판결(民集 48卷 1号 10頁)은 대체로 위 大阪高裁 판결의 판시를 받아들였다. 이 판결에 대하여 소개하고 있는 국내의 문헌으로는 李東俊, "抵當建物의 增, 改築 또는 合棟, 合體의 경우 抵當權의 效力과 競賣節次에의 影響", 判例研究 제 5 집, 1995, 87-88면이 있다.

25) 鈴木祿彌(註 20), 107면 註 14)는 입법론으로서 이러한 경우의 공유지분권의 비율을 확정하는 재판은 토지경계확정의 경우와 마찬가지로 일종의 실질적인 비송사건으로 취급해야 할 것이라고 주장하는데, 해석론으로서도 참고할 수 있을 것이다.

著者略歷

제18회 사법시험 합격(1976)
서울대학교 법과대학 졸업(1977)
사법연수원 제 9 기 수료(1979)
육군 법무관(1979)
서울민사지방법원 판사(1982)
서울대학교 법학석사(1984)
독일 함부르크 대학교 연수(1987-1988)
헌법재판소 헌법연구관(1990)
대법원 재판연구관(1992)
서울대학교 법학박사(1993)
수원지방법원 부장판사(1995)
서울대학교 법과대학 조교수(1997)
서울대학교 법과대학 부교수(2001)
미국 버지니아 대학교 객원연구원(2003-2004)
전 한국법경제학회 회장
현 한국비교사법학회 회장, 한국가족법학회 회장
　서울대학교 법과대학 교수

財產法 2
民法論攷 Ⅱ

2008年 2月 10日 初版印刷
2008年 2月 20日 初版發行

著 者 尹 眞 秀
發行人 安 鍾 萬
發行處 博 英 社
서울 特別市 鍾路區 平洞 13-31番地
電話 (733)6771 FAX (736)4818
登錄 1952. 11. 18. 제1-171호(倫)

www.pakyoungsa.co.kr e-mail: pys@pakyoungsa.co.kr

定 價 30,000원

ISBN 978-89-10-51453-4
ISBN 978-89-10-51451-0(세트)